28,–

Beck'sche Elementarbücher

W0171416

Arbeitsbücher für den literaturgeschichtlichen Unterricht

*Herausgegeben von Wilfried Barner
und Gunter Grimm*

Verlag C. H. Beck München

Lessing
Epoche – Werk – Wirkung

Von *Wilfried Barner, Gunter Grimm,*
Helmuth Kiesel, Martin Kramer
unter Mitwirkung von Volker Badstübner
und Rolf Kellner

Vierte, völlig neubearbeitete Auflage

Verlag C. H. Beck München

CIP-Kurztitelaufnahme der Deutschen Bibliothek

Lessing: Epoche – Werk – Wirkung / von Wilfried
Barner ... unter Mitw. von Volker Badstübner
u. Rolf Kellner. – 4., völlig neubearb. Aufl.
– München: Beck, 1981.
(Arbeitsbücher für den literaturgeschichtlichen
Unterricht)
Erscheint auch als: Beck'sche Elementarbücher
ISBN 3 406 08005 7

NE: Barner, Wilfried [Mitverf.]; GT

ISBN 3 406 08005 7

Vierte, völlig neubearbeitete Auflage. 1981
Umschlagentwurf von Walter Kraus, München
© C. H. Beck'sche Verlagsbuchhandlung (Oscar Beck), München 1975
Satz und Druck: Georg Appl, Wemding
Printed in Germany

Inhalt

ARBEITSBEREICH I

Ein bürgerlicher Aufklärer in Deutschland, seine Voraussetzungen und seine Möglichkeiten

ARBEITSBEREICH II

Gelehrtentum und aufklärerische Vernunft (*Der Freigeist,*
frühe kritische Schriften, Lieder und Epigramme, *Miß Sara Sampson*)

ARBEITSBEREICH III

Die Begründung eines neuen Dramas
(*Hamburgische Dramaturgie* und *Emilia Galotti*)

ARBEITSBEREICH IV

Die Grenzen der Dichtkunst: Moral und Malerei
(Fabeln und *Laokoon*)

ARBEITSBEREICH V

Lessing, die Komödie und die Zeitgeschichte
(Minna von Barnhelm)

ARBEITSBEREICH VI

Religionskritik als Medium der Emanzipation
(Reimarus-Fragmente, *Anti-Goeze, Erziehung des Menschengeschlechts,
Nathan der Weise, Ernst und Falk*)

ARBEITSBEREICH VII

Zwischen Nachfolge und Vereinnahmung
(Stationen der Wirkungsgeschichte)

Vorwort zur vierten Auflage

Die vierte Auflage des Arbeitsbuchs unterscheidet sich von den vorausgegange-
nen vor allem durch dreierlei. Sie berücksichtigt die wichtigste seither erschienene Forschungsliteratur in den analytischen Teilen und in den Bibliographien.
Sie zieht aus den praktischen Erfahrungen mit dem Buch einige Konsequenzen:
für den Darstellungsstil (vor allem Bemühung um noch bessere Verständlichkeit)
und für den Aufbau der einzelnen Arbeitsbereiche (u. a. Streichung der bisherigen „Anregungen zur Weiterarbeit", die überwiegend als zu schulmeisterlich
empfunden wurden). Schließlich sind – außer einem Namensregister – einzelne
Kapitel neu hinzugekommen, so eine biographische Skizze zu Lessing (I E 4.), ein
Abschnitt zur dramaturgischen Struktur der *Emilia Galotti* (III B 2.8.) sowie
Dokumente zur Fernsehinszenierung dieses Stücks (VII A 2.3.).

Der bereits in der Einführung zur 1. Auflage erwähnte Plan weiterer Arbeitsbücher dieses Modells – falls es sich bewährt – hat sich inzwischen konkretisieren lassen. Als nächster Band ist ein Arbeitsbuch *Heinrich Heine* erschienen,
weitere zu Walther von der Vogelweide, Grimmelshausen, Theodor Fontane,
Max Frisch und anderen werden folgen.

Tübingen, im Juni 1980   Die Herausgeber

Einführung

A. Die germanistische Reformdiskussion als Kontext

„An systematischen Büchern haben wir Deutschen überhaupt keinen Mangel. Aus ein Paar angenommenen Worterklärungen in der schönsten Ordnung alles, was wir nur wollen, herzuleiten, darauf verstehen wir uns, Trotz einer Nation in der Welt". Die ironisch-polemischen Sätze, mit denen Lessing in der Vorrede zum *Laokoon* (G VI, S. 11) seine eigene, auf Wirklichkeit und Erfahrung ausgerichtete Methode gegen andere abzusetzen versucht, standen am Beginn des Arbeitsbuchs, dessen 1. Auflage 1975 erschien. Sie wurden damals zitiert im Hinblick auf die mit hoher Grundsätzlichkeit geführte germanistische Reformdiskussion in Deutschland. Systematik, Theorie und Programmatik, oft genug ebenso weltfremd und praxisfern wie euphorisch oder auch intolerant, beherrschten das Feld. Mancher fragte sich, wie er alle die Zielsetzungen und Forderungen als Lernender oder Lehrender in seiner konkreten Arbeit überhaupt umsetzen solle und könne.

Ein neuer Arbeitsbuchtypus für den literaturgeschichtlichen Unterricht, zunächst erprobt am Beispiel Lessings, war als eine unter mehreren notwendigen Antworten auf diese Situation gedacht. Die Reformdiskussion sollte dabei nicht einfach ignoriert oder ausgeklammert werden, sondern den selbstverständlichen Kontext des vorgelegten Versuchs bilden. Die Diskussion sollte auf diese Weise auch selbst beeinflußt werden. Ein halbes Jahrzehnt später, angesichts weitverbreiteter Ernüchterung bis hin zur Resignation, ist das Vergessen oder Ignorieren der ursprünglichen Zusammenhänge und Ziele gerade nicht die verantwortbare Reaktion. Zwar haben Numerus clausus, ministerielle ‚Normenbücher' für das Abitur und Maßnahmen der politischen Einschüchterung den bloßen ‚Machern' und den bloß ‚pragmatischen' Lösungen mehr und mehr das Feld geöffnet. Aber um so entschiedener stellt sich bei einem Arbeitsbuch, das von vornherein auch die praktische Umsetzbarkeit nicht vernachlässigen sollte, die Aufgabe des Erinnerns an die Ausgangsposition und an die ursprünglichen Ziele.

Unter diesem Gesichtspunkt wird hier der seinerzeitige Diskussionszusammenhang noch einmal aufgenommen, ohne daß die Entwicklungen der dazwischenliegenden Jahre im einzelnen ausgebreitet werden. Schon damals erschien der Versuch, auch nur alle wichtigeren Beiträge zur Reformdiskussion einzubeziehen, überheblich oder hoffnungslos. Allein die 1971 erschienene Bibliographie *Topographie der Germanistik 1966–1971* (Herfurth u. a.; s. das Literaturverzeichnis am Schluß der Einführung) umfaßte über einhundert Seiten. Und dort waren grundsätzlich nicht einmal jene Publikationen berücksichtigt, in denen die – auch für die Germanistik wichtigen – allgemeinen bildungspolitischen, wissenschaftstheoretischen und didaktischen Probleme behandelt werden.

Wie sehr sich mittlerweile die Situation verändert hat, wie breit das methodische Spektrum geworden ist und welche neuen praktischen Probleme aufgetreten sind, sei durch den knappen Hinweis auf drei ganz verschiedenartige Überblickswerke der letzten Jahre nur eben angedeutet. Das ‚Funkkolleg Literatur' (s. Brackert/Lämmert), unter Beteiligung zahlreicher Fachvertreter für ein breiteres interessiertes Publikum erarbeitet, illustriert mit seiner Fülle unterschiedlicher Ansätze und Perspektiven den Reiz, aber auch das eventuell Überfordernde oder Verwirrende des heutigen Methodenpluralismus. Das reiche Angebot an Literaturdidaktik (s. die Einführung von Bredella) läßt den, der im Schul- oder Hochschulunterricht vor der Aufgabe praktischer Umsetzung steht, fast zwangsläufig resignieren und im Zweifelsfall lieber zum ‚Handfesten' bzw. ‚Altbewährten' zurückkehren. Die massive Kritik an den kultusministeriell beschlossenen ‚Normenbüchern' für das Abitur schließlich (s. Flitner/Lenzen) demonstriert auf beklemmende Weise, wie rasch und tiefgreifend derweil die reine Bürokratie und der Taschenrechner das Feld besetzt und alle inhaltliche Auseinandersetzung fast als überflüssig an den Rand gedrängt haben.

Zu Beginn der 70er Jahre hatte die Ausarbeitung von Studienplan- und Prüfungsordnungs-Entwürfen für einzelne Bundesländer noch zahlreiche Stellungnahmen und Gegenentwürfe provoziert, die auch publiziert wurden, so etwa im Fall Baden-Württemberg (s. die Titel Kaiser u. a.). Durch die mit besonderer Schärfe geführten Diskussionen um die Hessischen *Rahmenrichtlinien für den Deutschunterricht auf der Sekundarstufe I* (Herbst 1972) waren einzelne zentrale Probleme auch in das Bewußtsein einer breiteren Öffentlichkeit (s. die Dokumentation von Köhler/Reuter) gedrungen. Und schon damals war abzusehen, daß eine gesetzlich festgelegte Verkürzung der Regelstudienzeiten auch die Germanistikdiskussion vor neue Probleme stellen würde, nicht zuletzt weil manche der schon vorgelegten Reformentwürfe in zeitlich stark verkürzten Studiengängen nicht mehr zu realisieren waren.

Angesichts dieser Situation stellte sich die Frage, ob es überhaupt Minimalpunkte der Übereinstimmung gab, auf die sich ein Arbeitsbuch wie das vorliegende stützen konnte, ob man nicht besser neue Diskussionsresultate oder gar die Entscheidungen der politischen Instanzen abwarten sollte. Warum dies nicht die einzige plausible Reaktion darstellt, sei kurz dargelegt.

Ein wesentlicher Grund für das Ausgreifende und auch für das Chaotische der bisherigen Auseinandersetzungen liegt in der engen Verflechtung fachspezifischer, wissenschaftstheoretischer, didaktischer, bildungstheoretischer und gesellschaftspolitischer Probleme. Sie stellten sich nach langen Jahren des Ausweichens vor einer offenen Diskussion fast gleichzeitig und überforderten manche der an der Auseinandersetzung Beteiligten entschieden. Ein spezieller „Fragenkatalog zur Begründung und Beurteilung von Einführungskonzeptionen im Rahmen der Germanistik" (s. ‚Initiativgruppe Studienreform') umfaßt nicht weniger als fünfzehn Seiten und reicht von der Formulierung allgemeiner Lernziele über Fachstruktur, Unterrichtsplanung, Arbeitsformen und Erfolgskontrolle bis zu Prüfungsordnungen und Berufsfeldanalyse. Selbst die erfreulich zunehmende Bereitschaft zu interdisziplinärer Zusammenarbeit in der Studienreform stößt hier eindeutig an die Grenzen individueller Kompetenz und Arbeitskapazität. Fast noch unüberwindlicher aber waren die notorischen Divergenzen in den gesellschaftspolitischen Zielvorstellungen, von manchem etwa auf die Formel ‚revolutionäre Wissenschaft gegen technokratische Studienreform' gebracht (zur Problematik unter hochschuldidaktischem Aspekt s. besonders Eckstein und Seiffert).

Gerade diese Grundsätzlichkeit, dazu die Plötzlichkeit der seit 1968/69 intensiv einsetzenden Diskussion hatten verständlicherweise dazu geführt, daß man sich immer wieder nur bestimmten Problemkomplexen zuwandte. Es ist für den Stellenwert des voliegenden Arbeitsbuchs nicht unwesentlich, sich diese Schwerpunkte wenigstens stichwortartig zu vergegenwärtigen, und zwar ausgerichtet auf den Bereich der Literaturwissenschaft:
– umfassende Fundierung der literaturtheoretischen und methodologischen Prämissen;
– Erweiterung des Literaturbegriffs bis zum reinen* Textbegriff, der auch Zweckformen und ‚unterliterarische' Texte einbezieht;
– Analyse der Texte auf ihre gesellschaftlichen Zusammenhänge und Bedingtheiten hin;
– Operationalisierung der Methoden unter besonderer Berücksichtigung semiotischer und kommunikationswissenschaftlicher Gesichtspunkte;
– Kontaktversuche zur aufstrebenden Linguistik einerseits, zur scharf attackierten Mediävistik andererseits (einschließlich der Frage, ob die Mediävistik institutionell nicht teils in die Literatur-, teils in die Sprachwissenschaft integriert werden soll);
– Einbeziehung berufspraktischer Perspektiven, insbesondere der für die Schule benötigten Fachdidaktik.

Ein Problem war dagegen in der bisherigen Studienreformdiskussion – nicht in der allgemeinen literaturwissenschaftlichen Methodologie – auffällig im Hintergrund geblieben: das Problem der Geschichtlichkeit der Texte. Zwar tauchten in manchen Reformentwürfen auch eigene Veranstaltungen über Gegenstände der ‚Literaturgeschichte' auf. Aber kaum je wurde erkennbar, daß man sich Gedanken darüber gemacht hatte, was dies genauer bedeute, welche Lernziele man hier anstreben solle und welche Texte und Methoden zu wählen wären. Der in verständlicher Opposition gegen ‚Klassiker' und gegen die autonomisierte ‚Dichtung' vorgezogene neutrale Begriff des ‚Textes' hatte hier offenbar mit zur Nivellierung des Problembewußtseins beigetragen. Selbst in den systematisch angelegten ‚Einführungen' und ‚Grundzügen' sucht man zumeist vergeblich nach entsprechenden Erörterungen, allenfalls – und selten genug – begegnet ein Kapitel über Literaturgeschichtsschreibung (so bei Arnold und Sinemus, S. 413 ff.).

Es wäre leicht, sich zur Erklärung dieser Situation auf analoge Vorgänge in der Linguistik (deutlicher Primat der Synchronie vor der Diachronie) oder auch auf die bekannte Formel vom ‚Verlust der Geschichte' zurückzuziehen – Roland Barthes wählte provokativ den Titel *Literatur oder Geschichte*. In der Tat war

z. B. während des Germanistentages 1972 in Stuttgart, der unter dem Titel ‚Historizität in Sprach- und Literaturwissenschaft‘ stand, von Historizität wenig die Rede; die Themen, auf die in den meisten Diskussionen immer wieder zugestrebt wurde, waren die Gesellschaftsbezogenheit der Literatur und ihrer Behandlung, ihr Rezeptionsaspekt sowie die Praxisorientierung des Germanistikstudiums. Selbst das Problem der Rezeption, das etwa von Gadamer oder Jauß ursprünglich als eines der Geschichtlichkeit, ja der ‚Literaturgeschichte‘ angegangen worden war, wurde meist ganz auf das der Gesellschaftlichkeit reduziert.

Man fragt sich, ob mancher vielleicht von der unausgesprochenen Voraussetzung ausging, die Geschichtlichkeit der Literatur sei von der ‚traditionellen‘ Germanistik hinreichend gepflegt worden. In der Wirklichkeit des Studiums jedenfalls ergibt sich oft genug ein fast beziehungsloses Nebeneinander der verschiedensten analytischen Ansätze. Im Gegensatz zu einer in ihren Prämissen und Methoden als geschlossen erscheinenden ‚Textwissenschaft‘ bot sich ‚Literatur als Geschichte‘ problematisch oder gar überholt dar. Um welche Probleme es dabei auch heute noch geht, sei wenigstens kurz angedeutet:

– die fundamentalen Widerstände gegen ‚Klassiker‘ jeder Art;
– die zunehmende, oft auf simplen Mißverständnissen beruhende einseitige Bevorzugung von Gegenwartsliteratur;
– der weithin unterentwickelte Sinn für die Dialektik von Vergangenheits- und Gegenwartsverständnis auf dem Gebiet der Literatur;
– Hindernisse in der Zugänglichkeit, ja der einfachen Verstehbarkeit von Texten aus weiter zurückliegenden Epochen;
– das Fehlen historischer Grundlagenkenntnisse (um beispielsweise eine gesellschaftsbezogene Analyse überhaupt leisten zu können).

Jedem, der im täglichen Hochschulunterricht – erst recht natürlich im Schulunterricht – mit Literatur früherer Epochen zu tun hat, werden die genannten Probleme geläufig sein. Was z. B. gelegentlich von Arbeitsgruppen an ‚sozioökonomischer‘ Basisinformation in Paperform zusammengeschrieben wird (mangels geeigneter Unterrichtshilfen), kann gerade kritische und problembewußte Geister unmöglich befriedigen. Und doch deuten die verschiedenen Reformentwürfe eine Lösung der hier sich ergebenden fundamentalen Probleme nicht einmal an.

Wenn es in den Rahmenbestimmungen der Kultusministerkonferenz vom 21. 5. 1970 für die Wissenschaftliche Prüfung im Fach Deutsch hieß: „Überblick über die Geschichte der neueren deutschen Literatur aufgrund ausgedehnter Textlektüre“ (zitiert nach Kemper u. a., S. 20), so wurde hier ebensowenig wie in den meisten der zahllosen offiziösen oder privaten Revisionsvorschläge ein sinnvoller, lernorientierter Weg zur Verwirklichung angegeben. Und vergegenwärtigt man sich überdies den Katalog neuer, über die ‚traditionelle‘ Germanistik hinausführender, durchaus plausibler Lernziele, so konnte man ein entsprechendes Studium nur als illusionär bezeichnen.

Ein anderes schwerwiegendes Defizit der bisherigen Reformdiskussion bestand in der sehr mangelhaften Berücksichtigung des *Hauptstudiums* gegenüber dem Grundstudium. Nachdem es nicht gelungen war und wohl auch nicht gelingen konnte, gleich in den Anfängen der Diskussion eine klare und hinreichend differenzierte Lernzielbestimmung für den künftigen Deutschlehrer oder auch nur für einen allgemeinen germanistischen Hochschulabschluß zu erreichen (der Wissenschaftsrat z. B. verweist für diese Frage sicherheitshalber noch auf den Bildungsrat!), konzentrierte man sich bei der Entwicklung neuer Curricula zunächst ganz auf die *Studieneingangsphase.* Das Grundsatzproblem der Lernzielbestimmung, das, wie die öffentliche Diskussion um die Hessischen Rahmenrichtlinien besonders deutlich gezeigt hat, letztlich ein politisches Problem ist, bleibt nach wie vor kontrovers (s. hierzu den Beitrag von Hauff in Kemper u. a., S. 124 ff.). Immerhin hatte der bei vielen geweckte Mut zum Experiment die Folge, daß mittlerweile eine ganze Reihe von Veranstaltungsentwürfen für das Grundstudium vorliegen (das breiteste Spektrum, mit Modellen aus Aachen, Bonn, Freiburg, Heidelberg, Hamburg, Mannheim und München, vermittelt die Sammlung von Müller-Solger; vgl. auch Cepl-Kaufmann u. a. mit einem Düsseldorfer Entwurf).

Eine vor allem in den Anfängen der Reformdiskussion verbreitete Hoffnung ging dahin, möglichst gleich bei Studienbeginn die Sünden der ‚traditionellen‘ Germanistik zu meiden oder gar völlig auszutreiben. Man bemühte sich, dies vor allem mit Hilfe einer umfassenden literaturtheoretischen und methodologischen Fundierung zu erreichen. Verdienst und Erfolg des von einer Tübinger Autorengruppe verfaßten Arbeitsbuchs *Methodendiskussion* (Hauff u. a.) liegen wesentlich darin begründet, daß hier eine gravierende Lücke an Lehrmaterial erkannt und ausgefüllt wurde.

So notwendig der Schritt war, so problematisch mußte sich der hohe Abstraktionsanspruch von Theorie und Methodologie bei der Umsetzung in die konkrete Textanalyse und bei der Verbindung mit den anderen Lerngegenständen des Grundstudiums darstellen. Zwar bemühten sich die meisten neueren ‚Modelle der Praxis‘ um eine Integration. Aber die Lernziele und Lerngegenstände waren zumeist wiederum so formalisiert und abstrakt entwickelt, die konkreten Textbeispiele so in den Hintergrund gedrängt, daß etwa das grundlegende Problem der Geschichtlichkeit kaum in den Blick trat.

Offenbar muß man hierfür und insbesondere für die intensivere Textlektüre auf das *Hauptstudium* vertrauen. In den Empfehlungen der Studienplankommission Baden-Württemberg heißt es für das Hauptstudium ausdrücklich: „Die Gegenstände literaturwissenschaftlicher Arbeit sollen in ihrem historischen Kontext begriffen und derart als Elemente und als Erkenntnismedien gesellschaftlicher Prozesse thematisiert werden. Auf diesem Wege wird die historische Dimension sowohl der Literatur selbst als auch der literaturwissenschaftlichen Arbeit angemessen erkennbar" (Kemper u. a., S. 9 f.) – wobei wohl mehr eine Hoffnung als eine konkrete Aussicht die Formulierung bestimmt hat.

Es ist zuzugeben, daß sich die Fülle der als unabdingbar erscheinenden Lernziele und Lerninhalte im Grundstudium besonders prekär darstellt. Wenn das Hauptstudium unter anderem einer gezielten Schwerpunktbildung innerhalb des Studienfachs dienen soll (in diesem Sinne äußern sich fast alle Reformentwürfe, auch der des Wissenschaftsrats), so müssen im Grundstudium hinreichende Voraussetzungen für eine entsprechend sinnvolle Auswahlentscheidung des Studenten geschaffen werden. Schon deshalb ist die in nahezu allen Reformentwürfen geforderte exemplarische ,Vertiefung' der wissenschaftlichen Arbeit prinzipiell erst im Hauptstudium erreichbar.

Doch gerade diese Studienstufe war bislang viel zu sehr im Winkel der Reformdiskussion geblieben. Zu leichtfertig hatte man sich darauf verlassen, daß sich bei einem sorgfältig genug programmierten Grundstudium die geforderte Vertiefung kraft der inneren Qualität wissenschaftlichen Arbeitens auf der Stufe des Hauptstudiums schon mehr oder weniger von selbst einstellen werde. Zu den entscheidenden Fragen aber, die sich angesichts der besonderen Schwierigkeiten und Hindernisse des literaturgeschichtlichen Hochschulunterrichts stellen, gehört diejenige nach Auswahl und Qualität der Arbeitsmaterialien. Genauer: auch und gerade für das literaturgeschichtliche Hauptstudium fehlte und fehlt es an zuverlässigen und didaktisch sinnvoll konzipierten *Arbeitsbüchern*.

Damit ist ein weiteres gravierendes Defizit der langjährigen Reformbemühungen genannt. Während für das literaturwissenschaftliche Grundstudium einige generelle ,Einführungen' bereits vorlagen (etwa Breuer u. a.) und während auf dem Gebiet der Linguistik eine ,Einführung' die andere jagte, hatte man für die literaturgeschichtlichen Gegenstände des Hauptstudiums die Möglichkeiten exemplarischer Arbeitsbücher überhaupt noch nicht genutzt. Zwar gab es seit längerem handliche und informative Hilfsmittel nach Art der *Realienbücher für Germanisten* (Metzler Verlag) oder der *Grundlagen der Germanistik* (Erich Schmidt Verlag). Auch erschienen in immer größerer Zahl nützliche Dokumentenhefte zu einzelnen Texten (Reclam, Suhrkamp, Ullstein, neuerdings auch Hanser). Aber von einer didaktischen Durchstrukturierung des jeweils gebotenen Stoffes konnte zumeist keine Rede sein. Hier ließen sich allenfalls im Bereich der Schule Anregungen finden, freilich in Unterrichtsentwürfen, die primär für den Gebrauch des Lehrers bestimmt waren (s. Gidion/Bahrdt, Kleiner/Weinmann, Ulshöfer). Es schien somit notwendig, einen eigenen Versuch zu wagen, der die genannten Hauptprobleme der Reformdiskussion aufnimmt, aber die Aufgabe des praktischen Umsetzens nicht aus den Augen verliert (vgl. auch den neuesten Überblick von Jaumann).

B. Sinn und Anlage des Arbeitsbuchs

1. Die Zwecke

Lehrbücher oder Arbeitsbücher zu schreiben – das ist oft genug beklagt worden –, gilt in Deutschland für weite Bereiche der Geisteswissenschaften immer noch als wissenschaftliche Leistung zweiter oder dritter Klasse, anders als etwa in den angelsächsischen Ländern oder in der Sowjetunion. Selbst die expandierende Forschung zur Hochschuldidaktik hat sich bisher dieses Gebiets kaum angenommen (s. die Bibliographie von Guhde, auch diejenigen bei Sader und Dohmen; erwähnenswert allenfalls die Arbeit von Groeben). Nicht daß es nunmehr darum ginge, den Typ des ausgesprochenen ‚Paukbuchs' auch in den philologischen Fächern zu fördern (daß solche Paukbücher, beispielsweise zur enumerativen Literaturgeschichte, längst ihren festen Platz besitzen, ist eine nur mühsam verschleierte Tatsache). Vielmehr soll ein Buchtypus entwickelt werden – er wird hier *Arbeitsbuch* genannt–, der nicht lediglich abfragbares materiales Wissen vermittelt, sondern gerade zur eigenen, produktiven, kritischen Arbeit mit den Gegenständen anregt. Um dies zu verdeutlichen, seien, orientiert an dem bisher skizzierten Rahmen, die wichtigsten Zwecke des Buchs genannt:

– Das Arbeitsbuch ist primär für das Hauptstudium gedacht (etwa als Unterlage für Seminare und Kurse, aber auch für Vorlesungen), setzt also eine Einführung in Literaturtheorie, Methodologie, Arbeitstechnik usw. bereits voraus;
– es soll sich auf einen Bereich konzentrieren, der – mit Möglichkeiten der Eingrenzung oder auch Ausweitung – grundsätzlich im Lauf eines Semesters erarbeitet werden kann;
– es soll zu den Originaltexten hinleiten, eine intensive Beschäftigung mit ihnen anregen und dazu führen, daß die anderweitig vermittelten historischen Leitlinien kritisch überprüft werden können;
– es soll jeweils die wichtigsten Forschungspositionen aufzeigen und Hilfestellung zur eigenen Auseinandersetzung mit der einschlägigen Forschungsliteratur geben;
– es soll durch seine didaktische Anlage ein bloß passives Aufnehmen von Materialien verhindern und insgesamt die selbständige Weiterarbeit (vor allem auch Originallektüre) fördern;
– es soll sowohl den historischen Gesamtkontext als auch die wichtigsten zum Verständnis notwendigen Einzelmaterialien zugänglich machen;
– es soll an einem aussagekräftigen Beispiel den Zusammenhang fiktionaler, kritischer, theoretischer und polemischer Texte untereinander und mit ihrem gesellschaftlichen Kontext aufzeigen;
– es soll, indem es die Erkenntnis der Geschichtlichkeit der Texte fördert, ihre Nähe wie ihre Ferne bewußt macht, auch die Gegenwartsgebundenheit alles literaturgeschichtlichen Arbeitens hervortreten lassen;
– es soll durch die Zentrierung auf Texte und durch die Betonung der geschichtlichen Perspektive konkretes Anschauungsmaterial für die Frage nach dem Sinn der Beschäftigung mit Literatur bieten;
– es soll exemplarisches Arbeiten ermöglichen, in Grenzen die Übertragbarkeit der Arbeitserfahrungen erkennen lassen und im übrigen Kritik und Weiterentwicklung eines solchen Arbeitsbuchtypus fördern.

2. Lessing als exemplarischer Autor, Aspekte des Lessingbildes

2.1. Das Prinzip der Exemplarität

Das im Katalog der Zwecke zuletzt genannte Stichwort ‚exemplarisch' stellt einen der wenigen prinzipiellen Punkte dar, über die in der Reformdiskussion der letzten Jahre – selbstverständlich nicht nur für die Germanistik – Konsens erreicht werden konnte. Die Gründe, die dem exemplarischen Lehren und Lernen seinen Vorrang vor den sogenannten ‚Überblicken' oder gar vor illusionären Vollständigkeitspostulaten sichern, brauchen hier nicht referiert zu werden (s. hierzu den Titel Gerner). Freilich genügt das Stichwort alleine noch nicht, denn jeweils ist zu fragen: ‚exemplarisch wofür?'. Und jeweils sollte wenigstens stichwortartig angegeben werden, welche besonderen Möglichkeiten ein einzelner gewählter Gegenstand bietet. Die Empfehlungen des Wissenschaftsrats zum Studium der Germanistik stellen das Prinzip der ‚Generalisierbarkeit' in den Mittelpunkt:

> „Das Studium muß den Forderungen nach exemplarischer Darbietung genügen; dies setzt auf Generalisierung angelegte Methoden sowie – zwecks Steigerung der Theoretizität – die Behandlung von Gegenständen voraus, die die Generalisierbarkeit erleichtern. Operationen und Methoden der Wissensgewinnung müssen gegenüber unstrukturierten Faktenmengen und Stoffkatalogen Vorrang haben" (Wissenschaftsrat, S. 116).

Das hier angesprochene Postulat der Generalisierbarkeit gilt, wenn man es im strengen Sinn faßt, für literarische und historische Gegenstände nur sehr eingeschränkt: „das principium individuationis ist nicht nur den Gattungen sondern auch der Subsumtion unter die gerade herrschende Praxis entgegen" (Adorno, S. 301). Doch bedenkt man einerseits die oben skizzierte Reformsituation im Bereich des literaturwissenschaftlichen Studiums, andererseits den Katalog der Zwecke eines Arbeitsbuchs wie des vorliegenden, so ergeben sich eine Reihe wichtiger Lernziele, für deren Erreichung eine exemplarische Beschäftigung mit dem Autor Lessing günstige Voraussetzungen bietet.

2.2. Gründe für die Auswahl

Lessing ist, von heute her gesehen, der früheste Autor innerhalb der sogenannten ‚lebendigen' literarischen Überlieferung Deutschlands. Verglichen etwa mit Gottsched oder Gryphius, ist sein Werk noch fast unmittelbar zugänglich. Am deutlichsten zeigt sich dies an der Tatsache, daß Stücke wie *Minna von Barnhelm*, *Emilia Galotti* oder *Nathan der Weise* noch Abend für Abend an deutschsprachigen Theatern aufgeführt werden, während die deutsche dramatische Literatur vor Lessing fast ganz von den Bühnen verschwunden ist. Auf der anderen Seite wird man konstatieren müssen, daß ein aktualisierend-genießendes Lesen, wie es etwa Fontane, Thomas Mann oder Autoren der Gegenwartsliteratur offenbar ermöglichen, im Falle Lessing schwerer, wenn nicht gar unmöglich ist.

Diese so nur vage beschriebenen, sicher anfechtbaren Gesichtspunkte sind als

Rezeptionsphänomene ihrerseits historisch zu sehen. Der tiefere Grund für jene eigentümliche Ambivalenz zwischen relativer Zugänglichkeit und historischem Abstand liegt in der geschichtlichen Position Lessings selbst. Sein Werk und sein Leben ‚fallen' nicht nur in die Epoche der Entstehung einer bürgerlichen literarischen Kultur in Deutschland, sondern eben dieses Entstehen wird von Lessing maßgeblich mitgeprägt (hierzu I F). Zusammen mit Klopstock, Wieland und anderen hat er, wenn nicht die Muster, so doch die Marksteine dieser Epoche geschaffen, an denen sich die bürgerlich-nationale Literatur orientieren konnte und auf die auch die literarische Erziehung fortan nicht mehr verzichtete (s. AB VII).

Relative Kontinuität der Überlieferung einerseits und Umbruchscharakter der Werke und ihrer Epoche andererseits eröffnen daher auch unter hermeneutisch-didaktischem Aspekt besondere Möglichkeiten. Hierzu gehört etwa, daß – in einem geologischen Bild gesprochen – an den Bruchstellen, den Auffaltungsstellen der Geschichte die einzelnen Schichten mit größerer Deutlichkeit zutage treten. Bei Lessing bedeutet dies: wer unter entschieden historischer Fragestellung sein Werk analysiert, gerät damit notwendigerweise zugleich an die Wurzeln dessen, was man gerne die ‚Bürgerlichkeit' unserer literarischen Tradition nennt. Es ist eine Tradition, die im Zuge der germanistischen Reformdiskussion bekanntlich zu einem Hauptpunkt der Kritik, sowohl an den Gegenständen als auch an der Weise ihrer Behandlung, geworden ist. Eine Extremposition als Beispiel: „Die Esoterik konventioneller germanistischer Analysen und Theorien reproduziert unverdrossen die Esoterik einer Literatur, die längst nur noch Kommunikationsinstrument einer elitären und faktisch einflußlosen Minderheit ist und als Subkultur ein kümmerlich subventioniertes Dasein fristet" (Pehlke, in: Kolbe 1969, S. 38). Was hier als Diagnose der gegenwärtigen Situation formuliert wird, kann nur dort spontane Zustimmung finden, wo der Sinn für die Geschichtlichkeit auch der eigenen Position weitgehend verloren gegangen ist. Aber gerade weil eine solche Haltung nicht vereinzelt dasteht, sondern als offene oder versteckte Frage die Literaturdiskussion unserer Gegenwart mitprägt (sei es als Elitarismus-Verdacht, sei es als einseitige Hingabe an das Neueste), vermag eine Beschäftigung mit Lessing auch einen Abbau derart verquerer Vorurteile zu fördern.

2.3. Aktuelle Anknüpfung

Wer im literaturgeschichtlichen Unterricht das Interesse auf Lessing hinlenkt, kann nicht nur einen Beitrag zur Bildung des historischen Bewußtseins leisten. Er besitzt durchaus auch die Möglichkeit, bestimmte Momente von Aktualität anzusprechen, zunächst in einem ganz vordergründigen Sinn. Lessing gilt, aus welchen Gründen und mit welchem Recht auch immer, für viele als ‚progressiver' Autor, als einer, mit dem zu beschäftigen sich auch unter dem Aspekt einer Gesinnungs-Affinität ‚lohnt'. Als solcher steht er in einer Reihe etwa mit Büchner, Heine, Brecht, um nur einige Namen zu nennen.

Es ist bequem, schon die bloße Berücksichtigung eines derartigen Gesichts-punkts als unwissenschaftlich oder gar als gefährlich abzulehnen. Leistet man damit nicht lediglich dem Modischen Vorschub und fördert unhistorische Ein-stellungen? Aber ‚Moden‘ haben in der Geschichte der Wissenschaften seit jeher auch ihre positive Rolle gespielt, dies gilt für die Lessingforschung zur Zeit eines Erich Schmidt oder Franz Mehring nicht weniger als für die der letzten Jahre. Die Legitimität einer solchen Anknüpfung erweist sich daran, ob das vielleicht vordergründig oder halbbewußt motivierte Interesse am Gegenstand didaktisch genutzt und in Kritik und Erkenntnis verwandelt wird. Gerade hierzu sucht das Arbeitsbuch beispielhaft Wege aufzuzeigen.

2.4. Der Aspekt der Schulpraxis

Erkenntnis und Interesse haben im Fall Lessings zugleich eine institutionelle Komponente: Lessing ist Schulautor, d. h. die meisten Germanistikstudenten bringen – wenigstens gegenwärtig noch, aber immer seltener – eine gewisse Lessingkenntnis von der Schule mit, während sie umfangreichere Texte etwa von Klopstock oder Wieland kaum je zu Gesicht bekommen haben. Was von dieser Lessingbeschäftigung geblieben ist, mag im Einzelfall sehr unterschiedlich sein. Immerhin besteht bei den meisten eine Möglichkeit konkreter Anknüpfung; ja gerade der Reiz des Wiederlesens unter neuen Fragestellungen ist nicht gering einzuschätzen, auch wenn gelegentlich negative Erfahrungen aus dem Schulun-terricht, insbesondere Allergien gegen ‚Klassiker‘, zunächst zur Barriere werden können.

Im allgemeinen sind es immer wieder die drei genannten Dramentexte, dazu in seltenen Fällen Teile der *Hamburgischen Dramaturgie,* des *Laokoon,* der *Erzie-hung des Menschengeschlechts* sowie einzelne Fabeln, aus deren Bereich sich die ungefähre Textkenntnis rekrutiert (eigene Befragungen in Lehrveranstaltungen haben dies ergeben). Nicht selten kommt auch der Besuch von Lessingauffüh-rungen hinzu. Motivation durch Anknüpfung kann hier versucht werden. Aber auch der über das Studium hinausführende Aspekt künftiger Schulpraxis sei erwähnt, wenngleich er bei der Erstellung des Arbeitsbuchs nicht im Vorder-grund gestanden hat.

Bei der Frage, welche Gegenstände im Studium – exemplarisch – behandelt werden können oder sollten, ist der Gesichtspunkt einer künftigen Schullektüre weder von absolutem Vorrang, noch darf er als ‚unwissenschaftlich‘ abgetan werden. So entschieden bei der Entwicklung von Hochschul-Curricula darauf zu bestehen ist, daß auch ‚nichtschulische‘ Gegenstände von Bedeutung behandelt werden, so sehr sollten die positiven Möglichkeiten einer Umsetzung in Schul-praxis genutzt werden, dort wo sie sich anbieten. Wenn der eine oder andere Deutschlehrer einzelne Kapitel des Arbeitsbuchs zur Vorbereitung seines Unter-richts mitverwendet, hat es einen zusätzlichen sinnvollen Zweck erfüllt. Die Resonanz der drei ersten Auflagen scheint zu bestätigen, daß es auch für Lehrer verwendbar ist. Es ist auffällig, wie oft in Schulunterrichtsentwürfen gerade

Lessing neuerdings wieder begegnet, auch im Zusammenhang mit umfassenderer Thematik wie ‚Aufklärung' (s. Gidion/Bahrdt, S. 53 ff.; Kleiner/Weinmann, S. 92 ff. u. a.; zu den Lernzielen im Fach ‚Literaturgeschichte' s. Hüppauf). In Baden-Württemberg ist *Emilia Galotti* soeben zum ‚Sternchentext' erhoben worden, d. h. zum obligatorischen Text für Abitursklassen. Selbst wenn bei solcher Autorwahl nicht etwa der ‚freie Griff in die Geschichte', sondern die vorgefundene Tatsache von Lessings Schul-Kanonizität den Ausschlag gegeben haben mag, sollte die Chance des Anknüpfens an Bestehendes genutzt werden.

2.5. Konzentration auf einen einzelnen Autor

Sowohl der Gesichtspunkt der Schule als auch derjenige der Aktualität führen zugleich auf die Frage, warum hier ein einzelner Autor und nicht etwa eine Epoche oder eine Gattung als Gegenstandsbereich gewählt wurde. Beide Möglichkeiten sind von der didaktischen Konzeption des Arbeitsbuchs her ebenfalls gegeben. Hier könnte etwa an den Versuch mit Literatur der Weimarer Republik aus *Modelle der Praxis* angeknüpft werden (Müller-Solger, S. 57 ff.) oder an Versuche zur intensiven Analyse einzelner Werke (Müller-Solger, S. 37 ff. zu Goethes *Wahlverwandtschaften;* s. auch Titel Steinbach, S. 42 ff. zu Schillers *Räubern*).

Für einen ersten Schritt freilich bietet ein einzelner Autor, und insbesondere Lessing, günstige Voraussetzungen sowohl der Konzentration wie der gegenständlichen Vielfalt. Die historische, biographische Person Lessings ist als Orientierungspunkt für die Epoche der Aufklärung überaus günstig geeignet. Und diese Perspektive läßt sich ebenso auf wichtige Zeugen aus der Zeitgenossenschaft Lessings – Herder, Friedrich Schlegel – wie etwa auf Franz Mehring oder Waldemar Oehlke gründen, die beide nicht zufällig über Lessing hinaus jeweils ein Panorama der Zeit zu geben versuchten. Es ist durchaus Absicht des Arbeitsbuchs, auch in die Lessingzeit als solche einzuführen. Die Einsicht in die Dialektik von Zeittypik und Individualität gehört gerade zu den Lernzielen, deren Realisierung gefördert werden soll.

Lessings Werk eröffnet durch die Vielfalt seiner Themen und Formen zugleich eine fruchtbare Möglichkeit ‚monographischer' Behandlung. Um nur die Gattungen zu nennen: Lustspiele, Trauerspiele, Lieder, Oden, Epigramme, Fabeln, Dialoge, theoretische Schriften, kritische Schriften verschiedenster Art, Übersetzungen, Streitschriften. Es fehlen eigentlich nur Romane und Versepen (auch Lehrgedichte), um das Spektrum der wesentlichen literarischen Formen seiner Zeit ganz zu repräsentieren. Für Textlektüre und Textanalyse ergeben sich hieraus willkommene Möglichkeiten der Abwechslung: ein didaktischer Gesichtspunkt, dessen Bedeutung für die Praxis nicht zu unterschätzen ist. Freilich sollte keines der genannten Momente, die für die Wahl des Autors Lessing sprechen, isoliert werden; erst in der Synthese erhalten sie Sinn und Gewicht.

2.6. Das Lessingbild

In der Synthese wird auch das erst greifbar, was man als das zugrundeliegende ‚Lessingbild' bezeichnen könnte. Ein Porträt kann und soll hier nicht gezeichnet werden, zumal schon die Wahl der Überschriften innerhalb des Arbeitsbuchs eine Orientierung ermöglicht. Einige Stichworte mögen immerhin zur Begründung der Autorwahl und der Textauswahl nützlich sein.

Lessing erscheint, anders als vor einem Jahrhundert, nicht primär als Gründerheros einer deutschen Nationalliteratur oder als ‚Reformator', sondern betont als *Aufklärer*. Dies gilt nicht lediglich im Sinn einer formalen Epochenzuordnung, sondern durchaus vom geschichtlichen Gehalt her. Lessing begegnet als herausragender – wenn nicht gar in Deutschland bedeutendster – Vertreter der Ideale und Aktivitäten der Aufklärung in ihrem Eintreten für Vernunft, Moral, Toleranz, Freiheit, Menschlichkeit, gegen Vorurteile, kirchliche Despotie, Fürstenwillkür. Sozialgeschichtlich wird er als führender Vertreter der Emanzipation des sich konstituierenden Bürgertums verstanden, als einer, der zwar selbst von Elternhaus und Bildung her privilegiert war, der aber gerade als Literat soziale und politische Repression hat erfahren müssen.

Sowohl in seiner gesellschaftlichen Position wie auch in seiner nationalen Zielsetzung erscheint er durchaus nicht als eindeutig rubrizierbar. Er ist in vielerlei Hinsicht Repräsentant einer *Übergangsphase,* der auch fundamentale Widersprüche in sich trägt und simplifizierende politische Vereinnahmungen – wie sie oft genug versucht worden sind – von vornherein Lügen straft. Dies betrifft im einzelnen auch unmittelbar die Textinterpretation: wenn etwa *Minna von Barnhelm* weder als schlichtweg antipreußisch noch als Glorifizierung Preußens ausgegeben werden kann, oder wenn der Dialog *Ernst und Falk* zwar Möglichkeiten grundlegender sozialer und politischer Veränderungen andeutet, aber eine Revolution nicht als Weg hierzu vorzeichnet. Immer wieder zeigt sich die Notwendigkeit, Lessing dialektisch zu verstehen, und zwar gerade auch im Hinblick auf die roten Fäden, die sein Werk durchziehen: von der ‚Halsstarrigkeit der Tugend' über die Polarität von ‚Herz' und ‚Witz', von ‚Genie' und ‚Regel' bis zur späten Entgegensetzung von ‚Vernunft' und ‚Offenbarung'.

Zu den Kernpunkten des hier zugrundegelegten Lessingbildes gehört ferner der *innere Zusammenhang der einzelnen Werkbereiche und Werkphasen.* Von einer Ganzheit oder gar Einheit zu sprechen, mag zu sehr die Tendenz zur Harmonisierung oder Verunklärung fördern. Das bisweilen Sprunghafte von Lessings Schaffen soll nicht überdeckt werden. Andererseits sind etwa im Fall des *Nathan* die Beziehungen sowohl zum Fragmentenstreit als auch zu den frühen *Juden* offenkundig. Es geht nur darum, nach solchen Verklammerungen intensiver auch bei anderen Texten und Werkbereichen zu fragen, bei denen sie bisher nicht vermutet oder zu wenig beachtet worden sind, etwa bei Epigrammen und kritischen Schriften, oder bei Fabeln und *Laokoon, Philotas* und *Minna.* Was die durchlaufenden Linien betrifft, auch die Grundcharakteristika des Lessingschen Stils – z. B. das dialogische Moment –, so werden vor allem

Tendenzen der neueren Lessingforschung aufgenommen, die sich endlich auch dem Frühwerk mit Entschiedenheit zugewandt hat.

Das Dialogische ist seinerseits nur wieder Element einer umfassenden Tendenz, die man *evokativ* nennen mag. Mit dem oft erörterten ‚Wirkungs'-Prinzip allein, wie es sich aus den kritischen und theoretischen Schriften ableiten läßt, ist das Phänomen noch nicht zureichend erfaßt. Lessing tritt mit dem von ihm erst anzulockenden, zu erziehenden Publikum in einen Dialog, der es zum Relativieren, Positionbeziehen und ‚Selbstdenken' anregen soll. Diese Appellstruktur verfehlt, bei sorgsamer Heranführung, auch heute ihre Wirkung nicht und bedeutet ein noch kaum ausgeschöpftes didaktisches Potential.

3. Probleme der Methode

Ein Arbeitsbuch des hier vorgestellten Typus muß sich legitimerweise auch der Frage nach ‚der Methode' oder wenigstens den methodischen Grundlagen stellen. Wenn im folgenden versucht wird, diese Grundlagen in der notwendigen Kürze zu formulieren, so wird damit nicht der Anspruch auf eine konsistente, in sich geschlossene methodologische Theorie erhoben. Mit Deutlichkeit sei hier dem weitverbreiteten Irrtum entgegengetreten, als genüge es bereits der Forderung nach wissenschaftlicher Transparenz, wenn man sich einer der im Schwange befindlichen und fest etikettierten ‚Methoden' nur konsequent genug anschließe, etwa der ‚materialistischen' oder der ‚formalistischen' oder der ‚positivistischen'. Es gehört gerade zu den Schattenseiten der bisherigen Reformdiskussion, daß die meisten der zahlreichen Methoden- und Theorie-Entwürfe ohne überprüfbare Konkretion bleiben oder allenfalls an einseitig ausgewählten Gegenständen exemplifiziert werden. Demgegenüber könnte man sich für das vorliegende Arbeitsbuch, bei dem die geschichtlichen Gegenstände im Zentrum stehen, am ehesten noch mit dem Verständigungsbegriff ‚synthetisch' behelfen (im Sinne von Hermand). Es liegt in der Vielschichtigkeit des Phänomens Lessing wie im Stand der Forschung begründet, daß der erreichbare Grad der methodischen ‚Synthese' in den einzelnen Teilen des Buchs recht verschieden ist. Dies sei kurz erläutert.

Schon der Aufbau des Arbeitsbuchs läßt erkennen, daß Lessings Leben und seine Werke innerhalb eines bestimmten *geschichtlichen Kontexts* gesehen und interpretiert werden; genauer gesagt: innerhalb eines politischen, ökonomischen, sozialen, kulturellen Kontexts, der vorzugsweise in Arbeitsbereich I skizziert ist. Die dort und in der Synoptischen Tabelle am Schluß des Buchs gegebenen Daten und Fakten stellen zwar auch Hintergrundsinformation dar, aber nicht nur dies. Bei der Entwicklung des literarischen Markts und des Publikums wird auch der unmittelbare, ja kausale Zusammenhang mit Lessing kritischen Schriften und mit seiner Theaterschriftstellerei erkennbar. Wieder anders steht es mit den Bedingungen des Absolutismus im Hinblick etwa auf den Patriotismus des 18. Jahrhunderts und auf die Herausbildung eines ‚bürgerlichen' Bewußtseins. *Philotas* und *Minna* einerseits, *Sara* und *Emilia* andererseits sind ohne die hieraus erwachsenden sozialen und moralischen Konflikte gar nicht angemessen zu verstehen. Um ein bloßes Widerspiegelungsmodell etwa im Fall der *Emilia* geht es hier nicht. Aber jeder Versuch, diesem Stück mit Hilfe einer noch so differenzierten Charakteranalyse oder auch einer immanenten Nachzeichnung von Machtstrukturen auf den Grund zu kommen, würde gerade dem Problem der ‚nichthöfischen‘, ‚bürgerlichen‘ Zwischenstellung nicht gerecht werden (hierzu bes. III B).

Komplizierter noch stellt sich die vieldiskutierte Frage nach der *gesellschaftlichen Vermitteltheit ästhetischer Phänomene* dar. Nur in einzelnen Fällen lassen sich innere Zusammenhänge wenigstens mit einiger Evidenz aufweisen, so beim *Freigeist*. Hier ist einerseits ein bestimmtes Maß an Wissen über literarische Tradition – besonders der Sächsischen Typenkomödie – erforderlich, andererseits ein prinzipieller Ausgriff auf Probleme der Rationalismuskritik des frühen Lessing und ihrer sozialen Voraussetzungen. Erst in diesem Zusammenhang wird die eigentliche Bedeutung dessen erkennbar, was sich formal-interpretatorisch als Durchbrechung des vorgefundenen Komödienschemas aufweisen läßt. Ähnlich steht es mit den verschiedenen Dramenschlüssen. Ist der Schluß der *Minna* auf der Folie der aktuellen politischen Situation und zugleich der deus-ex-machina-Tradition als parodierendes Signal für tiefere gesellschaftliche Widersprüche zu verstehen? Und ist die eigentümliche geschichtlich-soziale Enthobenheit der *Nathan*-Welt samt ihrer harmonisierenden Schlußwendung ein autobiographisch zu deutender Hinweis auf Resignation? Die konsequente Zusammenschau mit dem Fragmentenstreit und seinen politischen Aspekten ermöglicht jedenfalls den Schritt über die rein immanente oder auch nur ideengeschichtliche Betrachtung hinaus und zeigt durchaus unspekulativ den besonderen sozialhistorischen Horizont des Stückes auf.

Am Beispiel des *Nathan,* insbesondere aber der *Minna* und der *Emilia* wird ein weiterer methodischer Zentralpunkt des Arbeitsbuchs erkennbar: die intensive Einbeziehung *rezeptions- und wirkungsgeschichtlicher* Perspektiven. Sie sind nicht lediglich als Erweiterungen im Sinne eines Nachlebens oder einer theaterpraktischen Traditionskette gedacht, sondern ihrerseits als Ansatzpunkte zur Textinterpretation und zum Verständnis der Geschichtlichkeit der Texte. Arbeitsbereich VII gilt ausschließlich diesem Komplex und ist sowohl wegen der Vielfalt der überlieferten Zeugnisse als auch wegen der besonderen ideologiegeschichtlichen Bedeutung Lessings vergleichsweise ausführlich gehalten. Zwar ergibt sich gerade bei den bekannteren Werken Lessings, besonders den Dramen, die Notwendigkeit einer Auswahl unter den Dokumenten. Aber da diese – anders als sonst oft bei rezeptionsgeschichtlichen Untersuchungen – innerhalb des Arbeitsbuchs eng an die synthetische, historische Interpretation der Texte selbst angebunden werden kann (bes. bei *Minna*), dient hier Wirkungsgeschichte auf besondere Weise der Einsicht in die Dialektik von Gegenwärtigkeit und historischem Abstand: einem Lernziel, das für die Wahl des Autors Lessing mit maßgebend war.

Die Einbeziehung sowohl *fiktionaler* als auch *expositorischer* Texte, wie sie in

Reformentwürfen immer wieder programmatisch gefordert wird, ergibt sich bei einer geschichtlich orientierten Behandlung Lessings nahezu von selbst. Vom Zusammenhang der frühen kritischen Schriften mit dem *Freigeist* bis zum *Nathan* als der Fortsetzung des Goeze-Streits mit anderen Mitteln führen die Strukturlinien des Arbeitsbuchs ständig zwischen den einzelnen Werkbereichen hin und her. Der Vorteil dieser ‚monographischen‘ Behandlung eines Autors liegt gerade darin, daß die innere Zusammengehörigkeit der theoretisch so oft voneinander abgetrennten Textsorten und Gattungen wie selbstverständlich demonstriert wird. Es mag sein, daß im Einzelfall die ästhetische Struktur eines Dramentextes nicht den Erwartungen entsprechend in den Vordergrund tritt (etwa beim *Nathan*) oder daß ein scheinbar rein sachgebundener kritischer Text Lessings gerade auf seine Argumentationsstruktur und seinen Publikumsbezug hin untersucht wird (frühe kritische Schriften). Ein Erkenntnisgewinn liegt in jedem Fall darin, daß die biographische und im weitesten Sinne geschichtliche Verflechtung der überlieferten Texte Lessings in einem Ausmaß sichtbar wird, wie es bloß punktuelle Lektüre in der Regel nicht vermitteln kann.

Zum Aspekt der geschichtlichen Verflechtung gehört schließlich das Bemühen, sowohl die Erscheinung ‚Lessing‘ wie die deutsche Aufklärung möglichst auch in ihren *europäischen* Dimensionen erkennbar werden zu lassen. Das führt zwar gelegentlich zu exkursartigen Referaten von anderweitig nachlesbaren Daten und Entwicklungen (etwa bei den Moralischen Wochenschriften, der comédie larmoyante oder der Geschichte der Ästhetik). Aber das didaktische Prinzip der möglichst umfassenden Information und zugleich der weiterführenden Anregung beanspruchte hier Vorrang. Dies gilt auch für die methodisch gewiß leicht kritisierbare, aber nichtsdestoweniger nützliche *Synoptische Tabelle*. Sicher könnte der Blick insbesondere nach England und Frankreich hin noch detaillierter zur Geltung kommen – die Grenze dessen, was an geschichtlicher Hintergrundsinformation geboten werden sollte, ist durchaus diskussionsbedürftig. Vermutlich werden erst längerfristige praktische Erfahrungen mit solchen Arbeitsbüchern zu Autoren und zu Epochen einen sinnvollen Mittelweg finden lassen.

Leitgedanke bei der Bestimmung der Umfänge und Proportionen war immer wieder die Absicht, zu den *Texten* und zu ihrer Lektüre hinzuführen. Dies bedeutet zwar streng genommen eine Selbstverständlichkeit. Aber angesichts der Schwerpunktsetzung in so manchen Reformentwürfen und gegenüber vielfach zu beobachtenden Tendenzen der Unterrichts- bzw. Studierpraxis muß daran erinnert werden. Gerade weil es den Autoren um Praktikabilität und Überschaubarkeit ging, war das Problem der *Textauswahl* besonders schwierig zu lösen. Jeder Lessing-Kenner wird leicht eine anders orientierte Auswahl vertreten können. Es bedürfte eines ausgedehnten Räsonnements, um jede einzelne Entscheidung hinreichend zu begründen – etwa den Verzicht auf eine gesonderte Behandlung der *Literaturbriefe*. Neben dem bereits genannten – vielleicht schon unrealistischen – Grundsatz, daß ein Semester zur Erarbeitung des Ganzen ausreichen sollte, war die Zugänglichkeit der Texte ausschlaggebend. Die Texte sollten möglichst in Taschenbuchform greifbar sein. Nur in wenigen Fällen ist über den so gesetzten Rahmen hinausgegangen worden, wobei zugleich die Erwartung einer Taschenbuchpublikation in absehbarer Zeit mitgespielt hat (bes. für *Freigeist* und *Ernst und Falk*).

Als *Zitiergrundlage* für die Texte Lessings ist von der vorliegenden vierten Auflage an die inzwischen abgeschlossene Ausgabe von Herbert G. Göpfert (Hanser) gewählt. Sie löst damit die seinerzeit relativ preiswerte und entsprechend verbreitete Ausgabe von Paul Rilla ab. Lediglich die Briefe (die bei Göpfert nicht einbezogen sind) werden noch nach Rilla zitiert. Sonstige Abweichungen, soweit sie erforderlich wurden, sind jeweils am Ort gekennzeichnet (Näheres s. unten S. 34).

4. Zu Entstehung und Aufbau des Arbeitsbuchs

Gesamtaufriß und Detailgliederung des Arbeitsbuchs wurden von den Verfassern in einer Reihe von Tübinger Lehrveranstaltungen seit dem Wintersemester 1971/72 *erprobt* und zum Teil erheblich *verändert*. Aus den praktischen Erfahrungen mit dem gedruckten Buch – viele wurden dankenswerterweise schriftlich oder mündlich an die Verfasser übermittelt – ergaben sich dann noch einmal eine Reihe von Modifikationen, die hier nicht im einzelnen dargelegt werden sollen. Sie beziehen sich auf die Gestaltung der Überschriften, der ‚Grundlageninformation‘, auf die Einbeziehung von Forschungsliteratur und nicht zuletzt auf Grundsätze der Formulierung (Fachtermini usw.). Äußerlich vielleicht am auffälligsten ist, von dieser vierten Auflage an, der Verzicht auf die Teile ‚Anregungen zur Weiterarbeit‘. Sie wurden von manchen, insbesondere von Lehrern, als sehr hilfreich bezeichnet, blieben jedoch für andere (auch für die Verfasser selbst) unbefriedigend. Die thematische Schwerpunktbildung erschien zu willkürlich, teilweise auch über das Erarbeitbare zu weit hinausführend, und bloße Rekapitulationsfragen sollten nicht gestellt werden. Eine Tendenz, die weitere ‚Verschulung‘ zu fördern, lag von vornherein fern. Im Gegenteil: gerade der Wunsch, ihr durch geeignete Arbeitshilfen entgegenzuwirken, gehört zu den ursprünglichen und auch jetzt festgehaltenen Motiven der Verfasser.

Die Absicht, zu den Texten hinzuführen, war ausschlaggebend zunächst für die Festlegung von fünf großen Textkomplexen. Diese *Arbeitsbereiche* orientieren sich einerseits an der Chronologie bzw. den biographischen Phasen, andererseits an der Zusammengehörigkeit nach Inhalt oder auch Gattung. Aus den Überschriften der Arbeitsbereiche soll zumindest andeutungsweise der Grund für die Zusammenfassung erkennbar werden. So folgt etwa Arbeitsbereich IV, mit Fabeln und *Laokoon*, nicht streng der Chronologie. Dagegen sind Frühwerk und Spätphase, also Arbeitsbereiche II und VI, aus evidenten Gründen auch als Textgruppen beibehalten. Gewissermaßen den Rahmen der textzentrierten Binnenbereiche bilden die beiden Arbeitsbereiche I und VII, die sich etwa mit den Stichworten ‚Voraussetzungen‘ und ‚Wirkungen‘ umschreiben lassen. Von beiden Rahmen-Arbeitsbereichen führen zahlreiche Verbindungslinien auch zu den einzelnen Textanalysen, etwa wenn bei *Minna von Barnhelm* auf den preußischen Absolutismus (AB I) oder auf die spätere prussizistische Deutung (AB VII) Bezug genommen wird. Solche Querverbindungen bestehen freilich nicht nur zwischen den Rahmen- und den Binnen-Arbeitsbereichen, sondern auch zwischen einzelnen Textkomplexen: etwa zwischen den frühen kritischen Schriften (AB II B) und der *Hamburgischen Dramaturgie* (AB III A). Wo es als sinnvoll erschien, wurden entsprechende Querverweise in die Darstellung aufgenommen.

Der *innere Aufbau der einzelnen Arbeitsbereiche* folgt einem ähnlichen Prinzip. Eine Vorbemerkung begründet, sofern nötig, knapp die spezielle Zusammenstellung der einzelnen Teile. Bei den Binnen-Arbeitsbereichen sind die Lessingschen Texte gliedernde Einheiten. Voraus geht jeweils eine *Grundlageninformation,* die einerseits den Zugang zu den Texten erleichtern, andererseits den Analyseteil entlasten soll. Ihre drei Rubriken lauten: *Texte und Materialien, Forschungsliteratur* und *Voraussetzungen und Entstehung.* In allen Fällen wird hierbei stark ausgewählt, d. h. es besteht keinerlei Anspruch auf vollständige Information. Wo leicht zugängliche Materialienbände existieren (insbesondere zu den bekannteren Dramen), sind die Angaben entsprechend knapper gefaßt. Die jeweilige Forschungsbibliographie setzt mit Absicht individuelle Akzente im Hinblick auf den Analyseteil, soll jedoch den Stellenwert der einzelnen Arbeit wenigstens durch einen kurzen Kommentar andeuten.

Der mit *Textanalyse* überschriebene Teil bildet jeweils den eigentlichen Kern des Arbeitsbereichs. Die durchnumerierten Zwischenüberschriften sind mehrfach in expliziter oder impliziter Thesenform gehalten – eine didaktische Entscheidung, die zwar gelegentlich zur Vereinfachung oder Überpointierung führen mag, jedoch vor allem als Anstoß zur eigenen Reflexion und zur Kritik der gegebenen Interpretation gedacht ist. Die in den Überschriften angedeutete Interpretationsrichtung kann natürlich nur einzelne Aspekte der Texte erfassen, in mehreren Fällen sind ausdrücklich bestimmte Schwerpunkte gesetzt (etwa bei den Theoremen der *Hamburgischen Dramaturgie*). Weiterführende, auch neue Texte einbeziehende Lektüre, z. B. bei den frühen Lustspielen, soll daran anknüpfen können. Hier wie grundsätzlich bei allen Teilen des ‚Schemas‘ sei noch einmal an die Gesamttendenz des Buchs erinnert: es soll an die Texte heranführen, deren geschichtliche – auch biographische – Zusammenhänge erschließen, Anstöße zur eigenständigen Auseinandersetzung vermitteln und damit ein gegenwartsbewußtes Studium der ‚Literaturgeschichte‘ fördern.

Notiz zur Arbeitsverteilung

Die von den einzelnen Verfassern formulierten Textentwürfe wurden sämtlich in der Gruppe durchdiskutiert und aufgrund der internen Kritik oft stark verändert. Über die Grenzen hinaus, die durch die gemeinsame Konzeption des Buchs gezogen waren, wurde eine Nivellierung jedoch nicht angestrebt. Individuelle ‚Handschriften‘ in Deutung und Darstellungsstil sind durchaus erkennbar geblieben. Obwohl die Arbeit der Gruppe in engem Austausch vor sich gegangen war und somit das ‚geistige Eigentum' nicht immer säuberlich getrennt werden kann, haben sich die Verfasser zu einer Nennung der ‚Anteile' entschlossen. Zwischen falscher Anonymität und falscher Personalisierung hoffen sie, einen sinnvollen Mittelweg gefunden zu haben. Waltraut Wegener hat einen großen Teil der Reinschriften angefertigt und vielfältige organisatorische Hilfe geleistet. Volker Badstübner formulierte, teilweise auf der Grundlage früherer Entwürfe, Arbeitsbereich II B und II D neu. Rolf Kellner erstellte die Synoptische Tabelle, koordinierte die Gesamtbibliographie und wirkte an der internen Kritik mit.

Entwürfe und Endfassungen verteilen sich im übrigen auf die Autoren wie folgt:

> Barner: Einführung, I A 3.3. und A 4., I E, II C, IV B
> Grimm: V B, VII
> Kiesel: I A bis C (ohne A 3.3. und A 4.), III B (ohne 2.9.), V A, VI B
> und C
> Kramer: I D, II A, III A, IV A, VI A und B 2.1.

Zur Zitierweise

Bei Lessing-Zitaten, einschließlich der Werktitel, richtet sich die Textform grundsätzlich nach der Hanser-Ausgabe von Göpfert (= G). Notwendige Abweichungen werden jeweils kenntlich gemacht, so bei den Briefen, die nicht in G, aber in der Ausgabe von Rilla enthalten sind (R IX). Andere Textzitate und Werktitel des 18. Jahrhunderts sind, mit wenigen Ausnahmen (z. B. *Critische Dichtkunst*), analog den bei Lessing angewandten Prinzipien modernisiert. Bei Autoren, zu denen kritische Editionen, aber auch leichter zugängliche, zuverlässige Textausgaben vorliegen (z. B. Goethe, Schiller), werden die letzteren vorgezogen.

Im übrigen sind folgende Abkürzungen häufiger verwendet:

> AB = Arbeitsbereich
> CD = Gottsched, *Versuch einer Critischen Dichtkunst* ([4]1751)
> G = Göpfert (s. Gesamtbibl. 1)
> LM = Lachmann-Muncker (s. Gesamtbibl. 1)
> PO = Petersen-Olshausen (s. Gesamtbibl. 1)
> R = Rilla (s. Gesamtbibl. 1).

Weitere abgekürzte Titelangaben enthält die Gesamtbibliographie.

Bibliographie zur Einführung

Adorno, Theodor W.: Ästhetische Theorie, Frankfurt a.M. 1970

Arnold, Heinz Ludwig u. Volker Sinemus (Hrsg.): Grundzüge der Literatur- und Sprachwissenschaft, München 1973

Barthes, Roland: Literatur oder Geschichte, Frankfurt a.M. 1969

Brackert, Helmut u. Eberhard Lämmert (Hrsg.): Funkkolleg Literatur, 2 Bde., Frankfurt a.M. 1978

Bredella, Lothar: Einführung in die Literaturdidaktik, Stuttgart usw. 1976

Breuer, Dieter u. Paul Hocks, Helmut Schanze, Peter Schmidt, Franz Günter Sieveke und Hauke Stroszeck: Literaturwissenschaft. Eine Einführung für Germanisten, Frankfurt a.M./Berlin/Wien 1972

Buhr, Gerhard u. Gerhard Kaiser, Gerhard Neumann, Rolf Günter Renner, Jürgen Schröder, Horst Turk: Prospekt einer Studienbibliothek Germanistik, Frankfurt a.M. 1971

Cepl-Kaufmann, Gertrude u. Winfried Hartkopf: Germanistikstudium. Einführung in das Studium der Literaturwissenschaft, Stuttgart 1973

Dohmen, Günther (Hrsg.): Forschungstechniken für die Hochschuldidaktik, München 1971

Eckstein, Brigitte: Hochschuldidaktik und gesamtgesellschaftliche Konflikte, Frankfurt a.M. 1972

Flitner, Andreas u. Dieter Lenzen (Hrsg.): Abitur-Normen gefährden die Schule, München 1977

Gerner, Berthold (Hrsg.): Das exemplarische Prinzip. Beiträge zur Didaktik der Gegenwart, Darmstadt 1966

Gidion, Jürgen u. Hans Paul Bahrdt: Praxis des Deutschunterrichts, Göttingen 1973

Groeben, Norbert: Die Verständlichkeit von Unterrichtstexten, Münster 1970

Hauff, Jürgen u. Albrecht Heller, Bernd Hüppauf, Lothar Köhn, Klaus-Peter Philippi: Methodendiskussion. Arbeitsbuch zur Literaturwissenschaft, 2 Bde., Frankfurt a.M. 1971

Herfurth, Gisela u. Jörg Hennig, Lutz Huth: Topographie der Germanistik. Standortbestimmungen 1966–1971. Eine Bibliographie, Berlin 1971

Hermand, Jost: Synthetisches Interpretieren. Zur Methodik der Literaturwissenschaft, München 1968

Hüppauf, Bernd: Über Literaturgeschichte im Deutschunterricht, in: Festschr. f. Gerhard Storz, Frankfurt a.M. 1973, S. 353ff.

Initiativgruppe Studienreform (Hamburg): Fragenkatalog zur Begründung und Beurteilung von Einführungskonzeptionen im Rahmen der Germanistik, in: Linguistik und Didaktik 4/14, 1973, S. 99ff.

Jaumann, Herbert: Tendenzen der Literaturwissenschaft im Spiegel der ‚Einführungen‘, in: Mitteilungen d. Dt. Germanistenverbandes 27/3, 1980, S. 2ff.

Kaiser, Gerhard u. Peter Michelsen, Karl Pestalozzi, Hugo Steger, Horst Turk: Fragen der Germanistik, München 1971

Kemper, Hans-Georg: Angewandte Germanistik. Materialien zu einer kasuistischen Didaktik, München 1974

ders. u. Hermann Müller-Solger, Hans-Hugo Steinhoff (Hrsg.): Studienreform Germanistik. Empfehlungen für das Studium des Lehrers der Sekundarstufe II im Fache Germanistik, Tübingen 1972

Kleiner, Annemarie u. Siegfried Weinmann (Hrsg.): Theorie und Praxis des kooperativen Unterrichts. Bd. II: Resultate und Modelle in den Fächern. Heft 2: Deutsch, Stuttgart 1971

Köhler, Gerd u. Ernst Reuter (Hrsg.): Was sollen Schüler lernen? Die Kontroverse um die hessischen Rahmenrichtlinien für die Unterrichtsfächer Deutsch und Gesellschaftslehre, Frankfurt a.M. 1973

Kolbe, Jürgen (Hrsg.): Ansichten einer künftigen Germanistik, München 1969 (Neuaufl. Frankfurt a.M./Berlin/Wien 1974)

ders. (Hrsg.): Neue Ansichten einer künftigen Germanistik, München 1973

Müller-Solger, Hermann (Hrsg.): Modelle der Praxis. Einführung in das Studium der Literaturwissenschaft, Tübingen 1972

Sader, Manfred u. Beate Clemens-Lodde, Heike Keil-Specht, Andrea Weingarten: Kleine Fibel zum Hochschulunterricht, München 1970

Schulte-Sasse, Jochen u. Renate Werner: Einführung in die Literaturwissenschaft, München 1977

Schwencke, Olaf (Hrsg.): Literatur in Studium und Schule. Loccumer Experten-Überlegungen zur Reform des Philologiestudiums (I), Loccum 1970

Seiffert, Helmut: Hochschuldidaktik und Hochschulpolitik, Darmstadt u. Berlin 1969

Ulshöfer, Robert (Hrsg.): Unterrichtsmodelle. Begleitband zum Arbeitsbuch Deutsch. Heft 2: Literatur und Gesellschaft, Dortmund 1973

Wissenschaftsrat: Empfehlungen zur Struktur und zum Ausbau des Bildungswesens im Hochschulbereich nach 1970, Bd. 2, o. O. 1970, S. 103 ff. (‚Ausbildung im Fach Germanistik‘)

Arbeitsbereich I

Ein bürgerlicher Aufklärer in Deutschland, seine Voraussetzungen und seine Möglichkeiten

O. Vorbemerkung

Den in der Einführung B erläuterten Prinzipien des Arbeitsbuches entsprechend vermittelt das Folgende in erster Linie zusammenhängende Grundlageninformation zum Verständnis Lessings und seiner Zeit – zugleich mit der Absicht, die geschichtliche Bedingtheit dieses ‚Zeitverständnisses‘ selbst bewußt zu machen.

Notwendigkeit und methodisches Konzept der Grundlageninformation werden wohl am deutlichsten erkennbar am Beispiel ‚literarisches Leben‘ (Abschnitt C). Dessen fundamentale Wandlungen im 18. Jahrhundert (Stichworte: ‚freier Schriftsteller‘, ‚bürgerliches Lesepublikum‘, ‚literarischer Markt‘) sind nur im Zusammenhang der politischen, ökonomischen, sozialen, bildungsgeschichtlichen Verhältnisse überhaupt verstehbar. Andererseits ist evident, daß gerade die geschichtliche Erscheinung Lessings in ihren Möglichkeiten wie in ihren Grenzen an die neuen Gegebenheiten des literarischen Lebens gebunden bleibt.

Die hiermit angedeutete Perspektive auf Lessing hin bestimmt zu einem wesentlichen Teil Materialauswahl und Darbietungsform. Ein weiterer Gesichtspunkt war das Bestreben, speziell dem Germanistikstudenten dort behilflich zu sein, wo ihn seine Fachkompendien (etwa Literaturgeschichten) zumeist im Stich lassen und knappe, zuverlässige Information anderweitig nicht oder nur schwer verfügbar ist.

Aus diesem Grund – und nicht etwa wegen einer bestimmten ‚Methode‘ – ist auf einen Überblick über die Literatur- und Geistesgeschichte des 18. Jahrhunderts verzichtet worden (leicht zugängliche, sowohl knappe wie detaillierte Darstellungen nennt die Gesamtbibliographie; Entsprechendes gilt für die Biographie Lessings, vgl. die Synoptische Tabelle). Auf den selektiven und additiven Charakter des Gebotenen und auf die Notwendigkeit einer sukzessiven Synthese (mit den einzelnen Binnen-Arbeitsbereichen) sei nachdrücklich hingewiesen. Im übrigen empfiehlt es sich, bei der Lektüre von Fall zu Fall die dem Arbeitsbuch beigegebene Synoptische Tabelle heranzuziehen.

A. Deutschland im 18. Jahrhundert

1. Die politische Situation

1.1. Entwicklung und Funktion des absolutistischen Staates

Die Entwicklung absolutistischer Staaten im Zeitalter der Renaissance (Neureflexion antiker Staatsphilosophie und Rezeption des Römischen Rechts), der großen geographischen Entdeckungen und technischen Erfindungen (wirtschaftliche Prosperität und soziale Mobilisierung) und der Glaubenskriege (in deren Verlauf religiöse und moralische Strömungen den Belangen der Politik unterworfen wurden), war eine gesamteuropäische Erscheinung, die zwar in den einzelnen Territorien zu verschiedenen Zeiten einsetzte und sich mit verschiedener Intensität vollzog, den Absolutismus aber für das kontinentale Europa im 17. und 18. Jahrhundert zum vorherrschenden Regierungssystem machte. Noch in den restaurativen Bestrebungen des 19. Jahrhunderts waren seine Nachwirkungen zu spüren; ein Vergleich mit totalitären Staatssystemen des 20. Jahrhunderts ist allerdings nicht gerechtfertigt: Viele Bereiche wie z. B. das Erziehungswesen oder die Sozialfürsorge, die meist in der Hand der Kirchen und anderer Korporationen lagen, waren dem Zugriff der absolutistischen Zentralgewalt weithin entzogen. Erst im 18. Jahrhundert trat hier ein Wandel zugunsten des Staates ein.

Historische Basis des Absolutismus ist die mittelalterliche *monarchia mixta*, in welcher die höchste Gewalt, die der Monarch ausübte, eingeschränkt war durch die Freiheitsrechte (Privilegien) verschiedener Stände innerhalb des Staatskörpers: Geistlichkeit, Adel, oft auch städtisches Bürgertum und in selteneren Fällen die Bauernschaft waren auf regelmäßigen Versammlungen (Reichstagen, Landtagen, Ständetagen) repräsentiert und konnten versuchen, dem Fürsten in allgemeineren politischen Fragen ihre Vorstellungen nahezubringen oder ihren Willen aufzuzwingen. Seit dem späten Mittelalter war diese Regierungsweise von den Fürsten systematisch untergraben worden, indem die Freiheitsrechte der Stände eingeschränkt wurden oder die Ständeversammlungen nicht mehr einberufen und gehört wurden. Vergessen war allerdings die Regierunsform der ständischen Monarchie auch im 18. Jahrhundert noch nicht. Selbst Lessing, der nach Jacobi (Daunicht, S. 519) „in Staatsverfassungen kein Arg hatte, wie, nach Claudius, die Apostel in Aesthetik" und sich zu politischen Fragen direkt nur selten äußerte, erinnerte in seinem Entwurf über die *Deutsche Freiheit* (zw. 1768–72; GV, 724–726) daran:

„Daß in den ältesten Zeiten, von welchen Tacitus schreibt, die Könige und Herzoge der Deutschen, ohne Zuziehung des Volks nichts Wichtiges unternehmen dürfen, ist eine ausgemachte Sache.
Eben so ausgemacht ist es daß in den mittlern Zeiten, die Landstände zu allen wichtigen Regierungsgeschäften gezogen worden, und ihr Rat und ihre Einwilligung unumgänglich nötig war. Z. E. wenn neue Steuern aufgelegt, oder Kriege beschlossen werden sollten.

Dieses hat Strube, in s. Abhandlung von den Landständen [...] fast von allen Provinzen Deutschlands bewiesen und belegt. Das historische in dieser Abhandlung ist sehr gut, aber das politische und pragmatische desto schlechter und Sklavischer. Denn warum sollten nicht (§ 26) auch noch heutigen Tages den Landschaften alle Rechte beizulegen sein, womit sie vor 3 oder 400 Jahren versehen gewesen? Freilich hat sich die Regimentsverfassung seit 2 oder 300 Jahren sehr verändert, und es ist fast nirgends mehr üblich, alle wichtige Sachen auf den Landtag zu bringen. Wenn aber das geschieht: sollte es auch geschehen? Sollten wir wenigstens nicht in unseren Schriften unaufhörlich gegen diese ungerechten Veränderungen protestieren, anstatt durch schmeichelnde Nachsicht und Entschuldigung der Großen ihre Tathandlungen rechtsprechen?"

Die Ursachen dieser Entwicklung stellt Lessing in Frage als „Mißbräuche, oder schlimme Folgen einer sonst guten Einrichtung? Und gilt auch nicht hier, daß kein Mißbrauch durch noch so lange Übung zum rechten Gebrauche wird." Lessing wendet sich gegen die Beseitigung der korporativen Freiheits- und Mitspracherechte durch den Absolutismus, der an ihre Stelle keine neuen individuellen Freiheiten und Mitspracherechte setzte, sondern sich im 18. Jahrhundert anschickte, den ganzen Bereich des staatlichen Lebens durch Verwaltung und Gesetzgebung rigoros zu reglementieren. Freilich ist sich Lessing seiner historischen Argumentation bewußt, aus der auch andere pragmatische Schritte als die Rückkehr zum alten Zustand der monarchia mixta folgen können. In der Tat wurde der Ständestaat, der in einigen deutschen Territorien nie ganz überwunden werden konnte, zu einer der Vorstufen des Verfassungsstaates und der Regierungsform der konstitutionellen Monarchie.

Die Grundsätze der von Lessing kritisierten absolutistischen Staatstheorie hatte der französische Jurist Jean Bodin 1576 in seinen alsbald übersetzten und weit verbreiteten *Six livres de la république* erstmals systematisch abgehandelt. Die oberste Staatsgewalt, die er mit dem epochemachenden Begriff ‚Souveränität' bezeichnete, besteht bei ihm darin, „daß Gesetze und Gebräuche von der Willkür und dem Willen derer abhängen, die die höchste Gewalt im Staate innehaben. Sie kann deshalb mit den Untertanen nicht geteilt werden." Der Fürst ist den Gesetzen überhoben, da er sie nach Belieben erlassen und verändern kann, und regiert losgelöst von ihnen (*legibus solutus,* wie es in der lateinischen Fassung von 1584 heißt). Den Untertanen bleibt nur noch, daß sie den Herrschern „mit aller Treue, Sorge und Unterwerfung folgen. Und man darf von ihnen nicht anders sprechen und denken als von Gesandten des ewigen und allmächtigen Gottes." Das bedeutete auch, daß der absolutistische Herrscher nur an das göttliche Recht gebunden war und nur vor Gott sich verantwortlich fühlte für das Volk, dem Volk beziehungsweise den Ständen aber keine Rechenschaft schuldete für seine Regierungshandlungen, sondern jenseits aller Kritik stand.

In seiner Machtausübung war der absolutistische Herrscher primär durch den Gedanken der Staatsräson bestimmt. Gerade die Vorstellung, daß ein Monarch am besten überblicken könne, was dem Staatskörper insgesamt und seinen einzelnen Gliedern am nützlichsten sei, war eines der wichtigsten Argumente, durch

Zentralisierung und Bürokratisierung den gesamten Staat neu zu organisieren. Die partikularstaatlichen Mächte mußten zu diesem Zweck zurückgedrängt werden, d. h. dem Adel sollte neben dem Beratungs- und Bewilligungsrecht auch die lokale obrigkeitliche Gewalt entzogen werden, soweit dies möglich war. Insbesondere aber mußte die Kirche in das absolutistische Regierungssystem integriert werden. Im Zuge der Reformationswirren und der Glaubenskämpfe kam es in katholischen wie protestantischen Territorien zu je verschieden engen Bündnissen von Thron und Altar, die immer zu einem je anders gearteten, aber beständigen Staatskirchentum führten. Noch 1792 klagt Knigge in *Josephs von Wurmbrand politisches Glaubensbekenntniß* (Hrsg. v. Gerhard Steiner, Frankfurt a. M. 1968, S. 65), daß „der geistliche Despotismus von je her, nach Gelegenheit, dem politischen entweder die Hand gereicht, oder die Stange gehalten hat, daß beide Gegenstände nicht wohl zu trennen sind." Lessing – und er war nicht der einzige – sollte dies im Fragmentenstreit zu spüren bekommen.

Nach Bodin ist als Theoretiker des absolutistischen Staates Thomas Hobbes zu nennen. Sein *Leviathan oder Wesen, Form und Gewalt des kirchlichen und bürgerlichen Staates* erschien 1651, zwei Jahre nach der Hinrichtung Karls I Stuart. Hobbes führt die Notwendigkeit und Berechtigung einer höchsten Gewalt nicht mehr wie Bodin auf göttliche Einsetzung zurück (Gottesgnadentum), sondern auf einen Gesellschaftsvertrag, der den mörderischen „Krieg aller gegen alle" im Naturzustand beendete. Diese (im übrigen schon ältere) Vertragslehre sollte im 18. Jahrhundert für die rationalistische Begründung des Aufgeklärten Absolutismus eine bedeutende Rolle spielen.

Für Deutschland sind vor allem zwei Theoretiker zu nennen, die beide eine naturrechtliche Version der absolutistischen Theorie vertraten und als eine der Grundlagen der späteren ‚aufgeklärten' absolutistischen Regierungsweise zur Geltung brachten: im 17. Jahrhundert Samuel Pufendorf und im 18. Jahrhundert Christian Wolff, von Friedrich Wilhelm I aus Preußen verjagt, von seinem aufgeklärteren Nachfolger Friedrich II wieder zurückgerufen. Wolff behauptete gewisse menschliche Rechte als natürlich und deshalb als unveräußerlich; darüberhinaus betonte er die Pflicht aller, auch des Herrschers, sich dem gemeinen Besten *(bonum commune)* unterzuordnen.

Mit Theorie und Praxis des Absolutismus hatte man sich ohnehin nie abgefunden, wie auch am Beispiel Lessings zu sehen ist. Wenn er die alten Rechte der Stände auf „Rat und ihre Einwilligung" in irgendeiner Weise zurückfordert, verlangt er tendenziell nichts anderes als der um eine Generation ältere Montesquieu und dessen Vorgänger John Locke in ihren freilich viel umfassenderen politischen Theorien: die Kontrolle der politischen Gewalt seitens des Untertanenverbandes durch Trennung von gesetzgebender und ausübender Gewalt. Ein Verfassungszustand wurde entworfen (und in der amerikanischen Unabhängigkeitsbewegung auch angestrebt), in dem sich Macht und Recht, individuelle Freiheit und soziale Verantwortung die Waage hielten. Nach der amerikanischen Revolution drangen Rousseaus Forderungen nach totaler Gleichheit und Demokratie über Salons und literarische Kreise hinaus. In Deutschland zumal initiierten sie eine große Zahl hof- und gesellschaftskritischer Schriften, die eine wachsende Unzufriedenheit mit den herrschenden politischen und gesellschaftlichen Verhältnissen erkennen ließen.

Politische Gärung und soziale Spannungen blieben der Verwaltung und Regierung keineswegs verborgen, sondern erfaßten im Gegenteil auch diese. Eine unübersehbare Menge von verfassungsrechtlichen und verfassungsgeschichtlichen Schriften wurde angefertigt und kursierte öffentlich oder verwaltungsintern; reformerische Denkschriften wurden von Fürsten verlangt oder ihnen unaufgefordert vorgelegt. In nahezu jedem europäischen Land wurde im Laufe des 18. Jahrhunderts versucht, den neuen Verhältnissen und dem gewandelten sozialen und politischen Bewußtsein Rechnung zu tragen. Der Aufgeklärte Absolutismus sah sich in Konkurrenz zu revolutionären Bestrebungen.

1.2. Patriarchalische Formen des territorialstaatlichen Absolutismus in Deutschland

In Deutschland konnte auf Reichsebene der Absolutismus nicht durchgesetzt werden, vielmehr besiegelte der Westfälische Friede (1648) die Zersplitterung Deutschlands in nahezu 2000 Gebiete, von denen sich etwa 300 als Territorialstaaten konsolidieren konnten. Das Heilige Römische Reich Deutscher Nation wurde kein institutioneller Flächenstaat, sondern behielt die föderale Struktur eines personalen Herrschaftsverbandes, in welchem das obrigkeitliche Verhältnis als gegenseitiges Treueband zwischen Herr und Gefolgsmann erschien, nicht als Befehls- bzw. Gehorsamsrelation von Institution und Untertan. Notdürftig zusammengehalten durch das Reichsfeudalrecht bestand das Reich zwar mit seinen wichtigsten Organen, Kaisertum, Reichstag, Reichsheer, Reichskreisen, Reichskammergericht u. a., bis 1806 und behielt stets eine gewisse Bedeutung, doch wurde die Reichspolitik durch die dynastischen Interessen der Territorialfürsten, die Zerstrittenheit der Konfessionen und schließlich durch den Dualismus Preußen – Österreich völlig gelähmt.

So schwer wie auf der Politik lasteten territoriale Enge und Rivalitäten der Landesherren auf der Wirtschaft. Deutschland war auch als Wirtschaftsraum zersplittert; Handel und Gewerbe waren durch unzählige Zollschranken und Regeln von immer nur eng begrenzter Gültigkeit eingeschränkt. Die Folgen davon waren auch im Bereich des Buchhandels zu spüren. So gab es z. B. weder ein reichseinheitliches Gesetz, das den Nachdruck verbot, noch reichte der Arm eines Fürsten soweit, den Nachdruck eines von ihm privilegierten (d. h. geschützten) Buches in einem andern Territorium als dem seinen zu verhindern bzw. zu bestrafen. In manchen Territorien wurde sogar auf landesherrlichen Befehl hin nachgedruckt, damit die Ausgaben für eine sonst notwendige Büchereinfuhr gespart werden konnten. Für Verleger und Autoren bedeutete dies natürlich einen Verdienstausfall. Die Klage Lessings in seinem Fragment *Leben und leben lassen* (s. u. C 1.3.) beschreibt diese Situation und die Machtlosigkeit der Buchproduzenten:

„Freilich, wenn Deutschland unter *einem* Herrn stünde, welcher der natürlichen Billig-
keit durch positive Gesetze zu Hülfe kommen könnte und wollte!
Aber bei dieser Verbindung unter Deutschlands Provinzen, da die menschlichsten das
Principium haben, des baren Geldes so wenig als möglich aus ihren Grenzen zu lassen: wer
wird ihren Finanzräten begreiflich machen, daß man allein den Buchhandel unter dieses
Principium nicht ziehen müßte?" (G V, S. 784).

Nur im Fall des Hanauer Bücherumschlags, den 1774/75 die von der Leipziger Messe vertriebenen Nachdrucker mit Billigung des Landesherrn einzurichten
begannen, gelang es Kaiser Joseph II, die Oberaufsicht des Reiches über das
Buchwesen geltend zu machen und den illegalen Markt zu verbieten.

Wegen der Prävalenz der Partikularinteressen konnte der Absolutismus in
Deutschland nicht zur Regierungsform eines Nationalstaates werden; er erhielt
in der politischen Praxis antinationale Akzente. Infolgedessen wurde ein ‚Reichs-
untertanenverband' verhindert und konnte als Form eines Nationalgefühls nur
jene vage Mischung aus Reichs- und Lokalpatriotismus entstehen, die politisch
ohne unmittelbare Wirkung blieb und eher eine philanthropische Haltung war.
Die patriotische Bewegung führte in Deutschland nicht zum Versuch des ohnehin schwachen Bürgertums, mit eigenen Vorstellungen über eine nationale Politik in Opposition zum Kaiser und zu den Fürsten zu treten. Auch die geringen
oppositionellen Regungen waren zersplittert; und patriotische „Vaterlandsliebe" wurde identifiziert mit der Verehrung des Landesvaters (s. V A 3.1–4.),
nicht mit eigenverantwortlicher Tätigkeit zum Wohl des Gemeinwesens.

In Deutschland hielt sich bis zum Ende des 18. Jahrhunderts eine konservative
theokratische Staatsauffassung, welche die gesellschaftliche Hierarchie als Abbild göttlicher Ordnung gelten ließ, am göttlichen Auftrag der Obrigkeit und
deren Verantwortung allein Gott gegenüber festhielt und besonders die heilsge-
schichtlichen Ziele und Zwecke des Staates betonte. Viele der Fürsten sahen ihre
Aufgabe vornehmlich in der ‚Pflege' der Religion ihrer Untertanen, in der Ausübung der Justiz, vor allem aber in der Vermehrung des Kammergutes und in der
Konservierung der Ständegesellschaft. Wenn schon der Adel politisch entrechtet
war, seine sozialen Vorrechte sollte er behalten. Weit weniger als etwa in Frankreich wurde der Staat rationalisiert und bürokratisiert, vielmehr behielt er seinen
patrimonialstaatlichen Charakter bei; d. h., daß ein Fürst sein Land als persönliches Besitztum und seine politische Macht als einen nutzbaren Teil seines Ver-
mögens betrachtete und als Erweiterung seines Hofhalts organisierte.

Die bürokratische Scheidung von ‚privater' und ‚amtlicher' Sphäre fehlte im
patriarchalischen Staat weitgehend; vom Untertanen her gesehen, war der Staat
vom Fürsten kaum zu trennen. Die Fürsten herrschten, wie Forster 1784 sagt, als
„Hausväter im Staate" und betrachteten, so 1793 Kant, „die Untertanen als
unmündige Kinder, die nicht unterscheiden können, was ihnen wahrhaftig nützlich oder schädlich ist, sich bloß passiv zu verhalten genötigt sind, um, wie sie
glücklich sein *sollen,* bloß von dem Urteile des Staatsoberhaupts, und, daß dieser
es auch wolle, bloß von seiner Gütigkeit zu erwarten" (*Über den Gemeinspruch
…*, Abschnitt II).

Kant beschreibt damit den Kern der Ideologie des ‚höfischen' oder ‚fürstlichen' Absolutismus, welcher im Laufe des 18. Jahrhunderts in einigen größeren Territorien Deutschlands und in anderen europäischen Ländern durch ‚aufgeklärte' Fürsten, Berater und Beamte in den sog. Aufgeklärten Absolutismus umgeformt wurde. Für die Zeit des fürstlichen Absolutismus kann Friedrich Wilhelm I von Preußen als beispielhafte Herrschergestalt gelten; für die Zeit des Aufgeklärten Absolutismus sein Nachfolger Friedrich II. Das Problem der Periodisierung und Abgrenzung ist damit allerdings sehr vereinfacht angesprochen (s. die Beiträge von Hartung und Lousse in Aretin [Hrsg.], Der Aufgeklärte Absolutismus).

Die wichtigsten Erträge der Epoche des fürstlichen Absolutismus sollen knapp skizziert werden. Innerhalb der Territorien war die Transformierung des mittelalterlichen Personal- und Lehensverbandes in den modernen Institutionenstaat vollzogen, wenn auch der moderne, von der Person des Fürsten und seiner Herrschaft losgelöste Staatsbegriff noch fehlte. Kirche und Staat hatten sich zu einer Interessengemeinschaft zusammengefunden, in welcher der Staat immer mehr die Oberhand bekam. Der Adel war dem fürstlichen Regiment gefügig gemacht worden, ohne daß dadurch die alte ständische Hierarchie abgebaut worden wäre. Als Zentren politischer Macht und zum Teil auch eines kulturellen Mäzenatentums von meist internationalem Anstrich hatten sich die fürstlichen Höfe herausgebildet, für die der Wiener Hof und besonders Versailles zum Vorbild wurde.

Innerhalb der Territorien wurde meist nach merkantilistischen Prinzipien (s. u.) gewirtschaftet, während ein einheitlicher deutscher Wirtschaftsraum nicht geschaffen werden konnte. (Diese für die Bourgeoisie folgenreiche ‚Fehlentwicklung' wird besonders von marxistischen Historikern kritisiert, prononciert etwa von Kofler, Bürgerliche Gesellschaft, S. 140 ff. und 416 ff.) Das Gesamtergebnis dieser Entwicklungen in den einzelnen Bereichen, herbeigeführt durch den Aufbau zentraler Verwaltungen, die Ausbildung geschulter und fürstenabhängiger Beamtenstäbe, die Einrichtung stehender Heere, durch intensivere Gesetzgebung und den Erlaß von Kirchen-, Schul- und Gewerbeordnungen sowie der alles umfassenden ‚Policey'-Ordnungen, bezeichnet Oestreich (s. seinen Aufsatz *Strukturprobleme* und seinen Beitrag im Gebhardt-Handbuch) als fundamentale *Sozialdisziplinierung,* die vom fürstlichen Absolutismus angestrebt wurde und die Basis für die weiteren Maßnahmen des Aufgeklärten Absolutismus bildete.

1.3. Aufklärung und Absolutismus

Die Zeit des Aufgeklärten Absolutismus *(despotisme éclairé, benevolent despotism),* die man etwa ab Mitte des 18. Jahrhunderts datiert, gilt als Zeit der Reformen auf fast allen Gebieten des staatlichen und gesellschaftlichen Lebens. Viele der Reformen waren zwar bereits früher eingeleitet worden, jetzt aber wurden sie systematisch betrieben und mit den Idealen und philosophischen

Prinzipien der Aufklärung begründet. 1765 beschrieb Diderot diesen Vorgang in seinem Artikel über den ‚Gesetzgeber' für die *Encyclopédie*:

> „Einige Gesetzgeber zogen Nutzen aus dem Fortschritt der Aufklärung, die sich seit fünfzig Jahren schnell von einem Ende Europas bis zum anderen verbreitet hatte; sie unterrichtete über Einzelheiten der Verwaltung, über Mittel zur Förderung der Bevölkerungszunahme, zur Anregung des Gewerbes, zur Bewahrung der Vorteile der geographischen Lage und zur Verschaffung neuer Vorteile. Man darf wohl glauben, daß die durch den Buchdruck gewährleistete Aufklärung nicht mehr erlöschen, wohl aber noch zunehmen kann. Wenn irgendein Despot seine Nation wieder in Finsternis stürzen wollte, dann würden sich freie Nationen finden, die ihr das Licht wiedergeben würden" (Denis Diderot: Enzyklopädie, München 1969, S. 228).

Derartige Befürchtungen hatten allerdings nur wenige. Im Gegenteil: die meisten Aufklärer waren der Ansicht, daß gerade ein Despot die Reformen erzwingen könne, welche den Staat und die Gesellschaft auf das weitere Fortschreiten der Aufklärung vorbereiten mußten. Noch in Kants *Beantwortung der Frage: Was ist Aufklärung?* (1784) ist dieser Gedanke vorhanden, wenn Kant das „Zeitalter der Aufklärung" auch das „Jahrhundert Friedrichs" nennt und die Freiheit rühmt, geschützt durch „ein wohldiszipliniertes zahlreiches Heer" in Ruhe räsonieren zu dürfen. Im übrigen deutet Kant aber im letzten Abschnitt der *Beantwortung* auch bereits die Überwindung des Absolutismus durch die vom Absolutismus selbst freigesetzte Aufklärung an. Denn zu vereinbaren waren beider Ziele letztlich nicht: es war ein notwendiges Bündnis auf Zeit; notwendig, weil sich die Aufklärer dem vorhandenen Staat mit seinen Institutionen so wenig entziehen konnten, wie sich die Fürsten der aufklärerischen Bewegung verschließen konnten.

Grundlegend für das neue Verhältnis zwischen Staatsoberhaupt und Untertanen wurde im Aufgeklärten Absolutismus die Lehre vom Gesellschaftsvertrag: Die Menschen hätten sich freiwillig zu Völkern zusammengetan und sich dann einem Herrscher und Sachwalter unterworfen, um in friedlichem und gerechtem Zusammenleben die Aufgaben der Gemeinschaft besser bewältigen zu können. Vom naiven Glauben, daß ein solcher Vertrag tatsächlich geschlossen worden sei, rückte man allmählich ab und betrachtete ihn nur noch als ein rationales Konstrukt, allerdings mit praktischen Folgen: Der Herrscher galt nicht mehr als Gesandter und Stellvertreter Gottes, sondern als der vom Volk selbst berufene „erste Diener" des Volkes bzw. des Staates (Friedrich II). Er konnte zwar Gehorsam verlangen, war aber verpflichtet, als Gegenleistung die Interessen des Volkes wahrzunehmen und sich vor dem Volk für seine Regierungstätigkeit verantwortlich zu zeigen.

Die daraus folgende Frage nach Zwangsgewalt und Widerstandsrecht des Volkes wurde vor und nach der Französischen Revolution ausführlich diskutiert. Insgesamt gewann man dadurch ein entsakralisiertes Herrscherbild und einen neuen Staatsbegriff: Innerhalb des Staates sollten Fürst und Untertanen einträchtig auf das Ziel des allgemeinen Besten und der Glückseligkeit hinarbeiten (Eudämonismus), wobei der Regent freiwillig die Legalität seiner Herrschaft wahren und Reformen nur in Übereinstimmung mit den Vorstellungen der Aufklärung durchführen sollte. In der Tat versuchten viele Monarchen, namhafte Aufklärer als Berater zu gewinnen und sich Reformprogramme von ihnen entwerfen zu lassen. Turgot z. B. durfte Joseph II über den Physiokratismus unterrichten; Friedrich II und Katharina II hatten dauernden Kontakt mit den berühmtesten französischen Aufklärern.

Aber damit waren keineswegs alle Mißhelligkeiten zwischen Fürsten und Völkern beseitigt; vielmehr wurden zu den alten neue hinzugeschaffen. Die Fürsten und ihre Regierungen kamen nun von zwei Seiten in Bedrängnis. Nahmen sie bei ihren Reformen zu starke Rücksicht auf die traditionellen Verhältnisse (etwa auf Standesprivilegien und Herrschaftsrechte) und führten deswegen die geplante rationalistische Organisation des Staates und Neugliederung der Gesellschaft (etwa im Fall der ‚Bauernbefreiung') nicht strikt durch, so wurden sie von ihren aufklärerischen Beratern kritisiert, denen es meist nur um die vorgestellte und erwünschte Effizienz des Staates ging. Folgten sie aber diesen und versuchten sie, den Staat in einer Art ‚Revolution von oben' fundamental zu verändern, so protestierte die Bevölkerung.

Im übrigen war mit dem Ausbruch der Französischen Revolution die Zeit der willig ertragenen Reformversuche vorbei. Kant schrieb 1793: „Der Souverän will das Volk nach seinen Begriffen glücklich machen, und wird Despot; das Volk will sich den allgemeinen menschlichen Anspruch auf eigene Glückseligkeit nicht nehmen lassen, und wird Rebell" (*Über den Gemeinspruch...*, Folgerung). Z. B. fand Joseph II bei seinen belgischen Untertanen kein Gehör mehr, als er ihnen erklären ließ, er schaffe durch seine Reformen für sie Gleiches und Besseres als die Französische Revolution.

Was die Untertanen an allen Reformen des Aufgeklärten Absolutismus vermißten, auch wenn sie erfolgreich verliefen, war das Recht, selber wenigstens öffentlich darüber diskutieren zu dürfen, zumal die Reformtätigkeit insgesamt mit immer weiteren Einschränkungen der korporativen und persönlichen Freiheiten verbunden war. Über die oft schon ‚liberal' genannten Verhältnisse in Preußen schrieb Lessing, der von der „verzweifelten Galeere" (R IX, S. 252) nach Hamburg übergesiedelt war, am 25. 8. 1769 an Nicolai:

„Sonst sagen Sie mir von Ihrer Berlinischen Freiheit zu denken und zu schreiben ja nichts. Sie reduziert sich einzig und allein auf die Freiheit, gegen die Religion so viel Sottisen zu Markte zu bringen, als man will. Und dieser Freiheit muß sich der rechtliche Mann nun bald zu bedienen schämen. Lassen Sie es aber doch einmal einen in Berlin versuchen, über andere Dinge so frei zu schreiben, als Sonnenfels in Wien geschrieben hat; lassen Sie es ihn versuchen, dem vornehmen Hofpöbel so die Wahrheit zu sagen, als dieser sie ihm gesagt hat; lassen Sie einen in Berlin auftreten, der für die Rechte der Untertanen, der gegen Aussaugung und Despotismus seine Stimme erheben wollte, wie es itzt sogar in Frankreich und Dänemark geschieht: und Sie werden bald die Erfahrung haben, welches Land bis auf den heutigen Tag das sklavischste Land von Europa ist" (R IX, S. 327).

Aber vorläufig standen an der Stelle des öffentlichen Räsonnements der Bürger in eigener Sache noch Reformdekrete, in denen der Untertan immerhin schon als erziehbar gedacht wurde, und ‚Policey'-Ordnungen, die dem Untertan zeigten, wie unmündig er immer noch sei.

Mit außerordentlicher Schärfe kritisierte Georg Forster in seinem Essay *Über die Beziehung der Staatskunst auf das Glück der Menschheit* (1793) die Ideologie des Aufgeklärten Absolutismus. Forster erhebt zwei Hauptvorwürfe: Erstens wurden aufklärerische Begriffe und Ideale wie das der ‚Glückseligkeit' vom „patriarchalischen Despotismus" zwar aufgegriffen und propagiert, aber nicht eingelöst; das Betragen der Fürsten wurde zum Spott, der „die Aufklärung äffte". Zweitens blieben die politischen und gesellschaftlichen Verhältnisse unberührt und wurden nicht im Sinne der Aufklärung verändert, sondern eingefroren; durch „grausame Menschenverachtung" wurden „Unwissenheit und Sklaverei unter der Menge verewigt". Entgegen Forster muß allerdings eingeräumt werden, daß einige der Reformen, die aus aufklärerischem Denken heraus in Angriff genommen oder durchgeführt wurden, später positive Folgen entwickelten (z. B. ‚Bauernbefreiung', ‚Judenemanzipation', Toleranzgesetzgebung, Bildungsreformen).

2. Die ökonomische Situation

2.1. Ökonomische Rückständigkeit Deutschlands

Gegenüber den westeuropäischen Nachbarstaaten war Deutschland im 18. Jahrhundert ein ökonomisch rückständiges Land. Die Gründe dafür liegen in den wirtschaftlichen und sozialen Veränderungen seit dem 15. Jahrhundert. Einige westeuropäische Staaten konnten nach den geographischen Entdeckungen des 15. und 16. Jahrhunderts Kolonialreiche aufbauen und ihre nationalen Märkte ausbilden und bereichern. Neben zünftiger und feudaler Produktionsweise (d. h., daß Gewerbe und vor allem Landwirtschaft betrieben wurden mittels Ausübung von Rechten über Menschen) entwickelten sich kapitalistische Produktions- und Wirtschaftsformen. Demgegenüber verlor Deutschland, das zu kolonialer Expansion nicht fähig war, durch die Verlagerung der Handelswege seine vorherige handelspolitische Bedeutung; der Markt schrumpfte, die handwerklich-zünftige und die bäuerlich-feudale Produktionsweise wurden beibehalten und mit ihr das feudalistische Sozialsystem. Während die Geldfonds der kolonisierenden Staaten stark akkumulierten, verfielen die alten Vermögen der deutschen Handelshäuser. Die fürstlichen Einkünfte aus Steuern und Zöllen blieben gering.

Die bereits begonnene Entwicklung wurde in einer Reihe von Territorien durch die Folgen des Dreißigjährigen Krieges (Dezimierung der Bevölkerung, Verwilderung des anbaufähigen Bodens, Niedergang handwerklicher Fähigkeiten, Verlust technischer Einrichtungen und Nichtverbreitung neuer Erfindungen, Zerstörung des Kreditwesens, Geldentwertung) verstärkt; die allgemeine Produktionskrise konnte – bei großen regionalen Verschiedenheiten – erst in der ersten Hälfte des 18. Jahrhunderts überwunden werden. Neuerdings wird auch der Aufgeklärte Absolutismus als politische Reaktion auf diesen unterentwickelten ökonomischen Zustand betrachtet und als Versuch, durch ein System von wirtschafts-, finanz- und sozialpolitischen Maßnahmen die Konkurrenzfähigkeit der eigenen Wirtschaft zu erzielen (s. Aretin, S. 22 ff.; Liebel, in: Hubatsch [Hrsg.], Absolutismus, S. 488 ff.).

2.2. Merkantilismus

Im Zeitalter des Absolutismus wurde als erstes System einer konsequenten und rationalen staatlichen Wirtschaftspolitik aus den Prinzipien der handelsstädtischen Kaufmannschaften die Theorie des Merkantilismus entwickelt und in der Praxis angewendet als Förderungsprogramm einer noch nicht industrialisierten und noch unterbeschäftigten Wirtschaft. Die Initiativen gingen dabei von Fürsten und Höfen aus: Stärkung der Wirtschaft und des Staates bedingten sich im Absolutismus wechselseitig und standen im Dienst der Souveränität des Fürsten nach innen und außen. Militaristische Elemente des Merkantilismus, z. B. in der Förderung des Rüstungsgewerbes und Anlage von Kriegsschätzen, sind unverkennbar; fast alle großen Kriege der Zeit des Absolutismus waren auch Wirtschaftskriege.

Merkantilismus bedeutet, wie Max Weber (Wirtschaft und Gesellschaft II, S. 1040) feststellt, „moderne Machtstaatsbildung, und zwar direkt durch Steigerung der Steuerkraft der Bevölkerung". Dem dienten neben den Disziplinierungsmaßnahmen gegenüber dem Untertanenverband die Kernstücke der merkantilistischen Handels- und Gewerbepolitik: Ausbau von Manufaktur- und Verlagswesen, Lockerung der zünftigen Produktionsbeschränkungen, Privilegien, Subventionen, Erzeugungsmonopole, Protektion durch Ein- und Ausfuhrverbote, Zölle etc. Hinzu kamen die Peuplierungsmaßnahmen (Geburtenförderung, Ansiedlung von Ausländern) und – verstärkt unter physiokratischem Einfluß – die Förderung der Landwirtschaft.

Mit all dem sollte wirtschaftliche Autarkie erreicht werden und vor allem eine aktive Außenhandelsbilanz: Im Zustand der Unterbeschäftigung konnte „der Aktivsaldo in der Zahlungsbilanz nämlich dazu verwendet werden, brachliegende Produktionsfaktoren in den Wirtschaftsprozeß einzugliedern" und „ein wirtschaftliches Wachstum einzuleiten" (Blaich, S. 88). Es bleibt das Verdienst der Merkantilisten, die Interdependenzen zwischen den einzelnen Bereichen einer Staatswirtschaft erkannt und in ihre Planung einbezogen zu haben. Allerdings führte in nicht seltenen Fällen übertriebene und fehlerhafte Planung zu einem Reglementiersystem, das die Wirtschaft eher hemmte als förderte. In der 2. Hälfte des 18. Jahrhunderts wurde die merkantilistische Theorie abgelöst durch den Physiokratismus, der den Wirtschaftskreislauf erkannte und sich besonders der Landwirtschaft als der eigentlichen Produktionssphäre zuwandte, schließlich durch die liberalistische Wirtschaftstheorie Smith'scher Prägung, die dem merkantilistischen Dirigismus diametral entgegengesetzt war.

Merkantilismus ist der erste Versuch einer staatswirtschaftlichen Planung im Rahmen und zum Nutzen des fürstlich-absolutistischen Territorialstaates. Die freien Handelsstädte wurden durch die absolutistischen Verwaltungsreformen in die neue staatliche Organisation einbezogen; von 133 freien Reichsstädten waren im 18. Jahrhundert noch 51 vorhanden. Wie der Absolutismus blieb aber auch der Merkantilismus partikularistisch und konnte in kleinstaatlicher Beschränkung wenig zur Entfaltung moderner Produktionsweisen und eines überregionalen Handels beitragen, verhinderte sie teilweise sogar. Vom Namen der fürstlichen Schatzkammer (camera) bzw. des planenden ‚Kammerkollegiums‘ der höheren fürstlichen Verwaltungsbeamten wurde für die deutsche Form des Merkantilismus die Bezeichnung ‚Kameralismus‘ abgeleitet, weil dieser durch einen einseitigen fiskalischen Zug gekennzeichnet war: Das Finanzinteresse der Fürsten stand ganz im Vordergrund. So kritisiert Schubart in der *Chronik* von 1775 im Epigramm *Thraso* den Fürstendiener, dessen Absicht nur darauf zielt, „Der Unterthanen Last erschweren / Um seines Fürsten Schatz zu mehren“, und der dafür auch alle schlechten Charaktereigenschaften hat, aber „keines Menschen Herz – er ist ein trefflicher Kameralist.“

2.3. Landwirtschaft

Von größter volkswirtschaftlicher Bedeutung war im 18. Jahrhundert die Landwirtschaft, was sich deutlich genug zeigt in der Fülle der ‚ökonomischen‘, d. h. die Landwirtschaft betreffenden Literatur, in den zahlreichen ‚ökonomischen Gesellschaften‘ und in der physiokratischen Theorie. Etwa 80% der Bevölkerung arbeitete in der Landwirtschaft, wodurch Bevölkerungsstruktur, Siedlungsformen, Lebensgewohnheiten und auch die kulturelle Entwicklung entscheidend geprägt wurden. Die stark divergierenden Formen der bäuerlichen Leibeigenschaft und Abhängigkeiten vom Guts- bzw. Grundherrn, die auch durch die Bauernbefreiung nicht ganz beseitigt wurden, wirkten sich bei dem steigenden Bedarf der gewerblichen Produktion an Arbeitskräften hemmend aus, ebenso die Geldknappheit der bäuerlichen Bevölkerung für die Warenzirkulation.

Trotz vielfältiger Verbesserungen in Anbaumethoden, Viehhaltung etc. (holländisches und englisches Vorbild) konnte die Nahrungsmittelproduktion nicht mit dem infolge der Bevölkerungszunahme steigenden Bedarf Schritt halten: Bei allgemein sinkenden Reallöhnen verteuerten sich die Lebensmittel, für die ein Handwerker durchschnittlich über 70% seines Einkommens ausgeben mußte. Zählt man die Ausgaben für Miete, Heizung, Kleidung etc. hinzu, so bleibt in weiten Bevölkerungskreisen für Luxus- und Kulturgüter wie z. B. Bücher sehr selten etwas übrig.

2.4. Handwerk

Die gewerbliche Produktion lag im Deutschland des 18. Jahrhunderts zum größten Teil beim zünftig organisierten städtischen und meist nichtzünftigen ländlichen Handwerk; das Handwerk genügte im allgemeinen der Bedarfsdeckungswirtschaft und entwickelte sich kaum zu einem Ausfuhrgewerbe. Die Zünfte verharrten auf dem Standpunkt der ‚Nahrungspolitik' und erstarrten in ihren Monopolansprüchen: Durch Regelung der Preise, Beschränkung der Gesellenzahl und Werkstattgröße, Vererbung der Meisterrechte und Schließung der Zünfte, Kontrolle der Qualität und Festsetzung der Quantität der Erzeugnisse sicherten sie zwar ihren Mitgliedern ein Minimaleinkommen, verhinderten aber die Entwicklung neuer Herstellungstechniken, die Ausweitung der Produktion und des Markts und die Akkumulation von Kapital. Zwar kollidierten die Zünfte oft mit dem Staat, der versuchte, das Gewerbe unter seine Aufsicht zu stellen, doch wurden die Zünfte vor 1800 nirgends durch den Staat beseitigt. Im Gegenteil stärkte die Reichshandwerksordnung von 1731 ihre Stellung, indem sie die Gesellenverbände bekämpfte und unter anderem Streik als öffentlichen Aufruhr deklarierte. Häufig wurden staatlicherseits Landeszünfte für das nichtstädtische Handwerk gegründet. Neue Produktionsweisen mußten sich auf dem Land außerhalb des zünftigen Handwerks entwickeln, doch war das ländliche Handwerk der Konkurrenz der städtischen Werkstätten und der neu hinzukommenden Manufakturen und Fabriken nicht lange gewachsen und verarmte gegen Ende des 18. Jahrhunderts.

2.5. Handel

Nur langsam konnte sich unter den beschriebenen Umständen in Deutschland die für die Entfaltung der kapitalistischen Produktionsweise notwendige Umwandlung von Handels- in Produktivkapital vollziehen. Die Handelskapitale waren in Deutschland weit größer und wichtiger als die gewerblichen Kapitale, im Vergleich zu den westlichen Nachbarn aber gering genug. Weder konnten deutsche Handelshäuser aus dem Export große Gewinne ziehen, noch bildete Deutschland einen einheitlichen Markt für den Binnenhandel. Kurzlebigkeit und Unrentabilität der Massengüter produzierenden Manufakturen hängen damit zusammen. Stark beeinträchtigt wurde der Handel durch die Absonderung der Wirtschaftsräume, durch zahlreiche Binnenzölle, vielerlei Münzsysteme, ein unentwickeltes Kreditwesen, unvorstellbar schlechte Straßen und die geringe Zahl der schiffbaren Kanäle. Großenteils wurde der Handel auf Messen abgewickelt, wobei Frankfurt und Leipzig als Messen bedeutend waren, Frankfurt für den westlichen, Leipzig für den östlichen Außenhandel, Hamburg vor Bremen als Küstenumschlagsplatz. Zur wichtigsten Messe wurde im Laufe des 18. Jahrhunderts Leipzig, das den Knotenpunkt der großen west-östlichen und nord-südlichen Handelsstraßen bildete. Diese großen Städte konnten zwar ihre Bedeutung und auch ihre Selbständigkeit behalten, doch war der Handel im übrigen stark an die fürstlichen Residenzstädte gebunden.

2.6. Verlagswesen

Als eine Vorform kapitalistischer Unternehmungen bildete sich bereits vor dem Dreißigjährigen Krieg im Textilgewerbe, dessen Produkte durch Fernhandel vertrieben wurden, das Verlagswesen aus, das zum typischen Ausfuhrgewerbe

wurde und mit zunehmender Massenproduktion erste Formen der Arbeitsteilung entstehen ließ. Zumeist in ländlichen Gegenden, wo genügend zunftfreie
Arbeitskräfte zu finden waren, organisierten kapitalkräftige Großkaufleute eine
Heimindustrie. Hier produzierten die Arbeiter nicht mehr im direkten Auftrag
eines Konsumenten, der ihnen die fertige Ware abkaufte, sondern im Auftrag des
Händlers, der die Arbeit ganz oder teilweise finanzierte (verlegen = Geld auslegen), auch Rohstoffe und Produktionsmittel heranbrachte. Der Händler schnitt
den Produzenten allmählich vom Markt ab und entzog ihm die Produktionsmittel, machte ihn dadurch von sich abhängig und zum Proletarier, der auf den
Verkauf seiner Arbeitskraft angewiesen war.

2.7. Manufaktur

Mehr noch als das Verlagswesen wurde die Manufaktur zur Grundlage für das
Hervortreten kapitalistischer Lohnarbeit und für die Entwicklung gewerblichen
Kapitals auf Kosten zünftiger Einkünfte und feudalen Reichtums aus Grundbesitz. Die Manufaktur gilt als charakteristische, wenn auch volkswirtschaftlich
nicht wichtigste Produktionsweise des Merkantilismus. In einer unternehmerei-
genen Arbeitsstätte wurde eine größere Zahl von Lohnarbeitern vereinigt; handwerkliche Methoden wurden bei qualitativer Arbeitsteilung beibehalten.

Als Unternehmer trat häufig der Fürst auf, der auch private Unternehmer mit
Privilegien versah und Subventionen gewährte; privaten Unternehmern, d. h.
aufgestiegenen Handwerkern oder Großkaufleuten fiel die Kapitalbeschaffung
mangels eines leistungsfähigen Kreditwesens oft schwer. Arbeitete die Manufaktur aber rentabel, so legte die entstehende Manufakturbourgeoisie den Gewinn
wieder in produktiver Weise im Betrieb an, akkumulierte also auf kapitalistische
Weise, während die früheren Handelskapitalisten ihre Handelsgewinne meist in
Grundbesitz anlegten oder für Luxusgüter ausgaben.

‚Rechenhaftigkeit‘, Sparsamkeit und Kalkulationsgeist gelten als charakteristische Züge der Manufakturbourgeoisie; strenge Arbeitsmoral und Disziplin
sollte der Arbeiterschaft nahegebracht werden. Diese setzte sich zum Teil aus
‚freien Lohnarbeitern‘ zusammen, deren Arbeitskraft ganz unter der Fremdbe-
stimmung des Kapitals stand, zum Teil aus den Insassen von Arbeits-, Waisen-
und Zuchthäusern und aus dem kasernierten Militär. Die Löhne der Manufakturarbeiter waren sehr unterschiedlich, im allgemeinen aber nicht so hoch wie
die der Handwerker. Durch die arbeitsteilige Produktionsweise der Manufaktur
wurde die Entpersönlichung und Entfremdung der Arbeit erkennbar. Nicht zufällig wird in Karl Philipp Moritz' *Anton Reiser* (1785 ff.) am Beispiel der Hut-
macherlehre zum erstenmal entfremdete Arbeit geschildert. Durch die rigorose
Ausnutzung der Arbeitskraft von Frauen und Kindern wurde die ‚soziale Frage‘
akut.

3. Die sozialen Verhältnisse

3.1. Zur Klassenstruktur der Gesellschaft in der Manufakturperiode

Die folgenden Ausführungen zwingen zu einer Vorbemerkung: Im Rahmen dieses Arbeitsbuches ist es nahezu unmöglich, eine auch nur einigermaßen befriedigende Darstellung der sozialen Verhältnisse im betrachteten Zeitraum zu geben. Weder kann die ständig anwachsende Forschungsliteratur zur Geltung gebracht werden, noch können die beträchtlichen und auf kurze Sicht auch nicht zu bewältigenden wissenschaftstheoretischen und methodologischen Fragen und Kontroversen referiert und diskutiert werden. Was überhaupt nur geboten werden kann, ist noch im besten Fall eine fast unzulässige Vergröberung. Ganz darüber hinwegzugehen, hieße jedoch, ein Problem zu unterschlagen, das zur Lösung ansteht. Gerade im Fall des Autors Lessing ist es besonders dringend; legt man doch ihm wie kaum einem andern in letzter Zeit Prädikate zu wie ‚bürgerlich‘, ‚fortschrittlich‘, ‚klassenbewußt‘ ‚klassenkämpferisch‘ etc. Derartige Versuche sind legitim. Es muß aber auf die Problematik solcher Etikettierungen hingewiesen werden vor dem Hintergrund des differenzierten Sozialgefüges dieser Zeit, auch wenn dessen Beschreibung hier nur so schematisch sein kann, daß sie historisch und soziologisch differenzierten Einwänden kaum standhalten kann.

Im 18. Jahrhundert zeichnete sich der Übergang von der feudalistischen Produktionsweise in die kapitalistische deutlich ab. Der grundlegende Unterschied zwischen beiden besteht darin, daß bei feudalistischer Produktionsweise wirtschaftliche Macht direkt an politische Macht und Rechte über Personen gekoppelt war (z. B. im Verhältnis Gutsherr – Leibeigener), während bei kapitalistischer Produktionsweise aus der Verfügung über Produktionsmittel und Kapital keine direkte politische Zwangsgewalt, sondern nur ein indirektes und abstraktes Herrschaftsverhältnis entsteht (z. B. Unternehmer – ‚freier‘ [Lohn]arbeiter). Mit dem sich allmählich herausbildenden Gegensatz von Lohnarbeit und Kapital begannen die modernen Klassenantagonismen die Gesellschaft zu tangieren; von einer Polarisierung der Gesellschaft in die beiden Klassen des Proletariats und der Bourgeoisie kann allerdings keine Rede sein. Um die Klassenstruktur auf dieser Entwicklungsstufe zu benennen, scheint die Verwendung eines Begriffes wie der ‚Klassenfraktion‘ unerläßlich zu sein (s. dazu Mauke, S. 47 ff.).

Wichtiger als die beiden Klassen der beginnenden industriellen Produktionssphäre, Manufakturarbeiter und Manufakturkapitalisten, waren im 18. Jahrhundert aus den oben genannten Gründen noch die Klassenfraktionen der Geld- und Handelskapitalisten, der Großpächter und der ländlichen Lohnarbeiter, der Gutsbesitzer und der zu Frondienst und Naturalabgaben verpflichteten Leibeigenen, der Grundbesitzer und ihrer Abhängigen, die das Mehrprodukt in Form von Grundrente zu entrichten hatten. Weiterhin bestanden die vorkapitalistischen Klassenfraktionen der einfachen Warenproduzenten (zünftige Handwerker und freie Bauern) und die kleinen Händler und Krämer. Schließlich waren

Bürokratie und stehendes Militär im absolutistischen Staat eigene Klassenfraktionen.

Zwar bildete auch die Gesellschaft dieser Epoche eine ökonomische Einheit, doch wurde durch die größere ökonomische Selbständigkeit ihrer Teile (Autarkiestreben) und die fachliche und örtliche Partikularisation der Klassen verhindert, daß Klasseninteressen klar hervortraten und ein Klassenbewußtsein sich entwickelte. Dazu trug auch bei, daß die sich aus der Wirtschaftsorganisation ergebende Klassenstruktur der Gesellschaft in der Übergangszeit notwendig noch überlagert war durch die Ständegliederung, deren Unterschiede sich nicht aus der tatsächlichen Stellung der Mitglieder eines Standes im Produktionsprozeß herleiteten, sondern aus dem traditionsbestimmten Wertmaßstab, mit dem die Menschen gegenseitig Geburt und Tätigkeit als Abbild einer ewigen Ordnung einschätzten.

Dieser Wertmaßstab konkretisierte sich in dem nuancenreichen System der Ständeprivilegien, um die das Standesdenken kreiste. Die Eigentümlichkeit bürgerlichen Selbstbewußtseins im 18. Jahrhundert lag darin, daß der ehemalige Dritte Stand alle diese Privilegien auch für sich beanspruchte, indem er seine partikularen Interessen gesellschaftlich verallgemeinerte und sich zur Nation und gar zur Menschheit erklärte. ‚Menschlichkeit‘ und ‚Vernunft‘ wurden zu Schlagworten der bürgerlichen Aufklärung und Emanzipation. Den Geboten der ‚Vernunft‘ zu dienen, hieß, den eigenen Interessen und der ganzen Menschheit zu dienen, hieß, das ‚Trennende‘ zwischen den Menschen wie z. B. die nationalen, ständischen, religiösen, sittlichen Schranken zu beseitigen (s. dazu VI C, III B 2.3.).

3.2. Fortbestehen der Ständegliederung

Die Ablösung der ständischen Gesellschaft war im 18. Jahrhundert noch kaum vorangeschritten. Und als Ständegesellschaft verstand sie sich selbst, auch da, wo in zeitgenössischen Schriften von „Klassen" die Rede ist oder als fundamentaler Gegensatz „reich" und „arm" genannt wird. „Reiche" und „Arme" galten als Stände in einem soziologischen und in einem religiös-ethischen Sinn, aus dem für jeden Stand besondere Rechte und Pflichten abgeleitet wurden. Zwar wurde im 18. Jahrhundert immer wieder die Forderung noch sozialer Gleichheit erhoben, die auch die Forderung nach politischer Freiheit und Selbstbestimmung enthielt, doch war es communis opinio, daß die Gleichheit in der menschlichen Gesellschaft illusorisch bleiben müsse. Z. B. tritt in *Ernst und Falk* Lessing durchaus für die Beseitigung der ständischen Schranken zwischen den Menschen ein, konstatiert aber, daß es im Staat immer „vornehmere und geringere Glieder" geben werde, „reichere und ärmere". Die beiden Gesprächspartner sind sich darüber völlig einig: „Das ist nun einmal so. Das kann nun nicht anders sein" (G VIII, S. 464).

Die Ständegliederung war ein Faktor der staatlichen und sozialen Ordnung, der das gesellschaftliche Leben weitgehend bestimmte. Beispielsweise war die

Berufswahl rigoros eingeschränkt durch die Zugehörigkeit zu einem Stand. Die soziale Mobilität war infolgedessen gering. Für die Angehörigen der unteren Stände bildete fast nur das billige Theologiestudium eine Chance, durch das Erwerben von gelehrtem Wissen zu arrivieren. Geistliche Pfründen wurden als (selten zureichende) Grundlagen für ein standesgemäßes Leben angestrebt. Nicht umsonst stand etwa für Karl Philipp Moritz *(Anton Reiser)* und Jung-Stilling *(Lebensgeschichte),* die ihren eigenen Aufstiegsprozeß analysierten, ein Ziel immer im Vordergrund: Prediger zu werden und damit eine ‚öffentliche Rolle' zu übernehmen. Eine typische Alternative dazu war für Reiser das Spielen von Theaterrollen und die Veröffentlichung von Gedichten.

Von der ständischen Gliederung der Gesellschaft wurde nicht zuletzt auch die künstlerische Konsumtion und Produktion beeinflußt. Der Status eines bildenden Künstlers z. B. hing vom Stand seiner Auftraggeber und Mäzene ab, die Dignität eines Kunstwerkes etwa von seiner Verbreitung bei den gelehrten und großbürgerlichen oder gar adlig-höfischen Kreisen. Deren ‚Lebensart' als Vorbild für alle übrigen Stände und als Maßstab für Kunst und Literatur wurde zwar im 18. Jahrhundert bestritten, behielt dennoch aber eine gewisse Verbindlichkeit.

Bei jedem Versuch einer literatursoziologischen Analyse ist das höchst differenzierte Sozialgefüge dieser Gesellschaft in Rechnung zu stellen. Allerdings ist

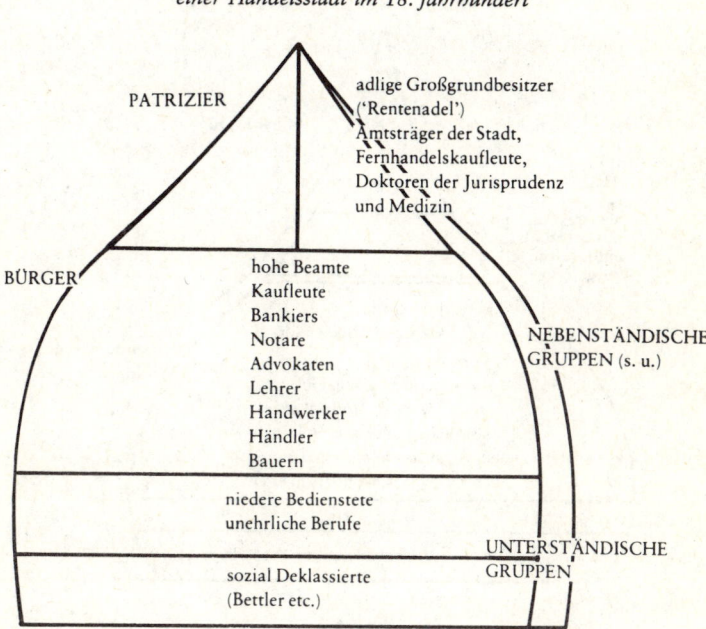

Skizzierung der Hauptgruppen im Statusaufbau einer Handelsstadt im 18. Jahrhundert

eine bloße Abbildung ihrer Stände- und Klassenstruktur etwa im Bürgerlichen
Drama nicht von vornherein zu erwarten. Seit Leibniz' Gedanken von den
„möglichen Welten" begriffen es die Literaten immer mehr als ihre Aufgabe,
nicht nur die bestehenden Verhältnisse zu schildern, sondern ihnen Projektionen
einer Zukunft entgegenzustellen, in der aufklärerische Wirksamkeit zum Abbau
dessen geführt hatte, was jetzt noch Anlaß zur Unzufriedenheit gab. Lessings
Überlegungen zum *Nathan* sind beispielhaft dafür (s. VI B 3.); auch an anderen
Stellen hat er das soziale Engagement der Literaten betont: Selbst wo sich der
Dichter „zu dem Pöbel herabläßt" (*Hamburgische Dramaturgie*, 1. Stück; G IV,
S. 238) oder „den mit seinem Körper tätigern Teil" des Volkes ins Auge faßt
(Brief an Gleim vom 22. 3. 1772; R IX, S. 509 f.), soll dies zur Aufklärung des
Volkes über sich selbst und zu seiner Besserung beitragen.

Zu den nebenständischen Gruppen zählten Personen, die aus verschiedenen
Gründen nur schwer in das ständische Gefüge einzuordnen waren, z. B. die
Geistlichkeit (Sonderstatus durch Beruf und Kirchenrecht), Künstler (sozialer
Rang von der Art ihrer künstlerischen Tätigkeit, Berühmtheit, Auftraggeber etc.
abhängig), Juden (ethnisch-religiöse und ökonomische Sonderstellung). Als so-
genannte unehrliche Berufe galten z. B. Scharfrichter, Abdecker, Totengräber,
Dirnen.

*Skizzierung der Hauptgruppen im Statusaufbau
einer Residenzstadt im 18. Jahrhundert*

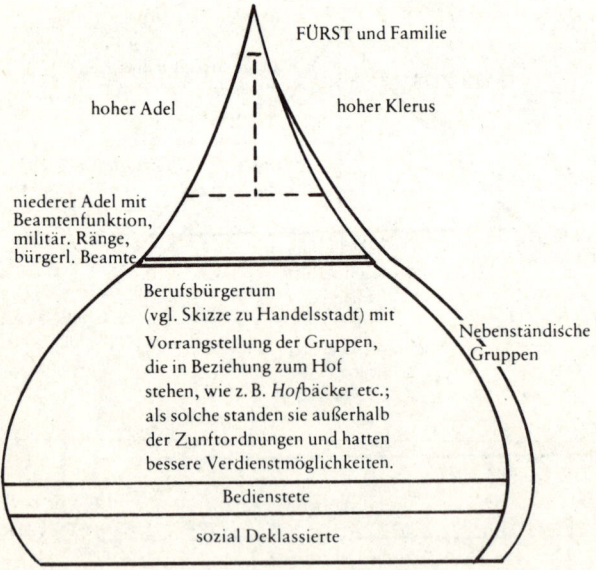

3.3. Gelehrtenstand

Spezielle Probleme, die gerade auch für die Entwicklung des literarischen Lebens im 18. Jahrhundert von Bedeutung sind, verbinden sich mit dem Gelehrtenstand. Die Voraussetzungen für den ständischen Charakter dieser Gruppe reichen zurück bis zur humanistischen Emanzipationsbewegung des 15./16. Jahrhunderts, in deren Verlauf das mittelalterliche Bildungsmonopol der Geistlichkeit aufgehoben und unter Führung insbesondere der Juristen ein eigener, weltlicher Gelehrtenstatus begründet wurde. Er war zunächst an den akademischen Doktortitel gebunden und äußerte sich in bestimmten, mühsam erworbenen und verteidigten Privilegien wie Freiheit von Folter und körperlicher Strafe, Vorzugsstellung bei Gericht, teilweise sogar Steuer- und Abgabenfreiheit.

Erklärte Tendenz war das Abrücken vom übrigen städtischen Bürgertum und zugleich Annäherung an den Adel, am deutlichsten greifbar in der Formel von der *nobilitas literaria,* dem ‚Geistesadel'. In der Vorstellung der *respublica literaria* begegnet sie oft auch mit kosmopolitischem, übernationalem Akzent (ein dezidiert nationales Moment tritt erst später gelegentlich hinzu, etwa in Klopstocks Utopie von der *Deutschen Gelehrtenrepublik,* 1774). In einem weiteren Sinn wurden zu den Gelehrten alle diejenigen gerechnet, die den gelehrten Kursus durchlaufen und dabei als wichtigstes Statussymbol das Lateinische, die ‚Muttersprache der Gelehrten', gelernt hatten (s. Abschnitt 4). Hierzu gehören also nicht nur etwa die Universitätslehrer und die anderen wissenschaftlich Tätigen – die ‚Gelehrten' im heutigen Sinne –, sondern grundsätzlich auch alle Gymnasiallehrer, Ärzte, Richter, Advokaten usw. und ebenso die Geistlichen (bei ihnen ergibt sich als besonderes Merkmal noch die Zugehörigkeit zum Klerus). Sie alle einfach als ‚Bürgerliche' oder auch als ‚Intelligenz' zu bezeichnen, wie es neuerdings oft geschieht, geht an den sozialen Realitäten vorbei. Aus den ‚gelehrten' Berufen rekrutiert sich die große Mehrzahl der deutschen Autoren des 18. Jahrhunderts.

Erst im Zusammenhang des damit gegebenen Grundrisses sind bestimmte Tendenzen zu sozialen Verschiebungen verstehbar, die sich während des 17. Jahrhunderts andeuten und sich dann im 18. Jahrhundert allmählich durchsetzen. Sowohl der Hofadel, der nach Weltläufigkeit und ‚Modernität' im Sinne des französischen Hoflebens strebte, als auch das erfolgreiche kaufmännische und gewerbetreibende Bürgertum betrachteten das lebensferne und bildungsstolze Gehabe der ‚Gelehrten' mit zunehmendem Argwohn. Als Schlagworte dafür immer beliebter werden ‚Pedanterie' und ‚Schulfüchserei'. Im Zeichen solcher durchaus sozial motivierter Kritik vollziehen sich auch innerhalb der Gelehrtenschicht charakteristische Absetz-Bewegungen. Mancher Jurist in fürstlichen Diensten rechnet sich lieber dem Hofbereich zu, viele Schulmänner fordern und praktizieren eine neue, das bloß Gelehrte durchbrechende, ‚realistische' Pädagogik. Thomasius steigt provokativ im Kavaliershabit auf das akademische Katheder. Die Distanzierung gegenüber dem ungelehrten ‚Pöbel' freilich bleibt fast überall bestimmend, erst im letzten Drittel des Jahrhunderts beginnt

dann für einzelne Wortführer (Herder, Bürger) das ‚Volk' zum Orientierungspunkt der Bildung und der Literatur zu werden.

Für die ständische Ordnung bedeutet die Sonderstellung der Gelehrten eine
erhöhte Mobilität innerhalb der Mittelschichten. In einer typischen Handelsstadt wird zum Beispiel ein Doktor der Jurisprudenz vorzugsweise der Patrizier-
schicht zugehören, ein hochgestellter Geistlicher wiederum rechnet sich selbstbe-
wußt dem Klerus zu. Ein schlecht bezahlter Lehrer an einer Lateinschule dagegen mag sich mit dem Bewußtsein trösten, ein ‚Gelehrter' zu sein. Lessing
schreibt schon 1749 im Blick auf seine akademischen Anfänge: „Ich lernte einsehen, die Bücher würden mich wohl gelehrt, aber nimmermehr zu einen [!] Menschen machen" (R IX, S. 10; vgl. auch seine pointierende Darstellung des reali-
tätsschwachen *Jungen Gelehrten*). Das ändert nichts an der Tatsache, daß er zu
einem der bedeutendsten Gelehrten seiner Zeit wurde: der ‚Gelehrte' als ein
Wortführer des sich als Klasse erst konstituierenden Bürgertums (hierzu Pons,
Lessing: Un érudit malgré lui?; Barner, Lessing zwischen Bürgerlichkeit und
Gelehrtheit; s. Bibliogr.).

3.4. Zur Lage des Bürgertums im Zeitalter des Aufgeklärten Absolutismus

Die Lage des Bürgertums im Zeitalter des Aufgeklärten Absolutismus ist nicht
frei von Widersprüchen, seine Entwicklung verläuft nicht stetig und gradlinig.
Neben wachsender ökonomischer Stärke blieb die politische Entmündigung bestehen; die adlige Elite konnte vom Bürgertum nicht abgelöst werden, und trotzdem wurde offensichtlich, daß eine politische und soziale Umstrukturierung von
Staat und Gesellschaft notwendig war und nur im ‚bürgerlichen' Geist geschehen
konnte. Folgende Tendenzen bestimmen das Bild des Bürgertums (soweit dies
überhaupt auf einen Nenner gebracht werden kann):

Von der Verantwortung für öffentliche Angelegenheiten war das Bürgertum
ausgeschlossen, seit die städtische Selbstverwaltung durch die territorialstaat-
lich-absolutistische überlagert wurde. Ausnahmen bilden einige große Handelsstädte wie Hamburg, Bremen, Leipzig, Frankfurt und Köln. Politische Befug-
nisse lagen aber auch hier beim kleinen Kreis der patrizischen Familien und
mächtigen Zünfte; für den gewöhnlichen Bürger unterschied sich die Situation
kaum von der in einer fürstlichen Residenzstadt, die sozialen gravamina waren
dieselben (s. auch Lessings Trauerspielfragment *Samuel Henzi;* G II, 371–389).
Hier wie dort blieb „bürgerlicher Gemeinsinn" im allgemeinen friedlich und
obrigkeitsfromm. Dies war eine der Voraussetzungen für den Aufgeklärten Absolutismus, der auf die Kooperation mit dem Bürgertum angewiesen war, aber
nur bestehen konnte, solange sich das Bürgertum mit dem von oben zugestandenen Freiheitsraum begnügte.

Wertet man Tagebücher, Autobiographien und Reisebeschreibungen aus, so
ergibt sich ein immer noch bedrückendes Bild bürgerlicher Verhältnisse. ‚Schwache Epoche', ‚Schlaffheit', ‚Langeweile', ‚dumpfe Ruhe' sind zeitgenössische Be-
nennungen dieses Zustandes. ‚Melancholie' und ‚Hypochondrie', die ‚Krankhei-

ten' so vieler aus dem Kreis gebildeter Bürgerlicher, sind Symptome gesellschaftlicher Unstimmigkeiten (s. Lepenies, bes. S. 76 ff.). Die Flucht ins ‚ideale Reich' der Literatur, auch die Theatromanie waren Versuche, die soziale Unterprivilegiertheit zu kompensieren und die aufgezwungene Untätigkeit in öffentlichen Dingen zu überwinden. Dem ausländischen Besucher und dem distanzierten Beobachter fielen vor allem Servilität und ein kaum über das Haus hinausreichender Gesichtskreis des deutschen Bürgertums auf (s. etwa Mendelssohn im 52. Stück der *Hamburgischen Dramaturgie;* G IV, S. 472). Auch Lessings Briefwechsel mit Eltern und Geschwistern und mit Eva König läßt deutlich die miserablen Zustände erkennen.

In der zweiten Hälfte des 18. Jahrhunderts begann der Lebensstandard infolge der verstärkten ökonomischen Anstrengungen und Reformen allmählich zu steigen. Das schloß nicht aus, daß einzelne Gruppen (wie z. B. die kleinbürgerliche Handwerkerschaft) am ökonomischen Aufschwung nicht teilhatten, sondern verarmten. Vermögen konnten, durch wachsenden Umsatz und steigende Preise bei fast gleichbleibend niedriggehaltenen Löhnen, Kaufleute und Unternehmer bilden. Es entstand aber keine selbstbewußte Bourgeoisie wie etwa in Frankreich und England, die nach politischer Mitbestimmung verlangte. Wer reich geworden war, versuchte, sich in den Adelsstand einzudrängen; d. h., er kaufte sich einen Titel und ein entsprechend großes Landgut und begann ein adliges Leben zu führen. Die gesellschaftlichen Ambitionen eines Teils der geschäftlich erfolgreichsten Bürgerlichen waren damit erfüllt.

Bis zu einem gewissen Grad führte diese Rezeption der adligen Lebensart zu einer merklichen Aufwertung des Bürgertums und damit zu einem – von der Aufklärung immer geforderten – Ausgleich zwischen den Ständen. Dafür war allerdings die ‚Verbürgerlichung' des Adels fast noch wichtiger. Die ökonomische Entwicklung zwang ihn zu bürgerlicher Wirtschaftsführung; in einigen Bereichen der Verwaltung und auch des Militärs wurden die Stellen nicht mehr für Adlige reserviert, sondern den besser geschulten bürgerlichen Konkurrenten überlassen. Der Adel mußte die Vorrechte seiner Geburt allmählich vergessen und sich dem bürgerlichen Leistungsprinzip beugen, d. h., sich vor allem eine entsprechend qualifizierte Ausbildung aneignen.

4. Das Bildungswesen

Das Bildungswesen in den deutschsprachigen Territorien des 18. Jahrhunderts bietet regional und konfessionell ein sehr uneinheitliches Bild, auch einzelne Reformen setzen sich sehr unterschiedlich und teilweise mit langen Verzögerungen erst durch. Der Rahmen, innerhalb dessen dieses Bild gesehen werden muß, ist für die ‚gelehrten' Bildungsinstitutionen weitgehend schon während des 16. Jahrhunderts abgesteckt worden, von Luther, Melanchthon und Sturm für die protestantischen, von den Jesuiten für die katholischen Gebiete. Außerhalb des ‚gelehrten' Bereichs wird die Situation besonders unübersichtlich, da hier das Schulwesen von der Obrigkeit meist nur unzureichend geregelt ist. Immerhin lassen sich für die meisten Bildungsinstitutionen des 18. Jahrhunderts bestimmte Entwicklungstendenzen feststellen, die oft bereits im 17. Jahrhundert beginnen: eine Verlagerung von der kirchlichen auf die staatliche Aufsicht, eine Säkularisierung vieler Bildungsinhalte und ein Anwachsen derjenigen sozialen Gruppen, die überhaupt Zugang zu höherer Bildung erhalten.

Dies lediglich als epochalen Ausdruck des ‚pädagogischen Jahrhunderts‘ (Formel von Friedrich Immanuel Niethammer, 1799) oder als ‚Folge der Aufklärung‘ zu interpretieren, ist zumindest irreführend. Wichtiger erscheint das Zusammentreffen bestimmter Interessen. Das absolutistische Staatswesen benötigte zunehmend wendige – aber nicht zu selbständige – Untertanen, andererseits entdeckten viele Angehörige der ‚bürgerlichen‘ Mittelschichten Bildung als Instrument des ökonomischen und sozialen Aufstiegs. Dies schließt nicht aus, daß einzelne wichtige Bildungsreformen unter religiösen oder allgemein ‚menschenfreundlichen‘ Zielsetzungen propagiert wurden, so vor allem von den Pietisten und von den sogenannten Philanthropen. Im Zuge solcher praktisch ausgerichteten Bewegungen wird während der 2. Hälfte des Jahrhunderts auch im Bildungswesen der meisten katholischen Territorien ‚die Aufklärung eingeführt‘ (wie eine damals beliebte Formulierung lautet) und eine Annäherung an die Situation in den protestantischen Gebieten erreicht.

Der Primarschulbereich. Eine allgemeine Schulpflicht besteht nicht, trotz vereinzelter Vorstöße in bestimmten Territorien schon während des 17. Jahrhunderts (Weimar 1619, Gotha 1642). In Preußen wird sie 1717 dort eingeführt, „wo Schulen sind“, d. h. als lokale Unterrichtspflicht. Erst das preußische General-Land-Schul-Reglement von 1763 bringt einen Durchbruch auf breiterer Front. Als Lehrfächer gelten grundsätzlich Lesen, Schreiben, Singen, Religion (Bibel und Katechismus), oft auch Rechnen. Die Städte sind – meist schon seit dem Spätmittelalter – mit Elementarschulen besser ausgestattet; es gibt sie auch auf privater Basis (gern ‚Winkelschulen‘ oder ‚Heckenschulen‘ genannt). Diese Schulen werden in erster Linie von Angehörigen der Unterschichten besucht. Der Unterricht der Landbevölkerung wird von der Obrigkeit oft bewußt elementar gehalten, „sonst laufen sie in die Städte und wollen Sekretärs und so was werden!“ (Friedrich II an seinen Minister Zedlitz, 1779).

Generell sind die Lehrer sehr schlecht bezahlt und für ihre Tätigkeit nicht ausgebildet. Besondere Lehrerseminare entstehen, vereinzelt, erst gegen Ende des Jahrhunderts. Auf den Dörfern wird den Lehrern als Anreiz gelegentlich das Schneiderprivileg gewährt. Oft versieht der Küster das Lehreramt, bisweilen auch ein Kandidat der Theologie, der auf eine Pfründe wartet. Als ein Resultat der Erweiterung des Elementarschulwesens gilt, daß im Lauf des 18. Jahrhunderts die Zahl der Analphabeten von 80 bis 90% auf etwa 50% sinkt.

Die Realschule. Die Entstehung dieses Schultyps, die nahezu ganz in das 18. Jahrhundert fällt, ist im Zusammenhang der wachsenden Opposition gegen die starre humanistische Gelehrtenbildung zu sehen. Gegenüber dem absoluten Vorrang des Sprachlich-Literarischen wird schon von den sogenannten Reformpädagogen des 17. Jahrhunderts (besonders Ratichius, Schupp, Comenius, Weise) die Notwendigkeit der ‚Realfächer' betont: Geographie, Geschichte, Mathematik, Geometrie, Mechanik, Naturkunde, moderne Sprachen (bes. Französisch). Während einzelne ‚Realien' allmählich auch in den Gelehrtenschulunterricht eindringen, entsteht der Plan, sie zur Grundlage eines neuen, eigenen Schultyps zu machen. Nach ersten Versuchen in Halle (Semler) wird 1747 in Berlin von Johann Julius Hecker, dem Prediger an der Dreifaltigkeitskirche, die erste ‚ökonomisch-mathematische Realschule' eröffnet. Das Vorbild findet rasch in anderen Städten Nachfolge, nicht zuletzt weil Hecker sich auch um die Lehrerbildung kümmert. Trotzdem bleibt die Zahl der Realschulen vergleichsweise klein; insbesondere aus dem Bereich der standesbewußten Gelehrten regen sich erhebliche Widerstände, auch der Neuhumanismus reagiert mit Geringschätzigkeit. Unter allen Schultypen des 18. Jahrhunderts ist die Realschule noch am ehesten als genuine ‚Bürgerschule' zu bezeichnen.

Die Gelehrtenschule (Lateinschule). Die Gelehrtenschule ist das stabilisierende, sorgsam gehütete institutionelle Kernstück des Gelehrtenstandes. Von dessen Struktur und Entwicklung (s. A 3.2.) bleibt sie untrennbar. Mit Johannes Sturms bekannter Bildungsziel-Formel *sapiens atque eloquens pietas* (zuerst 1538) ist die Herkunft aus dem christlichen Humanismus prägnant bezeichnet. Frömmigkeit, Wissen und Eloquenz bestimmen sich inhaltlich, d. h. vor allem auch mit dem Blick auf die Unterrichtsfächer, aus den Überlieferungen von Antike und Christentum. Das Moment der Eloquenz, das innerhalb der Trias vielleicht am ehesten erklärungsbedürftig ist, ergibt sich aus dem Anspruch, den Menschen in jener Eigenschaft auszubilden, durch die er sich von allen anderen Lebewesen unterscheidet (in diesem Sinne ‚humanistische' Bildung). Umfassende, rezeptive wie produktive Fähigkeiten im Bereich kunstgemäßer Sprache, in Poesie und Prosa, schriftlich und mündlich: so etwa könnte man das Bildungsziel der *eloquentia* umschreiben.

Die im Zuge der Gegenreformation in den katholischen Territorien planmäßig errichteten *Jesuitengymnasien* verfolgen dieses antik-humanistisch geprägte Ziel fast noch konsequenter als die Protestanten, vor allem in der rigorosen Bewahrung des Lateins als des einzigen Mediums sprachlicher Übung und Verständigung. Als 1773 der Jesuitenorden (vorübergehend) aufgehoben wird, gilt noch immer, mit geringen Modifikationen, die Studienordnung von 1599 mit ihrem absoluten Lateingebot. In den *protestantischen* Gymnasien hingegen hatte sich nach und nach, wenngleich sehr uneinheitlich, auch das Deutsche im Unterricht einen Platz sichern können: wohl die wichtigste Neuerung, die das protestantische Gelehrtenschulwesen des 18. Jahrhunderts von dem der vorausgehenden Jahrhunderte unterscheidet. Den höchsten Rang freilich nimmt nach wie vor das Lateinische ein; hinzu tritt, in der zweiten Jahrhunderthälfte, eine intensivere Pflege des Griechischen (etwa kursächsische Schulordnung von 1772). Hier setzt dann jene Entwicklung zum ‚humanistischen Gymnasium' an, das den alten Gelehrtenschultypus ablöst (preußische Reformen unter Zedlitz).

In den Städten, die keine Universität besitzen (etwa Hamburg, Braunschweig, Breslau, auch Zürich), ist die Gelehrtenschule während des 18. Jahrhunderts in der Regel noch die führende Bildungsinstitution, mit ‚Professoren‘ von oft bedeutendem wissenschaftlichem Ruf. Die Schüler stammen zumeist aus Gelehrtenfamilien, jedoch auch aus nichtgelehrten Bürgerfamilien. Wesentlicher als die reine Standeszugehörigkeit ist hier das finanzielle Problem (Schulgeld, oft auch Pensionsgeld usw.). Nicht selten wurde der Schulbesuch auch für ein Gelehrtenkind erst durch einen reichen Gönner ermöglicht, beispielsweise für Lessing.

Der Landesfürst begegnet als ‚Gönner‘ in den berühmten nord- und mitteldeutschen *Fürstenschulen* (besonders in Sachsen: Pforta, Grimma, Meißen). Meist aus säkularisierten Klöstern entstanden – ähnlich den protestantischen Klosterschulen in Württemberg –, sollten sie den begabtesten Landeskindern eine besonders qualifizierte Ausbildung verschaffen, nicht zuletzt im Hinblick auf eine mögliche spätere Tätigkeit im Dienst des Fürsten. Die soziale Herkunft der Schüler ist im wesentlichen die gleiche wie bei den städtischen Gelehrtenschulen. Doch wird der Besuch einer lateinischen ‚Partikularschule‘ (im Gegensatz zur Fürsten- oder Landesschule) vorausgesetzt. In „dem engen Bezirke einer klostermäßigen Schule“, wie Lessing seine eigene Fürstenschule St. Afra zu Meißen beschreibt (G III, S. 522), herrschte eine Art besonders strenger Internatsdisziplin. Der Lehrplan entsprach im Grundriß dem der Gelehrtenschule, doch mit erhöhten Anforderungen etwa bezüglich der Klassikerlektüre, der alten Sprachen (Griechisch, Hebräisch) und des strikten Lateingebots.

Die Skala der gelehrten Schultypen des 18. Jahrhunderts ist vielfältiger, auch gleitender, als es hier dargestellt werden kann. Unterhalb der normalen Gelehrtenschule gab es z. B. noch die einfachere ‚Lateinschule‘, wie sie Lessing in Kamenz besuchte (die Terminologie ist nicht immer eindeutig). Oberhalb rangierten sogenannte ‚gymnasia illustria‘ und ‚academica‘, die häufig durch großzügigere Ausstattung und durch Vorgriff auf einzelne universitäre Disziplinen zusätzliche Anziehungskraft zu gewinnen versuchten, nicht zuletzt auf Patriziertum und Adel. Bei aller Vielfalt muß man sich jedoch vergegenwärtigen, daß von der Gesamtbevölkerung nur ein geringer Teil überhaupt eine gelehrte Schule besuchen konnte: nahezu ausschließlich Stadtbevölkerung (Anteil etwa 10%) und hiervon wiederum nur Angehörige des mittleren und höheren Bürgertums, der Patrizier und des Gelehrtenstandes.

Die Ritterakademien. Diejenigen Adelsfamilien, die sich im Lauf des 16. und 17. Jahrhunderts ‚gelehrten Studien‘ überhaupt geöffnet hatten – wesentlich hierfür waren Propaganda und Annäherungsbestrebungen der Gelehrten selbst, aber auch adliges Profilierungsbedürfnis –, sahen sich vor das Problem gestellt, inwieweit die bestehenden gelehrten Bildungsinstitutionen überhaupt standesgemäß waren. Während anfangs die Zöglinge verschiedentlich noch die städtischen Gelehrtenschulen besuchten, verpflichtete man immer häufiger Privatlehrer, sogenannte *Hofmeister,* die das Pensum im adligen Haus selbst vermittelten. Hinzu kamen, gelegentlich auch von einem zweiten Privatlehrer unterrichtet, die

‚ritterlichen Exerzitien‘ wie Reiten, Fechten, Tanzen, Waffenübungen, höfische Zeremonien, aber auch reine Lernfächer wie Festungsbau, Heraldik, Staatslehre sowie Kenntnisse des Französischen, gelegentlich des Spanischen oder Italienischen. Der Usus wurde dann nach und nach auch von Patrizierkreisen und von einzelnen reich gewordenen Bürgern übernommen. Viele bekannte Autoren des 17. und vor allem des 18. Jahrhunderts haben sich zeitweise ihr Geld als Hofmeister in einem adligen oder patrizischen Hause verdient. Daß Lessing sich dieser Fron nicht unterzog, scheint für sein Unabhängigkeitsstreben bezeichnend zu sein (immerhin war er doch auch einmal ‚Reisebegleiter‘).

Die andere Institution standesgemäßer Adelserziehung, die Ritterakademie, reicht in ihren Ursprüngen bis ins ausgehende 16. Jahrhundert zurück (Tübingen 1589, Kassel 1599). Angelehnt einerseits an das Muster der Gelehrtenschule, mit reduzierten *studia*, andererseits an das der Universitäten, mit Professoren und studentenähnlichem Leben, stellten die Ritterakademien eine Mischform dar. Die ‚gelehrten‘ und die ‚ritterlichen‘ Traditionselemente verschmolzen freilich nie so recht zu einer Einheit, wurden sogar gegeneinander ausgespielt; das Kompositum Ritter-Akademie ist insofern sehr aussagekräftig. Immerhin versuchten diese Schulen mit ihrer entschiedeneren Praxisorientiertheit, mit der Einbeziehung von Realfächern und lebenden Fremdsprachen einen Weg ‚moderner‘ Erziehung, der über den starren Gelehrtenkursus hinausführte. Daraus – und aus der attraktiven Ausstattung – erklärt sich auch etwa die Tatsache, daß Aufklärer wie Christian Thomasius oder Johann Elias Schlegel an Ritterakademien unterrichteten. Allerdings war der Zugang fast ausschließlich Adligen vorbehalten, auch bei denjenigen Ritterakademien, die noch im 18. Jahrhundert neu gegründet wurden (wie Hildburghausen 1744, Wien 1746). Erst die berühmte Hohe Karlsschule in Stuttgart (gegründet 1775), ihrem Vorbild nach ebenfalls eine Ritterakademie, vereinigte adlige ‚Kavaliere‘ und nichtadlige ‚Eleven‘ in derselben Institution.

Die Universitäten. Den breitesten sozialen Spielraum boten die Universitäten. Hier finden sich, programmatisch ausgerichtet auf das gemeinsame Ziel der *studia*, zusammengefaßt zu einer eigenen, halbautonomen *civitas academica*, nebeneinander Studenten hochadliger, adliger, patrizischer, gelehrter und ‚bürgerlicher‘ Herkunft (was nicht hinderte, daß in Auftreten und Lebensstil die ökonomisch-sozialen Unterschiede gehörig zur Schau getragen wurden). Zwar gab es keine formellen Zulassungsqualifikationen nach Art des Abiturs, das erst 1788 in Preußen eingeführt wurde. Doch im allgemeinen mußte, damit der Betreffende dem Unterricht überhaupt folgen konnte, eine Gelehrtenschul- oder auch Hofmeistererziehung vorausgegangen sein.

Noch galt im Grundriß das aus dem Mittelalter überkommene System der Fakultäten, mit der für alle obligatorischen Artistenfakultät als Basis, darüber dann als ‚höhere‘ Fakultäten Medizin, Jurisprudenz und Theologie. Aber das artistische Studium war im Zuge der Reformen des 15. und 16. Jahrhunderts zu einem ansehnlichen humanistischen Kursus mit fortgeschrittenen poetischen

und rhetorischen Übungen ausgebaut worden. Und seit dem ausgehenden
17. Jahrhundert wurde die Theologie als führende Disziplin immer klarer von
der Philosophie überholt, jedenfalls in den protestantischen Territorien. Schrittmacher der Bewegung wurden die neuen, ‚aufgeklärten‘ Universitäten Halle
(1694) und Göttingen (1737), das schon traditionsreiche Leipzig schloß sich an.
Mit dem umfassenden Wolffschen Wissenschaftssystem etablierte sich eine Bil-
dungsmacht, die für Jahrzehnte die Lehrpraxis besonders an den protestantischen Universitäten prägte. Während sie selbst deutliche Zeichen einer neuen
Scholastik oder gar Orthodoxie zeigte, wurde gegenüber den bisherigen kirch-
lich und staatlich approbierten Lehrsystemen energisch das Prinzip der *libertas
philosophandi* als einer generellen Denk- und Lehrfreiheit verfochten.

Die alte *lectio,* die kommentierende ‚Vorlesung‘ von Texten und Lehrbüchern,
wurde allmählich durch den systematischen Sachvortrag abgelöst, die alte *dispu-
tatio* durch die neue Form des wissenschaftlichen Seminars. Das Deutsche
konnte sich als Unterrichtssprache während des 18. Jahrhunderts in den meisten
Fächern durchsetzen. Andererseits entwickelte sich aus den humanistischen Studien, gefördert durch Gelehrte wie Gesner, Heyne und Wolf, seit den 70er
Jahren die ‚Altertumswissenschaft‘. Sie wirkte sich in ihren neuhumanistischen
Zielsetzungen wiederum auf das gesamte gelehrte Bildungswesen aus, nicht zuletzt im Rahmen der Humboldtschen Universitätsreform.

Wie beim Gelehrtenschulwesen ist wieder – und jetzt noch entschiedener –
daran zu erinnern, wie wenigen Gruppen der Bevölkerung ein Universitätsstu-
dium überhaupt offenstand. Mancher, der es begonnen hatte, mußte es aus rein
finanziellen Gründen bald wieder abbrechen. Lessings Leipziger Geld- und
Schuldennöte, auch wenn sie auf erhöhten Bedürfnissen beruht haben mögen,
sind für die Situation charakteristisch.

Daß *Mädchen* und *Frauen* eine einigermaßen qualifizierte Ausbildung erhielten, war auf den Adel und das gehobene Bürgertum und dort auf die Möglichkeiten des Privatunterrichts beschränkt. Das gesamte gelehrte Bildungswesen
blieb ihnen verschlossen, von der Lateinschule bis zur Universität. Versuche wie
Franckes ‚Gymnaeceum‘ in Halle (1698), eine Art höherer Mädchenschule, waren kurzlebige Ausnahmen, die quantitativ kaum ins Gewicht fallen (der plan-
mäßige Aufbau eines Mädchenschulwesens beginnt erst im 19. Jahrhundert).
Lediglich zum Primarschulbereich hatten, natürlich nicht überall, auch Mädchen Zugang; mitunter wurden sie in getrennten Schulen unterrichtet. Besonders
zu erwähnen sind die Jungfrauen-Schulen in den katholischen Gebieten, oft
angeschlossen an Nonnenklöster (schon seit dem 16. Jahrhundert).

Einzelne Frauen, die sich unter günstigen Umständen auch außerhalb des
Adelsbereichs eine hervorragende Bildung erwerben konnten, wie die Gottsche-
din, Tochter eines Danziger Arztes, sind in keiner Weise repräsentativ. Allerdings fällt auf, daß innerhalb des gehobenen Bürgertums das Interesse an anspruchsvoller, ‚moderner‘ Bildung – unter starker Betonung des Französischen –
schon während der ersten Hälfte des 18. Jahrhunderts zunimmt. Gerade hier ist
eine besonders lesehungrige Teilgruppe des neuen, ‚breiteren‘ Literaturpubli-

kums zu suchen. Sein Kern aber – und dies gilt erst recht für die Gruppe der
Autoren – besteht immer noch aus denjenigen, die nach der gültigen Terminologie der Zeit als ‚gelehrt' zu bezeichnen sind. Die Ablösung des ‚Gelehrten' durch
den ‚Gebildeten' und der ‚gelehrten' Stände durch die ‚gebildeten' Stände vollzieht sich erst jenseits von Lessings Lebensgrenze, im Zeichen des neuen, neuhumanistischen Bildungsideals der Weimarer Klassik (zur Bedeutung des Begriffes
speziell bei Lessing s. E 4.).

B. Absolutistischer Staat und bürgerliche Gesellschaft

1. *Entwicklung bürgerlicher Gesellschaft und Öffentlichkeit im absolutisti-schen Staat*

Mit der Entwicklung der kapitalistischen Produktionsweise in der Manufaktur-
periode, dem Merkantilismus und Absolutismus als entsprechender Wirtschafts-
und Staatsform vollzog sich jener von Brunner, Koselleck, Habermas, Schneider
u. a. analysierte vielschichtige Polarisierungsprozeß, der die ökonomisch-politi-
sche Einheit des Feudalsystems allmählich zersetzte und zu einer Trennung von
Staat und Gesellschaft, von staatlich-öffentlicher und privater Sphäre, von Politik und Moral führte. Gegenüber dem Staat, der vom Souverän repräsentiert
wurde und sich in der permanenten Tätigkeit des Militär- und Verwaltungsap-
parates konkretisierte, stand der trotz herrschaftlicher Privilegien politisch ent-
machtete Untertanenverband. Er setzte sich nicht aus politischen Bürgern (*civis,
citoyen*), sondern aus Untertanen (*subditus*) zusammen. Ihm blieb der ökonomische Produktionsprozeß als prinzipiell private Angelegenheit überlassen.

Bedeutung für den Staat hatte der Untertanenverband nur durch seine Abgaben, die als Mittel für Staatsaktionen von der Bürokratie verwendet wurden,
ohne daß die Untertanen ein Mitsprache- oder Kontrollrecht gehabt hätten.
Bezeichnenderweise wird der Begriff ‚Staatsbürger' im Allgemeinen Preußischen
Landrecht (1794) noch immer nicht verwendet. Die privat-wirtschaftliche
Sphäre des Hauses war von der öffentlich-politischen Sphäre des Staates völlig
getrennt, zumal in einer Zeit, in der das Haus als selbständige Wirtschaftseinheit
abgetrennt vom gesellschaftlichen Ganzen nach Autarkie strebte und gewissermaßen eine Wirtschaftsform ohne Absatzmärkte darstellte. Im Laufe des
18. Jahrhunderts wurde durch die Entfaltung der kapitalistischen Produktionsweise und die Rationalisierung der merkantilistischen Wirtschaftspolitik die
hauswirtschaftliche Partikularisation ansatzweise überwunden. Die privatisierte
wirtschaftliche Tätigkeit wurde in den Rahmen einer großräumigeren Volkswirtschaft gestellt und damit auch von Interesse für die Gesamtgesellschaft.

Dieser Wandel zeigt sich unter anderem auch im Verschwinden der ‚Hausväterliteratur' (s. dazu Brunner und Hoffmann). Im Rückgriff auf Xenophon und
Aristoteles waren seit dem 16. Jahrhundert in diesen ‚ökonomischen' Schriften,
die im 18. Jahrhundert noch weit verbreitet waren, wirtschaftliche, technische
und moralische Grundsätze für die Verwaltung und Bewirtschaftung des Hauses

tradiert worden. Ein Teil dieser Grundsätze floß in die Moralischen Wochenschriften ein, die wichtigsten Organe der bürgerlichen Öffentlichkeit in der ersten Hälfte des 18. Jahrhunderts (s. B. 2.1.). Doch wurde die Hausväterliteratur
vor allem ersetzt durch die Kameralistik und Kommerzienlehre der merkantilistischen Theoretiker. An die Stelle der Ökonomik, die lehrte, wie man vernünftig
und auskömmlich zu wirtschaften habe, trat die Chrematistik, die Lehre von der
Bereicherung: Handel und Geldverleih standen im Mittelpunkt dieser Lehre.
Darin liegt die Ambivalenz staatlich-merkantilistischer Wirtschaftspolitik, daß
sie nicht nur die staatlichen Einkünfte steigerte und die staatliche Aufsicht auch
auf den Bereich der Wirtschaft ausdehnte, sondern daß sie auch die Etablierung
einer bürgerlichen (Wirtschafts-)Gesellschaft gegenüber der Obrigkeit förderte.

Durch die Verflechtung der Wirtschaftsbeziehungen wurden die ökonomischen Potenzen der bürgerlichen Gesellschaft insgesamt gesteigert und wurde
eine bürgerliche Öffentlichkeit in ihren frühen Formen hergestellt. In enger Verbindung mit dem Warenverkehr entfaltete sich das Nachrichten- und Pressewe-
sen; seiner Organe bediente sich systematisch die staatliche Verwaltung, indem
sie ihre für die gesamte bürgerliche Gesellschaft relevanten Anordnungen publizierte: Die Privatleute wurden als Adressaten der politischen Gewalt, die sich
öffentlich äußerte, zum Publikum. Zwischen bürgerlicher Gesellschaft und Staat
konstituierte sich als Vermittlungsinstanz die publizistische bzw. literarische
Öffentlichkeit, die eine bürgerliche insofern war, als ihr Kern aus den Angehörigen des gehobenen Bürgertums (einschließlich der ‚Gelehrten‘) bestand: Kaufleute, Bankiers, Verleger, Manufakturisten, Beamte, Juristen, Ärzte, Professoren, Kleriker, Lehrer etc. Sie verwendeten im Widerspruch zur politischen und
sozialen Organisation die Presse als Organ ihrer kritischen Stellungnahme gegenüber den Erlassen der Bürokratie. Die Öffentlichkeit wurde zum Forum der
bürgerlichen Gesellschaft, die beanspruchte, bestimmte Bereiche wie den des
Marktes, der Familie, der Erziehung nach eigenen Einsichten zu ordnen.

In der öffentlichen Meinung objektivierte sich die bürgerliche Moral und
erhielt ‚Gesetzescharakter‘ dadurch, daß die zunächst privaten Ansichten in der
öffentlichen Diskussion zur Übereinstimmung gebracht und als allgemeinver-
bindlich erklärt wurden. (Mit welchem Erfolg, bliebe noch zu fragen. Jedenfalls
war das Selbstvertrauen der Publizisten im 18. Jahrhundert recht groß und
wurde deswegen nicht selten enttäuscht.) In Bereichen, die von positiven Gesetzen frei waren und von der direkten Zwangsgewalt des Staates nicht erreicht
wurden, wirkte die öffentliche Meinung durch den Zwang zur Anpassung, dem
letztlich auch die staatliche Verwaltungs- und Gesetzgebungsfähigkeit unterworfen wurde.

Diese Funktionen der literarischen Öffentlichkeit, als ein Forum des bürgerli-
chen ‚Moralgesetzes‘ zu dienen und Vermittlungsinstanz zwischen bürgerlicher
Gesellschaft und Staat zu sein, sind in dem Prolog genannt, der von Madame
Löwen am ersten Abend im Hamburger Nationaltheater gesprochen wurde (s.
Hamburgische Dramaturgie, 6. und 7. Stück). Im fundamentalen Antagonismus
von Privatheit und Öffentlichkeit, dessen Komplexität zur Beschreibung eine

Vielzahl von begrifflichen Oppositionen verlangt, findet die entstehende bürgerliche Literatur ihre Problematik. Mit Recht setzen deswegen einige – nicht nur neuere und dezidiert literatursoziologische – Interpretationsversuche bei diesem Antagonismus an. Im Prozeß der literarischen Öffentlichkeit war von vornherein die Tendenz angelegt, das öffentliche Räsonnement über private Angelegenheiten und Moral auszudehnen auf den Bereich der Politik und des Staates, d. h. die oben genannten Antagonismen zu überwinden und die Gesellschaft zu politisieren. Unter den Bedingungen des kontinentalen Absolutismus konnte sich jedoch dieser Prozeß nur im Rahmen bestimmter vom Staat tolerierter Institutionen vollziehen, die der ‚öffentlichen‘ Diskussion der Untertanen und Privatleute einen ‚legalen‘ Rahmen gaben. Es ist bezeichnend, daß ein Aufklärer wie Lessing Publizist, Kritiker und Rezensent war, in Clubs, Salons, Kaffeehäusern und Lesegesellschaften verkehrte und Mitglied einer Loge wurde. Die literarische Öffentlichkeit mit ihren zum Teil exklusiven Institutionen, die einen Freiraum für das beschränkt öffentliche Räsonnement sicherten, wurde zur Vorform der politischen Öffentlichkeit.

2. Institutionen der Öffentlichkeit

2.1. Zeitungen und Zeitschriften

Das moderne Zeitungswesen entwickelte sich aus dem privaten Nachrichtenverkehr der Kaufleute und des gelehrten Standes und den öffentlichen Verlautbarungen des Staates. Die Typen der traditionellen Zeitungen und Zeitschriften lassen diese Entstehung erkennen; die neu hinzukommenden sind signifikant für den Verlauf der Aufklärung und die Veränderungen des literarischen Lebens. In der folgenden Aufstellung werden die wichtigsten Typen genannt, ohne daß damit die Mannigfaltigkeit der erschienenen Blätter erfaßt oder nach definitiven Kriterien geordnet wäre.

Über Autoren, Auflagen, Leserschaft, Preise etc. können nur sehr vage Aussagen gemacht werden, da notwendige Untersuchungen bislang fehlen. Besonders niedrig waren die Preise nicht, und sie waren Handwerkern und Bauern beispielsweise kaum zuzumuten. Zu den Abonnenten gehörten hauptsächlich die Angehörigen des gehobenen Bürgertums. Die Auflagen erreichten infolgedessen nur in den seltensten Fällen eine Stückzahl von etwa 5000 und hielten sich normalerweise weit darunter. Trotzdem dürfte die Zahl der Leser ein Vielfaches der Auflagenhöhe erreicht haben, zumal Zeitschriften auch ein wichtiger Bestandteil gemeinsamer Lektüre und Diskussion in den Lesegesellschaften waren. Die meisten Zeitungsunternehmungen wurden nach relativ kurzer Zeit wieder eingestellt. Autoren waren vor allem Geistliche, Lehrer, Professoren, oft aber auch sehr junge Leute, die als Studenten, Predigtamtskandidaten, Hofmeister u. ä. noch ohne festen Beruf waren und aus bescheidenen bürgerlichen Verhältnissen stammten. Die Herausgabe oder Mitarbeit an einer Zeitschrift, die keine langjährige Verpflichtung bedeutete und keine großen Voraussetzungen verlangte, brachte als Neben- oder Übergangsbeschäftigung immerhin den Lebensunterhalt ein. Lessing, der selbst Mitarbeiter an mehreren Zeitungen war, sah als Folge dieser ‚Brotarbeit' eine Verschlechterung der ‚wöchentlichen Sittenschriften'; er kritisierte, daß die Autoren „größtenteils junge Witzlinge" waren, „die ungefähr der deutschen Sprache gewachsen sind", und er beklagte, daß sie „ihre Blätter zu einer Art von Renten machen müssen" (G III, S. 534).

Die Versuche der Autoren, eine klare und elegante Prosa zu schreiben, förderten die Entwicklung des Deutschen zur Literatursprache (s. dazu Blackall). Die Autoren wollten das gelehrte Wissen popularisieren und mußten dazu auch wissenschaftliche Themen in leicht eingänglicher Weise behandeln; Rücksichtnahme auf den nicht gelehrten Leser zwang dazu, den verschachtelten Gelehrtenstil des 17. Jahrhunderts aufzugeben.

Dem 17. Jahrhundert entstammten die *historisch-politischen Zeitschriften,* die dem Interesse der Leserschaft an Hof- und Staatsangelegenheiten entgegenkamen, über Feldzüge, Verträge, Feste etc. berichteten. Staatlich-privilegiert, galten sie als offiziöse Nachrichtenorgane; durch die Aufnahme eines ‚Gelehrten Artikels' wurden sie allmählich zu den ‚Staats- und Intelligenzblättern' umgebildet, die mehrmals wöchentlich erschienen und am ehesten mit den modernen Tageszeitungen zu vergleichen sind. Lessing redigierte von 1751 bis 1755 die *Gelehrte(n) Sachen der Vossischen Zeitung* in Berlin, verfaßte für die *Berlinische privilegierte Zeitung* 1751 als Beilage *Das Neueste aus dem Reiche des Witzes* (s. II B 1.3.1. u. 2.4.); 1767 und 1768 lieferte er ähnliche Beiträge für zwei Hamburger Zeitungen.

Die *Gelehrten Zeitschriften* waren dem Gelehrtenstand zugedacht und berichteten über neue wissenschaftliche Erkenntnisse, referierten und kritisierten neue Publikationen, enthielten gelehrten Disput und für die Gelehrten interessante Personalia. Die in Deutschland frühesten Exemplare dieses Typs, Otto Menckes *Acta Eruditorum* (Leipzig 1682 ff.), wandten sich noch in lateinischer Sprache ausschließlich an Gelehrte. Doch schon Thomasius' *Monatsgespräche* (Leipzig 1688–90) waren in deutscher Sprache an alle ‚Gebildeten' gerichtet und stellten den ersten Versuch eines gehobenen Journalismus in deutscher Sprache dar. Gottscheds *Beiträge zur Kritischen Historie der deutschen Sprache, Poesie und Beredsamkeit* (Leipzig 1732 ff.) gehören als erste deutsche philologisch-kritische Zeitschrift zu den Gelehrten Zeitschriften, die sich immer mehr nach den verschiedenen Disziplinen differenzierten. Die von Lessing und Mylius 1750 herausgegebenen *Beiträge zur Historie und Aufnahme des Theaters* sind eine Zeitschrift dieses Typs; sie sind zugleich die erste Theaterzeitschrift in Deutschland.

Bis in die fünfziger Jahre des 18. Jahrhunderts bildeten die *Moralischen Wochenschriften* die Zeitschriftengattung, in der die aufklärerische Programmatik popularisiert und in weiten Bevölkerungskreisen verbreitet wurde. In Thematik, Titel, Aufmachung, Darbietungsform etc. waren sie von den klassischen englischen Vorbildern *Tatler* (1709–11), *Spectator* (1711–12) und *Guardian* (1713) abhängig, die in Deutschland durch Übersetzungen weit verbreitet wurden und eine große Anzahl von Nachahmern fanden. Zu den allgemeinen Merkmalen von Zeitschriften: periodische Erscheinungsweise bei ideell unbegrenzter Dauer, allgemeine Zugänglichkeit (Publizität), Kontinuität der äußeren Form und des Programms, Mannigfaltigkeit des Inhalts kamen bei den Moralischen Wochenschriften als besondere Merkmale hinzu: origineller und programmatischer Titel (*Der Einsiedler, Der Weltbürger, Die mühsame Bemerkerin derer menschlichen Handlungen*), zumeist wöchentliche Erscheinungsweise, besonders enges Verhältnis zum Leser, der durch Anredeform, Bericht des Verfassers über sich selbst und die Intimität des Mitgeteilten zum Vertrauten gemacht wird, Mangel an spezieller Aktualität, vorwiegend sittlich-lehrhafter Inhalt, aus didaktischen Gründen Neigung zu Wiederholungen, bestimmte Vortragsformen wie moralische Abhandlung, Satire, Traum, Fabel, Allegorie, Brief, Gespräch einer erdichteten Gesellschaft. Fiktive Verfasserschaft war das Grundprinzip der Darbietungsweise der Moralischen Wochenschriften (dazu grundlegend Martens).

Das Publikum der Moralischen Wochenschriften war wiederum das gehobene Bürgertum, hauptsächlich Beamte, weniger Kaufleute, sowie der niedere, zumeist ländliche Adel. ,Volkstümlich' können die Moralischen Wochenschriften nicht genannt werden; den unteren Schichten öffneten sie sich erst in der Zeit ihrer Umwandlung zum Unterhaltungsblatt.

Lessing, der für die von Mylius herausgegebenen Zeitschriften *Ermunterungen zum Vergnügen des Gemüts* und *Der Naturforscher, eine physikalische Wochenschrift* kleine Beiträge verfaßte, beteiligte sich damit gelegentlich zwar an Zeitschriften, die dem Typ der Moralischen Wochenschriften nahestanden. Ansonsten aber nutzte er diese Form der Publikation und Popularisierung aufklärerischen Denkens nicht mehr. Dazu schreibt Martens: „Der Hauptgrund [...] für Lessings Abstinenz bei der aufklärerischen Verabreichung nützlicher Wahrheiten dürfte in seinem Widerwillen gegen eine Didaxe liegen, die dem mühelosen Konsumieren Vorschub leistet und selber ihrerseits nur Unbefragtes, Vorfabriziertes liefert" (Martens, Lessing als Aufklärer, S. 244). Lessing verneinte „den gesellschaftlichen Wert" der Moralischen Wochenschriften (ebda. S. 238) und kritisierte 1759 in den *Literaturbriefen* (49.–51. und 104.) den gleichzeitig erscheinenden *Nordischen Aufseher* als Beispiel einer Zeitschriftengattung, die sich mit dem Ende der fünfziger Jahre überlebt hatte. In der Zeit davor aber waren die Moralischen Wochenschriften das Selbstverständigungsorgan des neuen Publikums, das sich mündig zu fühlen begann. Indem es sich selbst und seine Moral zum Gegenstand der Literatur machte und literarische Kritik daran übte, beschritt es den Weg der Selbstaufklärung. Moralische Erbauung und ästhetische Bildung wurden als Hand in Hand gehend betrachtet; die Autoren identifizierten das ,Sittliche' mit dem ,Vernünftigen' und ,Schönen'.

Seit den vierziger Jahren fanden die *literarischen Organe* Verbreitung, deren Inhalt sich auf Dichtung in allen Gattungen und auf literaturkritische Beiträge beschränkte. Die verschiedenen *Literaturbriefe* gehören hierher, ebenso die vielen Theaterzeitschriften, für die Lessings *Hamburgische Dramaturgie* ein Beispiel ist.

Durch die weitere Spezifizierung wurden für viele Gebiete Fachzeitschriften geschaffen: theologische, juristische, historische, pädagogische, physikalische, ökonomische etc. Andrerseits versuchten Autoren von *allgemein belehrenden und unterhaltenden Magazinen*, das Wissen der Einzeldisziplinen zu vereinen und überschaubar zu halten. Ihre Intention war es, in den unteren Ständen aufklärerisch zu wirken; ihre Magazine traten in den siebziger Jahren an die Stelle der Moralischen Wochenschriften.

Einem steigenden politischen Interesse entsprachen die *staatsbürgerlichen Journale*, die im letzten Drittel des 18. Jahrhunderts Verbreitung fanden. Sie befaßten sich mit politischen und sozialen Problemen, wobei die Frage nach einer möglichst guten Staatsform und den sozialen Privilegien des Adels als virulente Themen der Zeit im Vordergrund standen. Doch verließ die Argumentation weitgehend den Bereich konkreter gesellschaftlicher Praxis und bewegte sich auf hoher theoretischer und philosophischer Ebene. Direkte Kritik an Fürsten oder an politischen Mißständen wurde durch die Zensur unterbunden.

2.2. Kaffeehäuser, Salons, Akademien, Logen, Lesegesellschaften

Unter den besonderen politischen Verhältnissen Englands und Frankreichs wurden dort gegenüber dem Hof *Kaffeehaus* und *Salon* zu Institutionen städtisch-bürgerlicher Öffentlichkeit und zu Zentren literarischer und später auch politischer Kritik. Zwischen aristokratischer Gesellschaft und einigen Gruppen des gehobenen Bürgertums begann sich eine neue Parität herzustellen, wodurch traditionelle gesellschaftliche Unterschiede teilweise überdeckt wurden. In Deutschland erfüllten im 17. Jahrhundert die bezeichnenderweise oft von Fürsten einberufenen und geförderten Sprach- und Tischgesellschaften ähnliche Funktionen. Die Mitglieder erhielten Gesellschaftsnamen (z. B. Fürst Ludwig: „der Nährende", Opitz: „der Gekrönte", Gryphius: „der Unsterbliche"), die im Gegensatz zur realen Ungleichheit eine prinzipielle Gleichheit der Mitglieder betonen sollten.

Die Sprachgesellschaften widmeten sich der Pflege der deutschen Sprache, der Poesie und Grammatik. Die letzte Gesellschaft dieser Art, die von Otto Mencke 1677 in Leipzig gegründete ‚Poetische Gesellschaft', bildete Gottsched 1727 in die ‚Deutsche Gesellschaft' um, die zum Vorbild für mehrere Neugründungen (z. B. in Göttingen, Hamburg, Jena, Weimar, Halle) wurde. Lessing war – wie Klopstock, Herder, Wieland und Schiller – Mitglied der Mannheimer ‚Deutschen Gesellschaft'.

Die Schranken der ständischen Hierarchie überspringend, trafen sich hier sozial anerkannte, politisch gleichermaßen einflußlose Adlige und bürgerliche Honoratioren zum Gespräch auf ‚bloß menschlicher' Ebene. Diese Gesellschaften und Akademien, mit denen in bestimmter Hinsicht auch die *Freimaurerlogen* zu vergleichen sind, sonderten sich tendenziell vom Staat ab, auch wo Staatsbeamte oder gar Angehörige des regierenden fürstlichen Hauses zu ihren Mitgliedern zählten. Der Zusammenschluß von Privatleuten zum Publikum fand zunächst im künstlich geschaffenen Freiraum und unter Ausschluß der Öffentlichkeit statt. Gegenüber späteren genuin bürgerlichen Vereinigungen bewahrten diese Gesellschaften strenge Exklusivität und schützten diese durch ein ‚Geheimnis‘, das auch ihre wahren Ziele verbarg. Mit der Arkanpraxis dieser aufklärerisch wirkenden Gesellschaften und dem elitären Bewußtsein, das sich dahinter verbarg, setzte sich Lessing in seinen *Gesprächen für Freimaurer* auseinander.

Bürgerliche Einrichtungen – und für die deutschen Verhältnisse besonders wichtig – sind ihrer Entstehung und Intention nach die *Lesegesellschaften* (s. dazu Prüsener), die bis 1770 vereinzelte Erscheinungen im Norden Deutschlands blieben, dann häufiger wurden und auch im Süden Verbreitung fanden. Zwischen 1760 und 1800 sind in Deutschland etwa 430 lesegesellschaftliche Organisationen nachweisbar, bis 1820 etwa 600. Das Bestehen einer Lesegesellschaft galt für eine Stadt als Zeichen kulturellen Fortschritts. Aufklärung, Gemeinnützigkeit, Verbreitung des guten Geschmacks und wissenschaftlicher Kenntnisse sowie angenehme und nützliche Unterhaltung waren die Ziele der Lesegesellschaften, die als Lesezirkel, als Lesebibliotheken mit Ausleihmöglichkeiten oder als Lesekabinette mit Bibliotheksräumen und gemeinschaftlichen Lese- und Diskussionsveranstaltungen organisiert waren. Für das aufstrebende Bürgertum, das sich auf Grund gemeinsamer Interessen in den Lesegesellschaften vereinigte, wurden sie insgesamt zu einer Form der kulturellen, sozialen und politischen Emanzipation. Der gemeinsamen Lektüre folgte die Diskussion gemeinsamer Probleme.

Hauptaufgabe der Lesegesellschaften war die Literaturvermittlung (Auswahl, Ankauf, Bereitstellung) und Übernahme der Bildungsbestrebungen der Aufklärung, die sich in den Lesegesellschaften abgesondert vom Staat auf den Erwachsenen richteten. Soziale Situation, gesellschaftliche Zielvorstellungen und Literaturauswahl bedingten sich gegenseitig. Praxisorientierte, aber nicht unmittelbar berufsbezogene Literatur wurde bevorzugt, fachgelehrte Literatur wurde deswegen popularisiert. In der Lektüre fand das gebildete Bürgertum ein neues Medium, sich mit der gesellschaftlichen und politischen Entwicklung und mit seiner eigenen Stellung kritisch zu befassen. Bücher- und Zeitschriftenbestand lassen ein polyhistorisches Bildungsideal erkennen. Besonderes Interesse fanden geschichtliche und geographische Stoffe (Biographien und Reisebeschreibungen), ‚moderne‘ Realien, die auf die soziale Vorstellungswelt modifizierend einwirken konnten.

Neben der allgemeinbildenden Literatur finden sich aus dem Bereich der Belletristik Romane, deren Inhalt der bürgerlichen Morallehre entsprach. Zunächst war die ‚schöne Literatur‘, die man für losgelöst vom alltäglichen Leben hielt, abgelehnt worden. In den Mittelpunkt rückte sie erst gegen Ende des Jahrhunderts, als die Lesegesellschaften ihren pragmatischen Charakter verloren und zu unterhaltsamen Gesellschaften wurden. Zur unpolitisch-geselligen Unterhaltung wurden Clubs eingerichtet und zur isolierten Lektüre ‚schöner Literatur‘ die ‚Museen‘, private buchhändlerische Bibliotheksunternehmen ohne gesellschaftliche Verfassung. Die Einheit von politisch-gesellschaftlicher Zielsetzung und daran orientierter Lektüre war hier aufgegeben.

In den ersten Phasen der Entwicklung hatten die Gesellschaften mit ihren

Statuten, die Gleichberechtigung und Mitbestimmung aller Mitglieder vorschrieben, ein demokratisches Prinzip verfolgt, das in der politischen Realität noch nicht verwirklicht war. Der Wegfall ständischer Schranken, wenn auch nur innerhalb der Lesegesellschaften, diente doch der sozialen Mobilisierung, denn gerade der transitorische Ausgleich ständischer Unterschiede war eine Grundlage für das Selbstbewußtsein des aufsteigenden Bürgertums. Von der Mitgliedschaft war prinzipiell niemand ausgeschlossen, doch waren die Beiträge für kleinbürgerliche Handwerker und Krämer oder für Arbeiter zu hoch.

Die Obrigkeit reagierte unterschiedlich auf die Tätigkeit der Lesegesellschaften. Manche konnten ganz unbehelligt bleiben, einige wurden sogar materiell gefördert. Häufig versuchten die Obrigkeiten aber, die Gesellschaften zu kontrollieren und zu reglementieren; Verbote unter dem Verdacht konspirativer Betätigung zusammen mit anderen Geheimbünden waren gegen Ende des Jahrhunderts nicht selten.

Verwandt mit den Lesegesellschaften waren die *Patriotischen Gesellschaften*, die einen „Patriotismus nach innen" (Hubrig) pflegten. Durch gemeinnützige Arbeit wollten sie zur ,Vervollkommnung' des Menschen und seiner Umwelt beitragen. Die Gesellschaften betätigten sich vor allem auf den Gebieten des Unterrichts und der Erziehung, des Armen- und Gesundheitswesens, des Gewerbes und der Landwirtschaft, vertraten also ein ähnliches Reformprogramm wie der Aufgeklärte Absolutismus. Unabhängig von der Obrigkeit oder im Einverständnis mit ihr, versuchten sie, durch gemeinsame Förderung von Unternehmungen auf den genannten Gebieten, ,öffentlichen Geist' in allen Schichten des Volkes zu verbreiten.

Die Entstehung der meisten dieser Gesellschaften wie auch vieler Freundschaftsbünde ist zurückzuführen auf die wachsende Unzufriedenheit mit dem absolutistischen Staat und der ständischen Gliederung der Gesellschaft. In der zweiten Hälfte des 18. Jahrhunderts verstärkte sich der Freundschafts- und Familienkultus. Zwar sind diese sezessionistische Ideologie und die neuen Formen der Geselligkeit Ausdruck gesellschaftlicher und politischer Bewußtseinsveränderung, aber der betont unpolitische Charakter der Gesellschaften zeigt deutlich die trotz aller Aufklärungserscheinungen immer noch vorhandene Stabilität des absolutistischen Systems und der Ständegesellschaft.

C. Entwicklung des literarischen Lebens in Deutschland während des 18. Jahrhunderts

1. Entstehung des literarischen Marktes

In engem Zusammenhang mit der Veränderung der Produktionsweise, der Akkumulation von Handelskapitalien, der Überwindung zünftiger Schranken, der Entwicklung arbeitsteiliger Produktion, der Erfindung neuer Techniken (s. Synoptische Tabelle und Goldfriedrich II, S. 330 ff.), der Zunahme des Warenverkehrs und der Veränderung der Bevölkerungsstruktur, wandelte sich das literari-

sche Leben im 18. Jahrhundert grundlegend: Als Teil des allgemeinen Waren-
markts entstand der moderne literarische Markt, über dessen Produktionsbedin-
gungen, Distributionsmechanismen und Konsumtionsverhältnisse Literatur in
komplexer Weise vermittelt ist mit dem sozio-ökonomischen Prozeß. Dessen
Tendenzen waren gerade auf dem Buchmarkt am deutlichsten zu erkennen, weil
hier die kapitalistische Produktionsweise am weitesten fortgeschritten war. Verleger und Autoren gewannen sehr früh klare Vorstellungen von den ‚Gesetzlich-
keiten' des Marktes (s. dazu viele Beispiele bei Haferkorn, S. 195 ff.). Marktkon-
formes Verhalten wurde bewußt geübt. Zwischen Autoren und Verlegern kam
es zu erbitterten Honorarstreitigkeiten. Wirtschaftliches Konkurrenzdenken
nahm auch unter den Autoren zu: Ausdruck dafür sind die zahlreichen (an sich
nicht neuen) ‚Federkriege', die Ausbreitung des Rezensionswesens und der be-
stellten Literaturkritik, die Freundschafts- und Lobebünde, die nicht nur durch
gemeinsame Programmatik und Weltanschauung, sondern auch durch gleiche
ökonomische Interessen der Mitglieder zusammengehalten wurden (s. auch
Winckler, S. 41).

1.1. Wandel des Verlagswesens

Länger als in den westlichen Nachbarländern blieb in Deutschland infolge der
Kapitalknappheit nach dem Dreißigjährigen Krieg der Tauschhandel die beherr-
schende Verkehrsform auf dem Büchermarkt. Die an verschiedenen Orten (z. B.
Frankfurt, Straßburg, Stuttgart, Nürnberg, Leipzig, Breslau) in regelmäßigem
Turnus stattfindenden Messen waren Treffpunkte der Verleger, die – Bogen um
Bogen – ihre eigene Produktion gegen fremde tauschten und so zu Verleger-
Sortimentern wurden. Der Handel vollzog sich auf dieser Ebene bargeldlos. Erst
durch den Verkauf der Bücher an Buchhändler und Kolporteure bekam der
Verleger Kapital in die Hand, mit dem er Materialkosten und Löhne bezahlen
konnte. Durch diese Art des Tauschens war der Absatz fast jeden Buches garantiert, und das Risiko der Verleger blieb gering, doch brachte der Tauschhandel
Nachteile für das gesamte literarische Leben: Die Verleger waren kaum fähig, an
Autoren angemessene Honorare zu zahlen; die Verteilung der Bücher blieb
schwerfällig, weil sie an bestimmte Orte und Zeiten gebunden war; manchmal
wurden Bücher schlechter Qualität nur zum Tauschen gedruckt; mit dem Ausland kam es zu Handelsschwierigkeiten.

Der allgemeine wirtschaftliche Aufschwung in der zweiten Hälfte des
18. Jahrhunderts und vor allem der Ausbau des Kreditwesens trug dazu bei, daß
der Tauschhandel durch den Nettohandel abgelöst werden konnte. Die (reinen)
Verleger verkauften die Bücher bei einem Rabatt von 16–25% an die (reinen)
Sortimenter weiter; Buchhändler und Kolporteure nahmen sie diesen ab und
brachten sie an den Leser. Schließlich erhielten die Sortimenter im Konditions-
verkehr das Recht, unverkaufte Bücher zurückzugeben. Hinzu kam, daß die
Sortimenter über Kommissionäre, die an zentralen Verlags- und Messeorten
saßen, ständigen Kontakt mit den Verlegern aufrechterhielten und auch außer-

halb der Messezeiten Bestellungen aufgeben konnten. Andererseits wurde dem Verleger ermöglicht, Neuerscheinungen unverlangt dem Sortimenter zuzusenden.

Durch Konditions- und Kommissionshandel wurde der Leser enger in den Marktkonnex einbezogen. Dem Leser wurde ein größeres und vielfältigeres Angebot unterbreitet; neue Interessen, dadurch geweckt oder aus anderen Gründen entstanden, konnten schneller erkannt und befriedigt werden. In zunehmendem Maße wurden literarische Erfolge durch kluge Marktsteuerung herbeigeführt. Klagen über Verleger und Autoren, die aus Gewinnsucht auch ‚schlechte‘ Literatur verbreiteten, anstatt durch ihre Produkte den ‚Geschmack‘ des Publikums zu bessern, sind so häufig, wie Klagen über den ‚Lesehunger‘ des Publikums, dem kein Buch zu schlecht war (s. Goldfriedrich II, S. 295 ff. und III, S. 558 ff.)

Diese Entwicklung des Buchhandels fand keineswegs reibungslos statt, sondern führte zwischen den Verlegern zu schweren Konkurrenzkämpfen, die nur die kapitalkräftigsten überstanden. Wie Frankfurt verloren auch viele regionale Messeorte ihre Bedeutung zugunsten von Leipzig, das nach dem Ende des Siebenjährigen Kriegs (1763) zum Zentrum des deutschen Verlagswesens wurde. Zwar kam es für einige Jahre zu einer Spaltung des literarischen Markts, weil die süddeutschen Verleger am obsoleten Tauschverkehr festhielten und die Leipziger Messe mieden; gegen Ende der achtziger Jahre setzte sich jedoch der Kommissionshandel mit seinen unbestreitbaren Vorzügen allgemein durch, und es konnten erste erfolgreiche Versuche unternommen werden, das Verlagswesen im ganzen Reich korporationsmäßig zu organisieren und die virulenten Probleme des Nachdrucks, des Urheberrechts und der Honorierung rechtlich zu regulieren.

1.2. Marktwirtschaftliches Honorar und geistiges Eigentum

Dotationen, die Literaten in früheren Epochen für ihre Werke erhielten, können kaum als marktwirtschaftlich kalkulierte Entlohnung betrachtet werden. Diese trat erst zusammen mit dem modernen Buchhandel in Erscheinung, behielt aber dann den traditionellen Namen ‚Honorar‘ (Ehrengeschenk) bei, was einerseits die wirtschaftliche Seite literarischen Schaffens für Autor und Publikum verschleierte, andererseits der besonderen Stellung literarischer Arbeit im gesellschaftlichen Produktionprozeß Ausdruck gab. Ähnlich kann auch der Begriff des Genies als literarökonomische Kategorie verstanden werden, die im Kultus des Autonom-Schöpferischen und der Ganzheit des hervorgebrachten ästhetischen Gebildes den Prozeß der arbeitsteiligen gesellschaftlichen Organisation negierte. Allerdings wäre es zu kurz gegriffen, den Geniebegriff darauf zu reduzieren.

Ökonomische Freiheit für autonome künstlerische Produktion konnten sich die allerwenigsten der ‚freien‘ Schriftsteller über längere Zeit sichern. Dem ‚Dichterfürsten‘ Goethe mag es gelungen sein, doch nicht einmal er, der weitaus am besten situiert war, konnte immer souverän seine Honorarforderungen anmelden und durchsetzen. Die meisten Autoren befanden sich in solcher Abhängigkeit vom Verleger, daß sie eher Lohnarbeiter als selbständige Literaturproduzenten waren. Wie von ‚Büchermanufakturisten' sprechen zeitgenössische Quellen von ‚Lohnschreibern', ‚Lohnknechten', ‚Miethlingen' usw. Die Polarisierung von Lohnarbeit und Kapital hatte etwa Wieland recht deutlich erkannt, als er analog zu Bereichen der gewerblichen Produktion Grundsätze für junge Autoren gab, „woraus das mercantilische Verhältniß zwischen Schriftsteller und Verleger bestimmt wird" (Sämtliche Werke. Hrsg. v. G. Hempel, Berlin 1879, Bd. 38, S. 589 ff.).

Während der tauschwirtschaftlichen Organisation des Buchhandels überließen die kapitalschwachen Verleger-Sortimenter den Autoren Freiexemplare in größerer Anzahl und andere Bücher aus dem Sortiment als Entgelt für Manuskripte. Zuweilen konnten sich Autoren durch Dedikationen an reputationsbewußte Fürsten oder auch etwa an Ratskollegien von Reichsstädten eine zusätzliche Honorierung verschaffen, doch reichte dies nur in den seltensten Fällen für eine selbständige Existenz. Bücherschreiben war fast nur als ‚nebenberufliches nobile officium' möglich und galt als „etwas Heiliges", für das Lohn zu nehmen „beinahe als Simonie" erachtet wurde (Goethe, *Dichtung und Wahrheit*, 12. Buch): eine Ideologie, die weit zurückreichende Traditionen hatte und vor allem von arrivierten Literaten vertreten wurde. Deren gesellschaftliches Ansehen wurde dadurch gesteigert, und mit ihm die Dotationen. Überhaupt stiegen die Honorare seit Mitte des Jahrhunderts um ein Vielfaches, besonders für Verfasser der beliebten Almanache. Trotzdem war ein namhafter Autor wie Lessing auf das kärgliche Bibliothekarsgehalt von 600 und später 800 Rth. im Jahr angewiesen. Es ist bezeichnend für die miserablen Zustände, daß Lessing, der erste ‚freie' Schriftsteller, noch 1764 „mehr wie jemals entschlossen (war), von aller Bedienung, die nicht vollkommen nach meinem Sinne ist, zu abstrahieren" (R IX, S. 231), kurze Zeit später schon seine Enttäuschung über die vorenthaltene Bibliothekarsstelle in Berlin zugab (R IX, S. 266), seinem Bruder schrieb: „gib den Vorsatz ja auf, vom Schreiben zu leben" (R IX, S. 277), und zuletzt den Herzog von Braunschweig um Vorschuß bitten mußte: „Ewr. Durchlaucht untertänigster Knecht Lessing" (R IX, S. 595).

Unüblich war bis in die zweite Hälfte des 18. Jahrhunderts hinein auch die Vorstellung vom geistigen Eigentum. Der Besitz von Wissen verpflichtete zur Mitteilung. Was ein Schriftsteller einmal veröffentlicht hatte, unterlag dem Anspruch der Allgemeinheit, die damit nach Belieben verfahren konnte. 1762 erklärte Lessing: „Wer seine Schriften öffentlich herausgibt, macht sie durch diese Handlung publici juris, und so denn stehet es einem jeden frei, dieselben nach seiner Einsicht zum Gebrauch des Publikums bequemer einzurichten" (LM VIII, S. 279).

Es war freigestellt, Schriften auch ohne Einwilligung des Autors sogar in veränderter Form neu aufzulegen. Dedikationen boten allerdings einen gewissen Schutz vor böswilligen Entstellungen, die z. B. ein Fürst, dem ein Buch gewidmet war, als Beleidigung auffassen konnte. Im Zuge der Kommerzialisierung der Literatur wurde aber auch das literarische Produkt, wenn es als Ergebnis originaler Leistung ausgewiesen werden konnte, als Privateigentum und Vermögenswert betrachtet, dessen wirtschaftliche Nutzung dem Autor zustand und das es zu schützen galt. Die Diskussion über das Urheberrecht, die das ganze Jahrhundert andauerte, wurde zunächst im Sinne des dauernden und ausschließlichen Verlagsrechts entschieden: Nach Übergabe des Manuskripts und Empfang des Honorars hatte der Autor alle Rechte an seinem Werk verloren; Publikation, Veränderungen und Neuauflagen blieben dem Verleger vorbehalten, der auch den wirtschaftlichen Gewinn allein einstrich. Später wurde das Eigentumsrecht des Autors gesetzlich festgelegt und daraus Verfügungsrecht und Ansprüche auf Gewinnbeteiligung abgeleitet. An die Stelle des dauernden Verlagsrechts trat ein Verlagsvertrag, der nur für eine Auflage gültig war.

1.3. Nachdruck und Subskriptionswesen

Die letzten Nummern der *Hamburgischen Dramaturgie* zeigen, mit welchen Schwierigkeiten ein Autor zu kämpfen hatte, der sich von Verlegern unabhängig halten wollte. Die *Hamburgische Dramaturgie*, von Lessing und Bode im Selbstverlag herausgegeben, wurde von einem fremden Verlag nachgedruckt und vertrieben; das geltende Recht bot keine Möglichkeit, erfolgreich dagegen anzugehen.

Die grundsätzliche Vervielfältigungsfreiheit für alle publizierten Schriften wurde zwar seit 1480 durch zeitlich und räumlich begrenzte Druckprivilegien eingeschränkt, doch schützten diese weniger die Belange des Autors am Werk, als daß sie die Verlagseinkünfte garantieren und nebenbei der Fiskalisierung und Zensur dienen sollten. Im zersplitterten Deutschland konnten jedoch die Verstöße gegen Druckprivilegien nie geahndet werden, weil eine einheitliche Regelung selbst im 18. Jahrhundert noch fehlte und weder das Reichsrecht noch das Römische Recht Bestimmungen enthielten, die Verbot und Bestrafung des Nachdruckers ermöglicht hätten. Kant versuchte diesem Zustand abzuhelfen, indem er in einer kurzen Schrift *Von der Unrechtmäßigkeit des Büchernachdrucks* (1785) die Rechtsvorstellungen über geistiges Eigentum, Autorenarbeit und Vermittlertätigkeit des Verlegers zwischen Autor und Publikum präzisierte.

Von größerem wirtschaftlichem Interesse wurde das Problem des Nachdrucks erst um 1770, als die norddeutschen Verleger zum Barverkehr übergingen, dessen Gewinnmöglichkeit durch Nachdrucke stark beeinträchtigt wurde. Die wirtschaftlich schwächeren süddeutschen Verleger hielten dagegen am Tauschhandel fest, der durch Nachdrucke kaum gestört wurde. Sie begannen, die norddeutschen Verlagswerke systematisch nachzudrucken, wobei sie den Schutz der Landesobrigkeiten genossen, denen die billigere Binnenproduktion von Büchern lieber war als die Einfuhr (s. I A 1.2.). Im übrigen rechtfertigten sich die Nachdrucker damit, daß ihre Ausgaben billiger waren als die Originalausgaben, der Nachdruck also das Bildungswesen und die Aufklärung fördere.

Lessings Fragment *Leben und leben lassen. Ein Projekt für Schriftsteller und Buchhändler* (G V, S. 781–787, entstanden nach 1772) ist der Vorschlag eines

Autors, Mißstände zu beseitigen, unter denen nicht nur er, sondern der ganze literarische Markt zu leiden hatte. Lessing fordert die Anerkennung des geistigen Eigentums, das Verbot des Nachdrucks und eine gerechte Verteilung von Risiko und Gewinn zwischen Autor, Drucker und Buchhändler. Zu diesem Zweck sollten Selbstverlag und Subskription mit dem Verteilungsapparat des Buchhandels kombiniert werden: ein unrealistischer, provokativer Vorschlag, der noch die Hoffnung enthielt, den Autor aus der Abhängigkeit vom Verleger freihalten zu können.

Das Subskriptionswesen ging zurück auf Leibniz' Idee einer *societas subscriptoria*, die alle Schriftsteller und Gelehrte vor Ignoranz und Habgier der Verleger und die Wissenschaften vor den Gefahren des Buchhandels schützen sollte, und wurde zu einer Art ‚Sammelpatronage' literarischer Gemeinschaften. Der Buchhandel blieb von der Verteilung der Werke und somit auch vom Gewinn ausgeschlossen und bekämpfte Subskription und Selbstverlag durch Nachdruck. Nur in dem Fall, daß ein Autor gut bekannt war, einen großen Freundeskreis und eine große Lesergemeinde hatte, konnte er durch Subskription seine Werke gewinnbringend vertreiben. Lessing gelang dies mit dem *Nathan*.

2. Zensur

In seinen letzten Jahren hatte Lessing (s. dazu Briefe R IX, S. 778 ff., 783 ff., 788, 790 und Daunicht, S. 452 ff., 466 ff.) unter der Zensur zu leiden, jener auch für das Herrschaftsprinzip des Absolutismus so charakteristischen Institution: Die gesellschaftliche Kommunikation wurde staatlicher Kontrolle unterworfen, öffentliche Meinung durfte sich nur bilden, wenn sie dem ‚Staatsinteresse', d. h. dem Herrschaftsanspruch des Fürsten nach außen und innen nicht entgegentrat.

Die Zensur, deren Anfänge im 12. Jahrhundert liegen, war ursprünglich eine Prüfung religiöser Schriften auf Glaubensreinheit durch kirchliche Behörden, wurde im Zeitalter der Glaubenskämpfe auch von den weltlichen Obrigkeiten unterstützt und von den absolutistischen Fürsten auf weltliche Literatur ausgedehnt, seit 1715 dezidiert auf politische Literatur. Die Verbindung von politischen und religiösen Motiven ist erkennbar in den Kriterien der ‚Zensurkatechismen': Schriften, die den ‚reinen Glauben', das ‚Staatsinteresse', die Institutionen der Kirche und des Reiches, die Personen der geistlichen und weltlichen Obrigkeit und die ‚guten Sitten' angriffen, sollten kein positives Zensurzeugnis bekommen, das Voraussetzung für das Druckprivileg war. Wurde ohne Erlaubnis der Zensurbehörde gedruckt, mußten je nach Sachlage Autor, Drucker und Verleger bestraft werden. Ausgeübt wurde die Zensur von geistlichen Zensoren (Konsistorien, Kirchenräten, theologischen Fakultäten) im Auftrag der Territorialherren, denen 1521 durch kaiserliches Edikt die Zensurpflicht übertragen wurde. 1569 wurden durch entsprechende Mandate in Frankfurt die katholisch orientierte kaiserliche Bücherkommission eingerichtet, in Leipzig die protestantisch orientierte kursächsische Bücherkommission. Diese beiden zentralen Organe der Zensur arbeiteten noch Ende des 18. Jahrhunderts und konnten – wie die lokalen Zensurbehörden – einzelne Autoren durchaus in Schwierigkeiten bringen. Wie Lessing über die engstirnige Zensurpraxis der kaiserlichen Bücherkommission dachte, geht aus einem Brief vom 30. 3. 1779 an Nicolai hervor, in dem er schreibt: „[...], daß ein Buch, welches die Kaiserliche Bücherkommission verbiete, durchaus kein denkender Kopf so behandeln müsse. Es sei zuverlässig gut; und zuverlässig zur Aufklärung gewisser Menschen zuträglich; eben weil es in gewissen Ländern verboten werde [...]“ (R IX, S. 828). Daraus läßt sich allerdings nicht Lessings prinzipielle Ablehnung aller Zensurmaßnahmen ablesen. Differenzierter als hier trägt er seine Meinung am Anfang des *Laokoon* vor (G VI, S. 19). Im Bereich der „Wissenschaften“, deren „Endzweck [...] Wahrheit“ ist, lehnt Lessing „den geringsten Zwang“ durch bürgerliche Gesetze als unerträgliche „Tyrannei“ ab. Im Bereich der Künste jedoch, die als „Vergnügen [...]“ entbehrlich“ sind, ist wegen ihrer vielfältigen Wirkungen „die nähere Aufsicht des Gesetzes“ nötig. Lessing vertritt damit die im 18. Jahrhundert übliche Ansicht, wonach die Zensur nicht als Einschränkung eines Freiheitsrechtes galt, sondern als ein ethisches und moralisches Gebot.

3. Literarisches Angebot und Publikum

3.1. Steigerung und Spezifizierung der literarischen Produktion

In den 60er Jahren des 18. Jahrhunderts begannen die Massenproduktion und der Massenverkauf von Büchern, literarischen Journalen und Kleinschriften. Es trat nicht nur eine Steigerung der Produktion ein, sondern auch eine Spezifizierung. Die unten angeführten Zahlen (nach W. Wittmann, S. 19 und VI) sind weder exakt noch entsprechen sie der ganzen Buchproduktion, die bei der Zersplitterung Deutschlands und den vielen Winkeldruckereien statistisch nie vollständig erfaßt wurde. Dennoch lassen die Tabellen die Tendenzen der Veränderung deutlich erkennen:

1700: 978 Neuerscheinungen; 57% weltl. Lit.
1750: 1296 Neuerscheinungen; 71,1% weltl. Lit.
1800: 4012 Neuerscheinungen; 94% weltl. Lit.

Buchproduktion in verschiedenen Stoffgebieten:

	1700	1750	1775	1800
Theologie	421	374	376	234
Philosophie	197	346	645	1557
Geschichte	156	208	307	613
Jura	84	104	117	137
Medizin	59	104	123	191
Musik	34	48	53	117
Poesie	27	113	271	1066

Die wichtigste Veränderung ist im Rückgang der ‚geistlichen‘ und demgegenüber in der starken Zunahme der ‚profanen‘ oder ‚weltlichen‘ Literatur zu sehen, insbesondere der sogenannten ‚schönen' Literatur, die allerdings durch ihre moralisierenden Tendenzen auch Funktionen der früheren Erbauungsliteratur übernehmen konnte. (Für eine differenzierte Betrachtung der Umschichtungen in der Buchproduktion sei auf die von Zarncke/Goldfriedrich, Jentzsch, R. Wittmann und Engelsing bereitgestellten statistischen Materialien verwiesen; eine Auswahl bei Kiesel/Münch, S. 180 ff.)

3.2. Ausdehnung des Publikums und Veränderung der Lesegewohnheiten

Im Laufe des 18. Jahrhunderts ging die Zahl der Analphabeten von schätzungsweise 80–90% auf ungefähr 50% zurück, doch darf die Kenntnis des Alphabets nicht gleichgesetzt werden mit der Fähigkeit, umfangreichere literarische Texte zu lesen. Die Nachforschungen von Schenda führten zu dem Ergebnis, daß in Mitteleuropa um 1770 etwa 15% der Bevölkerung über sechs Jahre als potentielle Leser gelten konnten, um 1800 etwa 25% (Schenda, S. 444). Der Kreis der tatsächlichen Leser dürfte zwar noch beträchtlich kleiner gewesen sein, doch wurden immer neue Leserschichten erschlossen, insbesondere durch die billigen und beliebten Almanache, Vademekums, Not- und Hilfsbüchlein für jeden Stand und Beruf, durch spezielle Literatur für Kinder, Jugendliche und Frauenzimmer. Kritiker dieses Vorgangs sahen eine erschreckende ‚Lesewut' grassieren und befürchteten negative Auswirkungen auf die gesellschaftliche Moral. Den sich abzeichnenden Wandel der Lesegewohnheiten charakterisiert Engelsing (Perioden, Sp. 959) mit einer (etwas überspitzten) Typologie: Der typische nichtgelehrte Leser, der zuvor ein intensiver Leser war, d. h. eine kleine Auswahl von Büchern immer wieder las, wandelte sich zum extensiven Leser, der zahlreiche Bücher las und ein einzelnes selten wieder aufnahm.

Mit dem ökonomischen Aufschwung wuchsen die Fähigkeit und die Bereitschaft, Geld für Literatur auszugeben. Diese wurde nicht nur inhaltlich, sondern auch in Äußerlichkeiten dem sich bildenden Geschmack und der Kaufkraft des Publikums angepaßt. Das *Vade mecum für den Herrn Samuel Gotthold Lange* wird von Lessing betont im „Taschenformate ausgefertigt" (G III, S. 545), ist ein „Brief" an einen „Gelehrten", der zur „Abhandlung" geworden ist (S. 587). Diese soll einem breiten Publikum zugänglich gemacht werden und wird deswegen in Duodez gedruckt. Für Lange fügt Lessing hinzu: „Weil endlich ein Gelehrter, wie Sie sind, sich in das rohe Duodez Format nicht wohl finden kann, so soll es mir nicht darauf ankommen, Ihnen eines nach Art der ABCBücher binden zu lassen, und mit einer schriftlichen Empfehlung zuzuschicken" (S. 588). Das Vorgehen Lessings ist ein Versuch, literarische Kritik von den Gepflogenheiten der *respublica literaria* zu befreien und mit ihr weitere Kreise anzusprechen (s. auch II B 1.3.1. und 2.3.). Dies wurde im übrigen zum Ziel der meisten Autoren: nicht mehr nur für ausgewiesene Kenner und Gelehrte zu schreiben, sondern sich ein breites und vielschichtiges Publikum zu bilden.

D. Theatersituation im 18. Jahrhundert

1. Sozialstruktur des Theaterbetriebs

Mit bitteren Worten beschreibt Lessing im 81. *Literaturbrief* (7. 2. 1760) die desolate Lage des deutschsprachigen Theaters in der Mitte des 18. Jahrhunderts:

> „Wir haben kein Theater. Wir haben keine Schauspieler. Wir haben keine Zuhörer [...] Der Franzose hat doch wenigstens noch eine Bühne; da der Deutsche kaum Buden hat. Die Bühne des Franzosen ist doch wenigstens das Vergnügen einer ganzen großen Hauptstadt; da in den Hauptstädten des Deutschen, die Bude der Spott des Pöbels ist. Der Franzose kann sich doch wenigstens rühmen, oft seinen Monarchen, einen ganzen prächtigen Hof, die größten und würdigsten Männer des Reichs, die feinste Welt zu unterhalten; da der Deutsche sehr zufrieden sein muß, wenn ihm ein Paar Dutzend ehrliche Privatleute, die sich schüchtern nach der Bude geschlichen, zuhören wollen" (G V, S. 259 f.).

Lessing erfaßt mit dieser Beschreibung nur einen Teil des Theaterspektrums, allerdings den Teil, der dem Aufklärer am meisten am Herzen liegen mußte: das öffentliche, von wandernden Schauspielergesellschaften getragene Theater, wie er es seit seiner Leipziger Studentenzeit kannte. Es schien in doppelter Hinsicht entwicklungsfähig: es ließ sich aufgrund seines öffentlichen Charakters am ehesten zum Sprachrohr aufklärerischer Ideen machen, und es bot die Grundlage für die Überwindung bzw. Aufhebung der sozialen Kluft zwischen Pöbel- und Hof-Theater in einem Theater für die ganze Nation.

Der soziale Unterschied zwischen Wander- und Hoftheater war vor allem durch die Publikumsstruktur bestimmt. In beiden Fällen handelte es sich um Berufsschauspieler: die einen traten jedoch vor den niederen Volksschichten, dem ‚Pöbel‘, auf, die anderen vor der aristokratischen Gesellschaft der Höfe. Das blieb nicht ohne Auswirkungen auf das Sozialprestige der Schauspieler; denn die Hofluft befreite vom Odium des Vagantentums (in der ständischen Hierarchie gehörten die Schauspieler zu den nebenständischen Gruppen: s. Skizzen zu I A 3.2.). Immer wieder bemühten sich deshalb Schauspielergesellschaften darum, ‚hoffähig‘ zu werden und dadurch materielle Sicherheit zu erlangen. Erfolg hatten die wenigsten. Ein Engagement der Neuberin an den Zarenhof zerschlug sich wegen des Todes der Zarin. Schönemann, der vor der Rußlandreise der Neuberin eine eigene Truppe gegründet hatte, gelang es zu Beginn der 50er Jahre, für kurze Zeit ein festes Engagement am Schweriner Hof zu erhalten.

Die Schwierigkeiten dieser Gesellschaften, nicht nur dem Namen nach ‚Hofkomödianten‘ zu werden, d. h. diesen Titel nicht nur aufgrund einer obrigkeitlichen Spielerlaubnis zu führen, sondern tatsächlich am Hof aufzutreten, hingen mit der Tatsache zusammen, daß der Geschmack des Hofadels italienische Oper und französisches Drama bevorzugte. Das Vorbild des französischen Hofes unter Ludwig XIV hatte schon am Ende des 17. Jahrhunderts zur Errichtung französischer Theater an deutschen Fürstenhöfen geführt. Gespielt wurde in französischer Sprache und nach französischer Manier, in einem pathetischen, marionettenhaften Darstellungsstil, dem Lessing noch in der *Hamburgischen Dramaturgie* das Vorbild des Schauspielers „bei den Alten" entgegenhielt:

„Er wußte nichts von den gleichgültigen Bewegungen, durch deren beständigen einförmigen Gebrauch ein so großer Teil von Schauspielern, besonders das Frauenzimmer, sich das vollkommene Ansehen von Drahtpuppen gibt. Bald mit der rechten, bald mit der linken Hand, die Hälfte einer krieplichten Achte, abwärts vom Körper, beschreiben, oder mit beiden Händen zugleich die Luft von sich wegrudern, heißt ihnen, Aktion haben; und wer es mit einer gewissen Tanzmeistergrazie zu tun geübt ist, o! der glaubt, uns bezaubern zu können" (G IV, S. 249).

Neben dem französischen Drama war vor allem die italienische Oper ein Lieblingskind der aristokratischen Hofgesellschaft, stellte sie doch eine glanzvolle Repräsentationsform höfischen Lebens dar. Selbst die Architektur, mit ihrer Anordnung der Ränge und Sitze, die je nach gesellschaftlicher Stellung am Hofe vergeben wurden, diente diesem Zweck. Wer nicht zum Adel oder zum Hofstaat gehörte, hatte nur in Ausnahmefällen das Glück, eine Opern- oder Theateraufführung bei Hofe mitzuerleben. Hoftheater und -oper waren im strikten Sinne exklusiv und nichtöffentlich. Ihr Zweck war die Unterhaltung des Hofstaates: man ging zu festgesetzten Zeiten zur ‚Komödie', so wie man ein andermal zur Tafel ging.

Getragen wurden Oper und Theater am Hof in der Regel von fest engagierten französischen und italienischen Schauspielergesellschaften. Ihre materielle Sicherung und soziale Anerkennung standen als verlockendes Ziel vor den deutschen Schauspielergesellschaften, aber die französische Konkurrenz auf ihrem ureigensten Gebiet ausstechen zu wollen, war ein unmögliches Unterfangen. Dennoch finden sich immer wieder Indizien dafür: von der Neuberin sind Inszenierungen in französischer Sprache überliefert. Schönemann bemühte sich in Berlin um die Gunst Friedrichs des Großen, indem er französisches Theater imitierte. Aber angesichts der übermächtigen französischen Konkurrenz und der hartnäckigen Abneigung Friedrichs gegen deutsche Bühnenkunst, blieben derartige Versuche erfolglos: selbst als ein deutsches Original ins Französische übersetzt wurde, blieb Friedrich der deutschen Schaubühne fern.

Neben dem Berufsschauspielertum des Hof- und Pöbeltheaters verblaßte das in alten Traditionen wurzelnde Laienschauspielertum. Ihm fehlten nicht nur darstellerische Routine und Perfektion, sondern auch das breite Publikum der Wandertruppen. Die Laienschauspieler spielten im wesentlichen für ihre eigene soziale Gruppe, sei es aus religiösen Bedürfnissen (z. B. Passions- und Fastnachtsspiele), sei es im Dienste der rhetorischen Ausbildung (Theater an Jesuitenkollegien und evangelischen Gymnasien, beides im Lauf des 18. Jahrhunderts stark zurückgehend). Der Laienschauspieler war selbstverständlich anerkanntes Mitglied seiner jeweiligen gesellschaftlichen Gruppe, während die Berufsschauspieler soziale Außenseiter blieben, fahrendes Volk, ehrlos wie Henker und Abdecker, sofern sie nicht ‚höfisch' privilegiert waren.

Die Blütezeit des Laientheaters, speziell des *Schultheaters,* war das 16. und 17. Jahrhundert. Jesuitendrama und sogenanntes schlesisches Kunstdrama sind nicht denkbar ohne die rhetorische Ausbildung an protestantischen Gymnasien (z. B.: Straßburg, Halle, Danzig, Leipzig, Nürnberg, Breslau) und Jesuitenkollegien (z. B.: Wien, München, Köln, Mainz, Trier). Schon von seinem Selbstverständnis als Teil des Unterrichts und als schulische Repräsentationsform erreichte das Schuldrama nur ein beschränktes Publikum. Beim Jesuitentheater wurde diese exklusive Tendenz verstärkt durch das konsequente Festhalten an der lateinischen Sprache, bis in die Mitte des 18. Jahrhunderts. Der Niedergang des Schultheaters begann, als die tradierte rhetorische Ausbildung von seiten der realistischen Schulpädagogik kritisiert wurde. Dazu kam auf protestantischer Seite die religiös motivierte Ablehnung des Theaterspielens überhaupt, die vor allem von der pietistischen Bewegung getragen wurde. In Preußen wurde 1718 das Theaterspielen an Schulen verboten.

Indirekt wirkten Traditionen des gelehrten Schultheaters weiter, allein schon dadurch, daß zahlreiche Autoren eine Ausbildung an einer Gelehrtenschule absolviert hatten, wie beispielsweise Lessing selbst. Unübersehbar ist jedoch in der ersten Hälfte des 18. Jahrhunderts die zunehmende Orientierung hin zum gespielten und spielbaren Theater, zum Wandertheater. Hier hatte sich eine Spielweise herausgebildet, die an die Vorbilder der italienischen commedia dell'arte (s. II A 1.3.1.) und der englischen Komödianten anknüpfte, an ein nichtliterarisches Theater, das die Textvorlagen allenfalls im Hinblick auf den szenischmimischen Effekt ausplünderte. Damit wird auch das Abreißen der barocken Dramentradition, der Spiel- und damit auch z. T. der Lesetradition, verständlich: das barocke Drama war wesentlich Literaturdrama, gebunden an die Übungs- und Repräsentationsformen des Schultheaters. Das öffentliche Theater der Wandertruppen zu Beginn des 18. Jahrhunderts war Schauspielertheater. Die Bemühungen um eine normierte Literatursprache (s. Blackall: Gesamtbibl. 9) trugen ein übriges dazu bei, um die Kluft zwischen literarischer Vorlage und Bühnenspiel noch weiter zu vergrößern.

2. Das Theater der Schauspielergesellschaften

Am materiellen Aufwand des höfischen Theaterbetriebes gemessen, wirkten die Aufführungen der Wanderbühnen geradezu armselig. Darauf angewiesen, in dürftigen Bretterbuden, Wirtshaussälen oder unter freiem Himmel zu spielen, technisch nur mit dem Notwendigsten ausgerüstet (die Schauspieler mußten z. T. ihre Kostüme selbst nähen, die Kulissen malen und die Textbücher herstellen), kämpften zahllose Gruppen um die Gunst des Publikums. Nur die größten wie die Neubersche (1727–43/50), Schönemannsche (1740–57), Kochsche (1750–75), Ackermannsche (1753–67/1769–71), Seylersche (1769–75) erlangten überregionale Bedeutung. In einer Art von Zellteilung waren diese Truppen auseinander hervorgegangen: Schönemann und Koch hatten bei der Neuberin debütiert, Ackermann bei Schönemann, und Seyler trennte sich nach dem Ende des Hamburger Nationaltheaters von Ackermann. Den harten Existenzkampf der Schauspielergesellschaften illustriert ein Bittbrief der Neuberin an den Frankfurter Patrizier Uffenbach:

„[...] Unser großes Unglück ist bekannt, und dieses nötiget mich mit Gewalt, großmütige Hülfe zu suchen, woferne ich, nebst dem schon gehabten schmerzlichen Verlust, nicht auch den gänzlichen Untergang erleben will. Es bestehet dieselbe kürzlich darinnen: daß sich 20. Personen meines Elendes auf solche Weise erbermen lassen, und mir jeder davon 50. Rthl. auf 2. Jahre, gegen Wechselverschreibung, von meinem Manne und mir, anvertrauen, und sich alsdann der richtigsten Ersetzung und Bezahlung von uns gewiß versichern sollen. Etliche Personen haben schon den gnädigen Anfang gemacht [...]" (10. 6. 1737. Max J. Husung, Ein Finanzierungsversuch der Neuberin, Euphorion 23, 1921, S. 500).

Aus diesem Briefbeispiel erhellt der Unternehmenscharakter der Schauspielergesellschaften zur Genüge. Die Prinzipale, durchweg selbst Schauspieler, betrieben das Theater als Geschäft: die Kunst ‚ging nach Brot‘ und versuchte zweckfrei und möglichst effektiv das Unterhaltungsbedürfnis ihres Publikums zu befriedigen, ein Problem, das dem trockenen Gelehrten Gottsched einiges Kopfzerbrechen bereitete.

Der Staat kontrollierte das Wandertheater lediglich über die Erteilung bzw. Verweigerung von sogenannten Privilegien. Ein ‚Privileg‘ war nichts anderes als ein Gewerbeschein, der erlaubte, in einem bestimmten Gebiet zu spielen. Wer kein Privileg besaß, durfte nicht auftreten. Dabei stand die Erteilung eines solchen Privilegs ganz im Ermessen der jeweiligen Landes- oder Stadtbehörde, die es zudem noch mit Bedingungen und Auflagen verschiedenster Art verknüpfen konnte. Häufig wurden deutsche Komödianten auf diese Weise verpflichtet, ihre Eintrittspreise niedriger als die ausländischen Gesellschaften zu halten: ein Reflex der hohen Wertschätzung der italienischen und französischen Truppen. Aber auch der Geschmack des breiteren Publikums war durch den Einfluß der Höfe so weitgehend vorgeprägt, daß es die höheren Eintrittspreise wie selbstverständlich akzeptierte. Zugleich wurde dadurch die Zahl der Besucher – vor allem in sozialer Hinsicht – wieder eingeschränkt.

Der Aufenthalt an einem Spielort richtete sich nach den Einnahmen. Gingen sie zurück, wurde der Ort gewechselt. Eine anschauliche Schilderung dieses unsteten Wanderlebens gibt der Schauspieler Joseph Anton Christ, der in den 70er Jahren in der Truppe des Prinzipals Döbbelin spielte:

„Die Einnahmen fingen an, schmäler zu werden, und Herr Döbbelin mußte für einen anderen Platz sorgen, der einträglicher war, um unsere sehr starke Gesellschaft ernähren zu können. Leipzig war der Ort, wohin er seine Augen warf; er hielt um die Konzession an und erhielt sie [...] Es war bei Herrn Döbbelin der Gebrauch, daß die ganze Gesellschaft auf offenen Postwagen fuhr. Er bezahlte für jeden Wagen vier Pferde Extrapost, der Postillion bekam von ihm zwölf gute Groschen Biergeld, und jeder von uns, deren mehrenteils neun auf dem Wagen saßen, gab auf der Station noch einen Groschen Trinkgeld. So kam der Herr Direktor gut weg und auch wir, denn wir ersparten an der Zehrung vieles, weil wir fast immer Tag und Nacht fuhren" (Joseph Anton Christ, Schauspielerleben im 18. Jahrhundert, München/Leipzig o. J. [1912], S. 60 f.).

Die durchschnittliche Größe einer Schauspielergesellschaft betrug zwischen 15 und 20 Mitglieder. Sie war nicht ins Belieben des jeweiligen Prinzipals gestellt, sondern hing von den Gegebenheiten des Theaterbetriebs ab. Nicht jeder Schauspieler war für alle Rollen verwendbar. Zwar rühmt Lessing im 2. Stück der *Hamburgischen Dramaturgie* Konrad Ekhof als ‚Allesspieler‘, aber dies war zweifellos zum Teil nur eine Reverenz dem großen Schauspieler gegenüber. In der Praxis beherrschte jeder Schauspieler bestimmte Rollenfächer, die durch eine lange Bühnentradition typisiert waren.

Die Bezeichnungen dieser Rollenfächer wichen stark voneinander ab, aber ein corpus von Kernfächern kristallisierte sich heraus. Wollte eine Schauspielergesellschaft mit ihrem Repertoire einen einigermaßen repräsentativen Querschnitt durch Tragödie und Komödie bieten, gehörten diese Kernfächer zum notwendigen Bestandteil der Truppe, wobei natürlich in der Praxis mehrere, möglichst ähnliche Rollenfächer von einem Schauspieler ausgefüllt werden konnten. Johann Christian Brandes fordert in seinem *Promemoria* für das zu gründende Mannheimer Nationaltheater (1779) mindestens 16 Personen ohne technisches Personal. Die von Brandes geforderten Rollenfächer werden im folgenden – soweit möglich – durch eine entsprechende Figur aus den bekannten Dramen Lessings illustriert:

1. zärtlicher (ernster) Alter: Odoardo Galotti
2. komischer Alter: der Wirt in *Minna*
3. Raisonneur: Bruchsal in *Minna*
4. und 5. erster und zweiter Liebhaber: Tellheim, Hettore Gonzaga, Appiani
6. Petitmaître und Fat (d. h. Stutzer, Chevalier): –
7. und 8. erster und zweiter Bedienter: Pirro und Battista in *Emilia*, Just in *Minna*
9. Charakterrolle: Marinelli
10. zärtliche (ernste) Mutter: Dame in Trauer in *Minna*, Claudia Galotti
11. komische Mutter: –
12. erste Charakterliebhaberin: Orsina, Minna
13. und 14. zweite und dritte Liebhaberin: Emilia
15. und 16. erste und zweite Soubrette (d. h. muntere Zofe, spitzbübische Magd): Franziska in *Minna*

Alle weiteren Bedienten, Alten, Vertrauten, Pedanten, Juden, Bauern, Soldaten werden entweder zusätzlich von den Hauptdarstellern oder von besonderen Chargenspielern übernommen.

Die Rückwirkung dieser feststehenden Rollenfächer auf das Literaturdrama des 18. Jahrhunderts kann man wahrscheinlich nicht hoch genug einschätzen. Zumal für einen Theaterpraktiker wie Lessing, der seit seinen frühen Lustspielen mit den realen Bühnenverhältnissen vertraut war und sich mit ihnen auch theoretisch beschäftigte, dürften sie eine Rolle gespielt haben. Man könnte sogar die These aufstellen, daß unter diesem besonderen Aspekt *Emilia Galotti* eine gelungene Kombination vorhandener Rollenfächer ist. Für die Interpretation des Stückes, vor allem für die immer wieder darin gesehene Sozialkritik, ergeben sich damit neue Gesichtspunkte, die allerdings von der Forschung bisher so gut wie nicht berücksichtigt wurden.

Daß auf der Bühne des Wandertheaters durchgängig Hochdeutsch gesprochen wurde, war offenbar bis in die 70er und 80er Jahre nicht selbstverständlich. In Komödien war, oft schon von den literarischen Vorlagen her, der Dialekt keineswegs verpönt. Aber auch die Schauspieler selbst konnten oder wollten ihren jeweiligen Heimatdialekt nicht verleugnen. Christ (der Österreicher war) berichtet über die Braunschweiger Spielzeit Döbbelins folgende Episode:

> „Was die Komödie betrifft, fand ich ganzen Beifall, nur sprach der Herzog zu Döbbelin: ‚Ich gratuliere, Sie haben an Ihrem Christ eine gute Akquisition gemacht; nur verstehe ich ihn wegen seines kaiserlichen Dialektes nicht recht. Aber brav ist er, das sehe ich, raten Sie ihm nur, er soll Eschenburg und Lessing fleißig besuchen, damit er sich die hochdeutsche Sprache mehr zu eigen mache. Aber sagen Sie es ihm, daß er mir und der Hoheit meiner Gemahlin sehr gefalle.‘ Döbbelin verheimlichte mir nichts, und ich gab mir alle Mühe, meine Mundart zu verbessern" (Christ, Schauspielerleben, S. 55).

3. Gottscheds Theaterreform

Als sich Gottsched Ende der 20er Jahre der praktischen Theaterarbeit zuwandte, war das Wandertheater in den Augen des gebildeten städtischen Bürgertums gleichbedeutend mit Pöbeltheater. Wenn vereinzelt Barockautoren wie Gryphius oder Lohenstein aufgeführt wurden, so waren die Aufführungen nicht textgetreu. Sie bewahrten allenfalls die grobe Handlungsstruktur, die nach Effektivitätsgesichtspunkten durch Hanswurstiaden und Greuelszenen aufgefüllt wurde. Die Autoren ihrerseits kümmerten sich nicht um die Aufführungspraxis. Sie hielten auf strenge Distanz zu den wandernden Schauspielern, rechneten sie sich doch selbst einer höheren Gesellschaftsschicht, dem Gelehrtentum, zu. Gottsched schildert in der Vorrede zu seinem *Sterbenden Cato* (1732), wie irritiert er über das völlige Auseinanderfallen von Literatur und Bühne war. Auf seine verwunderte Frage, weshalb man denn nicht Gryphius spiele, mußte er sich von Prinzipal Hofmann sagen lassen, daß das Publikum dergleichen nicht mehr sehen wolle.

Gottsched machte sich mit aufklärerischem Optimismus daran, das seinem Verständnis nach völlig chaotische und verwilderte Theater der Wanderbühnen zu reformieren. Da er den Hauptgrund für das niedere Niveau der Schaubühne in der Trennung von Theater und anspruchsvoller Dichtung sah, versuchte er folgerichtig diese zu überbrücken, indem er das jede dichterische Form sprengende Stegreifspiel verwarf und die Schauspieler an ‚regelmäßige Schauspiele‘ (d. h. Schauspiele, die den Regeln der Poetiken entsprachen: gebundene Rede, Aktzahl, Einheiten der Handlung, der Zeit und des Ortes u. dgl.) zu binden suchte. Dahinter stand kein primär theaterpraktisches, sondern ein pädagogisches, aufklärerisches Interesse. Die Dichtung konnte die erzieherische Mission, die ihr Gottsched zugedacht hatte, nur dann erfüllen, wenn ihr Text unretuschiert auf die Bühne kam. Um dies zu gewährleisten, mußten sich die Reformbestrebungen zunächst auf die Schauspieler selbst konzentrieren: sie sollten das Extemporieren unterlassen und ihre Sprechtechnik verfeinern. Erst wenn die

Aufführungsbedingungen einigermaßen kontrollierbar geworden waren, konnte man daran denken, den Wildwuchs der literarischen Vorlagen zurechtzustutzen. Diesen zweiten Schritt unternahm Gottsched mit seiner *Critischen Dichtkunst* ([1]1730) und seinem regelmäßigen Musterdrama *Der sterbende Cato.*

Noch im Gründungsjahr (1727) der Neuberschen Schauspielergesellschaft nahm Gottsched Verbindung mit der Prinzipalin Caroline Neuber auf, nachdem Hofmann es zuvor abgelehnt hatte, die Gottschedsche Übersetzung des *Endimion* (Fontenelle) aufzuführen. Die Neuberin ließ sich für Gottscheds Reformpläne gewinnen, allerdings nicht nur aus ideellen Gründen. Sie versprach sich von der Zusammenarbeit auch materielle Vorteile gegenüber dem Konkurrenzdruck anderer Schauspielergesellschaften. Für die Neuberin bedeutete Gottscheds Name eine willkommene Werbung und in nicht geringem Maße eine soziale Aufwertung, denn es stand zu erwarten, daß das Interesse des Publikums – zumal des ‚besseren‘ – durch die literarische Betriebsamkeit und den Ruf des gelehrten Universitätsprofessors ganz besonders auf die noch junge Schauspielergesellschaft gelenkt werden würde. Andererseits kann man aus Gottscheds Sicht die Tragweite seines Unternehmens nicht hoch genug einschätzen, denn für einen Universitätsprofessor war es keine Selbstverständlichkeit, sich mit den als ehrlos verschrieenen Komödianten einzulassen.

Der überraschende Anfangserfolg der Neuberin mit ‚regelmäßigen‘ Theaterstücken konnte den latenten Interessengegensatz zwischen dem engagierten Aufklärer und der Theaterunternehmerin zunächst in den Hintergrund drängen. Sobald das Publikum, das offenbar zunächst vom Reiz der Neuheit angezogen wurde, wieder zu den Stegreifpossen der Konkurrenztruppen überlief, brach er offen aus. Dazu kamen persönliche Streitigkeiten, die den Bruch unvermeidlich machten. Aber Gottsched vermochte die eigentlichen Ursachen nicht zu erkennen: er versuchte es erneut mit der neugegründeten Schönemannschen Truppe, die bald vor denselben Schwierigkeiten stand wie die Neuberin. Nach Anfangserfolgen sah sich Schönemann gezwungen, von Gottscheds Reformideen abzurücken, weil die Zuschauer ausblieben. Immerhin hatte Gottsched durch seine Arbeit die Theaterleute zur Eigeninitiative angespornt.

Die begonnene Reform des Theaterwesens wurde nun auch von ihnen selbst vorangetrieben, vor allem auch im Hinblick auf gesellschaftliche Respektabilität. Die Prinzipale achteten auf anständiges Betragen ihrer Truppenmitglieder in der Öffentlichkeit, und Konrad Ekhof, Mitglied der Schönemannschen Schauspielergesellschaft und einer der großen Schauspieler des Jahrhunderts, versuchte mit seiner in den 50er Jahren gegründeten Schauspielerakademie, der Schauspielkunst sogar einen wissenschaftlichen Anstrich zu geben.

Auf literarischem Gebiet hatten Gottscheds Reformmaßnahmen einschneidendere und länger anhaltende Konsequenzen. Da die zeitgenössische deutsche Literatur für seine Zwecke nicht brauchbar schien, griff er auf die französische Alexandrinertragödie und die französische Komödie zurück. An ihnen entwickelte er seine Vorstellungen von klassischer Dichtung.

Durch Gottscheds Verdikt entstand anfänglich ein empfindlicher Mangel an spielbaren Texten. Die fehlenden ‚regelmäßigen‘ Stücke wurden durch Übertragungen aus dem Französischen ersetzt. Die Nachfrage von seiten der Neuberin war so stark, daß die Übersetzer aus dem Gottschedkreis kaum mit der Arbeit nachkamen. Sehr rasch setzte dann die Produktion deutscher Originale ein, wobei Gottsched selbst in poetischer Theorie und dramatischer Praxis normbildend wirkte. Wer in jenen Jahren Dramen schrieb, wurde an den von Gottsched gesetzten Maßstäben gemessen. Auch Lessings frühe Lustspiele entstanden noch unter dem Einfluß der autoritativen Gottschedschen Theorie (s. II A 1.3.2.). Sein *Samuel Henzi* (1749), der Versuch einer ‚regelmäßigen‘ Alexandrinertragödie, blieb allerdings Fragment. Eine Wende bedeutete erst *Miß Sara Sampson*. Die Uraufführung am 10. Juli 1755 in Frankfurt/Oder durch die Schauspieltruppe Ackermanns wurde wegweisend für die weitere Entwicklung des Literaturdramas. Ackermanns Truppe war keine Theatersensation, sie unterschied sich aber doch in bemerkenswerter Weise von zahlreichen ihrer Konkurrenten. Der Prinzipal selbst hatte sich bei Schönemann in Norddeutschland und bei Hilverding in Rußland außer einem Ruf als ausgezeichneter Schauspieler auch genügend Geldmittel erworben, um nach seiner Rückkehr aus Rußland ein Unternehmen wagen zu können, das bis dahin noch niemand in Angriff genommen hatte: 1753 erhielt Ackermann ein Privileg für die ganze preußische Monarchie und begann sogleich mit dem Bau eines eigenen Schauspielhauses in Königsberg.

Es war der erste Versuch, ein stehendes Theater unabhängig vom Hof zu etablieren. Während der zweijährigen Bauzeit gastierte Ackermann in fast allen großen Städten Preußens. Sein Spielplan unterschied sich nur wenig von dem vergleichbarer Schauspielergesellschaften: er stand noch ganz im Zeichen der von Gottsched initiierten ‚regelmäßigen‘ Dramatik. Daß Ackermann dennoch finanzielle Erfolge verbuchen konnte, erklärt sich zum großen Teil aus dem von ihm und seiner Truppe entwickelten realistischen Darstellungsstil, der sich nicht in „Tanzmeistergrazie" (G IV, S. 249) und deklamatorischen Fertigkeiten erschöpfte, sondern sich bemühte, Menschen in Bewegung und Rede möglichst wirklichkeitsgetreu nachzuahmen. Das Publikum war für derlei Innovationen offenbar besonders empfänglich.

Lessing hatte in der Ackermannschen Gesellschaft eine Gruppe von Schauspielern gefunden, die seinen eigenen Absichten am meisten entsprach, die – wie er selbst von der dramatischen Theorie her – von der Bühnenpraxis aus einen Mittelweg zwischen den überbordenden Harlekinaden und der statuarischen Steifheit des Gottschedschen Klassizismus suchten. Wie schwierig es war, nachdem Gottsched den Harlekin von der Bühne verbannt hatte, nun die sich dort einnistende Rhetorik zu vertreiben, verdeutlicht die Kritik, die Lessing noch in der *Hamburgischen Dramaturgie* an vielen Autoren übte. „Ihre Helden sollten wie andere Menschen sprechen? Was wären das für Helden? [...] Sentenzen und Blasen und ellenlange Worte: das macht ihnen den wahren Ton der Tragödie" (G IV, S. 503). Lessing plädierte deshalb keineswegs für einen schrankenlosen Realismus, wie ihn Friedrich Ludwig Schröder, der Stiefsohn und langjährige Schüler Ackermanns, in den 70er Jahren mit seinen Shakespeareaufführungen verwirklichte, vielmehr versuchte er, das Alte und Bewährte auf seine Brauchbarkeit für die Gegenwart hin zu überprüfen und gegebenenfalls zu übernehmen, das Unbrauchbare aber genauso konsequent zu verwerfen.

4. Die Nationaltheaterbewegung

Die Bemühungen Gottscheds um eine Reform des deutschsprachigen Theaters hatten sich auf den Spielplan konzentriert. Den Zusammenhang zwischen Spielplangestaltung und ökonomischer Organisationsform hatte er nicht klar genug gesehen, und deshalb hatte er auch immer neue Enttäuschungen erleben müssen. Die Einrichtung stehender Bühnen versprach eine sinnvollere Lösung des Problems. Daran aber waren Prinzipale und Virtuosen-Schauspieler wenig interessiert, denn das unstete Wanderleben bot trotz aller materiellen Unannehmlichkeiten auch Vorteile: der ständige Wechsel des Publikums ermöglichte es, mit einem relativ kleinen Repertoire auszukommen. Eine stehende Bühne hätte die laufende Erweiterung und Erneuerung des Spielplans erfordert und den Schauspielern erhöhte Leistungen abverlangt.

Schon bei dem Versuch Gottscheds und der Neuberin, die ‚regelmäßige' Dramatik durchzusetzen, hatten die Schauspieler Widerstand geleistet, weil die enge Bindung der Inszenierung an die literarische Vorlage intensives Auswendiglernen der Rolle erforderte. Man konnte nicht mehr extemporieren, d. h. den Auftritt nach den Einfällen des Augenblicks richten.

Programmatischer Wegbereiter der Nationaltheateridee war der Gottschedschüler Johann Elias Schlegel. Als Sekretär eines sächsischen Diplomaten in Kopenhagen erlebte er die Gründung des dortigen Nationaltheaters durch königliche Initiative mit. In seinem *Schreiben von Errichtung eines Theaters in Kopenhagen* (1747) und in den *Gedanken zur Aufnahme des dänischen Theaters* (1747) entwickelte er seine Vorschläge auch für das deutsche Theater.

Anders als sein Lehrer Gottsched sah Schlegel die Hauptursache für die Misere des deutschen Theaterbetriebs im Prinzipalwesen. Ständig im Konkurrenzkampf mit anderen Schauspielergesellschaften liegend, richteten sich die Prinzipale nach rein geschäftlichen Gesichtspunkten oder allenfalls nach Virtuosenrollen, in denen sie selbst glänzen konnten. Um diesem Mißstand abzuhelfen, war eine andere Organisationsform des Theaterbetriebs erforderlich. Schlegel sah sie in der Errichtung stehender Bühnen in größeren Städten, an die feste Ensembles verpflichtet werden sollten. Die Finanzierung sollte von der öffentlichen Hand übernommen werden, und die Leitung dieser Schauspielhäuser sollte keinem „Komödianten überlassen seyn; sondern, wie es bey Opern und Komödie zu geschehen pflegt, die an Höfen gespielt werden, einem Manne von einigem Ansehen, der Geschicklichkeit und Wissenschaft genug hätte, gute Stücken auszusuchen [...]" (*Schreiben von Errichtung eines Theaters in Kopenhagen*, S. 555). Als Ziel stand dahinter nicht nur die Schaffung einer Alternative zu den Hoftheatern, sondern gerade die Aufhebung der sozialen Aufspaltung der Theaterlandschaft in einem nationalen Spielplan und in einer Bühne für alle Stände.

Diese Idealvorstellungen wurden Mitte der 60er Jahre in Hamburg – scheinbar – Wirklichkeit. 1765 hatte sich Ackermann, der sein erstes Königsberger Schauspielhaus im Siebenjährigen Krieg verloren hatte und während dieser Zeit ins Elsaß und in die Schweiz ausgewichen war, nach langem Wanderleben entschlossen, in Hamburg noch einmal ein Schauspielhaus zu bauen. Nach anfänglichen Erfolgen ließ jedoch der Besucherstrom nach, und die laufenden Tageseinnahmen gingen langsam, aber stetig, zurück. Trotz Einlagen nach Art von ‚Ball en Masque‘ und trotz Gastspielen französischer Truppen, für die wie selbstverständlich vom Publikum höhere Preise bezahlt wurden, wurde die Finanzlage immer unhaltbarer. Dazu kamen Intrigen im Ensemble. Johann Friedrich Löwen, Theatertheoretiker und -dichter, fühlte sich von Ackermann übergangen. Rückhalt fand er bei der Schauspielerin Madame Hensel und deren Verehrer Abel Seyler. Mitte des Jahres 1766 verfaßte Löwen eine Streitschrift *Veränderung des Hamburgischen Theaters*, in der er ein deutsches Nationaltheater forderte und alles bisher zu diesem Problem Gesagte zusammenfaßte. Seyler gewann einige wohlhabende Hamburger Bürger als Kapitalgeber für das neue Theater. Er selbst steckte seine letzten 30 000 Mark, die er aus der Pleite einer Silbermine gerettet hatte, in das Unternehmen. Ackermann, unter Druck gesetzt, legte resignierend die Direktion nieder, und das Theater ging an die neuen Unternehmer über. Löwen übernahm die Direktion, und Lessing wurde um Mitarbeit gebeten.

Das Unternehmen erhielt zwar den Namen ‚Nationaltheater‘, wesentliche Forderungen der Nationaltheater-Programmatik blieben jedoch uneingelöst (hierzu jetzt Steinmetz mit Herausarbeitung des ‚Vorgriffs‘, des noch nicht Einlösbaren). Die Initiative war nicht etwa vom Hamburger Magistrat ausgegangen, sondern von einem Privatmann. Das neue Theater wurde auch nicht öffentlich subventioniert, sondern war nach wie vor ein Geschäftsunternehmen, nur daß an die Stelle eines einzelnen Prinzipals ein Konsortium getreten war. Das Unternehmen stand damit zwar auf einer breiteren ökonomischen Basis, aber die alten Probleme stellten sich auch in größerem Umfang. Ein neuer Spielplan konnte nicht aus dem Boden gestampft werden, man mußte deshalb notgedrungen auf Ackermanns Repertoire zurückgreifen. Dieser hatte aber bereits zwei Jahre lang in Hamburg gastiert, und viele Stücke waren daher bekannt. Angesichts dieser Situation ist es nicht weiter erstaunlich, daß das ‚Nationaltheater‘ nach zwei Spielzeiten – genau wie zuvor Ackermann – im März 1769 an Finanzierungsproblemen scheiterte.

Nach dem Zusammenbruch übernahm Ackermann das Theater wieder, ein Teil des Ensembles schloß sich aber unter Seyler zu einer neuen Truppe zusammen und ging wieder auf Wanderschaft. 1772 erhielt diese Truppe am Hof der Herzogin Anna Amalia von Sachsen-Weimar ein festes Engagement, 1774 nach dem Brand des Weimarer Schloßtheaters am Hof zu Gotha. Erst mit landesfürstlicher Hilfe kam das zustande, was die Hamburger Bürgerschaft nicht fertiggebracht hatte: die Errichtung eines feststehenden, deutschsprachigen Theaters. Die Nationaltheateridee, ursprünglich der bürgerliche Versuch, zur Konstitu-

ierung der Nation beizutragen, wurde in der Folgezeit vom Aufgeklärten Absolutismus vereinnahmt. 1776 erhob Joseph II die Wiener Hofbühne zum Nationaltheater, und zwei Jahre später wurde das Mannheimer Nationaltheater gegründet. Andere Landesfürsten schlossen sich an. Diese Entwicklung dokumentierte nicht allein den Sieg des monarchischen Absolutismus über bürgerliche
Emanzipationsbestrebungen, sie entlarvte gleichzeitig den optimistischen Glauben an die politischen Möglichkeiten des Theaters als Chimäre.

E. Der Literat Lessing in seiner Epoche

0. *Vorbemerkung*

Die vorangehenden Abschnitte, die einen Aufriß der Epoche versuchen, haben
bereits an verschiedenen Stellen Schlaglichter auch auf Einzelheiten von Lessings
Leben und Werk geworfen. Im folgenden geht es darum, gewissermaßen mit der
umgekehrten Perspektive, von Lessing ausgehend, dessen Stellung innerhalb seiner Zeit zu umreißen. Dabei wird andeutungsweise auch die Frage nach seiner
‚Repräsentativität‘ für diese Epoche behandelt werden müssen. Es empfiehlt
sich, bei den genannten Namen und Jahreszahlen jeweils auch die dem Arbeitsbuch beigegebene Synoptische Tabelle (S. 409–422) heranzuziehen.

1. *Lessings Lebenszeit und die ‚Aufklärung‘ in Deutschland*

Lessings Lebenszeit (1729–81) umfaßt nur etwas mehr als fünf Jahrzehnte und
ist doch seit jeher von vielen als beispielhaft für ‚das 18. Jahrhundert‘ angesehen
worden. Das hat verschiedene Gründe. Zum einen umgreift diese Lebenszeit, im
Gegensatz zu den meisten anderen wichtigen Autoren seiner Zeitgenossenschaft
– mit Ausnahme Klopstocks –, beinahe gleichmäßig beide Jahrhunderthälften
(wogegen etwa Gottsched und Gellert, auch Winckelmann, schon in den 60er
Jahren sterben, Herder, Goethe und Schiller erst kurz vor bzw. wenige Jahre
nach der Jahrhundertmitte geboren werden). Die Jahre um 1750 aber sind schon
früh als wichtige ‚Wende‘ innerhalb der deutschen Literatur- und Geistesgeschichte aufgefaßt worden, man denke nur an das Erscheinen der ersten Gesänge
des *Messias* (1748).

Zum anderen steht Lessings Lebenszeit in aussagekräftiger Beziehung zu bedeutenden Ereignissen der politischen Geschichte des 18. Jahrhunderts, an denen sich die Geschichtsschreibung mit Vorliebe orientierte. Als Lessing mit seinen ersten literarischen Versuchen beginnt, um die Mitte der 40er Jahre, hat
Friedrich II von Preußen eben erst den Thron bestiegen (1740), er stirbt nur
wenige Jahre nach Lessing (1786). Etwa den gleichen Zeitraum umfaßt bekanntlich die Regierungszeit Maria Theresias (1740–80; Joseph II: 1765–90). Der
Siebenjährige Krieg (1756–63) fällt ziemlich genau in die Mitte von Lessings
Leben. Die Französische Revolution mit ihren einschneidenden Wirkungen liegt
bereits jenseits seiner Lebensgrenze.

Vielleicht am wichtigsten ist ein dritter Gesichtspunkt. Lessings Lebenszeit gehört zum größeren Teil einer Epoche an, die für die Literatur- und Ideengeschichte (weniger für die Geschichte der Musik und der bildenden Künste) fast unbestritten mit einem weltanschaulichen Begriff bezeichnet wird: dem der ‚Aufklärung‘. Lessings geschichtliche Gesamtleistung wiederum ist nahezu einhellig als die eines ‚Aufklärers‘ bzw. Hauptvertreters der ‚Aufklärung‘ resümiert worden (s. Abschnitt 3). Daraus ergeben sich verschiedene Probleme sowohl der inhaltlichen Füllung als auch der zeitlichen Abgrenzung. Und es zeigt sich, wie folgenreich solche scheinbar vordergründigen Festlegungen für die spätere geschichtliche Einordnung Lessings sind.

Während man lange Zeit, vor allem in den großen Darstellungen aus dem 19. Jahrhundert (Gervinus, Hettner, Goedeke, Scherer) den Dreißigjährigen und den Siebenjährigen Krieg als Zäsuren auch der Literaturgeschichtsschreibung benutzte und dabei oft die Periode bis zu Klopstocks Auftreten als ‚Renaissance‘ bezeichnete, wurde unter anderem durch das Aufkommen des literarischen Barockbegriffs eine Differenzierung der Periodenbildung notwendig. Für die Zeit nach 1700 behalf man sich teilweise mit – einander überschneidenden – Einzelbezeichnungen wie Rokoko, Empfindsamkeit, Vorklassik. Beliebt wurde die Formel ‚Von der Aufklärung bis zum Sturm und Drang‘ (so Gerhard Kaiser, Fritz Martini). Dabei tendierte ‚Aufklärung‘ schon früh zum umfassenden Epochenbegriff, etwa in der Prägung ‚Aufklärungszeit‘ (Albert Köster, Ferdinand Josef Schneider). Doch auch als orientierende Gesamtbezeichnung für den Abschnitt zwischen Barock einerseits und der kanonischen Dreiheit Sturm und Drang, Klassik, Romantik andererseits setzte sich bei vielen die einfache Form ‚Aufklärung‘ durch (womit natürlich Erscheinungen wie ‚Empfindsamkeit‘ ganz und gar nicht zu ihrem Recht kommen). Dies gilt durchweg für marxistische Literaturhistoriker. Während von ihnen Epochenbegriffe wie ‚Barock‘ und ‚Rokoko‘ – auch etwa ‚Empfindsamkeit‘ – oft als Verschleierung der sozioökonomischen Grundlagen scharf kritisiert und abgelehnt werden, ist der an der Ideengeschichte orientierte Epochenbegriff ‚Aufklärung‘ eigentümlich geschützt (s. etwa den betreffenden, repräsentativen Band in der DDR-Reihe *Erläuterungen zur deutschen Literatur*). Die Hauptgründe für diese offensichtliche Inkonsequenz dürften in den positiven, emanzipativen Beitönen des Begriffs und in den sowohl bürgerlichen wie marxistischen Tendenzen zur Heroisierung dieser Epoche liegen (s. Abschnitt 2).

Für die inhaltliche Füllung des Begriffs Aufklärung (s. auch I A 1.3.: Aufklärung und Absolutismus) beruft man sich mit Vorliebe auf die charakteristischerweise erst spät formulierte Abhandlung Kants *Was ist Aufklärung?* (1784). Zur Verständigung wird dabei meist der Satz vom „Ausgang des Menschen aus seiner selbstverschuldeten Unmündigkeit“ zitiert. Als ausgesprochenes Schlagwort begegnet der ursprünglich auf das Wetter bezogene Begriff ‚Aufklärung‘ erst seit der Mitte des 18. Jahrhunderts, das Substantiv ‚Aufklärer‘ bildet sich in den 80er Jahren (zum Gesamtkomplex s. Elisabeth Heimpel-Michel, Die Aufklärung. Eine historisch-systematische Untersuchung, Langensalza 1928; vgl.

auch den umfassenden Artikel ‚Aufklärung' von Stuke [s. Gesamtbibl. 7] sowie
Pütz [s. Gesamtbibl. 7], S. 10ff.).

Für den Epochenbegriff ergibt sich wiederum das Problem der *zeitlichen Abgrenzung.* Von den skizzierten politischen, ökonomischen und sozialen Entwicklungen her alleine läßt sich eine präzise Festlegung nicht treffen. Im Hinblick auf die Literatur bewegen sich die geläufigsten Ansätze zwischen 1720/30 und 1775/85. Die engeren Grenzen werden dabei markiert durch das Erscheinen von Gottscheds *Versuch einer Critischen Dichtkunst* (1730) und durch das Jahr der ‚Stürmer und Dränger' 1776 (u. a. Leisewitz, *Julius von Tarent*; Lenz, *Die Soldaten*; Wagner, *Die Kindermörderin*; Klinger, *Die Zwillinge, Sturm und Drang*). Dabei ist es zunächst von zweitrangiger Bedeutung, welches Gewicht man den Markierungspunkten im einzelnen gibt. Auch die Literatur der Aufklärung selbst ist begleitet und durchsetzt von Tendenzen, die man als nachbarock und neobarock interpretieren kann (s. Heinz Otto Burger, Deutsche Aufklärung im Widerspiel zu Barock und ‚Neubarock', in: H. O. B., Dasein heißt eine Rolle spielen, München 1963, S. 94ff.). Andererseits wird ‚Sturm und Drang' nicht schlechthin als Gegenbewegung zur Aufklärung gesehen, sondern von manchen Autoren sogar als deren konsequente, überspitzende Fortsetzung (so von Krauss, S. 239ff.).

Bedenkt man die hiermit angedeuteten, im engeren Sinn literarischen Gesichtspunkte, so bildet Lessings Lebenszeit mit noch größerer Berechtigung einen ungefähren Orientierungsrahmen für den Epochenbegriff Aufklärung. Eine nähere inhaltliche Bestimmung des Begriffs Aufklärung und seiner vielen Auslegungen kann und soll hier nicht geleistet werden (zur detaillierten Orientierung sei der genannte Artikel von Stuke empfohlen; s. auch die Titel Schneiders, Pütz, Funke: Gesamtbibl. 7).

Für den chronologischen Kontext des Lessingschen Werks muß jedoch wenigstens kurz auch auf *vorausgehende und weiterwirkende Grundphänomene der Aufklärung* (Rationalismus, Empirismus, Sensualismus) hingewiesen werden. In England und Frankreich sind die Ursprünge bis ins 16. Jahrhundert (Bacon, Montaigne), dann vor allem ins 17. Jahrhundert zurückzuverfolgen (Descartes, Bayle, Hobbes, Locke). Für Deutschland sind der Mathematiker und Physiker Jungius (1587–1657) und der Naturrechtsphilosoph und Historiograph Pufendorf (1632–1694) zu nennen, insbesondere aber Leibniz (1646–1716) und Thomasius (1655–1728), der ‚Vater der deutschen Aufklärung'. Ohne sie ist der prägende Schulphilosoph der deutschen Aufklärung, Christian Wolff (1679–1754), nicht denkbar. Um auch die zeitliche Spannweite der geistigen Bewegung ‚Aufklärung' anzudeuten, zu deren herausragendem Vertreter Lessing wird, sei daran erinnert: Noch vor Lessings Geburt (1729) sind Leibniz und Thomasius gestorben (1716, 1728), ist Kant geboren (1724). Auf der anderen Seite setzen sich Bewegungen und Traditionen der deutschen Aufklärung fort bis weit ins 19. Jahrhundert hinein: zur Philosophie des deutschen Idealismus (Kant, Fichte, Hegel) und zum Liberalismus und Marxismus (beide oft verstanden im Sinne eines ‚Erbes der Aufklärung'). Noch im Zusammenhang von Erscheinungen wie ‚Kritische Theorie' und ‚Neue Linke' hat man gelegentlich von einer ‚Dritten Aufklärung' gesprochen. Der Reizcharakter des wieder aktuell gewordenen Begriffs macht es doppelt notwendig, sich der geschichtlichen Dimension der ‚Ersten Aufklärung' bewußt zu werden.

2. Literatur der Lessing-Zeit: ‚gewürdigt', aber wenig gelesen

Aus der besonderen Entwicklung des Bürgertums in Deutschland und der damit zum Teil eng zusammenhängenden Dynamik der Aufklärung als weltanschaulicher Bewegung ergeben sich die entscheidenden Gesichtspunkte, die noch in der Gegenwart die *Möglichkeiten und Schwierigkeiten eines Zugangs* zu Lessings Werk und zur Literatur seiner Zeit bestimmen. Von heute her gesehen, liegt in jenem Zeitabschnitt gewissermaßen das ‚andere Ende' der sogenannten lebendigen literarischen Überlieferung Deutschlands, genauer: der bürgerlich-nationalen Bildungstradition.

Alles, was sich jenseits dieser – selbstverständlich fließenden – Grenze befindet, ist den meisten heute nur noch durch einen Akt antiquarischer Anstrengung zugänglich. Dies gilt für fast die gesamte Barockliteratur, aber auch etwa für Gottsched und seine Zeitgenossen. Und von dem, was zeitlich zwischen Gottsched und dem Sturm und Drang liegt, war nur verschwindend wenigen Autoren vergönnt, einigermaßen kontinuierlich gelesen zu werden. Genau genommen, handelt es sich nur um einzelne wenige Texte: Lieder und Fabeln Gellerts, einige Oden Klopstocks, Gedichte von Claudius, Aphorismen Lichtenbergs, dann Wielands *Agathon* und *Die Abderiten*. Am greifbarsten wird solche ‚Lebendigkeit' im Bereich des Theaters, dort, wo Stücke der Aufklärungszeit heute noch aufgeführt werden. Hier dominiert eindeutig Lessing: *Minna von Barnhelm, Emilia Galotti, Nathan der Weise* haben weithin ihren Platz in den Spielplänen der Abonnementstheater behaupten können; und von dorther wird wohl zum Teil auch das Interesse an anderen Texten Lessings gefördert (zu diesem gesamten Komplex s. VII).

Nahezu alles andere, was zwischen 1730 und 1775 das literarische Leben in Deutschland bestimmte, ist bestenfalls noch in Gestalt einzelner Titel oder Autorennamen gegenwärtig. Nähere Beschäftigung bleibt auf den Kreis der Fachgermanisten beschränkt. Die Literaturgeschichten, Lexika und Überblickswerke behandeln noch die Namen Bodmer, Breitinger, Brockes, Claudius, Geßner, Gleim, Hagedorn, Haller, Hermes, E. von Kleist, Liscow, Musäus, Nicolai, Pyra, Rabener, J. E. Schlegel, Schnabel, Thümmel, Uz, Voß, Weisse, Zachariae.

Die erfreuliche Zunahme der Taschenbuchausgaben von Texten auch der Aufklärungsliteratur dürfte sich vorerst hauptsächlich im Bereich des fachgermanistischen Unterrichts auswirken; der Schullektüre-Kanon hat sich hier kaum verändert.

Nur näherungsweise bestimmbar sind die *Barrieren*, die sich einer Lektüre – sei es aufgrund eigener Erfahrung, sei es aufgrund übernommener Vorurteile – entgegenstellen. Einige Stichworte: Lehrhaftigkeit, Tugendpropaganda, naiver

Optimismus, Plattheit, Pedanterie, ‚Gelahrtheit‘, Unerlebtheit, Künstlichkeit.
Abhandlungen und Darstellungen aus dem vorigen Jahrhundert sind in der
Benennung solcher Eindrücke und Verdikte meist ungescheuter, offener, als man
es heute gewohnt ist. Wieviel sich durch wissenschaftliche Tendenzen wie Geistesgeschichte, ‚Werk‘-Interpretation und ‚kritische‘ Germanistik an den Rezep-
tionsbedingungen für Literatur der Aufklärung tatsächlich gewandelt hat, bedürfte einer besonderen Analyse.

Entscheidende Tatsache bleibt, daß mit der Aufklärungsepoche und aus ihr
heraus das *bürgerliche* Zeitalter der Literaturauffassung in Deutschland ein-
setzt, ein Zeitalter, dem noch die Gegenwart zugehört und dessen Grundvorstel-
lungen auch durch die Bemühungen der marxistischen Literaturwissenschaft nur
modifiziert worden sind. Deutlichstes Beispiel hierfür ist die ‚Würdigung‘ der
Aufklärungsepoche selbst als einer Vorbereitung für etwas anderes, Kommen-
des, Eigentliches, Maßstiftendes. Vor mehr als einem Jahrhundert (1870) beginnt Hermann Hettner seine Darstellung dieser Periode folgendermaßen:

> „So gewaltig und segensreich die Errungenschaften der großen Aufklärungskämpfe wa-
> ren, seit der Mitte des achtzehnten Jahrhunderts regten sich überall Zeichen, daß die
> Aufklärungsbildung bereits über sich selbst hinauszustreben beginne. Es kam eine neue
> Epoche, deren unvergänglicher Ruhm und deren geschichtliche Bedeutung es ist, das trotz
> all seiner Größe noch beschränkte und einseitige Lebensideal des Zeitalters der Aufklärung
> zum Lebensideal des vollen und ganzen, reinen und freien Menschentums, zum Ideal
> vollendeter und in sich harmonischer Humanität vertieft und verklärt zu haben“ (Ge-
> schichte der deutschen Literatur im achtzehnten Jahrhundert, Bd. III 1, Braunschweig
> 5 1909, S. 1).

Und in der Einführung zum DDR-Band *Aufklärung* (1971) heißt es:

> „Die Aufklärung ist für uns […] jene historisch bedeutsame Epoche, in der bei aller
> nationalen Differenzierung […] die Leistungen frühbürgerlichen Denkens und ideologi-
> scher Konzeptionen fortgeführt werden und breitenwirksam die Vorbereitung vorrevolu-
> tionären Denkens und vorrevolutionärer Konzeptionen in den Bereichen der Philosophie,
> Naturwissenschaft, der Kunst und Literatur sowie der ersten sozialen Programme in den
> Feudalstaaten Europas und in Nordamerika machtvoll unterstützten“ (S. 18). Und weiter:
> „Diese Literatur wurde mit ihren zunehmend gesellschaftskritischer orientierten Hervor-
> bringungen die vorbereitende Periode einer deutschen Nationalliteratur, die durch die
> Wiederentdeckung und Fortführung der nationalliterarisch bedeutendsten Traditionen
> bürgerlicher Literatur und in der produktiven und gesellschaftlich relevanten Rezeption
> antiker sowie vor- und nachrevolutionärer englischer und bürgerlich-aufklärerischer Lite-
> ratur Frankreichs im Sturm und Drang und in der deutschen Klassik ihren ersten Höhe-
> punkt fand“ (S. 20).

Historisch wirkungsmächtigster Vertreter dieser durchaus bürgerlichen Fixierung der Aufklärung als einer ‚Vorbereitung‘ der Klassik ist *Goethe*. Im 7. Buch
des 2. Teils von *Dichtung und Wahrheit* (geschrieben 1812) gibt er, mit der
tendenziösen Perspektive der Autobiographie, einen Rückblick auf die Literatur
der Epoche, in der er aufwuchs und zu schreiben begann (Hamburger Ausg.,
Bd. 9, S. 258 ff.; dazu bes. Helmut Schanze, Goethe: *Dichtung und Wahrheit*.

7. Buch, Prinzipien und Probleme einer Literaturgeschichte des 18. Jahrhunderts, GRM [NF] 24, 1974, S. 44 ff.).

Unter besonderer Berücksichtigung der Bereiche Satire und Kritik stellt er die wichtigsten Autoren von Gottsched über Gellert und Klopstock bis zu Lessing und Wieland vor, versucht jeweils eine mehr oder weniger verständnisvolle Wertung und kann nicht umhin, immer wieder fundamentale Defizite im Sinn des ‚Noch nicht' zu registrieren. Sie decken sich weitgehend mit den oben erwähnten, noch heute gültigen Verständnisbarrieren. Vor allem fehlt es, nach Goethe, der deutschen Poesie an einem „nationellen Gehalt" (S. 269). Gemeinsam ist den Autoren, daß „alles unter einander ins Flache gezogen wird" (S. 269), und so wurde es schon früh Goethes Ziel, „aus der wäßrigen, weitschweifigen, nullen Epoche sich herauszuretten" (ebda.). Dies sollte „durch Bestimmtheit, Präzision und Kürze getan werden" (ebda.). Das Vorgefundene, die „weitschweifige Periode" (S. 282), wird in Goethes Perspektive ganz und gar zur Folie, zur Antithese seiner selbst: Durch die individuellen Lebensverhältnisse, durch zurückhaltende Lehrer und gleichgültige Freunde „war ich genötigt, alles in mir selbst zu suchen. Verlangte ich nun zu meinen Gedichten eine wahre Unterlage, Empfindung oder Reflexion, so mußte ich in meinen Busen greifen" (S. 282). Auf dieser Grundlage entwickelt dann Goethe die berühmte Selbstdiagnose seiner gesamten Werke: Sie seien „nur Bruchstücke einer großen Konfession" (S. 283).

Nahezu in dem gleichen Maß, in dem diese auf das bürgerlich-schöpferische, geniale Individuum gegründete Dichtungsauffassung zur herrschenden Auffassung wurde, verfestigte sich das Bild der Aufklärungsliteratur als einer sozusagen prähistorischen Periode, die in der Breite ihrer ‚mittelmäßigen' Talente der Nachwelt kaum mitreißende Identifikationsmöglichkeiten bot und deren geschichtliche Leistungen, als notwendige Pioniertaten, nur noch ‚gewürdigt' wurden. Lediglich Klopstock wurde als der große Einzelne hiervon ausgenommen. Als nationaler Wegbereiter konnte er neben Lessing seinen Platz behaupten, vor allem deshalb, weil er gerade nicht als Repräsentant der ‚flachen' und ‚weitschweifigen' Aufklärung erschien.

In keinem der europäischen Nachbarländer ist die Literatur der ersten beiden Drittel des 18. Jahrhunderts so sehr in den Schatten einer erst heraufziehenden Klassik geraten – charakteristischer Ausdruck der vielberufenen ‚deutschen Verspätung'. Denn auch die nationale ‚Klassik' konnte sich in Deutschland erst spät als eine in Europa ‚konkurrenzfähige' herausbilden. Ob Fielding, Goldsmith oder Sterne, ob Voltaire, Diderot oder Rousseau (auch etwa Goldoni): sie alle brauchen nicht erst durch mühsames Erläutern und Verteidigen aus der Versenkung einer Vor-Geschichte hervorgeholt und einem angemesseneren Verständnis zugänglich gemacht zu werden. In Deutschland dagegen ist nur Lessing eine vergleichbare Kontinuität der lebendigen Überlieferung vergönnt gewesen. Auch wenn ihm Klopstock und Wieland darin nahe kommen mögen, so ist doch im Hinblick auf den Epochenbegriff Aufklärung Lessings Zentralposition unbestritten. Gerade dieses Unbestrittene, das geradezu an ein Monopol grenzt, weckt notwendigerweise Zweifel und läßt nach den Gründen fragen.

3. Lessing als Zentralgestalt der (nicht nur) literarischen Aufklärung in Deutschland

Lessings herausragende, beherrschende Position in seiner Zeit ist keine bloße Erfindung einer späteren bürgerlich-nationalen Geschichtsschreibung. Als Lessing 1781 stirbt, stellt Herder an die Spitze seines Nekrologs (s. VII), der planmäßig die Bereiche des Lessingschen Lebens und Werks mustert, die These: „Kein neuerer Schriftsteller hat, dünkt mich, in Sachen des Geschmacks und des feineren, gründlichen Urteils über literarische Gegenstände auf Deutschland mehr gewirkt als Lessing" (Steinmetz, Lessing, S. 123). Für Friedrich Schlegel, nach anderthalb Jahrzehnten, ist Lessing bereits „der eigentliche Autor der Nation und des Zeitalters" (Steinmetz, Lessing, S. 169). Gerade weil dies durchaus mit kritischer − nicht nur zeitlicher − Distanz geschrieben ist, fordert es zur Reflexion über die Reichweite und die Gründe solcher ‚Eigentlichkeit' heraus.

Ein *erster*, wenngleich nicht der wichtigste Aspekt, der in diesem Zusammenhang zu bedenken ist, wurde bereits in Abschnitt 1 angedeutet: Lessings auch *zeitlich ‚zentrale' Position* innerhalb der Aufklärungsbewegung in Deutschland. Diese Feststellung setzt freilich voraus, daß über die prinzipiell schwierige zeitliche Epochenbegrenzung ein gewisser Konsens der Geschichtsschreibung erzielt ist. Hierzu gehören die Einstufung von Leibniz und Thomasius als ‚Vorläufer', ‚Wegbereiter' (oder auch ‚Väter') auf der einen Seite, das massive Auftreten der neuen Genie-Generation (Stichjahr 1776) auf der anderen Seite. Wenn innerhalb dieses Rahmens die Gestalt Gottscheds, des Leipziger ‚Literaturpapstes', fast allgemein zum Repräsentanten einer ‚Frühaufklärung' wird, so geht dies bereits wesentlich auf Lessing selbst zurück. In ganz ähnlicher Weise, wie Goethe später in *Dichtung und Wahrheit* mit dem von ihm Vorgefundenen verfährt, ist Lessing bestrebt, Gottscheds Reformleistung im Bereich des Theaters so gering wie möglich, ja eigentlich noch gar nicht als Reform erscheinen zu lassen (s. I D 3.).

Das bekannteste Beispiel ist der 17. *Literaturbrief.* Lessing räumt zwar ein, daß es zur Blütezeit der Neuberin „mit unserer dramatischen Poesie sehr elend" aussah. „Man kannte keine Regeln; man bekümmerte sich um keine Muster". Aber Gottsched sei nicht der erste gewesen, der den Mißstand einsah; „er war nur der erste, der sich Kräfte genug zutraute, ihm abzuhelfen" (G V, S. 71). Die Notwendigkeit eines fundamentalen, auch theoretischen Neuansatzes, einer ‚Aufklärung' des Theaters, hält Lessing also durchaus fest; sie ist ja wesentliche Vorbedingung seiner eigenen Absichten. Aber Gottsched hat nach Lessings Auffassung den eigenen Anspruch nicht eingelöst und vor allem durch die zu enge Bindung an französische Muster den Weg zur fruchtbaren Anregung durch die Engländer und ihr dramatisches ‚Genie' Shakespeare versperrt.

Wie immer man diese Frage der nationalen Geschmacksorientierung − die stets auch eine Wertungsfrage ist − beantwortet, inzwischen hat man auch Lessings Gottschedbild historisch zu sehen gelernt. Es hat fast notwendigerweise polemischen, nach ‚Überwindung' strebenden Charakter (s. Birke, Der junge

Lessing als Kritiker Gottscheds; unten S. 135). Lessings eigene Aktivität, gerade auch für das Theater, ist ohne Gottscheds Reformarbeit nicht denkbar. In orientierende Jahreszahlen umgesetzt, ergibt sich daraus für viele Literarhistoriker die Abfolge zweier Phasen oder Stufen: 1730–45/50 ‚Gottsched-Zeit‘, ca. 1755–70 ‚Lessing-Zeit‘.

Der *zweite* für die Zentralstellung Lessings ausschlaggebende Aspekt ist damit schon berührt. Durch die Tatsache, daß Lessing bereits auf die Reformansätze anderer (z. B. auch der Bremer Beiträger) aufbauen konnte, ist wesentlich mitbedingt, was in Lessings Werk als *Vielfalt* und als *Vielschichtigkeit der sich kreuzenden geschichtlichen Kräfte* auffällt. Es begründet auf besondere Weise literarische ‚Repräsentativität‘. Zunächst verblüfft die (schon in der Einführung angesprochene) Vielfalt der Gattungen: Lieder, Oden, Epigramme, Fabeln, Lustspiele, Trauerspiele, Dialoge, Übersetzungen, kritische Schriften verschiedenster Form und Gattung (Brief, Rezension usw.), literaturtheoretische, antiquarische, ästhetische, philosophische, theologische Schriften – darunter zahlreiche Streitschriften, die man auch als gesondertes Genre aufführen könnte.

Das Bild erhält geschichtliche Kontur, wenn man mitbedenkt, wo die Schwerpunkte und Hauptleistungen der literarischen Aufklärungsepoche in Deutschland liegen:
- nationales, bürgerliches Drama und Theater (einschließlich deren Theorie);
- bürgerlich-empfindsamer Roman;
- lehrhafte Dichtung (Fabel, Lehrgedicht u. a.);
- öffentliche literarische Kritik;
- Ästhetik als allgemeine Kunsttheorie;
- ‚Witz‘-Kultur (Epigramm, Satire, Aphorismus, z. T. auch im Lustspiel etc.);
- ‚natürliche‘, kolloquiale, individuelle Prosa (Briefstil, Redestil).

Abgesehen vom Roman, hat Lessing in allen diesen Bereichen die literarische Entwicklung mitgestaltet oder gar entscheidend geprägt. Er hat es mit einer Breite und Intensität getan, die etwa Klopstock und Wieland nicht für sich beanspruchen können.

Eben dies ist auch eine wesentliche Grundlage für die fast verwirrende Vielfalt der Einflüsse und Tendenzen, die sich in Lessings Werk überschneiden und durchkreuzen: Anakreontisch-Geselliges in den Liedern, heroische Pathetik in den Trauerspielen, ‚Witzig‘-Manieristisches in Epigrammen, Dramen und polemischen Schriften, Empfindsames in vielen der Dramen, ‚gelehrte‘ Philologie in kritischen und antiquarischen Schriften.

Der dialektisch-synthetische Charakter des Auftretens aller dieser Erscheinungen wird immer wieder besonders deutlich in den grundlegenden Dualismen von ‚Herz‘ und ‚Witz‘, ‚ergötzen‘ und ‚belehren‘, ‚Genie‘ und ‚Regel‘, ‚Empfindung‘ und ‚Vernunft‘. Sie sind zugleich grundlegende Dualismen der Epoche und ihrer Konflikte.

Welcher Art die angestrebte Synthese im einzelnen Text ist, und ob sie nicht zuletzt nur noch durch die geschichtliche, biographische Person Lessings verbürgt wird, kann hier nicht diskutiert werden. Offen bleiben muß auch die Frage nach einem ‚einheitlichen Stil‘ vom Frühwerk an (hierzu vor allem die neueren Arbeiten von Briegleb, Schröder und Hildebrandt). Die Tatsache, daß Lessing vielen Zeitgenossen als großes, bedeutendes, unabhängiges Individuum erschien und daß diese Perspektive bei vielen auch die Rezeption seiner Werke bestimmte (s. die Darlegungen bei Steinmetz, Lessing, S. 18 ff.), ist als solche unbestreitbar, auch wenn sie in sich von vornherein die Gefahr der Heroisierung und der Legendenbildung enthielt. Was an der Vielfalt und Vielschichtigkeit dieses Werks bestach, war nicht etwa die durchgängige Buntheit oder gar Mittelmäßigkeit, sondern gerade die personale Unverwechselbarkeit des sprachlichen Habitus, der bis in das von Friedrich Schlegel beobachtete ‚Lessingisieren‘ der Dramenfiguren hineinreicht.

Dieser *dritte* Aspekt der Repräsentanz Lessings ist besonders schwer faßbar und gehört doch vermutlich zu den zentralen Momenten seiner Geschichtlichkeit. Wenn neuerdings zum Beispiel wieder die Frage diskutiert wird, welcher Schriftsteller als ‚der‘ Repräsentant der Weimarer Republik zu gelten habe, so stehen gleich vier Namen zur Auswahl (Gerhart Hauptmann, Thomas und Heinrich Mann, Hermann Hesse), und die Entscheidung ist vergleichsweise beliebig. Lessing hingegen rangiert in den Jahren zwischen *Sara* und Goeze-Streit nahezu konkurrenzlos als der führende deutsche Schriftsteller im Bewußtsein des literarischen Publikums (s. die umfassende Dokumentation von Braun). Als große, maßgebende Persönlichkeit ist ihm allenfalls wieder Klopstock vergleichbar, wenn man etwa an dessen triumphale Reise nach Karlsruhe vom Jahr 1770 denkt. Und in gewisser Hinsicht bleibt Klopstock stilisierter Gegenpol zu Lessing bis heute, einstehend für eine komplementäre, gefühlshaft-priesterliche Weise von Dichtertum, die von ihm zum ersten Mal in Deutschland repräsentiert wird. Vor allem aber: Verglichen mit Lessing, wird Klopstock in keinem Augenblick seiner Wirkungsgeschichte zum Prototyp des ‚Aufklärers‘, d. h. zum Exponenten jener Bewegung, die im nachhinein der ganzen Epoche – mit welchem Recht auch immer – den Namen gegeben hat.

Spätestens seit den Untersuchungen von Horkheimer und Adorno über die ‚Dialektik der Aufklärung‘ sollte auch die Tendenz von Aufklärung zur Selbstmythisierung bewußt sein, eine Tendenz, die zu einer Überschätzung aufklärerischer Repräsentanz beitragen kann. Aber wenn etwa Friedrich Schlegel Lessings zentrale und maßsetzende Position beschreibt, steht der Romantiker, als Skeptiker, kaum in dieser Gefahr. Über eine abstrakte, letztlich nur geschichtsphilosophisch bestimmbare Repräsentanz hinaus haben er und Herder (s. den Beginn dieses Abschnitts) noch die leichter nachweisbare zeitgenössische Wirkung im Auge (Näheres s. VII A). Denn kein anderer Schriftsteller der Aufklärungszeit hat so konsequent und wirksam wie Lessing auch die neuen Möglichkeiten von ‚Öffentlichkeit‘ genutzt und gefördert.

Damit ist der *vierte* und vielleicht wichtigste Punkt des hier angesprochenen Problems genannt. So sehr Lessings Versuch einer freien Schriftstellerexistenz immer wieder durch ökonomische Zwänge erschwert, schließlich zum Scheitern verurteilt wurde, hat er sich doch eine *Resonanz* zu verschaffen vermocht wie kein deutscher Autor seit Luther. Im Bereich des Theaters zeigt sich dies am deutlichsten. Lessing repräsentiert hier die entstehende bürgerliche Öffentlichkeit nicht lediglich in einem abbildenden Sinn, sondern selbst aktiv prägend.

Wiederum ist es bezeichnend, wie Lessing sich der Vorarbeiten und Errungenschaften seiner ‚Vorläufer' zu bedienen, an sie anzuknüpfen versteht. Wenn sich dem ‚Frühaufklärer' Gottsched das Theater als Haupt- und Kernbereich seiner Reform darbot, dann nicht zuletzt deshalb, weil hier nichthöfische und nichtgeistliche Öffentlichkeit in ihrer sinnlichsten, konkretesten Form faßbar wurde – und sei es als fiktiver Ersatz für politische Öffentlichkeit. Lessing befand sich in der vorteilhaften Lage, daß Gottsched angesichts der chaotischen Situation des Theaters immerhin bereits ein umfassendes Konzept entworfen und in Theorie und Exempel zu realisieren versucht hatte, auch wenn es Lessing als im Ansatz verfehlt erschien. Lessings erklärtes Ziel, „den guten Geschmack allgemein zu machen" (G III, S. 355; Oktober 1749), stimmte mit Gottscheds Absichten prinzipiell durchaus überein (wobei der ohnehin betont ‚gesellschaftliche' Charakter des Geschmacksbegriffs zu beachten ist). Nur sind seiner Ansicht nach die prägenden Muster des Geschmacks falsch gewählt, und so heißt es konsequent: „Wir wollen einholen, was man versäumet hat" (G III, S. 356).

Die *Beiträge zur Historie und Aufnahme des Theaters* (1750), die solches leisten sollen, sind zwar als spezielle Theaterzeitschrift ein Novum. Aber die Publikationsform selbst, als frühe Institution literarischer Öffentlichkeit (s. B 2), findet Lessing bereits vor. Ob Theater oder kritische Schriftstellerei: eine besondere Leistung Lessings besteht darin, daß er diese Medien zielstrebig mobilisiert. Vielleicht am deutlichsten zeigt sich dies in den letzten Jahren seines Lebens, als er das Fragmentistenproblem aus der reinen theologischen Fachdiskussion herausführt und zu einer ‚öffentlichen' Sache macht (s. VI). Kritik der Religion und insbesondere der autoritären Orthodoxie ist, zumal da Kritik der politischen oder der ökonomischen Machtverhältnisse noch verhindert bleibt, ein zentrales, ‚repräsentatives' Arbeitsfeld für Aufklärung.

Ein Autor wie Gellert hat gewiß mit seinen *Fabeln und Erzählungen,* die zum Hausbuch wurden, eine noch breitere Resonanz gefunden als Lessing je mit einem einzelnen seiner Werke. Und sicher sind Klopstock die glänzenderen Ehrungen zuteil geworden. In der Erziehung des neuen Publikums zu Geschmack und feinerem Urteil aber hat keiner „auf Deutschland mehr gewirkt als Lessing". Herders Satz klingt wie eine bestätigende Antwort auf Lessings zitiertes Programm vom Oktober 1749. Wenn man Repräsentanz nicht auf ein bloßes Resonanzphänomen einschränkt und Aufklärung mit aktiver Erziehung zu tun hat, so bleibt Lessing ‚die' Zentralgestalt der Aufklärung in Deutschland.

Seine *Biographie,* seinen Weg vom Kamenzer Pastorensohn bis zum Wolfenbütteler Bibliothekar, haben schon viele Zeitgenossen mit anhaltendem Interesse verfolgt: mit Neugier, mit Skepsis, mit Bewunderung, mit Neid, in jedem Fall mit Erwartung von etwas Neuem, Weiterführendem. Nicht nur, daß Lessings Schriften – wie oft beschrieben – auf charakteristische Weise Öffentlichkeit suchten, sie durch ihren sprachlichen Gestus geradezu herstellten. Auch die

Person, mit ihren Lebensumständen, der wachsenden Kritiker-Autorität und der unverwechselbaren polemischen Stimme, vor allem aber der Versuch einer freien Schriftstellerexistenz, zog immer mehr Aufmerksamkeit auf sich. Mancher sah in Lessings Weg, mit seinen Anläufen und Erfolgen, seinen Umwegen und Tiefen, dem immer wieder aufbrechenden Optimismus und der oft nachfolgenden Resignation, etwas für die Entwicklung des literarischen Lebens in dieser Zeit sehr Aussagekräftiges. Von der Nachwelt ist dies immer neu (s. die in VII ausgewählten Stufen) gedeutet worden, bis hin zum ‚überzeitlich‘ Vorbildhaften.

Lessings Biographie ist auch heute unabdingbar für das Verständnis der Werke, wie grundsätzlich bei vielen Autoren. Je genauer aber die Forschung in den letzten Jahren auch die sozialen, ökonomischen, politischen Aspekte der deutschen Aufklärung in den Blick bekam, desto dringlicher stellte sich zugleich die Frage, was an diesem so unverwechselbar erscheinenden Lebensweg und seinen einzelnen Stadien individuell und was typisch sei. Das Jubiläumsjahr 1979 hat der Detailforschung, vor allem aber der überblickenden Deutung neuen Auftrieb gegeben. Dieter Hildebrandt (s. Gesamtbibl. 2) stellte seinen Versuch einer nichtpositivistischen, engagierten, für die Gegenwart ‚rettenden‘ Lessing-Biographie unter den Begriff der ‚Emanzipation‘, damit eine Leitvorstellung der ganzen Aufklärungsbewegung aufnehmend. Andere rückten in ihren Jubiläumsartikeln, oft genug klischeehaft und beliebig bis zur Unkenntlichkeit, Begriffe wie ‚Humanität‘, ‚Toleranz‘ oder ‚Freiheit‘ als Prinzipien des Lessingschen Wirkens in den Vordergrund. Auf die oft harte Realität seiner Möglichkeiten und Erfahrungen ließ man sich nur selten ein. Von ihnen sei hier vor allem die Rede: von den sozialen Einschränkungen und Möglichkeiten und von Lessings Zwischenposition.

4. Lessings Biographie: ein Weg zwischen Bürgerlichkeit und Gelehrtheit

4.0. Vorbemerkung

Über die äußeren Daten von Lessings Leben sind wir im großen und ganzen gut unterrichtet. Das sozialgeschichtliche und biographische Forschungsinteresse der letzten Jahre hat manche Einzelheit zusätzlich geklärt oder in ihrem geschichtlichen Kontext genauer verstehen lassen. Die dokumentarischen Grundlagen (Lessings Briefwechsel, sein Nachlaß, die Monographie des Bruders Karl Gotthelf, usw.) können hier nicht des näheren vorgestellt und erörtert werden; hierfür sei auf die Zusammenstellung bei Guthke, Lessing (s. Gesamtbibl. 4), S. 1 ff. verwiesen. Eine besondere Empfehlung verdient, wegen der Lebendigkeit und Vielfalt der Zeugnisse, Daunichts Sammlung ‚Lessing im Gespräch‘ (s. Gesamtbibl. 3). Was in Lessings Briefen an Intimität, an Mitteilung des Privatesten weitgehend fehlt – oft hervorgehoben und bedauert –, wird durch diese Texte nicht ersetzt. Vielmehr entsteht aus den Äußerungen der Freunde, Verwandten, Mitarbeiter und Besucher ein unmittelbares und eindrückliches Bild der Persönlichkeit Lessings, das keine Darstellung aus historischem Abstand, auch keine aneignende ‚Beschwörung' im Stil mancher Jubiläumsreden zu vermitteln vermag.

Die nachfolgende Skizze soll weder alle wichtigen Ereignisse in Lessings Leben nennen, noch den hohen Anspruch einer ‚inneren Biographie' erheben. Sie versucht lediglich, einige Stationen und Leitlinien seines Weges zu akzentuieren und in den Zusammenhang der Epoche zu stellen. Sie bringt geschichtliche Deutung von einem gegenwärtigen Interesse her, das der Entwicklung dieses bürgerlichen und doch so un-bürgerlichen Aufklärers gilt. Die Skizze sollte am besten zusammen mit einer der vorhandenen chronographischen Übersichten zu Lessings Leben gelesen werden: derjenigen von Wölfel (1967), von Hillen (1979; s. Gesamtbibl. 3) oder der Synoptischen Tabelle am Schluß dieses Arbeitsbuchs. Vgl. im übrigen Wilfried Barner, Lessing und Gelehrtheit, in: Bürgertum und Bürgerlichkeit im Zeitalter der Aufklärung. Hrsg. v. Rudolf Vierhaus, Heidelberg 1980, S. 165 ff.

4.1. Elternhaus, Schule, Universität (1729–48)

Der Typus von Lessings *Elternhaus* – strenggläubiges protestantisches Pfarrhaus – ist zwar kennzeichnend für eine ganze Reihe bedeutender Schriftsteller (nicht nur) des 18. Jahrhunderts in Deutschland, von Gottsched über Gellert und Wieland bis zu Lichtenberg, Bürger und Lenz. Und die Hinwendung dieser Pfarrersöhne zur schönen Literatur stellt ein wichtiges Moment der für die Aufklärung kennzeichnenden ‚Säkularisation' dar. Aber bei Lessings Vater selbst kam bereits eine besondere literarische Vielseitigkeit hinzu. Er verfaßte nicht nur, wie zahlreiche seiner Amtsbrüder, geistliche Lieder, sondern auch Kritiken, Abhandlungen, Übersetzungen, und hier wiederum zeigte er ein in seiner Zeit ungewöhnliches Interesse für englische Autoren. Im übrigen ist es nicht präzise, Lessings soziale Herkunft lediglich pauschal als ‚bürgerlich' zu bezeichnen, wie es oft geschieht. Der Vater gehörte nicht etwa dem Handelsbürgertum an, sondern dem Gelehrtenstand (Näheres oben A 3.3.). Er besaß den Magistertitel, hatte einmal die Chance einer akademischen Laufbahn und verzichtete auf sie vor allem aus Gründen der sozialen Sicherheit: als ihm in Kamenz, wo er selbst geboren war, eine Stelle als Prediger und Katechet angeboten wurde.

Den gelehrten Ehrgeiz hatte der Vater nie verloren, die literarischen Aktivitäten und die sorgsam gepflegte – und von Gotthold Ephraim bewunderte – große Bibliothek waren die deutlichsten Zeichen hierfür. Der spätere Versuch, den Sohn in eine Universitätslaufbahn (Göttingen) zu drängen, hatte etwas vom Nachholen des selbst einmal Angestrebten. Es bedarf nicht der vielberedeten Anekdote von dem fünfjährigen Gotthold Ephraim, der nur mit „einem großen, großen Haufen Bücher" (Daunicht, S. 8) gemalt werden wollte, um den frühen und prägenden Einfluß der Gelehrtheit des Vaters zu dokumentieren. Zu ihr gehörte als ein zentrales Moment, das sich erst später in Lessings Bewußtsein entfalten sollte, die Gelehrten-‚Freiheit', die *licentia academica*. Sie war nicht nur konzipiert als (relative) Geistesfreiheit, sondern hatte in ihrem Anspruch auch

Momente der sozialen Privilegierung vor den anderen Angehörigen des Bürgertums. Die gelehrte Eigenständigkeit des lutherischen Pfarrers Johann Gottfried Lessing mag von heute her gesehen eine sehr eingegrenzte gewesen sein. Immerhin scheint es bezeichnend, daß er zur Zweihundertjahrfeier der Reformation (1717) eine Verteidigung der Reformation gegen einige „Vorurteile" *(praejudicia)* von Neuerern verfaßt hatte. Traditionsbewußtes, autoritätsgeleitetes Luthertum, mit gelehrtem Anspruch und dem Pochen auf Unabhängigkeit, zugleich Aufgeschlossenheit für ‚modernere' Studien, die den rein traditionellen Humanismus schon überschreiten: Das bestimmte als geistige und zugleich soziale Herkunft nicht nur Lessings Frühzeit. Noch der Fragmentenstreit ist ohne dies nicht zu denken.

Geographisch betrachtet, wuchs Lessing in einer Region auf (Sachsen), die nach dem Dreißigjährigen Krieg vergleichsweise rasch wieder einen lebhaften Handel mit internationalem Austausch erreichte. Gelehrt-literarisches Leben entfaltete sich auf gut überschaubarem Raum; Leipzig, Halle und Dresden wurden zugleich zu Zentren der Aufklärung. *Kamenz* war zwar ein etwas abgelegenes, weder ökonomisch noch kulturell besonders herausragendes Landstädtchen. Es besaß aber immerhin eine Lateinschule (s. A 4.), die der junge Lessing besuchen konnte. Das Fundament hatte durch eigenen Unterricht der Vater gelegt – auch dies bemerkenswert nicht nur wegen des prägenden Einflusses, sondern auch wegen des sozialen Vorteils; längst nicht jeder Angehörige des städtischen Bürgertums war in der Lage, seinen Kindern den ersten Unterricht mit einigem Niveau selbst zu geben.

Die Tatsache, daß in *Meißen* eine der drei sächsischen *Fürstenschulen* relativ nahe gelegen war, stellte sicher einen günstigen Umstand dar. Doch erst die Gewährung eines Stipendiums für Gotthold Ephraim ermöglichte angesichts der großen Geschwisterzahl (sie war inzwischen auf sieben angewachsen, zwei waren schon gestorben) den Besuch der Fürstenschule. Damit trat der gerade Zwölfjährige deutlich aus dem Kreis seiner sozialen und geistigen Herkunft heraus. Die Fürstenschule – ein Schultyp (s. A 4.), den beispielsweise auch Klopstock, Gellert und Rabener besuchten – vermittelte wesentlich Gelehrtenbildung, und dies in einem internatsähnlichen Rahmen. Das von Lessing besonders eifrig betriebene Privatstudium ermöglichte ihm darüber hinaus, intensiv auch eigenen Neigungen nachzugehen. Theateranregungen, die noch in die Kamenzer Zeit zurückreichen, wie eine Schulaufführung von Gottscheds *Sterbendem Cato,* wurden durch Lektüre antiker Muster erweitert und sogar in einen ersten eigenen Versuch umgesetzt: Szenen zur Komödie *Der junge Gelehrte* nahmen bezeichnenderweise einen Wirklichkeitsbereich auf, den er selbst bereits erlebt hatte („die einzige Art von Narren, die mir auch damals schon unmöglich unbekannt sein konnte"; G III, S. 524). Hinzu kam, gewissermaßen als Gegengewicht, die besondere Förderung durch den Mathematiklehrer Klimm, der ihn zugleich auf neuere Sprachen und auf den Nutzen der Zeitschriften hinwies. Schon jetzt war Lessing, auf solider humanistisch-gelehrter Basis, mit wichtigen Aspekten der sich entwickelnden Aufklärung in Deutschland wenigstens in Berührung gekommen. Er war nicht im geschlossenen Kreis des nur sich selbst Konservierenden geblieben. Als er die Fürstenschule, nach langem Drängen und wegen besonders guter Leistungen vorzeitig, verlassen durfte, gehörte er selbst innerhalb seines bürgerlich-gelehrten Standesbereichs bereits zu einer kleinen Zahl von Privilegierten.

Wie die Nähe der Fürstenschulstadt Meißen für den Kamenzer Lateinschüler einen günstigen Umstand bedeutete, so jetzt die Nähe der führenden Handels- und Universitätsstadt *Leipzig* (zur ökonomischen Entwicklung s. A 2) für den angehenden Studenten. Zur finanziellen Brücke wurde wiederum, daß dort für die sächsischen Fürstenschüler Stipendien bereitstanden. Zwar mußte Lessing, wie sein Landsmann Christian Weise, zunächst nach dem Willen des Vaters in Leipzig Theologie studieren. Und er lebte in den ersten Monaten so „eingezogen" (R IX, S. 10) wie nicht einmal in Meißen. Aber ob nun die innere Unmöglichkeit einer dauernden gelehrten Abkapselung oder der Reiz der äußeren Anregungen den Ausschlag gab: Wesentlich dem etwa sechs Jahre älteren ‚Vetter' Christlob *Mylius,* daneben auch dem Freund Christian Felix Weisse, war es zuzuschreiben, daß Lessing die Attraktion des geselligen, kulturell-literarischen Lebens der Stadt für sich entdeckte. Auch seine literarischen Versuche dieser Zeit standen wie selbstverständlich in einem kommunikativen Zusammenhang: die Lustspiele in dem des Theaters und des Theaterbetriebs, die anakreontischen Gedichte in dem des vertrauten Freundeskreises (s. II A und C).

Mit dem agilen, freigeistigen Jounalisten und Schriftsteller *Mylius* bot sich dem jungen Lessing zugleich ein anregendes Exempel neuer, moderner, aufgeklärt-geistiger Lebensform. Es war eine Frühform literarischer Bohème, wie sie sich im weltläufigen Leipzig besonders günstig entwickeln konnte. Ihr Verhältnis zur lokalen akademischen Welt war – nicht nur damals – ambivalent, wenn nicht gar gespalten. Einerseits lebte der junge Studiosus Lessing, wie seine Freunde, in zunehmender Opposition gegen Starre und Schematismus des gelehrt-akademischen Betriebs, auch in der Leipziger Prägung durch das aufgeklärte Wolffianertum. Andererseits ermöglichte erst die relative ‚akademische Freiheit' den Versuch einer neuen, ‚belletristischen' Existenzform, noch im Vorfeld des später so genannten freien Schriftstellertums.

Theater und Drama erwiesen sich hier als geeignetes Experimentierfeld. Nicht zufällig hatte sich in Leipzig der selbstbewußte Professor Gottsched ausgerechnet mit einer Theatergruppe, der Neuberschen, zusammengetan. Unter den günstigen Leipziger Bedingungen hatte sich daraus eine Pionierleistung entwickelt, die noch im dogmatischen Vorgehen immerhin Verhältnisse klärte, Neues in Bewegung setzte. Dies war für den jungen Studenten Lessing belächelte Vergangenheit, aber das Theater in seiner sozialen Zwischen- und Vermittlungsfunktion hatte seinen Anreiz zum Erproben auch für ihn behalten. Daß er sich dabei vor allem dem Lustspiel widmete, anknüpfend schon an Meißener Versuche, hing wohl weniger mit der Altersgemäßheit dieser Gattung zusammen als mit der größeren Beweglichkeit im Rahmen etwa der Ständeklausel. Bei aller Traditionsgebundenheit der Komödienform und ihrer Motivik: Hier konnte Lessing am ehesten seine eigene, scharf beobachtende Sozialerfahrung einbringen. *Der junge Gelehrte* demonstrierte dies ebenso deutlich wie später *Der Freigeist* oder *Die Juden* (s. II A und VII B).

Unter den *Leipziger Universitätslehrern* hatte Gottsched, als damals noch mächtige Autorität, unbestreitbar vielfältigen Einfluß auf Lessing, und sei es auch nur in seiner wachsenden Kritik an dieser Autorität. Gottscheds Vorlesungen mied Lessing, dafür erschienen ihm Kästner, Ernesti und Christ origineller und anregender. An dem Mathematiker und Philosophen Abraham Gotthelf Kästner reizte ihn offensichtlich der geschliffene, urteilskräftige ,Witz'. Sein Kolloquium über philosophische Streitfragen war eine der wenigen Lehrveranstaltungen, die Lessing regelmäßig besuchte. Kästners satirisch-epigrammatisches Talent beeindruckte ihn offenbar ähnlich wie der kritische, anschauliche Wissenschaftsstil Johann Friedrich Christs, dessen altertumskundliche Vorlesungen er hörte. Hier wie im Falle Kästners ist der Zusammenhang mit Lessings früher schriftstellerischer Entwicklung bemerkenswert. Christ schrieb, gewissermaßen als literarisch-wissenschaftliche Spezialität, für verkannte oder umstrittene Gestalten der frühneuzeitlichen Geistesgeschichte apologetische Abhandlungen, sogenannte „Rettungen'. Lessing versuchte sich bald auch selbst in diesem Genre (s. II B). Eine Denk- und Schreibform, die heute als so unverwechselbar Lessingisch erscheint und sein Werk bis in die späten Jahre hinein kennzeichnet, verdankte sich, jedenfalls auf dem Weg der Anregung und des Vorbilds, einem der Leipziger akademischen Lehrer. Bei allem Spott und Abscheu gegenüber den dogmatisierten und borniierten Erscheinungsformen des Gelehrtentums: Noch war er bestrebt, das ihm Gemäße aus dieser akademischen Sonderwelt an sich zu ziehen und umzusetzen, mit selbstverständlichem gelehrtem Fundament und in der ihm vorschwebenden Existenzform ganz und gar un-bürgerlich.

Die Auseinandersetzungen mit dem Elternhaus, die Kritik des strenggläubigen Vaters am Komödienschreiben und vor allem am Umgang mit dem familiären *entfant terrible* Christlob Mylius bestimmten nicht nur die Leipziger Zeit; aber hier brachen sie, nicht zuletzt wegen der finanziellen Abhängigkeit, zum ersten Mal und besonders heftig aus. Das bedrückende Leitmotiv des Lessingschen Lebens und auch seines Briefwechsels, der *ständige Geldmangel,* war schon voll ausgeprägt. Für seine immer neuen Pläne und Bedürfnisse reichte das vom Vater Gezahlte nicht aus, die Möglichkeiten des Dazuverdienens besonders durch literarische Arbeiten (Übersetzungen usw.) waren gering. Offenbar hatte Lessing auch Schwierigkeiten, sein Geld zusammenzuhalten. Das bisweilen leichtfertige Wagen, das Sichübernehmen, der charakteristische Hang zum ,Spielen' in einem sehr umfassenden Sinn brachten ihn schon während der Leipziger Zeit mehr als einmal in Bedrängnis. Und zuletzt waren es wieder finanzielle Verpflichtungen – charakteristischerweise Bürgschaften für einige Schauspieler –, die ihn veranlaßten, in Leipzig seine Zelte abzubrechen: eine höchst un-bürgerliche Existenz, die sich auch den gelehrt-akademischen Konventionen und Anforderungen nicht beugen wollte.

4.2. Gelegenheitsarbeiter, freier Schriftsteller, Journalist, Kritiker in Berlin (1748–55)

Berlin bedeutete für Lessing, wie er selbst gegenüber der Mutter formulierte, eine „Zuflucht" (R IX, S. 13), als er in Leipzig nicht mehr bleiben konnte. Es braucht nicht entschieden zu werden, ob der Plan einer freien Schriftstellerexistenz, als ein positives Lebensziel, oder der ‚heiße Boden' Leipzigs das stärkere Motiv gewesen ist. Der Aufenthalt in Wittenberg, die Erkrankung dort und die Aufnahme eines Medizinstudiums mit Zustimmung des Vaters, blieben eine nur halb freiwillig durchgestandene Episode. Die Verlockung, in Berlin einen Neuanfang ganz außerhalb der Universitätswelt zu versuchen, war nach wie vor stark.

Wie in Leipzig übte der ältere ‚Vetter' Christlob Mylius einen wichtigen Einfluß auf ihn aus; er war bereits einige Monate zuvor nach Berlin übergesiedelt und hatte dort als Redakteur an der *Berlinischen privilegierten Zeitung* (der späteren *Vossischen*) zu arbeiten begonnen. Er verschaffte dem noch nicht zwanzigjährigen Lessing, als dieser schließlich nachkam, eine Bleibe und auch die erste Möglichkeit des Geldverdienens. Lessing war jetzt *Gelegenheitsarbeiter* im wörtlichen Sinn, übernahm die Ordnung einer Privatbibliothek, schrieb erste Rezensionen für die *Berlinische privilegierte Zeitung*, erhielt später das Angebot einer Stelle als Auktionskommissar, nahm sie wegen des zu geringen Verdienstes nicht an. Stellengesuche, Bewerbungen, Empfehlungen, vor allem für öffentliche Ämter, gehörten von nun an zu Lessings Lebenslauf bis in die späten Wolfenbütteler Jahre. Daß er vom Schreiben allein nicht leben konnte, auch bei großem Fleiß und einiger Resonanz, merkte er in Berlin sehr bald. Noch boten das breiter werdende Lesepublikum und der expandierende literarische Markt (s. I C) keine ausreichende ökonomische Grundlage. Und für einen finanzkräftigen Gönner, einen „erhabnen Belohner" (G III, S. 100), wie den dänischen König im Falle Klopstocks oder auch Johann Elias Schlegels, war Lessing noch nicht attraktiv genug – wenn er sich den unvermeidlichen Obligationen dabei überhaupt gebeugt hätte.

Daß Lessing an Berlin auch die Nähe *Friedrichs II* und seines Hofes gereizt hatte, ist wahrscheinlich. Umstritten sind die Tendenz und die Entwicklungsstufen des Verhältnisses. Prinzipielle Überzeugungen und Haltungen auf der einen Seite, aktuelle Notwendigkeiten und Erfahrungen auf der anderen Seite lassen sich nicht immer auf den gleichen Nenner bringen. Daß er sich als Sachse in Berlin im ‚Ausland' befand, bekam Lessing nicht erst während des Siebenjährigen Krieges zu spüren (zum Problem des Patriotismus s. V A 1.3.). Vor allem aber die Tatsache, daß er sich als dezidierten Vertreter der deutschsprachigen Literatur verstand, mit zunehmender Distanz zur Verbindlichkeit der französischen Muster, machte ihn dem Preußenkönig, dem Verächter der *littérature allemande,* wenig empfehlenswert. Hinzu kam gewiß auch die persönliche Voreingenommenheit Friedrichs II, nachdem sich Voltaire und Lessing aufgrund eines Mißverständnisses (Mitnahme eines Voltaire-Manuskripts nach auswärts)

entzweit hatten. Noch Jahre später (1765/66), als Lessing gleich zweimal hinter-
einander, trotz nachdrücklicher Empfehlung für eine Stelle, von Friedrich II abgelehnt wurde, zeigte sich offenbar tiefsitzende Abneigung.

Lessing seinerseits – das muß hinzugefügt werden – versprach freilich auch
kein ergebener, problemloser Fürstendiener zu werden. Sein vielzitiertes Wort
von Preußen als dem „sklavischsten Land von Europa", wo allein den „Sottisen" gegen die Religion Freiheit gewährt werde (aus einem Brief an Nicolai vom
25. 8. 1769; R IX, S. 327), mag zugespitzt sein. Die fundamentalen Vorbehalte
gegen Friedrichs Konzeption und Praxis eines Aufgeklärten Absolutismus kommen darin wohl angemessen zum Ausdruck. Und wie wenig Lessing ein geboren-
ner Hofmann war, zeigte sich noch in Wolfenbüttel, als er sich schließlich in den
Dienst des Herzogs von Braunschweig hatte begeben müssen.

Daß Lessing in Berlin faktisch von der Nähe des Preußenkönigs und seines
Hofs auch profitierte, steht zu seiner reservierten Grundhaltung nicht im Widerspruch. Die Arbeitsmöglichkeiten in der aufstrebenden Stadt waren ja gerade ein
Hauptmotiv des Wechsels dorthin gewesen. Wenn Lessing jetzt Französisch-
Unterricht nahm (sich dann auch mit dem Spanischen und Italienischen beschäftigte), so hatte dies am Ort gewiß Gründe der Nützlichkeit, aber zugleich bedeutete es eine entscheidende Erweiterung seines literarischen Horizonts. Persönliche Bekanntschaften, wie sie nur diese Residenzstadt bot, kamen hinzu, so vor
allem mit Voltaire, aber auch etwa mit Friedrichs Hofkomponisten Quantz. Die
für ihn selbst wertvollsten Begegnungen geschahen weitab vom Hof, aus berufli-
chen Anlässen (im Zusammenhang der *Berlinischen privilegierten Zeitung*) oder
in lockeren geselligen Zirkeln (vor allem dem ‚Montagsklub'), wie sie damals als
charakteristische außerhöfische Sozialbildungen im Aufschwung waren (s. I B
2.2.). So lernte er nicht nur schreibende Kollegen und Konkurrenten wie Ramler
kennen, oder den Verleger Voß, mit dem ihn dann eine lebenslange Freundschaft
verbinden sollte, sondern vor allem auch *Mendelssohn* und *Nicolai*.

Die Freundschaft des jungen, aufstrebenden Kritikers Lessing mit dem aus
kaufmännischem Judentum in die literarische und philosophische Welt sich hin-
einarbeitenden Mendelssohn und mit dem schriftstellernden Buchhändler Nicolai ist schon früh als beispielhaft ‚vorgreifend', als aufklärerisch wegbereitend
gedeutet worden. Sie hatte zweifellos auch dieses vorbildhafte Moment, das
schließlich in die Humanitätskonzeption des *Nathan* einging. Für Lessing selbst
war die Möglichkeit des vertrauensvollen, engagierten und anregenden Austauschs zunächst das Wesentliche. Wie er in Leipzig die bohèmehafte Gruppe
und die Theateratmosphäre brauchte, um sich gegen die Zwänge des Elternhau-
ses und der akademischen Welt zu behaupten, so jetzt den *Freundeskreis* Gleich-
gesinnter, die sich ihre berufliche Zukunft nicht ohne aktive Mitgestaltung der
neuen Literatur vorstellen konnten.

Lessing selbst hatte, als die drei Freunde sich zuerst begegneten und zusam-
menschlossen (1754), bereits eine im Vergleich zu Leipzig fester umrissene Position in der literarischen Welt, namentlich als Kritiker. Zwar waren einige Gedichte gedruckt (Epigramme, Lieder, Oden), auch einige Fabeln, und vor allem

eine Reihe von Lustspielen; der Erfolg des Lustspiels *Der junge Gelehrte* war auch über Leipzig hinausgedrungen. Der Schwerpunkt aber lag in Berlin zunächst auf der Rezensententätigkeit; hier leistete Lessing viel Brotarbeit, manche Besprechung ist oberflächlich und verrät die bloße Pflichtübung. Einige große Kritiken aber, zu Gottsched, Klopstock, Wieland, Rousseau und anderen, ließen durch die Brillanz des Stils, die Schärfe der Analyse und die Eigenständigkeit des Urteils *zwischen* den Leipziger und Zürcher Fronten aufhorchen. „Es ist hier ein neuer Criticus aufgestanden", schrieb Sulzer bereits am 15. Oktober 1751 an Bodmer nach Zürich, anläßlich einer *Messias*-Besprechung Lessings (Daunicht, S. 42). Und am 4. März 1755 hieß es in einem Brief von Gleim an Ramler, über Lessing: „Sagt Er, die Schrift sei gut, so druckt sie jedermann" (Daunicht, S. 80).

Die kritische Autorität Lessings und sein öffentliches Bild als Polemiker waren bereits hier, wie dann in den Jahren des Fragmentenstreits, nur schwer voneinander zu trennen. Die Auseinandersetzung mit Samuel Gotthold Lange um Horaz (1754) begründete den Ruf des Polemikers Lessing und bestätigte zugleich, daß er das solide Fundament seiner Gelehrtheit in Berlin nicht verloren hatte, sondern ebenso virtuos wie selbstverständlich einsetzte. Der zeitweilige Redakteur des ‚Gelehrten Artikels' an der *Berlinischen Privilegierten,* der Begründer der ersten deutschen Theaterzeitschrift mit aktuellen *und* historisch-gelehrten Arbeiten, der akribische Rezensent des Jöcherschen *Gelehrten-Lexikons:* Diese Kombination mit dem Poeten und dem Lustspielschreiber erregte Aufsehen und Hochachtung, bald auch Neid und Gegnerschaft. Daß Lessing Ende 1751 noch einmal für einige Monate nach Wittenberg zurückkehrte, um den Magistertitel zu erwerben, blieb Episode als Konzession an den Vater. Das Ziel, sich außerhalb der Universität als freier Schriftsteller durchzusetzen, war unverändert.

Auf dem Hintergrund der seit 1749/50 erkennbaren kritischen, theoretischen, historischen Beschäftigung mit dem Trauerspiel erschien *Miß Sara Sampson* (1755) als eine einleuchtende Konsequenz. Nach dem frühen, gescheiterten Versuch (1749), mit *Samuel Henzi* einen aktuell-republikanischen Stoff in Form eines Alexandrinertrauerspiels zu bewältigen, wurde jetzt das erste Bürgerliche Trauerspiel zu einem überwältigenden Erfolg. Seit der Tränenflut bei der Uraufführung in Frankfurt/Oder war Lessing nun auch Trauerspieldichter mit dem rasch sich verbreitenden Ruf eines Pioniers. Sofort nahmen auch die Aufführungen seiner bereits gedruckten Lustspiele zu. Aber immer noch konnte er von den Produkten seiner Feder nicht leben. Und die Berliner Möglichkeiten schienen ihm eine dauerhafte, wesentliche Verbesserung seiner Situation nicht zu versprechen.

4.3. Begleiter auf Bildungsreise, Ausbruch des Siebenjährigen Krieges, Rückkehr nach Berlin (1755–60)

Als Lessing im Oktober 1755 Berlin verließ und nach *Leipzig* wechselte, standen offenbar zwei Gesichtspunkte im Vordergrund: der Versuch, das immer noch ungewöhnlich vielfältige literarisch-kulturelle Leben in dieser ‚Stadt der Musen und des Geldes' für sich zu nutzen, und die Hoffnung, dabei seine Lokalkenntnis und eventuell auch alte Beziehungen von neuer Position aus einzusetzen. Zu dieser neuen Position gehörte vor allem der frische Theatererfolg mit *Miß Sara Sampson,* der zweite spektakuläre nach dem Leipziger Erfolg mit dem *Jungen Gelehrten.* Das Angebot, den Leipziger Patriziersohn Gottfried Winkler auf einer mehrjährigen *Bildungsreise* durch Europa zu begleiten, mit kostenfreiem Aufenthalt und einem ansehnlichen Fixum pro Jahr, kam zwar, wie es scheint, überraschend und stand manchen schriftstellerischen Plänen im Weg. Aber die finanzielle Sicherheit für einige Zeit und der Reiz, den das Vorhaben für den erlebnishungrigen, erst 26jährigen Lessing besitzen mußte, haben wohl den Ausschlag gegeben.

Die schöne Chance endete schließlich im schlimmen Debakel. Die Reise begann im Mai 1756 in Richtung Nordwesten nach Hamburg und dann Holland, sie führte unter anderem nach Halberstadt zu Gleim, auch über Wolfenbüttel. Im Hamburg traf Lessing erstmals Klopstock, und vor allem die Begegnung mit dem Schauspieler Ekhof bedeutete ihm als Theaterautor viel: Hier schien in dem neu entwickelten, ‚natürlichen' Deklamationsstil Ekhofs nicht nur etwas Fälliges realisiert, sondern auch das Zukunftsweisende von Lessings Dramenproduktion bestätigt. Als die Reisegruppe schließlich *Amsterdam* erreicht hatte, drang die Nachricht vom Ausbruch des (Siebenjährigen) Krieges dorthin. Preußische Truppen hatten Leipzig besetzt (Ende August); die Reise wurde vorerst abgebrochen.

Das Weitere war für Lessing eine Kette von Hoffnungen, Enttäuschungen, Hingehaltenwerden, bis er sich endlich gezwungen sah, von Winkler die Zahlung der vereinbarten Ausfallsumme gerichtlich zu erreichen. (Der Prozeß dauerte dann über sieben Jahre und endete zwar für Lessing positiv, aber mit hohen Kosten.) Mit der Rückkehr nach Leipzig Ende September 1756 setzte eine Lebensperiode ein, die durch das ungewisse Warten auf Klärung des Persönlichen gekennzeichnet war, und nicht zuletzt durch die Kriegssituation. Verglichen mit der ersten Berliner Zeit waren diese Jahre hektisch, bestimmt durch wiederholte Suche nach neuer, sicherer Anstellung, zersplittert auch in der literarischen Produktion. Lessing schrieb weiterhin Rezensionen, fertigte Übersetzungen an. Eine gewisse Geschlossenheit ergibt sich allenfalls in den Bemühungen um das Trauerspiel: auch hier Übersetzungen (besonders Thomson), Biographisches (Sophokles), der einschlägige Briefwechsel mit Mendelssohn und Nicolai, Experimente mit antik-heroischen Stoffen, darunter Virginia, auch bereits mit dem Titel *Emilia Galotti* (Anfang 1758).

Die Begegnung mit dem dichtenden preußischen Offizier Ewald Christian von *Kleist* im Sommer 1755 und die daraus entstehende Freundschaft gehörte zu dem wenigen, das Lessing in diesen Jahren wirklich fesselte. Die vielfältigen Wirkungen Kleists auf Lessing, bis hin zum Vorbild für den Major Tellheim, sind bekannt. Unter den hohen menschlichen Qualitäten dieses Mannes beeindruckten ihn nicht nur die Aufrichtigkeit und Hilfsbereitschaft, sondern auch das Ungewöhnliche und zugleich Überzeugende der miteinander verbundenen

Interessen: der verdiente preußische Offizier, dem die schöne Literatur lebensnotwenig ist und der selbst dichtet. Kleist stand quer zu den Fronten, das reizte Lessing: der Preuße, der im besetzten Leipzig frei mit sächsischen Leuten seines Niveaus umging, der ‚Krieger‘, der es in der Poesie zu hohen künstlerischen Leistungen gebracht hatte.

Kleists Versuche, für Lessing eine neue Anstellung zu finden, trugen wesentlich dazu bei, daß Lessing wieder nach *Berlin* zurückkehrte (Mai 1758), als die Situation in Leipzig für ihn immer unerfreulicher geworden war. Es gelang ihm rasch, wieder in die früheren Freundeskreise Eingang zu finden, bei diversen geselligen Anlässen, insbesondere im ‚Montagsklub‘ und im neu gegründeten ‚Freitagsklub‘. So deftig lebhaft und anregend es dort auch zugegangen sein mag, diese Tischrunden waren zugleich Orte, wo literarische Konkurrenz ausgetragen wurde und handfeste Unternehmungen vorbereitet wurden. Daß er um seinen inzwischen gestiegenen Ruhm als Kritiker und Theaterautor auch beneidet wurde, bekam Lessing bald zu spüren.

Es genügte Lessing nicht, an seine frühere Berliner Rezensententätigkeit lediglich anzuknüpfen. Die Entwicklung der Literatur sollte durch ein in kürzeren Abständen erscheinendes eigenes Organ beeinflußt, die eigene kritische Autorität dabei gefestigt werden. Mit Mendelssohn und Nicolai zusammen entwickelte er die Konzeption der *Briefe, die neueste Literatur betreffend,* die dann seit August 1759 als Wochenschrift erschienen (zur Publikationsform s. I B 2.1.). Bei der Erfindung des fiktiven Adressaten dieser *Briefe* stand Kleist Pate: Ein verdienter Offizier, der infolge des Krieges den Anschluß an die literarische Entwicklung verloren hat, sollte kritische Orientierung erhalten. Lessing, noch immer ohne ‚Amt‘, engagierte sich voll, sein Renommee als Theoretiker, Kritiker und Praktiker des Theaters setzte er strategisch ein bei der berühmten Generalabrechnung mit Gottsched im 17. *Brief.* Das Leipziger Schulhaupt hatte zu diesem Zeitpunkt längst den Zenit seiner Geltung überschritten. Die Schärfe des Angriffs – nicht nur hier – erregte Aufsehen, aber auch die ‚Schweizer‘ Partei war mit dem auf Unabhängigkeit Pochenden nicht zufrieden. Johann Georg Sulzer, der Kunsttheoretiker, der seinen Platz auf der Seite Bodmers sah, fühlte sich in Berlin zunehmend durch Lessing abgestoßen. Als Lessing im Oktober 1760 zum auswärtigen Mitglied der Berliner Akademie der Wissenschaften gewählt wurde, erklärte sich Sulzer mit Entschiedenheit dagegen, und Friedrich II faßte es geradezu als Affront auf.

Auch innerhalb seines Freundeskreises stieß Lessing auf Mißverständnisse. Sein anonym erschienener heroischer Einakter *Philotas* (1759), aus der Kriegssituation heraus geschrieben und ein versteinertes Heldenideal durchaus kritisch präsentierend, wurde von dem Freund Gleim fehlgedeutet und zu einem patriotischen Musterstück versifiziert. Schon Gleims *Grenadierlieder* (1758) waren Lessing zu schrill geraten, hatten ihn irritiert. Bei den *Literaturbriefen,* dem von ihm mit viel Einsatz ins Leben gerufenen kritischen Unternehmen, beobachtete er enttäuscht bald eine gewisse Cliquenbildung. Den Gottschedianern und den Zürchern mit ihren Organen zum Selbstlob der eigenen Gruppe mochte er es nicht gleichtun. Im September 1760 bereits zog er sich als Herausgeber zurück. Mit Nicolai, der die Zeitschrift kaufmännisch-verlegerisch trug, gab es Spannungen.

Lessing, für den Freundschaft ein wichtiges Lebenselement war, der nach wie vor in finanzieller Ungesichertheit lebte – der Prozeß gegen Winkler dauerte an –, suchte einen Ausweg aus der unerfreulich gewordenen Berliner Lage. Nicht zum ersten Mal in seinem Leben dachte er an ‚Flucht'. Ewald Christian von Kleist, das verehrte Vorbild eines humanen Offiziers, war am 24. August 1759 nach der Schlacht bei Kunersdorf seinen schweren Verwundungen erlegen. Kleists Grab in Frankfurt an der Oder war eines der ersten Reiseziele, als Lessing am 7. November 1760, ohne seine Freunde zu benachrichtigen, Berlin verließ. Er begab sich nach *Breslau* zu General Bogislaw Friedrich von Tauentzien, den er bereits im Februar 1758 in Leipzig, durch Kleists Vermittlung, kennengelernt hatte. Der Wechsel des geborenen Sachsen Lessing von der Berliner Literaten-Atmosphäre in die Welt des preußischen Militärs, noch dazu mitten im Kriege, schien nicht gerade das Nächstliegende angesichts der ungeklärten persönlichen Situation. Aber Lessing blieb auch hierin, zum Staunen der Freunde, seinem unbürgerlichen Lebensstil treu.

4.4. Breslauer Gouvernementssekretär, und noch einmal in Berlin (1760–67)

„Die Wahrheit zu gestehen, ich habe jeden Tag wenigstens eine Viertelstunde, wo ich mich selbst darüber wundere" (R IX, S. 206): Den Entschluß, in Breslau sein Auskommen zu suchen, stellte Lessing in einem Brief an seinen langjährigen Freund Karl Wilhelm Ramler vom 6. Dezember 1760 selbst als etwas Überraschendes, noch nicht ganz Verarbeitetes dar. Doch die Auswahlmöglichkeiten waren nicht groß gewesen, als es Lessing in Berlin nicht mehr hielt. Jetzt besaß er immerhin die erste finanziell gesicherte Position seit Jahren, und freie Zeit für seine literarischen Interessen fand er genug. Der Vormittag gehörte den nicht sonderlich aufregenden Amtsgeschäften, mittags war Lessing oft bei Tauentzien zu Tisch, danach ging er meist nach Hause, wenn er nicht einen Buchladen oder eine Auktion besuchte. Anschließend empfing er Besucher, tauschte sich über literarische oder wissenschaftliche Dinge aus. Abends besuchte er fast täglich eine Theateraufführung, blieb aber selten bis zum Schluß, sondern begab sich in eine „Spielgesellschaft", überwiegend im Kreis von Offizieren; es wurde dann beim Spiel meist sehr spät.

Geselligkeit hatte Lessing also, aber es waren „erlogene Vergnügungen und Zerstreuungen", wie er schon am 30. März 1761 an den Freund Moses Mendelssohn schrieb. Und er fügte hinzu: „Ihre Briefe sind für mich ein wahres Almosen" (R IX, S. 210). Breslau, einst Zentrum der Barockliteratur, war an die Peripherie des literarischen Lebens gerückt. Der ‚Bücherwurm' Lessing wurde von der reichhaltigen Bibliotheca Rhedigerana angezogen, trieb dort gelehrte Studien, legte umfangreiche Exzerpte und Kollektaneen an. Er pflegte auch Kontakte zu den beiden traditionsreichen Gymnasien der Stadt und zu deren Rekto-

ren: dem Polyhistor Johann Kaspar Arletius, der sich um die deutsche Literaturgeschichte verdient gemacht hatte, und dem Kenner der schlesischen Geschichte,
Johann Benjamin Klose. Für einen ehrgeizigen, renommierten Literaten Anfang
Dreißig, der in Leipzig und Berlin seine Anregungen und seinen Weg gefunden
hatte, war dies kein Aufenthalt für länger, bei aller angenehmen finanziellen
Sicherheit. Immerhin konnte er sich zum ersten Mal – und dies ist bezeichnend –
eine größere Bibliothek zulegen, die schließlich 6000 Bände umfaßte.

Was die äußeren Abwechslungen, den Briefwechsel, den Austausch mit Freunden angeht, so gehörten diese Jahre zu den ,magersten' in Lessings Leben. Die
produktive schriftstellerische Arbeit konzentrierte sich fast ganz auf zwei
Werke: *Minna von Barnhelm,* deren „Verfertigung" Lessing selbst bekanntlich
in das Jahr 1763 datiert (damals entstand die Konzeption, der Abschluß geschah
erst im Winter 1766/67) und *Laokoon,* für den die Vorstudien 1762/63 begannen. Beide sind oft in großer Distanz zu den früheren Arbeiten gesehen worden,
als eine völlig neue ,Stufe', und gewiß hat die relative Isolation in Breslau die
Eigenart der beiden Werke mit geprägt. Aber wie *Minna von Barnhelm* das
Nachkriegsstück zum Kriegsstück *Philotas* (1759) darstellt und ohne die frühen
Lustspiele nicht zu denken ist, so besteht bei *Laokoon* ein enger Zusammenhang
mit den Fabelabhandlungen und auch mit der Trauerspiel-Diskussion (s. die
Begründung in IV).

Das *Ende des Siebenjährigen Krieges* – das Lessing selbst in Breslau in amtlicher Funktion verkünden durfte (1763) – gab zwar Hoffnung auf neue Möglichkeiten der Schriftstellerexistenz. Aber selbst als Lessing im Sommer 1763 den
General Tauentzien auf einer Reise nach Potsdam begleiten konnte, waren die
Versuche, in Berlin wieder Beziehungen anzuknüpfen, weithin ohne Erfolg. Die
wichtigsten Freunde, Mendelssohn, Nicolai und Ramler, traf er nicht einmal an,
und der Preußenkönig blieb abweisend.

Ein lebensgefährliches Fieber im Jahr darauf vermittelte Lessing den Eindruck, die „ernstliche Epoche" seines Lebens sei gekommen, er „beginne ein
Mann zu werden" (R IX, S. 235). Die Bitten der Eltern und Geschwister um
Unterstützung, seit Jahren schon auf Lessing lastend, wurden immer unerfüllba-
rer. Immerhin ging im Oktober 1764 der Prozeß gegen Winkler positiv aus, aber
die zu tragenden Prozeßkosten waren hoch. Am Ende des Jahres nahm Lessing
definitiv Abschied von Breslau und der Sekretärsstelle, in der Absicht, es doch
wieder in Berlin zu versuchen. Für eine Stelle an der Königlichen Bibliothek
wurde er zweimal vorgeschlagen und beide Male vom König abgelehnt. Verschiedene Reisen, darunter nach Leipzig, nach Göttingen und nach Kassel, sollten den ,Nachholbedarf' an Kontakten mit Schriftstellern, Freunden und Gelehrten befriedigen, aber auch der Stellensuche dienen.

Zur Ostermesse 1766 erschien der erste Teil des *Laokoon* und erregte als ein
für viele ,neuartiger Lessing' großen Eindruck, bei Winckelmann, bei Herder
und später auch beim jungen Goethe. Trotz des neuen Ansehens als ,antiquari-
scher' Schriftsteller und Kenner der antiken Kunst erfüllte sich nicht die Hoffnung, in Kassel eine Stelle am Antiken- und Münzkabinett zu erhalten. Für

Lessings Vielseitigkeit, aber auch für den Zwang, sich ‚anzubieten', ist es auf beklemmende Weise aufschlußreich, nach wie verschiedenartigen *‚Ämtern' und ‚Beschäftigungen'* er sich in allen diesen Jahren hat umsehen müssen. „Ich stand eben am Markte und war müßig; niemand wollte mich dingen", so hat er später mit bitterem Sarkasmus seine Situation beschrieben (G IV, S. 694). Immer noch war er auch Theaterautor, dessen Komödien (noch ohne *Minna von Barnhelm*) auf den Spielplänen standen und dessen *Miß Sara Sampson* nach wie vor als große Pioniertat galt.

4.5. Hamburgischer Dramaturg und ‚Unternehmer' (1767–70)

Am 4. November 1766 ließ Johann Friedrich Löwen, der Direktor des eben in Hamburg gegründeten ‚Deutschen *Nationaltheaters'*, über Nicolai bei Lessing anfragen, ob er die Stelle eines Dramatikers an diesem Theater übernehmen wolle. Natürlich war die Aussicht verlockend, endlich wieder in dem Metier zu arbeiten, das er sozusagen von der Pike auf kannte. Auch bot gerade Hamburg, als Stadt, neue Entfaltungsmöglichkeiten. Aber die Produktion von Dramentexten in Serie entsprach so gar nicht Lessings Arbeitsweise. Er lehnte dies also ab, bekundete jedoch Interesse, als *Dramaturg* dort tätig zu werden, d. h. als kritischer Anreger und Begleiter des Programms.

Die Verhandlungen zogen sich hin. Lessing wollte jetzt von vornherein seine Existenzgrundlage verbreitern, vielfältiger gestalten, z. B. durch ein Gemeinschaftsunternehmen mit Johann Bode, der gerade eine Druckerei in Hamburg aufbaute. Zwar verband Lessing mit dem Verleger Voß in Berlin seit Jahren schon eine enge, vertrauensvolle Beziehung, und sein Freund Nicolai war ebenfalls buchhändlerisch-verlegerisch tätig. Doch allzu oft hatte Lessing an sich und anderen Schriftstellern erleben müssen, wie in dieser Phase der Entstehung des literarischen Markts (s. I C 1.) die Belange der Autoren noch viel zu kurz kamen und andere über Gebühr profitierten. Im Verein mit Bode wollte jetzt Lessing als Autor selbst an der kaufmännischen Gestaltung beteiligt sein, z. B. durch direkte Subskription der Leser (unter Umgehung der Buchhändler).

Beides, die neue, durch wohlhabende Bürger getragene ‚Entreprise' eines Nationaltheaters, und die eigenen unternehmerischen Pläne mit Bode, bestimmten Lessings Erwartungen im Hinblick auf Hamburg. Hinzu kam natürlich die Aussicht, in diesem kulturell regen Zentrum der norddeutschen Aufklärung Kontakte zu bedeutenden Schriftstellern und Gelehrten pflegen zu können, neue Freunde zu gewinnen und sich einen Kreis zu schaffen, der dem Berliner wenigstens äquivalent war. Allein schon das Theater bot hier nicht nur das übliche ‚Völkchen' mit aufgelockerter, unkonventioneller Lebensweise. Sondern in dem Direktor Löwen und im Ackermannschen Ensemble, das für das Theater verpflichtet worden war, schien ihm eine Chance zu liegen, endlich einen kultivierten, kunstvollen Aufführungsstil zu etablieren, der einem ‚nationalen' Anspruch genügen konnte.

Im April 1767 verließ Lessing definitiv Berlin, um sich in *Hamburg* niederzulassen. Wie wichtig ihm auch seine unternehmerischen Pläne mit Bode waren, zeigte sich darin, daß er seine inzwischen große Bibliothek durch seinen Bruder Karl versteigern ließ, um genügend Kapital zu gewinnen. In der gemeinsamen Druckerei war auch die ‚Ankündigung' der *Hamburgischen Dramaturgie* hergestellt, die am 22. April 1767 zur Eröffnung des Theaters ausgegeben wurde. Konzipiert als „ein kritisches Register von allen aufzuführenden Stücken" (G IV, S. 233), sollte sie zweimal pro Woche erscheinen; nach seinem Rückzug von den *Literaturbriefen* hatte Lessing wieder ein kritisches Organ, bei dem er sich hauptverantwortlich engagieren konnte.

Die Entwicklung der *Hamburgischen Dramaturgie,* zusammen mit dem Schicksal der Theater-‚Entreprise' selbst, ist oft beschrieben und gedeutet worden, freilich meist aus Lessings eigener Perspektive: der Optimismus und die hohen Ansprüche zu Beginn, erste Schwierigkeiten mit den gegen Kritik empfindlichen Schauspielern, Zwist unter den Geldgebern und Organisatoren, enttäuschende Gleichgültigkeit des Publikums, Mangel an guten Stücken, Konzessionen an das breite Unterhaltungsbedürfnis, immer stärkerer Rückzug Lessings auf prinzipiell-theoretische Erörterungen, zuletzt bittere Vorwürfe gegen „das Publikum", das „nichts" für die Förderung eines wahren Nationaltheaters getan habe (G IV, S. 698). Je genauer in den letzten Jahren die generelle Entwicklung des literarischen Markts, des Theaters, des Publikums in jener Zeit erkennbar geworden ist (s. I C), desto deutlicher ergibt sich die – prinzipiell gewiß nicht neue – Einsicht: So umwälzend neuartig war beispielsweise der Spielplan des Hamburger Theaters durchaus nicht, die Reserviertheit des Publikums schien teilweise sehr wohl berechtigt, viel organisatorische Unfähigkeit war mit im Spiel. Und vor allem griff die Konzeption, jedenfalls so, wie sie Lessing vertrat, den realen Möglichkeiten des Bürgertums zu seiner Zeit weit voraus.

Die prinzipiellen Erörterungen über das Drama, besonders über das Bürgerliche Trauerspiel, die Auseinandersetzung mit Aristoteles und das nationale Sichabgrenzen vom französischen Klassizismus (mit Hinwendung zum ‚englischen' Geschmack) traten denn auch früh schon in den Vordergrund des Interesses an der *Hamburgischen Dramaturgie* und machten wesentlich den Ruhm dieses Werks auch bei den Zeitgenossen aus. Für Lessing selbst erbrachte die Publikation auch finanziell weniger, als er erhofft hatte. Der Kampf gegen Nachdrucke durch Freunde, auch andere Widrigkeiten bereiteten ihm Ärger. Sie kosteten vor allem Geld. Das Unternehmen mit Bode geriet in Bedrängnis, erneut mußte Lessing einen Teil seiner – inzwischen wieder erweiterten – Bibliothek versteigern lassen.

Für die Nachwelt verbindet sich mit Lessings Hamburger Jahren in erster Linie das Nationaltheater samt Dramaturgie. Rein zeitlich wurde dadurch überhaupt nur ein Drittel des Aufenthalts ausgefüllt. Schon am 19. April 1768, also nach gerade einem Jahr, endete die *Hamburgische Dramaturgie* offiziell. An einer Reihe von dramatischen Projekten hatte Lessing derweil weitergearbeitet, so am *Faust*-Drama. *Minna von Barnhelm* war inzwischen gedruckt erschienen und, nach einigen Schwierigkeiten wegen preußischer Einsprüche, in Hamburg uraufgeführt worden. Nach Beendigung seines Engagements am Nationaltheater nahm Lessing verstärkt seine Arbeit an antiquarischen Schriften wieder auf, Angriffe von Klotz gegen den *Laokoon* forderten ihn zusätzlich heraus. Fast anderthalb Jahrzehnte nach der Abfertigung des Pastors Samuel Gotthold Lange entstand ihm in dem Hallenser Klotz der zweite bekannte Streitgegner. Das Überhebliche an Klotz und sein Cliquengebaren reizten ihn gewiß, aber es ist unverkennbar, daß Lessing ein neues publizistisches Tätigkeitsfeld und den öffentlichen Streit auch suchte.

Schon im September 1768 erschien der erste Teil der gegen Klotz gerichteten *Briefe antiquarischen Inhalts,* ein Jahr später der zweite Teil, und gleichzeitig die Schrift *Wie die Alten den Tod gebildet.* Für Lessing war diese auch zeitliche Nähe von theatralischem Engagement, unternehmerisch-kaufmännischer Tätigkeit und antiquarisch-gelehrter Schriftstellerei ebenso selbstverständlich wie charakteristisch. Gerade die Hamburger Jahre zeigen sein Sichbewegen *zwischen* Bürgerlichkeit und Gelehrtheit. Das ‚Freie‘ am freien Schriftsteller, also das Ungebundene und zugleich Ausgesetzte, trat als Problem nach dem Ende der Dramaturgentätigkeit wieder verschärft auf. Wenn er einmal in einem anderen Zusammenhang für sich selbst das Bild eines „gelehrten Landstörzers" verwendete (G V, S. 705), so spielte er damit nicht nur auf die Lebensweise der frühen Wanderhumanisten an, sondern benannte auch etwas für seine eigene soziale Zwischenposition Bezeichnendes. Sie gab ihm ‚Mobilität‘ im mehrfachen Sinn, der auch das ständige Wechseln des Orts einschloß, als gelehrte, unbürgerliche Freizügigkeit. Nach Ende der Theaterunternehmung war er wieder ‚frei‘. Aber hohe Schulden, die wesentlich aus dem Wagnis der bürgerlich-kaufmännischen Unternehmung resultierten, engten ihn ein und zwangen ihn, da der literarische „Markt" ihn nicht trug, wieder einmal nach einem „Amt" zu suchen.

Der *Freundes- und Bekanntenkreis,* den er sich in Hamburg aufgebaut hatte und der ihm nicht weniger lebensnotwendig geworden war als in Leipzig oder in Berlin, band ihn zwar, konnte ihm aber die ökonomische Sicherheit nicht bieten. Außer dem Geschäftspartner Bode war er mit der Familie des Seidenhändlers Engelbert König in nähere Beziehung getreten, und da Hamburg – wie auch schon Breslau – keine Universität besaß, konzentrierte sich der gelehrte Kontakt in erster Linie auf Gymnasialprofessoren, besonders den Orientalisten Samuel Reimarus und dessen Familie. Begegnungen mit Klopstock und Herder waren Höhepunkte der Hamburger Jahre, außerdem lernte er eine Reihe wichtiger Literaten kennen, wie Boie, Claudius, Gerstenberg, Ebert, Eschenburg, nicht zu vergessen die großen Theaterleute Ekhof und Schröder. Gerade die anregende Vielfalt der so gebotenen Möglichkeiten des Austauschs, der Geselligkeit in der aufstrebenden Handelsstadt Hamburg machten es ihm schwer, an irgendein Amt in der ‚Provinz‘, unterhalb dieses Niveaus, ernsthaft zu denken. Ein zweites Mal Isolation, wie in Breslau, mochte er nicht auf sich nehmen. Das Angebot, in Wien eine Stelle am Theater zu übernehmen, lockte ihn nicht, vielleicht wegen der eben durchgestandenen Enttäuschungen in diesem Metier, aber wohl mehr noch, weil er dort weitab gewesen wäre von jenem mittel- und norddeutschen

Bereich, der seinen Werdegang und seine Schriftstellerexistenz bisher wesentlich geprägt hatte.

Im September 1769 erhielt er durch Johann Arnold Ebert, den gebürtigen Hamburger und Professor am Carolinum in Braunschweig, das Angebot des braunschweigischen Erbprinzen Karl Wilhelm Ferdinand, Bibliothekar an der ‚Bibliotheca Augusta' in *Wolfenbüttel* zu werden. Es war ein Stellentypus, um den er sich auch früher schon mehr als einmal bemüht hatte, besonders in Berlin. Trotzdem zögerte Lessing auffällig lange, denn der Wechsel von Hamburg in die ehemalige, 1753 durch Braunschweig abgelöste Residenzstadt Wolfenbüttel erschien ihm überaus schwer. Selbst zu Verhandlungen konnte er sich nur „gemächlich losreißen", wie er noch am 7. November an Ebert schrieb (R IX, S. 334); er sei in Hamburg „so tief eingenistet". Schließlich war der Zwang, seine Existenz zu sichern – ohne wirkliche Alternative –, stärker. Lessing reiste nach Braunschweig, stellte sich vor, im Dezember wurde er zum herzoglichen Bibliothekar ernannt. Erst im April des folgenden Jahres verließ er Hamburg, am 4. Mai 1770 kam er in Wolfenbüttel an.

4.6. Herzoglicher Bibliothekar in Wolfenbüttel, Reisen, späte Heirat, Fragmentenstreit (1770–81)

Von allen Lebensstadien, die Lessing während seiner „Wanderschaften eines gelehrten Landstörzers" durchlaufen hat, war das des Wolfenbütteler Bibliothekars weitaus das längste. Gewiß spielte dabei der mit Lessings Alter zunehmende Wunsch nach Stabilität der Lebensbedingungen eine Rolle. Doch eine bloße Aufrechnung der Jahre und Orte täuscht. Mehrere lange Reisen unterbrachen den Aufenthalt am ‚Dienstort'. Gesuche um Urlaub und dann von unterwegs um Verlängerung des Urlaubs erreichten den fürstlichen Dienstherrn immer wieder und stellten seine Geduld und Großzügigkeit auf eine nicht geringe Probe – von den theologischen Fehden einmal ganz abgesehen, die Lessing von Wolfenbüttel aus führte. Wiederholt war Lessing schon fast entschlossen, die Stelle wieder zu verlassen. Wie in früheren Jahren bemühte er sich um andere Ämter und Anstellungen, erhielt Angebote – so vor allem an das Mannheimer Nationaltheater (1776/77) –, er nährte Hoffnungen, und war schließlich jedesmal enttäuscht. Er blieb, eine überzeugende Alternative bot sich nicht.

Das Wolfenbütteler Jahrzehnt steht innerhalb der Lessingrezeption bis heute unter eigentümlich ambivalenten Vorzeichen. Hier entstanden mit *Emilia Galotti* (1772) und *Nathan dem Weisen* (1779) zwei der drei ‚klassischen' Dramen Lessings, die im Schulunterricht wie auf dem Theater ihren festen Platz gefunden haben und somit das Lessingbild entscheidend mitprägen. Hier war der Ausgangspunkt des Fragmentenstreits (s. VI A), der längst als eines der großen, epochemachenden Ereignisse der Theologie- und Kirchengeschichte anerkannt ist. Anderes, damit eng Zusammenhängendes, wie *Die Erziehung des Menschengeschlechts* (1780) und der Freimaurer-Dialog *Ernst und Falk* (1778), sei nicht vergessen. Für alles dies und für eine Fülle gelehrter, antiquarischer, philologi-

scher, bibliothekarischer Arbeiten hat immerhin die herzogliche Bibliothekarsstelle die äußeren Voraussetzungen geschaffen. Und man kann nicht gerade
sagen, daß Lessing, der Bücherwurm und Gelehrte von früh an, hier nicht ein
Tätigkeitsfeld gefunden hätte, das seinen zentralen Interessen entsprach.

Demgegenüber häufen sich gerade, wenn man von Lessings persönlichen Lebensumständen ausgeht und etwa den Briefwechsel dieser Jahre zugrundelegt,
die negativen Akzente: die relative Abgeschiedenheit Wolfenbüttels, die Abhängigkeit von fürstlicher Gunst bei deutlicher Distanz zu allem Höfischen und
Fürstendienerischen, das langjährige Bemühen um eine auch finanziell gesicherte
Ehe mit Eva König, dann ihr vorzeitiger Tod, und schließlich die zunehmenden,
auch obrigkeitlichen Pressionen im Zusammenhang des Fragmentenstreits (s. VI
A 1.3.). Die neuerliche ‚Renaissance' der Herzog August Bibliothek hat zu einer
Revision, zumindest zu Korrekturen und Neuakzentuierungen des lange herr-
schenden Bildes beigetragen.

Lessing war als *herzoglicher Bibliothekar* mit einem Jahresgehalt von 600
Talern, bei freier Wohnung, vergleichsweise nicht schlecht bezahlt. Das Wohn-
haus seiner letzten Jahre, in dem *Nathan der Weise* entstand, war ein großzügi-
ger Bau, der Entfaltung, Geselligkeit und einen für damalige Verhältnisse durchaus ‚gehobenen' Lebensstandard erlaubte. In seinen amtlichen Pflichten hatte
Lessing recht viel Freiheit: „Ich darf mich rühmen, daß der Erbprinz mehr
darauf gesehen, daß ich die Bibliothek, als daß die Bibliothek mich nutzen soll"
(27. 7. 1770 an den Vater; R IX, S. 367). Er tat es großzügig und auch sich selbst
gegenüber durchaus nicht pedantisch. Der Hof spannte ihn mit Spezialaufträgen
nur selten ein – und von der oft monatelangen Abwesenheit war schon die Rede.
Manches andere ließe sich an Entgegenkommen anführen, aber oft zugleich mit
dem notwendigen Hinweis auf Einschränkungen: etwa das lange Hinhalten mit
Versprechungen und wieder Schweigen, als Lessing 1776 um Aufbesserung seines Gehalts bat.

Das bloße Aufrechnen von Positiva und Negativa, auf seiten Lessings und des
Herzogs, auch wenn man die faktischen Grenzen der Wolfenbütteler Stelle nüchtern berücksichtigt, wird im Grunde diesen Jahren nicht gerecht. Lessing fühlte
sich zeitweise dort festgenagelt oder eingesperrt bis zur Verzweiflung, bis zur
Unfähigkeit zu arbeiten. Sein Gesundheitszustand wurde dadurch oft schwer
beeinträchtigt und wirkte auf die psychische Verfassung zurück. Der Tod des
Sohnes Traugott, der nur 24 Stunden lebt, und der seiner Frau kurz darauf
(Jahreswende 1777/78) sind nicht aufrechenbar. Aber Lessings tiefe Enttäuschung, daß der Herzog ihn im Fragmentenstreit nicht genügend schützte, sondern sogar wieder unter Zensurdruck setzte (August 1778), behält auch im
historischen Abstand den Charakter eines Vorwurfs.

Geselligkeit, Austausch mit Freunden, mit bekannten Schriftstellern und Gelehrten, in Wolfenbüttel bzw. Braunschweig und auf Reisen, hat sich Lessing als
Lebenselement und notwendiges Gegengewicht gegen die berufliche Isolation so
oft zu verschaffen versucht, wie irgend möglich. Prominente Besucher stellten
sich ein, darunter die alten Freunde Mendelssohn, Nicolai und Gleim, auch

Forster, Leisewitz und ganz spät noch Jacobi. Fast regelmäßige Treffen gab es mit Campe, Eschenburg, Ebert und einem Kreis Braunschweiger Freunde, die zumeist am Carolinum tätig waren (einige von ihnen waren ehemalige Bremer Beiträger). Mit Gelehrten wie Reiske und Heyne stand er in Briefkontakt, auch mit Herder. Und vor allem auf den *Reisen* nutzte er die Möglichkeiten zur Begegnung mit bedeutenden Autoren, so mit Klopstock und Voß in Hamburg, mit Claudius und Merck in Darmstadt. Hamburg, Berlin, Leipzig, Mannheim, Wien waren die wichtigsten Ziele der einzelnen Reisen. Die Regionen früherer Tätigkeit wurden jetzt weit nach Süden geöffnet – an Abwechslung und Kennenlernen mangelte es gewiß nicht; die Wolfenbütteler Abgeschlossenheit erforderte das freilich.

Die *Italienische Reise* als Begleiter des Braunschweiger Prinzen Maximilian Julius Leopold im Jahre 1775, fast acht Monate dauernd und bis nach Rom und Neapel führend, ist mit der Goetheschen oft verglichen worden. Lessing litt unter den Strapazen sehr, nicht zuletzt den klimatischen, und vor allem bedrückte ihn die lange Trennung von Eva König (zeitweise erreichten ihn auch ihre Briefe nicht). Die Aufzeichnungen dieser Monate charakterisieren, gerade im Vergleich mit Goethe, die Lessingsche Zuwendung zur Realität und deren Verbindung mit der gelehrten Bücherwelt auf schlagende Weise: Die Reiseliteratur ist oft Ausgangspunkt, Lessing korrigiert Angaben aufgrund eigener Kenntnis (fast wie früh beim Jöcherschen *Gelehrtenlexikon*), notiert Beobachtungen zu Dialekten, zu Kunst und Architektur, zur Eßkultur, auch Philologisches, zu Literatur und Theater, und ein nicht geringer Teil von alledem stammt aus Stunden in Bibliotheken.

Dieses Leben ist nicht ‚interessant‘ im Sinne des Goetheschen, es versteht und inszeniert sich nicht symbolisch. Es entbehrt von vornherein der Sicherheit des Frankfurter Patriziersohnes. Die Entfaltung am Hof und die Ausstrahlung von dort aus ist nicht nur nicht gelungen. Sie war nie als solche gesucht. Wie Lessing haben sich – zumindest zeitweise – manche seiner Freunde und schriftstellernden Zeitgenossen durchzuschlagen versucht, etwa der früh verstorbene Mylius oder auch der junge Wieland. Sie sind entweder darin gescheitert – oder fanden schließlich ein ‚Amt‘. Die *Freizügigkeit* als Privileg und Risiko zugleich, immer wieder eingeschränkt und neu angestrebt, war für Lessing Grundvoraussetzung für sein öffentliches Auftreten und Wirken als Schriftsteller. Geschaffen hatte er sich diese Öffentlichkeit, *bevor* er in herzogliche Dienste trat. Die letzten Lebensjahre bestätigten ihm mit dem Fragmentenstreit, daß er auch aus der Wolfenbütteler Abgeschiedenheit sein Publikum noch herausfordern konnte. Die Entwicklung der literarischen Kommunikationsmöglichkeiten, an der sich Lessing selbst prägend beteiligt hatte, war inzwischen so weit fortgeschritten, daß eine neue Stufe des ‚Geschmacks‘ erreicht war, gegen den eine neue Generation bereits opponierte. Lessing selbst beobachtete den Vorgang in seinen späten Jahren teils mit Aufmerksamkeit, auch in persönlichem Kontakt (Leisewitz), teils mit Skepsis. *Emilia Galotti* ist für den Stürmer und Dränger Goethe ‚erkältend‘ und herausfordernd zugleich, das aufgeschlagene Buch auf Werthers Lesepult deutet es an. Lessing hat in den letzten Wolfenbütteler Jahren noch erlebt – mancher Brief läßt das vorsichtig erkennen –, daß er ‚historisch‘ geworden war. Als Lessing am 15. Februar 1781 während eines seiner Besuche bei Freunden in Braunschweig starb, setzte die Flut der Nekrologe ein (s. VII A). Herder nahm sich vor, Lessings „Arbeiten mit einigem Urteil durchzugehen" (Steinmetz [Gesamtbibl. 3], S. 124), und fand sich mit seiner Würdigung schließlich bei den „letzten Situationen seines Lebens" (S. 134), also bei der Biographie. Friedrich Schlegel, Jahre später, in scharfsinniger Kritik den „Dichter" Lessing destruierend und doch wie wenige verstehend, nannte ihn den „eigentlichen Autor der Nation und des Zeitalters" (Steinmetz, S. 169). Er sprach von „dem großen freien Stil seines Lebens, welches vielleicht die beste praktische Vorlesung über die Bestimmung des Gelehrten sein dürfte" (S. 173). Er hat Lessings Zwischenposition und damit das eigentlich Vorausweisende seiner Existenz vermutlich am klarsten begriffen.

Teilbibliographien zu AB I

Zu A: Deutschland im 18. Jahrhundert

Aretin, Karl Otmar Frhr. von (Hrsg.): Der Aufgeklärte Absolutismus, Köln 1974

Aubin, Hermann u. Wolfgang Zorn (Hrsg.): Handbuch der deutschen Wirtschafts- und Sozialgeschichte, Bd. 1, Stuttgart 1971

Balet, Leo u. E. Gerhard: Die Verbürgerlichung der deutschen Kunst, Literatur und Musik im 18. Jahrhundert. Hrsg. u. eingel. v. Gert Mattenklott, Frankfurt a. M./Berlin/Wien 1973 ([1]1936)

Biedermann, Karl: Deutschland im 18. Jahrhundert, 2 Tle. in 4 Bdn., Leipzig [2]1880. Neudr. Aalen 1969

Blaich, Fritz: Die Epoche des Merkantilismus, Wiesbaden 1973

Boehn, Max von: Deutschland im 18. Jahrhundert, Berlin 1921/22

Bolte, Karl Martin, Dieter Kappe u. Friedhelm Neidhardt: Soziale Schichtung, Opladen 1968

Borkenau, Franz: Der Übergang vom feudalen zum bürgerlichen Weltbild, Darmstadt 1971 (Nachdr. der Ausg. 1934; dazu Rezension: Henrik Grossmann, Die gesellschaftlichen Grundlagen der mechanistischen Philosophie und die Manufaktur, Zs. f. Sozialforschung 4, 1935, S. 161 ff.)

Braudel, Fernand: Die Geschichte der Zivilisation. 15. bis 18. Jahrhundert, München 1971

Bruford, Walter H.: Die gesellschaftlichen Grundlagen der Goethezeit, Weimar 1936. Nachdr. Frankfurt a. M. 1975

Brunner, Otto: ‚Feudalismus‘. Ein Beitrag zur Begriffsgeschichte (1958), in: O. B., Neue Wege der Verfassungs- und Sozialgeschichte, Göttingen [2]1968, S. 128 ff.

Brunner, Otto u. Werner Conze, Reinhart Koselleck (Hrsg.): Geschichtliche Grundbegriffe, Bd. 1, Stuttgart 1972 (bes. Artikel ‚Adel‘, ‚Aufklärung‘, ‚Bildung‘, ‚Bürger‘), Bd. 2, 1975 (bes. Artikel ‚Feudalismus‘, ‚Gesellschaft, bürgerliche‘), Bd. 4, 1979 (bes. Artikel ‚Mittelstand‘, ‚Monarchie‘, ‚Öffentlichkeit‘, ‚Pädagogik‘, ‚Politik‘, ‚Polizei‘).

Cobban, Alfred (Hrsg.): Das 18. Jahrhundert. Aufklärung, Rokoko und Revolution, München u. Zürich 1971 (gut kommentierter Bildband)

Dietrich, Theo u. Job-Günter Klink (Hrsg.): Zur Geschichte der Volksschule, Bd. 1, Bad Heilbrunn 1964

Elias, Norbert: Über den Prozeß der Zivilisation. Soziogenetische und psychogenetische Untersuchungen, 2 Bde., Basel 1939 (Neudrucke Bern 1969 und Frankfurt a. M. [4]1977).

Elias, Norbert: Die höfische Gesellschaft. Untersuchungen zur Soziologie des Königtums und der höfischen Aristokratie, Neuwied u. Berlin 1969

Ermatinger, Emil: Deutsche Kultur im Zeitalter der Aufklärung, Potsdam 1935 (Handbuch der Kulturgeschichte; illustriert). Neubearb. Frankfurt a. M. 1969

Gessinger, Joachim: Sprache und Bürgertum. Sozialgeschichte sprachlicher Verkehrsformen im Deutschland des 18. Jahrhunderts, Stuttgart 1980.

Götze, Walter: Die Begründung der Volksbildung in der Aufklärungsbewegung, Langensalza 1932

Griewank, Karl: Der neuzeitliche Revolutionsbegriff. Entstehung und Geschichte. Aus d. Nachlaß hrsg. v. Ingeborg Horn-Staiger, Frankfurt a. M. 1973

Grundmann, Herbert (Hrsg.): Handbuch der deutschen Geschichte (Gebhardt), Bd. 2: Von der Reformation bis zum Ende des Absolutismus, Stuttgart [9]1970

Hartmann, Klaus L. u. Friedhelm Nyssen, Hans Waldeyer (Hrsg.): Schule und Staat im 18. und 19. Jahrhundert, Frankfurt a. M. 1974

Hartung, Fritz: Neuzeit von der Mitte des 17. Jahrhunderts bis zur Französischen Revolution 1789, Wien 1932. Nachdr. Darmstadt 1965

Hartung, Fritz: Deutsche Verfassungsgeschichte, Stuttgart [8]1950

Heckscher, Eli F.: Der Merkantilismus, 2 Bde., Jena 1932

Heubaum, Alfred: Geschichte des deutschen Bildungswesens seit der Mitte des 17. Jahrhunderts ..., Bd. 1: Das Zeitalter der Standes- und Berufserziehung, Berlin 1905

Horkheimer, Max: Anfänge der bürgerlichen Geschichtsphilosophie, Frankfurt a. M. 1971

Hubatsch, Walther: Das Zeitalter des Absolutismus. 1600–1789, Braunschweig [3]1970

Hubatsch, Walther (Hrsg.): Absolutismus, Darmstadt 1974

Ide, Heinz u. Bodo Lecke (Hrsg.): Ökonomie und Literatur. Lesebuch zur Sozialgeschichte und Literatursoziologie der Aufklärung und Klassik, Frankfurt a. M. usw. 1973

Kaiser, Gerhard: Pietismus und Patriotismus im literarischen Deutschland. Ein Beitrag zum Problem der Säkularisation, Frankfurt a. M. [2]1973

Kiesel, Helmuth/Paul Münch: Gesellschaft und Literatur im 18. Jahrhundert. Voraussetzungen und Entstehung des literarischen Markts in Deutschland, München 1977

Klein, Ernst: Geschichte der öffentlichen Finanzen in Deutschland (1500–1870), Wiesbaden 1974

Kofler, Leo: Zur Geschichte der bürgerlichen Gesellschaft. Versuch einer verstehenden Deutung der Neuzeit. Neuwied u. Berlin [4]1971 ([1]1948)

Krauss, Werner: Zur Konstellation der deutschen Aufklärung, in: Krauss (s. Gesamtbibl. 7), S. 143 ff.

Kruedener, Jürgen Frhr. von: Die Rolle des Hofes im Absolutismus, Stuttgart 1973

Lepenies, Wolf: Melancholie und Gesellschaft, Frankfurt a. M.. 1972

Lessing und die Zeit der Aufklärung: s. Gesamtbibl. 4.

Lütge, Friedrich: Deutsche Sozial- und Wirtschaftsgeschichte, Berlin [3]1966

Lukács, Georg: Geschichte und Klassenbewußtsein. Studien über marxistische Dialektik, Neuwied u. Berlin 1970 ([1]1923)

Maier, Hans: Die ältere deutsche Staats- und Verwaltungslehre (Polizeiwissenschaft). Ein Beitrag zur Geschichte der politischen Wissenschaft in Deutschland, Berlin 1966

Mauke, Michael: Die Klassentheorie von Marx und Engels, Frankfurt a. M. [3]1971

Meinecke, Friedrich: Die Idee der Staatsräson in der neueren Geschichte, München [3]1963

Mészáros, István (Hrsg.): Aspekte von Geschichte und Klassenbewußtsein, München 1972

Möller, Helmut: Die kleinbürgerliche Familie im 18. Jahrhundert. Verhalten und Gruppenkultur, Berlin 1969

Mottek, Hans: Wirtschaftsgeschichte Deutschlands. Ein Grundriß, 2 Bde., Berlin 1964

Oestreich, Gerhard: Geist und Gestalt des frühmodernen Staates. Ausgewählte Aufsätze, Berlin 1969

Palmer, Robert R.: Das Zeitalter der demokratischen Revolution. Eine vergleichende Geschichte Europas und Amerikas von 1760 bis zur Französischen Revolution, München 1970

Paulsen, Friedrich: Geschichte des gelehrten Unterrichts auf den deutschen Schulen und Universitäten ... 3., erw. Aufl., hrsg. ... v. Rudolf Lehmann, 2 Bde., Leipzig bzw. Berlin u. Leipzig 1919/21. Nachdr. Berlin 1960

Treue, Wilhelm: Wirtschaftsgeschichte der Neuzeit (1700–1966), Stuttgart [2]1966

Trevor-Roper, Hugh Redwald: Religion, Reformation und sozialer Umbruch. Die allgemeine Krisis des 17. Jahrhunderts, Frankfurt a. M. 1970

Valjavec, Fritz: Die Entstehung der politischen Strömungen in Deutschland 1770–1815, München 1951

Valjavec, Fritz (Hrsg.): Aufklärung und Revolution (Historia Mundi, Bd. 9), Bern u. München 1960

Vormbaum, Reinhold (Hrsg.): Die evangelischen Schulordnungen des 18. Jahrhunderts, Gütersloh 1864

Wagner, Fritz (Hrsg.): Europa im Zeitalter des Absolutismus und der Aufklärung (Handbuch der europäischen Geschichte. Hrsg. v. Theodor Schieder, Bd. 4), Stuttgart 1968

Weber, Max: Die protestantische Ethik I. Hrsg. von Johannes Winckelmann, München u. Hamburg [2]1969

Weber, Max: Wirtschaft und Gesellschaft, Tübingen 1922

Wieacker, Franz: Privatrechtsgeschichte der Neuzeit unter besonderer Berücksichtigung der deutschen Entwicklung, Göttingen 1952

Zielenziger, Kurt: Die alten deutschen Kameralisten, Jena 1914

Zu B: Absolutistischer Staat und bürgerliche Gesellschaft

Bürger, Christa und Peter Bürger (Hrsg.): Aufklärung und literarische Öffentlichkeit, Frankfurt am Main 1980.

Brunner, Otto: s. Teilbibl. zu A

Egner, Erich: Die volkswirtschaftliche Funktion der Familienhaushalte, Jb. f. Sozialwissenschaft 15, 1964, S. 202 ff.

Haacke, Wilmont: Die politische Zeitschrift. 1665–1965, Bd. 1, Stuttgart 1968

Habermas, Jürgen: Strukturwandel der Öffentlichkeit. Untersuchungen zu einer Kategorie der bürgerlichen Gesellschaft, Neuwied u. Berlin [5]1971

Hoffmann, Julius: Die „Hausväterliteratur" und die „Predigten über den christlichen Hausstand" – Lehre vom Hause und Bildung für das häusliche Leben im 16., 17. und 18. Jahrhundert, Berlin 1959

Hubrig, Hans: Die patriotischen Gesellschaften des 18. Jahrhunderts, Weinheim 1957

Kopitzsch, Franklin (Hrsg.): Aufklärung, Absolutismus und Bürgertum in Deutschland. Zwölf Aufsätze, München 1976

Koselleck, Reinhart: Kritik und Krise. Ein Beitrag zur Pathogenese der bürgerlichen Welt, Frankfurt a. M. ²1973

Lindemann, Margot: Deutsche Presse bis 1815. Geschichte der deutschen Presse, Teil 1, Berlin 1969

Löwenthal, Leo: Literatur und Gesellschaft, Neuwied u. Berlin ²1972

Martens, Wolfgang: Die Botschaft der Tugend: s. Gesamtbibl. 9

Martens, Wolfgang: Lessing als Aufklärer. Zu Lessings Kritik an den Moralischen Wochenschriften, in: Lessing in heutiger Sicht (s. Gesamtbibl. 4), S. 237 ff.

Prüsener, Marlies: Lesegesellschaften im 18. Jahrhundert. Ein Beitrag zur Lesegeschichte, Archiv f. Gesch. des Buchwesens 13, 1972, Sp. 370 ff.

Riedel, Manfred: Artikel ‚Bürger‘, in: Brunner/Conze/Koselleck, Geschichtliche Grundbegriffe, Bd. 1, S. 681 ff.

Scheibe, Jörg: Der ‚Patriot‘ (1724–1726) und sein Publikum. Untersuchungen über die Verfassergesellschaft und die Leserschaft einer Zeitschrift der frühen Aufklärung, Göppingen 1973

Schneider, Franz: Pressefreiheit und politische Öffentlichkeit, Neuwied 1966

Zu C: Entwicklung des literarischen Lebens

Bappert, Walter: Wege zum Urheberrecht. Die geschichtliche Entwicklung des Urheberrechtsgedankens, Frankfurt a. M. 1962

Dietz, Alexander: Zur Geschichte der Frankfurter Büchermesse, Jena 1921

Eisenhardt, Ulrich: Die kaiserliche Aufsicht über Buchdruck, Buchhandel und Presse im Heiligen Römischen Reich Deutscher Nation (1496–1806). Ein Beitrag zur Geschichte der Bücher- und Pressezensur, Karlsruhe 1970

Engelsing, Rolf: Die Perioden der Lesergeschichte in der Neuzeit. Das statistische Ausmaß und die sozialkulturelle Bedeutung der Lektüre, Archiv f. Gesch. des Buchwesens 10, 1970, Sp. 945 ff.

Engelsing, Rolf: Analphabetentum und Lektüre. Zur Sozialgeschichte des Lesens in Deutschland zwischen feudaler und industrieller Gesellschaft, Stuttgart 1973

Engelsing, Rolf: Der Bürger als Leser. Lesergeschichte in Deutschland 1500–1800, Stuttgart 1974

Goldfriedrich, Johann: Geschichte des deutschen Buchhandels vom Beginn der klassischen Literaturperiode bis zum Beginn der Fremdherrschaft (1740–1804), Leipzig 1909

Guthke, Karl S.: Literarisches Leben im achtzehnten Jahrhundert in Deutschland und in der Schweiz, Bern u. München 1975

Haferkorn, Hans Jürgen: Der freie Schriftsteller. Eine literatur-soziologische Studie über seine Entstehung und Lage in Deutschland zwischen 1750 und 1800, Archiv f. Gesch. des Buchwesens 5, 1964, Sp. 523 ff.; jetzt auch in: Bernd Lutz (Hrsg.): Literaturwissenschaft und Sozialwissenschaften Bd. 3: Deutsches Bürgertum und literarische Intelligenz 1750–1800, Stuttgart 1974, S. 113 ff. (Neubearb., hiernach zitiert)

Jentzsch, Rudolf: Der deutsch-lateinische Büchermarkt nach den Leipziger Ostermeßkatalogen von 1740, 1770 und 1800 in seiner Gliederung und Wandlung, Leipzig 1912

Kiesel/Münch: Gesellschaft und Literatur (s. o. zu A), bes. S. 77 ff.

Otto, Ulla: Die literarische Zensur als Problem der Soziologie der Politik, Stuttgart 1968

Schenda, Rudolf: Volk ohne Buch. Studien zur Sozialgeschichte der populären Lesestoffe 1770–1910, Frankfurt a. M. 1970

Vogel, Martin: Deutsche Urheber- und Verlagsrechtsgeschichte zwischen 1450–1850. So-

zial- und methodengeschichtliche Entwicklungsstufen der Rechte von Schriftsteller und Verleger, in: Archiv f. Gesch. des Buchwesens 19, 1978, S. 1 ff.
Widmann, Hans: Geschichte des deutschen Buchhandels, Gütersloh 1966
Widmann, Hans, Horst Kliemann u. Bernhardt Wendt (Hrsg.): Der deutsche Buchhandel in Urkunden und Quellen, 2 Bde., Hamburg 1965
Wittmann, Reinhard: Die frühen Buchhändlerzeitschriften als Spiegel des literarischen Lebens, Archiv f. Gesch. des Buchwesens 13, 1973, Sp. 613 ff.
Wittmann, Walter: Beruf und Buch im 18. Jahrhundert, Diss. Frankfurt a. M. 1934
Winckler, Lutz: Kulturwarenproduktion. Aufsätze zur Literatur- und Sprachsoziologie, Frankfurt a. M. 1973

Zu D: Theatersituation im 18. Jahrhundert

Devrient, Eduard: Geschichte der deutschen Schauspielkunst. In zwei Bänden neu hrsg. v. Rolf Kabel und Christoph Trilse, München/Wien 1967
Devrient, Hans: Johann Friedrich Schönemann und seine Schauspielergesellschaft, Hamburg 1895
Diebold, Bernhard: Das Rollenfach im deutschen Theaterbetrieb des 18. Jahrhunderts, Hamburg 1913
Eichhorn, Herbert: Konrad Ernst Ackermann. Ein deutscher Theaterprinzipal. Ein Beitrag zur Theatergeschichte im deutschen Sprachraum, Emsdetten 1965
Gallerie von teutschen Schauspielern und Schauspielerinnen. Hrsg. v. R. M. Werner, Berlin 1910
Gottsched, Johann Christoph: Sterbender Cato. Hrsg. v. Horst Steinmetz, Stuttgart 1969
Kindermann, Heinz: Conrad Ekhofs Schauspielerakademie, Wien 1956
Kindermann, Heinz: Theatergeschichte Europas, Bd. 4: Von der Aufklärung zur Romantik, Salzburg 1961
Klara, Winfried: Schauspielkostüm und Schauspieldarstellung. Entwicklungsfragen des deutschen Theaters im 18. Jahrhundert, Berlin 1931
Knudsen, Hans: Deutsche Theatergeschichte, Stuttgart [2]1970 ([1]1959)
Krießbach, Erich: Die Trauerspiele in Gottscheds *Deutscher Schaubühne* und ihr Verhältnis zur Dramaturgie und zum Theater ihrer Zeit, Diss. Halle 1927
Löwen, Johann Friedrich: Geschichte des deutschen Theaters und Flugschriften über das Hamburger Nationaltheater. Hrsg. v. H. Stümcke, Berlin o. J.
Maurer-Schmoock, Sybille: Lessing und die Bühne seiner Zeit, Diss. Tübingen 1979.
Michael, Friedrich: Geschichte des deutschen Theaters, Stuttgart 1969
Mullin, Donald C.: The Development of the Playhouse: A Survey of Theatre Architecture from the Renaissance to the Present, Berkeley/Los Angeles 1970
Pies, Eike: Prinzipale. Zur Genealogie des deutschsprachigen Berufstheaters vom 17. bis 19. Jahrhundert, Ratingen usw. 1973
Pietsch-Ebert, Lilly: Die Gestalt des Schauspielers auf der deutschen Bühne des 17. und 18. Jahrhunderts, Berlin 1942
Prick, Elisabeth: Heinrich Gottfried Koch und seine Schauspielergesellschaft bis zum Bruche mit Gottsched, Diss. Frankfurt a. M. 1926
Reden-Esbeck, Friedrich Johann Frhr. von: Caroline Neuber und ihre Zeitgenossen, Leipzig 1881
Riccoboni, Francesco: Die Schauspielkunst. Übers v. G. E. Lessing. Anhang: Friedrich Ludwig Schröder, Auszüge aus Franz Riccobonis Vorschriften über die Kunst des Schauspielers mit hinzugefügten Bemerkungen. Hrsg. v. Gerhard Piens, Berlin 1954

Rieck, Werner: Johann Christoph Gottsched. Eine kritische Würdigung seines Werkes, Berlin 1972

Sasse, Hannah: Friederike Caroline Neuber. Versuch einer Neuwertung, Diss. Freiburg 1937

Schlegel, Johann Elias: Schreiben von Errichtung eines Theaters in Kopenhagen (1747), in: Ausgewählte Werke, Weimar 1963, S. 553 ff.

Schlegel, Johann Elias: Gedanken zur Aufnahme des dänischen Theaters (1747), Anhang zu: *Canut*. Hrsg. v. Horst Steinmetz, Stuttgart 1967, S. 75 ff.

Schlösser, Rudolf: Vom Hamburger Nationaltheater zur Gothaer Hofbühne 1767–1779, Hamburg 1895

Schubart-Fikentscher, Gertrud: Zur Stellung der Komödianten im 17. und 18. Jahrhundert, Berlin 1963

Schulz, Ursula: Lessing auf der Bühne. Chronik der Theateraufführungen 1748–1789, Bremen u. Wolfenbüttel 1977.

Schwanbeck, Gisela: Sozialprobleme der Schauspielerin im Ablauf dreier Jahrhunderte, Berlin 1957

Steinmetz, Horst: Literaturgeschichte und Sozialgeschichte in widersprüchlicher Verschränkung: Das Hamburger Nationaltheater, Internationales Archiv für Sozialgeschichte der deutschen Literatur 4, 1979, S. 24 ff.

Steltz, Michael: Geschichte und Spielplan der französischen Theater an deutschen Fürstenhöfen im 17. und 18. Jahrhundert, Diss. München 1964

Wezel, Wolfdietrich: Das subventionierte öffentliche Theater. Seine Struktur und seine Problematik, Diss. München 1964

Arbeitsbereich II

Gelehrtentum und aufklärerische Vernunft

(*Der Freigeist,* frühe kritische Schriften, Lieder und Epigramme,
Miß Sara Sampson)

0. Vorbemerkung

Lessing als der früheste Vertreter einer ,lebendigen', noch heute einigermaßen
unmittelbar zugänglichen literarischen Überlieferung – diese Aussage (s. Einführung B 2.2.) scheint zumindest für die in diesem Arbeitsbereich zusammengefaßten Texte nicht zuzutreffen. Dramen wie *Freigeist* und *Miß Sara Sampson,* vor
allem aber die frühen kritischen Schriften und die frühe Lyrik fristen in der
Lessing-Forschung ein vergleichsweise stiefmütterliches Dasein. In Taschenbuchausgaben sind die Texte kaum zugänglich, sie gehören nicht zum kanonisierten Bestand der Schullektüre; die frühen Dramen werden auf den Bühnen
kaum mehr aufgeführt.

Kanonisiert hingegen sind die späteren Texte, die als Muster für Deutungen
wie ,Begründer einer deutschen Nationalliteratur', ,Reformator des deutschen
Dramas', ,Exponent bürgerlicher Emanzipation' herangezogen werden. Das
Frühwerk gilt für die Bestätigung solcher Thesen allenfalls als biographische
Voraussetzung. Das den Vorstellungen von Frühwerk bzw. Spätwerk oft zugrundeliegende organologische Denken, das nur dem Spätwerk ,Reife' zuerkennt, scheint eine Ursache für diese Einschätzung zu sein. Die Konzentration
auf den ,reifen' Lessing vernachlässigt aber, daß die noch für die späten Texte
bezeichnende Ambivalenz zwischen Traditionsgebundenheit und Neuerung ihren deutlichsten Niederschlag im frühen Werk findet. Übersehen wird oft auch,
daß die in den Frühschriften ausgetragene, nicht selten polemische Auseinandersetzung mit den Vertretern der traditionellen Literaturkritik und Dichtung, so
mit Gottsched und seinem Kreis, zugleich Lessings eigene Position als Kunstrichter und Dichter aufbaut und festigt. Erst auf dieser Grundlage bildet sich das,
was schon von den Zeitgenossen wie dann auch in den späteren literaturgeschichtlichen Darstellungen als ,Kanonizität' der Person Lessings hervorgehoben
worden ist (hierzu VII).

A. Der Freigeist

1. Grundlageninformationen

1.1. Texte und Materialien

Lessings frühe Komödien sind noch weitgehend der zeitgenössischen Komödien-konvention verhaftet. Ansätze zu ihrer Überwindung werden in den *Juden* und im *Freigeist* sichtbar. Am Beispiel des *Freigeist* läßt sich zeigen, wie Lessing vorgegebene Komödienschemata aufgreift und verarbeitet.

G I, S. 473–555; LM II, S. 49–124; PO Tl. III, S. 225–290; R I, S. 573–657. Einzelausgabe: Reclam Nr. 9981.

Brauneck, Manfred (Hrsg.): Spieltexte der Wanderbühne, Berlin 1970 ff.

Creizenach, Wilhelm (Hrsg.): Die Schauspiele der englischen Komödianten, Berlin u. Stuttgart 1888, Neudr. Darmstadt 1967

Flemming, Willi (Hrsg.): Das Schauspiel der Wanderbühne, Leipzig 1931, Neudr. Darmstadt 1965

Gottsched, Johann Christoph: Versuch einer Critischen Dichtkunst, Leipzig ⁴1751, Neudr. Darmstadt ⁵1962

Gottsched, Johann Christoph (Hrsg.): Die Deutsche Schaubühne, 6 Tle., Leipzig 1741–1745

1.2. Forschungsliteratur

Böckmann, Paul: Das Formprinzip des Witzes in der Frühzeit der deutschen Aufklärung, in: Böckmann (s. Gesamtbibl. 8), S. 471 ff.; auch in: Bauer (s. Gesamtbibl. 4), S. 176 ff. [Untersucht die beiden Formprinzipien ,Witz' (im Sinne abstrakter Rationalität) und ,Herz' (im Sinne pragmatischer Menschlichkeit) in Lessings Lustspielen. Der *Freigeist* problematisiert den Witz und ist damit der erste Schritt zu seiner Überwindung in einer neuen Innerlichkeit.]

Brüggemann, Diethelm: Die sächsische Komödie. Studien zum Sprachstil, Köln 1970 [Analysiert an ausgewählten Textbeispielen die gattungsspezifischen Merkmale der Prosakomödie in der Zeit der Frühaufklärung bis zu Lessings *Jungem Gelehrten*. Konstitutiv für diese sog. sächsische Komödie ist nicht Böckmanns ,Formprinzip des Witzes', sondern die aus ihren eigenen Systemzwängen befreite Logik und Rhetorik.]

Cases, Cesare: Über Lessings *Freigeist,* in: Festschr. f. Georg Lukács, Neuwied u. Berlin 1965, S. 374 ff. [Die formalen Schwächen des Stücks werden auf dessen gesellschaftliche Bedingtheit zurückgeführt. Positiv wird vermerkt, daß Lessing in der Auseinandersetzung mit der ,höfischen' Freigeisterei französischer Herkunft einen neuen, weltanschaulich geprägten Inhalt in die traditionelle Komödienform einbringe.]

Fricke, Gerhard: Bemerkungen zu Lessings *Freigeist* und *Miß Sara Sampson,* in: Festschr. f. Josef Quint, Bonn 1964, S. 83 ff. [Knüpft an die Überlegungen Böckmanns zum Verhältnis von ,Witz' und ,Herz' an, kommt jedoch zu leicht modifizierten Ergebnissen: der *Freigeist* biete nicht nur neue Inhalte, sondern auch Ansätze zur formalen Weiterentwicklung der Typenkomödie in Richtung auf das rührende Schauspiel.]

Hinck, Lustspiel: s. Gesamtbibl. 9.

Rasch, Wolfdietrich: Freundschaftskult und Freundschaftsdichtung im deutschen Schrifttum des 18. Jahrhunderts, Halle a. d. S. 1936 [Untersucht die Entstehung des Freund-schaftskultes im 17. Jh. und seine breite Entfaltung in der ersten Hälfte des 18. Jhs. am Beispiel zahlreicher literarischer Einzelzeugnisse: freundschaftliche Beziehungen als noch nicht politisch bewußte, bürgerliche Gegenströmung zur höfischen Welt.]

Steinmetz, Komödie: s. Gesamtbibl. 9.

Wiedemann, Conrad: Polyhistors Glück und Ende. Von Daniel Morhof zum jungen Les-sing, in: Festschr. f. Gottfried Weber, Bad Homburg v. d. H. 1967, S. 215 ff. [Überblick über polyhistorische Gelehrtenkultur an der Wende zum 18. Jahrhundert, deren Dege-nerationserscheinungen Lessing im *Jungen Gelehrten* der Lächerlichkeit preisgibt.]

1.3. Voraussetzungen und Entstehung

1.3.1. Commedia dell'arte und théâtre italien

Die deutschsprachige Komödie der frühen Aufklärung ist das Produkt vielfältiger kultureller und literarischer Beziehungen zu Italien, Frankreich und England. Die bis ins 16. Jahrhundert zurückreichende Spieltradition der italienischen commedia dell'arte und die Aufführungspraktiken wandernder englischer Ko-mödianten bestimmten das öffentliche Theater außerhalb der fürstlichen Höfe in Deutschland bis weit ins 18. Jahrhundert hinein.

Dieses Stegreiftheater war nur locker an fixierte Textvorlagen gebunden; es ist deshalb schwierig, sich eine angemessene Vorstellung von dem zu machen, was tatsächlich auf der Bühne geschah. Zweifellos ging es meistens sehr derb und wenig ‚schicklich‘ zu. Harlekin war in Sprache und Gestik zotig bis zur Eindeu-tigkeit und scherte sich wenig um bürgerliche Sitte und Anstand. Der Lust am Spiel wurde freier Lauf gelassen: Unterhaltung war der einzige Zweck.

Das Unbehagen zahlreicher aufklärerisch gesinnter Gelehrter angesichts dieses ‚Pöbeltheaters‘ ist nur zu verständlich, und Gottsched durfte gewiß auf breite Zustimmung rechnen, als er das Wandertheater seiner Zeit beschrieb:

> „Lauter schwülstige und mit Harlekins Lustbarkeiten untermengte Haupt- und Staats-aktionen, lauter unnatürliche Romanstreiche und Liebeswirrungen, lauter pöbelhafte Frat-zen und Zoten waren dasjenige, so man daselbst zu sehen bekam" (Vorrede zum *Sterben-den Cato*. Hrsg. v. Horst Steinmetz, Stuttgart 1969, S. 7).

Knapp zwei Jahrzehnte später versuchte Lessing dieses parteiische Urteil zu korrigieren, indem er bewußt auch an die Tradition des Wandertheaters an-knüpfte, dessen Spiel keineswegs so chaotisch und regellos war, wie von seinen aufgeklärten Kritikern behauptet wurde. Allerdings wurden die Regeln nicht von außen, oft aufgrund nicht durchschauter sozialer Konventionen und Zwänge, diktiert, sondern aus der Bühnenpraxis hergeleitet. Charakteristisch für die commedia dell'arte ist die Stilisierung des Schauspiels durch Maske und Kostüm, durch den typisierten Figurenbestand (Pantalone, Dottore, Arlecchino, Capitano u. a.) und durch feststehende Handlungsschemata, die auch gesammelt und aufgezeichnet wurden (z. B. in den Szenariensammlungen von Scala 1611 und Locatelli 1618–22). Das englische Wandertheater entwickelte sogar einen Kanon immer wieder gespielter Texte (jetzt wieder im ursprünglichen Zusammenhang zugänglich bei Brauneck, Einzeltexte bei Creizenach und Flemming). Allerdings besaßen diese Textsammlungen und die Sammlungen von Handlungsabläufen nur Richtlinienfunktion. Es stand den Schauspielern frei, Text und Handlungsverlauf zu ändern, wann immer sie wollten.

Im 17. Jahrhundert eroberte sich die commedia dell'arte den französischen Hof, allerdings in verfeinerter und ‚gezähmter‘ Form. Das Derb-Mimische trat hinter die Charakterkomik und den Wortwitz zurück: das Theater wurde ‚literarisch‘. Erhalten blieben der typisierte Figurenbestand, die Handlungsschemata, aber auch die Freiräume für Improvisationen des Virtuosenschauspielers. In den Stücken dieses französischen ‚théâtre italien‘ (bekannteste Autoren: Fatouville, Regnard, Dufresny, Palaprat, Houdar de La Motte) ging es fast immer um die Liebe vornehmer junger Leute, die von widrigen Umständen oder alten Pedanten an einer Verbindung gehindert werden, bis schließlich die Intrige, meist von den Dienern vorangetrieben, ein glückliches Ende herbeiführt. Diese in Frankreich verbreitete und erfolgreiche Form der Komödie wurde zum einflußreichsten Vorbild für die deutsche Aufklärungskomödie, die sogenannte Sächsische Typenkomödie, die sich vorwiegend in Sachsen mit Leipzig als literarischem Zentrum entwickelte.

1.3.2. Sächsische Typenkomödie

Eine der französischen vergleichbare, vor allem auch sozial anerkannte Komödienform, gab es im Deutschland des frühen 18. Jahrhunderts ebensowenig wie ein entsprechendes Theater. Die barocke Schulkomödie war, sofern sie überhaupt jemals über den engeren Bereich der Schule hinaus an ein breiteres Publikum gelangt war, vom Wanderschauspiel vereinnahmt worden. Die Überreste hatten mit den Originalen wenig gemein, weil für eine zugkräftige Aufführung nur noch das brauchbar war, was nicht zeitgebunden und was auch dem nicht literarisch Vorgebildeten verständlich war.

In dieser Situation bedeutete Gottscheds Literatur- und Theaterform (s. ID) fast einen völligen Neubeginn. In der *Critischen Dichtkunst* (1730) legte Gottsched die poetischen Regeln fest, nach denen in Zukunft Komödien verfaßt werden sollten. Darüber hinaus veröffentlichte er in der *Deutschen Schaubühne* (1741–45) neben 16 Trauer- und 2 Schäferspielen 19 Lustspiele. Sie waren nicht nur als Muster für die Autoren gedacht, sondern auch als konkrete Hilfestellung, als Textbücher für die Schauspielergesellschaften. Auf diese Weise versuchte Gottsched die von ihm eingeleitete Bühnenreform fortzuführen, nachdem die Zusammenarbeit mit der Neuberin gescheitert war.

Ziel der Gottschedschen Bemühungen war es nicht nur, die Komödie wieder auf ein literarisch und gesellschaftlich anerkanntes Niveau zu heben, sondern sie bewußt in den Dienst der Aufklärung des Bürgers zu stellen. Aus dieser primär pädagogischen Perspektive heraus beschreibt Gottsched die Aufgabe des Dichters als eines Imitators der Natur:

„Ein Dichter ahmet die Handlungen der Menschen nach; die entweder gut oder böse sind. Er muß also in seinen Schildereien die guten als gut, das ist schön, rühmlich und reizend; die bösen aber als böse, das ist häßlich, schändlich und abscheulich abmalen. Täte er dieses nicht, und unterstünde er sich die Tugend als verächtlich, schädlich und lächerlich, das Laster hergegen als angenehm, vorteilhaft und lobwürdig zu bilden: so würde er die Ähnlichkeit ganz aus den Augen setzen, und die Natur derselben sehr übel ausdrücken. *Moliere* verdient in diesem Stück viel Tadel, weil er in seinem Spotten nicht allezeit dieser Regel gefolget ist [...]" (CD, S. 110).

Der Name Molière steht hier stellvertretend für jene Komödienform, die – angeblich – nur auf das Unterhaltungsbedürfnis des Publikums zugeschnitten war. Dem sittlichen und erzieherischen Anspruch schon der frühen, von Gottsched geprägten Aufklärungsbewegung genügte das nicht. Die Komödie sollte einem eindeutig vernünftigen Zweck untergeordnet werden: der Vermittlung ethischer Grundsätze. In diesem Sinn definiert Gottsched die Komödie als die „Nachahmung einer lasterhaften Handlung, die durch ihr lächerliches Wesen den Zuschauer belustigen, aber auch zugleich erbauen kann" (CD, S. 643). Dieser entschieden lehrhafte Zug der Gottschedschen Komödie ist natürlich nicht neu. Auch vor Gottsched gab es kaum einen Dichtungstheoretiker, der sich nicht auf das Horazische *prodesse et delectare* berufen hätte. Neu ist, daß die Formel vom Nutzen des Dramas bewußt für sozialerzieherische Zwecke eingesetzt wird. Selbstverständlich gilt die behauptete Nützlichkeit auch für andere literarische Gattungen, z. B. für die äsopische Fabel, die gerade in der Aufklärung ihre letzte Blüte erreichte.

Auf den heutigen Betrachter wirken die Stücke der Sächsischen Typenkomödie stereotyp und ermüdend. Sie gleichen sich wie ein Ei dem anderen, nicht zuletzt dank Gottscheds Komödiendefinition. Dargestellt wird stets das durch eine menschliche Schwäche, ein Vorurteil (Laster) gestörte Verhältnis eines bürgerlichen Menschen zu seiner Umwelt. Der typisierte ‚Held' personifiziert eine Eigenschaft (Geiz, Spielleidenschaft usw.), die – oft ins Unsinnige und Lächerliche übertrieben – an den Pranger gestellt werden soll. Die vom Standpunkt der Vernunft aus operierende, ebenfalls typisierte Umwelt versucht den ‚Helden' durch Argumente oder durch eine Intrige zum vollwertigen Mitbürger zu erziehen oder ihn als unbelehrbaren Narren auszuschließen. Aufgrund der Durchsichtigkeit dieses Schemas ist es für den Zuschauer ein leichtes, sich mit den Vertretern der Vernunft zu identifizieren und sich über die offensichtliche Unvernunft des ‚Helden' erhaben zu fühlen. Der Betrachter wird auf unterhaltsame Weise über die anzustrebenden Tugenden, vor allem aber über die zu vermeidenden Laster belehrt.

1.3.3. Die Freigeistproblematik

Mit der Gestalt des Freigeists griff Lessing eine für die frühe Aufklärung sehr aktuelle religiöse Problematik auf (s. dazu auch den Brief an den Vater vom 28. 4. 1749; R IX, S. 19ff.). Daß er den Stoff in Form einer Komödie abhandelte, spricht nicht gegen sein Problembewußtsein, obwohl er fünf Jahre später, aus der Distanz heraus, glaubte, sich rechtfertigen zu müssen: „Meine Lust zum Theater war damals so groß, daß sich alles, was mir in den Kopf kam, in eine Komödie verwandelte" (Vorrede zum dritten Teil der *Schriften,* 1754; G III, S. 528). Dieses Eingeständnis war ein später Reflex der ursprünglichen Begeisterung für das von Gottsched wiederentdeckte und vor allem wieder gesellschaftsfähig gemachte Medium Theater. Zugleich deutete sich hier aber auch bereits die bei Lessing durchgängig zu beobachtende vorsichtige Zurückhaltung an, wenn es darum ging, brisante Themen vor dem Forum der Öffentlichkeit zu erörtern. In einer Komödie ließen sich religiöse Grundsatzfragen, die immer auch eine soziale und politische Seite besaßen, sehr viel unverfänglicher darstellen, als das in einer Abhandlung möglich gewesen wäre. Zudem wagte Lessing damals wohl kaum, theologische Fragen mit der gleichen Selbstsicherheit zu diskutieren wie beispielsweise philologische.

Eine fundierte philologische Ausbildung konnte ihm so leicht niemand absprechen, deshalb wagte er es auch, den Laublinger Pastor Lange wie einen miserablen Lateinschüler abzukanzeln (s. I B 1.3.1.3.). Als Student der Theologie hatte er es allerdings nicht sehr weit gebracht, und mit seinen für die damalige Zeit durchaus unkonventionellen Überlegungen hätte er sich wahrscheinlich den Vorwurf mangelnder Sachkompetenz eingehandelt. Wohl nicht zuletzt deshalb blieben alle in dieser frühen Zeit begonnenen theologischen Schriften fragmentarisch und unveröffentlicht. Die intensive Klärung und Auseinandersetzung nicht nur mit der Freigeisterei, sondern auch mit der Orthodoxie erfolgte erst in der Spätzeit.

Der in einem orthodox-protestantischen Elternhaus aufgewachsene Pastorensohn Lessing kannte den Popanz aller Rechtgläubigen sicherlich zur Genüge: den als Gottesleugner und Religionsspötter verketzerten Deisten, den sich der biedere Christ nur als Inkarnation des Leibhaftigen vorzustellen vermochte (s. die Dienerszene in II, 5; G I, S. 499–505). Dieses verbreitete Vorurteil leitete sich her von den französischen Libertinisten des 17. Jahrhunderts. Sie hatten sich mit Entschiedenheit gegen die Bevormundung des Denkens durch die Theologie zur Wehr gesetzt und gefordert, daß sich die Wissenschaften allein am Prinzip der Vernunft orientieren sollten. Daß einige dieser frühen Rationalisten (z. B. Théophile de Viau 1590–1626) gleichzeitig für den uneingeschränkten Genuß des Lebens und freie Sitten eintraten, kam den um ihren Einfluß bangenden kirchlichen Würdenträgern gerade recht: aus dem Rationalisten wurde unversehens ein Sittenstrolch.

Lessing hatte während seiner Studienzeit aber auch die nicht von religiöser Propaganda verfälschte und verzerrte Freigeisterei kennengelernt, und zwar in ihrer englischen und französischen Spielart. Sein Vetter Mylius gab 1745 eine kurzlebige Moralische Wochenschrift mit dem provozierenden Titel *Der Freigeist* heraus. Mylius war selbst in England, im Mekka der *freethinkers,* wie die englischen Deisten genannt wurden, gewesen. Sie konnten dort in aller Öffentlichkeit ungehindert ihre Meinung sagen, da ihnen durch die *Declaration of Rights* (1689) relative Rede- und Religionsfreiheit garantiert war. Bekannte

Zeitschriften wie der *Spectator* oder der *Tatler,* die Vorbilder der deutschen Moralischen Wochenschriften, vermittelten deistische Vorstellungen an ein breites, interessiertes Publikum.

Die französischen Freidenker des 18. Jahrhunderts verfochten teilweise radikal-materialistische Ideen, drangen aber über die Diskussionszirkel der Salons kaum an die Öffentlichkeit. Mit dieser, auch vom Selbstverständnis her, elitären Freigeisterei kam Lessing im Berlin Friedrichs II in Berührung. Der offen bekannte Atheismus war aber selbst dem kritischen Lessing zuviel. Seine – von Vorurteilen nicht ganz freie – Abneigung gegen diese Modeströmung wird spürbar in der Auseinandersetzung mit Lamettrie, dem mechanischen Materialisten und Leibarzt Friedrichs II (s. G III, S. 41 f., 123–128).

Diesen vielschichtigen Problemkomplex versuchte Lessing in die Komödienform zu pressen, die er vorfand: die Sächsische Typenkomödie. Daß Lessing in dieser Frühzeit stark rezeptiv arbeitete, ist bekannt, deshalb fällt es auch nicht schwer, die literarische Vorlage für den *Freigeist* auszumachen. Es sind De Lisles *Les caprices du coeur et de l'esprit,* die Lessing selbst auszugsweise in der *Theatralischen Bibliothek* veröffentlichte (LM VI, S. 338 ff.). Hierher stammt die Liebesintrige der beiden über Kreuz verliebten Paare, der weltanschauliche Gegensatz, den die beiden Freier vertreten, ist allerdings Lessings Werk.

Der *Freigeist* wurde kein großer Theatererfolg, aber Lessing nahm ihn 1755 immerhin wieder in seine *Schriften* auf, während andere Komödien *(Damon oder Die wahre Freundschaft, Die alte Jungfer)* selbstkritisch ausgesondert wurden. Der *Freigeist* entwickelte sich zum soliden Repertoire-Stück. Bis in die 70er Jahre war er in den Spielplänen zahlreicher Schauspielergesellschaften zu finden (die Aufführungen 1756 bis 1789 verzeichnet Schulz, S. 179 f.).

2. Textanalyse

2.1. Die Kritik des bornierten Rationalismus durch die Erfahrung

Bei genauerem Hinsehen nimmt Lessing im *Freigeist* gar nicht die Freigeisterei selbst aufs Korn. Nicht der antireligiösen bzw. antichristlichen Haltung Adrasts gilt die Kritik, sondern seinem rationalistischen Denkverfahren, das ihm die Kommunikation mit seinen Mitmenschen erschwert und schließlich unmöglich macht. Gleich im ersten Auftritt wird der grundlegende Widerspruch, aus dem sich die ganze Lustspielhandlung entwickelt, vorgestellt. Aus dem straff geführten Dialog der beiden Hauptfiguren, dem Freigeist Adrast auf der einen und dem Theologen Theophan auf der anderen Seite, kristallisieren sich die divergierenden Positionen heraus. Beide verkörpern eine unterschiedliche Art des Denkens, die Adrast säuberlich getrennt wissen will: „[...] meine Art zu denken, und die Ihrige, diese kennen Sie doch auch?" (I, 1; G I, S. 475).

Am Beispiel der Freundschaft wird die Verschiedenheit dieses Denkens durchgespielt. Adrast verfügt über Begriffe, die er „von tausend Beispielen abgesondert" hat (I, 1; G I, S. 477) und die er aufgrund dieses Induktions- bzw. Abstraktionsprozesses für wahr hält. Das auf diese Weise erworbene, jederzeit abrufbare

Wissen bildet die Grundlage für die Beziehungen Adrasts zu seiner Umwelt. Als Theophan sich über Adrasts schroffes und ablehnendes Verhalten beklagt und um seine Freundschaft wirbt, fragt Adrast nur, ob er denn *wisse,* was Freundschaft sei. Dieses Schulmeistergebaren ist für Adrast die einzige Möglichkeit, Kontakt zu seinen Mitmenschen aufzunehmen, deshalb wird das angelernte Wissen auch sorgsam gegen unliebsame Kritik immunisiert.

Die Immunisierung verdeutlicht die ganze Absurdität des Adrastschen Denkens. Mit der tautologischen Sentenz „Ich weiß, was ich weiß" (G I, S. 477) bricht Adrast eine nähere Erläuterung seiner Begriffe ab. Das sokratische Eingeständnis ‚Ich weiß, daß ich nichts weiß‘ wird hier durch den bornierten Rationalismus in Überheblichkeit und Intoleranz verkehrt.

Für Theophan hingegen ist Freundschaft kein – auf welche Weise auch immer – gewonnener Begriff, sondern ein *Verhalten,* das sich im Umgang mit Menschen bewähren muß. Deshalb fordert er Adrast auf: „Machen Sie mich zu Ihrem Freunde, stellen Sie mich auf die Probe–" (G I, S. 478). Durch praktische Erfahrung sollen Adrasts feststehende Begriffe auf ihre Wahrheit erst überprüft werden. Es ist nur zu verständlich, daß sich Adrast mit Händen und Füßen gegen solche Erfahrungen sträubt, denn dann müßte er – wie er selbst andeutet – möglicherweise die Allgemeinheit seines Urteils erheblich einschränken (G I, S. 478). Damit würde er aber nicht nur die Basis seines eigenen Denkens gefährden, sondern auch die ganze bisherige Legitimation seiner Existenz.

Die Denkweisen, die Lessing hier in der Gestalt zweier Lustspielfiguren vorführt, tauchen fast 30 Jahre später in der theologischen Auseinandersetzung mit Goeze wieder auf. Nur die Fronten haben sich verkehrt: der Hauptpastor beruft sich auf die Regeln der Logik, während der als Freigeist verdächtigte Lessing alle mit dem Anspruch auf absolute Wahrheit verkündeten Sätze ungeniert der Erfahrung aussetzt. Auf verblüffende Weise gleicht jedoch die wütende Reaktion der Lustspielfigur Adrast derjenigen des Hauptpastors Goeze, als beide ihr sorgfältig gehegtes Weltbild in Gefahr sehen. Adrast beendet die sachliche Argumentation mit einem „Geschwätze" (G I, S. 480), Goeze mit „Gewäsche" (G VIII, S. 286).

Die beiden von Adrast und Theophan vertretenen, komödienhaft zugespitzten und simplifizierten Positionen stellen zwei einander entgegengesetzte Erkenntnisweisen dar. Adrasts ‚abstrakter Rationalismus‘ hält sich alles darauf zugute, die Regeln der Logik strikt einzuhalten. Er gewinnt seine Begriffe induktiv, sondert sie von tausend Beispielen ab und baut darauf ein System logischer Operationen auf, das schon deshalb wahr und richtig sein muß, weil die zugrundeliegenden Begriffe auch wahr und richtig sind. Für Theophans Gegenposition des ‚empirischen Rationalismus‘ sind durch Induktion gewonnene Begriffe nur vorläufig gültige Hypothesen, die erst noch der Überprüfung bedürfen. Auf diesen ‚Wahrheitsbeweis‘ kann der reine Rationalist verzichten, da er sich der einmal gefundenen Wahrheit gewiß ist. Durch das Festhalten vermeintlicher Wahrheiten und das ununterbrochene Logisieren verliert der Rationalist aber die Verbindung zum realen Leben. Er wird unfähig, die sich verändernde soziale

Wirklichkeit immer wieder neu zu erfassen und zu meistern. Er geht genau umgekehrt vor und versucht die widerborstige Realität ins Prokrustesbett seiner logischen Folgerungen zu pressen. Er wird isoliert, bzw. isoliert sich selbst von seiner Umwelt.

Diese schrittweise Isolierung Adrasts wird im dritten und fünften Auftritt des ersten Aufzugs vorgeführt. Nachdem Adrasts Rationalismus in I, 1 durch Theophan theoretisch widerlegt wurde, wird in I, 3 und I, 5 demonstriert, daß er nicht in der Lage ist, die naheliegendsten Alltagsprobleme zu lösen. Gegenüber dem merkantilen Pragmatismus seines zukünftigen Schwiegervaters Lisidor wirkt er nicht mehr nur lächerlich, sondern fast schon tragisch und gegenüber der Verschlagenheit seines Dieners Johann völlig hilflos. Der Prinzipienreiter Adrast hat sich am Ende des ersten Aufzugs mit jedem überworfen und steht völlig isoliert da. Die Aufzüge II–V führen vor, wie Adrast von Situation zu Situation getrieben wird, wie er sich immer wieder auf sein vorgefaßtes Begriffssystem zurückzieht und konkrete Erfahrungen zurechtzubiegen und umzuinterpretieren sucht, bis er schließlich seine Vorurteile aufgrund seiner praktischen Erfahrungen als Vorurteile erkennt.

2.2. Die Auflösung der strengen Komödienform durch Lessings erzieherische Absichten

In der Kritik am Deisten Adrast, dessen Deismus ein Konglomerat aus Angelesenem und vorgefaßten Meinungen ist, und im Infragestellen seiner Denkmethode, die sich in oberflächlichen Vernünfteleien erschöpft, wendet sich Lessing satirisch gegen die Begriffsklauberei der zeitgenössischen Schulphilosophie und den selbstgenügsamen Sammeleifer des Polyhistorismus, die beide den Wissenschafts-und Universitätsbetrieb viel stärker prägten als die großen philosophischen Entwürfe eines Leibniz oder Spinoza. Lessing hatte den gelehrten Leerlauf lange genug am eigenen Leib erfahren und seinem Unmut im *Jungen Gelehrten* Luft gemacht. Im *Freigeist* fehlt die ausufernde Gelehrtensatire, sie zeigt sich nur noch in Ansätzen. Karikiert wird nicht mehr das Gelehrtentum überhaupt, sondern nur eine seiner weltfremden Spielarten.

Der Negativfigur Adrast wird Theophan positiv entgegengesetzt. Sein realitätsorientiertes, pragmatisches Handeln sticht um so mehr von Adrasts zunehmender Hilflosigkeit ab, je weiter das Komödiengeschehen voranschreitet. Theophan behält die Fäden der Handlung in der Hand, während Adrast nur noch damit beschäftigt ist, die ständig neu auftauchenden Schwierigkeiten irgendwie zu bewältigen. Bei alledem verfolgt Theophan konsequent ein Ziel: die Bekehrung Adrasts, und zwar in einem ganz speziellen Sinn. Adrast soll nicht seine bisherigen Überzeugungen aufgeben, er darf Freigeist bleiben, wird aber von seinem Außenseiterdasein erlöst und in die Lustspielgesellschaft integriert auf der Grundlage der Freundschaft.

Die Betonung der Freundschaft ist außerordentlich zeittypisch (s. Rasch, Freundschaftskult). Freundschaftsbünde, wie sie Theophan seinem Kontrahenten Adrast zu Beginn vorschlägt, waren beinahe eine Modeerscheinung, gerade unter jungen Literaten. Diese Gruppierungen tendierten zur Gleichberechtigung ihrer Mitglieder, selbst wenn sie sich in gemeinsamer Verehrung um einen bereits arrivierten Kollegen zusammenfanden. So verstanden sich etwa die Autoren der *Bremer Beiträge* als bewußte Antithese zum Gottschedkreis, in dem Gottsched als geistiger Despot herrschte. Die Gefühlsbetontheit derartiger Freundschaftsbünde konnte jedoch rasch in die Nähe irrationaler Schwärmerei geraten, nicht zuletzt im Zeichen des Pietismus. Dies gilt für die Gellert-Verehrer, besonders aber für die Gruppe um Klopstock, die einer Literatur religiöser Innerlichkeit das Wort redete und aufklärerische Ideen schroff ablehnte.

Um solche gefühlsselige Freundschaft geht es im *Freigeist* nicht. Die Freundschaft, die Theophan propagiert, verfolgt ganz handfeste persönliche Interessen (etwa im Sinne der Freundschaftsdefinition der *Discourse der Mahlern*, 2. Teil, Zürich 1722, 4. u. 24. Discours): er liebt die Frau, die seinem Kontrahenten Adrast zugedacht ist.

Auch der leitmotivisch immer wiederkehrende Begriff ‚Herz' war eine in der zeitgenössischen Literatur oft sehr gefühlsbeladene Metapher. Lessing taucht seine Helden aber nicht völlig in Herzensinnerlichkeit, sondern nimmt eine vermittelnde Haltung ein. Der nüchterne Verstand wird nicht schlechterdings verworfen, sondern nur von seinen abstrakten Höhenflügen auf die Erde zurückgeholt. Als realitätsnahes, pragmatisches Gegengewicht wird die Herz-Metapher ausgespielt gegen den ‚Witz', d. i. das bloß Verstandesmäßige, gegen den abstrakten, bornierten, alles und jedes seinem Kalkül unterwerfenden Rationalismus.

Auch das starre Tugend-Laster-Schema wird im *Freigeist* nicht mehr konsequent durchgeführt. Die Kritik erfolgt nicht mehr allein durch die schonungslose Entlarvung der menschlichen Schwäche, des ‚Lasters', sondern auch durch die positive Schilderung der Tugend. Die Komödienwelt wird dadurch der Realität angenähert, denn vor allem die tugendhaften Personen entziehen sich der drastischen, grotesk-überspitzten Komik und der eindeutigen Typisierung. Sie sind im Grund Figuren der sogenannten Rührenden Komödie (s. die Aufsätze zur Rührenden Komödie von Chassiron und Gellert, die Lessing mit einem Kommentar versehen herausgegeben hat; G IV, S. 12–58). Die derbe Komik, die auch aus publikumswirksamen Gründen beibehalten wird, verlagert sich auf die Dienerszenen. Hier wirkt noch ungebrochen die Tradition der commedia dell'arte nach.

Das Personal der Komödie zerfällt damit in zwei Gruppen. Zur einen gehören die überkommenen Typen des italienischen und französischen Theaters, zur zweiten die Figuren, die nach dem Vorbild wirklicher Menschen geformt sind und Ansätze zur Psychologisierung zeigen. Zu dieser Gruppe gehören die beiden Hauptfiguren des *Freigeist,* Adrast und Theophan. Sie weisen aber nicht nur Ansätze zu einem differenzierten Charakter auf, sondern sind bewußt als Anti-Typen konzipiert. Der Geistliche in der Komödie – unübertroffen verkörpert durch Molières Tartuffe – erschien ausschließlich als frömmelnder Heuchler.

Lessing erhebt ihn zum Vorbild des edlen, toleranten Menschen. Aber auch Adrast, die Zielscheibe der Kritik, wird nicht ohne sympathische Züge geschildert. Daß Lessing daran ausdrücklich gelegen war, zeigt ein Entwurf zum *Freigeist* (LM III, S. 262 ff.; PO Tl. III, S. 333 ff.). Im Personenverzeichnis wird Adrast charakterisiert: „ohne Religion, aber voller tugendhafter Gesinnungen". Religionslosigkeit und Tugendhaftigkeit zu vereinen, erschien dem Vorurteil der Zeit unmöglich. Indem Lessing beides in Adrast miteinander verknüpft, macht er seine ,Bekehrung' zugleich möglich und plausibel. Adrast wird am Ende nicht als der Unverbesserliche entlarvt und ausgestoßen, vielmehr werden seine verborgenen Qualitäten aufgedeckt. Hinter seiner kalten Gelehrsamkeit und seiner Gottlosigkeit verbirgt sich ein sensibler Mensch, der zur Freundschaft und Liebe fähig ist, sobald man ihn nur richtig anpackt. Diesen Erziehungsprozeß schildert das Lustspiel.

An dessen Ende steht der Freundschaftsbund des gottlosen Tugendbolds und des toleranten Geistlichen: beides Antitypen, beides Menschen, die psychologische und ideologische Schwierigkeiten haben. Theophan und Adrast sind aber nun nicht nur Freunde, sondern dazuhin noch – durch die Heirat der beiden Schwestern – miteinander verwandt. Im Schoß der Familie lösen sich alle Gegensätze und Widersprüche auf, sowohl die weltanschaulichen als auch die angedeuteten ständischen zwischen dem weitgereisten, welterfahrenen Adrast und dem hausbackenen Theophan. In diesem modellhaften Komödienschluß wird bereits die Familienproblematik angesprochen, die in späteren Dramen Lessings immer wieder thematisiert wird, sei es als Desintegration einer Familie in der *Miß Sara Sampson* und der *Emilia Galotti,* sei es als utopische Schlußapotheose im *Nathan.*

Psychologisierung und Problematisierung der Figuren durchbrechen den Schematismus der Aufklärungskomödie, der keine Entwicklungsmöglichkeiten für die Komödienform bietet: Die Komödienform gerät ins Wanken. Die Handlung läuft nicht mehr wie vorprogrammiert ab, sie dient nicht mehr nur zur Illustrierung eines moralischen Satzes, wie es Gottsched gefordert hatte, sie versucht vielmehr zwischenmenschliche Probleme auf der Bühne darzustellen. Mit der Auflösung der Form, die durch den didaktischen Zweck vorgegeben war, beginnt sich nun auch die didaktische Absicht selbst zu verflüchtigen, obwohl Lessing theoretisch an ihr festhält (s. den *Beschluß der Kritik über die Gefangnen des Plautus;* G III, S. 492–505, bes. S. 503/504 und das Nachwort zu den *Abhandlungen von dem weinerlichen oder rührenden Lustspiele;* G IV, S. 53–58). Die Komödie entwickelt sich vom bloßen Vermittler sittlicher Postulate zum Spiegel gesellschaftlicher Wirklichkeit.

B. Frühe kritische Schriften

0. Vorbemerkung

In seinem Forschungsbericht (1965; s. Gesamtbibl. 4) moniert Guthke, daß Lessings frühe kritische und theoretische Schriften zugunsten seiner späteren (v. a. *Laokoon* und *Hamburgische Dramaturgie*) von der Forschung vernachlässigt wurden (S. 62). Diese Situation hat sich auch in der Zwischenzeit nur leicht gebessert. So beziehen sich von der unten genannten Forschungsliteratur nur sechs Titel explizit auf die Frühschriften. Lessings Rolle als Kunstrichter und seine Kritikweisen, die Einflüsse der ‚Werke der Alten‘ auf seine literarische Normbildung und auf seine eigene Dichtung bilden dabei die Schwerpunkte dieser Untersuchungen. Eine Darstellung, die der Bedeutung seiner frühen dramentheoretischen Schriften gerecht würde, steht noch aus; die fast vergessene Abhandlung *Von den lateinischen Trauerspielen welche unter dem Namen des Seneca bekannt sind* wurde jetzt als aufschlußreich für Lessings Tragödientheorie und -dichtung und für sein Traditionsverhältnis bewertet. Die anderen Texte zur Dramentheorie werden dagegen allenfalls als Bausteine für den Höhepunkt, die *Hamburgische Dramaturgie,* beachtet.

Gerade in Lessings Dramentheorie aber läßt sich eine Entwicklung von den Frühschriften zur *Hamburgischen Dramaturgie* feststellen, die man als eine Entwicklung von der starren poetologischen ‚Regel‘ zum dramatischen ‚Gesetz‘ bezeichnen kann. Zu Beginn ist er noch deutlich der Gottschedschen Dramentheorie verhaftet, dann folgt die Auseinandersetzung mit Gottsched und seinem Kreis, später mit Gottscheds Mustern, den ‚regelmäßigen‘ Franzosen. In Lessings Begriff des nach dramatischen Gesetzen unbewußt dichtenden Genies kulminiert dieser Prozeß. Lessings Genie-Begriff ist auch von zentraler Bedeutung für seine ambivalente Position innerhalb der poetologischen Diskussion des 18. Jahrhunderts (s. III A 2.2.). Parallel hierzu vollziehen sich eine Neubewertung der traditionellen literarischen Normen, eine Ausweitung des Rollenverständnisses des Kritikers Lessing und eine Festigung seiner Position als Kunstrichter. Beide Themenkomplexe stehen in Teil II B und D im Mittelpunkt; zur Ergänzung wird generell auf Arbeitsbereich III A verwiesen.

1. Grundlageninformationen

1.1. Texte und Materialien

Die Textauswahl konzentriert sich auf einige repräsentative Frühschriften und wird von der Fragestellung geleitet, wie Lessing seine Position als Kritiker aufbaut, welches Rollenverständnis er entwickelt und wie er zu Normen der literarischen Kritik findet, die auch in späteren theoretischen Texten sein Urteil bestimmen.

Als Zäsur wird – eher willkürlich – das Jahr 1756 gesetzt. Der für die wirkungsästhetische Konzeption des Bürgerlichen Trauerspiels wichtige Briefwechsel mit Mendelssohn und Nicolai (1756/57) ist in II D behandelt.

Rezensionen

Frühe Berliner Rezensionen: G III, S. 7–263; LM IV, S. 1–44, S. 195–475; LM V, S. 9–20. S. 143–222, S. 374–456; PO Tl. VIII, S. 21–103; PO Tl. IX, S. 37–435; R III, S. 7–157.

Abhandlungen

Plautus-Abhandlung (1750):

Abhandlungen von dem Leben, und den Werken des Marcus Accius Plautus: G III, S. 364–391; LM IV, S. 57–82; PO Tl. XIII, S. 45–67; R III, S. 173–205.

Kritik über die Gefangnen des Plautus: G III, S. 444–492; LM IV, S. 131–174; PO Tl. XIII, S. 112–150; R III, S. 259–313.

Beschluß der Kritik über die Gefangnen des Plautus: G III, S. 492–505; LM IV, S. 180–193; PO Tl. XIII, S. 150–161; R III, S. 314–328.

Abhandlungen von dem weinerlichen oder rührenden Lustpsiele (1754): G IV, S. 12–58; LM VI, S. 6–53; PO Tl. XII, S. 117–159; R III, S. 601–651.

Von den lateinischen Trauerspielen welche unter dem Namen des Seneca bekannt sind (1754): G IV, S. 58–141; LM VI, S. 167–242; PO Tl. XIII, S. 162–231; Barner, Produktive Rezeption (s. Gesamtbibl. 5), S. 101–166.

Streitschriften

Ein Vade medum für den Herrn Samuel Gotthold Lange (1754): G III, S. 545–588; LM V, S. 223–263; PO Tl. XIV, S. 49–84; R III, S. 491–544.

Rettungen

Rettung des Hieronymus Cardanus (1754): LM V, S. 310–333; PO Tl. XX, S. 110–130; R VII, S. 201–228; Wölfel III, S. 247–270.

Rettungen des Horaz (1754): G III, S. 589–629; LM V, S. 273–309; PO Tl. XIV, S. 85–117; R III, S. 545–594; Wölfel II, S. 556–593.

Vorreden

Beiträge zur Historie und Aufnahme des Theaters (1749): G III, S. 352–363; LM IV, S. 47–56; PO Tl. VII, S. 25–32; R III, S. 163–172; Wölfel II, S. 107–114.

Des Herrn Jakob Thomson sämtliche Trauerspiele (1756): G IV, S. 142–147; LM VII, S. 66–71; PO Tl. VII, S. 86–90; R III, S. 699–705; Wölfel II, S. 115–119.

Briefe (1753)

G III, S. 261–351; LM V, S. 41–142; PO Tl. VIII, S. 105–190; R III, S. 387–490; Wölfel II, S. 537–555. Einzelausgabe: Reclam Nr. 9339.

1.2. Forschungsliteratur

Barner, Produktive Rezeption (s. Gesamtbibl. 5), bes. S. 11 ff. u. S. 101 ff. [Text der Abhandlung *Von den lateinischen Trauerspielen welche unter dem Namen des Seneca bekannt sind*.]

Barner, Wilfried: Lessing und sein Publikum in den frühen kritischen Schriften, in: Harris u. Schade (s. Gesamtbibl. 4), S. 323 ff. [Rekonstruktion von Lessings literaturpädagogischen Absichten und Kritikweisen.]

Bender, Wolfgang: Zu Lessings frühen kritisch-ästhetischen Schriften, ZfdPh 90, 1971, S. 161 ff. [Versuch, Lessings Kritik-Verständnis von der traditionellen Kunstkritik abzugrenzen.]

Birke, Joachim: Der junge Lessing als Kritiker Gottscheds, Euphorion 62, 1968, S. 392 ff. [Neubewertung der Auseinandersetzung Lessing-Gottsched, Stellungnahme für Gottsched.]

Bormann, Alexander von (Hrsg.): Vom Laienurteil zum Kunstgefühl. Texte zur deutschen Geschmacksdebatte im 18. Jahrhundert, Tübingen 1974 [gut ausgewählte Dokumente zum Kontext von Lessings Literaturkritik.]

Briegleb (s. Gesamtbibl. 5), bes. S. 195 ff.

Feinäugle, Norbert W.: Lessings Streitschriften. Überlegungen zu Wesen und Methode der literarischen Polemik, LYb 1, 1969, S. 126 ff. [Analysen auf dem Hintergrund der zeitgenössischen Disputationstechniken.]

Freier, Hans: Kritische Poetik. Legitimation und Kritik der Poesie in Gottscheds Dichtkunst, Stuttgart 1973, bes. S. 85 ff. [Gottscheds Regelpoetik im Kontext des zeitgenössischen Geschmacksproblems.]

Gaede, Werner: Die publizistische Technik in der Polemik G. E. Lessings, Diss. Berlin 1955 [Formale, detaillierte, selbst die Interpunktion einbeziehende Analyse der Prosaschriften.]

Guthke, Karl S.: Der junge Lessing als Kritiker Gottscheds und Bodmers, in: K. S. G., Literarisches Leben […], s. Teilbibl. zu I C, S. 24 ff. [Wichtige, quellenkritisch abgesicherte Korrekturen: Lessings allmähliche Distanzierung von Gottsched *und* Bodmer.]

Habermas (s. Teilbibl. zu I B), bes. S. 42 ff.

Herrmann: s. Gesamtbibl. 9.

Jens, Walter: Feldzüge eines Redners: Gotthold Ephraim Lessing, in: W. J., Von deutscher Rede, München 1969, S. 46 ff. [Analyse der Publikumswirksamkeit der Lessingschen Prosa, wobei v. a. die judiziale Rhetorik hervorgehoben wird.]

Koselleck (s. Teilbibl. zu I B), bes. S. 81 ff.

Mayer, Hans: Lessing und Aristoteles, in: Festschr. f. Bernhard Blume, Göttingen 1967, S. 61 ff. [Bietet einen guten Überblick über philolog. u. literaturwiss. Analysen zu Lessings (Miß-)Verständnis von ‚Mitleid‘, ‚Furcht‘ u. ‚Katharsis‘ bei Aristoteles. Erklärt dieses Verständnis mit Lessings moralpädagogischer Funktionsbestimmung des Dramas und zeigt, wie dadurch noch Brechts Begriff des Aristotelischen Theaters geprägt wird.]

Markwardt, Bruno: Studien über den Stil G. E. Lessings im Verhältnis zur Aufklärungsprosa. Vorbemerkungen und Inhaltsübersicht zu den Gesamtstudien; VI. Studie: Die Kampfprosa (Das Werden der Kampfprosa: Frühformen), Wiss. Zs. d. Univ. Greifswald, 3 1953/54, S. 151 ff. [Materialreiche, leider sehr unübersichtliche Studien zur frühen Prosa.]

Michelsen, Peter: Die Erregung des Mitleids durch die Tragödie. Zu Lessings Ansichten über das Trauerspiel im Briefwechsel mit Mendelssohn und Nicolai, DVjs 40, 1966, S. 548 ff. [Untersuchung über die Herkunft des Lessingschen Mitleidbegriffs und dessen grundlegende Bedeutung für die moralisch begründete wirkungsästhetische Konzeption des Bürgerlichen Trauerspiels.]

Norden, Eduard: Lessing als klassischer Philologe (1929), in: E. N., Kleine Schriften zum klassischen Altertum, hrsg. v. Bernhard Kytzler, Berlin 1966, S. 621 ff. [Wertet Lessing als „*praeceptor philologorum*", der in seinen umfassenden Sprach- und Textkenntnissen, in seiner philologischen Methodenstrenge und im Erkennen philologischer Probleme der zeitgenössischen Universitätsphilologie ebenbürtig bzw. überlegen ist.]

Pikulik: s. Gesamtbibl. 9.

Rieck, Werner: Johann Christoph Gottsched. Eine kritische Würdigung seines Werks, Berlin 1972, bes. S. 146 ff. [Philosophische und ethische Grundlagen der Gottschedschen Kritik.]

Riedel (s. Gesamtbibl. 5), bes. S. 31 ff. (zu Plautus und Terenz), S. 86 ff. (zu Seneca) u. S. 121 ff. (zu Horaz).

Schröder (s. Gesamtbibl. 5), bes. S. 14 ff. u. S. 114 ff.

Schücking, Levin L.: Die Soziologie der literarischen Geschmacksbildung. 3., neu bearbeitete Auflage München 1961 [Systematische Beobachtungen zur Ausbildung des Geschmacks und zur Funktion der Literaturkritik.]

Steinmetz, Horst: Der Kritiker Lessing. Zu Form und Methode der *Hamburgischen Dramaturgie,* Neophilologus 52, 1968, S. 30 ff. [Untersuchung zur Form und Wirkungsabsicht der Rezension.]

1.3. Voraussetzungen und Entstehung

1.3.1. Texte

1.3.1.1. Rezensionen

Für Lessings frühe Berliner Rezensionen ist die Autorschaft nicht immer eindeutig belegt (G III, S. 695 ff.). Seine ersten Rezensionen verfaßte er für den *Naturforscher,* eine Moralische Wochenschrift, die von seinem Vetter Mylius publiziert wurde. Mylius, der seit 1748 die *Berlinische privilegierte Zeitung* redigierte, brachte Lessing als Rezensenten zu diesem Blatt. Nach der Übernahme durch den Verleger Voß (1751) wurde Lessing – als Nachfolger seines Vetters – Redakteur des *Gelehrten Artikels* und verfaßte von April bis Dezember 1751 noch die Artikel zur Monatsbeilage *Das Neueste aus dem Reiche des Witzes.* Nur von seinem Aufenthalt in Wittenberg (1752) unterbrochen, schrieb er bis 1755 regelmäßig für die Vossische Zeitung. Neben seinen Rezensionen im *Gelehrten Artikel* und in der Monatsbeilage der Vossischen Zeitung veröffentlichte Lessing 1751 noch Rezensionen in den *Kritischen Nachrichten aus dem Reiche der Gelehrsamkeit,* deren Redaktion Mylius innehatte (zur Authentizitätsfrage jetzt kritisch Guthke, S. 31 ff.).

1.3.1.2. Abhandlungen

Als erste deutsche Theaterzeitschrift gab Lessing zusammen mit Mylius die *Beiträge zur Historie und Aufnahme des Theaters* (1749/50) heraus. In der Vorrede wurde von Lessing ein weitgespanntes Programm entworfen, dem noch seine späteren kritischen Schriften verpflichtet sind: z. B. die Rückbesinnung auf die griechische und römische Literatur. Die Werke der ‚Alten‘ sollten neben zeitgenössischen nicht-französischen Dramen zur Entwicklung einer deutschen Dramendichtung beitragen.

Bereits nach vier veröffentlichten Beiträgen scheiterte das Unternehmen, was Lessing in der Vorrede der Nachfolgeschrift *Theatralische Bibliothek* bedauernd zugeben mußte (G IV, S. 9).

In den *Beiträgen* veröffentlichte Lessing seine erste umfangreichere selbständige Arbeit zu Fragen der zeitgenössischen Rezeption eines antiken Dichters. Mit dieser *Plautus-Abhandlung* (1750), die eigentlich aus einer Übersetzung der *Gefangnen* und aus drei einzeln betitelten, aufeinander bezogenen Aufsätzen besteht, versuchte sich Lessing gegenüber der von Gottsched geprägten Literaturkritik abzugrenzen. In Gottscheds Literaturreform, die ihre Muster in den regelmäßigen Dramen des französischen Klassizismus suchte, sah Lessing eine Ursache, welche die *Aufnahme des Theaters,* also die Entwicklung eines eigenständigen deutschen Theaters verhinderte. Dieser Vorwurf wird dann im 17. der *Briefe, die neueste Literatur betreffend* und in der *Hamburgischen Dramaturgie* weit entschiedener erhoben.

Lessing wählt in dieser *Plautus-Abhandlung* die Komödiendichtung und Komödientheorie als Gegenstand der Auseinandersetzung. Die Wahl dieses Themas wird verständlich, wenn man berücksichtigt, daß gerade die Komödie in der Zeit der frühen Aufklärung zum besonderen Propagandaforum einer ,vernünftigen‘, d. h. ,tugendhaften‘ und somit ,bürgerlichen‘ Lebensart wird. Da nämlich die ,Ständeklausel‘ – von Lessing als gattungsunterscheidendes Merkmal nie anerkannt – dem Bürger tragische Würde abspricht und diese dem Adel vorbehält (s. CD, S. 606 u. 622), bleibt die Selbstdarstellung des Bürgertums und des bürgerlichen Lebens – wenn auch satirisch verzerrt – auf die Komödie verwiesen.

1754 erschienen in der *Theatralischen Bibliothek* die *Abhandlungen von dem weinerlichen oder rührenden Lustspiele,* in denen Lessing verspätet an der Auseinandersetzung um den Einfluß der englischen *sentimental comedy* und der französischen *comédie larmoyante* auf die deutsche Lustspieldichtung teilnahm. Trotz Gottscheds Verurteilung (s. CD, S. 644) hatten sich die Rührstücke bereits in den dreißiger und vierziger Jahren die Bühne erobert. Gellert hatte seine rührenden Komödien (*Die Betschwester,* 1745; *Das Los in der Lotterie,* 1746; *Die zärtlichen Schwestern,* 1747) schon verfaßt, bevor er in seiner Leipziger Antrittsvorlesung *Pro comoedia commovente* (1751), die Lessing hier in seiner Übersetzung veröffentlicht und kommentiert, auch eine theoretische Rechtfertigung versuchte.

Als zweites Stück der *Theatralischen Bibliothek* kam 1754 die *Seneca-Abhandlung* heraus. Gehörte noch Plautus zum „selbstverständlichen Bildungsbesitz“ aus der Schulzeit, so kann dies von Seneca nicht mehr behauptet werden (Barner, Produktive Rezeption, S. 16). Seneca war für Gottsched kein nachahmenswertes Muster. Wegen ,Schwulst‘ und ,Unnatürlichkeit‘ stufte er ihn als „unerträglich“ ein (CD, S. 621). Ebenso abschätzig urteilte Pierre Brumoy in seinem *Théâtre des Grecs,* das zu einem „Standardwerk“ wurde (Barner, S. 20 f.). Beide Wertungen waren für Lessing wahrscheinlich Anlaß, eine Seneca-,Rettung‘ zu schreiben: *Von den lateinischen Trauerspielen welche unter dem Namen des Seneca bekannt sind.*

1.3.1.3. Streitschriften

Lessings vernichtende Kritik am Horaz-Übersetzer Lange im *Vade mecum* wurde 1754 veröffentlicht. Lange, ein zu dieser Zeit in Deutschland bekannter und protegierter Dichter und Übersetzer (s. den Brief Nicolais an Lessing, den Lessing zitiert; G III, S. 586), brachte 1752 seine Übersetzung der *Horazischen Oden* heraus. In seiner die eigene Leistung betont hervorhebenden Vorrede bemerkte er ausdrücklich, daß er Kritik erwarte.

Lessing kam dieser Erwartung – trotz eindringlicher Warnungen Nicolais, sein Urteil an die Öffentlichkeit zu bringen – im 24. seiner *Briefe* (G III, S. 330–335) nach, der im November 1753 im *Hamburgischen Korrespondenten* nachgedruckt wurde. Lessings Vorwurf, sich ,Schulschnitzer' geleistet zu haben, begegnete Lange in einem Schreiben an den Verfasser des Hamburger *Gelehrten Artikels* mit der Beschuldigung, Lessing wolle ihn erpressen – ein Zeichen, mit welcher Heftigkeit literarische ,Federkriege' damals geführt werden konnten. Im Dezember 1753 protestierte Lessing in der *Berlinischen privilegierten Zeitung* und zu Beginn des Jahres 1754 erschien dann sein *Vade mecum für den Herrn Samuel Gotthold Lange* (s. die Rezension, G III, S. 197f.).

1.3.1.4. Rettungen

Ebenfalls 1754 veröffentlichte Lessing seine *Rettung des Hieronymus Cardanus* und seine *Rettungen des Horaz*. Diese gerade für den jungen Lessing typischen ,Rettungen' lernte er durch seinen Leipziger Lehrer Johann Friedrich Christ kennen. Beider Muster waren Pierre Bayles Artikel über berühmte Persönlichkeiten im *Dictionnaire historique et critique*. Schon der bezeichnende Titel macht das Anliegen dieser *Rettungen* deutlich, ungerechtfertigte Urteile über Menschen zu widerlegen. Dieses ,,,Retten' ist eine charakteristische Denkform des jungen Kritikers" (G III, S. 782), wie es ja auch in seinen Abhandlungen über Plautus und Seneca deutlich wird.

Hatte Christ den italienischen Naturphilosophen Cardanus (1501–76) vom Vorwurf, ein Lügner und Betrüger, ein Unzüchtiger und Hurensohn zu sein, entlastet, so machte sich Lessing zur Aufgabe, ihn von der von Julius Caesar Scaliger (1484–1558) vorgehaltenen Gottlosigkeit zu befreien.

Die Veröffentlichung der *Rettungen des Horaz* steht in unmittelbarem Zusammenhang mit Lessings *Ein Vade mecum für den Herrn Samuel Gotthold Lange*. Lange hatte seiner Übersetzung der *Horazischen Oden* aus Suetons (um 70–140) Biographien berühmter Männer die *Vita Horatii* beigegeben, aus der Lessing die Vorwürfe der Lüsternheit, Gottlosigkeit und Feigheit herauslöste, um sie zu widerlegen und das entstellte Bild Horaz' richtigzustellen.

1.3.1.5. Vorreden

(Vorrede zu den *Beiträgen* [1749] s. o. 1.3.1.2.) Die Vorrede zu der Schrift *Des Herrn Jakob Thomson sämtliche Trauerspiele* (1756) schrieb Lessing im Auftrag einer Stralsunder literarischen Gesellschaft, die eine Übersetzung der Trauerspiele Thomsons besorgte. Lessing selbst hatte 1751/52 mit einer Übersetzung der Dramen Thomsons begonnen.

1.3.2. Rolle und Funktion des ‚Kunstrichters‘

1.3.2.1. Kritik im Wandel der literarischen Produktion

War für einen ‚Auftragsdichter‘ der Auftraggeber gleichzeitig ‚Publikum‘ und damit – neben den Universitätsgelehrten – legitimierter Kritiker, so wandelt sich Kritik bei einer Literaturproduktion, in der Autor und anonyme Leserschaft nur noch über den Markt in Kontakt stehen. In Verbindung mit der Herausbildung einer ‚literarischen Öffentlichkeit‘ als Vorform einer politischen (s. I B 1.) wurde ‚öffentliche‘ Kritik institutionalisiert.

Wie bei ‚Auftragsdichtung‘ ist letzte urteilsprechende Instanz der Käufer. Der Leser ist aber kein ‚Eingeweihter‘ mehr, sondern grundsätzlich Laie. Der ‚Kunstrichter‘ – z. B. in seiner Funktion als Rezensent – wird zum Bindeglied zwischen Autor und anonymem Leser. Sein Urteil wird vom Autor erwartet und befürchtet, weil geglaubt wird, daß es den Verkaufserfolg beeinflussen kann; dem Publikum gilt sein Urteil als Rat eines Experten:

> „Kunstrichtert Herr Lessing in der Vossischen Zeitung noch? Sie sollten wenigstens so viel Bekanntschaft mit ihm haben, als nötig wäre, daß er Ihre Werke bekannt machte. Der Kredit des Zeitungsschreiber ist bei unsern lieben Deutschen größer, als Sie glauben. In der Provinz sieht man das am besten. Die meisten Leser kaufen beinahe kein Buch, das Krause nicht gelobt hat" (J. W. L. Gleim an K. W. Ramler 1754, Daunicht, S. 60).

Der erklärende Kunstrichter wird als Experte zum Sprachrohr des Laienpublikums, wenn er sich dessen Erwartungen zu eigen macht und am beurteilten Text *seine* Vorstellungen vom Wert eines Textes einer breiten Leserschaft zugänglich macht. Literatur wird durch ihn zum Gegenstand einer öffentlichen Diskussion. In der Zeit der Aufklärung begreift sich der Kunstrichter als eine Institution, in der sich das „Laienurteil des mündigen oder zur Mündigkeit sich verstehenden Publikums (organisiert)" (Habermas, S. 57) bzw. umgekehrt (s. Bormann, Schücking). Sein ‚Amt‘ ist das ‚Amt‘ des Aufklärers. Er versteht seine Rolle als „Mandatar des Publikums und als dessen Pädagoge zugleich" (Habermas, S. 57). Der Kritiker steht in einer problematischen Zwischenstellung, die ihren Ausdruck in der Darstellungsweise von Lessings Schriften findet.

1.3.2.2. Der Kunstrichter Gottsched

Gottscheds Verdienst ist es, die Popularisierung der Kritik eingeleitet zu haben. Er urteilt vor einem breiten Publikum, räumt diesem aber ein Mitspracherecht nur insoweit ein, als er das Geschmacksproblem in seine Bewertung mit einbezieht. Mit Gottsched setzt eine Bewegung ein, welche Kritik verstärkt an den ethischen Wertvorstellungen des (bildungs-)bürgerlichen Publikums ausrichtet (s. Rieck, S. 147).

Als Kunstrichter zählt er sich zu den

„Gelehrten, die sich auf die genauere Kenntnis der freien Künste beflissen, ihre geheimsten Regeln innehaben und daher im Stande sind, das Gute vom Bösen, das Richtige vom Falschen, so scheinbar es auch sein möchte, zu unterscheiden, und zu beurteilen" (Gottsched, *Handlexikon oder Kurzgefaßtes Wörterbuch der schönen Wissenschaften und freien Künste*. Nachdr. d. Ausg. 1760, Hildesheim 1970, Sp. 461).

Gottscheds Kritik ist ‚Katheder'-Kritik. Für sein Urteil erhebt er den Anspruch der Unfehlbarkeit, weil es allein auf überprüfbaren, ‚vernünftigen' Regeln ruht.

Grundsätzlich billigt Gottsched jedem vernunftbegabten Wesen die Befähigung der Kritik zu, die Regeln aber kennt nur ein exklusiver Kreis Gelehrter: Kritikfähigkeit ist ein Privileg (s. III A 2.4.). Dem „Pöbel" wird auf jeden Fall dieses Vermögen abgesprochen (s. CD, S. 94 f.). Die unteren sozialen Schichten kommen für Gottsched als Literaturkonsumenten noch nicht in Betracht. Gottscheds Publikum bilden Leute mit „gutem Geschmack", was bedeutet, daß er das subjektive Laienurteil in seiner Kritik berücksichtigt. Er versucht also einen Ausgleich zwischen seinem rationalistischen Objektivitätsanspruch und der zeitgenössischen Diskussion um die literarische Geschmacksbildung zu finden (s. Freier, S. 85 ff.), wenn er es als seine Aufgabe betrachtet, „was der gemeine Mann nach der sinnlichen Empfindung liebet, nach richtigen Grundregeln für gut und schön [zu] erkennen" (CD, S. 95).

Die Einbeziehung des Publikumsgeschmacks in die Beurteilung ist ein Bruch mit der traditionellen Kunstkritik, selbst wenn Gottsched noch diktiert, was guter Geschmack ist. Er befindet sich noch in einer Übergangsstellung zu einer Kritik, die das Empfindungsurteil verstärkt berücksichtigt. Das zeigt sich schon daran, daß er den guten Geschmack und die Kenntnis der Regeln zueinander in Beziehung setzt: Geschmack ist der *„richtig urteilende Verstand"*, Geschmack besitzt nur, wessen Urteil dem „Probierstein dieses Urteils", den „Regeln der Vollkommenheit", entspricht (CD, S. 123 f.).

Das Urteil Gottscheds ist noch auf dem Hintergrund des traditionellen *iudicium* zu sehen, das auf einem Kodex überlieferter Normen beruht. Dichtung, die den Anweisungen dieser Regeln nicht genügt, kann keinen literarischen Wert beanspruchen, haben doch diese Regeln in Gottscheds Sicht „ihren Grund in der *unveränderten* Natur der Dinge selbst" (CD, S. 123; Hervorhebung vom Verf.).

2. Textanalyse

2.1. Der Kunstrichter Lessing: ,Gesetzgeber' oder ,ästhetischer Kronjurist'?

Es erscheint auf den ersten Blick nicht legitim, im Rahmen der Frühschriften eine Definition des Kunstrichters zu zitieren, die der Vorrede des *Laokoon* entnommen ist. Doch den Prinzipien der Lessingschen Kritik begegnet man bereits in den frühen Schriften, ohne daß sie in dieser durchdachten Form ausdrücklich vorgestellt werden.

In dieser Vorrede spricht Lessing vom „Liebhaber" der Kunst, von deren „Philosophen" und vom „Kunstrichter" (G VI, S. 9). Als Kunstliebhaber gilt ihm, wer nach der Wirkung urteilt, die auf ihn ausgeübt wird, also nach seiner Empfindung wertet. Der Philosoph sucht nach den Ursachen dieser Wirkung und kommt zu „allgemeinen Regeln", die der Kunstrichter am Einzelfall des Kunstwerks auf ihre Gültigkeit überprüft; beide gehen aus von der Wirkung. Lessing versteht die Rolle des Kunstrichters nicht als „Gesetzgeber", sondern als „ästhetischer Kronjurist" (Mayer, S. 62).

Der Unterschied zu Gottscheds Rollenverständnis und Kritikweise ist mit dieser Bestimmung deutlich herausgestellt. In Gottscheds deduktivem Kritikverfahren stützt sich das Urteil des ,richtenden' Kritikers ausschließlich auf ein vorgegebenes System überlieferter und selbstgesetzter Regeln. Die Wahrheit der Regeln steht für Gottsched zweifelsfrei fest. Lessing leitet sein Urteil aus der Wirkung des Einzelwerks her; die Regeln müssen in der empirischen Überprüfung ihre Gültigkeit beweisen. Methode und Darstellung der Kritik sind dabei immer auch Mittel der Publikumserziehung.

Stärker als Gottsched spricht Lessing auch dem Laien ein Urteilsvermögen zu und räumt ihm deshalb ein Mitspracherecht bei der Kritik ein. Der Kritiker entwickelt seine Gedanken und sein Urteil vor den Augen des Lesers, bezieht ihn – wie die schon für den jungen Lessing charakteristische dialogische Darstellungs- und Argumentationsweise belegt – in den Prozeß der Urteilsfindung ein und fordert ihn zur Wahrnehmung seines Rechts zum eigenen Urteil auf (s. Barner, S. 329f.; s. auch Bender, Briegleb, Markwardt, Schröder u. III A 2.1.). Die Rolle des Richters wird dem Publikum zugewiesen, und Lessing begreift sich als dessen Anwalt. Wenn man dabei auch festhalten muß, daß Lessings induktive Kritikweise den Leser in die gewünschte Richtung lenkt und sich das Mitspracherecht nur so weit erstreckt, wie die Lesererwartungen sich mit denen des Kritikers decken, so heben doch Rollenbestimmung und Kritikweise seine literaturpädagogische Absicht hervor. Lessing betrachtet es ja als seine Aufgabe, die Erwartungen erst zu formen, das Urteilsvermögen erst zu schulen und das Publikum zu einem aufgeklärt-kritischen erst zu erziehen; eine Aufgabe, die er auch mit seinem Vorsehungsglauben rechtfertigt. Das Urteil des Kritikers antizipiere das notwendig zu erwartende Urteil der Nachwelt. Lessings Glaube an eine „Weisheit", die „den Zusammenhang aller Dinge geordnet hat" (*Rettungen des Horaz;* G III, S. 592), läßt ihm deshalb eine Haltung unsinnig erscheinen, welche

Kritik nicht dulden will. Langes heftige Reaktion auf die Veröffentlichung des
24. *Briefes* und des *Vade mecums* muß für Lessing ein Beispiel dieser unvernünf-
tigen Einstellung sein, und auf Lange ist in erster Linie gemünzt, was Lessing zu
Beginn der *Rettungen des Horaz* polemisch vom ganzen Stand behauptet:

> „Die Gabe sich widersprechen zu lassen, ist wohl überhaupt eine Gabe, die unter den
> Gelehrten nur die Toten haben" (G III, S. 591).

In der polemischen Auseinandersetzung versucht sich der junge Kritiker gegenüber anderen ‚Gelehrten' zu profilieren, um eine eigene Publikumsposition
zu gewinnen. Der Streit mit weithin anerkannten Autoritäten dient aber immer
auch – wie gerade das *Vade mecum* und die *Rettungen des Horaz* sehr deutlich
zeigen – seiner Absicht, das Publikum zum Selbstdenken und Selbsturteilen
anzuregen.

Bevorzugter Adressat seiner theoretischen und kritischen Schriften ist die
„Welt"; das Publikum wird noch vor dem Hintergrund des *mundus litterarius*
verstanden (s. die Vorreden zu den *Beiträgen zur Historie und Aufnahme des
Theaters* und zu der Schrift *Des Herrn Jakob Thomson sämtliche Trauerspiele;*
G III, S. 355 bzw. G IV, S. 142). Wie bei Gottsched besitzt auch bei Lessing der
ideale Leser ‚Geschmack'. Da aber Lessing ‚Geschmack' und damit Urteilsvermögen nicht auf den Kenner beschränkt sehen, sondern auch beim literarischen
Laien ausbilden will, muß er stärker als Gottsched bemüht sein, die Trennung
des Publikums in ‚Gelehrte' und ‚Ungelehrte' in seiner Kritikweise aufzuheben,
was sogar so weit geht, daß er den von Gottsched als nicht aufklärungswürdig
eingestuften „Pöbel" nicht grundsätzlich ausschließt (s. Vorrede zu den *Beiträgen; G* III, S. 362). Eine soziale Distanz zwischen einem durch Bildung und
Herkunft privilegierten Bürger und den ‚ungelehrten' Schichten, zumal dem „Pöbel", stellt auch Lessing mehrfach fest, doch wird schon in seinen Frühschriften
eine Zielsetzung offenbar, die sich in diesem Ausmaß bei Gottsched nicht finden
läßt: Er möchte aufklärend wirken über die ständischen Grenzen hinweg.

Bei diesem Aufklärungsoptimismus mögen auch die ökonomischen Interessen
des Kritikers im Spiel sein. Als freier Schriftsteller muß er darauf bedacht sein,
neue Leser- und Käuferschichten zu gewinnen, was sich schon an der Vielfalt der
gewählten Publikationsformen zeigt, von der er sich „sowohl Abwechslung als
auch Befriedigung verschiedenster Publikumsbedürfnisse versprechen darf"
(Barner, S. 327).

2.2. Moralisch begründete Wirkungspoetik statt rationalistischer Regelpoetik

Die Forderung nach einer ästhetischen und moralisch-belehrenden Wirkung, die
für Lessings Theorie des Dramas von zentraler Bedeutung ist, wird bereits in
seinen frühen dramentheoretischen Schriften erhoben. Von diesen Frühschriften
bis zur *Hamburgischen Dramaturgie* zeichnet sich eine Entwicklung ab, in deren
Verlauf sich Lessing von der normativen Kunstkritik der Gottsched-Schule befreit und zu seiner Wirkungspoetik findet. Taktisch geschickt sucht er für seine

Poetik argumentative Rückendeckung bei den ‚Alten'. Die ‚Regeln der Alten' liefern dem Dichter die Anweisungen, wie die gattungsspezifische Absicht zu erzielen sei. Diese Regeln haben für Lessing ihre Gültigkeit in vielen Einzeldramen erwiesen und können ihm daher zum Kodex seiner Kritik werden, mit dem er die Wirkung auf das Publikum zu erklären vermag. Der Wert eines Dramas bemißt sich nach der gattungsspezifischen Absicht und damit nach dessen Beitrag zur Aufklärung des Publikums.

Diesen Beitrag leistet er in seinen theoretischen und kritischen Schriften, indem seine induktive Kritikweise den Leser in die Urteilsfindung einbezieht und indem er neben den ‚Regeln der Alten' die bürgerlich-ethischen Wertvorstellungen zur Beurteilungsbasis erhebt, mit denen ein sich emanzipierendes Bürgertum vom Hof als dem Inbegriff des ‚lasterhaften' und ‚unnatürlichen' Lebens bewußt abzugrenzen versucht (zu den Topoi der Hofkritik s. III B 2.6.).

Literatur – als eine in einzelnen Aspekten vom Adel übernommene Repräsentationsform des gebildeten und wohlhabenden Bürgertums – erhält mit der Verbreitung von Werten wie Tugend, Moralität, Liebe, Freundschaft, Bescheidenheit, Empfindsamkeit [...] neue politische Funktionen. Als Ausdruck der „Beseelung der familiären Beziehungen" (Pikulik, S. 12) verweisen diese ethischen Begriffe zwar in die Privatsphäre, werden aber durch die Verbreitung in der Literatur zum Gegenstand öffentlicher Diskussion und dienen der Herausbildung eines bürgerlichen Bewußtseins. Obwohl spezifisch bürgerlich, etikettiert sie Lessing als ‚allgemeinmenschlich'. Die Sensibilisierung des Zuschauers als die geforderte Absicht des Dramas soll alle sozialen Schichten erfassen. Wenn auch in moralischen Kategorien vorgebracht, so dokumentiert sich doch in dieser Zielsetzung der soziale Führungsanspruch des Bürgertums. Es stellt sich in seiner Lebensgestaltung als generell vorbildlich und nachahmenswert vor.

2.2.1. Die frühen dramentheoretischen Abhandlungen: zwischen innovatorischem Anspruch und traditioneller Regelbindung

Wie Lessing in der Vorrede zu den *Beiträgen* ankündigt, wird er bei seinem Plan, in Deutschland eine eigenständige Literatur zu fördern, auf die Werke der ‚Alten' zurückgreifen. Plautus' Komödien kannte er seit seiner Schulzeit. Gottscheds abwertendes Urteil (s. CD, S. 635) richtigzustellen, kann Anlaß für die *Plautus-Abhandlung* gewesen sein: Der fingierte Gegner in der *Kritik über die Gefangnen des Plautus* (G III, S. 444–492) verurteilt Plautus' Komödie auf der Grundlage von Gottscheds Regelpoetik.

Im *Beschluß der Kritik über die Gefangnen des Plautus* (G III, S. 492–505) entkräftet Lessing in der Rolle des Verteidigers den Vorwurf der „Regellosigkeit", indem er noch mit Normen der Kritik argumentiert, die Gottsched in der *Critischen Dichtkunst* als verbindlich vorgestellt hat. Er versucht nachzuweisen, daß Plautus' Stück auch im Sinne eines Gottschedianers ‚regelmäßig' sei. Das wird besonders deutlich bei den Regeln der „mechanischen Einrichtung". Bei der Behandlung der Einheit des Ortes und der Zeit (S. 499 ff.) übernimmt er das

gleiche Rechenverfahren seines ‚Gegners‘, zweifelt aber dessen „Suppositionen"
an (S. 499).

Selbst wenn Plautus gegen diese Regeln verstoßen haben sollte, dann sei dies
zugunsten der „wesentlichern Schönheiten" (S. 501) geschehen, auch hätten die
von Gottsched gelobten mustergültigen Franzosen durch „Kunstgriffe" die Regeln der Drei Einheiten ausgeweitet (S. 500). Lessing sieht in Plautus’ Komödie
„Unregelmäßigkeiten" nach der Auslegung seines ‚Gegners‘, doch ist er bereit,
diese zu verzeihen, wenn dennoch die gattungsspezifische Absicht erzielt werde.
Er bezieht eine Kategorie der Kritik ein, die sich im ‚Brief‘ seines ‚Gegners‘ nicht
finden läßt – die Wirkung auf den Zuschauer:

> „Ich nenne das schönste Lustspiel nicht dasjenige, welches am wahrscheinlichsten und
> regelmäßigsten ist, […]: sondern das schönste Lustspiel nenne ich dasjenige, welches seiner
> Absicht am nächsten kömmt, zumal wenn es die angeführten Schönheiten größtenteils
> auch besitzt. Was ist aber die Absicht des Lustspiels? Die Sitten der Zuschauer zu bilden
> und zu bessern." (S. 503).

Allein weil Plautus’ Komödie beim Zuschauer bewirken könne, sich vor den
Lastern zu fürchten und Tugend zu erstreben, sei sie den deutschen Dramendichtern als nachahmenswertes Muster vorzustellen, sei sie – wie er zu Beginn der
Kritik über die Gefangnen des Plautus schon urteilt – das „schönste Stück [...],
so jemals auf das Theater gekommen" (S. 455).

Mit seiner Forderung nach einer ‚moralischen Absicht‘ führt Lessing nichts
Neues in die poetologische Diskussion ein. Die Horazische Forderung nach dem
prodesse et delectare erhebt auch Gottsched für die Komödie (s. CD, S. 643).
Neu gegenüber Gottsched und der traditionellen Kritik ist, daß Lessings (auf das
zeitgenössische Publikum ausgerichtete) Wirkungspostulat den Vorrang vor der
Forderung nach Regelmäßigkeit erhält, selbst wenn er hier noch unter Rückgriff
auf die Regelpoetiken urteilt.

Allein bestimmend für den Wert einer Komödie wird die Kategorie ‚Wirkung
auf den Zuschauer‘ im abschließenden Kommentar zu den *Abhandlungen von
dem weinerlichen oder rührenden Lustspiele* (G IV, S. 53–58). Ein „weinerliches
Lustspiel" wie die französische *comédie larmoyante* verfehle seine ästhetische
Wirkung, das Lachen, wenn es nur rühren will. Allein deshalb lehnt es Lessing
ab, nicht wegen der Regelverstöße, die Chassiron im ‚Anklage‘-Text zum Hauptgrund seines abwertenden Urteils machte.

Die satirische Überzeichnung eines Charakterzuges in der von Gottsched theoretisch begründeten Typenkomödie bewirkt in Lessings Augen allenfalls, daß ein
sich überlegen fühlendes Publikum den ‚lasterhaften‘ Typ verlacht. Eine moralische „Lehre", wie sie nach Gottsched aus der „lächerlichen Handlung" fließen
soll (CD, S. 644), könne nicht erwartet werden. Um diese regelmäßige Komödie
zu verurteilen, gebraucht Lessing eine Gattungsbezeichnung, mit der Gottsched
Stücke charakterisierte, die vor seinen Reformbestrebungen verfaßt wurden –
das „Possenspiel". Diese Kritik verstärkt er noch dadurch, daß er dieser Komödie als Publikum den von Gottsched verachteten „Pöbel" zuordnet (G IV, S. 56).
Lessing beschließt seinen Kommentar mit dem Urteil, daß nur in einer abge-

stimmten Mischung aus Rührung und Komik ein „allgemeiner Nutzen", die sittliche Belehrung des „Volkes" (S. 56), erzielt werden könne, was nichts anderes heißt, als Aufklärung über die sozialen Schranken hinweg.

Auch in seiner ersten Schrift zur Tragödie, der Abhandlung *Von den lateinischen Trauerspielen welche unter dem Namen des Seneca bekannt sind* (G IV, S. 58–141), hebt er das Wirkungspostulat hervor. Diese Forderung verblaßt aber hinter einer Kritikweise, die noch deutlich auf dem Boden der Regelpoetik steht (s. S. 80f., S. 88 u. S. 119f.). Lessing spricht von Leidenschaften in der Tragödie, die „unsre Leidenschaften unmöglich ganz ruhig lassen (können)" (S. 80), und nennt dabei auch das Mitleid (S. 89). Er differenziert aber diese Leidenschaften noch nicht – wie später im *Briefwechsel über das Trauerspiel mit Mendelssohn und Nicolai* oder in der *Hamburgischen Dramaturgie* – nach den sich gegenseitig bedingenden Affekten ‚Mitleid' und ‚Furcht'. Das ist umso verwunderlicher, als er bereits in den *Abhandlungen von dem weinerlichen oder rührenden Lustspiele* eine Unterscheidung vornimmt und die ästhetischen Wirkungen „Bewunderung und Mitleid" aufeinander bezieht (G IV, S. 56), ohne aber bereits hier zu dem Ergebnis zu kommen, daß diese Affekte sich gegenseitig aufheben (s. II D 1.3.2. u. III A 2.3.2.).

Was als moralische Absicht der Tragödie zu gelten hat, definiert Lessing in dieser Frühschrift noch nicht genau. Er verweist aber bereits darauf, daß dieser Nutzen nicht im Sinne von Gottscheds ‚moralischem Satz' (s. CD, S. 161) bestehen könne. Die Begründung veranschaulicht Lessings empirisch-induktive Methode der Kritik: Ein moralischer Nutzen nach dem Verständnis Gottscheds lasse sich aus den Tragödien des Seneca und des Euripides nicht herauslesen (s. S. 91). In der Beurteilung der zu erzielenden moralischen Wirkung wird also bereits Kritik an Gottsched laut. Gottscheds Muster aber, die später verurteilten französischen Tragödien, erfahren hier noch eine Wertschätzung, die sich von Gottscheds Lobsprüchen nur geringfügig abhebt (s. S. 130).

In der *Seneca-Abhandlung* dokumentiert sich am stärksten Lessings ambivalente Haltung zwischen Wirkungspoetik und Verharren in der Tradition der Regelpoetik. Diese Abhandlung ist der Grundstein seiner späteren Tragödientheorie, den man bisher meist ausschließlich im *Briefwechsel über das Trauerspiel mit Mendelssohn und Nicolai* sah.

2.2.2. ‚Genie' und ‚Regelmäßigkeit': für Lessing kein Gegensatz

In seiner Vorrede zu den *Beiträgen* hebt Lessing bereits hervor, daß er aufgrund eines ähnlich geglaubten ‚Naturells' die Werke der Engländer französischen Dramen vorziehen und deutschen Dramendichtern als mustergültig vorstellen will (G III, S. 359; dem Begriff des ‚Naturells' liegt das zu Lessings Zeit verbreitete klimatologische Erklärungsmuster zugrunde, was z. B. in der Begründung der despotischen Staatsform im 17. Buch von Montesquieus *De L'Esprit des Lois* [1748] ganz deutlich hervortritt).

Dieser Zielsetzung ist auch die Vorrede zu der Schrift *Des Herrn Jakob Thom-*

son sämtliche Trauerspiele (G IV, S. 142–147) unterworfen. Lessing spielt Gott-sched als den Dichter des regelmäßigen klassizistischen Dramas *Der sterbende Cato* (1730) gegen den mit „Genie" dichtenden Engländer aus (zum Begriff des Genies s. III A 2.2.). Für ihn besitzt Thomson die „magische Kunst" (S. 143), mit seinen Trauerspielen die Affekte des Zuschauers zu stimulieren. Er erziele eine Wirkung, welche die klassizistischen Regeln geradezu verhindern. Lessing hinge-gen macht sie zum Gradmesser des Gelungenseins:

> „[...] Tränen des Mitleids, und der sich fühlenden Menschlichkeit, sind die Absicht des Trauerspiels, oder es kann gar keine haben" (S. 144).

Der Hinweis, daß sich Thomsons Dramen zusätzlich durch Regelmäßigkeit auszeichnen (S. 143), wird erst verständlich, wenn man berücksichtigt, daß Gottscheds Urteil über die ‚unregelmäßigen' Engländer bei den Lesern verbreitet war. Lessing bringt einen entsprechenden Einwand des imaginären Publikums ein (S. 145). Diesen zu entkräften, bedient er sich eines taktischen Schachzugs: Er behauptet, Thomsons Trauerspiele seien eben nicht „*französisch,* sondern *griechisch* regelmäßig" (S. 145). Er kann so seine wirkungsästhetische Konzep-tion des Bürgerlichen Trauerspiels bei anerkannten Autoritäten abdecken und paßt sich gleichzeitig dem Publikum an. Hier deutet sich bereits seine Argumen-tationsweise in der *Hamburgischen Dramaturgie* an, in der er argumentative Rückversicherung bei der Aristotelischen *Poetik* sucht.

2.3. Der Kritiker Lessing als öffentlicher Redner

Öffentlichkeit zu konstituieren ist ein Ziel, das Lessing prinzipiell mit allen Schriften verfolgt. So ist für ihn der literarische Streit keine private Angelegen-heit, sondern eine vor den Augen der Öffentlichkeit zu führende Auseinanderset-zung. Die Briefanrede in seiner Streitschrift *Ein Vade mecum für den Herrn Samuel Gotthold Lange* mag zwar anfangs beim Leser den Eindruck des Priva-ten erwecken, am Ende aber stellt Lessing klar, daß mit dieser Polemik eine Angelegenheit von öffentlichem Interesse ausgefochten wurde, die publiziert werden muß:

> „Ich habe nicht weiter zu tun, als ihn [d. h. den ‚Brief'] in Duodez drucken zu lassen" (G III, S. 588; s. I C 3.2.).

Im Streit sieht Lessing einen Akt der Aufklärung, wie er später in seiner Untersuchung *Wie die Alten den Tod gebildet,* die ja auch ihren Anlaß in einer Kontroverse mit dem Kunstprofessor Klotz hatte, ausdrücklich betont (G VI, S. 407), und wie es ja letztlich auch darin zum Ausdruck kommt, daß Lessing sich über Nicolais Warnung hinwegsetzt und Lange öffentlich angreift.

Oft sind es philologische Einzelheiten, die Lessing zum Anlaß nimmt, kanoni-sierte Wahrheiten in Frage zu stellen (s. Bender, S. 165; zu Lessings philologi-schen Kenntnissen s. Norden). So entlarvt er im *Vade mecum* die „Bettelgelehr-samkeit" des im Ruf eines anerkannten Gelehrten stehenden Pastors Lange und führt als Begründung an, daß das Publikum vor dieser „Mißgeburt" einer Horaz-Übersetzung noch nicht gewarnt wurde (G III, S. 548). Der Kunstrichter Lessing macht das Recht des Publikums nach Aufklärung geltend und legitimiert wohl damit gleichzeitig seine Polemik, mit der er sich gegenüber dem bekannten Horaz-Übersetzer zu profilieren versucht.

Der in Lessings kritischen und theoretischen Schriften durchgängig zu findende explizite Publikumsbezug verdeutlicht, wie sehr eine kritische Öffentlichkeit als Voraussetzung für die Wirkung solcher Kritik notwendig ist. Das Publikum muß aber erst noch zu dem gewünschten Rollenverhalten finden. Die dialogische Textstruktur seiner Prosaschriften weist auf dieses Dilemma hin.

Lessing stellt sich seinen Lesern als geschulter Debattenredner, als Disputant vor. Seine Texte spiegeln die Situation eines Gesprächs wider oder sie fingieren die Situation vor Gericht. Lessing formuliert die Anklage, nennt seine Gegner, seine Zeugen der Anklage und der Verteidigung und appelliert an das richtende Publikum (s. Jens). Ist ein Gegner nicht vorhanden, dann wird er nach Lessings Plan „zurechtgemodelt" (Schröder, S. 21); so z. B. der ‚Gegner' in der *Plautus-Abhandlung*. Der fiktionale Charakter dieser Situationen läßt die Texte zum Experimentierfeld des Autors werden.

Vor allem aber muß Lessing in die Rolle eines kritisch richtenden Publikums schlüpfen. So schaltet er die Leser in den Prozeß der Urteilsfindung ein und macht z. B. die philologische Abhandlung *Rettungen des Horaz* zum Protokoll einer Gerichtsverhandlung (s. den Wechsel vom analysierenden ‚ich' zum fragenden ‚man'; Fragen an die ‚Ankläger', die dem Publikum in den Mund gelegt werden; Ausrufe der Verwunderung; um Bestätigung bittende Einwände des ‚Verteidigers' an das anonyme ‚Gericht'). Die Texte erwecken den Eindruck eines „Pseudogesprächs zwischen Autor und Leser" (Steinmetz, S. 39). Dem Publikum wird suggeriert, Partner des Kritikers zu sein. Der ‚richtende' Leser soll für die Argumente des ‚verteidigenden' oder ‚anklagenden' Kritikers empfänglich gemacht werden. Tatsächlich aber nötigt der Autor ihn zu einem „unmittelbaren Mit- und Nachvollzug seines einseitigen Dialogs" (Schröder, S. 27). In seiner Kritikweise antizipiert Lessing bereits die Rolle eines aufgeklärten Publikums, zu der er die Leser in Wirklichkeit erst mit Hilfe der Texte erziehen will. Seine in der Rolle des Publikums gestellten Fragen und Einwände – als „Treppe" auf der Suche nach der Wahrheit (Schröder, S. 20) – sind Ausdruck der Rollenerwartung, die Lessing an einen kritischen Leser richtet.

2.4. Die frühen Berliner Rezensionen: lästiger Broterwerb und notwendige Profilierung

In seiner Funktion als Rezensent geht der Kritiker nicht nur die Verpflichtung ein, dem Publikum als potentiellem Käufer eine Auswahl aus dem nicht mehr überschaubaren Literaturangebot und eine kurze Beurteilung zu liefern, er ist auch dem Autor verpflichtet. Zwischen Autor und Publikum steht der Rezensent, der in wenigen Zeilen den Leser über Inhalt und ‚aufklärenden' Nutzen unterrichtet. Er kann durch sein Urteil die Verbreitung und Wirkung eines Textes fördern bzw. unterbinden, wenn dieser Nutzen nicht zu erwarten ist. Sein Urteil soll über den Verkaufserfolg mitentscheiden.

Als Rezensent ist Lessing ,Auftragsschriftsteller'. Die Tatsache, daß er mehr als 250 Rezensionen geschrieben hat, ist deshalb nicht allein mit einer Vorliebe für diese Form der Kritik zu erklären (so Steinmetz, S. 33; Haller z. B. verfaßte für die *Göttingischen Anzeigen in gelehrten Sachen* rund tausend Rezensionen; Karl S. Guthke [Hrsg.], Hallers Literaturkritik, Tübingen 1970, S. 3), sondern liefert auch Aufschluß über die ökonomische Situation des ,freien' Schriftstellers Lessing.

Lessings frühe Rezensionen zu klassifizieren fällt schwer; Markwardts *Studien* sind hierfür nur ein Beispiel. Ansätze dazu könnte man vielleicht aus den Untersuchungsschwerpunkten ableiten, welche Textauswahl und Fragestellung dieses Kapitels bestimmen:

– Welche Bedeutung gewinnt die Rezension für Lessings noch aufzubauende Position als anerkannter Kunstrichter? Mit welchen Mitteln versucht er sich einen Namen zu machen?

– Welche Betroffenheit zeigt Lessings Urteil? Kann er sich mit den Aussagen der zu besprechenden Texte identifizieren? Sind sie ihm bedeutsam genug, in einer Auseinandersetzung mit ihnen seine Wertmaßstäbe zu entwickeln? Ist sein Urteil Ergebnis einer textzentrierten Erörterung?

Zum gängigen Lessingbild gehört sicherlich die Erwartung, daß sich seine Position als Kunstrichter auf einer textzentrierten, engagiert-sachlichen Rezensionstätigkeit gründet. Doch gerade unter seinen frühen Rezensionen finden sich nicht wenige Arbeiten, die sich durch bloße Polemik, kaum verhohlene Interesselosigkeit und Abschweifungen auszeichnen, was natürlich auch die Qualität der besprochenen Texte ausweist.

Der Rezensent sucht sein Material nicht, er wählt höchstens aus. So hat Lessing Texte zu besprechen, die allein deshalb seine Beachtung finden, weil sie gerade veröffentlicht wurden; Texte, deren oft kuriose Themen uns heute Aufschluß über die Eigenart des damaligen Literaturangebots geben. Für die Zielsetzung des Aufklärers Lessing sind sie bedeutungslos, nicht aber unbedingt für einen jungen Kritiker, der seinen Ruf erst aufbauen muß: beispielsweise mit Hilfe einer satirischen Schärfe seiner Kritik, die zu seinem ,Markenzeichen' werden soll.

Um den Anforderungen einer publikumswirksamen, kurzen und dennoch aussagekräftigen, einer aktuellen, sofort wirkenden und sofort wertenden Rezension zu entsprechen (s. Steinmetz), macht es sich Lessing nicht selten leicht. Er ersetzt die Textanalyse durch Paraphrasen aus dem Vorwort (,,Vorwortrezensionen''; Markwardt, S. 160). Oft stehen Textproben anstelle eines wertenden Urteils. Häufig ist den Rezensionen anzumerken, daß der Text bloß ,diagonal' gelesen wurde. Diese Rezensionen sind reine ,Broterwerbs-Rezensionen'; der Journalist Lessing schrieb nicht nur ,,Prachtstücke'' (Markwardt, S. 160). Solch eine reine Pflicht-Rezension ist z. B. das 44. Stück der *Kritischen Nachrichten aus dem Reiche der Gelehrsamkeit* (1751) (LM IV, S. 269 f.). Der Leser erfährt, wer der Verfasser der *Beichte* ist: Uhlich, ein Schauspieler (und Komödiendichter der Gottsched-Schule), der wegen dieser Tätigkeit angeblich vom Pfarrdienst suspendiert wurde. Die eigentliche Rezension besteht aus zwei ausgewählten Textproben vom Anfang (!) der *Beichte,* nur von einem fünfzeiligen Kommentar unterbrochen, in dem Lessing auf einen Bruch im „Tone" hinweist. Ebenso ist das 101. Stück der *Berlinischen privilegierten Zeitung* (1755) (G III, S. 257) als Produkt des Tagesjournalismus einzustufen. Lessing lobt zwar J. S. Patzkes erste Tragödie *Virginia,* doch eine Textanalyse, selbst eine Textprobe als Fundierung dieses Urteils fehlen.

Auch das 152. Stück der *Berlinischen privilegierten Zeitung* (1753) (G III, S. 192 f.) erscheint auf den ersten Blick als reine Pflicht-Rezension. Sie erweckt den Anschein einer völlig textzentrierten Kritik. Das Urteil über dieses ‚Betrugs-Lexikon' fällt gleich zu Beginn: in Lessings Augen eine nutzlose Fleißarbeit, während Verfasser und Verlag (Erstausgabe 1720, 3. Aufl. 1753) das Buch, das in den Bereich der ‚Polizeiwissenschaften' fällt (s. I A 1.3.), als nützlich einstuften. Das Urteil untermauert er durch eine ‚Textprobe', bei der nur ein geschulter Leser feststellen kann, daß sie Lessing selbst im Stil des Verfassers geschrieben hat. Die vier „Punkte", die er nach dem Stichwort ‚Betrug bei Poeten' anhängt, sind im Original nicht enthalten (s. Georg Paul Hönn, Betrugs-Lexikon. Nachdr. d. Ausg. von 1761, Hamburg o. J., S. 341 f.). Mit dieser ‚Textprobe' verfolgt Lessing zwei Absichten: Er macht die Nutzlosigkeit dieser Arbeit lächerlich und karikiert den ‚Reimstreit' zwischen Gottsched und den Schweizern. Die Rezension wird zur Satire.

Satirische Rezensionen (s. z. B. d. 3. Stück der *Berlinischen privilegierten Zeitung* (1749), LM IV, S. 11 f.: Wallbergens *Sammlung nützlicher Zauberkünste;* 50. Stück, LM IV, S. 18 f.: Hechts *Schriftmäßige Betrachtung über das Alter der Welt von 7000 Jahren;* 64. Stück, G III, S. 17: Hudemanns *Vier Bücher von der Betrachtung des Todes aus dem Lateinischen des berühmten Daniel Heinsius übersetzt)* dienen Lessing dazu, sich gegenüber anderen Literaturkritikern zu profilieren. So nimmt Lessing im 37. Stück der *Berlinischen privilegierten Zeitung* (1751; G III, S. 52 f.) die Rezension von Gottscheds *Gedichten* zum Anlaß, Gottsched beim Publikum in Mißkredit zu bringen. Gottscheds Literaturreform hat beim Publikum Anklang gefunden, und Lessing muß versuchen, diese Leser für sich zu gewinnen.

In seiner Rezension gebraucht Lessing nicht das Regelinventar, das Gottscheds Beurteilungsbasis bildet. Diese Regeln werden nicht einmal erwähnt. Verschiedene Hinweise auf den „Inhalt" der Gedichte (ihre Anordnung würde der „schärfsten Hof-Etikette Ehre machen", S. 52; mißlungene Lobrede auf Leibniz, S. 52 f.) und auf Fehlurteile Gottscheds (z. B. über Klopstocks *Messias,* S. 53) geben den Leipziger ‚Literaturpapst' der Lächerlichkeit preis. Lessing stellt ihn als nicht ernstzunehmenden Dichter und Kritiker hin. Am Ende der Renzension ist klar, wie Lessing sein Urteil durch Sanktionen vollziehen lassen will. Er rät vom Verkauf der *Gedichte* ab:

„Diese Gedichte kosten in den Vossischen Buchläden hier und in Potsdam 2 Tlr. 4 Gr. Mit 2 Tlr. bezahlt man das Lächerliche, und mit 4 Gr. ohngefähr das Nützliche" (S. 53).

Eher kann sich der Rezensent mit dem Inhalt von Gellerts *Briefen nebst einer praktischen Abhandlung über den guten Geschmacke in Briefen* identifizieren, die er im 55. Stück der *Berlinischen privilegierten Zeitung* (1751; G III, S. 55–57) bespricht. Mit seiner Abhandlung stieß Gellert in eine ‚Marktlücke'. Gottsched hatte in seinem weitgespannten Reformprogramm zwar auch Anweisungen für die ‚Schreibart' in Briefen aufgestellt (s. *Vernünftige Tadlerinnen,* 1725), jedoch keine epistolographische Schrift verfaßt (s. Reinhard M. G. Nickisch, Gottsched und die deutsche Epistolographie des 18. Jahrhunderts, Euphorion 66, 1972, S. 365 ff.; hier S. 366). Gellert, der mit seinem Briefsteller den Bekenntnisbrief und einen individuellen Briefstil theoretisch begründete, bricht mit einer Epistolographie, die in der Tradition der Rhetorik steht. Wie in den herkömmlichen Anweisungen exemplifiziert er zwar seine Forderungen in den beigefügten Musterbriefen, er stellt aber keine Regeln auf, sondern rät – in Lessings Worten – mit „lebhafte[m] Witz" und „empfindliche[m] Herze[n]" zu schreiben (S. 55).

Im Gegensatz zu theoretischen Schriften wie der *Fabel-Abhandlung* (*De poesie apologorum eorumque scriptoribus,* 1744) und seiner Leipziger Antrittsvorlesung *Abhandlung für das rührende Lustspiel* (*Pro comoedia commovente,* 1751) – beide lateinisch verfaßt und eher als Produkt akademischer Gelehrsamkeit zu werten – erzielt der Briefsteller eine große Breitenwirkung (im 18. Jahrhundert neun Ausgaben; Nachwort von R. M. G. Nickisch zu Gellert, Die epistolographischen Schriften, Stuttgart 1971, S. 3[+]), die mit der seiner Fabeln und rührenden Komödien vergleichbar ist. Das Erziehungsziel, das er sich in seiner Vorrede stellt – „nämlich junge Leute, und insonderheit das Frauenzimmer, zu einer natürlichen Schreibart zu ermuntern" (ebda, S. 2) –, formulierte Lessing ähnlich in einem Brief an seine Schwester Dorothea: „Schreibe wie Du redest, so schreibst Du schön" (30. 12. 1743; R IX, S. 57; s. Briegleb, S. 49 ff.).

Diese ‚Natürlichkeit' ist es, die Lessing zum Ansatzpunkt seines Lobs macht. Wie immer bei Gellert, zeige sich auch im Briefsteller sein Geschick, „die Natur überall in ihre alten Vorrechte unter uns wieder einzusetzen" (G III, S. 55). Seine Musterbriefe seien „durchgängig Meisterstücke": „Die schöne Natur herrscht überall" (S. 56). Die von beiden erhobene Forderung nach einem ‚natürlichen' Briefstil läßt sich aber nicht mit zur Formel erstarrten Sprachwendungen und Mustern erfüllen, welche die herkömmlichen Anleitungen für nahezu jeden Anlaß anbieten. Lessing verbindet deshalb das Lob Gellerts mit einer Verurteilung der traditionellen Briefsteller, die noch immer die Stillehre in den Schulen bestimmen (s. S. 56 f.).

Gellerts Tadel der „Kanzleisprache" in „Hof- und Staatsschreiben" (Nickisch, S. 88) deutet an, daß diese Forderung sich nicht zur Stilfrage verengt. Sie beinhaltet durchaus Kritik an der sich in diesen Sprachformen niederschlagenden ständischen Sozialordnung. Der Schreiber wird zur Beachtung von Etikette, Zeremoniell und Höflichkeit gezwungen (s. ebda, S. 89), wird also zu ritualisierten

Verhaltensformen angehalten, die die Literatur der Aufklärung abwertend der höfischen Sphäre zuschreibt, um eine von ‚Natürlichkeit' geprägte bürgerliche Welt positiv entgegenzusetzen.

2.5. Einbildungskraft contra historische Wahrheit

Die an das Publikum gerichtete Frage: „Wer aber will denn gern verleumdet sein?" (G III, S. 591), mit der sich Lessing auf Langes Anschuldigung einer versuchten Erpressung bezieht, wird zur Ausgangsfrage der *Rettungen des Horaz* (1754) (G III, S. 589–629). Horaz' Dichtung und Poetik besaßen zur Zeit Lessings noch Mustergültigkeit. Es ist zu bezweifeln, daß – außer einer kleinen Schar Philologen – eine breite Öffentlichkeit von den ‚Verleumdungen' wußte, die Lessing nennt: Lüsternheit, Feigheit, Gottlosigkeit. Es sind publikumswirksame Anklagepunkte, und man muß sich fragen, ob Lessing in ihnen nicht bloß einen Aufhänger sah, sich wirkungsvoll in Szene zu setzen.

Mit Hilfe von Textvergleichen und textkritischer Analyse der ‚Anklageschrift', der *Vita Horatii* Suetons, und unter Berücksichtigung historischer Quellen und zeitgenössischer Interpreten kann Lessing die Authentizität der Vorwürfe in Frage stellen (s. S. 600 f.). Bleiben noch die Oden des Horaz, auf die sich die ‚Ankläger' stützen. Doch auch diese Oden sind für Lessing als Quelle zweifelhaft, denn:

– Wer das lyrische Ich der Oden zum bekennenden empirischen Ich macht, verkennt die Fiktionalität des Textes, verkennt das Rollenspiel des Dichters (s. S. 618).
– Je besser ein Dichter ist (daß Horaz ein großer Dichter ist, präjudiziert Lessing bereits vor Aufzählung der Verleumdungen, s. S. 592 f.), desto stärker löst er sich vom Erlebten, von der historischen Wahrheit, desto stärker dichtet er mit Einbildungskraft (s. S. 618).

Lessing bezieht mit dieser Argumentation eine Position, die Ausdruck der zeitgenössischen poetologischen Diskussion ist und sich v. a. gegen Gottscheds Verständnis der Naturnachahmung richtet. Der wahre Dichter dichtet mit Einbildungskraft und versteht unter ‚Nachahmung der Natur' auch die Nachahmung der *allgemeinen* menschlichen Empfindungen, und nur diese habe Horaz in seinen Oden besungen (s. S. 601).

In dieser *Rettung* weist Lessing nicht nur seine „philologische und kulturhistorische Versiertheit" (G III, S. 781) aus. Was er bereits hier in seiner gründlichen Untersuchung als das Dichterische in Horaz' Oden offenlegt, sind wesentliche Programmpunkte seiner Dichtungstheorie, die er dann prinzipieller in der *Hamburgischen Dramaturgie* zur Beurteilungsbasis erheben und dort in den Werken von ‚Genies' verwirklicht sehen wird.

C. Lieder und Epigramme

0. Vorbemerkung

Lessings frühe Gedichte (Lieder, Oden, Epigramme) stehen seit längerem sehr im Schatten der Lustspiele und der kritischen Schriften. Offenbar sucht man ‚Lyrisches‘, wenn überhaupt im Bereich der Lessingzeit, dann eher bei Brockes, Hagedorn, Gellert, Gleim oder Klopstock, aber nicht bei dem ‚Kritiker‘ Lessing. Dies steht in auffälligem Widerspruch zur Reaktion seiner Zeitgenossen, die seine Gedichte sehr wohl zu schätzen wußten und einzelne schon bald in Anthologien und Lesebücher aufnahmen. Über die Lieder beispielsweise berichtet Herder: „In häufigen Kompositionen sind sie im Munde der Nation und bedürfen keines Urteils mehr“ (Steinmetz, Lessing, S. 126). Daß sich die Vorstellungen vom Gedicht seit Goethe in Deutschland gewandelt haben, ist für den, der Lessing auch als geschichtliche Erscheinung verstehen will, kein hinreichender Grund, die Gedichte zu ignorieren. Nicht zuletzt gehören sie zum charakteristischen Spektrum von Lessings Frühwerk als ein genuiner Bestandteil: in ihrer Traditionsgebundenheit wie in ihrem oft experimentellen, ja kritischen Charakter (nur die Oden bleiben fast ganz in den Bahnen der vorgefundenen Konvention).

1. Lieder

1.1. Grundlageninformationen

1.1.1. Texte und Materialien

Die Texte der Lieder sind bisher nicht in Form einer eigenen Taschenbuchauswahl zugänglich gemacht worden. Einige wenige Titel enthält der Band *Epochen der deutschen Lyrik* 1700–1770 (dtv Nr. 4019. Hrsg. v. Jürgen Stenzel, 1969). Zurückzugreifen ist auf G I, S. 65–127, LM I, S. 59–132 und PO Tl. I, S. 49–96 sowie auf R I, S. 55–113 (s. auch Stammler I, S. 47–81; Wölfel I, S. 7–18).

Als Textbeispiele (nach G I) werden zugrundegelegt: *Der Geschmack der Alten* (S. 79), *Für wen ich singe* (S. 83 f.), *Der Tod* (S. 90 f.), *Die drei Reiche der Natur* (S. 94).

1.1.2. Forschungsliteratur

Schmidt I (s. Gesamtbibl. 2), S. 77 ff. [Nach wie vor nützliche, materialreiche Darstellung vor allem der biographischen und literarhistorischen Zusammenhänge.]

Friedländer, Max: Das deutsche Lied im 18. Jahrhundert, bes. Bd. 2, Stuttgart u. Berlin 1902, S. 86 ff. [Noch wichtig für den zeitgenössischen Kontext der Liedproduktion, mit Textbeispielen.]

Briegleb (s. Gesamtbibl. 5), S. 260 ff. [Anregende Deutung des Gesamtkomplexes unter dem Stichwort ‚kritisches Rokoko‘.]

Zeman, Herbert: Die deutsche anakreontische Dichtung, Stuttgart 1972, S. 229 ff. [Ausführliche Behandlung Lessings innerhalb der anakreontischen Tradition; zentrale These: Lessings Besonderheit liege in der Verbindung des Anakreontischen mit dem Leipziger Studentenlied, also in der Verlebendigung, Aktualisierung der Tradition.] Pelters, Wilm: Zu Lessings Liedern, in: Wahrheit und Sprache. Festschr. f. Bert Nagel, Göppingen 1972, S. 105 ff. [Betont Lessings Tendenz, auch schon in den Liedern ‚aufklärerisch' an sich und der Gesellschaft zu wirken.]

1.1.3. *Voraussetzungen und Entstehung*

Lessings literarische Anfänge fallen in eine Blütezeit der deutschen anakreontischen Dichtung, eine Auseinandersetzung war fast unvermeidlich. Die Tradition dieser Dichtung leitet sich her von dem griechischen Lyriker Anakreon aus dem 6. vorchristlichen Jahrhundert; sie wurde früh literarisiert, ‚Originales' und Nachgedichtetes verschmolzen zu einem Corpus von sogenannten *Anakreonteen.* Sie setzen im allgemeinen einen geselligen Kreis von Freunden voraus, behandeln einen festen Bestand von Motiven wie die Geliebte, die Macht der Liebe und des Weins, sie preisen die Geselligkeit und das *carpe diem.* Häufig begegnet dabei die Form der Idylle, auch das Schäferkostüm.

Im Zug des aufkommenden Freundschaftskults (s. die Ausführungen zum *Freigeist,* A 2.2.) bilden sich denn auch mehrere Dichterkreise, die mit Vorliebe anakreontische Poesie pflegen. So der Hallesche Kreis mit Gleim, Uz und Götz. Zu einem Leipziger Kreis gehören, außer Lessing und seinem Vetter Mylius, Christian Nikolaus Naumann und Heinrich August Ossenfelder. Lessing selbst macht darüber hinaus den Versuch, einzelne Lieder zur Veröffentlichung in Mylius' Zeitschrift *Der Naturforscher* zu schreiben. Hauptbeispiel dieser speziellen, an einen publizistischen Kontext gebundenen, parodistischen Variante ist das Gedicht *Die drei Reiche der Natur* (G I, S. 94; dazu Zeman, S. 234 ff. sowie Karl Richter, Literatur und Naturwissenschaft. Eine Studie zur Lyrik der Aufklärung, München 1972, S. 115 ff.). Einzelne Lieder bringen es zu großer Beliebtheit – s. das Zitat von Herder – und gehen sogar in studentische Kommersbücher ein.

1.2. *Textanalyse*

1.2.1. *Lessings Anakreontika: Versuch in einem zugleich antikisch-gelehrten und ‚geselligen' Genre*

Neben der antiken Komödientradition (Plautus, Terenz) und den Epigrammen bilden die Anakreontika einen dritten Bereich, in dem Lessing seine in St. Afra erworbene literarische Gelehrtenbildung in poetische Praxis umzusetzen versucht. Ostentatives Probestück seiner Fähigkeit zu solcher Umsetzung ist etwa das Gedicht *Nach der 15. Ode Anakreons* (G I, S. 74 f.). Im Gegensatz zu den beiden anderen Traditionsbereichen jedoch ist durch das anakreontische Genre bereits das ‚Gesellige' als Grundtendenz mitgegeben. Während die Wendung zur Komödie, zum Theater den Ansatz einer zumindest fiktiven bürgerlichen Öffentlichkeit impliziert und für das Epigramm unter anderem motivische Vielfalt und publizistische Verwendungsmöglichkeit kennzeichnend ist, setzt die anakreontische Dichtung primär eine ,Kleingruppe' voraus – abgestützt durch eine lange antik-gelehrte Tradition. Daß Lessing auch als Poet nicht nur die Wendung nach außen, zum bürgerlichen Publikum hin praktiziert, wird durch seine Liederdichtung in Erinnerung gerufen. Es sollte als ein frühes Produkt seiner Literatenexistenz nicht – wie zumeist – verdrängt, sondern zur Kenntnis genommen werden. Auch dieses Gegenüber von (elitärer) Kleingruppe und (förderungswürdigem) Publikum ist von Bedeutung für den Gesamtprozeß der Aufklärung.

1.2.2. Aktualisierung des geselligen Elements, Konkretisierung des Publikums und der Situation

Daß Lessing sich der Besonderheit, ja Abgegrenztheit des Adressatenkreises bewußt ist, zeigt am deutlichsten das Lied *Für wen ich singe* (G I, S. 83 f.). Die Grundform des Gedichts, die Priamel, ist in der anakreontischen Tradition gut belegt. Lessing beläßt jedoch die negierende, abwehrende Geste („Ich singe nicht für [...]", „Ich singe nicht für [...]") nicht im fiktiven Raum, sondern benennt mit Hilfe von Signalformeln einzelne Kontrastbereiche wie Gelehrtenschule, Literaturkritik und patriotische Panegyrik. Dagegen setzt er am Schluß, mit ,finaler' Tendenz, den Kreis der „Brüder" und seine „Schöne". Durch Nennung des Weins, insbesondere auch des Namens „Phyllis", macht er den Gattungscharakter unmißverständlich klar und bindet doch zugleich das Gedicht fest an den Kreis seiner Leipziger Freunde.

Es läßt sich im einzelnen zeigen (s. Zeman, S. 222 ff.), wie Lessing dabei als erster auch Elemente des in seiner ,Frische' und ,Fröhlichkeit' leicht etwas forciert wirkenden Leipziger Studentenliedes in den Bereich der anakreontischen Basis einbezieht. Im gleichen Genre – freilich ohne Anakreontik – hatte sich ein halbes Jahrhundert zuvor der ,Frühaufklärer' Christian Weise versucht. Die Tendenz zum Ausbrechen aus der bloßen humanistischen Konvention ist bei beiden charakteristisch. Für Zeman zeigt sich bei Lessing „der erste, weitgehend unreflektierte Neuansatz in der deutschen Lyrik vor ähnlichen, zu höchster Vollendung gereiften Bemühungen Herders und Goethes" (S. 236). Damit sind diese Gedichte freilich noch ebensowenig ,volkstümlich' zu nennen wie etwa die frühen Komödien. Aber sie signalisieren eine für Lessing bezeichnende Annäherung an vorgefundene Realitäten des ,Lebens'.

1.2.3. Anakreontische Konvention, spielerisch in Frage gestellt

Die unter 2. angedeutete Transzendierung des Überlieferten wird ergänzt durch charakteristische Momente der ironischen Distanzierung, wie sie sich bei anderen Anakreontikern der Zeit kaum findet. Sie begegnet bei Lessing in vielfacher Modifikation. Das Gedicht *Der Tod* (G I, S. 90 f.), einer der bekannteren Texte Lessings, baut zunächst eine dialogische Szene auf, die durch das Ausspinnen des Themas ,Wein' an das anakreontische Genre gebunden bleibt. Hineinverflochten werden auch Momente der Ständesatire (bes. Strophe 6), und zuletzt macht die Hyperbolik des „Ewig [...] Ewig [...] Ewig [...] Ewig" deutlich, daß die Stereotypie des *memento mori* und des *carpe diem* die Ganzheit des ‚Lebens' nicht erfaßt.

Hier geht Lessing über den ‚naiven Typus' Gleimscher Anakreontik (Zeman) hinaus, und indem solche Texte von Lessing planmäßig auch publiziert werden, bietet sich – über den Freundeskreis hinaus – ein bescheidener Ansatz zu ‚kritischem Rokoko' (Briegleb). Ein Text wie *Der Geschmack der Alten* (G I, S. 79) zeigt schließlich, wie Lessing sogar in die aktuelle literarische Diskussion ‚weinselig' eingreift: Querelle des Anciens et Modernes und Geschmacksdebatte, beides zu Lessings Zeit oft mit Verbissenheit ausgetragen, werden durch die Schlußvolte vom Beimischen des Wassers spielerisch relativiert. Dem heutigen Leser mögen Themen und Tendenzen der anakreontischen Poesie, verglichen etwa mit der Problematik der *Emilia Galotti,* ferngerückt sein. Für Lessing bedeuten sie ein Feld höchster literarischer Aktualität. Nicht anders ist es zu verstehen, wenn er dem Anakreontiker Hagedorn noch 1749 den Titel „des größten Dichters unsrer Zeiten" zuerkennt (R IX, S. 20). Lessing mußte sich in diesem Genre versuchen, wenn er poetisch mitreden wollte. Sein spielerisch-distanzierendes Verfahren ist genuiner Bestandteil seiner frühen ‚Kritik'.

2. Epigramme

2.1. Grundlageninformationen

2.1.1. Texte und Materialien

Wie im Fall der Lieder existiert keine eigene Auswahl in Taschenbuchform, doch ist Lessing in den verschiedenen vorliegenden Anthologien deutscher Epigramme stets reichlich vertreten. An Taschenbuchausgaben sind zu nennen: *Deutsche Epigramme aus fünf Jahrhunderten* (dtv Nr. 632. Hrsg. v. Klemens Altmann, 1969; thematisch geordnet); *Deutsche Epigramme* (Reclam Nr. 8340–43. Auswahl u. Nachwort v. Gerhard Neumann, 1969; nach Autoren geordnet, mit nützlichen Literatur- und Quellenhinweisen; Lessing-Auswahl nicht sehr geeignet). Die Texte sind enthalten in G I, S. 7–63; LM I, S. 1–58; PO Tl. I, S. 11–48; R I, S. 133–182; Stammler I, S. 9–46; Wölfel I, S. 19–25).

Als Textbeispiele (nach G I) werden zugrundegelegt: *Die Sinngedichte an den Leser* (S. 9). *Hinz und Kunz* (S. 16), *An den Leser* (S. 28), *Auf die Magdalis* (S. 32). *Unter das Bildnis des Königs von Preußen* (S. 49), *Die große Welt* (S. 51), *Auf ein Karussell* (S. 49), *Grabschrift auf Voltairen* (S. 54), *In eines Schauspielers Stammbuch* (S. 52), *Sittenspruch 1779* (S. 53).

Die *Zerstreuten Anmerkungen über das Epigramm und einige der vornehmsten Epigrammatisten:* G V, S. 420–529.

2.1.2. Forschungsliteratur

Schmidt I (s. Gesamtbibl. 2), S. 97 ff.

Beutler, Ernst: Vom griechischen Epigramm im 18. Jahrhundert, Leipzig 1909 [Verfolgt die neben Martial wichtigste antike Epigrammtradition, in der auch manche Epigramme Lessings stehen.]

Erb, Therese: Die Pointe in der Dichtung von Barock und Aufklärung, Bonn 1929 [Anregende Beobachtungen vor allem zur gedanklichen und stilistischen Struktur.]

Heuschkel, Walter: Untersuchungen über Ramlers und Lessings Bearbeitung von Sinngedichten Logaus, Diss. Jena 1901 [Wichtig sowohl für Lessings ‚philologische‘ Beschäftigung mit Epigrammen wie auch für die Anknüpfung an Logau.]

Pfohl, Gerhard (Hrsg.): Das Epigramm. Zur Geschichte einer inschriftlichen und literarischen Gattung, Darmstadt 1969 [Die gesammelten Beiträge bieten einen repräsentativen Überblick über die Gattungsgeschichte seit der Antike.]

Riedel (s. Gesamtbibl. 5), S. 180 ff. [Vergleiche mit dem Vorbild Martial; auch zur Epigrammtheorie.]

2.1.3. *Voraussetzungen und Entstehung*

Unter den poetischen Kleingattungen, die der junge Lessing vorfindet, ist das Epigramm in jeder Hinsicht die vielseitigste. Mindestens vier wichtige Traditionsstufen haben bis dahin an der Füllung des Arsenals mitgewirkt: griechische Anthologie, Martial, die Neulateiner des 16. Jahrhunderts (bes. John Owen), dann französische und deutsche Poeten des 17. Jahrhunderts.

Ein Sachverhalt, ein Gegenstand oder eine Person (auch ein Typus) wird kurz präsentiert und sogleich kommentiert bzw. kritisiert, wobei das Schwergewicht auf der Pointe liegt (so vor allem in der auf Martial zurückgehenden Tradition, die durch Scaliger kanonisiert wird.) Die Gegenstandsbereiche sind prinzipiell nicht begrenzt, sie reichen von der Berufs- und Ständekritik über satirische Grabschriften, Verspottung lebender Personen, Kommentierung literarischer Probleme bis zum Handfest-Biotischen.

Lessing lernt die Konventionen schon früh genau kennen, offenbar vor allem durch seinen Lehrer Kästner in Leipzig angeregt, der zu den originellsten Epigrammatikern der Zeit gehört. Dessen scharfsinnig kombinierende, am *concretum* ansetzende Kompositionsweise (im Gegensatz etwa zu Klopstock, dessen Epigramme das ‚Witzige‘ bewußt meiden) prägt weitgehend auch seinen Schüler. Schon 1753 erscheint in den *Schriften* eine erste Sammlung, 1759 bringt Lessing zusammen mit Ramler den damals fast vergessenen Barockepigrammatiker Logau wieder ans Licht, zwei Jahre später erscheinen die *Anmerkungen über das Epigramm,* 1771 in wesentlich erweiterter Form (zusammen hiermit auch eine zweite Sammlung der *Sinngedichte*). Im Gegensatz zu Lessings Anakreontika bleibt also seine Beschäftigung mit dieser betont ‚aufklärerisch‘ gehandhabten Gattung nicht auf die Frühzeit beschränkt (wenngleich dort der Schwerpunkt liegt).

2.2. *Textanalyse*

2.2.1. *Das Epigramm als ‚witzig‘-rationale Gattung par excellence*

Das Epigramm ist in Überblicksdarstellungen wie in Einzeluntersuchungen oft als eine Gattung bezeichnet worden, die der Verstandeskultur der Aufklärung besonders entgegenkomme, ja ihr eigentümlich sei. Dies ist nur insofern richtig, als bestimmte traditionelle Gattungsmerkmale, namentlich ihre pointierte Struktur, ihre Scharfsinnigkeit (meist gefaßt unter dem Begriff der *argutia*) jetzt stärkere Resonanz finden. Das Epigramm ist, neben der Satire, eine der Gattungen, deren Wandlungen vom 17. zum 18. Jahrhundert sehr aussagekräftig sind. Während des Barockzeitalters wurden, nach antikem Vorbild, ganze ,Hundertschaften' (Centurien) von Epigrammen gedichtet, nahezu unbegrenzt nach Themen und Stilformen (s. Pfohl, S. 287ff.). Jetzt werden vor allem Lehrhaftigkeit und ,rationale' Komposition neu entdeckt und angestrebt. Fast alle Poeten der Aufklärungszeit haben sich mehr oder weniger intensiv als Epigrammatiker versucht, Lessing selbst hinterließ an die 200 Epigramme, darunter auch 22 lateinische (G I, S. 59–63).

In manchen dieser Epigramme wird der bloße, fast ,zweckfreie' Spaß am sprachlich-rationalen Spiel deutlich erkennbar. *Auf die Magdalis* etwa (G I, S. 32) kreist gedanklich ganz in sich selber, charakteristisch erscheint aber, wie in der zweiten Hälfte die Gedankenbewegung gewissermaßen szenisch angedeutet ist (vgl. auch die Mittelzäsuren!). Dieses dynamische Moment hat Lessing in seiner Epigrammtheorie dann auch zum Prinzip erhoben. Er fordert klare Zweiteilung des ,Sinngedichts', wobei auf die Erregung von Neugier oder ,,Erwartung" die schlagartige Befriedigung bzw. Einlösung folgt (,,Aufschluß", wie er es nennt; G V, S. 423 u. ö.). Die Kürze des Epigramms, wie sie Lessing in *An den Leser* (G I, S. 28) zugleich fordert und realisiert, hat zur Folge, daß das im ,Witz'-Ideal enthaltene kreative Element über den Schluß des Epigramms hinauswirkt, Denken anregt.

2.2.2. Die motivische Vielfalt der epigrammatischen Tradition, zu ,publizistischen' Zwecken benutzt

Was dem Leser der Lessingschen Epigramme an motivischer Vielfalt auffallen mag, ist keine Besonderheit dieses Autors. Nahezu jeder Einzelzug ist, für Lessing bewußt oder unbewußt, bereits in der Tradition vorgeprägt. Selbst die Kritik höfischer Lustbarkeiten und Schaustellungen, wie sie in dem Epigramm *Auf ein Karussell* (G I, S. 49) hörbar wird, hat ihre Vorbilder beispielsweise bei Logau. Die der Gattung zugestandene relative ,Freiheit' *(licentia)* wird aber von Lessing offenbar planmäßig genutzt, wobei immer wieder Dialogisierung und Publikumszuwendung auffallen. Bei *Hinz und Kunz* (G I, S. 16) ist die Kritik an despotischer Willkür und Verschwendungssucht aus der Subjektivität eines Ich herausgerückt und ganz in den Dialog, ja in eine Kleinszene verlagert. Hier wird die enge Verwandtschaft von Epigramm-Dynamik und Lessingschem dramatischem Dialog deutlich erkennbar. Nur daß sich Lessing in der – gelegentlich auch politisch gefärbten – Zeitkritik der frühen Epigramme weiter hervorwagt als in den frühen Lustspielen, abgesichert durch die traditionelle, gattungsspezifische Freiheit.

Doch werden gegenwartsbezogene Themen nicht nur in aggressiver Manier behandelt. Das Epigramm *Unter das Bildnis des Königs von Preußen* (G I, S. 49) nimmt einen für Friedrich II – und den Aufgeklärten Absolutismus insgesamt – charakteristischen antinomischen Gedanken (Philosoph/Held) auf und lenkt ihn durch den Begriff des ‚Denkenden‘ zur möglichen Synthese. Bemerkenswert sind hier im übrigen die Parallelen zum *Philotas* (das Epigramm stammt aus dieser Zeit).

Auch inhaltliche Verbindungen zu den frühen literaturkritischen Schriften ergeben sich in manchen der Epigramme Die durch die Tradition wiederum gestützte Skala von Lessings Themen reicht von der konkreten Dichter-Kritik (die Epigramme G I, S. 9, 29) bis zur Formulierung grundsätzlicher Einsichten in das Verhältnis von ‚Kunst‘ und ‚Natur‘ auf der Bühne (*In eines Schauspielers Stammbuch*, S. 52). Die besondere publizistische Eignung der Epigrammform beruht dabei ebenso auf der Direktheit der Aussage und der Kritik wie auf der einprägsamen, gewissermaßen zum Auswendiglernen anregenden Kürze.

2.2.3. Lessings Epigramm: Experiment und äußerste Verdichtung von Gelehrtheit und aufklärerischer Vernunft

Daß ein wichtiger Aspekt der frühen Epigrammatik Lessings in der kritisch-poetischen Selbsterprobung liegt, ist unverkennbar. Der gelegentlich bestimmende Experimentalcharakter stellt zugleich vor das Problem der Wiederholung, ja der Ermüdung durch gehäufte ‚Witzigkeit‘ (übrigens ein Problem aller Epigrammsammlungen seit Martial). Doch wird man den frühen Epigrammen ebensowenig wie den frühen Lustspielen gerecht, wenn man sie lediglich als ‚Vorstufen‘ betrachtet. Die gelehrte Dichtungstradition ist für Lessing notwendige, zugleich prägende Voraussetzung seiner literarischen Artikulation. Das Epigramm bietet ihm aufgrund seiner Vielfalt und seiner relativen poetischen Freiheit eine besondere Chance, zugleich aufklärerische Vernunft zur Geltung zu bringen.

Noch das Epigramm *Sittenspruch 1779* (G I, S. 53) zeigt, wie das zur Übersteigerung tendierende Prinzip des ‚Widerspruchs‘ in vernünftigen Bahnen gehalten werden soll. Das ‚Vernünftige‘ repräsentiert auch das Bild der Waage in dem Epigramm *Die große Welt* (G I, S. 51). In beiden hier beispielhaft genannten Texten sind Grundhaltungen Lessings in äußerster Komprimierung festgehalten, gewissermaßen stellvertretend für große Bereiche seines Gesamtwerks. Im Vergleich mit den Lustspielen und kritischen Schriften lassen Lessings Epigramme erkennen, daß seine kreative Rationalität nicht ausschließlich an die Durchsetzung bestimmter Ziele gebunden war, sondern auch die *licentia* zur ‚formalen‘ Selbsterprobung brauchte. Wie dieses primär individuelle Moment auch auf Resonanz stieß – und dadurch, nach Lessings eigenem Verständnis, erst ‚Wirklichkeit‘ wurde –, bezeugt wiederum Herder: „viele seiner Sinngedichte [...] sind als Proben des glücklichsten Witzes in Lehrbüchern und sogar in der Gesellschaft gang und gäbe“ (Steinmetz, Lessing, S. 126).

D. Miß Sara Sampson

0. Vorbemerkung

Unter Lessings bekannteren Dramen ist *Miß Sara Sampson* von der Forschung, ähnlich wie das Frühwerk überhaupt, lange Zeit stark vernachlässigt worden. Man hat einen „paradoxen Tatbestand" (Durzak, S. 47) zu konstatieren: gattungsgeschichtlich und gattungstypologisch wird diesem Drama eine zentrale Bedeutung zugesprochen, dramaturgisch gilt es als nicht gelungen. Gerade das Eigentümliche des neuen Dramentypus, die Darstellung bürgerlicher Empfindsamkeit und die daraus resultierenden dramentechnischen Neuerungen, bewertet man bei diesem Stück einerseits als Abgrenzung zur klassizistischen Tragödie, andererseits gilt sie als der eigentliche Grund für die „auffällige Vernachlässigung" (Fricke, S. 96).

1. Grundlageninformationen

1.1. Texte und Materialien

Miß Sara Sampson (1755): G II, S. 9–100; LM II, S. 265–352; PO Tl. I, S. 219–301; R II, S. 7–104; Stammler I, S. 311–398; Wölfel I, S. 167–247. Einzelausgabe: Reclam Nr. 16.

Briefwechsel über das Trauerspiel (1756/57): G IV, S. 153–227; LM XVII [Briefe von Lessing vom 30. 12. 1743 bis 31. 12. 1771, ohne gesonderte Zusammenfassung der Briefe über das Trauerspiel an Mendelssohn und Nicolai.]; LM XIX [Briefe an Lessing vom Januar 1746 bis 24. 12. 1770, ohne gesonderte Zusammenfassung der Briefe Mendelssohns und Nicolais über das Trauerspiel an Lessing.]; PO Tl. XII, S. 485–516 [Ohne die Briefe Mendelssohns und Nicolais über das Trauerspiel.]

Einzelausgaben des *Briefwechsels über das Trauerspiel*:

Petsch, Robert (Hrsg.): Lessings Briefwechsel mit Mendelssohn und Nicolai über das Trauerspiel, Leipzig 1910 (unveränd. reprogr. Nachdruck Darmstadt 1967)

Lessing, Mendelssohn, Nicolai. Briefwechsel über das Trauerspiel, hrsg. u. komm. v. Jochen Schulte-Sasse, München 1972 [Mit einem Kommentar über den Stellenwert dieses Briefwechsels in der Entwicklung der Ästhetik zu einer eigenständigen Disziplin. Enthält Nicolais *Abhandlung vom Trauerspiele* und Auszüge aus Mendelssohns Briefen *Über die Empfindungen*. Ersetzt die Ausgabe von Petsch.]

Als Materialien zu *Miß Sara Sampson* sollten hinzugezogen werden:

Eibl, Karl (Hrsg.): G. E. Lessing. *Miß Sara Sampson*. Ein bürgerliches Trauerspiel, Frankfurt a. M. 1972 [Text mit ausführlichem Kommentar, Interpretationshinweisen und Literaturangaben.]

1.2. Forschungsliteratur

Ackermann, Irmgard: Vergebung und Gnade im klassischen deutschen Drama, München 1968 [Deutung vor allem des Schlusses der *Sara* im christlichen Zusammenhang, vgl. Bornkamm.]

Bornkamm, Heinrich: Die innere Handlung in *Miß Sara Sampson,* Euphorion 51, 1957, S. 385 ff. [Vernachlässigung der gattungstypologischen Bedeutung und Konzentration auf die innere Handlung („Seelengeschichte") als des Trägers des dramatischen Ablaufs.]

Brown, F. Andrew: Seneca and *Sara*: Parallels and Problems, in: Harris u. Schade (s. Gesamtbibl. 4), S. 143 ff. [Vergleich von Einzelstellen.]

Daunicht, Entstehung: s. Gesamtbibl. 9.

Durzak, Manfred: Äußere und innere Handlung in *Miß Sara Sampson.* Zur ästhetischen Geschlossenheit von Lessings Trauerspiel, DVjs 44, 1970, S. 47 ff.; auch in: M. D., Poesie und Ratio (s. Gesamtbibl. 5), S. 44 ff. [Stellt der These einer Diskrepanz zwischen innerer und äußerer Handlung die These einer funktionalen Interdependenz gegenüber.]

Fricke, Gerhard: Bemerkungen zu Lessings *Freigeist* und *Miß Sara Sampson,* in: Festschr. f. Josef Quint, Bonn 1964, S. 83 ff. [Empfindsamkeit als bloße Äußerlichkeit und als Ursache für die geringe Resonanz des Stückes heute.]

Guthke, Bürgerliches Trauerspiel: s. Gesamtbibl. 9.

Hinck: s. Gesamtbibl. 8.

Janz, Rolf-Peter: „Sie ist die Schande ihres Geschlechts". Die Figur der femme fatale bei Lessing, Jahrbuch der deutschen Schillergesellschaft 23, 1979, S. 207 ff. [Untersucht die widerspruchsvolle und faszinierende Verschränkung positiver und negativer Züge in der Marwood und sieht in der femme fatale den aufklärerischen Widerspruch zwischen der Warnung vor der ‚Wollust' einerseits und der Rehabilitierung der sinnlichen Natur andererseits.]

Kahl-Pantis, Brigitte: Bauformen des Bürgerlichen Trauerspiels. Ein Beitrag zur Geschichte des deutschen Dramas im 18. Jahrhundert, Frankfurt a. M./Bern/Las Vegas 1977 [Im Kontext dramentheoretischer Erörterungen und kontrastiv zu Pfeils *Lucie Woodvil* wird Lessings *Miß Sara Sampson* als Prototyp des empfindsam-rührenden, auf Erregung von Mitleid angelegten und dem Prinzip der poetischen Gerechtigkeit enthobenen Bürgerlichen Trauerspiels beschrieben.]

Koopmann (s. Gesamtbibl. 9), S. 116 ff.

Mauser, Wolfram: Lessings *Miß Sara Sampson.* Bürgerliches Trauerspiel als Ausdruck innerbürgerlichen Konflikts, LYb 7, 1975, S. 7 ff. [Das ‚Innerbürgerliche' verweist noch auf das Fehlen einer – auch utopischen – Alternative.]

Michelsen, Peter: Die Erregung des Mitleids durch die Tragödie. Zu Lessings Ansichten über das Trauerspiel im Briefwechsel mit Mendelssohn und Nicolai, DVjs 40, 1966, S. 548 ff. [Untersuchung über die Herkunft des Lessingschen Mitleidbegriffs und dessen grundlegende Bedeutung für die wirkungsästhetische Konzeption des Bürgerlichen Trauerspiels.]

Pikulik: s. Gesamtbibl. 9.

Schings: Der mitleidigste Mensch (s. Teilbibl. zu 3 A 1.2.)

Seeba, Hinrich C.: Das Bild der Familie bei Lessing. Zur sozialen Integration im bürgerlichen Trauerspiel, in: Harris u. Schade (s. Gesamtbibl. 4), S. 307 ff. [Problematisierung des Bilds der Familie vor dem Hintergrund des historischen Wandels der Familienstrukturen und der dramaturgischen Funktion der Familie im Bürgerlichen Trauerspiel.]

Sommer, Dietrich: Die gesellschaftliche Problematik in Lessings bürgerlichem Trauerspiel *Miß Sara Sampson,* Wiss. Zs. d. Martin-Luther-Univ. Halle-Wittenberg, Gesellsch.- u. sprachwiss. Reihe 10, 1961, S. 959 ff. [Knappe Skizze zum sozialen Stellenwert der moralischen Problematik des Stücks.]

Szondi: s. Gesamtbibl. 9.

Weber: s. Gesamtbibl. 9.

Wierlacher, Alois: Zum Gebrauch der Begriffe ‚Bürger‘ und ‚bürgerlich‘ bei Lessing, Neophilologus 51, 1967, S. 147 ff. [Systematisch, historisch und werkübersichtlich gegliederte Erläuterung der Inhaltsvarianten beider Begriffe im Werk Lessings. Beide Wörter werden am häufigsten im Sinne von ‚allgemeinmenschlich‘ verwendet.]

Wierlacher: s. Gesamtbibl. 9.

Woesler, Winfried: Lessings *Miss Sara Sampson* und Senecas *Medea,* LYb 10, 1978, S. 75 ff. [Aufschlußreicher Vergleich mit Betonung von Lessings Wirkungsinteresse.]

Wölfel, Kurt: Moralische Anstalt. Zur Dramaturgie von Gottsched bis Lessing, in: Reinhold Grimm (Hrsg.), Deutsche Dramentheorien I, Frankfurt a. M. 1971, S. 45 ff. [Entwicklung der dramatischen Theorie als Prozeß der Bewußtwerdung des Bürgertums.]

Wolff, Hans: Mellefont: unsittlich oder unbürgerlich? MLN 61, 1946, S. 372 ff. [Positive Bewertung der Haltung Mellefonts als Durchbrechung bürgerlicher Konventionen.]

1.3. Voraussetzungen und Entstehung

1.3.1. Das Bürgerliche Trauerspiel als literarischer Ausdruck einer ethisch begründeten Selbstaufwertung des Bürgertums

Das bürgerliche Drama kann nicht als mechanische Spiegelung des ökonomischen Aufstiegs des Bürgertums verstanden werden, besonders wenn man als ausschließliches Anzeichen der Aufwertung das Auftreten bürgerlicher Personen heranzieht. Ein Blick in die Personenregister zeigt, daß in den meisten Stücken auch weiterhin Adlige zum Personal gehören. Daraus aber abzuleiten, daß im Bürgerlichen Trauerspiel die aufrückende bürgerliche Klasse der von ihr zu überwindenden adligen gegenübersteht, ist in dieser Ausschließlichkeit unhaltbar. Die Handlungskonflikte sind nicht deckungsgleich mit dem Ständegegensatz, die Konfliktparteien sind nicht strikt nach ständischer Zugehörigkeit separiert. In *Emilia Galotti* zum Beispiel tritt ein Handel oder Gewerbe treibendes Bürgertum überhaupt nicht auf, und die Konfliktlinie verläuft zwischen den Angehörigen des Adels. Auch Lessings erstes Bürgerliches Trauerspiel *Miß Sara Sampson* siedelt die Handlung in der Sphäre des niederen Adels an. Es verbietet sich also, das Attribut ‚bürgerlich‘ in dieser Gattungsbezeichnung mit ‚ständisch‘ oder gar ‚klassenkämpferisch‘ gleichzusetzen. Wenn Georg Lukács schreibt:

„Das bürgerliche Drama ist das erste, welches aus bewußtem Klassengegensatz erwachsen ist; das erste, dessen Ziel es war, der Gefühls- und Denkweise einer um Freiheit und Macht kämpfenden Klasse, ihrer Beziehung zu den andern Klassen, Ausdruck zu geben. Daraus folgt schon, daß in dem Drama meistenteils beide Klassen aufrücken müssen, die kämpfende sowohl als die, gegen welche der Kampf sich abspielt." (Georg Lukács, Zur Soziologie des modernen Dramas, in: G. L., Schriften zur Literatursoziologie, ausgew. u. eingel. v. Peter Ludz, Neuwied u. Berlin ⁵1972, S. 277),

so ist zwar nicht zu bestreiten, daß das Bürgerliche Trauerspiel sich aus einer neuen „Gefühls- und Denkweise" entwickelte, doch muß bezweifelt werden, daß es aus einem „bewußten Klassengegensatz erwachsen ist". Auch von einem „Kampf" beider „Klassen" zu sprechen ist in dieser Uneingeschränktheit eher verfälschend. Gerade die angesprochene bürgerliche „Gefühls- und Denkweise" offenbart sich ja im Drama der Aufklärung in der idealisierten Vorstellung einer harmonischen Gesellschaft mit einem Wertkonsensus aller sozialen Schichten. Das Gattungsspezifische des Bürgerlichen Trauerspiels ist in dieser bürgerlichen Ethik zu suchen, die anderen Ständen und Schichten als nachahmenswert vorgestellt wird.

An der – später noch näher zu erläuternden – ethischen Fundierung erweist sich auch, daß die Entwicklung zum deutschen Bürgerlichen Trauerspiel das Ergebnis einer Rezeption englischer und französischer Stücke ist, die in ihrer Überwindung des ständischen Dramas deutschen Dichtern zu nachahmenswerten Mustern wurden. Während in England, dem Ausgangsland des neuen bürgerlichen Dramas, bereits eine langsame Entmachtung von König und Adel zugunsten eines sich ökonomisch, sozial und politisch emanzipierenden Bürgertums stattfand, wofür die *Glorious Revolution* (1688) nur ein wichtiges epochales Datum ist, mußte sich dieser Prozeß in Deutschland verzögern, nicht zuletzt aufgrund der territorialstaatlichen Zersplitterung und der ökonomischen Misere nach dem Dreißigjährigen Krieg. Hierdurch wurde aber auch die Ausbildung einer deutschen Nationalliteratur gehemmt – im Gegensatz etwa zu Frankreich, das im Hof von Versailles ein kulturelles Zentrum besaß, das die Tradition des höfischen Dramas fortsetzte und in der *tragédie classique* zu einem Höhepunkt führte. In Deutschland dagegen ging der Anschluß an das traditionelle Drama weitgehend verloren. Ein kulturelles Zentrum gab es nicht, und die Vorliebe der deutschen Höfe galt dem französischem Theater und vor allem der italienischen Oper, die in ihrem Pomp eine ideale höfische Repräsentationsform war. Die deutschen Barocktragödien hingegen kamen kaum noch zur Aufführung. Die Poetik der Aufklärung, die sich dem Ziel einer deutschen Nationalliteratur verpflichtete, sah deshalb den Weg zu diesem Ziel in der Nachahmung ausländischer Muster. Für Gottsched waren dies die ‚regelmäßigen' Dramen des französischen Klassizismus, für Lessing die englischen und französischen Stücke, die sich gerade in einer Überwindung der ‚Regelmäßigkeit' auszeichneten.

Der Bruch mit der klassizistischen Tradition zeigte sich in der französischen poetologischen Diskussion besonders deutlich darin, daß man die ‚Ständeklausel' als gattungsunterscheidendes Merkmal von Tragödie und Komödie in Frage stellte. Das Vorrecht des Adels, allein tragische Dignität zu besitzen, ein Privileg, das die klassizistische Dichtungstheorie unter Rückgriff auf die Autorität der Aristotelischen *Poetik* absicherte, wurde angetastet. Nicht nur daß diese traditionell hohe Bewertung des Adels durch seine allmähliche politische und ökonomische Entmachtung im Zeitalter des Absolutismus überholt wurde, die ‚Ständeklausel' mußte ihre Berechtigung insbesondere bei einer moralisch begründeten wirkungsästhetischen Konzeption des bürgerlichen Dramas verlieren, in welcher der soziale Status der dramatis personae nur eine untergeordnete Bedeutung hatte. In Frankreich erreichte diese Diskussion ihren Höhepunkt in den dreißiger und vierziger Jahren des 18. Jahrhunderts, u. a. als Folge der Rezeption ‚unregelmäßiger' englischer Dramen.

In England hatte sich bereits Anfang des 18. Jahrhunderts die *sentimental comedy* durchgesetzt. Ihr bekanntestes Beispiel *The Tender Husband* (1705) stammt von Richard Steele, dem Verfasser der ersten Moralischen Wochenschriften. Die *sentimental comedy* wertete gegenüber der Verlachkomödie die Darstellung bürgerlichen Lebens entscheidend auf. Sie betonte, wie auch die großen englischen Familienromane Richardsons und die Abenteuerromane Fieldings, Tugend und Empfindsamkeit ihrer Personen. Tugendhafte Handlungen verdrängten die lasterhaften, und neben die komischen Szenen traten verstärkt rührende. Marivaux und Destouches, welche die *sentimental comedy* während eines Englandaufenthaltes kennenlernten, führten diese neue Gattungsart in Frankreich ein. Als *comédie larmoyante* setzte sie sich auch beim französischen Publikum rasch durch.

Von den Veränderungen in der Komödie blieb die Tragödie zunächst unberührt. Das englische Bürgerliche Trauerspiel, wie Lillos *The London Merchant* (1731) etwa, konnte im Gegensatz zur *sentimental comedy* nicht als Vorbild dienen. Das Kaufmannsethos in diesen Stücken mochte zwar in England für eine breite Schicht des Bürgertums repräsentativ sein, nicht aber in Frankreich.

In Deutschland blieb die englische *sentimental comedy* lange Zeit unbekannt, während Stücke der französischen *comédie larmoyante* in den dreißiger und vierziger Jahren als Übersetzungen in die Spielpläne der Neuberschen und Schönemannschen Truppen aufgenommen wurden. Trotz Gottscheds Verdikt und der erst relativ späten theoretischen Begründung durch Gellert, dem sich Lessing in seinem abschließenden Kommentar zu den *Abhandlungen von dem weinerlichen oder rührenden Lustspiele* (1754) weitgehend anschloß (s. II B 1.3.1.2. u. 2.2.1.), hatte sich die Rührende Komödie bereits früh die Bühne erobert und große Resonanz beim Publikum gefunden. Die Stoffe der Rührenden Komödie, aus dem unmittelbaren Erfahrungsbereich des Zuschauers entnommen, sollten diesem die Identifikation mit dem Bühnengeschehen ermöglichen.

Während die Zahl der Rührenden Komödien in Deutschland rasch zunahm, entstand erst 1755 mit Lessings *Miß Sara Sampson* – nach Martinis *Rhynsolt und Sapphira* (1753/55), einem Trauerspiel, das den englischen Kaufmannsdramen entsprach – das erste deutsche Bürgerliche Trauerspiel. Es wurde im gleichen Jahr in Frankfurt/Oder von der Ackermannschen Truppe uraufgeführt; Lessing wohnte der ersten Aufführung bei. Lillos *The London Merchant*, das in Übersetzung 1754 (u. a. in Hamburg) zum ersten Mal in Deutschland gespielt wurde, und vor allem Samuel Richardsons Familienromane, die in den vierziger Jahren in Deutschland Mode wurden, lieferten Lessing die Anregungen für sein Trauerspiel. Mit den Vorarbeiten begann er 1754.

Richardsons Romanhelden verkörperten das Ideal einer natürlichen Moralität und bürgerlich-familiärer Geselligkeit als „Norm des Menschen überhaupt" (Weber, S. 182) und boten dem Leser die Möglichkeit einer Identifikation, die auch Lessing mit seinen Dramen erstrebte und die er vom heroischen Pathos der klassizistischen Tragödie geradezu verhindert sah.

Das Bürgerliche Trauerspiel wie die Rührende Komödie, aus der es hervorging, verlagern den Ort der Handlung in die Intimität des Privatbereiches. Die Trennung der Gesellschaft in einen politisch-öffentlichen und einen moralisch-privaten Bereich ist charakteristisch für das bürgerliche Gesellschaftsbild im 18. Jahrhundert. Der politisch-öffentliche Bereich wurde vom Hof repräsentiert, dem das klassizistische Drama eines seiner Repräsentationsformen war.

Die politischen Machtverhältnisse und eine erstarrte ständische Gesellschaftsordnung – beides nicht mehr adäquater Ausdruck der ökonomischen Rolle des Bürgertums – verhinderten eine politische Emanzipation des Dritten Standes. Literatur und Familie waren Freiräume, in denen die bürgerlichen Ideale artikuliert bzw. praktiziert wurden, deren Realisierung im politischen Bereich vorerst noch Utopie bleiben mußte. ‚Empfindsamkeit' und ‚Moralität' bestimmten das Ethos des Bürgerlichen Trauerspiels, und spezifisch bürgerliche Tugenden wie Fleiß, Sparsamkeit, Ordnungsliebe, Bescheidenheit, Zurückgezogenheit usw. wurden als allgemeinmenschlich proklamiert. Wie die Familie zum Bild des ‚tugendhaften' und ‚natürlichen' Zusammenlebens wurde, so der Hof zum Ort des ‚Unnatürlichen' und ‚Lasterhaften', wo Intrige und Verstellungen herrschten. So wird die ‚große Welt' in *Miß Sara Sampson* als „nichtswürdigste Gesellschaft von Spielern und Landstreichern" hingestellt und in Verbindung mit adliger ‚Lebensart' genannt (I, 3; G II, S. 15).

Da Tugend und Empfindsamkeit als allgemeinmenschliche Werte nicht an eine soziale Schicht gebunden waren, können sie sowohl von Bürgerlichen als auch von Adligen verkörpert werden, was zu einer Aufhebung der ‚Ständeklausel' führen mußte. Der Held ist in erster Linie Mensch, nicht Angehöriger eines Standes. Die Gleichheit im ethischen Handeln hebt die ständische Ungleichheit auf. Die Tragödie wurde zum Bürgerlichen Trauerspiel nicht allein deshalb, weil man Bürgerlichen tragische Würde zuerkannte, sondern weil man die stoischen Ideale der klassizistischen Tragödie durch bürgerlich-ethische, die Verhaltenheit der Affekte durch betonte Empfindsamkeit ersetzte. Das Attribut ‚bürgerlich' hatte bei Lessing vor allem die Bedeutung von ‚allgemeinmenschlich' (s. Wierlacher).

Das Bürgerliche Trauerspiel beschränkte sich zwar weitgehend auf die Privatsphäre, deshalb darf aber nicht kurzgeschlossen werden, es sei literarischer Ausdruck eines Rückzugs in die Idylle und die Familie sei in ihm privates Refugium eines sich dem öffentlichen Bereich entziehenden Bürgertums. Der das Gesellschaftsbild des 18. Jahrhunderts bestimmende Gegensatz zwischen einem politisch-öffentlichen und einem moralisch-privaten Bereich wird im Bürgerlichen Trauerspiel in die Familie hineingetragen und begründet dort den dramatischen Konflikt. Allein schon daß man die Gesellschaft in zwei polarisierte Sphären separiert, diesen Antagonismus thematisiert und die Familie zum „poetischen Medium der Konfliktdarstellung" (Seeba, S. 317) wählt, beinhaltet Kritik an einer Gesellschaftsordnung, die das postulierte Zusammenleben auf der Grundlage eines ständeübergreifenden Wertsystems verhindert. Die unter moralischen Gesichtspunkten vorgebrachte Kritik war immer auch politisch motiviert bzw. hatte politische Konsequenzen.

1.3.2. Der Zweck des Bürgerlichen Trauerspiels: Steigerung der Empfindsamkeit zur ständigen Gefühlsdisposition

Wie in der Rührenden Komödie war im Bürgerlichen Trauerspiel die Sensibilisierung des Zuschauers die beabsichtigte Wirkung. Das Bühnengeschehen sollte an die Empfindungen des Publikums appellieren und diese Empfindungen steigern. Die Identifikation mit dem Helden war für Lessing eine Voraussetzung dieser Wirkung.

Wie er seine frühen Komödien bereits geschrieben hatte, bevor er sich in der *Plautus-Abhandlung* (1750) zu Fragen der Komödientheorie äußerte, so auch bei der *Sara*. Sieht man von der Abhandlung *Von den lateinischen Trauerspielen welche unter dem Namen des Seneca bekannt sind* (1754) ab, so befaßte sich Lessing mit poetologischen Fragen des Trauerspiels, vor allem mit der wirkungsästhetischen Konzeption des Bürgerlichen Trauerspiels, erst in der Vorrede zu *Des Herrn Jakob Thomson sämtliche Trauerspiele* (1756) (s. II B 2.2.), wo er sein Mitleid-Postulat kategorisch erhebt (G IV, S. 144). Die theoretische Begründung dieser Forderung versuchte er dann im *Briefwechsel über das Trauerspiel mit Mendelssohn und Nicolai* (1756/57) zu leisten (G IV, S. 153–227).

Nicolai, der sich auf die Ästhetik Dubos' stützte, und Mendelssohn sahen den Zweck des Trauerspiels in der Erregung von Affekten (s. Michelsen). Mitleid, Schrecken und Bewunderung standen als gleichwertige Affekte nebeneinander. Lessing dagegen beschränkte die Absicht des Trauerspiels auf die Erregung des Mitleids; eine Auffassung, zu der er durch die Unterscheidung zwischen primären und sekundären Affekten kam. Als primärer Affekt kann ihm nur das Mitleid gelten:

„Denn diesen Affekt empfinden nicht die spielenden Personen, und wir empfinden ihn nicht bloß, weil sie ihn empfinden, sondern er entsteht in uns ursprünglich aus der Wirkung der Gegenstände auf uns" (Brief an Mendelssohn vom 2. 2. 1757; G IV, S. 204).

Alle anderen Affekte werden als Empfindungen der spielenden Personen erlebt, sind also sekundär, weshalb der Zuschauer auch an sich unangenehme Affekte als angenehme empfinden kann. Da sie ihn nur indirekt betreffen, vermitteln sie ihm Lust.

Schrecken und Bewunderung, von denen Lessing nicht abstreiten konnte, daß sie das Trauerspiel ebenfalls hervorruft, sind für ihn nur Äußerungen des Mitleids: Schrecken auf sich selbst bezogenes Mitleid des Zuschauers, Bewunderung entbehrlich gewordenes Mitleid (s. S. 162).

Lessings Forderung, durch das Trauerspiel Mitleid beim Zuschauer zu erregen, hat im Gegensatz zu Mendelssohns und Nicolais Forderung nicht nur eine sensualistische, sondern auch eine moralische Begründung. Zu seiner Definition wurde Lessing von Mendelssohns Begriff des Mitleids als einer gemischten Empfindung angeregt: Mitleid sei die Vermischung zweier Gefühle, dem der Liebe zu einem Gegenstand oder einer Person und dem Schmerz über dessen Verlust bzw. deren Unglück. Das Mitleid wecke also nicht nur das angenehme Gefühl der

Lust, sondern rege zugleich die Bereitschaft zum Mitempfinden an. Diese Emp-findungsfähigkeit zu steigern war für Lessing die ‚moralische Absicht' des Bür-gerlichen Trauerspiels:

> „*Der mitleidigste Mensch ist der beste Mensch,* zu allen gesellschaftlichen Tugenden, zu allen Arten der Großmut der aufgelegteste. Wer uns also mitleidig macht, macht uns besser und tugendhafter, und das Trauerspiel, das jenes tut, tut auch dieses, oder – es tut jenes, um dieses tun zu können." (Brief an Nicolai, Nov. 1756; S. 163).

Lessing blieb mit dieser Auffassung im Grunde hinter Nicolai zurück, der die Wirkung der Kunst gerade von einem moralischen Zweck lösen wollte. Kunst sollte nicht mehr nach ihrem rationalen Erkenntniswert beurteilt werden, son-dern nach dem gattungsspezifischen ästhetischen Vergnügen, das sie vermittelt. Mendelssohn schloß eine moralische Wirkung der Kunst zwar nicht aus, zog sie aber erst als sekundär in Betracht.

Mendelssohn und Nicolai standen mit dieser Auffassung in Gegensatz zu der von der Philosophie Wolffs geprägten rationalistischen Dichtungstheorie Gott-scheds, in der die dramatische Dichtung – als Illustration eines ‚moralischen Satzes' – der anschauenden Erkenntnis diente. Der Zuschauer sollte zu morali-schem Handeln aufgrund seiner rationalen Erkenntnis gebracht werden. Bei Lessing hingegen sollte die moralische Lehre Folge der ästhetischen Wirkung sein; beide sind untrennbar miteinander verbunden. Die Abwertung des Gefühls zugunsten rationaler Erkenntnis ist bei Lessing aufgehoben. Lessing sprach dem Gefühl eine moralisch belehrende Wirkung zu: Die mitleidige Empfindung mit dem Helden während der Dauer eines Trauerspiels soll zu einer ständigen, den Theaterbesuch überdauernden Gefühlslage werden, die er als Sensibilisierung des Zuschauers gegenüber seinen Mitmenschen begreift und durch den Affekt des Schreckens als des auf sich selbst bezogenen Mitleids erzielen will:

> „Sie [d. h. die Tragödie] soll *unsre Fähigkeit, Mitleid zu fühlen,* erweitern. Sie soll uns nicht bloß lehren, gegen diesen oder jenen Unglücklichen Mitleid zu fühlen, sondern sie soll uns so weit fühlbar machen, daß uns der Unglückliche zu allen Zeiten, und unter allen Gestalten, rühren und für sich einnehmen muß." (Brief an Nicolai, Nov. 1756; S. 163).

2. Textanalyse

2.1. Kritik einer zum Prinzip erstarrten Moral zugunsten einer ‚Moral des Herzens'

Sara ist der Typ des gefühlvollen Menschen, dessen Tugendhaftigkeit sich auf seine Empfindsamkeit stützt und hierdurch ihren Wert erhält. Saras ‚Moral des Herzens' wird höher bewertet als objektive Moralität. So berührt auch Saras Fehltritt, da er aus Empfindsamkeit geschah, kaum die Glaubwürdigkeit ihrer Tugend. Ihr Vater, der sie zunächst verurteilt hatte, kann aus diesem Grunde ihr Verhalten entschuldigen: „Es war der Fehler eines zärtlichen Mädchens, und ihre Flucht war die Wirkung ihrer Reue. Solche Vergehungen sind besser, als erzwungene Tugenden" (I, 1; G II, S. 12). Durch den Hinweis auf ihre Zärtlich-

keit wird Saras Liebesbeziehung zu Mellefont versittlicht und damit in ihrer
Grundlage der Familien- und Freundschaftsbeziehung angenähert. Dem heutigen Leser muß diese Liebe merkwürdig abstrakt und unpersönlich erscheinen.
Leidenschaft, wie sie die Marwood zeigt, wird verurteilt. Die Liebe zueinander
scheint sich stattdessen zu einem nicht geringen Teil auf die Tugendhaftigkeit
des Partners zu beziehen. Sara betont, als sie von Mellefonts Liebe zu seiner
Tochter erfährt:

> „Wohl! Mellefont. – Wie sehr liebe ich Sie, auch um dieser Liebe willen" (V, 4; S. 89),

und auch Mellefont hebt hervor, daß er

> „in dem Umgange mit einer tugendhaften Freundin, die Liebe von der Wollust unter-
> scheiden gelernt" hat (II, 3; S. 30).

2.1.1. *Saras Tugenddemonstration: ein ‚moralisches Schauturnen'*

Daß Sara zu Beginn des Stückes nicht als vollkommen tugendhafter Charakter
vorgestellt wird, sondern im Laufe des Stückes eine Entwicklung erfährt, muß
vor dem Hintergrund des Lessingschen Postulats des ‚gemischen Charakters' als
einer Voraussetzung von Rührung gewertet werden. Denn nach seiner wirkungsästhetischen Konzeption des Bürgerlichen Trauerspiels kann weder ein vollkommen tugendhafter noch ein vollkommen lasterhafter Mensch Mitleid erwecken,
sondern allenfalls Bewunderung oder Abscheu – für Lessing Affekte, die der
klassizistischen Tragödie eigen sind:

> „Das ist, der Dichter muß keinen von allem Guten entblößten Bösewicht aufführen. Der
> Held oder die beste Person muß nicht, gleich einem Gotte, seine Tugenden ruhig und
> ungekränkt übersehen." (Brief an Nicolai, Nov. 1756; G IV, S. 164; s. III A 2.3.2.).

In der Briefszene (III, 3) wird dem Zuschauer Saras Tugend vorexerziert.
Diese Szene gilt der Demonstration einer moralischen Gesinnung, die sich in der
Innerlichkeit zur höchsten Reinheit entfaltet. Aber gleichzeitig kritisiert der
Dichter die moralische Position, die Sara an dieser Stelle einnimmt. Saras Reaktion, als Waitwell ihr den Brief des Vaters mit dessen Vergebung übergibt, ist
befremdend. Das Bewußtsein, daß der Vater sie noch liebt und unter ihrer Flucht
leidet, ist ihr schmerzlicher als der Gedanke, daß er sie verstoßen habe. Dadurch
erhält sie das Gefühl, ihre Schuld zu vergrößern:

> „Siehst du denn nicht, wie unendlich jeder Seufzer, den er um mich verlöre, meine
> Verbrechen vergrößern würde? Müßte mir nicht die Gerechtigkeit des Himmels jede seiner
> Tränen, die ich ihm auspreßte, so anrechnen, als ob ich bei jeder derselben mein Laster und
> meinen Undank wiederholte?" (III, 3; S. 48).

Im Überschwang ihres Schuldgefühls glaubt sie eine Vergebung nicht annehmen
zu dürfen, da sie es sich nicht anders vorstellen kann, als daß diese Vergebung
nur aus einem Augenblick der Schwäche heraus erfolgte:

> „Sein sehnliches Verlangen nach mir, verführt ihn vielleicht, zu allem ja zu sagen. Kaum
> aber würde dieses Verlangen ein wenig beruhiget sein, so würde er sich, seiner Schwäche

wegen, vor sich selbst schämen. Ein finsterer Unwille würde sich seiner bemeistern, und er würde mich nie ansehen können, ohne mich heimlich anzuklagen, wie viel ich ihm abzutrotzen mich unterstanden habe" (III, 3; S. 50).

Diese Vorstellung läßt ihr die Annahme der Vergebung des Vaters grausam erscheinen.

Spätestens an dieser Stelle wird deutlich, wie sehr sich Saras innerer Kampf zu einem „moralischen Schauturnen" (Fricke, S. 117) ausweitet. Je länger sie ihre Tugendhaftigkeit Waitwell darlegt, desto mehr verliert Sara den Bezug zur realen Situation, in der sie sich befindet. Während sie Überlegungen anstellt, wie sie die Leiden ihres Vaters verringern kann, vermehrt sie diese, indem sie meint, eine Vergebung nicht annehmen zu dürfen. Das abstrakte Tugendprinzip, an dem sie festhält, äußert sich auf Kosten ihrer Menschlichkeit. Die Sorge um den Vater tritt hinter die Sorge um die Erhaltung ihrer Tugendhaftigkeit zurück.

Lessing sieht die Gefahr, die in einem starren Tugendprinzip liegt: Tugend zeigt sich nicht allein in der Reinheit der Gesinnung, sondern vor allem auch in den Handlungen. Diese aber sind nicht nur an einem moralischen Prinzip ausgerichtet, sondern an der konkreten Situation und deren Erfordernissen. Der Dichter läßt die „Halsstarrigkeit der Tugend" durch den Diener Waitwell korrigieren. Waitwells ‚naive' Moralität wirft Sara die Selbstbezogenheit ihrer Reflexionen vor. Er weist sie wieder zurück auf den konkreten Bezug, in dessen Rahmen sie die Annahme der Vergebung ihres Vaters sehen muß: Für die zärtliche Liebe des Vaters bedeutet die Vergebung des Fehlers keine Zumutung, Saras Weigerung aber würde sein Leid vergrößern.

2.1.2. Entwicklung der Tugend Saras vom veräußerlichten Bekenntnis zu gelebter Moralität

Im weiteren Verlauf der Handlung tritt die Äußerlichkeit ihrer Tugend, wie sie in der Briefszene so eindringlich betont wurde, vollends zu Tage. Hatte Sara Waitwell gegenüber ihre Schuld beteuert, so leugnet sie diese im Gespräch mit Lady Solmes, von der sie nicht ahnt, daß ihr in dieser Rolle Marwood begegnet. In dieser Szene bezeichnet sie ihr Vergehen, was sie gegenüber Waitwell noch Verbrechen genannt hatte, nur noch als verzeihliche Schwäche, die aus Unwissenheit begangen wurde:

> „Ach, Lady, wenn Sie es wüßten, was für Reue, was für Gewissensbisse, was für Angst mich mein Irrtum gekostet! Mein Irrtum, sag' ich; denn warum soll ich länger so grausam gegen mich sein, und ihn als ein Verbrechen betrachten?" (IV, 8; S. 83).

Als Begründung für diese veränderte Beurteilung ihres Fehlers führt sie die Vergebung ihres Vaters an, nur daß die Vordergründigkeit dieser Erklärung ihr selbst bewußt ist. Denn im gleichen Augenblick fleht sie die Lady an, ihren Fehler nicht mit dem der Marwood zu vergleichen und sie damit auf eine gleiche Ebene zu stellen:

> „Lassen Sie mich, Lady, lassen Sie mich fußfällig darum bitten […] Um Ihre Freund-

schaft, Lady – Und wo ich diese nicht erhalten kann, um die Gerechtigkeit wenigstens, mich und Marwood nicht in einen Rang zu setzen" (IV, 8; S. 83).

Sara weigert sich, ihre eigene Situation mit derjenigen Marwoods zu vergleichen. Marwood ist in ihren Augen eine „Buhlerin" und „Lasterhafte", der gegenüber sie Mellefonts Treulosigkeit positiv beurteilt. Für sich selbst dagegen beansprucht sie seine Treue:

„Wenn zum Exempel, ein Mellefont eine Marwood liebt, und sie endlich verläßt: so ist dieses Verlassen, in Vergleichung mit der Liebe selbst, etwas sehr Gutes. Es wäre ein Unglück, wenn er eine Lasterhafte deswegen, weil er sie einmal geliebt hat, ewig lieben müßte" (IV, 8; S. 76).

Sara ist also in der Lage, in der Abkapselung von der realen Situation ihr strenges Moralprinzip zu behaupten, nicht jedoch daraus die Konsequenzen zu ziehen. Eine Konzequenz wäre die Gleichstellung mit der von ihr verachteten Marwood gewesen. Durch ihre jetzige Haltung wird ihre frühere Tugenddemonstration unglaubwürdig. Sie entlarvt sich als bloße rhetorische Übung. Ihre Moralität ist bloßes Bekenntnis, das nicht von ihr gelebt wird.

Im Gespräch mit Waitwell war Sara bestrebt, ihre Schuld zu vergrößern, obwohl diese von niemandem erwähnt worden war. Es ist offentsichtlich, daß „die Tugendheldin zum Masochismus" neigt: „Ihre höchste Lust besteht darin, sich selbst zu strafen" (Janz, S. 213). Aus den selbstauferlegten Leiden zieht Sara jedoch auch wieder Selbstbestätigung eben in ihrer starren, zum Inhumanen tendierenden Moralität. Erst durch den Zweifel von Lady Solmes an ihrer Tugend findet Sara zu einer vernünftigeren und menschlicheren Tugendhaltung, erkennt schließlich auch die Doppelbödigkeit ihres vorherigen starren Tugendprinzips:

„Wie schlau weiß sich der Mensch zu trennen, und aus seinen Leidenschaften ein von sich unterschiedenes Wesen zu machen, dem er alles zur Last legen könne, was er bei kaltem Blute selbst nicht billiget" (V, 5; S. 91).

Durzak stellt in seiner Interpretation den Grund für diese Wandlung plausibel dar: als Lady Solmes sich als Marwood zu erkennen gibt, erinnert sich Sara an ihren früheren Traum (I, 7). In der ihr ähnlichen Person, die sie hatte töten wollen, glaubt sie jetzt die Marwood zu erkennen und erkennt sich damit selbst in ihr. Erst durch diese Identifikation wird ihr das Ausmaß der eigenen Schuld voll bewußt, und sie gibt die eigene moralische Rechtfertigung auf. Mit der Bitte, Arabella aufnehmen zu dürfen und „an die Stelle der Marwood (zu) treten" (V, 4; S. 89), stellt sie sich mit ihr auf die gleiche moralische Ebene. Saras Tugendhaftigkeit hat erst jetzt ihre letzte Stufe erreicht. War das Tugendprinzip vorher nur Bekenntnis, so setzt es sich jetzt in Handeln um.

2.2. Projektion einer harmonischen Gesellschaft im Bild der Familie

Wie in den Rührenden Lustspielen Gellerts erhält auch im Bürgerlichen Trauerspiel die Familie bzw. eine familiäre Zweierbindung als Ort und Medium des tragischen Konflikts eine zentrale Bedeutung.

In *Miß Sara Sampson* entspricht die Tugendhaftigkeit der Personen der Tiefe ihrer familiären Bindung. Zwischen Mellefont, Marwood und Arabella ist sowohl der äußere als auch der innere Zusammenhalt gestört, was besonders im Verhalten der Marwood gegenüber ihrem Kind deutlich wird: Sie benützt Arabella als Mittel, ihren früheren Geliebten zurückzugewinnen. Als ihr dies nicht gelingt, verwandelt sich vorgetäuschte Liebe in Haß. Die Bindung zwischen Sara und Sir William bleibt dagegen auch dann erhalten, nachdem Sara die Vater-Tochter-Beziehung gestört hat. Sir William hält als ‚zärtlicher Vater' an der Liebe zu seiner Tochter fest:

> „Ich würde doch lieber von einer lasterhaften Tochter, als von keiner, geliebt sein wollen" (I, 1; S. 12).

Für Pikulik (S. 96) bezeugt gerade diese Bereitschaft zu vergeben, daß die empfindsame Familie des Bürgerlichen Trauerspiels nicht mit der bürgerlichen Familie des 18. Jahrhunderts schlechthin gleichgesetzt werden darf. Die bürgerliche Familie stützt sich auf verfestigte moralische Grundsätze, über deren Einhaltung die Autorität des Vaters wacht. Sie ist ein ökonomischer Zweckverband mit patriarchalischer Autoritätsstruktur und fester Rollenverteilung. Diesem historisch belegten Verständnis wird aber die Familie im Bürgerlichen Trauerspiel Lessings nicht gerecht. Sie ist schon nach dem sozialen Status der Personen nicht dem Bürgertum zuzuordnen, sie stellt sich nicht als Produktionsgemeinschaft vor, das Autoritätsgefüge und die rigiden Konventionen sind gelockert. Es ist also offensichtlich, daß die Familie des bürgerlichen Trauerspiels weder in ihrer Struktur noch in ihrer Privatgesinnung als historische Tatsache begriffen werden darf (s. Seeba, S. 310 bzw. S. 314).

So findet man auch die Großfamilie in keinem Drama Lessings; seine Stücke „setzen als selbstverständlich die Kleinfamilie schon voraus" (Seeba, S. 317), wobei die dramatisch wirksamen Familienbindungen sich meistens noch auf Vater-Tocher-Beziehungen reduzieren. Die Wahl der Familie als Ort des dramatischen Konflikts und die Konzentration auf Einzelbeziehungen erwachsen auch – besonders bei der ethisch begründeten wirkungsästhetischen Zweckbestimmung des Bürgerlichen Trauerspiels – aus dramaturgischen Notwendigkeiten. Die Verlagerung des Konflikts in die Familie steigert die rührende Wirkung. In dieser „reduzierten Modellsituation" (Seeba, S. 311) kann – wie von der Poetik des Bürgerlichen Trauerspiels gefordert – der einzelne Charakter besser herausgestellt und dem Zuschauer die Identifikation erleichtert werden, weil die Personen Träger ihm vertrauter Rollen sind. Seeba versteht deshalb die Rolle der Familie nur funktional. Sie sei nicht Gegenstand, sondern sei das Medium der Konfliktdarstellung und „das formale Symbol sozialer Integration, weil sich die allgemeine Menschlichkeit in der Anteilnahme an den Nächststehenden, im Familienkreis also, am anschaulichsten konkretisiert" (S. 313).

Im Bild der empfindsamen Familie bzw. im Bild der dramatisch wirksamen Einzelbeziehungen stellen Lessings Bürgerliche Trauerspiele idealisiert Formen des Zusammenlebens vor. Im Verhalten der Personen konkretisiert sich die Möglichkeit des Konfliktausgleichs, ist die Idee einer Versöhnung des Gegensatzes von Öffentlichkeit und Privatheit veranschaulicht. Wenige Textbeispiele aus *Miß Sara Sampson* belegen dieses Verständnis und zeigen gleichzeitig auch, daß Lessing damit nicht auch ein eskapistisches Familienbild entwirft.

Sir William verurteilt den Fehltritt seiner Tochter zunächst nach starren moralischen Normen und veranlaßt hierdurch Sara zur Flucht mit Mellefont. Sein daraus erwachsenes Leid erkennt er später als Folge eigener Schuld:

„Wenn ich meine zu späte Strenge erspart hätte, so würde ich wenigstens ihre Flucht verhindert haben" (III, 1; S. 45).

Die nun geäußerte Bereitschaft, Sara aus Liebe zu verzeihen, kann das tragische Geschehen zwar nicht mehr verhindern, sie verweist aber schon auf die Konfliktbewältigung am Schluß. Die Personen lösen sich von ihrem Wunsch nach Bestrafung und Rache. Im Augenblick der physischen Zerstörung der empfindsamen Vater-Tocher-Beziehung wird das autonome moralische Handeln über den „tötenden Anblicke" (V, 11; S. 100) hinaus zukunftsweisend. Sara und Sir William versöhnen die Gegensätze, die zur Katastrophe führten, und veranschaulichen in ihrem Handeln die Projektion eines harmonischen gesellschaftlichen Lebens. Sara vergibt der Marwood und läßt Mellefont seine Absicht aufgeben, sich an der Marwood rächen zu wollen. Sir William erfüllt den Wunsch seiner sterbenden Tochter, Mellefont, seinem Gegner, als verzeihender Vater zu begegnen und Arabella, das Kind seiner Gegner, zu adoptieren. Im Zeichen der *allgemeinen* Liebe, wofür die Adoption nur ein Symbol ist, werden die Konflikte freiwillig überwunden, was bei Lessing bereits im *Freigeist* mit der Betonung der Freundschaft angedeutet ist (s. II A 2.2.) und im *Nathan* in der Utopie der „Menschheitsfamilie" seinen Höhepunkt erreicht (s. VI B 2.3.).

Erst in der Auseinandersetzung mit den Übergriffen aus einer amoralischen Gesellschaft gewinnt das empfindsame Verhalten seine moralische Überlegenheit, um positiv auf die Gesellschaft zurückwirken zu können. Der tragische Ausgang des Stückes beweist, daß die Abkehr von der „Welt" und der Versuch des autonomen moralischen Handelns in der empfindsamen Familie scheitern muß. Die empfindsame Familie ist durch die Zerbrechlichkeit ihrer Grundlagen immer schon in ihrem Bestand gefährdet bzw. wird erst gar nicht ermöglicht, weil der Rückzug in den privaten Bereich die Familie nicht aus dem Spannungsfeld von unmoralischer „Welt" und privat gelebter Moralität entläßt. Sir Williams „zu späte Strenge" kann Sara diesem Antagonismus nicht mehr entziehen, dem sie in ihrer „unerfahrne[n] Tugend" (V, 10; S. 99), in ihrem verinnerlichtempfindsamen und damit – wie ihr ,moralisches Schauturnen' und ihre Naivität gegenüber der Marwood belegen – auch wirklichkeitsentfremdeten Verhalten nicht gewachsen sein kann. Sir Williams Bewertung seines Verhaltens zeigt, daß sich der Vater in der empfindsamen Vater-Tochter-Beziehung von erstarrten Autoritätsansprüchen löst. Diesen Abbau der väterlichen Autorität, die von der Tochter nur noch gefühlsmäßig bestätigt wird, begleitet aber gleichzeitig ein Verlust ihrer Schutzfunktion, wodurch Sara der moralischen Gefährdung erst ausgesetzt wird und der außerhalb der Familie begründete Konflikt in der Familie zur Katastrophe führen kann. Sir William, der neben seiner im Drama herausgestellten privaten ja auch eine öffentliche Rolle spielt und von der möglichen Bedrohung der empfindsamen Vater-Tochter-Bindung weiß, klagt sich deshalb an, trotz dieses Wissens seiner Schutzfunktion nicht gerecht geworden zu sein:

„Ich habe selbst den größten Fehler bei diesem Unglücke begangen. Ohne mich würde Sara diesen gefährlichen Mann nicht haben kennen lernen. Ich verstattete ihm, wegen einer Verbindlichkeit, die ich gegen ihn zu haben glaubte, einen allzu freien Zutritt in meinem Hause" (III, 1; S. 44).

Sein Schuldbekenntnis, dramaturgische Voraussetzung der bezweckten Wirkung, ist auch das Eingeständnis, daß der Rückzug in die Familie die Personen nicht der Auseinandersetzung mit der „Welt" enthebt. Der moralisch Denkende und Handelnde bleibt der moralisch widersprüchlich erfahrenen Gesellschaft verpflichtet, was Sir William am Schluß mit der Adoption Arabellas beweist. Vater und Tochter sehen in ihrem Scheitern eine höhere Vernunft wirken, weshalb sie ihren Gegnern verzeihen können und weshalb auch die Marwood ungestraft davonkommen kann. Die auch in der Katastrophe noch praktizierte Moralität der Tochter und des Vaters antizipiert die Überwindung der Gegensätze in einer harmonischen Gesellschaft, die für beide im Horizont der Vorsehung steht:

„Die bewährte Tugend muß Gott der Welt lange zum Beispiele lassen, und nur die schwache Tugend, die allzu vielen Prüfungen vielleicht unterliegen würde, hebt er plötzlich aus den gefährlichen Schranken" (V, 10; S. 98/99).

2.3. Miß Sara Sampson – Lessings ‚Jugendsünde'?

Die Bedeutung von Lessings *Sara* als erstem Bürgerlichen Trauerspiel in Deutschland hebt jede Untersuchung lobend hervor. Das Stück selbst wird heute – und auch schon zwanzig Jahre nach der Uraufführung – eher als mißlungen abgewertet, ganz im Gegensatz zu den euphorischen Kritiken der ersten Aufführung (s. VII A 2.1.).

Ohne historische Perspektive betrachtet, wird dem heutigen Zuschauer die Problematik des Stückes durch die Darstellungsweise entfremdet. Was den damaligen Zuschauer zu Tränen rührte (s. VII A 2.1.1.), wirkt heute eher lächerlich, so z. B. Saras langatmig ausgeführte Seelenqual in der Briefszene (III, 3). Ein Grund hierfür liegt im Zur-Schau-Stellen von Gefühlen. Die Personen repräsentieren ihre Gefühle, ohne sie durch ihre Individualität glaubhaft machen zu können. Die ständig betonte Bereitschaft zu weinen ist nur ein auffälliges Beispiel. Saras Geschwätzigkeit, ihr Räsonieren über ihre Empfindungen zeigen die noch mangelnde Fähigkeit, Gefühlsäußerungen in Handeln und Sprache zum Ausdruck zu bringen. Dies gelingt Lessing erst annähernd in *Emilia Galotti*, besonders in der Person der Orsina. In *Miß Sara Sampson* ist die Sprache noch nicht Darstellungsmittel der Empfindung, wie später in der Geniezeit, sondern Kommentar. Gefühl kann nur in beschreibender, rationaler Sprache ausgedrückt werden.

Aber auch dramentheoretisch scheint das Stück auf den ersten Blick nicht geglückt zu sein: innere und äußere Handlung scheinen auseinanderzufallen. Die Briefszene (III, 3) beinhaltet die Vergebung des Vaters: dem happy end steht an sich nichts mehr im Wege. Dennoch erfolgt die Begegnung mit dem Vater erst zwei Akte später. Demgegenüber hat Durzak die Entsprechung von innerer und äußerer Handlung betont. Er sieht in der Briefszene nur eine Exposition zu Szene IV, 8, wo sich Saras starres Moralitätsprinzip entlarvt und sich in gelebte Tugendhaftigkeit verwandelt. Nach dieser Interpretation wird die späte Konfrontation mit dem Vater sinnvoll: Erst nachdem Sara ihren Fehler in seinem ganzen Ausmaß erkannt hat, kann sie die Vergebung des Vaters annehmen.

Freilich bleibt der Einwand bestehen, daß Saras Tod nicht einleuchtend motiviert ist. Diese Kritik wird meist aufgrund Lessings Forderung in der *Hamburgischen Dramaturgie* erhoben, daß das Verhängnis des Helden aus einem in ihm angelegten Fehler resultieren müsse. Wenn auch Sara wegen ihrer Flucht oder wegen ihres naiven Verhaltens gegenüber der Marwood nicht gänzlich von einer Schuld freigesprochen werden kann, so läßt sich doch ihr Tod nicht mit zwingender Konsequenz daraus ableiten. Ihr Tod muß wohl eher als Folge einer Kette dramaturgisch wirksam eingesetzter Zufälle verstanden werden.

Es ist aber kaum sinnvoll, Lessing ein dramaturgisches Versagen angesichts seiner eigenen dramentheoretischen Ansprüche vorzuwerfen. An seinem Wirkungspostulat gemessen, ist diese Handlung eindeutig auf Einfühlung angelegt, und es war wohl gerade der unschuldige Tod Saras, der die Zuschauer damals zu Tränen rührte.

Arbeitsbereich III

Die Begründung eines neuen Dramas

(Hamburgische Dramaturgie und Emilia Galotti)

0. Vorbemerkung

Zwei Eigenarten des Dramatikers Lessing werden immer wieder hervorgehoben: das Fehlen einer systematischen dramatischen Theorie und die Inkongruenz von theoretischer Reflexion und dramatischer Praxis, vor allem in Hinblick auf die *Hamburgische Dramaturgie* und *Emilia Galotti*. Beides kann erst vor dem Hintergrund der zeitgenössischen Poetikdiskussion angemessen verstanden werden (s. II D 1.3.1.). Lessings *Dramaturgie* will keine Anweisungspoetik sein. Sie bietet keine Regeln zur Verfertigung von Literatur, ist vielmehr begleitende, kritische Reflexion der Theaterpraxis, und zwar hinsichtlich der Dramentexte *und* ihrer Realisierung auf der Bühne. Der Versuch, *Emilia Galotti* als direkte Verwirklichung dramaturgischer Postulate auffassen zu wollen, trägt deshalb wenig zum Verständnis Lessings bei. Die Kritik, die Lessing in der *Hamburgischen Dramaturgie* leistet, kann nur interpretiert werden als Darstellung des theoretischen Klärungsprozesses, den Lessing selbst durchmachte. Das neugewonnene dramentheoretische Bewußtsein bot dann allerdings die Grundlage für die Neukonzeption des Bürgerlichen Trauerspiels.

A. Hamburgische Dramaturgie

1. Grundlageninformationen

1.1. Texte und Materialien

Ausgaben
G IV, S. 229–707; LM IX, S. 179–406 (1. Bd.) u. X, S. 1–221 (2. Bd.); PO Tl V, S. 21–418; R VI, S. 5–533; Stammler II, S. 327–767; Wölfel II, S. 121–533.

Einzelausgaben
Kröner Nr. 267, 1958. Hrsg. v. Otto Mann [Gute, zuverlässige Anmerkungen, Personen- und Sachregister; Einleitung den ‚konservativen und seinsbewahrenden' Lessing hervorhebend.] Einzelausgabe: Kritik und Dramaturgie: Reclam Nr. 7793 [Auswahl nicht empfehlenswert.]

Kommentar
Robertson, John G: Lessing's Dramatic Theory, being an Introduction to and Commentary on his Hamburgische Dramaturgie, Cambridge 1939. Repr. New York 1965 [Sehr materialreich, anregend in Einzelfragen, als Lektüre leicht verwirrend.]

Weitere wichtige Materialien

Aristoteles: Poetik. Übers. v. Olof Gigon, Stuttgart 1966

Aristoteles: Poetik. Eingel., übers. u. erl. von Manfred Fuhrmann, München 1976

Dramaturgische Schriften des 18. Jahrhunderts. Hrsg. v. Klaus Hammer, Berlin 1968 [Enthält neben bekannten Texten zur Theorie des Bürgerlichen Dramas von Gottsched, Lessing, Goethe, Schiller auch unbekanntere und schwieriger beschaffbare von Chr. Weise, J. E. Schlegel, Gellert, Sturz, Bräker u. a. Der Textteil wird ergänzt durch ein umfangreiches Nachwort, durch Quellennachweise sowie durch ein Personen- und Stückregister.]

Die Entwicklung des bürgerlichen Dramas im 18. Jahrhundert. Hrsg. v. Jürg Mathes, Tübingen 1974 [Die ausgewählten Texte sind zum Teil erheblich gekürzt. Kurzes Nachwort, Quellennachweise und Register.]

Lessing/Mendelssohn/Nicolai: Briefwechsel über das Trauerspiel. Hrsg. u. komm. v. Jochen Schulte-Sasse, München 1972 [Mit Nicolais *Abhandlung vom Trauerspiele* und Auszügen aus Mendelssohns Briefen *Über die Empfindungen;* ausführliche Kommentare und Analysen, Berücksichtigung der neueren Forschungen; ersetzt die alte Ausgabe v. Robert Petsch.]

Schlegel, Johann Elias: *Gedanken zur Aufnahme des dänischen Theaters,* in: J. E. Schlegel: *Canut.* Hrsg. v. Horst Steinmetz (Reclam Nr. 8766/67, 1967), S. 75–111 [Wichtig für das Problem des ‚Nationaltheaters‘.]

Wolffheim, Hans: Die Entdeckung Shakespeares. Deutsche Zeugnisse des 18. Jahrhunderts, Hamburg 1959 [Mit ausführlicher Einleitung, die die Entdeckung und Propagierung Shakespeares in Beziehung zur europäischen Shakespearekritik setzt.]

1.2. Forschungsliteratur

Almási, Nikolaus: Lessings *Hamburgische Dramaturgie,* Weimarer Beiträge 3, 1957, S. 529 ff. u. 4, 1958, S. 1 ff. [Umfangreiche Untersuchung auf historisch-materialistischer Grundlage. Lessings Dramen und seine Dramentheorie (als zusammenhängende Einheit analysiert) werden in mitunter polemischer Einseitigkeit als gezielt eingesetztes Mittel im Klassenkampf angesehen.]

Bauerhorst, Kurt: Der Geniebegriff, seine Entwicklung und seine Formen unter besonderer Berücksichtigung des Goetheschen Standpunktes, Diss. Breslau 1930 [Versuch einer ‚Geistesgeschichte‘ des Geniebegriffs, die allerdings über die bloße Aneinanderreihung von Einzelaspekten kaum hinauskommt.]

Bohnen (s. Gesamtbibl. 5), S. 104 ff. [Zum Entwurf einer poetischen Symbolform.]

Braemer, Edith: Zu einigen Grundfragen in Lessings *Hamburgischer Dramaturgie,* Weimarer Beiträge 1, 1955, S. 261 ff. [Lessing als bewußter Vorkämpfer des Bürgertums gegenüber den vorherrschenden höfischen Tendenzen des Zeitalters.]

Buck, Elmar: Die Dramaturgie des Dramatikers Gotthold Ephraim Lessing. Impulse und Praktiken seines dramatischen Schaffens, Diss. Hannover 1970 [Gegenstand sind nicht Lessings theoretische Äußerungen zum Drama, sondern die Dramen und Dramenentwürfe selbst. Die Arbeit versucht Entwicklungslinien und Besonderheiten der Lessingschen Dramatik herauszuarbeiten.]

Clivio, Josef: Lessing und das Problem der Tragödie, Zürich u. Leipzig 1928 [Lessings Tragödientheorie wird im Rahmen der weltanschaulichen Grundhaltung der Aufklärung an einem normativen, übergeschichtlichen Begriff des ‚Tragischen‘ gemessen und mit leicht antirationalistischer Voreingenommenheit als ‚untragisch‘ erkannt.]

Desch, Joachim: Lessings Dramaturgie und Religionsphilosophie in ihrem Zusammenhang, Diss. Marburg 1971 [Begreift Lessings Religionsphilosophie und Dramaturgie (im Sinne dramentheoretischer Prinzipien) als Ausformung desselben zugrundeliegenden Weltbildes, dennoch werden die beiden Bereiche völlig getrennt untersucht, der Zusammenhang erst in einem Schlußkapitel hergestellt.]

Gehring, Axel: Genie und Verehrergemeinde. Eine soziologische Analyse des Genieproblems, Bonn 1968 [Systematische Studie, die die psychologischen und philosophischen Genietheorien nur streift, vornehmlich aber die sozialen bzw. sozialpsychologischen Bedingungen der Genieverehrung untersucht.]

George, David E. R.: Deutsche Tragödientheorien vom Mittelalter bis zu Lessing. Texte und Kommentare, München 1972 [Bietet auf breiter Textgrundlage einen Überblick über die Theorie der Tragödie vom Mittelalter bis zu Lessings *Hamburgischer Dramaturgie,* als Voraussetzung für eine historisch angemessene Beurteilung der einzelnen Tragödientexte.]

Haßelbeck: s. Gesamtbibl. 5.

Heitner, Robert R.: The Effect of the *Hamburgische Dramaturgie,* Germanic Review 31, 1956, S. 23 ff. [Versucht die gängige Forschungsmeinung über die nachhaltige Wirkung der *Hamburgischen Dramaturgie* zu relativieren.]

Kommerell: s. Gesamtbibl. 5.

Kopitzsch, Franklin: Lessing und Hamburg, Aspekte und Aufgaben der Forschung, in: Wolfenbütteler Studien zur Aufklärung, Bd. 2, Bremen/Wolfenbüttel 1975, S. 47 ff. [Behandelt die verlegerischen Probleme der *Hamburgischen Dramaturgie,* mit wichtigen sozialgeschichtlichen Angaben.]

Markwardt, Bruno: Geschichte der deutschen Poetik, Bd. 2: Aufklärung, Rokoko, Sturm und Drang, Berlin 1956 [Umfassender Versuch, die divergierenden poetischen Tendenzen des 18. Jahrhunderts in wenigen, durchgängigen Entwicklungslinien einzufangen. Der Zugang zu der dabei verarbeiteten Materialfülle wird durch ein Sach- und Namensregister erleichtert.]

Martino: s. Gesamtbibl. 9.

Mayer, Hans: Lessing und Aristoteles, in: Festschr. f. Bernhard Blume, Göttingen 1967, S. 61 ff. [Guter und knapper Überblick über philologische und literaturwissenschaftliche Untersuchungen zu Lessings (Miß-)Verständnis der Begriffe ,Mitleid‘, ,Furcht‘ und ,Katharsis‘ bei Aristoteles.]

McInnes, Edward: Lessing's *Hamburgische Dramaturgie* and the Theory of the Drama in the 19th Century, Orbis litterarum 28, 1973, S. 293 ff. [Gibt einen kurzen Überblick über die wichtigsten Aspekte zum Drama und verfolgt deren verselbständigte, teilweise von Lessing losgelöste Weiterentwicklung in den nachromantischen Dramentheorien (Ludwig, Mundt, Gottschall, Vischer, Freytag, Rötscher).]

Michelsen, Peter: Die Erregung des Mitleids durch die Tragödie. Zu Lessings Ansichten über das Trauerspiel im Briefwechsel mit Mendelssohn und Nicolai DVjs 40, 1966, S. 548 ff. [Untersuchung über die Herkunft des Lessingschen Mitleidsbegriffs und seine grundlegende, moralistisch motivierte Bedeutung in der Dramentheorie.]

Müller, Joachim: Prinzipien einer realistischen Ästhetik in Lessings *Hamburgischer Dramaturgie,* in: J. M., Wirklichkeit und Klassik, Berlin 1955, S. 42 ff. [Knappe Darstellung Lessings als Begründer eines bürgerlichen Realismus im Drama.]

Nivelle: s. Gesamtbibl. 7.

Omasreiter, Ria: Naturwissenschaft und Literaturkritik im England des 18. Jahrhunderts, Nürnberg 1971 [Die vor allem methodisch anregende Arbeit untersucht den Einfluß der sich rapide entwickelnden Naturwissenschaften auf die englische Literaturkritik.]

Rosenthal, Bronislawa: Der Geniebegriff des Aufklärungszeitalters, Berlin 1933 [Untersucht nach einem knappen historischen Abriß des Geniebegriffs dessen unterschiedliche Bedeutungsgehalte innerhalb der Aufklärungsphilosophie.]

Schadewaldt, Wolfgang: Furcht und Mitleid?, Hermes 83, 1955, S. 129 ff; kurze Zusammenfassung des Gedankengangs: DVjs 30, 1956, S. 137 ff., auch in: Bauer (s. Gesamtbibl. 4), S. 336 ff. [Kritik an Lessings Aristoteles-Verständnis unter speziellem philologischem Gesichtspunkt: Lessing habe die medizinisch-purgierend gemeinten Begriffe *phobos* (Schauer) und *eleos* (Jammer) in christlich-moralischem Sinn umgedeutet.]

Scherpe: s. Gesamtbibl. 9.

Schings, Hans-Jürgen: Der mitleidigste Mensch ist der beste Mensch. Poetik des Mitleids von Lessing bis Büchner. München 1980, bes. S. 34 ff. [Erschließt den Zusammenhang von Lessings Mitleidsbegriff mit dem zweiten ‚Discours‘ von Rousseau, analysiert die Mitleidsdebatte zwischen Lessing und Mendelssohn und präzisiert – in Auseinandersetzung mit der Abwertung der Mitleidspoetik durch die Kritische Theorie – Lessings Theorie vom Mitleid als der genuinen und den Menschen moralisch machenden Wirkung des Trauerspiels.]

Steinmetz, Horst: Der Kritiker Lessing. Zu Form und Methode der *Hamburgischen Dramaturgie,* Neophilologus 52, 1968, S. 30 ff. [Beschreibt die Funktionsweise und die publizistische Form (Rezensionen) der Lessingschen Kritik.]

Steinmetz, Horst: Literaturgeschichte und Sozialgeschichte in widersprüchlicher Verschränkung: Das Hamburger Nationaltheater, Internat. Arch. f. Sozialgesch. d. dt. Lit. 4, 1979, S. 24 ff. [Verantwortlich für das Scheitern des Nationaltheaters sind nicht die Oberflächenphänomene: Intrigen im Ensemble, Gleichgültigkeit des Publikums, Finanzmisere, sondern die grundsätzliche Diskrepanz zwischen den fortschrittlichen Ideen einiger bürgerlicher Intellektueller und der rückständigen sozialen Wirklichkeit Deutschlands.]

Tubach, Frederic C.: Die Naturnachahmungstheorie: Batteux und die Berliner Rationalisten, GRM 44 (NF 13), 1963, S. 262 ff. [Beschreibt die Rezeption der Batteux'schen Mimesistheorie in den 50er Jahren des 18. Jahrhunderts. Ergänzung und Korrektur zu Markwardts Geschichte der deutschen Poetik.]

Westberliner Projekt 1 (Gesamtbibl. 9), S. 147 ff. [Kritische Reflexion bes. auf die Bedingtheit der Lessingschen Intentionen und auf die Gründe für das Scheitern des Unternehmens.]

Wölfel, Kurt: Moralische Anstalt. Zur Dramaturgie von Gottsched bis Lessing, in: Grimm, Reinhold (Hrsg.): Deutsche Dramentheorien I, Frankfurt a. M. 1971, S. 45 ff. [Skizziert die Entwicklung der dramatischen Theorie von Gottsched bis Lessing als historischen Prozeß, eingebettet in den Prozeß der Bewußtwerdung des Bürgertums.]

Wundt, Wilhelm: Lessing und die kritische Methode, in: W. W., Essays, Leipzig ²1906, S. 417 ff. [Charakterisiert Lessings induktives, an eine empirische Überprüfung gebundenes Verfahren in den Kritiken als den Versuch, die im 18. Jahrhundert immer weiter auseinanderklaffenden Natur- und Geisteswissenschaften wieder unter einer gemeinsamen Methode zu vereinen.]

Zilsel, Edgar: Die Entstehung des Geniebegriffes. Ein Beitrag zur Ideengeschichte der Antike und des Frühkapitalismus, Tübingen 1926 [Verfolgt die Genesis des Geniekultes in Antike und Renaissance im jeweiligen Kontext mit dem Ziel, Gesetze (im Sinne der Naturwissenschaften) zu erhalten, die zur Erklärung sozialer Vorgänge beitragen.]

1.3. Voraussetzungen und Entstehung

In der Vorrede (G III, S. 355–363) zu seiner ersten dramentheoretischen Schrift, den *Beiträgen zur Historie und Aufnahme* (d. h. Entwicklung, Zunahme) *des Theaters* (1749/50) stellte Lessing mit einem fast stolz zu nennenden Unterton das Vorhandensein einer deutschsprachigen Literatur heraus. Freilich sei sie unterentwickelt, und vornehmlich das Drama verrate zu deutlich französischen Einfluß. Die Entwicklung der dramatischen Literatur in Theorie und Praxis mitzubestimmen und mitzufördern, setzte er sich zum Ziel. Dabei löste er sich von Gottsched und dem zeitgenössischen Klassizismus und wandte sich den Originalen der ‚Alten‘ zu: den Komödien des Plautus und den Tragödien des Seneca. Daß die Beschäftigung mit der Komödie, besonders mit dem weinerlichen und rührenden Lustspiel, zunächst im Vordergrund stand, mag damit zusammenhängen, daß hier am ehesten Ansatzpunkte für ein realistisches Drama und eine realistische Bühnenkunst gegeben waren. Die Komödie war der Handlungsraum bürgerlicher Personen. In ihr wurden Probleme des bürgerlichen Alltags thematisiert, wenngleich in karikierender Einseitigkeit.

Das für Lessing typische Wechselverhältnis von dramatischer Praxis und theoretischer Reflexion führte zu einem ersten Höhepunkt im bürgerlichen Trauerspiel *Miß Sara Sampson* (1755) und im Briefwechsel über das Trauerspiel mit Mendelssohn und Nicolai (1756/57), ohne daß Theorie und Praxis eindeutig vermittelt waren. In der Antithese von ‚Bewunderung‘ und ‚Mitleid‘ wurde schon wesentlich die Position vorweggenommen, die Lessing gegenüber der Tragödie in der *Hamburgischen Dramaturgie* einnahm.

Auf die scharfe Kritik der aktuellen Theatersituation in den *Briefen, die neueste Literatur betreffend* (1759/60; vor allem 17. und 81. Brief: Abrechnung mit Gottsched, Nennung Shakespeares, Betonung des ‚nationalen‘ Gegensatzes zwischen Deutschen und Franzosen hinsichtlich ihres Geschmacks, polemisch überspitzte Skizze der deutschen Theaterlandschaft) folgte 1767 das praktische Engagement für das neugegründete ‚Hamburger Nationaltheater‘. Als festangestellter Kritiker – den Posten des Theaterdichters hatte er abgelehnt – besprach Lessing die laufenden Stücke in einer zunächst in wöchentlicher Folge erscheinenden Zeitschrift. Die Publikation erhielt den Namen *Hamburgische Dramaturgie*.

Die Herausgabe einer derartigen Zeitschrift war nicht außergewöhnlich. Auch die verlegerischen Schwierigkeiten, mit denen das Unternehmen konfrontiert wurde, stellten keine Ausnahme dar. Zeitschriften schossen damals wie Pilze aus dem Boden und verschwanden ebenso schnell wieder von der Bildfläche. Zahlreiche Publikationspläne wurden gar nicht erst realisiert. Auch Lessing gehörte zu jenen Autoren, die unaufhörlich Pläne schmiedeten. Der Grund ist nicht nur in seiner aufklärerischen Aktivität zu suchen, sondern in seiner Existenz als freier Schriftsteller. Kaum hatte die Herausgabe der *Hamburgischen Dramaturgie* begonnen, trug sich Lessing schon mit neuen Plänen. Gemeinsam mit Bode beabsichtigte er, eine Monatsschrift mit dem Titel *Deutsches Museum* herauszugeben (s. LM XV, S. 67). Das Vorhaben scheiterte aber bereits während der Vorarbeiten zum ersten Band.

Diese Publikationsfreude muß im Zusammenhang mit Lessings verlegerischen Aktivitäten gesehen werden. Im Frühjahr 1767 hatten Lessing und Bode in Hamburg eine Druckerei gegründet. In ihr wurde die *Hamburgische Dramaturgie* hergestellt. Bezogen wurde sie zunächst gegen Vorausbestellung und -bezahlung. Das einzelne Stück kostete, auf Schreibpapier gedruckt, einen Schilling, der ganze Jahrgang von 104 Stücken sollte auf Schreibpapier 6, auf Druckpapier 5 Mark kosten. Die Ankündigung wurde am 22. 4. 1767 kostenlos ausgegeben, als Werbung gewissermaßen, nicht nur für das neue Nationaltheater, sondern auch für die neue Zeitschrift. Die ersten drei Stücke erschienen am 8. 5. 1767.

Daß Lessing sich für eine Tätigkeit als Dramaturg gewinnen ließ, beruht wesentlich auf seinem Glauben an die erzieherische Wirkung des Theaters. Als nationalpädagogische Institution sollte das Hamburger Theater mit zur Konstituierung einer deutschen Nation beitragen. Sehr bald mußte Lessing erkennen, daß die Theaterwirklichkeit seine Erwartungen nicht erfüllen konnte. Die Empfindlichkeit der Schauspieler, die ökonomischen Interessen der privaten Geldgeber, die fehlende Resonanz beim Publikum machten ihm die Grenzen seiner Theaterkritik deutlich. Dazu kamen die eigenen verlegerischen Schwierigkeiten: die zunehmende Zahl von Raubdrucken gefährdete das Fortbestehen der Zeitschrift. Zeitweilig mußte die periodische Erscheinungsweise aufgegeben werden, so daß die Aktualität der Kritik verloren ging. Die Ausweitung der Tageskritik auf die Erörterung grundsätzlicher dramaturgischer Probleme und die schließliche Veröffentlichung in Buchform konnten das völlige Scheitern der ursprünglich geplanten Konzeption verhindern (s. Kopitzsch, S. 58 ff.).

2. Textanalyse

2.1. Prinzipien und Ziele der Lessingschen Theaterkritik

Ein geläufiges Mißverständnis ist es, Lessings unsystematische Schreibweise als Eigenart seines individuellen Stils anzusehen. Das Wesentliche der Lessingschen Kritik wird damit nicht erfaßt: das Zusammenfallen von Untersuchungsmethode und ihrer Darstellung. Lessing entwickelt seine Gedanken vor den Augen des Lesers in der Reihenfolge, in der sie ihm gekommen sind. Er stellt das kritische Denken selbst dar, als Anregung und Aufforderung zum Selbstdenken. Bereits in den *Briefen, die neueste Literatur betreffend* (1759–65) hatte er dieses Verfahren ausführlich demonstriert. Nahezu alles, was ihn in seiner Leipziger Zeit beschäftigte, fand Eingang in die *Literaturbriefe,* die dadurch noch unübersichtlicher und verwirrender wirken als die *Hamburgische Dramaturgie.* Zu den behandelten Themenkreisen gehören beispielsweise die Grundsätze des Übersetzens (2.–7. Brief) und der literarischen Kritik (7., 16., 105. Brief), die Auseinandersetzung mit verschiedenen Fabelauffassungen (30., 70., 127. Brief), theologische (12., 48./49., 71. Brief) und pädagogische (10./11. Brief) Überlegungen, die bekannte Abrechnung mit Gottsched (17. Brief; s. 65. Brief) und die Lobeshymne auf Shakespeare (17. Brief), die Genieproblematik (10./11., 17., 18./19., 63., 103., 111. Brief) und die Forderung nach gemischten Charakteren im Trauerspiel (63. Brief), Themenkreise, die – sofern sie als Bausteine zu einer Theorie der dramatischen Dichtkunst brauchbar waren – in der *Hamburgischen Dramaturgie* wieder aufgegriffen wurden.

Die Art und Weise dieses Denkens läßt manche Bezüge zu den Methoden der Naturwissenschaften erkennen, sofern man von der Verschiedenheit der Gegenstände absieht und nur das Verfahren betrachtet (zum komplexen Zusammenhang zwischen Naturwissenschaften und Literaturkritik s. Omasreiter). Vor allem in England hatte sich zu Beginn des 18. Jahrhunderts unter dem Einfluß der Naturwissenschaften eine Literaturkritik entwickelt, die sich von den Worten weg hin zu den Fakten und Tatsachen wandte. Literatur sollte nicht mehr nach tradierten Regeln und Wahrheiten beurteilt werden, vielmehr sollten literarische Texte zunächst wieder als Untersuchungsgegenstände in den Blickpunkt rücken. Entsprechend dem naturwissenschaftlichen Verfahren hoffte man, durch systematische Einzelbeobachtung allgemeingültige Gesetze finden zu können. Diese Gesetze erhoben den gleichen Anspruch auf Gültigkeit wie die traditionellen Regeln der Poetik. Während aber die poetischen Regeln auf Konvention fußten, letztlich also willkürlich waren, waren die literarischen Gesetze das Ergebnis empirischer Forschung, vergleichbar den Naturgesetzen. Wie diese waren sie jederzeit überprüfbar und so lange gültig, wie sie unwiderlegt blieben.

Lessings kritische Methode ging wie die naturwissenschaftliche Induktion von der Einzelbeobachtung aus. Das Objekt der Beobachtung war die Komplexität der Vorgänge im Theater, nicht allein das Geschehen auf der Bühne, sondern auch die Beziehung zwischen Bühne und Zuschauerraum. Lessing war aber nicht nur Analytiker, sondern auch Erzieher. Er untersuchte nicht nur die Wirkung, die ein Drama auf das Publikum hatte, sondern er maß die tatsächliche Wirkung an der Wirkung, die das Drama nach seiner Meinung haben sollte. Erst aus der Diskrepanz zwischen tatsächlicher und gewünschter Wirkung entwickelte er seine weitergehenden Hypothesen, die gerade deshalb oft in die Nähe neuer Regeln und Konventionen gerieten. Sie waren nicht nur Ergebnis der Analyse, sondern zugleich auch poetisches Postulat. Prinzipiell war die Erprobung auf dem Theater zwar möglich, in der Praxis aber kaum durchführbar.

Ein Beispiel: anhand des ersten vom Nationaltheater aufgeführten Trauerspiels, Cronegks *Olint und Sophronia,* erläutert Lessing, wie moralische Maximen möglichst wirkungsvoll zu präsentieren seien (G IV, S. 242–253); er „abstrahiert" (G IV, S. 252) zwar von den Beispielen, die ihm der Hauptdarsteller Ekhof liefert, macht daraus aber nur deshalb eine allgemeine Aussage, weil Ekhofs Darstellungsweise mit seinen eigenen Vorstellungen übereinstimmt. Als nächster Schritt müßte nun die systematische Überprüfung dieser Hypothese in der theatralischen Praxis folgen. Hier zeigen sich jedoch die Grenzen der Methodenanalogie und zugleich die beschränkten Möglichkeiten, über die ein Dramaturg zu Lessings Zeiten verfügte. Die komplexen Vorgänge im Theater sind nicht mit dem Beobachtungsobjekt ‚Natur' vergleichbar. Die Natur kann unter künstlich hergestellten Experimentalbedingungen beobachtet werden, die alle störenden und das Beobachtungsergebnis verfälschenden Einflüsse ausschließen.

Eine vergleichbare Experimentalsituation ist im Theater nicht nachvollziehbar. Die Vielfalt wechselseitig aufeinander einwirkender Faktoren ist im naturwissenschaftlichen Experiment kontrollierbar. In psycho-sozialen Prozessen, wie sie Theateraufführungen darstellen, ist eine analoge Kontrolle unmöglich. Lessing konnte auch noch nicht, wie 200 Jahre später Brecht, daran denken, die für eine Theateraufführung relevanten Faktoren in einem konsequenten Experimentaltheater zu untersuchen. Ihm blieb zur Überprüfung seiner dramaturgischen Theoreme nur der Rückgriff auf seine umfangreichen Kenntnisse des antiken und des zeitgenössischen Dramas. Er verwies auf die Schauspielkunst der Griechen, die weit natürlicher und damit wirkungsvoller gewesen sei als die unnatürlichen, gekünstelten Bewegungen mancher zeitgenössischer Schauspieler.

Mit seinem empirischen, induktiven Verfahren wandte sich Lessing indirekt gegen die systematische Deduktion der rationalistischen Poetik (s. das Kapitel über den *Laokoon* IV B). Aber auch die direkte, meist subjektiv und polemisch überspitzte Auseinandersetzung, vornehmlich mit den französischen Theoretikern, durchzog die *Hamburgische Dramaturgie* von Anfang bis Ende. Dieses Verfahren gehörte mit zu Lessings methodischem Selbstverständnis: das Falsche zu erkennen als Voraussetzung zur Erkenntnis des Wahren (G IV, S. 559). Streit und Widerlegung wurden planmäßig fruchtbar gemacht, d. h. zur Methode erhoben. Vorhandene dramaturgische Theoreme wurden kritisch analysiert und durch erklärungskräftigere (d. h. solche, die den betreffenden Sachverhalt angemessener erklären) ersetzt. Lessing berief sich dabei auf Aristoteles, der ebenso vorgegangen sei (hierzu als ‚kritischem Verfahren' jetzt Bohnen, S. 104ff.).

Die argumentative Rückversicherung bei der Autorität Aristoteles war mehr als ein bloß taktischer Schachzug. Lessing nahm Aristoteles nicht beim *Wort,* sondern bei der *Methode.* Er bestritt damit die dogmatische Gültigkeit vor allem der Aristotelischen Poetik. Den Aristoteles-Exegeten warf er vor, sie hätten die *Poetik* von ihrer empirischen Basis, den „Meisterstücken" des griechischen Theaters, losgelöst und als zeitlos gültiges Gesetzbuch kanonisiert (G IV, S. 578/579). Lessing nahm Aristoteles nicht als fraglose Autorität hin: „Aristoteles kann irren, und hat oft geirret" (G IV, S. 405), dennoch akzeptierte er zunächst seine Theoreme, unterwarf sie jedoch einer kritischen Prüfung an der Wirklichkeit des zeitgenössischen Theaters. An diesem wurden die Aristotelischen Aussagen gemessen und – wenn nötig – modifiziert. Mit Recht konnte Lessing deshalb am Ende der *Dramaturgie* sagen:

„Aber man kann studieren, und sich tief in den Irrtum hinein studieren. Was mich also versichert, daß mir dergleichen nicht begegnet sei, daß ich das Wesen der dramatischen Dichtkunst nicht verkenne, ist dieses, daß ich es vollkommen so erkenne, wie es Aristoteles aus den unzähligen Meisterstücken der griechischen Bühne abstrahieret hat" (G IV, S. 699).

Um das Wesen der dramatischen Dichtkunst allein war es Lessing ursprünglich nicht gegangen, vielmehr sollte die *Dramaturgie* „ein kritisches Register von allen aufzuführenden Stücken halten, und jeden Schritt begleiten, den die Kunst, sowohl des Dichters, als des Schauspielers, hier tun wird" (G IV, S. 233). Nicht dem dichterischen Text, sondern seiner Konkretisierung im Agieren der Schauspieler, galt Lessings Interesse. Der Widerstand der Schauspieler und die Gleichgültigkeit des Publikums hatten dieses ehrgeizige Vorhaben vereitelt und Lessing auf die kritische Behandlung der Schauspieltexte beschränkt. Übriggeblieben war dennoch keine ‚Dichtkunst', keine ‚Poetik', kein in Paragraphen gepreßtes „dramatisches System" (G IV, S. 670), wie Lessing gegen Ende der *Dramaturgie,* an seine Leser gewendet, ausdrücklich festhält, sondern einzelne Bausteine zu einer dramaturgischen Theorie, die gerade aufgrund ihrer Unabgeschlossenheit zum Weiterbauen, zum Weiterdenken anregen sollten.

2.2. Lessings Genie-Begriff: ein Kompromiß zwischen klassizistischer Formstrenge und subjektiver Regellosigkeit

Schon in den frühen kritischen Arbeiten zur Literatur machte sich bei Lessing die Tendenz bemerkbar, Genie und Regeln miteinander in Einklang zu bringen (s. II B 2.2.2.). In der Auseinandersetzung mit Batteux (*Das Neueste aus dem Reiche des Witzes, Monat Junius 1751;* G III, S. 113–115) faßt Lessing das Werk des Genies als Substrat der Regeln auf. Die Regeln ergeben sich aus den Werken und nicht die Werke aus den Regeln. Immerhin wird die Notwendigkeit von Regeln anerkannt, allerdings nicht im Sinne absolut verbindlicher Gesetze, sondern vorläufig geltender Richtlinien, die durch das Werk eines Genies modifiziert werden können.

Gegenüber dem französischen Klassizismus wird der Genie-Begriff zur polemisch einsetzbaren Chiffre gegen die allzu sklavische Beobachtung poetischer Regeln, die sich lieber mit Ungereimtheiten im dramatischen Handlungsablauf abfindet, als daß sie die Regeln zu übertreten wagt. Zu diesen ‚mechanischen', äußerlichen Regeln, auf deren strikte Einhaltung sich die französischen Dramatiker viel zugute hielten, rechnet Lessing vor allem die drei Einheiten der Zeit, des Ortes und der Handlung. Das Genie beachte diese Einheiten intuitiv, aus sich heraus (*Hamburgische Dramaturgie;* G IV, S. 235), nicht mechanisch konstruierend. Die intuitive Beherrschung poetischer Regeln unterscheide den „Poeten", den „Dichter" vom bloß „witzigen Kopf", vom „guten Versifikateur" (G IV, S. 376–378).

Die Bindung, die Lessing dem Genie auferlegt, hat nichts mit Regelgehorsam zu tun:

> „Das Genie können nur Begebenheiten beschäftigen, die in einander gegründet sind, nur Ketten von Ursachen und Wirkungen. Diese auf jene zurück zu führen, jene gegen diese abzuwägen, überall das Ungefähr auszuschließen, alles, was geschieht, so geschehen zu lassen, daß es nicht anders geschehen können: das, das ist seine Sache, wenn es in dem Felde der Geschichte arbeitet, um die unnützen Schätze des Gedächtnisses in Nahrungen des Geistes zu verwandeln" (G IV, S. 368).

Das Genie soll keine Gelehrsamkeit demonstrieren, sondern Zusammenhänge deutlich machen, die Erkenntnis der Wirklichkeit erleichtern. Das erfordert Auswahl und Bewertung der Fakten. Hier berührt sich Lessings Genie-Auffassung mit seiner Mimesiskonzeption. Das Drama soll kein naturalistischer Abklatsch, sondern ein bewußt und absichtsvoll konstruiertes Modell der Wirklichkeit sein: es ist interpretierte Wirklichkeit. Den Interpreten bezeichnet Lessing als „Genie" (G IV, S. 385–387). In ihm vereinigt sich die rationale Fähigkeit zur Erfassung der Realität mit dem didaktischen Anliegen, die erfaßte Realität weiterzuvermitteln. Das Lessingsche Genie ist kritischer Rationalist und lebenspraktischer Moralist in einem:

„Mit Absicht handeln ist das, was den Menschen über geringere Geschöpfe erhebt; mit Absicht dichten, mit Absicht nachahmen, ist das, was das Genie von den kleinen Künstlern unterscheidet, die nur dichten um zu dichten, die nur nachahmen um nachzuahmen […] Es ist wahr, mit dergleichen leidigen Nachahmungen fängt das Genie an, zu lernen; es sind seine Vorübungen […] allein mit der Anlage und Ausbildung seiner Hauptcharaktere verbindet es weitere und größere Absichten; die Absicht uns zu unterrichten, was wir zu tun oder zu lassen haben […]" (G IV, S. 388/389).

Als lebendige Antithese zum französischen Klassizismus hatte Lessing schon im 17. *Literaturbrief* (16. 2. 1759; G V, S. 70–73) das „Shakespearesche Genie" entdeckt und es gegen die Tragödien eines Corneille und Racine ausgespielt. In der *Hamburgischen Dramaturgie* wird dieses Verfahren fortgesetzt. Shakespeare wird immer dann genannt, wenn es gilt, die französischen Klassizisten ins Unrecht zu setzen (G V, S. 299/300 und passim). Der Gottschedschen Behauptung, daß sich vor allem die Franzosen nach den Regeln und Mustern der Alten gerichtet hätten, setzt Lessing entgegen:

„Sie [d. h. die französischen Dramatiker] verdienen, zum Teil, unter den Dichtern keinen geringen Rang: nur daß sie keine tragische Dichter sind; nur daß ihr Corneille und Racine, ihr Crébillon und Voltaire von dem wenig oder gar nichts haben, was den Sophokles zum Sophokles, den Euripides zum Euripides, den Shakespeare zum Shakespeare macht. Diese sind selten mit den wesentlichen Forderungen des Aristoteles im Widerspruch: aber jene desto öfterer" (G IV, S. 609/610).

Den strikten Beweis für die Übereinstimmung Shakespeares mit den wesentlichen Forderungen des Aristoteles blieb Lessing allerdings schuldig. Er mußte ihn schon deshalb schuldig bleiben, weil Shakespeare keineswegs in der Tradition des aristotelischen Theaters steht. Für Lessing war Shakespeare jedoch wichtig als Vorbild, das man den heftig attackierten französischen Dramatikern entgegenhalten konnte. Nur so schien es möglich, die einseitige Orientierung am französischen Drama, das die Theaterspielpläne noch nahezu unangefochten beherrschte, zu überwinden.

Am Ende der *Hamburgischen Dramaturgie* sieht sich Lessing veranlaßt, seine Genie-Auffassung gegen Mißverständnisse zu verteidigen. Für eine neue Generation von Autoren und Kritikern war ‚Genie' zum Schlagwort geworden, ausschließlich wegen seines antiregelhaften Gehaltes. Lessing vermutet dahinter den Versuch, sich jeder Kritik zu entziehen:

„Und nicht die Verfasser allein sind es, die sie [d.h. die Kritik] mit Unwillen hören. Wir haben, dem Himmel sei Dank, itzt ein Geschlecht selbst von Kritikern, deren beste Kritik darin besteht, – alle Kritik verdächtig zu machen. ,Genie! Genie! schreien sie. Das Genie setzt sich über alle Regeln hinweg! Was das Genie macht, ist Regel!'" (G IV, S. 673).

Zu dieser Entwicklung hatte Lessing selbst beigetragen, mit der Polemik gegen die französische Regelmäßigkeit und mit der Propagierung des Shakespeare-schen Genies.

Er muß dies selbst so empfunden haben. Auffällig ist das Fehlen dezidierter Aussagen zum Genie im zweiten Teil der *Dramaturgie*. Gleichzeitig tritt an die Stelle einer kritischen Würdigung des Aristoteles der Versuch, ihn erneut zu dogmatisieren. Das in beschwörendem Ton ständig wiederholte ,Aristoteles sagt...' versucht, einen Schutzwall gegen die sich abzeichnende Irrationalität der Stürmer und Dränger zu errichten. Diese Motivation steckt auch hinter dem Vergleich der Aristotelischen Poetik mit den Elementen des Euklid im letzten resümierenden Stück der *Dramaturgie* (G IV, S. 699/700), obwohl sich Lessing der Unhaltbarkeit und Überholtheit seiner eigenen Position bereits bewußt ist: „und sollte ich in diesen erleuchteten Zeiten auch darüber ausgelacht werden!" (G IV, S. 699).

(Zu den sozio-ökonomischen Implikationen des Genie-Begriffs im Zusammenhang mit den Veränderungen des Buchmarktes s. I C 1.).

2.3. Drei ausgewählte Punkte der Lessingschen Tragödienauffassung: Naturnachahmung (Mimesis), gemischte Charaktere und Katharsis

Zahllose Einzeltheoreme ließen sich aus der *Hamburgischen Dramaturgie* herauslösen: zur Märtyrertragödie, zur Schauspielkunst, zur Bühnenmusik, zur Komödie – Lessing äußert sich zu nahezu allem, was mit dem zeitgenössischen Drama und seiner Verwirklichung auf der Bühne zusammenhängt. Immer wieder tritt jedoch sein intensives Bemühen um die Tragödie in den Vordergrund. Sein erster Publikumserfolg, *Miß Sara Sampson,* lag über ein Jahrzehnt zurück. Mit *Minna von Barnhelm* hatte sich Lessing gerade eben erst vom Schematismus der Sächsischen Typenkomödie, der seine Jugendlustspiele noch weitgehend verhaftet waren, freigemacht. Das reichhaltige Anschauungsmaterial, das ihm das Tragödien-Repertoire des Hamburger Nationaltheaters bot, regte ihn zur immer wieder neu und von verschiedenen Seiten ansetzenden Auseinandersetzung mit dieser Gattung an.

Im letzten Stück der *Dramaturgie,* nachdem „der süße Traum, ein Nationaltheater hier in Hamburg zu gründen" (G IV, S. 704) ausgeträumt war, konnte Lessing wenigstens ein persönliches Ergebnis seiner Kritikertätigkeit festhalten:

„Ich wage es, hier eine Äußerung zu tun, mag man sie doch nehmen, wofür man will! – Man nenne mir das Stück des großen Corneille, welches ich nicht besser machen wollte. Was gilt die Wette?" (G IV, S. 701).

Diese überheblich klingende Behauptung wird jedoch sogleich relativiert: er werde „doch lange kein Corneille sein, – und doch lange noch kein Meisterstück gemacht haben" (G IV, S. 701). Noch einmal wendet sich Lessing gegen die unkritische Überschätzung des französischen Klassizismus und betont zugleich sein eigenes Programm. Er möchte weder ein Corneille sein, noch Meisterstücke machen, er möchte vielmehr ein für seine Zeit brauchbares, wirkungsvolles Drama schreiben – insofern wird er „es zuverlässig besser machen" als Corneille (G IV, S. 701).

2.3.1. Mimesis: die poetische Durchdringung der Wirklichkeit (69./70., 94. Stück)

Mimesis ist ein zentraler Begriff der Poetik von Platon und Aristoteles bis hin zu modernen Realismustheorien. Die Diskussion um das Problem der Naturnachahmung wurde in der ersten Hälfte des 18. Jahrhunderts aus verschiedenen Richtungen neu belebt (s. Herrmann: Gesamtbibl. 9). Der Vernunft als alleiniger Richtschnur der poetischen Nachahmung wurde von den Schweizern Bodmer und Breitinger die Einbildungskraft (Phantasie) gleichberechtigt an die Seite gesetzt. Der strenge Rationalist Gottsched hatte in seiner *Critischen Dichtkunst* die Bedeutung der Einbildungskraft zwar nicht gänzlich geleugnet, sie jedoch nur als durch die Vernunft gebändigt akzeptiert:

„Eine gar zu hitzige Einbildungskraft macht unsinnige Dichter: dafern das Feuer der Phantasie nicht durch eine gesunde Vernunft gemäßigt wird" (CD, S. 108).

Durch die Aufwertung des Komplements ‚Phantasie' wurde das Eigenrecht des Schöpferischen, das nicht ausschließlich rational aufrechenbar ist, betont. In Frankreich versuchte Charles Batteux, ein Vertreter der rationalistischen Kunsttheorie, in der Naturnachahmung das oberste Prinzip zu finden, das alle (schönen) Künste miteinander verbindet. Ziel dieses Versuchs war es, die Kunst als wissenschaftliche Disziplin zu begründen und sie zugleich von anderen Wissenschaften abzugrenzen. In Deutschland wurden, im Rahmen der allgemeinen Kunsttheorie-Diskussion, die Gedanken Batteux' bekannt gemacht durch J. A. Schlegel (*Einschränkung der schönen Künste auf einen einzigen Grundsatz aus dem Französischen*, Leipzig 1751), Ph. E. Bertram (*Die schönen Künste, aus einem Grundsatz hergeleitet, Gotha 1751*), Gottsched (*Auszug aus den schönen Künsten mit Zusätzen von Gottscheden*, Leipzig 1754) und K. W. Ramler (*Einleitung in die schönen Wissenschaften nach dem Französischen mit Zusätzen*, 4 Bde. Leipzig 1758). In der Monatsbeilage zur *Vossischen Zeitung* vom Juni 1751 unterzieht Lessing die Übersetzungen von Schlegel (die er irrtümlicherweise Gellert zuschreibt) und Bertram seiner Kritik, stimmt aber dem Batteuxschen Grundsatz der Naturnachahmung zu:

„Ein Grundsatz, woran sich alle, welche ein wirkliches Genie zu den Künsten haben, festhalten können; welcher sie von tausend eiteln Zweifeln befreiet, und sie bloß einem einzigen unumschränkten Gesetze unterwirft, welches, so bald es einmal wohl begriffen ist, den Grund, die Bestimmung und die Auslegung aller andern enthält" (*Das Neueste aus dem Reiche des Witzes, Monat Junius 1751; G III, S. 113/114*).

Für Batteux – und für den jungen Lessing – war die Naturnachahmung eine Frage der Systematik. Aus ihr als oberstem Prinzip wurden alle anderen Prinzipien und Regeln abgeleitet, und in dieses System hatten sich die vorhandenen und noch entstehenden Dramen einzufügen.

Lessing hält noch in der *Dramaturgie* am Prinzip der Naturnachahmung fest, jedoch nicht mehr als Grundlage eines poetologischen Systems, sondern als Beschreibung des ästhetischen Verhältnisses zwischen Drama und Realität. Ausgangspunkt für Lessings Überlegungen zur Naturnachahmung ist die Wiederaufführung des *Grafen von Essex* von Thomas Corneille. Von hier aus führt der Weg über den *Essex* von John Banks, der als „ein Stück von weit mehr Natur, Wahrheit und Übereinstimmung" (G IV, S. 485) gegen Corneilles Stück ausgespielt wird, zu einem spanischen *Essex* der als Beispiel für das spanische Theater vorgestellt wird (G IV, S. 507–550):

> „Die echten spanischen Stücke sind vollkommen nach der Art dieses Essex. In allen einerlei Fehler, und einerlei Schönheiten: mehr oder weniger; das versteht sich" (G IV, S. 549).

In derselben Weise, wie bisher die Dramen Shakespeares und der ‚Engländer' überhaupt als Leitbild aufgebaut wurden, verfährt Lessing nun mit dem spanischen Theater, das seinen Lesern wohl noch weniger bekannt war als das englische. Aus diesem Informationsbedürfnis erklärt sich die Ausführlichkeit des Exkurses. Lessing unternimmt es, das spanische Theater, das sich nicht in die „mechanische Regelmäßigkeit" (G IV, S. 549) des französischen Klassizismus pressen läßt, das für seine „Vermischung des Komischen und Tragischen [...] so berüchtigt ist" (G IV, S. 550), zu rechtfertigen. Er stempelt die Vermischung von Tragischem und Komischem zur unumgänglichen Notwendigkeit. Lope de Vega, der Schöpfer des spanischen Theaters, habe sich dem Geschmack des Volkes beugen müssen, um überhaupt *zeitgenössisches* Theater machen zu können – genau die Absicht, die Lessing mit seiner eigenen dramaturgischen Arbeit verfolgte:

> „Da er sahe, daß es nicht möglich sei, nach den Regeln und Mustern der Alten für seine Zeitgenossen mit Beifall zu arbeiten: so suchte er der Regellosigkeit wenigstens Grenzen zu setzen [...]" (G IV, S. 550/551).

Deshalb habe er als erste Regel „die Verbindung des Ernsthaften und Lächerlichen" (G IV, S. 551) eingeführt, allerdings nicht nur, weil das Publikum es so verlangt habe, sondern weil die Natur selbst dies lehre.

Die Berufung auf die Natur in Gattungsfragen macht erneut deutlich, welchen Einfluß die Naturwissenschaften auf die Literaturkritik und die Poetik hatten. Wenn es nämlich wahr ist – so argumentiert Lessing weiter –, daß die Natur selbst die Vermischung von Komischem und Tragischem lehrt, dann ist der von Lope de Vega beklagte Fehler gar kein Fehler, „denn nichts kann ein Fehler sein, was eine Nachahmung der Natur ist" (G IV, S. 552). Dahinter steht die Ansicht, daß Naturgesetze nicht durch poetische Konventionen vergewaltigt werden dürfen. Als Bestätigung zitiert Lessing einen Abschnitt aus Wielands Roman *Aga-*

thon, in dem nicht nur Shakespeare, sondern auch die alten, von Gottsched verfemten Haupt- und Staatsaktionen als Muster der Naturnachahmung gepriesen werden (G IV, S. 552–554).

An dieser Stelle demonstriert Lessing ausführlich seine Methode, den Gang der Argumentation vor dem Leser zu entwickeln, ihn daran teilhaben zu lassen. Der Leser ist bis zu dem Punkt geführt worden, an dem er die Rechtfertigung des tragikomischen Mischspiels nach dem Vorbild der Natur für erwiesen halten muß, aber nur zu dem Zweck, die Aussage mit ebenso schlagkräftigen Argumenten in Frage zu stellen. Die Grundlage der Rechtfertigung wird erschüttert, indem auf die impliziten Gefahren der Naturnachahmung hingewiesen wird, daß nämlich

„eben das Beispiel der Natur, welches die Verbindung des feierlichen Ernstes mit der possenhaften Lustigkeit rechtfertigen soll, eben so gut jedes dramatische Ungeheuer, das weder Plan, noch Verbindung, noch Menschenverstand hat, rechtfertigen könne. Die Nachahmung der Natur müßte folglich entweder gar kein Grundsatz der Kunst sein, oder, wenn sie es doch bliebe, würde durch ihn selbst die Kunst, Kunst zu sein aufhören; wenigstens keine höhere Kunst sein, als etwa die Kunst, die bunten Adern des Marmors in Gips nachzuahmen; ihr Zug und Lauf mag geraten, wie er will, der seltsamste kann so seltsam nicht sein, daß er nicht natürlich scheinen könnte" (G IV, S. 555).

Die konsequente Nachahmung der Natur würde zum Naturalismus führen, bei dem mehr das „Ohngefähr" als „Vernunft und Überlegung" (G IV, S. 556) seine Hand im Spiele hätte. Diesen Widerspruch im Prinzip der Naturnachahmung löst Lessing auf, indem er zunächst den Begriff der „Natur" erweitert: neben der „Natur der Erscheinungen", die in den Haupt- und Staatsaktionen nachgeahmt wird, gibt es eine „Natur unserer Empfindungen und Seelenkräfte" (G IV, S. 557). Um die Natur überblicken zu können, muß man aus ihr das Wesentliche auswählen, muß man abstrahieren:

„In der Natur ist alles mit allem verbunden; alles durchkreuzt sich, alles wechselt mit allem, alles verändert sich eines in das andere. Aber nach dieser unendlichen Mannichfaltigkeit ist sie nur ein Schauspiel für einen unendlichen Geist. Um endliche Geister an dem Genusse desselben Anteil nehmen zu lassen, mußten diese das Vermögen erhalten, ihr Schranken zu geben, die sie nicht hat; das Vermögen abzusondern, und ihre Aufmerksamkeit nach Gutdünken lenken zu können" (G IV, S. 557).

Die Aufgabe der Kunst ist es, die Abstraktion, die Auswahl des Wesentlichen, zu konkretisieren, d. h. das, was im wirklichen Leben nur als intellektueller Akt möglich ist, sinnlich wahrnehmbar vorzuführen. Dabei müssen die aus der Natur abstrahierten Elemente kausal verknüpft werden, damit ein Sinnzusammenhang entsteht. Das so verstandene Drama wird „ein Schattenriß von dem Ganzen des ewigen Schöpfers" (G IV, S. 598), ein Modell der physischen und psychischen Realität, das undurchsichtige und unbegriffene Zusammenhänge durchsichtig und begreifbar macht. Das Drama wird damit zum Mittel menschlicher Erkenntnis, erhält Symbolform (Bohnen, S. 123 ff.).

2.3.2. Gemischter Charakter: Übereinstimmung von Bühne und ‚Leben‘ (46./ 47., 82./83., 86.–89., 92.–94. Stück)

Das Theorem der ‚gemischten Charaktere‘ ist als solches bereits aristotelisch (Kapitel 13 der *Poetik*). Dementsprechend wird es auch von allen Poetikern, die sich auf Aristoteles berufen, u. a. von Gottsched, vertreten. Aristoteles leitet jedoch seine Forderung nach Mischung der Charaktere allein aus dem Ziel der Tragödie, Mitleid und Furcht zu erregen, ab. Für Lessing ergibt sich die Notwendigkeit gemischter Charaktere einerseits aus der Wirkungsabsicht der Tragödie, die er in modifizierter Weise von Aristoteles übernimmt, andererseits aus dem Prinzip der Naturnachahmung, das die Vermischung der Gattungen gerechtfertigt hatte.

Das Ziel der Tragödie, die Erregung von Furcht und Mitleid, wird nur erreicht, wenn die auf der Bühne geschilderten Charaktere „mit uns von gleichem Schrot und Korne" sind (G IV, S. 580/581). Das Heroenideal der klassizistischen Tragödie ist damit für Lessings Intentionen unbrauchbar geworden. Der Zuschauer, den Lessing im Auge hat, der Bürger seiner Zeit, kann sich mit ihm nicht identifizieren, er kann es allenfalls ehrfürchtig anstaunen, so wie er in seinem täglichen Leben ‚die Großen‘ anstaunt und ergeben den Hut zieht, wenn der Fürst in seiner Karosse vorbeifährt. Bei Gottsched gehörte die Bewunderung neben Traurigkeit, Schrecken und Mitleid zum Zweck der Tragödie, im Sinne einer Abhärtungspoetik:

> „Aristoteles beschreibt sie [d. h. die Tragödie] derowegen, als eine Nachahmung einer Handlung, dadurch sich eine vornehme Person harte und unvermuthete Umglücksfälle zuzieht. Der Poet will also durch die Fabeln Wahrheiten lehren, und die Zuschauer, durch den Anblick solcher schweren Fälle der Großen dieser Welt, zu ihren eigenen Trübsalen vorbereiten" (CD, S 606).

Für Lessing sind die „Großen dieser Welt" nur als Menschen von Interesse, denn nur in ihrem Menschsein vermögen sie das Mitleid des Zuschauers zu erregen. Selbst ein König interessiert nur als Mann und Vater und eine Königin nur als Frau und Mutter (G IV, S. 294/295, 367–371, 447–452). Der hohe Stand eines Menschen verleiht seinem Unglück zwar größere Dimensionen, Mitleid weckt er nicht. Dies hängt allein von seinen menschlichen Qualitäten ab: er darf weder ein Ausbund an Tugend, noch ein ausgemachter Bösewicht sein, sondern muß eine Mischung aus beidem darstellen. Nichts anderes fordert auch Aristoteles.

Die Forderung nach gemischten Charakteren ergibt sich aber ebenso aus Lessings Mimesis-Auffassung. Der Dichter, dessen Aufgabe es ist, ein Modell der Natur, einen „Schattenriß" der Schöpfung zu entwerfen, muß von Besonderheiten und Ausnahmen absehen, um seinem dramatischen Modell einen möglichst hohen Grad von Allgemeinheit zu verleihen. Nur dies macht ihn zum Dichter, alles andere wäre blinder Naturalismus, bloßes Kunsthandwerk. Lessing verwirft deshalb den christlichen Märtyrer (G IV, S. 237–241) und den machiavellistischen Bösewicht (G IV, S. 367–371, 574–578) als über- bzw. unmenschliche Stilisierungen einer bloßen Kunstwelt. Sie erscheinen ihm als personifizierte Prinzipien, als „hagere Gerippe von Lastern und Tugenden" (G IV, S. 616). Er gesteht diesen Kunstprodukten, die ihre Existenz nur dem Theater verdanken, Größe durchaus zu, freilich eine monströse Größe, die der normale Erdenbürger nur mit leisem Schaudern bestaunen kann. Die Wirkung dieser „dramatischen Ungeheuer" ist dementsprechend Schrecken im Sinne von Abschreckung. So heißt es über Weisses *Richard III:*

> „Wohl erweckt er Schrecken: wenn unter Schrecken das Erstaunen über unbegreifliche Missetaten, das Entsetzen über Bosheiten, die unsern Begriff übersteigen, wenn darunter der Schauder zu verstehen ist, der uns bei Erblickung vorsätzlicher Greuel, die mit Lust begangen werden, überfällt. Von diesem Schrecken hat mich Richard der Dritte mein gutes Teil empfinden lassen" (G IV, S. 574/575).

In den Augen Lessings verfehlt die Tragödie damit ihren Zweck. Weisses *Richard III* ist der Anlaß, diesen genauer zu definieren.

2.3.3. Katharsis: ein Element der Erziehung zur bürgerlichen Moralität (74.–78. Stück)

Daß die Tragödie nicht ästhetischer Selbstzweck sei, sondern im Zuschauer etwas bewirken solle, ist Gemeingut aller theoretischen Erörterungen seit Aristoteles. Eine wesentliche Ursache für die Behauptung dieses Nutzeffektes liegt zweifellos im Bemühen, das Tragödienschreiben als produktive Tätigkeit zu rechtfertigen. Die genaue inhaltliche Beschreibung der tragischen Wirkung blieb umstritten. Aristoteles verlangt im 6. Kapitel seiner *Poetik* von der Tragödie, „daß mit Hilfe von Mitleid und Furcht eine Reinigung von eben derartigen Affekten bewerkstelligt" werde. Diese Forderung innerhalb der aristotelischen Tragödiendefinition ist wohl eine der meistbehandelten Stellen in der Geschichte der literarischen Theorie. Heute werden *phobos* und *eleos* üblicherweise mit ‚Furcht' und ‚Mitleid' übersetzt, abweichend nur Schadewaldt, der sie aufgrund philologisch-historischer Analyse der sprachlichen Zusammenhänge mit ‚Schauder' und ‚Jammer' im Sinne medizinischer Purgierung übersetzt.

Zu Lessings Zeiten wurde an die Stelle von ‚Furcht' meist ‚Schrecken' gesetzt, und auch Lessing selbst kommt es zunächst nicht in den Sinn, diese Übersetzung in Frage zu stellen, obwohl er schon im Briefwechsel über das Trauerspiel festgestellt hatte, daß nur ‚Furcht' der richtige Begriff sei (Brief an Nicolai vom 2. 4. 1757; G IV, S. 208–210). Erst als er zur Kritik des Weisseschen Richard III ansetzt, entdeckt er:

> „Man hat ihn [d. h. Aristoteles] falsch verstanden, falsch übersetzt. Er spricht von Mitleid und Furcht, nicht von Mitleid und Schrecken; und seine Furcht ist durchaus nicht die Furcht, welche uns das bevorstehende Übel eines andern, für diesen andern, erweckt, sondern es ist die Furcht, welche aus unserer Ähnlichkeit mit der leidenden Person für uns selbst entspringt; es ist die Furcht, daß die Unglücksfälle, die wir über diese verhänget

sehen, uns selbst treffen können; es ist die Furcht, daß wir der bemitleidete Gegenstand selbst werden können. Mit einem Worte: diese Furcht ist das auf uns selbst bezogene Mitleid" (G IV, S. 578/579).

Die Furcht wird damit nicht als gleichberechtigte tragische Leidenschaft neben das Mitleid gestellt, sondern unter ihm mitbegriffen. Die Betonung des Mitleids, d. h. des Mit-Leidens im ursprünglichen (nicht spezifisch christlichen) Sinn des Worts hängt zusammen mit Lessings Forderung nach gemischten Charakteren. Mit-leiden kann der Zuschauer nur, wenn er auf der Bühne ihm ähnliche Personen sieht.

Ein weiteres Übersetzungsproblem bildet der Genitiv, in dem bei Aristoteles die Leidenschaften Furcht und Mitleid stehen. Heute wird allgemein ein *genitivus separativus* (Reinigung, Befreiung *von* ...) angenommen, Lessing übersetzt die Stelle als *genitivus objectivus* (Reinigung, Veredelung *der* ...):

> „die Tragödie soll unser Mitleid und unsere Furcht erregen, bloß um diese und dergleichen Leidenschaften, nicht aber alle Leidenschaften ohne Unterschied zu reinigen" (G IV, S. 591).

Lessing verwahrt sich damit gegen die Auslegung Corneilles, daß Schrecken und Mitleid nur die Mittel seien, mit deren Hilfe der Zuschauer von den *im Drama* vorgeführten Leidenschaften gereinigt werde. Damit würden gerade die beiden Leidenschaften, auf die es Lessing besonders ankommt, Furcht und Mitleid nämlich, von der Reinigung ausgeschlossen, da sie nicht im Drama *vorgeführt* (diese Möglichkeit gesteht Lessing zwar zu, aber nur als extremen Sonderfall), sondern im Zuschauer *erregt* werden.

Der Unterschied zwischen Corneille und Lessing besteht aber nur vordergründig darin, daß der erste die Leidenschaften überhaupt, der letztere nur Furcht und Mitleid gereinigt wissen wollte. Bei Lessing erhalten Furcht und Mitleid eine andere, erweiterte Funktion, und damit verändert sich auch die Art und Weise der Reinigung entscheidend. Bei Corneille, schreibt Lessing, haben Mitleid und Furcht die Aufgabe, den Zuschauer emotional einzustimmen. Das Mitleid mit dem Unglück des Helden rufe im Zuschauer die Furcht hervor, daß ihm ähnliches zustoßen könne. Die darauf basierende Reinigung der Leidenschaften ist ein rationaler Erkenntnisakt, „indem einem jeden die Vernunft sagt, daß man die Ursache abschneiden müsse, wenn man die Wirkung vermeiden wolle" (G IV, S. 592). Das heißt: der Zuschauer *erkennt* die Leidenschaft des Helden als Ursache seines Unglücks und versucht sie folglich in sich „zu reinigen, zu mäßigen, zu bessern, ja gar auszurotten" (G IV, S. 592).

Für Lessing besteht die Reinigung in einem nichtrationalen Akt. Sie vollzieht sich im Reich der Empfindungen. Der Fähigkeit zum Mitleiden mit dem Unglück eines anderen soll über die theatralische Vorstellung hinaus Dauer verliehen werden. Furcht und Mitleid bilden nicht, wie bei Corneille, allein die emotionale, identifikatorische Grundlage der Katharsis, sondern sie sind selbst Gegenstand der Katharsis. Die Bühne wird gewissermaßen zum Ort der Weckung und Einübung des Mitleidens, das Lessing schon im Briefwechsel über das Trauerspiel als die Grundlage aller menschlichen Tugenden angesehen hatte (s. II D 1.3.2.). Nicht *einzelne* Leidenschaften sollen durch die Tragödie gereinigt und damit *bestimmte* Tugenden gefördert werden, sondern eine *allgemeine* tugendhafte Gesinnung.

Die Auffassung, daß der mitleidigste Mensch auch der tugendhafteste sei, dürfte eine der Hauptursachen für die Aristoteles-Umdeutung der *Dramaturgie* sein. Lessing versuchte, die Tragödie in den Dienst der von ihm vertretenen allgemeinen moralischen Ziele zu stellen. Die Schwierigkeiten, in die er dabei geriet, zeigen sich an der äußerst vagen, aber um so apodiktischer vorgetragenen Definition der Katharsis:

„Da nämlich, es kurz zu sagen, diese Reinigung in nichts anders beruhet, als in der Verwandlung der Leidenschaften in tugendhafte Fertigkeiten" (G IV, S. 595).

Die Intention ist deutlich: die Leidenschaften, Furcht und Mitleid, sollen über das Theater hinaus fruchtbar gemacht werden als „tugendhafte Fertigkeiten". Wie die behauptete „Verwandlung" und ihr Ergebnis, die „tugendhaften Fertigkeiten", aber konkret aussehen sollen, bleibt offen.

2.4. Möglichkeiten und Grenzen der Lessingschen Theaterkritik

Die *Hamburgische Dramaturgie* war von Lessing als „kritisches Register von allen aufzuführenden Stücken" (G IV, S. 233) angekündigt worden. Die beabsichtigte Aktualität der Wochenzeitschrift mußte jedoch bald aufgegeben werden. Die Empfindlichkeit der Schauspieler ließ es Lessing geraten erscheinen, die unmittelbare Schauspielerkritik nach dem 25. Stück einzustellen. Die eigentliche Theaterkritik war damit unmöglich geworden. Dazu kamen die ständigen Finanzierungsschwierigkeiten des Nationaltheaters, die durch Konzessionen an den Publikumsgeschmack behoben werden sollten. Das Absinken des Spielplanniveaus und die Einschränkung der Kritikertätigkeit auf die Besprechung der Dramentexte mußte auf Lessing, der sich von dem Theatervorhaben so viel versprochen hatte, entmutigend wirken. Er benutzte den einzelnen Theaterabend mehr und mehr als Anlaß, um prinzipielle dramaturgische Fragen zu erörtern. Die Möglichkeit zu solchen essayartigen „Ausschweifen" bot sich ihm auch durch die verlegerischen Schwierigkeiten, die zur zeitweiligen Aufgabe der periodischen Erscheinungsweise führten. Der Charakter einer Zeitschrift wurde jedoch bis zum Schluß durch Zählung und Datierung der Stücke aufrecht erhalten.

Die bis zuletzt durchgehaltene Fiktion der aktuellen Kritik war nützlich im Hinblick auf die Verbindlichkeit und die Schlüssigkeit der Lessingschen Gedankengänge. Es enthob ihn der Notwendigkeit, seine Überlegungen zu ordnen und zu systematisieren. Wie mühsam und zeitraubend das war, zeigen die zahlreichen Entwürfe zum *Laokoon*. In einer Zeitschrift, die als laufende Unterrichtung des Publikums konzipiert war, konnte Lessing auf Widersprüche und Ungereimtheiten aufmerksam machen und sie ungelöst stehen lassen. Er konnte beispielsweise einerseits dem englischen Theoretiker Hurd, andererseits Aristoteles zustimmen, konnte offen eingestehen, daß sich beide Positionen nicht zur Dek-kung bringen lassen und sich dann mit einem Appell an den Leser zurückziehen, selbst darüber nachzudenken:

> „Ich erinnere hier meine Leser, daß diese Blätter nichts weniger als ein dramatisches System enthalten sollen. Ich bin also nicht verpflichtet, alle die Schwierigkeiten aufzulösen, die ich mache. Meine Gedanken mögen immer sich weniger zu verbinden, ja wohl gar sich zu widersprechen scheinen: wenn es denn nur Gedanken sind, bei welchen sie Stoff finden, selbst zu denken. Hier will ich nichts als Fermenta cognitionis ausstreuen" (G IV, S. 670).

Lessing will seinen Lesern kein fertiges, deduktives System vorsetzen und ihnen damit das Denken abnehmen. Ein „dramatisches System" läßt sich nur als ganzes annehmen oder ablehnen, wesentliche Abänderungen erträgt es nicht, weil sonst das ganze Gefüge logischer Ableitung zusammenbräche. Lessing wirft aber nicht nur Probleme auf und läßt sie ungelöst, er gibt nicht nur Denkan-stöße, sondern er führt auch praktisch vor, wie dieses Denken aussehen kann und soll: es ist subjektiv und macht aus seiner Subjektivität keinen Hehl. Es ist aggressiv, muß sich allerdings auch gefallen lassen, selbst wieder angegriffen zu werden. Der ‚Selbstdenker' hat keine Möglichkeit, sich hinter den Kategorien eines objektiven Systems zu verschanzen; er muß sein Denken als mündiges Individuum verantworten und nicht nur Vorgedachtes nachvollziehen und an-wenden.

Ein geistig mündiges, selbstdenkendes Publikum war aber in einer Zeit geisti-ger und politischer Bevormundung weder vorhanden noch von einem Tag auf den anderen zu erziehen. Diese Erziehungsaufgabe hatte Lessing schon in seiner ersten Theaterzeitschrift, den *Beiträgen zur Historie und Aufnahme des Theaters* (1749/50) übernommen. Die allmähliche Förderung des „guten Geschmacks" hatte er sich damals zum Ziel gesetzt, „wenigstens für die Menge, die sich nur stufenweise zu bessern fähig ist" (G III, S. 355 f.). Lessing mußte nun erkennen, daß diese stufenweise Besserung ein sehr langwieriger Prozeß war. Eingefahrene Denk- und Verhaltensweisen waren nur mühsam zu ändern, gerade dann, wenn man das Publikum nicht bevormunden, sondern zum selbständigen Denken anregen wollte.

Die Qualität eines klassizistischen Dramas ließ sich mit Hilfe der Regeln der Poetik ‚objektiv' bestimmen. Ein kleiner Kreis eingeweihter ‚Kunstrichter', der nicht nur über den nötigen Geschmack, sondern auch über das erforderliche Wissen verfügte, fällte das Urteil. Gottsched beschreibt diesen elitären Kritiker ganz unbefangen:

> „Nicht ein jeder hat Zeit und Gelegenheit gehabt, sich mit seinen philosophischen Untersuchungen zu den freien Künsten zu wenden, und da nachzugrübeln: woher es komme, daß dieses schön und jenes häßlich ist; dieses wohl, jenes aber übel gefällt? Wer dieses aber weiß, der bekömmt einen besonderen Namen, und heißt ein Kritikus. Dadurch verstehe ich nämlich nichts anders, als einen Gelehrten, der von freien Künsten philoso-phieren, oder Grund anzeigen kann [...] Was uns nun dergleichen Kunstrichter, solche philosophische Poeten, oder poesieverständige Philosophen sagen werden, das wird wohl

ohne Zweifel weit gründlicher sein, und einen richtigern Begriff von einem wahren Dichter bei uns erwecken; als was der große Haufe, nach einer betrüglichen Empfindung seines unbeständigen Geschmackes, zu loben oder zu tadeln pflegt" (CD, S. 96).

Bei Lessing ist der Kritiker nicht mehr autoritärer Vormund, sondern allenfalls Vordenker des ‚großen Haufens', und dieser selbst bzw. das Publikum übernimmt die Funktion des Kunstrichters:

„Es komme nur, und sehe und höre, und prüfe und richte. Seine Stimme soll nie geringschätzig verhöret, sein Urteil soll nie ohne Unterwerfung vernommen werden!" (G IV, S. 232).

Nicht mehr die Kenntnis der Regeln ist Voraussetzung für ein kompetentes Urteil, sondern der „gesunde Verstand" (G IV, S. 232), den prinzipiell *jeder* besitzt. Aufgabe des Kritikers ist es, diese jedem zukommende Fähigkeit zu aktivieren, indem er die Beurteilung am Exempel vorexerziert.

Der Kritiker verliert damit seine absolutistische Stellung und wird zum Erzieher, dessen vornehmstes Erziehungsziel es ist, sich selbst überflüssig zu machen. Ohne Eigeninitiative des Publikums bleiben aber die Absichten selbst des wohlwollendsten Erziehers wirkungslos. Lessing mußte am Ende der *Dramaturgie* seine Wertschätzung des Publikums erheblich einschränken:

„Wenn das Publikum fragt; was ist denn nun geschehen? und mit einem höhnischen Nichts sich selbst antwortet: so frage ich wiederum; und was hat denn das Publikum getan, damit etwas geschehen könnte? Auch nichts; ja noch etwas schlimmers, als nichts. Nicht genug, daß es das Werk nicht allein nicht befördert: es hat ihm nicht einmal seinen natürlichen Lauf gelassen" (G IV, S. 698).

Die Erwartungen, die Lessing in den ‚gesunden Verstand' des Publikums gesetzt hatte, blieben unerfüllt. Es äußerte seine Kritik am ‚Nationaltheater' nicht in der Absicht, es zu bessern, sondern blieb einfach weg.

Mit *dieser* Art von Kritik hatte Lessing nicht gerechnet. Sie war zwar buchstäblich vernichtend, sagte aber weniger etwas über die Qualität des ‚Nationaltheaters', als über die politische, soziale und literarische Lage in Deutschland und den Zustand des Hamburger Publikums aus; und wenn Lessing schließlich einsah, daß es unmöglich war, ein Deutsches Nationaltheater zu schaffen, da die Deutschen nicht einmal dem „sittlichen Charakter", geschweige denn der „politischen Verfassung" (G IV, S. 698) nach eine Nation waren, so drückt sich darin doch ein starker Zweifel an der aufklärerischen und erzieherischen Wirkung des Theaters aus. Vergegenwärtigt man sich weiter, daß die Katharsis-Erörterung, in der das Theater als Schule des Mitleids propagiert wurde, zu einer Zeit entstand, als das ‚Nationaltheater' in einer schweren Existenzkrise steckte, dann wird deutlich, daß es sich hierbei um sehr theoretische Überlegungen handelte, die zudem gerade von der Theater-Wirklichkeit widerlegt wurden. Lessing nimmt zwar diese Überlegungen nirgends ausdrücklich zurück, aber der prinzipielle Zweifel an der Wirkung des Theaters impliziert auch den Zweifel an der kathartischen Wirkung der Tragödie. So tief scheint Lessings Vertrauen in die Möglichkeiten des Theaters erschüttert gewesen zu sein, daß er sich theoretisch nicht mehr dazu äußerte.

B. Emilia Galotti

1. Grundlageninformationen

1.1. Texte und Materialien

LM II, S. 377–450; PO Tl. II, S. 93–163; R II, S. 237–318; Stammler I, S. 551–625; Wölfel I, S. 399–466; G II, S. 127–204. Einzelausgabe: Reclam Nr. 45.

G. E. Lessing: *Emilia Galotti*. Erläuterungen und Dokumente. Hrsg. v. Jan-Dirk Müller, Reclam Nr. 8111/11a, 1971 [Enthält Wort- und Sacherklärungen, die *Virginia*-Fabel nach Livius und Dionysios von Halikarnaß, eine Übersicht über dramatische Bearbeitungen, umfangreiche Dokumente zur Entstehungsgeschichte und Wirkungsgeschichte bis in die jüngste Zeit.]
Die wichtigsten Zeugnisse zur Entstehung, Aufnahme und Kritik bei G II, S. 702–714.

1.2. Forschungsliteratur

Barner, Wilfried: Produktive Rezeption (s. Gesamtbibl. 5) S. 73 ff. [Untersucht die psychologisierende und moralisierende Anverwandlung der heroischen Stoff- und Figurentradition der *Emilia* durch Lessing im Rahmen der Seneca-Rezeption und der Dramen.]
Bohnen, Klaus: Geist und Buchstabe (s. Gesamtbibl. 5), S. 130 ff. [Detaillierte Beschreibung der Perspektivenvielfalt der individuellen Sprachhandlungen in ihrer „Duplizität von intellektueller Klarheit und Gefühlsbestimmtheit".]
Durzak, Manfred: Das Gesellschaftsbild in Lessings *Emilia Galotti*, LYb 1, 1969, S. 60 ff. (auch in: Poesie und Ratio (s. Gesambibl. 5), S. 69 ff.) [Geht von einer (fragwürdigen) Analyse des in der *Emilia* vorgestellten Gesellschaftsmodells aus und betrachtet das Stück (weniger schematisch als zuvor Steinhauer) als Dramatisierung des Konflikts zwischen bürgerlicher und feudaler Welt.]
Eibl, Karl: Identitätskrise und Diskurs. Zur thematischen Kontinuität von Lessings Dramatik, Jahrbuch der deutschen Schillergesellschaft 21, 1977, S. 138 ff. [Analysiert die in *Emilia Galotti* dargestellten Rollen- und Identitätskonflikte, die zu der katastrophalen Kette von Fehlhandlungen führt; bewertet Lessings Darlegung der menschlichen Fallibilität des Herrschers als analytische, nicht polemische Absolutismuskritik; von *Emilia Galotti* aus Betrachtung der anderen Dramen als Lessings „Artikulation gesellschaftlicher Erfahrung" (S. 138), die „Problemformulierung" und „Lösungsvorschläge" umfaßt.]
Grimm, Gunter: Rezeptionsgeschichte. Grundlegung einer Theorie. Mit Analysen und Bibliographie, München 1977, S. 162 ff. [Untersucht die zeitgenössische Rezeption der *Emilia Galotti*.]
Kiesel, Helmuth: „Bei Hof, bei Höll": Untersuchungen zur literarischen Hofkritik von Sebastian Brant bis Friedrich Schiller, Tübingen 1979, S. 220 ff. [Aufweis der traditionellen Motive und Topoi in Lessings Hofkritik sowie ihrer Verschärfung in *Emilia Galotti*.]
Koopmann (s. Gesamtbibl. 9), S. 125 ff.
Lützeler, Paul Michael: Lessings *Emilia Galotti* und *Minna von Barnhelm*: Der Adel zwischen Aufklärung und Absolutismus, in: Legitimationskrisen des deutschen Adels 1200–1900. Hrsg. v. Peter Uwe Hohendahl und Paul Michael Lützeler, Stuttgart 1979,

S. 101 ff. [Begreift *Emilia Galotti* als Problematisierung des Gegensatzes zwischen traditioneller Adelsethik und den Ansprüchen eines depravierten, unaufklärbaren Absolutismus und interpretiert die Absetzbewegung Appianis wie die Tötung Emilias nicht nur als Kritik am Absolutismus, sondern auch als Diskreditierung einer wirkungslos bleibenden moralischen Protesthaltung.]

Meyer, Reinhart: *Hamburgische Dramaturgie und Emilia Galotti.* Studie zu einer Methodik des wissenschaftlichen Zitierens entwickelt am Problem des Verhältnisses von Dramentheorie und Trauerspielpraxis bei Lessing, Wiesbaden u. Frankfurt a. M. 1973 [Arbeitet die Rezeptionsgeschichte der *Emilia* vollständig auf, kategorisiert die bisherigen Interpretationen als marxistisch, idealistisch, politisierend-soziologisierend, psychologisierend-ästhetisierend und prüft die Stichhaltigkeit ihrer externen Wirkungsbelege und ihrer argumentativen Verwendung.]

Müller, Klaus-Detlef: Das Erbe der Komödie im bürgerlichen Trauerspiel. Lessings *Emilia Galotti* und die commedia dell'arte, DVjs 46, 1972, S. 28 ff. [Zeigt, wie durch die Genese des Bürgerlichen Trauerspiels aus der Komödie und durch die in der *Emilia* verbliebenen komödienhaften Elemente Lage und Lösung des Konflikts determiniert sind; Ergebnisse durch neuere *Emilia*-Inzenierungen angeregt.]

Neuhaus-Koch (s. Gesamtbibl. 5), bes. S. 29 ff., 41 ff., 76 f., 93 ff., 125 ff., 159 ff., 218 ff.

Neumann, Peter Horst: Der Preis der Mündigkeit (s. Gesamtbibl. 5), S. 37 ff. [Analyse der Problemkonstellation Odoardo – Emilia – Fürst und Deutung des Schlusses als Opfer an ein verzerrtes Moralgesetz und an ein überholtes heroisches Ich-Ideal.]

Nolte, Fred Otto: Lessings *Emilia Galotti* im Lichte seiner *Hamburgischen Dramaturgie* (1937), in: Bauer (s. Gesamtbibl. 4), S. 214 ff. [Penibler Vergleich zwischen Postulaten der *Hamburgischen Dramaturgie* und des dramaturgischen Konzepts der *Emilia*; setzt sich bewußt über die Möglichkeit eines prinzipiellen Bruchs zwischen Theorie und Praxis sowie der Weiterentwicklung der dramaturgischen Anschauungen Lessings hinweg, um das Urteil zu widerlegen, Lessing habe in der *Emilia* die Forderungen der *Dramaturgie* eingelöst.]

Petriconi, Hellmuth: Die Verführte Unschuld. Bemerkungen über ein literarisches Thema, Hamburg 1953 [Diskutiert den moralischen und politischen Gehalt des Virginia-Stoffes in seiner ursprünglichen Form und in den wichtigsten literarischen Bearbeitungen.]

Riedel: s. Teilbibl. zu I B.

Schaer: s. Gesamtbibl. 9.

Scherpe, Klaus R.: Historische Wahrheit auf Lessings Theater, besonders im Trauerspiel *Emilia Galotti,* in: Lessing in heutiger Sicht, S. 259 ff. [Untersucht die gesellschaftliche Funktionsweise von Lessings Dramatik und konstatiert eine Differenz zwischen theoretischem Konzept und dramatischer Praxis: Während Lessing in den theoretischen Ausführungen die Prävalenz der Charaktere von ihrer ständischen Eingebundenheit betont, wird in *Emilia Galotti* gerade der ständische Konflikt zwischen Bürgertum und Hof abgehandelt.]

Schlaffer (s. Teilbibl. zu V A.), bes. S. 122 ff.

Schröder, S. 189 ff. [Ausführliche Darstellung der Dialogstruktur besonders des 5. Akts, die hier konstitutiv wird für die Handlung.]

Schulte-Sasse, Jochen: Literarische Struktur und historisch-sozialer Kontext. Zum Beispiel Lessings *Emilia Galotti,* Paderborn 1975 [Modelluntersuchung mit Hilfe texttheoretischer sowie sozial- und ideologiegeschichtlicher Methoden.]

Seeba (s. Gesambibl. 5), S. 86 ff. [Betrachtet in Anlehung an Steinhauer und Durzak Odoardo als Vertreter des Bürgertums und betont einerseits „die positiv dargestellte Entpolitisierung des Bürgertums" (S. 93) und andererseits die Kritik, die Lessing in diesem Stück „an der Weltfremdheit des aus der Öffentlichkeit geflohenen bürgerlichen Privatmanns" übt (S. 95).]

Stahl, Ernest L.: Lessing: Emilia Galotti, in: Das deutsche Drama. Vom Barock bis zur Gegenwart. Hrsg. von Benno von Wiese. Bd. I. Düsseldorf 1968, S. 102 ff. [Betont die dichte Motivierung des Handlungsverlaufes.]

Steinhauer, Harry: Die Schuld der Emilia Galotti, in: Deutsche Dramen von Gryphius bis Brecht, Hrsg. v. Jost Schillemeit, Frankfurt a. M. 1965, S. 49 ff.; Original: The Guilt of Emilia Galotti, JEGPh 48, 1949, S. 173 ff. [Politisierende Deutung (Stände- bzw. Klassenkonflikt) läßt Momente der religiösen Überzeugung außer Acht und baut auf einem der *Emilia* nicht adäquaten Gesellschaftsbild auf.]

Steinmetz, Horst: Aufklärung und Tragödie. Lessings Tragödien vor dem Hintergrund des Trauerspielmodells der Aufklärung, Amsterdamer Beiträge zur neueren Germanisitik 1, 1972, S. 3 ff. [Sieht im Quasi-Selbstmord der Emilia den Zusammenbruch des aufklärerischen Vernunft- und Moraloptimismus unter dem Druck einer für das Bürgertum unerträglichen Herrschaftsform.]

Weber: s. Gesamtbibl. 9

Weigand, Hermann J.: Warum stirbt Emilia Galotti, JEGP 28, 1929, S. 467 ff. [Diskussion der These, Emilia sei dem Prinzen verfallen.]

Wierlacher: s. Gesamtbibl. 9.

Wierlacher, Alois: Das Haus der Freude oder Warum stirbt Emilia Galotti?, LYb 5, 1973, S. 147 ff. [Versucht, ein biblisch-protestantisches Mißtrauen gegenüber den ‚Freuden der Welt' verantwortlich zu machen für die apolitische Verhaltensweise Emilias und Odoardos und ihre Unterlegenheit im sozialen Konflikt.]

Wierlacher, Alois: Zum Gebrauch der Begriffe ‚Bürger' und ‚bürgerlich' bei Lessing, Neophilologus 51, 1967, S. 147 ff.

1.3. Voraussetzungen und Entstehung

Mit *Emilia Galotti* griff Lessing das literarisch oft bearbeitete Virginia-Motiv auf, das ihn selbst im Verlauf von mehr als zwei Jahrzehnten schon einigemale beschäftigt hatte. 1749 begann er die Virginia-Tragödie von Crisp zu übersetzen (s. G II, S. 708); in der *Theatralischen Bibliothek* (1754) gab er einen Auszug aus de Montianos *Virginia* (s. LM VI, S. 70–120). 1756 schrieb Lessing den Plan für ein nicht ausgeführtes Drama *Das befreite Rom* nieder, in welchem anhand des (verwandten) Lucretia-Stoffes die revolutionäre Vertreibung der Tarquinier-Könige aus Rom und die Gründung der ersten römischen Republik vorgeführt werden sollte (s. G II, S. 466 f.). Die ersten Pläne für ein eigenes *Virginia*-Stück faßte Lessing bereits 1757; sie stammen, wie der *Philotas,* aus der Phase der ‚heroischen' Experimente, die auch für die Ausarbeitung im Winter 1771–72 von Bedeutung blieben (s. Barner, S. 73 ff.). Vor allem aber führte Lessing mit der *Emilia Galotti,* die am Geburtstag der Herzogin (13. 3. 1772) durch die Döbbelinsche Truppe im Hoftheater in Braunschweig gespielt wurde, das aus der Komödienform entwickelte Modell eines bürgerlichen Prosa- und Intrigenspiels weiter, das er bereits in der *Miß Sara Sampson* erprobt hatte. Über die unmittelbare Entstehungsphase, die zu einem auffallenden ‚Bruch' nach IV, 7 führte, berichtet Meyer, S. 287 ff. ausführlich. Die Grundsätze der *Hamburgischen Dramaturgie,* die zwischen den ersten Plänen und der Ausarbeitung entstand, können zweifellos nicht für die *Emilia Galotti* in jeder Hinsicht verbindlich gemacht werden (s. dazu den Aufsatz von Nolte; auch Meyer, bes. S. 212 ff., 229 ff., 342 ff.); wenn sich in vielen Punkten eine Übereinstimmung abzeichnet, so ist doch besonders im Hinblick auf die beabsichtigte sozialpragmatische Wirkung eine deutliche Differenz zwischen den theoretischen Ausführungen der *Dramaturgie* und der dramaturgischen Praxis der *Emilia* zu beobachten (s. den Aufsatz von Scherpe).

Aus der Arbeitsphase von 1758 ist ein Brief Lessings an Nicolai erhalten (21. 1. 1758), in dem Lessing über sich selbst schrieb: „Sein jetziges Sujet ist eine bürgerliche Virginia, der er den Titel *Emilia Galotti* gegeben. Er hat nämlich die Geschichte der römischen Virginia von allem dem abgesondert, was sie für den ganzen Staat interessant machte; er hat geglaubt, daß das Schicksal einer Tochter, die von ihrem Vater umgebracht wird, dem ihre Tugend werter ist, als ihr Leben, für sich schon tragisch genug, und fähig genug sei, die ganze Seele zu erschüttern, wenn auch gleich kein Umsturz der ganzen Staatsverfassung darauf folgte" (R IX, S. 157). Ähnlich schrieb er am 1. 3. 1772 an seinen Bruder: „Du siehst wohl, daß es weiter nichts, als eine modernisierte, von allem Staatsinteresse befreite *Virginia* sein soll" (R IX, S. 502); und ähnlich äußerte er sich in diesen Tagen auch gegenüber dem Herzog Karl von Braunschweig: daß das Ganze „weiter nichts als die alte römische Geschichte der Virginia in einer modernen Einkleidung sein soll" (R IX, S. 504).

Die meisten der Interpretationen, welche der *Emilia Galotti* politischen Charakter bescheinigten, versuchten diese Äußerungen Lessings hinwegzudiskutieren. Sie wurden entweder als ‚uneinsichtige‘ Selbstinterpretation des Autors abgetan oder – was allenfalls bei dem Brief an Herzog Karl möglich ist – als Absicherung gegenüber der Zensur neutralisiert. Dagegen sollten die politischen Intentionen Lessings durch externe Belege nachgewiesen werden, wobei – wie Meyer S. 243 ff., bes. S. 258 ff. nachweist – unbekümmert Legenden gebildet wurden.

Nimmt man Lessings frühe Etikettierung „bürgerliche Virginia" als einen auch für später noch verbindlichen Hinweis auf den politischen Gehalt des von Lessing verfolgten Planes, so ist zwar zu bedenken, daß ‚bürgerlich‘ nach zeitgenössischem Wortgebrauch für ‚allgemeinmenschlich‘, ‚nichtstandesgebunden‘, ‚privat‘, ‚häuslich‘ stand und in der Dramentheorie den Gegenbegriff zu ‚heroisch‘ bildete (s. Wierlacher, Bürgerliches Drama, S. 74 und 77; ders., ‚Bürger‘ und ‚bürgerlich‘ bei Lessing; Weber, S. 18 f. und S. 77; Riedel, S. 681 ff.), also kaum eine unmittelbare politische Parteilichkeit des Stückes im Sinne eines genau benennbaren Bürgerstandes meinen konnte. Eine politische Deutung der ‚bürgerlichen Virginia‘ wird dadurch aber nicht gegenstandslos oder illegitim. Vielmehr kann der politische Gehalt des Trauerspiels *Emilia Galotti* gerade in der ‚Privatheit‘ seiner Handlung gesehen werden, wie Scherpe im Rückgriff auf Lessings Formulierung darlegt: „Lessing [...] sieht sich gezwungen, seine Virginia zu ‚verbürgerlichen' dadurch, daß er sie *nicht mehr* als römisch-republikanische Symbolgestalt gelten läßt und selbstverständlich *noch nicht* als revolutionär-demokratische Heroine gelten lassen kann. Er läßt nur die private Handlung stehen, die er neu mit Bedeutung auflädt im Rahmen der Tugendlehre, die unter den Bedingungen seiner Gesellschaft als Kampfinstrument taugen muß *gegen* feudalabsolutistische Herrschaft, *für* die bürgerliche Emanzipation" (S. 273).

2. Textanalyse

2.1. Privatisierung des Virginia-Stoffes

Die Geschichte, die der augusteische Historiker Titus Livius (*Ab urbe condita*, III, 44–48) und später Dionysios von Halikarnaß (beide Quellen abgedruckt bei Jan-Dirk Müller, Erläuterungen und Dokumente, S. 27 ff.) in heroisierender Weise niedergeschrieben haben, spielt in den Kämpfen zwischen Patriziern und Plebejern im Rom des 5. Jahrhunderts v. Chr., das noch eine nichtmonarchische Verfassung hatte. Das Unrecht, das der Virginia angetan werden soll, wird von dem Decemvir Appius Claudius und seinem Klienten Marcus Claudius als öffentlicher Prozeß inszeniert, soll also rechtlich legitimiert werden. Der Prozeß ist von öffentlichem Interesse und findet auf dem Forum statt. Nach dem ungerechten Urteilsspruch, der Virginia als Sklavin dem Appius ausliefert, ersticht Virginius seine Tochter *coram publico,* eilt anschließend ins Feldlager zurück und stachelt die Soldaten zum Aufruhr an. Im Aufstand der Soldaten und Bürger werden die alten Freiheiten wieder hergestellt.

Lessing nahm das Virginia-Motiv aus seinem historischen Kontext, verlegte es aber nicht ins 18. Jahrhundert, sondern in einen absolutistisch regierten italienischen Kleinstaat der Renaissance. Ein Moment der Vorsicht mag dabei mitgespielt haben. Vor allem aber unterband Lessing durch diese Distanzierung die Möglichkeit zur unreflektierten Identifikation mit Gegenwärtigem und betonte den Denkanstoß, den das Stück geben sollte. Die Darstellung der gesellschaftlichen und politischen Verhältnisse ist so weit reduziert, daß der institutionelle und organisatorische Aufbau des Staates hinter die personalen Herrschafts- und Abhängigkeitsverhältnisse zwischen Fürst und Untertan zurücktritt.

Verglichen mit der politischen Realität des 18. Jahrhunderts entsteht somit in der *Emilia* ein stark vereinfachtes Staats- und Gesellschaftsmodell, das aber die Prinzipien absolutistischer Herrschaft mit ihren Mängeln in aller Schärfe zeigt. Verdeutlicht werden diese in den beiden Szenen, in denen Prinz Hettore die Gerichtsbarkeit, die entsprechend der Herrschaftsstruktur des absolutistischen Staates bei ihm liegt, je nach Laune der Stunde handhabt (s. I, 1 und I, 8). Diese beiden ‚Regierungsszenen' sind in den Kausalnexus des Stückes nicht einbezogen, sondern demonstrieren nur als Exposition der politischen Verhältnisse die persönliche Verfügungsgewalt des Fürsten über staatliche Macht und Hettores skrupellose Vernachlässigung seiner Herrscherpflichten in jenem Zustand der affektuösen ‚Verwirrung', in den er durch die Erinnerung an Emilia geriet.

Im ganzen Stück bleibt Öffentlichkeit ausgespart. Das Volk etwa tritt als

dramatis persona nie in Erscheinung; es bleibt im Hintergrund, als Objekt obrig-
keitsstaatlicher Maßregelung: der fürstliche Lakai Battista, der nach der Er-
mordnung Appianis Claudia in des Prinzen Lustschloß geleitet: „(gegen einige
Leute, welche nachdringen wollen) Zurück da! ihr!" (III, 7). Im Gegensatz zu
Livius, bei dem sich die Geschehnisse vor der Öffentlichkeit des Forums abspiel-
ten, ereignen sie sich bei Lessing in betont nicht-öffentlichem Rahmen. Nur der
1. Akt spielt an einem Ort höfisch-staatlicher Repräsentation, dem Regierungs-
palais des Prinzen; der 2. Akt dagegen spielt im Hause der Galotti, der 3., 4. und
5. im Lustschloß des Prinzen, das Noelle zurecht als „monumentale Manifesta-
tion pervertierter Herrschaft" bezeichnet und als „schrillen Kontrapunkt zur
bürgerlichen Privatsphäre" betrachtet (S. 108 f.).

Der in der *Emilia* dramatisierte Konflikt, der genau an der Grenze zwischen
öffentlich-politischem und privatmenschlichem Interesse situiert ist, verweist auf
die Kluft zwischen fürstlich-absolutistischer Macht und machtloser Gesellschaft,
die sich sogar in der homogenen Gesellschaft des Hofes zeigt. Der Konflikt
entzündet sich an zwei Punkten, an denen sich bei absolutistischer Herrschafts-
weise öffentliches und privates Interesse berühren konnten: am Eigentum eines
Untertanen (durch die Ansprüche des Prinzen auf Sabionetta: I, 4; G II, S. 133)
und an der ‚Ehre' einer Frau (durch die Annäherungen des Prinzen an Emilia).
Wie bedeutend gerade diese beiden Punkte für das Verhältnis von Fürst und
Volk waren, ist daraus zu ersehen, daß der erste Analytiker absolutistischer
Machttechniken, Niccolo Machiavelli, im 17. Kapitel des *Principe* schrieb, ein
Fürst könne den Haß der Beherrschten vermeiden, „wenn er sich nur enthält,
seiner Untertanen Vermögen und Weiber zu berühren" (dt. Übers. Frankfurt
und Leipzig 1745, S. 134). Daran zeigt sich auch, wie überlegt die Anlässe für
den moralisch-politischen Konflikt der *Emilia Galotti* von Lessing gewählt
wurden.

Unabhängig vom Stand wird jeder Frau ‚Ehre' zugesprochen, die sie zu bewahren hat, die vom Urteil der Gesellschaft abhängig ist und die deswegen auch
öffentlich verteidigt werden muß. „Verletzung dieser Ehre ist literarisch im Motiv der ‚verführten Unschuld' tradiert und politisch als Ätiologie des Aufstands
interpretiert worden. Da unterm Schutz der Ehre auch die Frau niederen Standes
steht, ist ihre soziale Gruppe zum Kampf gegen die Herrschaft verpflichtet, wenn
sie jener Ehre zu nahe getreten sein sollte" (Schlaffer, S. 122; s. auch Petriconi).
Im übrigen hatte Lessing damit ein Thema aufgegriffen, das sich – zusammen
mit der Familienproblematik – infolge der sozialen Mobilisierung während des
18. Jahrhunderts als soziales Problem stellte und in literarischen Bearbeitungen
äußerst wirksam war. Die rationalistische Menschenverachtung des höfischen
Machttechnikers Marinelli entlarvt sich gerade in seiner abschätzigen Bemerkung über die ‚Ehre' der Emilia: „Waren, die man aus der ersten Hand nicht
haben kann, [...]" (I, 6; G II, S. 140).

2.2. Antagonismus zwischen höfisch-politischer und privat-familiärer Welt

Der für die *Emilia* bestimmende Antagonismus wird schon im *Personenregister* des Stückes angedeutet. Die Personen, deren Stand eindeutig festgelegt ist, gehören dem höfischen Bereich an: der Prinz, dessen spöttische Bemerkung über die „ersten Häuser" (I, 6) seine erhöhte Position gegenüber der Gesellschaft zeigt; Graf Appiani, Gräfin Orsina, Kammerherr (III, 8: Marchese) Marinelli. Außerhalb des Hofes scheint nur der Maler Conti zu stehen, der einer ‚nebenständischen' Gruppe (Künstler etc.) angehört. Seine Gespräche mit dem Fürsten (I, 2–1, 4) zeigen indessen deutlich genug seine Abhängigkeit vom Hof und vor allem das gänzliche Fehlen einer bürgerlichen Gesellschaft, die ihm Aufträge geben könnte. Camillo Rota scheint bürgerlicher Herkunft zu sein, ist aber als „einer von des Prinzen Räten" Hofbeamter und vom Prinzen persönlich abhängig. Odoardo gehört als Oberst (V, 3) dem höheren Soldatenstand an; er stammt, wie die Bemerkung des Prinzen über das „Geschlecht der Galotti" (I, 6) und die ländlich-adlige Lebensweise Odoardos vermuten lassen, aus dem niederen Adel oder dem Patriziat. Die aufgeführten Personen gehören alle der Gesellschaft eines fürstlichen Hofes an. Ein Gewerbe und Handel treibendes Bürgertum ist nicht vertreten. Odoardo als seinen Repräsentanten zu betrachten, ist nicht angängig (s. Meyer, S. 273).

Wäre es Lessings Absicht gewesen, die bürgerlichen Berufsstände in einer revolutionären Situation zu zeigen, so hätte er in Christian Weises *Masaniello* (1683) ein geeignetes Sujet und dramaturgisches Vorbild gehabt. Im *Masaniello* wird ein Aufstand von Fischern, Krämern und Handwerkern dargestellt; über 80 Personen repräsentieren eine Ständegesellschaft vom „Vice-Roy" bis zum „Banditen-Knecht" und zur „Dirne". Die Ständeklausel ist mißachtet, und sogar die Ermordung eines Herzogs durch einen Käsekrämer wird vorgeführt (III, 18). Lessing kannte den *Masaniello* und lobte „den freien Shakespeareschen Gang" (R IX, S. 580) des Stückes. Seine Bearbeitungspläne lassen jedoch deutlich die Tendenz erkennen, die ständische Problematik des Stoffes stark zu psychologisieren (s. R IX, S. 580 f. und dazu: Fritz Martini, Christian Weise: *Masaniello*, Lehrstück und Trauerspiel der Geschichte (1970), jetzt in: Christian Weise, *Masaniello*, Stuttgart 1972, S. 196 und 217; Barner, Produktive Rezeption, S. 69 ff.).

Unter diesen Umständen ist es – ganz abgesehen von der Gestalt des tugendhaften Appiani – nicht möglich, von einer klaren Konfrontation von adliglasterhafter und bürgerlich-tugendhafter Welt oder einem „Ständedrama" zu sprechen (s. Meyer, S. 274 f.). Vielmehr geht der Konflikt des Stückes aus dem für das absolutistische System fundamentalen Antagonismus zwischen politischer Un-Moral und privater Moral hervor, der als gesellschaftlicher Antagonismus zwischen höfischem und familiärem Bereich erscheint: Während im Personenregister (außer dem Maler Conti, dem Schurken Angelo und einigen Bedienten) alle Personen mit ihren Standesbezeichnungen versehen sind, die ihnen zugleich einen Rang in der höfischen Gesellschaft verleihen, werden Odoardo und Claudia nicht etwa als ‚fürstlicher Oberst und Gemahlin' betitelt, sondern als „Eltern der Emilia".

Damit sind jene Begriffe genannt, die nach dem 14. Stück der *Hamburgischen Dramaturgie* konstitutiv sind für das Bürgerliche Trauerspiel: Vater, Mutter, Tochter, Sohn. Die Familienproblematik ist das zentrale Thema (s. dazu Schaer, S. 31 ff.). Und dadurch vermittelt erst wird die soziale und politische Stellung des Bürgertums zum Thema. Die Zerstörung der Familie durch despotische Übergriffe aus dem übermächtigen politischen in den ungesicherten familiären Bereich wird zum Anlaß der Kritik an einem System, in dem die moralisch denkenden Untertanen ohnmächtig die Unmoral der Herrschenden erleiden.

2.3. Kritik an der Herrschaft des politischen Rationalismus und Immoralismus

Politik in der *Emilia* wird durch politischen Rationalismus bestimmt, dem selbst der Fürst unterworfen ist: „Mein Herz wird das Opfer eines elenden Staatsinteresse" (I, 6; G II, S. 136). Dem Zwang der politischen Notwendigkeit ausgesetzt und melancholisch dadurch – das literarische Motiv von der Knechtschaft der Herrschenden klingt hier an – fühlt sich der Prinz moralischen Normen, die seinen Launen entgegenstehen, enthoben. Marinelli legitimiert für ihn das Mätressenwesen: „wenn es weiter nichts, als eine Gemahlin ist, die dem Prinzen nicht die Liebe, sondern die Politik zuführt? Neben so einer Gemahlin sieht die Geliebte noch immer ihren Platz" (ebda). Appianis Ermordung kritisiert Hettore nur, weil er befürchtet, der auf ihn fallende Mordverdacht könne seine Werbung um Emilia aussichtslos machen: „auch ich erschrecke vor einem kleinen Verbrechen nicht. Nur, guter Freund, muß es ein kleines stilles Verbrechen, ein kleines heilsames Verbrechen sein" (IV, 1; G II, S. 176). Politischer Rationalismus dient allein dazu, die Macht des Fürsten aufrechtzuerhalten und seinen Willen durchzusetzen. Verantwortungsbewußtes Handeln im Sinne des Gemeinwohls ist von Hettore nicht zu erwarten (s. I, 1 und I, 7), vielmehr überläßt er sich allzu bereitwillig dem schmeichlerischen Intriganten Marinelli (s. dazu Noelle, S. 161 ff. und Bohnen, S. 137 ff.) und willigt in dessen verbrecherische Pläne ein.

Aus der Ablehnung aller moralischen Normen ziehen der Prinz und besonders Marinelli die Kraft für das ungebrochene und radikale Handeln, das ihre Überlegenheit über den untertänigen Odoardo ausmacht. Ihm verbieten moralische und religiöse Skrupel die Ermordung des Fürsten und die Rebellion (s. V, 5; G II, S. 198 f.). Damit ist allerdings der Schluß der *Emilia,* der nur einer von mehreren möglichen ist (s. die Rachepläne der Orsina IV, 3 und 7 und die Überlegungen Odoardos V, 2, 4 und 5) noch nicht genügend motiviert. Im fünften Akt wächst die Bedeutung des Dialogs für die Handlung und schließlich für die Ermordung Emilias (s. Schröder, bes. S. 206 ff.) und wird durch eine neue Charakterisierung der Emilia, die entschlossener und „selbst tätiger" (Lessing; R IX, S. 499) auftritt, die psychologische Wahrscheinlichkeit des Schlusses erhöht (s. Meyer, S. 323 ff.).

Zu den Herrschaftsmechanismen, über die Marinelli souverän verfügt, gehören „Informationsmanipulation" (Meyer, S. 302), die Kunst insinuierenden Redens (s. Noelle, S. 161 ff. und Bohnen, S. 137 ff.) und die Kunst der höfischen Etikette. Claudia, die nach dem Überfall im Lustschloß des Prinzen ihre Tochter sucht, wird von Marinelli ermahnt, ihn richtig anzureden (III, 8; G II, S. 171: „Marchese Marinelli") und kurz darauf, sich dem Ort entsprechend zu verhalten: „Aber mäßigen Sie wenigstens ihr wildes Geschrei, und bedenken Sie, wo Sie sind" (S. 173). Nichts ist für den höfischen Intriganten wichtiger, als die Verhaltensweisen der Menschen zu berechnen. Beispielhaft dafür ist auch, wie zutreffend Marinelli die Wirkung des fürstlichen Prestiges auf Claudia (s. IV, 1; G II, S. 174) und auf Odoardo (V, 1; G II, S. 192) veranschlagt. Lediglich gegenüber der im höfischen Umgang erfahrenen Orsina versagen diese Mittel (s. IV, 5 und 6). Nicht zufällig zeigt die Gräfin, die sich den Fesseln der höfischen Konventionen zu entziehen vermag und von Marinelli ihres Räsonnements wegen spöttisch „Philosophin" genannt wird (IV, 3; G II, S. 180), auch den Weg zu einer öffentlichen und politischen Lösung des Konflikts: „Morgen will ich es auf dem Markte ausrufen" (IV, 5; G II, S. 185), d. h. auf dem Forum einer bürgerlichen Öffentlichkeit. Orsina verkörpert eine der Anwaltsrollen des Autors und Kritikers Lessing.

2.4. *Landleben als rückwärtsgewandte Utopie einer autonomen moralischen Gesellschaft*

Die Kritik am Hof und seinen Prinzipien verläßt in der *Emilia* die Ebene des bloßen moralischen Räsonnements; das soziale Mißbehagen initiiert eine Sezessionsbewegung der Untertanen aus den Bindungen der höfisch-politischen Gesellschaft in den Freiraum privaten ländlichen Lebens. Odoardo, der selbst auf seinem Landgut lebt, verwendet zur Charakterisierung des Landlebens traditionelle Topoi (II, 4: „[…] nun laß sie ziehen, wohin Unschuld und Ruhe sie rufen"), die in der Fortführung des Stückes leitmotivische Verwendung finden und immer wieder gegen „Zerstreuung" und „Geräusch" des Hofes und der „großen Welt" gesetzt werden. Höfische Gebundenheit ließ die Sehnsucht nach der Idylle eines Lebens fern vom Hof entstehen, dem höfischen Zwang wurde das stoisch-humanistische Ideal der *vita beata* abseits der Welt der Herrschaft als arkadisch-utopischer Traum entgegengehalten. Das Leben schien als Selbstzweck möglich. In der Übereinstimmung des Menschen mit sich selbst und in seinem ungehinderten Streben nach Vollkommenheit schien das diesseitige Glück greifbar. Lessing hatte während der frühen sezessionsitischen Phase ihrer Freundschaft an Nicolai geschrieben: „Liebster Freund, [...] Gesegnet sei Ihr Entschluß, sich selbst zu leben!" (29. 11. 1756; R IX, S. 89). Dieselbe Wendung gebraucht Odoardo über Appiani: „Alles entzückt mich an ihm. Und vor allem der Entschluß, in seinen väterlichen Tälern sich selbst zu leben" (II, 4; G II, S. 147). Odoardo hält ein Leben nach autonomen moralischen Normen nur in ländlicher Zurückgezogenheit für möglich. Später fragt er:

„Was sollte der Graf hier? Sich bücken, schmeicheln und kriechen, und die Marinellis auszustechen suchen? um endlich ein Glück zu machen, dessen er nicht bedarf? um endlich einer Ehre gewürdigt zu werden, die für ihn keine wäre?" (G II, S. 148).

Dieser ‚Landsentimentalismus' oder ‚Rousseauismus', der vor allem durch anakreontische und pastorale Dichtung verbreitet wurde, impliziert bei seiner Nähe zum Physiokratismus und zu dessen Vorliebe für alte patriarchalische Strukturen und alte ländliche Sittlichkeit eine soziale Konzeption, die durch die gesellschaftliche Entwicklung des 18. Jahrhunderts längst überholt war. Als sozial-utopisches Modell faszinierte er neben den Höflingen besonders bürgerliche Autoren, je drückender sie die eigenen ökonomischen Bedingungen, Konkurrenz und Profit, empfanden.

2.5. Motive traditioneller Hofkritik

Eine Quelle der radikalen Hofkritik Lessings ist zweifellos Rousseaus *Discours* (1750), den Lessing im April 1751 ausführlich rezensiert hatte (G III, S. 84 ff.). Insbesondere die antihöfische Tendenz der Lessingschen Literaturprogrammatik ist auf den *Discours* zurückzuführen (s. Weber, S. 66 ff.), doch ist offensichtlich, daß Lessing für *Emilia Galotti* noch auf andere und ältere hofkritische Argumente und Denkmodelle zurückgriff. In Frage kommt vor allem ein vielbeachteter hofkritischer Traktat, der zwar schon 1539 von dem spanischen Bischof und Hofprediger Kaiser Karls V, Antonio de Guevara, niedergeschrieben worden war, aber noch 1751 in einer neuen deutschen Übersetzung erneut aufgelegt und im August dieses Jahres von Lessing rezensiert wurde: *Das vergnügte Land- und beschwerliche Hofleben, worinne sowohl die Anmutigkeiten des einen, als auch die Mühseligkeiten des andern auf das artigste abgebildet werden* [...] (G III, S. 67 f.; s. dazu Kiesel, S. 101 ff. und 220 ff.).

Die Tradition des Stoizismus fortführend, die auch für die sezessionistische Ideologie vieler Literaten nach 1740 von Bedeutung war, übt Guevara die denkbar schärfste Kritik am Hof. Insbesondere das Hof-Land-Schema, wie es in der *Emilia Galotti* und in anderen Bürgerlichen Trauerspielen wieder erscheint, ist bei Guevara vorgeprägt, und Lessing folgt diesem in seiner Kontrastierung von höfischem und ländlichem Leben bis ins Detail: Der Hofmann ist von der Gunst des Fürsten abhängig, ist Neidern und Mißgünstigen ausgeliefert; er führt unter dem Zwang der Etikette ein sklavenhaftes Leben; er muß sich in Unkosten stürzen und bei Festlichkeiten seine Zeit vergeuden; Töchter und Frauen werden in Buhlschaften verstrickt und verführt. Von all diesen Gefahren bleibt er auf dem Land verschont. Stattdessen kann er ein tätiges und glückliches Leben führen, indem er seine Güter verwaltet und dadurch seinen sozialen Pflichten nachkommt. Er kann die Erziehung seiner Söhne und Töchter selbst in die Hand nehmen; er kann sich durch Jagd vergnügen und sein Leben ungehindert nach den Grundsätzen der Natur gestalten, Ruhe und Freiheit genießen. Dieses Hof-Land-Schema liegt einem großen Teil der Literatur des 18. Jahrhunderts zugrunde, wo sie sich mit Höfen und höfischer Lebensweise auseinandersetzt.

Zwei Textbeispiele sollen zeigen, daß Guevaras Ressentiment gegenüber dem Hof in der *Emilia* völlig erhalten ist:

„Das Privilegium eines / der auffm Land wohnet / ist / daß er der aller best und fürnembste ist unter den seinigen. Welches aber bei Hof nit also ist / Dann daselbst findet man viel: welche ihn übertreffen im Reichtumb / welche mehr Diener und Aufwarter haben / welche sich edeler duncken zu seyn anher kommen / welche besser beym Brett seynd / und mehr gelten" (Ausgabe 1645, S. 31).

Was in der *Minna von Barnhelm* am Ende steht, bildet in der *Emilia Galotti* einen Ausgangspunkt. Appiani ist von vornherein entschlossen, ein Leben der individuellen Selbstbestimmung entgegen jenem feudalisitschen Ehrprinzip zu führen, das einen Tellheim in gesellschaftlicher und politischer Abhängigkeit hält und ihm das Leben außerhalb der königlichen Dienste bis zu seiner ‚Bekehrung' durch Minnas Ring-Intrige als trostlose Misere des Ausgestoßenen erscheinen läßt (s. Seeba, bes. S. 90). Ein solcher Entschluß ist Guevaras Ideal:

„In Wahrheit / die rechte Verachtung der Welt und Hindansetzung des Hoffs ist / wann der Hoffmann am Gut reich / am Leib gesund / am Alter jung / und in großen Gnaden ist. Dann alsdann wird ihn maenniglich loben / daß er den Hoff verlassen / als ein Verständiger und nicht als ein Erzürnter" (Ausgabe 1645, S. 14).

In seiner Rezension der Traktats hatte Lessing Bedenken angemeldet gegen die Verurteilung des Hofes „durch übertriebne Anwendungen kleiner Geschichten". Er begründet seine Bedenken mit einigen Sätzen, die zum einen auf die „gemischten Charaktere" der *Hamburgischen Dramaturgie* verweisen, zum andern relevant sind für politische Aussagekraft der *Emilia:*

„Die Menschen sind am Hofe, in der Stadt und auf dem Lande Menschen; Geschöpfe, bei welchen das Gute und das Böse einander die Wage hält. Schwachheiten und Laster zu fliehen, muß man nicht den Hof sondern das Leben verlassen. Beide sind an dem Hofe wegen des allgemeinen Einflusses, den sie auf andre Stände haben, nur gefährlicher, aber nicht größer" (G II, S. 68).

Als es jedoch darauf ankam, mit einem Drama Resonanz beim Publikum zu wecken, scheute Lessing sich nicht, bekannte Topoi und Motive der Hofkritik mit parteilicher Einseitigkeit zu verwenden. Er wurde dafür in ähnlicher Weise kritisiert, wie er selbst Guevara kritisiert hatte: „Aus dem innersten seiner Studierstube" zu kommen, konnte Lessing dem Hofgeistlichen, der 18 Jahre am Hof verbracht hatte, nicht nachsagen; so schob er die ‚Übertreibungen' dem „Geistlichen" zu. Gegen Lessing aber schrieb 1780 Anton von Klein in einer Rezension: „[...] nur ist mir immer Marinelli ein Hofmann, wie sich der Gelehrte in seiner Studierstube einen denken mag. Was er spricht und tut, ist zwar immer Intrige, immer Nebenweg und schlechter Weg: aber so schief und plump ist alles angegriffen, daß mans kaum aushalten kann" (s. Braun II, S. 280).

So korrumpiert die höfische Sphäre in *Emilia Galotti* erscheint, so erstrebenswert ist für Appiani und Odoardo das Leben auf dem Land. Nur an zwei

Punkten sind Ansatzmöglichkeiten für eine Kritik auch der überkommenen ad-
lig-ländlichen Lebensweise erkennbar. Das adlige Landgut mit seinem Herr-
schaftsbezirk, diese recht anspruchsvolle materielle Basis für das „Sich-selbst-
leben" beschreibt gerade Odoardo ‚ungewollt' als Bereich der Unfreiheit:
„Warum soll der Graf hier dienen, wenn er dort selbst befehlen kann?" (S. 148).
Von der andern Seite her versucht Marinelli den Grafen seines weltvergessenen
Treibens wegen lächerlich zu machen: „Er will mit seiner Gebieterin nach seinen
Tälern von Piemont: − Gemsen zu jagen, auf den Alpen; und Murmeltiere
abzurichten" (I, 6; S. 138). Auch wenn diese Kritik von einem Höfling und
Fürstendiener stammt, weist sie auf einen wichtigen Punkt hin: Die Utopie des
Landlebens in der *Emilia Galotti* bleibt ganz privatistisch; zum Entwurf einer
Sozialethik und einer individuellen Verhaltensweise, die positiv auf die Gesell-
schaft zurückwirkt, kommt Lessing erst im *Nathan*.

2.6. Tugendprinzip und leidender Gehorsam

Mit dem Ideal des ländlichen Lebens verbindet sich für Appiani und Odoardo
die Vorstellung einer tugendhaften Familiarität, wie sie im Umkreis des Hofes
nicht realisierbar ist. Auch die familiäre Situation der Galotti entspricht den
Gepflogenheiten der höfischen Gesellschaft. Das Verhältnis der getrennt lebenden Ehepartner zueinander bleibt distanziert. ‚Familie' als streng von der Gesellschaft geschiedener intimer Bereich existiert nicht; das ‚Haus' ist ganz in die
höfische Gesellschaft integriert, in der eine freizügige Sexualmoral herrscht,
sichtbar in der Mätressenwirtschaft des Prinzen und im anzüglichen Ton der
höfischen Galanterie (s. II, 6; S. 151). Damit kollidieren die moralischen Vorstellungen Odoardos und Appianis. Für sie machen „Frömmigkeit" statt „Putz" die
Liebenswürdigkeit einer Braut aus. Die Familienvorstellung Odoardos ist noch
patriarchalisch geprägt (ohne daß Odoardo seine Ansprüche durchsetzen
könnte), trägt bei Appiani aber auch schon empfindsame Züge. Sympathische
Zuneigung scheint aber vor allem zwischen Odoardo und Appiani zu walten: Sie
wenden die Liebestopoi aufeinander an (II, 4 u. 7), während dem Liebespaar nur
eine vergleichsweise karge Szene bleibt. Für Odoardo und Appiani, die unmittelbar mit den Herrschaftsmechanismen des absolutistischen Staats konfrontiert
sind, scheint nur eine Familie, die abgesondert ist vom morallosen Bereich der
höfischen Gesellschaft, die Möglichkeit eines autonomen moralischen Lebens zu
bieten.

Andererseits sieht Claudia für sich und ihre Tochter in der „Stadt" und in der
„Nähe des Hofes" (II, 4; S. 148) die Möglichkeit eines selbständigen Lebens
(s. auch Meyer, S. 318), für das sie ‚kleine' Verfehlungen in Kauf nimmt und
z. B. ihrer Tochter rät, ihrem Bräutigam die Annäherung des Prinzen zu verschweigen (II, 6; G II, S. 153). Auf diese Weise sind gesellschaftlicher und fami-
liärer Konflikt ineinander verflochten. Die familiäre Katastrophe wird dadurch
vorbereitet, daß Emilia völlig unaufgeklärt über den galanten Ton in die höfische Gesellschaft eingeführt wird und deswegen auf die wiederholten Annähe-

rungen des Prinzen nur erschreckt und zurückweichend reagieren kann. Der Mangel an Erziehung in geselligen Umgangsformen und ihre Frömmigkeit führen bei ihr zur Unfähigkeit, sich in dieser Gesellschaft sicher zu bewegen und deren Konventionen auch zum eigenen Schutz zu gebrauchen. Dasselbe Unterlegenheitsgefühl veranlaßt Odoardo von vornherein, die Lösung des Konflikts im familiären Bereich allein anzustreben. Er verbleibt damit in der privaten Sphäre und versucht nicht, wie Orsina es will, an die Öffentlichkeit zu gelangen und eine politische Aktion zu initiieren.

Für Odoardo und zumal für Emilia scheint es unmöglich, die Situation, in die sie geraten sind, d. h. die weiteren Intrigen Marinellis und die Versuchungen im „Haus der Freude", zu bestehen:

„Gewalt! Gewalt! wer kann der Gewalt nicht trotzen? Was Gewalt heißt, ist nichts: Verführung ist die wahre Gewalt. – Ich habe Blut, mein Vater; so jugendliches, so warmes Blut, als eine. Auch meine Sinne, sind Sinne. Ich stehe für nichts" (V, 7; G II. S. 202).

Dieses ‚Bekenntnis' der Emilia ist keineswegs ein überraschendes und ‚unbewußtes' Eingeständnis der erotischen Bindungen Emilias an den Prinzen, wie seit Goethe immer wieder gesagt wurde (s. Weigand). Es steht für die „biblische Ideologie der tödlichen Gefahren der sozialen Welt" (Wierlacher, Das Haus der Freude, S. 159), die der Tochter von ihrem Vater anerzogen wurde. Dieses Denken kommt besonders deutlich zum Ausdruck, wenn Emilia im Anschluß an die zitierte Stelle das Haus der Grimaldi, wohin sie nach dem Willen des Prinzen gebracht werden soll, mit den Worten des alttestamentlichen ‚Predigers' (*Ecclesiastes* 7, 3–4) als „das Haus der Freude" bezeichnet: als Haus der Lebenszugewandheit und des Lebensgenusses, der glänzenden Bälle und galanten Vergnügungen. Mit Odoardo stimmt Emilia darin überein, daß ein Leben nach religiösen und moralischen Grundsätzen nicht in einer amoralischen Gesellschaft geführt werden kann, sondern nur in der Isolation des Klosters (S. 196) oder des Landlebens, wo der Privatbereich der Familie nicht durch gesellschaftliche Konventionen und das soziale Übergewicht des Fürsten verunsichert wird.

Da beide Möglichkeiten durch den Befehl des Prinzen, Emilia von den Eltern zu trennen und in das Haus der Grimaldi zu bringen, abgeschnitten sind, sucht sie den letzten ihr bleibenden Ausweg. In einem Dialog, der allerdings gezwungen wirkt, versucht sie, das Moment der gesellschaftlichen Ausgeliefertheit und der grundsätzlich anerkannten Verführbarkeit des Menschen auf ein zwischenmenschlich-psychologisches zu reduzieren. Sie appelliert mit dem Verweis auf Märtyrer und die Virginia an die Pflicht und den Stolz des Vaters, der, zur Insurrektion nicht fähig, seine Tochter tötet. Damit ist neben der ‚Tugend' und der ‚Ehre' zwar auch die Loyalität gegenüber dem Fürsten gewahrt, gleichzeitig aber werden – wie Scherpe herausstellt – die „Grenzen des leidenden Gehorsams" und die politische Problematik der vorgeführten Handlungsweise offenbar: „Da Odoardos Tat gegen die Willkürherrschaft nichts ausrichten kann, treibt sie die Widersprüchlichkeit der im Tugendsystem genormten bürgerlichen Denk- und Verhaltensweisen und die Widersprüchlichkeit ihrer gesellschaftlichen Funktionsweise heraus" (Scherpe, S. 272). Befriedigend konnte dieser Schluß der *Emilia Galotti* nie wirken, weder in ästhetischer, noch in moralischer oder politischer Hinsicht, und die Frage nach seinem Sinn gehört zu den meistdiskutierten Problemen der Lessing-Forschung.

2.7. Aporien des Schlusses

Die Neuorientierung der Charaktere im 5. Akt (Meyer, S. 323 ff.) und die Wirkung des Dialogs, als dessen „Funktion" der Dolchstoß „fatalerweise [...] geboten und damit aller Unmittelbarkeit beraubt" wird (Schröder, S. 206), lassen den Schluß der *Emilia* zwar als konsequent, aber nicht als zwingend erscheinen. Psychologisch ist er nicht stark motiviert; daß Selbstmord für eine Märtyrerin ausscheidet, kann als Begründung nur gelten, wenn man die *Emilia* in die Tradition des christlichen Märtyrerdramas stellt (s. dazu Steinmetz; Meyer, S. 333 f.); das Rosen-Emblem (G II, S. 204), das der moralischen Entscheidung kaltsinnig den Anschein einer naturgesetzlichen Notwendigkeit verleiht, kann den Tod des unschuldigen Mädchens, das die Rose zum Symbol hatte (S. 156), nicht erklären. Das Ende des Dialogs mit Emilias doppeltem Verweis zuerst auf das Vorbild der Märtyrer und dann der Virginia ließe eine politisch-revolutionäre Lösung des Konflikts zu, d. h. die Weiterführung des Geschehens bis zum Aufstand gegen den Fürsten; indessen „entschärft, ja verkehrt die religiös-moralische Märtyrerhaltung die politischen Implikationen des Virginia-Motivs", und nur der märtyrerhafte Tod der Emilia wird gestaltet, während die im Virginia-Motiv angelegte Tyrannenbeseitigung nicht zur Ausführung kommt (Lützeler, S. 110). Zwar könnte der Zuschauer in dieser Richtung weiterdenken und den Schluß des Stückes – in Erinnerung an die ursprüngliche Virginia-Fabel und die deutliche Politisierung des Geschehens durch Odoardo im 5. Akt – als indirekte, verborgene Aufforderung zur Gewalt gegen absolutistische Willkür verstehen, doch wäre dieser Schritt weder durch das Trauerspiel selbst noch durch Lessings sonstige Bemerkungen zum Problem gesellschaftsverändernden Handelns eindeutig legitimiert. Zwar kann mit Lützeler festgestellt werden: „Diskreditiert wird in der Tragödie [...] nicht nur der Absolutismus, sondern auch jene *bestimmte Form* moralischer Kritik, die kein gesellschaftsveränderndes Ziel besitzt" (S. 112). Ein solches Ziel jedoch wird in *Emilia Galotti* nicht skizziert, und wenn es letztlich in der „Auflösung des absolutistischen Staates" bestand (ebd.), so wird in dem Trauerspiel doch nicht die Frage beantwortet, mit welchen Methoden der alte Staat beseitigt und eine neue Gesellschaft errichtet werden solle und könne. Eine Antwort Lessings auf derartige Fragen zeichnet sich erst im Umkreis des *Nathan* und der *Freimaurergespräche* ab.

Problematisch wird dieser Schluß der *Emilia Galotti* auch, wenn man ihn an den Postulaten der *Hamburgischen Dramaturgie* mißt, wo Lessing dem Dramatiker einen „Schattenriß von dem Ganzen des ewigen Schöpfers" abverlangt und die Auflösung aller Widersprüche „zum Besten" fordert (79. Stück, G IV, S. 598). Der Auffassung der Tragödie als Theodizee und der Vorstellung einer ewigen Gerechtigkeit, die der poetischen Gerechtigkeit übergeordnet ist (vgl. G IV, S. 597), scheint auch *Emilia Galotti* durch Odoardos Anrufung des göttlichen Richters am Ende des Stückes unterworfen zu sein. Das ,Spiel' wird dadurch gleichsam an eine höhere Instanz weitergereicht, und „im umgreifenden Horizont der Vorsehung, die diese Welt übersteigt", könnte eine Rechtfertigung des tragischen Geschehens gesucht werden (Schilson, S. 193). Aber der Verweis auf eine jenseitige Rechtfertigung darf nicht als Vertröstung über das bleibende Ungenügen des sozusagen innerweltlichen Ausgangs des Geschehens verstanden werden. Daß die Aporien des *Emilia*-Schlusses im ,Horizont der Vorsehung' bzw. im Rahmen von Lessings geschichtsphilosophischem Denken als lösbar erscheinen, muß vielmehr als Aufforderung begriffen werden, im Vertrauen auf eine transzendente Instanz nach einer moralischen und vernunftbestimmten Existenzform des Menschen zu suchen – trotz deprimierender historischer Erfahrungen. Die häufigen Verweise während des Stückes auf eine höhere Notwendigkeit und die Berufung Odoardos auf eine übergeordnete Gerechtigkeit erweitern den Denkraum des Zuschauers und lassen Momente der Hoffnung zu, ohne den Betrachter indessen der Aufgabe zu entheben, seine Vorstellungen von einer besseren gesellschaftlichen Existenz und von einem gangbaren geschichtlichen Weg dorthin *selbst* zu konkretisieren.

2.8. Elemente der commedia dell'arte und dramaturgisches ,Musterstück'

Auf die Zeitgenossen scheint der Schluß der *Emilia Galotti* nicht unbedingt erschütternd im Sinne von Lessings Trauerspieltheorie gewirkt zu haben. Statt Weinen regte sich mancherorts Lachen oder gar Mißmut (s. Grimm, S. 171 f. und s. u. VII. 2.2.). So schrieb Eva König am 15. 7. 1772 aus Wien an Lessing:

> „Ihr neues Stück ist vorige Woche drei Tage nach einander aufgeführt worden, und zwar mit außerordentlichem und allgemeinem Beifall. Der Kaiser hat es zweimal gesehen, und es gegen G[ebler] sehr gelobt. ,Das muß ich aber auch gestehen', hat er gesagt, ,daß ich in meinem Leben in keiner Tragödie so viel gelacht habe.' Und ich kann sagen: daß ich in meinem Leben in keiner Tragödie so viel habe lachen hören; zuweilen bei Stellen, wo, meiner Meinung nach, eher hätte sollen geweinet, als gelacht werden" (R IX, S. 540).

Diese Reaktionen dürfen jedoch nicht nur auf einige Mätzchen der Darsteller, von denen Eva König auch berichtete, zurückgeführt oder der Ignoranz und Gefühllosigkeit eines höfischen Publikums allein angelastet werden. Auch Eva König und Lessing selbst in seinem Antwortbrief (s. R IX, S. 540) räumen ein, daß einige Stellen dieser „Tragödie" Anlaß zum Lachen bieten. Ebenso wiesen schon zeitgenössische Kritiker auf unverkennbar komödienhafte Elemente in der Personengestaltung wie im Handlungs- und Gesprächsverlauf hin, die durch die Aufführungspraxis über Gebühr hervorgekehrt werden konnten. Darüber hinaus aber leitet sich, wie Klaus-Detlef Müller dargelegt hat, die ästhetische Struktur von Lessings *Trauerspiel* aus der Komödienform her, genauer: aus dem Handlungsschema der commedia dell'arte, dem sowohl die Figurenkonstellation in *Emilia Galotti* entspricht als auch der Handlungsverlauf folgt – wenngleich in tragischer Verkehrung und mit entsprechender Modifizierung aller wichtigen Details.

Wie in der commedia dell'arte ist der dramatische Konflikt „dadurch verursacht, daß die Vereinigung eines liebenden Paares durch einen Nebenbuhler gestört wird, wobei die beiden Konkurrenten als tugendhaft und lasterhaft unterschieden sind. Der Heiratsplan wird von den Eltern der Braut, insbesondere von ihrem Vater nachdrücklich und nicht ohne ein persönliches Interesse betrieben, er wird durch die Intrige einer Dienergestalt durchkreuzt. Diese Intrige – im Interesse des Konkurrenten, zugleich aber mit Eigennutz durchgeführt – bestimmt den Handlungsverlauf und den Ausgang. Schließlich tritt noch zusätzlich ein Störenfried auf, der den Intrigenplan – ohne davon zu wissen – empfindlich durchkreuzt" (K.-D. Müller, S. 38). Aus diesem Handlungsschema ergibt sich eine Reihe von genuin komödienhaften Verwicklungen, die oftmals durch einen nicht weniger komödienhaft wirkenden Dialog überspielt werden sollen, z. B. am Ende der Begegnung zwischen Appiani und Marinelli (II, 10) und während der langen Auseinandersetzung Marinellis mit der Gräfin Orsina (IV, 3–6). Zum Repertoire der Komödie gehört beispielsweise auch die Sprachform des Oxymorons, in welcher Marinelli nach der Ermordung Appianis dessen Braut Emilia begrüßt: „Ah, gnädiges Fräulein! Was für ein Unglück, oder vielmehr, was für ein Glück, – was für ein glückliches Unglück verschafft uns die Ehre –" (III, 4; G II, S. 167). Eine derartige Äußerung bleibt ein Komödienelement, auch wenn sie in einem Trauerspiel erscheint und dort die Funktion hat, die unglaubliche Perfidie des Intriganten sich – auf eine fast groteske und Lachen erregende Weise – entlarven zu lassen.

Aber waren derartige Komödieneffekte und ein Handlungsverlauf, der so sehr der ‚Dramaturgie des Zufalls' unterworfen war, mit dem Wesen der Tragödie zu vereinbaren? Nach dem Urteil vieler zeitgenössischer Kritiker war *Emilia Galotti* für ein Trauerspiel mit zuviel „Witz", „Berechnung" und „Kälte" geschrieben (s. Grimm, S. 170), was freilich auch als ein bewußter ästhetischer und zugleich kritischer Reflex Lessings auf den höfischen Schauplatz betrachtet werden muß. Viele Kritiker nahmen auch Anstoß daran, daß nicht ein undurchschaubares und unabweisliches Fatum über dem Geschehen walte, sondern ein liederlicher und bisweilen fast lächerlicher Intrigant. Ludwig Tieck bemerkte dazu apodiktisch: „Überhaupt ist das Stück bei aller Trefflichkeit zu sehr ein zugespitztes Intrigenspiel, um eine Tragödie zu sein; beides verträgt sich nicht miteinander" (s. Steinmetz, Lessing, S. 313).

Wurde die tragische Qualität der *Emilia Galotti* häufig in Zweifel gezogen, so fand die lückenlose Kausalität, die in diesem Stück vorherrscht, immer Bewunderer. Johann Joachim Eschenburg bescheinigte dem Stück 1772 eine „unnachahmliche Ökonomie" (s. Steinmetz, Lessing, S. 79). Von Anfang an galt *Emilia Galotti* daher auch als Muster an dramatischer Motivierungskunst. Karl Wilhelm Ramler schrieb 1772 „Die geringsten Umstände, die bloß ein Theaterspiel zu sein scheinen, haben einen Einfluß in die Folge des Stücks und dienen entweder, den Charakter und die Leidenschaft der Personen in ein helleres Licht zu setzen oder die Wahrscheinlichkeit der folgenden Begebenheit zu vermehren" (s. Steinmetz, Lessing, S. 87). Insbesondere die Exposition wurde dafür gerühmt (s. ebda und s. Stahl), weil sie ohne Rückgriff auf eine lange Vorgeschichte – es wird nur erwähnt, daß der Prinz Emilia einmal gesehen habe, außerdem, daß sich Odoardo einst den Gebietsansprüchen des Prinzen widersetzte (I, 4) – alle notwendigen Voraussetzungen schafft für die folgenden Verwicklungen und ihren tragischen Ausgang: Der Prinz wird sich endgültig seiner Abneigung gegen die Gräfin Orsina und seiner leidenschaftlichen Zuneigung zu Emilia Galotti bewußt (I, 4) und nimmt in dieser – für ihn – verfahrenen Situation den Intriganten Marinelli in Dienst (I, 6; s. dazu bes. Noelle, S. 161 ff.). In den beiden Auftritten I, 4 und I, 6 werden letztlich alle wichtigen Motive für die Inszenierung des „höllischen Gaukelspieles" (V, 7) mit den Galottis auf den Plan gebracht. Von da an erscheint dann Marinelli als der skrupellose ‚Dirigent' des Geschehens, während allen anderen Beteiligten – unter Ausnahme vielleicht der Gräfin Orsina – nur noch das Erleiden und Beklagen seiner Machenschaften bleibt.

Freilich: Die Katastrophe geht nicht allein auf das Konto Marinellis. Vielmehr haben, wie Karl Eibl aufwies, alle Beteiligten – ausgenommen Emilia – „Fehl-Berechnungen" und „Fehlhandlungen" zu verantworten, die den Konflikt erst einmal heraufbeschwören und dann tragisch beenden. Der Prinz etwa verkalkuliert sich in der Handlungsweise Marinellis ebenso sehr wie in der Reaktionsweise Emilias und Odoardos; Odoardo andererseits verhindert durch sein autoritäres Auftreten gegenüber der Familie jenes Vertrauensklima, das ein offenes Gespräch innerhalb der Familie und ein gleichgerichtetes Handeln aller Familienmitglieder ermöglicht hätte. Diese und weitere „Fehlhandlungen verhalten sich auf eine unheimliche Weise komplementär, nur alle zusammen führen zur Katastrophe" (Eibl, S. 155). Nicht zuletzt dieses kunstvoll miteinander verflochtene Ensemble falsch aufeinander bezogener und gegenläufiger Denk- und Handlungsweisen macht den immer bewunderten und immer auch verwirrenden Motivreichtum des Stückes aus, der seit jeher zu scharfsinnigen und detaillierten Analysen anregte.

Was Lessings Motivierungskunst angeht, so haben neuerdings Bohnen, Noelle und am nachdrücklichsten Schröder aufgewiesen, wie sehr gerade in *Emilia Galotti* der dramatische Plan in Sprachhandlungen umgesetzt ist und der Dialog als Movens des Geschehens fungiert: „Die dramatische Sprache wird zur Brückenkonstruktion, die das schier Unvereinbare der Gegensätze und Antithesen von Tugend und Laster, Gut und Böse, Tun und Leiden, Intrige und Ergebung, Mord und Psychologie, Prinz und Emilia, Verführung und Unschuld, Zufall und Berechnung, Richtungslosigkeit und Entschiedenheit miteinander verknüpft und ausgleicht" (Schröder, S. 191). Exemplarisch zeigt Schröder am Dialog zwischen Orsina und Odoardo (IV, 7), wie gekonnt Lessing seine Figuren bestimmte Wendungen gebrauchen läßt, treffende Sentenzen und aussagekräftige Metaphern, geschickte Anspielungen und Reizworte für den Gesprächspartner, wie die ‚Besonnenheit' Odoardos durch die fast sarkastischen Andeutungen und

Enthüllungen der Orsina zuletzt in Zorn verwandelt wird, wie das Räsonnement in dem raffiniert weitergetriebenen Dialog zum Affekt gesteigert wird.

Dieses Verfahren der „dialogischen Motivation" (Schröder, S. 204) stößt jedoch an die Grenzen seiner Möglichkeiten, wo der Dialog in die Tat einmünden muß und den Tod der Emilia vorbereiten und erklären soll (V, 7). Zwar wird die Tötung der Emilia – anstatt des Prinzen oder seines Helfers – sprachlich mehrfach motiviert: durch die ängstliche und wenig überzeugende Selbstanklage der Emilia (G II, S. 202), durch den Verweis auf das Vorbild der christlichen Märtyrer, durch die Ausdeutung des Rosen-Emblems und schließlich durch die Erinnerung an die heroische Tat des Virginius (S. 203). Aber gerade diese Stellen des Dialogs, insbesondere das Rosen-Emblem und das Wortspiel um „Haarnadel" und „Dolch" (S. 202 f.) erschienen schon dem zeitgenössischen Publikum als zu gewaltsam, verquält, unnatürlich, gekünstelt und riefen wiederum Lachen hervor (s. Grimm, S. 171). Wie viel auch an ‚dialogischer Motivation' vorzufinden ist – sie kann nicht jenes Defizit an pragmatischer Motivierung des von Lessing gewählten Schlusses der *Emilia Galotti* aufwiegen, aus dem das grundsätzliche und wohl kaum zu bewältigende Dilemma jeder Deutung dieses Stückes resultiert.

2.9. Kritik als Entwicklungsmoment von Lessings Trauerspiel

Noch im Jahr ihrer Uraufführung schreibt der junge Goethe über *Emilia,* auf seinen eigenen *Götz* anspielend:

> „Emilia Galotti ist auch nur gedacht, und nicht einmal Zufall oder Kaprice spinnen irgend drein. Mit halbweg Menschenverstand kann man das warum von ieder Scene, von iedem Wort mögt ich sagen auffinden. Drum binn ich dem Stück nicht gut, so ein Meisterstück es sonst ist [...]" (Brief an Herder von Mitte Juli 1772; Hamb. Ausg., Briefe, Bd. 1, S. 133 f.).

In dieser Kritik deutet sich bereits die von Friedrich Schlegel vorgenommene Umwertung Lessings an (s. VII B 1.), die in der *Emilia* nur noch ein „großes Exempel der dramatischen Algebra" sah. Was Goethe und Schlegel als Mangel erschien, entsprach jedoch Lessings dichterischem Selbstverständnis, formuliert im 30. Stück der *Hamburgischen Dramaturgie* (G IV, S. 368 f.; s. den Abschnitt über Lessings Genie-Auffassung in III A 2.). Dort hatte Lessing vom Genie die rationale Durchdringung der historischen Zusammenhänge gefordert, mit dem Ziel, „die unnützen Schätze des Gedächtnisses in Nahrungen des Geistes zu verwandeln" (S. 368).

Geschichte als ‚Nahrung des Geistes', das Drama als ‚Schattenriß der Schöpfung' (79. Stück; G IV, S. 598) – mit diesen Vorstellungen verbindet Lessing die didaktische Aufgabe eines Dichters. Er selbst hatte sich dieser mühsamen Aufgabe unterzogen, nicht im Vertrauen auf eine zweifelhafte dichterische Schöpferkraft, sondern auf *Kritik*. Ihr einzig und allein habe er die zunehmende Qualität seiner Dramen zu verdanken (S. 694). Vor dem Hintergrund dieser Bemerkung läßt sich der Zusammenhang zwischen Lessings dramatischem Schaffen und seiner Kritikertätigkeit genauer bestimmen. Dabei genügt es nicht, sich auf *Hamburgische Dramaturgie* und *Emilia* zu beschränken. Beide stehen am Ende zweier sich wechselseitig beeinflussenden Entwicklungslinien. *Emilia* muß deshalb einerseits am kritischen Bewußtsein der *Hamburgischen Dramaturgie*, andererseits an den vor ihr liegenden Stücken – nicht nur den Lessingschen – gemessen werden. Sonst konstruiert man einen Zusammenhang, der allenfalls auf Gottscheds poetologisches und dramatisches Schaffen zutrifft.

Aus der *Hamburgischen Dramaturgie* lassen sich keine Regeln und Anweisungen zur Verfertigung von Dramen ableiten. Sie vermittelt nur, in der kritischen und polemischen Auseinandersetzung mit dem französischen Klassizismus, eine allgemeine Vorstellung, wie ein originales, deutschsprachiges Drama auszusehen habe. *Emilia* ist ein praktischer Versuch, auf dem Weg zu diesem Ziel einen Schritt weiterzukommen. Lessing ist sich der Vorläufigkeit und Verbesserungsbedürftigkeit seines Stücks durchaus bewußt (s. den Brief an Ramler vom 21. 4. 1772; R IX, S. 515 ff.). Daß er die Kritik nicht für ein neues, besseres Stück genutzt hat, mag mit seinem erschütterten Glauben an die Möglichkeit des Mediums Theater, mit seiner Enttäuschung über die Entwicklung des Theaterwesens und mit seinen persönlichen Schwierigkeiten als Bibliothekar in Wolfenbüttel zusammenhängen.

Betrachtet man *Emilia* im Spannungsfeld von Theaterkritik und dramatischer Praxis, dann läßt sich der Fortschritt vor allem gegenüber *Sara* einerseits und dem Bemühen, die allgemeinen Forderungen der *Hamburgischen Dramaturgie* einzulösen andererseits, deutlich erkennen. Das soziale Vakuum, in dem sich die Figuren der *Sara* bewegten, ist dem differenzierten Modell einer absolutistischen Hofgesellschaft gewichen, der tragische Konflikt ist aus dem rein familiären Bereich herausgenommen und in einen umfassenderen sozialen Kontext eingebettet worden. Lessing hat sich also genauer an der ‚Natur‘ orientiert und sich bemüht, jenen vom Genie geforderten ‚Schattenriß‘ zu entwerfen.

Die ‚Mischung‘ und damit die Entheroisierung der Charaktere ist konsequenter durchgeführt, allerdings um den Preis einer Zweideutigkeit, die schon die Zeitgenossen ratlos machte. Keine mit übermenschlichen Eigenschaften begabten Heroen sollten die Bühne bevölkern, sondern Menschen, in deren Verhalten sich der Zuschauer wiedererkennen konnte. Nur dann waren die Voraussetzungen für eine kathartische Wirkung des Trauerspiels gegeben. Ob diese Wirkung tatsächlich eintrat, konnte sich nur im Vollzug der theatralischen Vorstellung erweisen, und selbst hier noch mußte sie mehr theoretische Forderung als meßbares Resultat bleiben.

Die Aufnahme der *Emilia* ließ jedenfalls keinen Hinweis darauf erkennen, daß die von Lessing in der *Hamburgischen Dramaturgie* geforderte Erregung von Furcht und Mitleid und deren Verwandlung in „tugendhafte Fertigkeiten" unmittelbar erreicht worden wäre. Die Ursache hierfür läßt sich in der von Lessing selbst eingestandenen Unvollkommenheit des Stücks finden, zugleich aber auch in den beschränkten Möglichkeiten, die das Theater als Instrument der Aufklärung besaß. In der *Hamburgischen Dramaturgie* hatte Lessing die Grenzen der

Theaterkritik kennengelernt, an der *Emilia* und ihrer Rezeption wurde ihm bewußt, wie unwirksam und einflußlos die Bühne war. Der völlige Rückzug von jeglicher Theaterarbeit war nur folgerichtig. Am 11. 11. 1774 schreibt er an seinen Bruder Karl:

„Schwerlich werde ich Dir auf das viel zu antworten haben, was Du mir von gelehrten oder theatralischen Vorurteilen geschrieben. Ich bin meistenteils Deiner Meinung. Die letzteren haben längst aufgehört, mich zu interessieren, und nicht selten gereichen sie mir zu dem äußersten Ekel" (R IX, S. 616).

Arbeitsbereich IV

Die Grenzen der Dichtkunst: Moral und Malerei

(Fabeln und *Laokoon*)

0. *Vorbemerkung*

Die Zusammenfassung der Fabeln (einschließlich ihrer Theorie) und des *Laokoon* steht unter dem leitenden Gesichtspunkt, daß Lessing hier die Grenzen und Grenzbereiche der Poesie erkundet. Wirkungsprinzip und pädagogische Intentionen des ‚Aufklärers‘ Lessing machen es unumgänglich, die Abgrenzungsprobleme auch theoretisch zu erörtern. Bezeichnend hierfür ist die Weise, wie Lessing schon in den *Abhandlungen über die Fabel* (1759) die vorgefundenen, auf ‚Allegorie‘ hinzielenden Definitionen der Fabel zu erweitern und zu präzisieren versucht. Für ihn steht fest, „daß eine Fabel schlecht ist, daß sie den Namen der Fabel gar nicht verdienet, wenn ihre vermeinte Handlung *sich ganz malen läßt*" (G V, S. 367); sie enthält dann „ein bloßes Bild". Während im besonderen Fall der Fabel die Zweckbindung an den ‚moralischen Lehrsatz‘ sich sowohl den allegorischen wie den poetischen Aspekt unterordnet, geht es im *Laokoon* gerade um die grundsätzliche Bestimmung der Eigenart des Poetischen, in Absetzung von der bildenden Kunst. Tendenzen zur Autonomisierung des Poetischen, und auf der anderen Seite die reine Zweckdichtung, geben nicht nur einen Einblick in die Spannweite der literarischen Konzeptionen Lessings. Sie weisen auch auf die Entstehung von Widersprüchen, mit deren Diskussion noch die Gegenwart beschäftigt ist.

A. Fabeln und Fabeltheorie

1. *Grundlageninformationen*

1.1. *Texte und Materialien*

In Gesamt- und Auswahlausgaben werden in der Regel die Abhandlungen zur Fabel zu den theoretischen Schriften gerechnet, und unabhängig davon werden *alle* Fabeln zusammengefaßt, sowohl die frühen gereimten *Fabeln und Erzählungen* (veröffentlicht 1753 im ersten Teil der *Schriften*) als auch die 1759 gemeinsam mit den Abhandlungen veröffentlichten Prosafabeln:

Fabeln: G I, S. 195–276; LM I, S. 155–234; PO Tl. I, S. 112–206; R I, S. 223–303; Stammler I, S. 795–869; Wölfel I, S. 31–46 (Auswahl). Einzelausgabe: Reclam Nr. 27.
Abhandlungen: G V, S. 352–419; LM VII, S. 413–479; PO Tl. XV, S. 37–91; R IV, S. 5–85; Stammler I, S. 870–884 (Auswahl); Wölfel II, S. 7–66.

Antike Fabeln. Eingel. u. neu übertr. v. Ludwig Mader, dtv text-bibliothek Nr. 6024, 1973 [Die Auswahl enthält vor allem Fabeln von Äsop, Phädrus, Babrios und Avianus.]
Deutsche Fabeln des 18. Jahrhunderts. Ausgew. u. m. e. Nachw. v. Manfred Windfuhr, Reclam Nr. 8429/30, 1969
Dithmar, Reinhard: Fabeln, Parabeln und Gleichnisse. Beispiele didaktischer Literatur, dtv. Nr. 4047, 1970 [Enthält Textbeispiele aus Antike, Mittelalter und Neuzeit, mit einer knappen Einleitung.]
Gellert, Christian Fürchtegott: Fabeln und Erzählungen. Hrsg. v. Siegfried Scheibe, Tübingen 1966
Pfeffel, Gottlieb Konrad: Poetische Versuche, Dritter Theil, Basel 1790

1.2. Forschungsliteratur

Bauer, Gerhard: Der Bürger als Schaf und als Scherer. Sozialkritik, politisches Bewußtsein und ökonomische Lage in Lessings Fabeln, Euphorion 67, 1973, S. 24 ff. (s. ders.: Materialismus und Ideologiekritik in der deutschen Aufklärung, in: Mattenklott-Scherpe [s. Gesamtbibl. 9], S. 1 ff.) [Ausführliche, jedoch nicht in allen Punkten völlig überzeugende, sozialgeschichtliche Interpretation der Lessingschen Fabeln: als typischer Gelehrter des 18. Jahrhunderts stehe Lessing dem sich entwickelnden Kapitalismus verständnislos gegenüber, während er an den sozialen und politischen Verhältnissen des Absolutismus durchaus Kritik übe.]
Dithmar, Reinhard: Die Fabel. Geschichte. Struktur. Didaktik, Paderborn 1971 [Theoretisches Komplement zum Textband (s. o.). Versucht in einem historischen und einem systematischen Teil die Grundlagen zu schaffen für die Behandlung der Fabel in der Schule.]
Doderer, Klaus: Fabeln. Formen, Figuren, Lehren, Zürich u. Freiburg 1970 [Enthält neben historischem und systematischem Teil ein Kapitel über die Fabeln in der Schule. Problematisch erscheint die Deutung der Fabel als überzeitliches Kunstwerk. Mit zahlreichen Reproduktionen alter Buchseiten.]
Eichner, Siglinde: Die Prosafabel Lessings in seiner Theorie und Dichtung. Ein Beitrag zur Ästhetik des 18. Jahrhunderts, Bonn 1974 [Detaillierte Untersuchung über die Verwurzelung der Lessingschen Fabeltheorie in der Leibniz-Wolffschen Philosophie und in der Ästhetik Baumgartens; Struktur- und Funktionsanalyse der Lessingschen Fabel. Mit ausführlichem Forschungsbericht und Literaturverzeichnis.]
Emmerich, Karl: Gottlieb Konrad Pfeffel als Fabeldichter, Weimarer Beiträge 3, 1957, S. 1 ff. [Skizziert die zunehmende Politisierung der aufklärerischen Fabeldichtung. Zwischen dem unpolitischen Gellert und dem politisch aggressiven Pfeffel nimmt Lessing eine Mittelposition ein.]
Briegel-Florig, Waltraud: Geschichte der Fabelforschung in Deutschland, Diss. Freiburg 1965 [Hinter dem etwas irreführenden Titel verbirgt sich eine Geschichte der Fabeltheorie in der Neuzeit.]
Friederici, Hans: Die Tierfabel als operatives Genre, Weimarer Beiträge 11, 1965, S. 930 ff. [Analysiert unter spezifisch sozialgeschichtlicher Fragestellung die unterschiedliche Einsetzbarkeit der Fabel vom Mittelalter bis zur Neuzeit, wobei die Darstellung der Neuzeit eher zur ideologischen Pflichtübung als zur objektiven Analyse gerät.]
Gebhard, Walter: Zum Mißverhältnis zwischen der Fabel und ihrer Theorie, DVjs 48, 1974, S. 122 ff. [Ausführliche Auseinandersetzung mit der Fabelauffassung von Reinhard Dithmar.]

Leibfried, Erwin: Fabel, Stuttgart [2]1973 [Zusammenfassende Darstellung zu Theorie und Geschichte der Fabel vom Mittelalter bis ins 20. Jahrhundert. Jedes Kapitel mit weiterführenden Bibliographien.]

Markschies, Hans Lothar: Lessing und die äsopische Fabel, Wiss. Zs. d. Univ. Leipzig 4, 1954/55, Ges.-u. sprachwiss. Reihe B, S. 129 ff. [Untersucht und wertet vom heutigen literaturwissenschaftlichen Standpunkt aus die Lessingschen Fabeldichtungen, mit dem Ergebnis, daß Lessing das Wesen der Fabel verkannt habe.]

Ott, Karl August: Lessing und La Fontaine. Von dem Gebrauche der Tiere in der Fabel, GRM 40 (NF 9), 1959, S. 235 ff. [Mißt Lessings Fabeln an seiner Fabeltheorie und stellt Abweichungen fest, zu denen Lessing durch das tradierte Fabelschema gezwungen wurde.]

Spitz, Hans-Jörg: Lessings Fabeln in Prolog- und Epilogfunktion, in: Festschr. f. Marie-Luise Dittrich, Göppingen 1976, S. 291 ff. [Unter speziellem Gesichtspunkt gute Beobachtungen zur logisch-didaktischen Fabelstruktur im Zusammenhang von Lessings Fabeltheorie.]

Sternberger, Dolf: Über eine Fabel von Lessing, in: Die Wandlung 1, 1946, S. 488 ff.; auch in: D. St.: Figuren der Fabel, Berlin 1950, S. 70 ff. [Sehr anregende, sicher aber zeitgebundene Interpretation der Lessing-Fabel *Der Esel mit dem Löwen* (G I, S. 247 f.).]

Thalheim, Hans-Günther: Zu Lessings Fabeln, in: H.-G. Th.: Zur Literatur der Goethezeit, Berlin 1969, S. 9 ff. [Versucht den sozialkritischen Gehalt einiger Lessing-Fabeln, speziell die Kritik am Feudal-Absolutismus, nachzuweisen.]

Tronskaja, Maria: Die deutsche Prosasatire der Aufklärung, Berlin 1969 [Enthält einen kurzen Abriß der Geschichte der Fabeltheorie und der Fabeldichtung der Aufklärung.]

1.3. Voraussetzungen und Entstehung

1.3.1. Tradition und Überlieferung

„Jede Erdichtung, womit der Poet eine gewisse Absicht verbindet, heißt seine Fabel. So heißt die Erdichtung, welche er durch die Epopee, durch das Drama herrschen läßt, die Fabel seiner Epopee, die Fabel seines Drama.

Von diesen Fabeln ist hier die Rede nicht. Mein Gegenstand ist die sogenannte *Äsopische* Fabel" (G V, S. 355),

d. h. die Fabel im engeren Sinn: die didaktische Gattung der Tierdichtung in Vers oder Prosa.

Die Tradition des Typus der sog. äsopischen Fabel reicht bis zu den ersten Zeugnissen schriftlicher Überlieferung zurück (Hesiod, um 700 v. Chr.; Archilochos, um 650 v. Chr.). Ihren Gattungsnamen erhielt sie nach ihrem angeblichen ‚Erfinder', dem phrygischen Sklaven Äsop (6 Jh. v. Chr.). Historisch gesicherte Tatsachen sind über ihn nicht bekannt. Vermutlich handelt es sich um eine fiktive Gestalt. Im 1. Jahrhundert n. Chr. veröffentlichte der Römer Phädrus – nach seinen eigenen Aussagen ein ehemaliger Sklave des Augustus – fünf Bücher Fabeln, zum Teil versifizierte Bearbeitungen bekannter äsopischer Fabelmotive. Aus der Spätantike sind Fabelsammlungen unter den Namen Babrios (2. Jh. n. Chr.), Avianus und Romulus (4. Jh. n. Chr.) bekannt. Mit Romulus, der einzigen Sammlung lateinischer Prosafabeln, beschäftigte sich Lessing in seinen Wolfenbütteler Jahren.

Die handschriftlich überlieferten Fabelsammlungen stammen durchweg nicht aus der Antike, sondern aus dem 11. bis 15. Jahrhundert. Sie sind durch die Rhetorenschulen der Antike und die Klosterschulen des Mittelalters gegangen, so daß nicht mehr mit Sicherheit entschieden werden kann, was ursprüngliche Form und was spätere Zutat ist.

Im 15. Jahrhundert nahmen sich die Humanisten der Fabel an. Zwischen 1476 und 1480 erschien der *Deutsche Esop* des Ulmer Arztes Steinhöwel. Er versuchte gleichzeitig dem gelehrten Humanisten und dem gemeinen Mann gerecht zu werden, indem er dem lateinischen Text eine volkstümliche Übertragung beifügte. Obwohl Luther gegen Steinhöwels Buch polemisierte, weil er darin die Fabel zur bloßen Unterhaltungsliteratur herabgewürdigt sah, erlebte es bis 1730 zahlreiche Neuauflagen. Erst dann mußte es neueren Fabelsammlungen weichen.

1.3.2. Die Fabel als Modegattung des 18. Jahrhunderts

Als zu Beginn des 18. Jahrhunderts der Literatur ganz allgemein eine vorwiegend nutzenbringende und erzieherische Aufgabe zugeteilt wurde, rückte die äsopische Fabel – gewissermaßen als didaktische Gattung par excellence – in den Mittelpunkt praktischer und theoretischer Bemühungen. Der Anstoß zur Neubelebung der Fabeldichtung ging – wie auf dem Gebiet des Dramas auch – von Frankreich aus. Zwischen 1668 und 1694 brachte La Fontaine dort die Fabel wieder zu Ansehen. Eine Übersetzung erschien 1713 (B. Nikisch, *Herrn de La Fontaine Fabeln ins Deutsche übersetzt*, Augsburg 1713). 1719 veröffentlichte De la Motte eine Fabelsammlung mit einem vorangestellten *Discours sur la Fable*. Zwei Jahre später erschienen Teile daraus in deutscher Übersetzung (Barthold H. Brockes, *Irdisches Vergnügen in Gott, 1. Teil nebst einem Anhang etlicher übersetzten Fabeln des Herrn la Motte*, Hamburg 1721). In den *Discoursen der Mahlern,* jener dem englischen *Spectator* nachempfundenen Moralischen Wochenschrift, wird La Motte als Fabeldichter gerühmt (3. Teil, 19. Discours, Zürich, 1722, S. 152). Epochemachend für die Geschichte der deutschen Fabel war Hagedorns *Versuch in poetischen Fabeln und Erzählungen* (Hamburg 1738). Seinem Vorbild La Fontaine verpflichtet, fühlte sich Hagedorn nicht als originaler Dichter, sondern als Bearbeiter traditioneller Motive. In den Anmerkungen zählt er seine Quellen und Vorlagen auf. Nicht anders verfährt Lessing zwanzig Jahre später: auch er fühlt sich nur als Fortsetzer der Tradition, was ihn jedoch in der Praxis nicht daran hindert, die Fabelvorlagen radikal zu verändern.

Im Zeitraum zwischen 1740 und 1780 erlebte die Beschäftigung mit der Fabel einen Höhepunkt: die Fabel wurde zur Modegattung. 1742 erschien in Königsberg ein Moralisches Wochenblatt mit dem Titel *Der Deutsche Aesop.* Es enthielt nur Fabeln. Zahlreiche Fabeldichter, deren Namen heute in Vergessenheit geraten sind, waren im 18. Jahrhundert bekannt und populär: Meyer von Knonau, Lichtwer, Gleim, Kästner, J. A. Schlegel, Zachariae, Pfeffel, Nicolay.

Die Fabeltheorie entwickelte sich zunächst unabhängig von der Fabeldichtung. Bis zu den rationalistischen Poetiken des frühen 18. Jahrhunderts hatte es eine eigentliche Theorie der Fabel gar nicht gegeben. Stets waren theoretische Äußerungen über die Fabel zweckgebunden: als Begründung der Nützlichkeit der Fabel, als Gebrauchsanweisung bzw. als Einleitung zu Fabelsammlungen. Die Begründungen und Ansichten änderten sich im Laufe der Zeit nur unerheblich. Erst mit De la Mottes *Discours sur la Fable* rückte die Fabel auch in den Mittelpunkt dichtungstheoretischer Betrachtungen. Im *Discours* wurde fast alles angesprochen, was die Auseinandersetzung um das Wesen der Fabel im 18. Jahrhundert beschäftigte.

Der Höhepunkt der Fabeldiskussion im deutschsprachigen Raum lag in den Jahren zwischen 1730 und 1740 (1730: Gottscheds *Critische Dichtkunst;* 1740: Breitingers *Critische Dichtkunst).* In diesem Zeitraum kristallisierten sich die gegensätzlichen Standpunkte der Gottschedianer und der Schweizer heraus. In den 50er und 60er Jahren erschöpfte sich die Diskussion um die Fabel in der Wiederholung alter Argumente. Erst Lessing entfachte mit seinen Abhandlungen von 1759 und den dazugehörigen Fabeln die Diskussion von neuem. Nach Bodmers bissiger Reaktion (*Lessingische unäsopische Fabeln,* 1760) schlief der öffentlich ausgetragene Fabelstreit dann endgültig ein. Zwar wurden weiterhin Fabeln geschrieben, auch Lessing beschäftigte sich theoretisch und praktisch weiter mit der Fabel, aber seine theoretischen Publikationen (1773; 1781) blieben ohne Resonanz, und die praktischen Versuche, 40 Fabeln, die offensichtlich für den Druck bestimmt waren, gingen in einer Kiste zwischen Dresden und Braunschweig verloren (R IX, S. 673).

1.3.3. Lessings Beschäftigung mit der Fabel

Lessings theoretische und praktische Beschäftigung mit der Fabel beginnt während seiner Leipziger Studienzeit (1746–48). Bei Christ lernt er Phädrus kennen (s. die Rezension der Fabeln Christs; LM IV, S. 27). Zur selben Zeit erscheinen Gellerts *Fabeln und Erzählungen* und Lichtwers *Vier Bücher Aesopischer Fabeln.* Die seit 1747 in Zeitschriften veröffentlichten eigenen Fabeln werden im ersten Teil der *Schriften* (1753) gesammelt. Es sind Versfabeln, die noch ganz dem Zeitgeschmack, den Vorbildern La Fontaine und Hagedorn verpflichtet sind, auch wenn sich Lessing in der Vorrede auf seine Originalität beruft (G III, S. 518).

Einige knappe Prosafabeln nach dem Muster Äsops kündigen die Wende an, die nach dem eingehenden Äsop-Studium 1757 eintritt. Lessing beabsichtigt, Richardsons *Aesop's fables with reflexions instructive morals* (London 1757) zu übersetzen. 1757 erscheint die Ausgabe unter dem Titel *Herrn Samuel Richardsons Sittenlehre für die Jugend in den auserlesensten äsopischen Fabeln,* nach Lessings Vorrede ein Buch, „das gänzlich dem Gebrauche und dem Unterrichte der Kinder bestimmt ist" (LM VII, S. 73). Die Ansicht, daß die Fabel nicht nur dem Bereich der Poesie, sondern auch dem Bereich der Moral angehört, deutet sich hier an. 1758 beschäftigt sich Lessing aus dem Blickwinkel der äsopischen Prosafabeln kritisch mit Phädrus.

Als Ergebnis der langjährigen Bemühungen um die Fabel legt er 1759 ein Buch vor: *Fabeln. Drei Bücher. Nebst Abhandlungen mit dieser Dichtungsart verwandten Inhalts.* Zweifellos spielt bei dieser Veröffentlichung auch die Situation auf dem Buchmarkt eine Rolle. Lessing behauptet zwar in der Vorrede, daß er nur seine *Schriften* „verbessern" wolle (G V, S. 352) und mit den Fabeln den Anfang gemacht habe (s. 70. *Literaturbrief; G V, S.* 225/226), seltsamerweise bleibt es dann aber bei dieser einen „Verbesserung". Der Grund dafür könnte sein, daß Lessing am Publikumserfolg der zahlreichen Fabelsammlungen partizipieren wollte. Gellerts Fabeln hatten mehrer Neuauflagen erlebt. 1756 hatte ein Frankfurter Drucker die frühen Fabeln Gellerts nachgedruckt, was kaum geschehen wäre ohne sichere Aussicht auf entsprechenden Verkaufserfolg. Als Reaktion hatte Gellert in aller Eile seine *Vermischten Schriften* auf den Buchmarkt geworfen. 1756, 1757 und 1758 waren Fabelsammlungen von Gleim erschienen. In den Schulen waren Fabeln nach wie vor beliebt; ein fester Abnehmerkreis schien garantiert. Lessing hatte Richardsons Fabelbuch als Schulbuch angepriesen, und auch sein eigenes empfiehlt er – wenn auch sehr indirekt durch die fünfte Fabelabhandlung – für den Schulgebrauch. Neben dem idealistisch gesinnten Aufklärer kommt hier zugleich der freie Schriftsteller zum Vorschein, der wie die Eule in der Fabel zwar stille Betrachtungen liebt, aber deswegen noch lange nicht von der Luft leben kann (G I, S. 239/240).

Auch während seiner Zeit als Wolfenbütteler Bibliothekar beschäftigte sich Lessing weiter mit der Fabel. In seiner Zeitschrift *Zur Geschichte und Literatur. Aus den Schätzen der Herzoglichen Bibliothek zu Wolfenbüttel* (1773–77) veröffentlichte er Beiträge über die altdeutschen Fabeln (*Über die sogenannten Fabeln aus den Zeiten der Minnesänger; G V, S. 560–577, 627–658*) und über die Fabelsammlung des Romulus (*Romulus und Rimicius; G V, S. 577–605*).

2. Textanalyse

2.1. Das Wesen der Fabel: eine kritische Bestandsaufnahme zeitgenössischer Fabeltheorien

Am Ende der ersten und – auch nach Lessings eigener Auffassung (s. 70. *Literaturbrief; G V, S.* 226) – zugleich wichtigsten Fabelabhandlung definiert Lessing das Wesen der Fabel:

> „Ich fasse daher alles zusammen und sage: *Wenn wir einen allgemeinen moralischen Satz auf einen besondern Fall zurückführen, diesem besondern Falle die Wirklichkeit erteilen, und eine Geschichte daraus dichten, in welcher man den allgemeinen Satz anschauend erkennt: so heißt diese Erdichtung eine Fabel"* (G V, S. 385).

Diese Definition hätte bereits am Eingang der Abhandlung stehen können, allerdings hätte das kaum dem Selbstverständnis Lessings als Kritiker entsprochen. Er setzt seinen Lesern nicht die fertigen Ergebnisse seines Denkens vor, sondern läßt sie an seinen Gedankengängen teilhaben.

Lessing wollte aber nicht nur die zahlreichen Fabeldefinitionen um eine weitere vermehren, sondern nachweisen, daß seine eigene Definition das Wesen der Fabel besser und angemessener erklärte. Deshalb mußte er sich mit früheren Erklärungen auseinandersetzen. Nur scheinbar ist seine Auswahl willkürlich: er will keinen vollständigen Überblick über die Fabeltheorie des frühen 18. Jahrhunderts geben, sondern nur die „vornehmsten Erklärungen prüfen" (G V, S. 357). Die Spreu ist also bereits vom Weizen gesondert. De la Motte, dessen Name am Beginn der eigentlichen Fabeltheorie steht, macht auch bei Lessing den Anfang. Die Bedeutung De la Mottes als Bahnbrecher wird noch dadurch unterstrichen, daß Lessing die Abhängigkeit der Nachfolger Richer (1729), Breitinger (1740) und Batteux (1748) zeigt. Die verkürzte Zitierweise soll den Eindruck der Ähnlichkeit und mangelnden Originalität nur noch verstärken. Einzig Breitingers Fabeldefinition wird noch eine gewisse Eigenständigkeit zugebilligt: Für Lessing der Anlaß zur zweiten Fabelabhandlung *Von dem Gebrauche der Tiere in der Fabel.*

Bei der Diskussion der einzelnen Fabeldefinitionen verfährt Lessing eklektisch. Er greift sich einen bestimmten Aspekt heraus, um ihn zu widerlegen. Gegenüber seinen Lesern ironisiert er zwar dieses Vorgehen: „Sind es meine Leser nun bald müde, mich nichts als widerlegen zu hören? Ich wenigstens bin es" (G V, S. 378). Hinter der ironischen Wendung steckt jedoch methodisches Bewußtsein, denn „man ist in Gefahr, sich auf dem Wege zur Wahrheit zu verirren, wenn man sich um gar keine Vorgänger bekümmert" (G V, S. 378/379). Einen dieser Vorgänger hat sich Lessing bis zum Schluß aufgespart: Aristoteles. Auch dessen Fabelauffassung hält er für unzutreffend und erst jetzt, nachdem er sich mit dem ersten aller Kunstrichter auseinandergesetzt hat, zieht Lessing sein Resümee: Aus der Summe aller Widerlegungen ergibt sich ins Positive gewendet die neue Fabeldefinition.

2.2. Die Fabel als Grenzphänomen zwischen Philosophie und Poesie

Mit den Fabelabhandlungen eröffnet Lessing die großangelegte Klärung ästhetischer Begriffe und die Abgrenzung der Künste gegeneinander. Die ausführliche Erörterung des Verhältnisses von Poesie und Malerei im *Laokoon* deutet sich schon in der ersten Fabelabhandlung an. Sie verbirgt sich in der Handlungsdefinition, die gewissermaßen als Nebenprodukt der Fabeldefinition Richers abfällt (G V, S. 367/368). Aus dem Begriff des Bildes entwickelt Lessing seinen Handlungsbegriff. Das Bild kann nur eine einzige Veränderung eines Gegenstandes darstellen, die Fabel, d. h. Dichtung überhaupt, kann eine Folge von Veränderungen darstellen. Eine kausal verknüpfte Folge von Veränderungen eines Gegenstandes nennt Lessing *Handlung.*

Das hauptsächliche Ziel der Fabelabhandlungen ist jedoch die Bestimmung des Verhältnisses von Poesie und Philosophie. Gerade weil Lessing die äsopische

Fabel auf dem „gemeinschaftlichen Raine der Poesie und Moral" (G V, S. 353) ansiedelt, müssen die beiden Bereiche auseinandergehalten werden. Die Fabel hat an beiden Anteil, darf aber nicht die Grenzen verwischen. Der zentrale Begriff für die philosophische Leistung der Fabel heißt „anschauende Erkenntnis". Er wurde von Christian Wolff geprägt, der im praktischen Teil seiner Philosophie auch die äsopische Fabel behandelte (*Philosophia practica universalis*, Bd. 2, Frankfurt u. Leipzig 1739, §§ 302–322). Aus dieser Einordnung der Fabel ergibt sich bereits ihre Bewertung. Sie ist nicht nur ein Instrument, das die ‚anschauende', d. h. klare, unmittelbare Erkenntnis eines moralischen Satzes ermöglicht, sondern auch ein Mittel, das den Willen lenkt und beeinflußt. Die anschauend erkannte Wahrheit soll im Handeln wirksam werden.

Die Bedeutung Wolffs für die Fabeltheorie des 18. Jahrhunderts kann nicht hoch genug eingeschätzt werden. So gegensätzliche Theoretiker wie Gottsched, Breitinger oder Lessing berufen sich auf ihn. Bei allen steht die Fabel im Dienste der ‚anschauenden Erkenntnis', allerdings mit unterschiedlicher Gewichtung. Bei Wolff, Gottsched und Breitinger – und darüber hinaus bei zahlreichen Aufklärern – schwankt die Bewertung der Fabel zwischen Hoch- und Geringschätzung. Einerseits wird sie abgewertet als Erkenntnismittel für Ungebildete, die nicht theoretisch-abstrakt philosophieren können, andererseits steht sie im Dienst der ‚anschauenden Erkenntnis' gleichberechtigt neben der logischen Beweisführung (Wolff) oder gilt als die ideale Verbindung des Angenehmen mit dem Nützlichen (Breitinger).

Auch bei Lessing ist diese Zwitterstellung der Fabel und der ‚anschauenden Erkenntnis' noch nicht ganz verschwunden. Auch er schätzt diese Erkenntnisform so hoch, weil sie selbst „der rohesten Seele" (G V, S. 371) zukommt. Deutlich aber zeigt sich das Bestreben, sie als allgemein anerkannte Erkenntnisform aufzuwerten. Lessing versucht die rein begriffliche und die anschauende Erkenntnis wechselseitig aufeinander zu beziehen:

„Einem allgemeinen symbolischen Schlusse folglich alle die Klarheit zu geben, deren er fähig ist, das ist, ihn so viel als möglich zu erläutern; müssen wir ihn auf das Besondere reduzieren, um ihn in diesem anschauend zu erkennen" (G V, S. 382).

Der auch sozial geprägte Rangunterschied zwischen den beiden Erkenntnisformen ist damit aufgehoben.

Die äsopische Fabel ist aber nicht nur ein Mittel der Erkenntnis, sondern auch Poesie. Breitinger hatte diese beiden Seiten der Fabel zu erfassen versucht, indem er sie als „lehrreiches Wunderbares" (*Critische Dichtkunst*, Bd. 1, S. 166) bezeichnete. Gegen Breitingers Auffassung vom Wunderbaren polemisiert Lessing in seiner zweiten Fabelabhandlung, weil er darin nur einen poetischen Trick sieht. Bei Breitinger und den meisten Fabeldichtern der Zeit verfolgt die poetische Form der Fabel den Zweck, eine Wahrheit mundgerecht zu servieren. Die poetische Form war nur die Einkleidung der Wahrheit, sei es aus politischen Rücksichten, sei es mit Rücksicht auf den beschränkten Verstand des Lesers. Die Titelvignette zu Gellerts *Fabeln und Erzählungen* (1746/48) bildet deshalb die unbekleidete Wahrheit ab, die aus der Hand der Dichtkunst ein Gewand erhält, und in Lichtwers *Beraubter Fabel* stellen am Schluß die Räuber die rhetorische Frage: „Wer kann die Wahrheit nackend sehn?" (Deutsche Fabeln, S. 41).

Gegen diese traditionelle Auffassung der Fabel setzt sich Lessing ganz entschieden zur Wehr. Er will nicht die verhüllte, sondern die nackte Wahrheit. Die Fabel läßt sich nicht als philosophischer Inhalt in poetischer Verpackung beschreiben, weil damit erneut der Rangunterschied zwischen anschauender und begrifflicher Erkenntnis eingeführt würde. Für Lessing ist „die moralische Lehre in die Handlung weder *versteckt* noch *verkleidet,* sondern durch sie der *anschauenden Erkenntnis* fähig gemacht" (G V, S. 371). Ebensowenig wie sich anschauliche und symbolische Erkenntnis trennen lassen, läßt sich die philosophische von der poetischen Seite der Fabel trennen und ebensowenig wie es einen Rangunterschied zwischen den Erkenntnisformen gibt, gibt es einen zwischen Philosophie und Poesie.

2.3. Affirmative und sozialkritische Tradition der Fabel

Die Ansicht, daß sich mit Hilfe der Fabel auf volkstümliche und verständliche Weise Kritik an den bestehenden gesellschaftlichen und politischen Verhältnissen üben lasse, findet sich bezeichnenderweise im 16. und 18. Jahrhundert, in einer Zeit also, in der sich tiefgreifende soziale und politische Umwälzungen vollzogen. Dahinter steht die Auffassung, daß die Fabel die Wahrheit verhülle. Für Lessing gehörte die Auseinandersetzung mit dieser Auffassung in den Bereich der Erkenntnistheorie, die in der Gattung Fabel liegenden Möglichkeiten zu verdeckter gesellschaftlicher und politischer Kritik behandelte er nicht.

Auch in neuester Zeit wird die These wieder vertreten, daß die Fabel ein Medium der Sozialkritik sei. Meist wird diese Behauptung aus der angenommenen Genese der Fabel abgeleitet. In den Fabeln Äsops hätten sich die Forderungen der unterdrückten Volksschichten des 6. Jahrhunderts v. Chr. artikuliert. Sicher ist, daß sich hinter der sagen- und legendenumwobenen Gestalt Äsops historische Tatsachen verbergen. In Kleinasien, der Heimat Äsops, traten früher als im griechischen Mutterland soziale Spannungen mit Klassenkampfcharakter auf. Ihren literarischen Niederschlag fanden die gesellschaftlichen Antagonismen in der Adelswelt der homerischen *Ilias* und im Hirten-, Bauern- und Kaufmannsmilieu der äsopischen Fabeln. Die Fabel als sozial gebundene Gattung bezog eine Gegenposition zum ebenfalls sozial gebundenen Epos. Bei Breitinger findet sich diese Auffassung wieder. Die Fabel thematisiere als epische Gattung bürgerliches Leben und lasse als Tiere verfremdete bürgerliche Menschen handeln im Gegensatz zum Epos, das wie die Tragödie adlige Personen in Staatsangelegenheiten agieren lasse (bereits in den *Discoursen der Mahlern,* 3. Teil, 19. Discours, Zürich 1722, S. 146; präzisiert in der *Critischen Dichtkunst,* Bd. 1, Zürich 1740, S. 182/183 u. 197/198).

Nicht in der direkten Sozialkritik liegt die Bedeutung der Fabeln Äsops, sondern in der Tatsache, daß sich eine nichtadlige Schicht literarisch äußert. Äsops

Fabeln zeichnen eine harte, mitunter brutale Wirklichkeit, aus der Perspektive der Schwachen und Unterdrückten, insofern sind sie deren Sprachrohr. Eine weiterführende Perspektive, wie man das Recht des Stärkeren brechen könne, deutet sich jedoch nicht an. Gezeigt wird nur, wie man trotz Gewalt und Ungerechtigkeit mit List und Einfallsreichtum überleben kann. Diese fatalistisch-affirmative Tendenz kennzeichnet die Fabelliteratur bis ins 18. Jahrhundert. Fabeln mit sozialkritischem Inhalt sind eindeutig in der Minderzahl.

Es müßte auch zu denken geben, daß sich die Fabel seit der Antike, durch das Mittelalter hindurch bis in die Neuzeit ausgerechnet in der Schule so großer Beliebtheit erfreute, daß sie ihre lange, ungebrochene Tradition im Grunde nur der Tatsache verdankt, daß sie bereits in den hellenistisch-römischen Schulen als ‚Beispiel' für grammatische, stilistische und moralphilosophische Übungen benutzt wurde. Bis ins 18. Jahrhundert hinein wurden die Schüler mit Hilfe der Fabel rhetorisch und moralisch belehrt. 1747 erschien beispielsweise in Nürnberg *Esopi Leben und auserlesene Fabeln mit deutlichen Erklärungen, nützlichen Tugend-Lehren, und hierzu dienlichen saubern Kupfern. Alles nach dem Begriff der lieben Jugend eingerichtet.* Es handelte sich um ein Schulbuch, mit methodischen Hinweisen für den Lehrer: die Fabeln sollen auswendig gelernt werden, um den Schülern „gleichsam mit der Muttermilch die so höchstnöthige Moral einzuflößen" (zitiert nach Doderer, S. 46 f.).

Mit dem Schulverwendungsaspekt der Fabel setzt sich Lessing in der letzten Fabelabhandlung auseinander: *Von einem besondern Nutzen der Fabeln in den Schulen.* Allerdings will er den Nutzen der Fabeln in den Schulen „mehr berühren als umständlich erörtern" (G V, S. 416), entsprechend allgemein und unverbindlich fallen die Bemerkungen dazu aus. Der Grundsatzcharakter der vorangehenden Abhandlungen fehlt ihnen völlig, man könnte sie allenfalls als methodische Hinweise für Lehrer auffassen. Deutlich wird immerhin, daß Lessing die Fabel als Mittel zur rhetorischen und moralischen Belehrung ablehnt. Den einzigen Sinn vermag er in ihrem „*heuristischen* Nutzen" (G V, S. 416) zu sehen. Die Fabel soll das selbständige Denken schulen und damit zur Erziehung des Genies beitragen. Daß der Begriff ‚Genie' gerade hier auftaucht, hängt damit zusammen, daß sich Lessing zur gleichen Zeit mit dem ‚Genie' Shakespeare beschäftigte (s. 17. *Literaturbrief*, G V, S. 70–73). Aufschlußreich für die Lessingsche Genieauffassung ist, daß ‚Genie' nicht als angeborene Eigenschaft, sondern als Ergebnis der Erziehung betrachtet wird.

2.4. Lessings Prosafabeln: eine Rückkehr zur äsopischen Simplizität

Die Fabeldichtung zu Lessings Zeiten stand ganz in der Nachfolge La Fontaines. Auch der junge Lessing hatte sich diesem modischen Trend, der durch den Erfolg Hagedorns und Gellerts noch verstärkt worden war, nicht entziehen können. 1759 distanzierte sich Lessing von der „lustigen Schwatzhaftigkeit" (G V, S. 408) La Fontaines und seiner seichten Nachahmer. Die Feststellung, daß es La Fontaine gelungen sei, „die Fabel zu einem anmutigen poetischen Spielwerke zu machen" (G V, S. 409/410) ist kein Kompliment, sondern ein harter Vorwurf, denn nach Lessings Auffassung war dadurch die Fabel als zugleich moralische und poetische Gattung entwertet und zur bloßen Unterhaltung herabgewürdigt worden.

Lessing möchte die Fabel aus dieser Einseitigkeit befreien und sie wieder in ihre angestammten Rechte als philosophisches und poetisches Genre einsetzen. Angesichts der zeitgenössischen Fabelmode ist es verständlich, daß dabei die philosophische Seite überbetont wird: „Bei den Alten gehörte die Fabel zu dem Gebiete der Philosophie [...]" (G V, S. 409). Zuerst die Rhetoriker und dann die Dichter hätten sie für ihre Zwecke usurpiert. Auf diesem langen historischen Weg sei die Fabel schließlich zum bloßen „Kinderspiel" heruntergekommen: „So stehen wir noch!" (G V, S. 410).

Diese kurz skizzierte Geschichte der äsopischen Fabel ist polemisch und überspitzt, aber Lessing stemmt sich auch gegen eingefahrene Gewohnheiten der Fabeldichter und ihres Publikums. Allein darum besteht er so ausschließlich auf dem Nutzen der Fabel:

> „Ich habe die erhabene Absicht, die Welt mit meinen Fabeln zu *belustigen,* leider nicht gehabt; ich hatte mein Augenmerk nur immer auf diese oder jene Sittenlehre, die ich, meistens zu meiner eigenen Erbauung, gern in besondern Fällen übersehen wollte" (G V, S. 412).

Nur die Sittenlehre anhand von exemplarischen Einzelfällen einsichtig, zur „anschauenden Erkenntnis" fähig zu machen, ist Aufgabe der Fabel. Deshalb muß sie überblickbar, kurz und bündig sein. Antikes Vorbild für „Präzision und Kürze" (G V, S. 407) war die Fabelform, die man Äsop zuschrieb.

Wie viele Fabeldichter vor ihm gibt Lessing vor, keinen Anspruch auf Originalität zu erheben. In traditioneller Gelehrtenmanier gibt er im Inhaltsverzeichnis seine Quellen an: für das erste und dritte Buch meist Aelian (2./3. Jh. n. Chr.), für das zweite Buch Äsop selbst und dessen lateinischen Bearbeiter Phädrus. In Wahrheit wußte Lessing ganz genau, daß seine Fabeln unter der zeitgenössichen Fabeldichtung eine Sonderstellung einnahmen, eben durch ihre hervorstechende Kürze und ihre Prosaform. Lessing kokettierte sogar in der vierten Abhandlung mit seiner eigenen Originalität: „Denn prosaische Fabeln; wer wird die lesen wollen!" (G V, S. 412). Als ihm Bodmer 1760 mangelnde dichterische Originalität vorwirft, bezeichnet Lessing die Quellenangaben auf einmal nur noch als „kleine gelehrte Brocken" (127. *Literaturbrief;* G V, S. 316), die man besser weggelassen hätte:

> „wer diese Anführungen untersuchen will, wird finden, daß nichts weniger als seine [d. h. Lessings] Fabeln darin enthalten sind. Kaum daß sie einen kleinen Umstand enthalten, auf welchen sich dieser oder jener Zug in der Fabel beziehet [...]" (G V, S. 316).

Lessings Selbstcharakterisierung ist völlig zutreffend. Tatsächlich reproduziert er nicht die antiken Muster, sondern ändert oft so radikal, daß der Zusammenhang mit der ursprünglichen Vorlage fast nicht mehr zu erkennen ist. Wenn er auf seine Quellen verweist, dann nicht nur, um auf die Ähnlichkeit, sondern auch um auf die Unterschiede hinzuweisen.

2.5. Moralische Belehrung oder politische Kampfansage?

Zwar gehen nicht alle Fabeln Lessings auf die Anregung einer antiken Vorlage zurück, aber gerade aus den Bearbeitungen wird deutlich, wie sehr Lessing seine Fabeln vom Standpunkt des 18. Jahrhunderts aus schreibt. Den beiden Fabeln *Der Löwe mit dem Esel* und *Der Esel mit dem Löwen* (G I, S. 247/248) liegt die gleiche Fabel bei Phädrus zugrunde. Bei Phädrus wird das Jagdgeschehen selbst erzählt. Die Funktion des Esels als Jagdhelfer wird konkret vorgeführt, ebenso die daraus resultierende Selbstüberschätzung des Esels und die lachende Zurechtweisung durch den Löwen. Moral:

> „Wer Großes nur mit seinem Maul vollbringt,
> Kann die nur täuschen, die ihn noch nicht kennen,
> Doch die ihn kennen, lachen über ihn" (Antike Fabeln, S. 177).

Lessing macht aus einer Fabel zwei Varianten. In beiden geht es nicht um die Jagd selbst, sondern um das Bewußtsein der Beteiligten. Dieses Bewußtsein wird durch die Einführung eines dritten Tieres kritisiert. In der ersten Fabel *Der Löwe mit dem Esel* entlarvt eine „nasenweise Krähe" (G I, S. 247) das funktionalistische Denken des Mächtigen. Der Löwe bekennt mit zynischer Offenheit, daß er den Schwächeren nur nach seiner Brauchbarkeit beurteilt:

> „Wen ich brauchen kann, versetzte der Löwe, dem kann ich ja wohl meine Seite gönnen" (G I, S. 247).

In der zweiten Fabel *Der Esel mit dem Löwen* tritt ein weiterer Esel auf. Die Konfrontation der beiden Esel verdeutlicht die Deformation des Bewußtseins im Dienst der Herrschenden. Allein aufgrund seiner Funktion als Jagdgehilfe des Löwen glaubt der erste Esel schon, er sei anderen Wesens, nicht mehr nur Esel. Es ist evident, daß Lessing hier an die Indienstnahme bürgerlicher Beamter und Wissenschaftler durch den absolutistischen Staat dachte. Aber nicht dem sozialen Aufstieg als solchem gilt die Kritik, sondern der damit verbundenen Bewußtseinsänderung.

Die Fabel von der *Wasserschlange* (G I, S. 250) wird mit Vorliebe als ‚politische' Fabel interpretiert. Ihr eigentlicher politischer Gehalt ist aber erst angemessen zu erkennen, wenn man die Änderungen gegenüber der antiken Vorlage berücksichtigt. Eine Verschiebung der Moral erkennt Lessing bereits von Äsop zu Phädrus. Bei Äsop gehe es um die Torheit, überhaupt einen König haben zu wollen, bei Phädrus um die Torheit, anstelle eines Klotzes einen tätigen König haben zu wollen (LM XIV, S. 237). In beiden Fällen steht am Anfang ein herrschaftsloser Zustand, der dadurch beendet wird, daß die Frösche Zeus um einen König bitten. Die totale Abwesenheit von Herrschaft war im 18. Jahrhundert allenfalls eine geschichtsphilosophische oder naturrechtliche Fiktion. Die Alternative „friedlicher Klotz" oder „gefräßige Wasserschlange" war jedoch durchaus aktuell.

Lessing läßt den ganzen ersten Teil der antiken Fabel weg. Seine Fabel „fängt da an, wo die alte aufhöret, und erhält dadurch gleichsam eine Art von *historischer* Wahrscheinlichkeit" (Beschluß des 70. *Literaturbriefs;* G V, S. 234). Die Fabelhandlung wird auf die Konfrontation der Wasserschlange mit den Fröschen zugespitzt. Zeus, der bei Äsop und Phädrus bis zuletzt überparteiliche Richtinstanz gewesen war, tritt völlig zurück: der Vorgang wird zum rein innerweltlichen Geschehen. Die Wasserschlange verkündet am Ende selbst ihre zynische Moral. Aber auch die Darstellung der Frösche verändert sich ganz bezeichnend. Bei Phädrus sind sie eine dummdreiste Masse, die sich, unter Druck gesetzt, furchtsam duckt:

> „Sie wollten fliehn, es war umsonst.
> Den Hilferuf erstickte ihre Angst.
> Geheim, durch Hermes, ließen sie dem Zeus
> Bestellen, daß er hülfe ihrer Not" (Antike Fabeln, S. 171).

Von dieser Sklavenmoral ist bei Lessings Fröschen nichts mehr zu finden. Zwar werden auch sie verschlungen, dennoch ist ihr kollektives Bewußtsein nicht Angst, sondern Aufmüpfigkeit: die Wasserschlange wird zur Rede gestellt. Und trotz ihrer brutal-irrationalen Antwort wagt sich ein einzelner – streng rational argumentierend – noch weiter vor. Er muß zwar seine Dreistigkeit ebenfalls mit dem Leben bezahlen, demonstriert damit aber umso sinnfälliger, wie ohnmächtig die nur vernünftige Argumentation ist, wenn sich politische Herrschaft irrational gebärdet. Das bedeutet keine prinzipielle Kritik an politischer Herrschaft oder gar am Absolutismus, gebrandmarkt wird nur die offenbrutale Vergewaltigung der Vernunft. Die Fabel wird zum Fürstenspiegel.

Lessings Fabeln, im dritten Jahr des Siebenjährigen Krieges veröffentlicht, haben direkt mit der zeitgenössischen Wirklichkeit nichts zu tun. Auch lassen sich nicht alle Fabeln in der gleichen Weise politisch und sozialkritisch interpretieren wie die von der Wasserschlange und die vom Löwen und Esel. Daneben stehen opportunistische Klugheitsregeln (z. B. *Die Hunde;* G I, S. 239 und *Der Stier und der Hirsch;* G I, S. 242), wie sie in den antiken Fabelsammlungen so zahlreich anzutreffen sind. Dennoch lassen auch Fabeln, die auf den ersten Blick nur der Freude an einer gelungenen Pointe ihre Entstehung verdanken, Rückschlüsse auf Lessings ökonomisches, soziales und politisches Bewußtsein zu. Allerdings erschwert die Kürze und die Kontextlosigkeit häufig eine eindeutige Festlegung. Deshalb eröffnet sich ein Spektrum möglicher Interpretationen, vor allem dann, wenn man die Lessingschen Fabeln völlig isoliert betrachtet. Die Einbeziehung der antiken Vorlagen zeigt über die Arbeitsweise Lessings hinaus, daß er sich zwar als engagierter Kritiker, kaum aber als Revolutionär vereinnahmen läßt.

Ein Vergleich mit den Positionen Gellerts und Pfeffels verdeutlicht die gemäßigte Haltung Lessings. Gellerts Fabeln behandeln allgemeinmenschliche Verhaltensweisen, familiäre und häusliche Probleme. Sie bieten Lebensregeln ohne sozialkritische oder politisch aktivierende Bezüge. Thematisiert werden grundlegende moralische Werte wie Genügsamkeit, Einfachheit, Ehrlichkeit und dgl.: sittliches Programm für ein Publikum, das sich seiner ethischen Normen noch nicht gewiß ist, das sich diese erst schaffen muß. Auch bei Lessing findet sich noch dieser moralisierende Zug, daneben aber auch deutliche Sozialkritik. Bei Pfeffel wird offen politisch agitiert.

Als Textbeispiel bietet sich die Verarbeitung des Fabelstoffes ,Tanzbär' durch Gellert, Lessing und Pfeffel an (s. Emmerich, S. 30 ff.; Gellert, S. 73 f., Pfeffel, S. 39–41; G I, S. 197 f.). Die Lessingsche Fabel ist noch in Reimen geschrieben, gehört also zu den frühen Fabeln, dennoch werden die spezifischen inhaltlichen Unterschiede zu Gellert und Pfeffel sichtbar. Lessings Fabel nimmt nicht nur chronologisch eine Mittelstellung ein.

Gellert demonstriert an seinem Tanzbären zwei menschliche Schwächen: Neid und Prahlsucht. Die Moral wird – der Tradition entsprechend – getrennt von der Fabelhandlung vorgetragen. Lessing verfährt hierin ebenso (bei den Prosafabeln fällt die gesondert vorgetragene Moral oft weg), aber der Tanzbär wandelt sich zum Höfling. Kritisiert wird nicht mehr allgemeinmenschliches Verhalten, sondern ein sozialer Typus. Pfeffels Tanzbär wird zum Paradigma des unfreien Wesens, das nicht nur der Sklaverei entflieht und die Knechtung dann vergißt oder sie gar positiv gegen die Gattungsgenossen ausspielt, das vielmehr die Grundlagen der Knechtung gewaltsam zerstört. Den Abschluß der Fabel bildet die direkte politische Didaktik. Zweifellos verarbeitet die 1789 entstandene Fabel auch die Erfahrung der Französischen Revolution.

B. Laokoon oder über die Grenzen der Malerei und Poesie

1. Grundlageninformationen

1.1. Texte und Materialien

G VI, S. 7–187, LM IX, S. 1–177; XIV, S. 333–440; PO Tl. IV, S. 275–511; R V, S. 5–346 (S. 217–346 enthalten als ,Anhang' Entwürfe, Materialien, Nachträge, Kollektaneen und Exzerpte Lessings); Stammler II, S. 781–962; Wölfel III, S. 7–171.

Der vollständige Text ist in Taschenbuchform zugänglich: Reclam Nr. 271/71 a/b, [2]1967 (mit einem Nachwort v. Ingrid Kreuzer, sowie knappen Literaturhinweisen).

Längst veraltet, aber noch immer unersetzt ist der umfangreiche Kommentar von Hugo Blümner, Berlin [2]1880 (mit detaillierten Quellennachweisen sowie Register).

Materialien zur Laokoongruppe bietet die Darstellung von Hellmut Sichtermann in den *Werkmonographien zur bildenden Kunst* (Reclam Nr. B 9101, 1964). Winckelmanns *Gedanken über die Nachahmung der griechischen Werke in der Malerei und Bildhauerkunst* und das dazugehörige *Sendschreiben* sind enthalten in: Reclam Nr. 8338/39, 1969 (mit Anmerkungen, Literaturhinweisen, Zeittafel und Nachwort von Ludwig Uhlig).

1.2. Forschungsliteratur

Althaus, Horst: Laokoon. Stoff und Form, Bern 1968, S. 31 ff. [Betont u. a. die Eigenständigkeit der Lessingschen Position innerhalb der historischen Entwicklung.]

Bieber, Margarete: Laocoon: The Influence of the Group since its Rediscovery, Detroit [2]1967 ([1]1942) [Wichtige Darstellung der Laokoon-Deutungen und ihrer Wirkungen in der Tradition vor Lessing. Kunstgeschichtlich ausgerichtet.]

Blümner, Hugo: Laokoon-Studien, 2 Bde., Berlin 1881/82 [Ausgewählte, materialreiche Untersuchungen philologisch-antiquarischer Art, in engem Zusammenhang mit der kommentierten Ausgabe. Betont Lessings ,Abhängigkeit'.]

Böckmann, Paul: Das Laokoon-Problem und seine Auflösung in der Romantik (mit Diskussion), in:Bildende Kunst und Literatur. Hrsg. v. Wolfdietrich Rasch, Frankfurt a. M. 1970, S. 59 ff. [Anregende Studie zur historischen Situierung der Laokoon-Problematik, das Prinzipielle hervorhebend und zugleich zur begrifflichen Klärung beitragend; Erweiterung der Perspektive zur ,Auflösung' in der Romantik hin.]

Bohnen (s. Gesamtbibl. 5), S. 82 ff. [Zum Postulat der ,menschlichen Form' als Integrationsgesetz der Einbildungskraft.]

Buch, Hans Christoph: Ut pictura poesis. Die Beschreibungsliteratur und ihre Kritiker von Lessing bis Lukács, München 1972 [Ausgehend von der Horazischen Formel bietet Buch einen historischen Längsschnitt bis in die Gegenwart hinein. Lessings Aktualität wird u. a. deutlich. Von der Methode her nicht unproblematisch ist – wie schon bei Lessing – die Einbeziehung der Beschreibungsliteratur selbst.]

Hasselbeck, Otto: Illusion und Fiktion. Lessings Beitrag zur poetologischen Diskussion über das Verhältnis von Kunst und Wirklichkeit, München 1979, bes. S. 112 ff. [Eingehende, textnahe Untersuchung vor allem des Problems der „fiktionalen Wirklichkeit" bei Lessing, auf dem Hintergrund von Gottsched, Bodmer und J. E. Schlegel.]

Nivelle (s. Gesamtbibl. 7), S. 85 ff. [Knappe, zuverlässige Information über den Entwicklungszusammenhang der Ästhetik seit Baumgarten. Für den *Laokoon* betont Nivelle die „Einheitsmomente" zwischen den Künsten.]

Nolte, Fred O.: Lessing's *Laokoon*, Lancaster/Pa. 1940 [Weniger historische Analyse als Weiterspinnen der Lessingschen Gedanken bis zur Ununterscheidbarkeit.]

Rehm, Walther: Winckelmann und Lessing (1941), in: W. R., Götterstille und Göttertrauer, Bern 1951, S. 183 ff. [Eindringliche, immer noch wichtige Darstellung des vielschichtigen Verhältnisses. Hervorhebung der Gegensätze.]

Rudowski, Victor Anthony: Action as the Essence of Poetry. A Revaluation of Lessing's Argument, PMLA 82, 1967, S. 333 ff. [Lessings umstrittene These von der ,Handlung' als dem Zentralmoment der Poesie wird in ihrer Aktualität gesehen und neu ,aufgewertet'.]

Rudowski, Victor Anthony: Lessing's *Aesthetica in nuce*. An Analysis of the May 26, 1769, Letter to Nicolai, Chapel Hill 1971 [Zentriert um die Thematik der ,natürlichen' und der ,willkürlichen' Zeichen; daran anschließend Lessings Tragödienauffassung. Etwas überzogene Deutung des einen Briefs, aber scharfsinnig und belehrend.]

Siebert, Jr., Donald T.: *Laokoon* and *Polymetis*: Lessing's Treatment of Joseph Spence, LYb 3, 1971, S. 71 ff. [Interessanter Einzelaspekt: Lessing ist von Spence abhängiger, als es seine Polemik vermuten läßt.]

Szarota: s. Gesamtbibl. 5

Wellek (s. Gesamtbibl. 9), S. 167 ff. [Referiert ausführlich die Hauptthemen des *Laokoon* und kritisiert, daß Lessing die bildenden Künste zu pauschal von der Poesie absetze.]

1.3. Voraussetzungen und Entstehung

Die ‚Grenzen der Malerei und Poesie' beschäftigen Lessing in seinen literaturkritischen Arbeiten von früh an. In der *Seneca-Abhandlung* von 1754 beispielsweise registriert er aufmerksam Tendenzen zum ‚Malen' und ‚Schildern', kritisiert sie an einzelnen Stellen, legitimiert sie dort, wo sie mit gleichzeitig ablaufendem Geschehen, etwa einem Sonnenaufgang, verbunden sind (Barner, Produktive Rezeption, S. 26; Text: S. 108). Im Zusammenhang des Briefwechsels über das Trauerspiel wird Lessing im Dezember 1756 von Mendelssohn zum ersten Mal auf Winckelmanns Vergleich zwischen der poetischen und der plastischen Laokoon-Darstellung hingewiesen (G IV, S. 182; s. II D 1.3.2.). Das Problem der ‚malenden Poesie' taucht dann mehrfach in den *Literaturbriefen* auf (1759 ff.), wo Lessing die poetischen Produkte von Zeitgenossen wie Palthen oder Dusch kritisiert (G V, S. 40 ff., 246 ff.). In den *Abhandlungen über die Fabel* (1759) gewinnt das Problem unter dem Aspekt des Allegorischen sogar prinzipiell-theoretische Bedeutung (s. o. die Vorbemerkung).

Spätestens hier wird auch der Zusammenhang mit der in England und Frankreich bereits seit längerem intensiv geführten Diskussion über die Unterscheidung der schönen Künste erkennbar (Shaftesbury, Harris, Burke; Dubos, Diderot u. a.). Mit der Aufwertung der *cognitio sensitiva* gewinnt auch das durch die sinnliche Anschauung vermittelte Kunstwerk für die Theoretiker an Erkenntnisqualität. Diese versucht man mehr und mehr durch konkreten Vergleich von Werken der Poesie und der bildenden Künste zu verifizieren und zu präzisieren.

Für Lessing werden unter anderem zwei Werke zu Ansatzpunkten der Kritik. Der englische Poesie-Professor Joseph Spence (s. Siebert) hatte in seinem *Polymetis* (1747) Werke der römischen Dichtung und der bildenden Künste einander gegenübergestellt, „to illustrate them mutually from another" (so im Untertitel; ein frühes Beispiel ‚wechselseitiger Erhellung'!). Und der französische Altertumsforscher Comte de Caylus hatte in seinen *Tableaux tirés de l'Iliade* (1757) Homer als Quelle für zu ‚rekonstruierende' Gemälde benutzt. Winckelmann war in seinen *Gedanken* (1755), auf die Mendelssohn hingewiesen hatte, bei dem Vergleich der Laokoon-Darstellungen (Plastik/Dichtung) ähnlich vorgegangen. Was der Kritiker Lessing bei alledem vermißte, war der umfassende theoretische Bezugsrahmen, die Reflexion auf die prinzipiellen Differenzen zwischen den Künsten, soweit sie in der Verschiedenheit der Medien selbst begründet sind. Die als pauschale Rechtfertigung beliebte, dazu noch meist mißverstandene Horazische Formel *ut pictura poesis* konnte ihm nicht genügen.

Von welcher Seite her der konkrete Anstoß zu einer eigenen Schrift kam, ist vergleichsweise unwesentlich. Man hat darauf hingewiesen, daß Lessing genauere Kenntnisse der drei genannten Werke erst während der Arbeit am *Laokoon* erhielt. Wichtiger, für den Charakter der Schrift aufschlußreicher, sind die Entstehungsphasen. Ein erster Entwurf stammt etwa vom Ende des Jahres 1762, hier ist das Kernproblem noch systematisch und deduktiv entwickelt. Erst der dritte Entwurf knüpft an Winckelmanns *Gedanken* an und entfaltet am Laokoon-Beispiel die Problematik. In die Zeit dieses Entwurfs fällt auch die Lektüre von Winckelmanns *Geschichte der Kunst des Altertums* (erschienen Ende 1763), die mit ihrer Konzeption einer ‚inneren‘ Stilentwicklung der griechischen Kunst offenbar verwirrend auf Lessing wirkte; das Buch kam ihm ungelegen. Die Lektüre wird daher von Lessing auch fiktiv auf einen späteren Zeitpunkt verlegt (vgl. den Beginn des 26. Abschnitts in der Endfassung; G VI, S. 166). Ein *erster Teil* erscheint 1766, nach der Rückkehr von Breslau nach Berlin. Inzwischen hat Lessing mit einem *zweiten Teil* begonnen, auch Materialien zu einem *dritten Teil* sind vorhanden. Diese Texte wurden erst 1788 von Lessings Bruder Karl aus dem Nachlaß herausgegeben. Wichtig ist unter anderem, daß Lessing auch über Musik und Tanzkunst handeln wollte.

Die Resonanz auf die Schrift war prompt und intensiv, schon 1769 konnte Garve in einer Rezension feststellen: „Das Buch ist so längst bekannt, gelobt, bewundert, beurteilt, getadelt worden, daß eine Kritik, die bloß bekannt machen sollte, viel zu spät käme" (Steinmetz, Lessing S. 65). Insbesondere Herder befaßte sich in seinem ersten *Kritischen Wäldchen* (1769) ausführlich mit dem *Laokoon,* verteidigte hinsichtlich der Laokoongruppe die Position Winckelmanns, entwickelte jedoch vor allem in eigener Weise Lessings Wirkungskonzept weiter (s. u. 2.4.). Goethe versuchte in den *Propyläen* eine vermittelnde Stellungsnahme und rühmte in *Dichtung und Wahrheit* (II, 7) die befreiende Wirkung, die von Lessings theoretisch-anschaulichem Wurf ausging.

Für Lessing selbst entspann sich anläßlich antiquarischer Details des *Laokoon* noch eine seiner großen paradigmatisch ausgetragenen Fehden. Bei der Feststellung, daß die Alten „nie eine Furie gebildet haben" (Abschnitt II; G VI, S. 20), waren von Lessing in einer langen Anmerkung die Münzen ausdrücklich ausgenommen worden. Diese Ausnahme bewußt ignorierend, setzte der Hallische Geheimrat Christian Adolf Klotz, der sich für einen bedeutenden Gelehrten hielt, in einer Spezialschrift (1768) zu einer auftrumpfenden, oberflächlichen Kritik an, nachdem er zunächst den *Laokoon* mit naivem, verständnislosem Lob bedacht hatte. Lessing wehrte sich, rief damit wiederum Klotzens Anhänger auf den Plan, erkannte, in welches Wespennest er gestochen hatte, und führte die Fehde nun in paradigmatisch aufdeckender Absicht. Dies ist in groben Zügen der Kontext der *Briefe antiquarischen Inhalts* (1768/69), die Lessing wiederum zu seiner Schrift *Wie die Alten den Tod gebildet* (1769) anregten.

2. Textanalyse

2.1. Lessings argumentativer Ansatz: Legitimation der ‚menschlichen‘ Schmerzäußerung in der Poesie

Von der Vorgeschichte der Abhandlung her ist es nicht unwichtig, daß Lessing mit dem Vergleich zwischen poetischer und plastischer Laokoon-Darstellung zum ersten Mal im Rahmen des Briefwechsels über das *Trauerspiel* bekannt wurde – auch wenn keine unmittelbare Reaktion auf Mendelssohns Hinweis überliefert ist. Nach Mendelssohn übertrifft der Künstler der Laokoongruppe

„den Dichter um desto mehr, je mehr das bloße mitleidige Gefühl, einem mit Bewunderung und Ehrfurcht untermengten Mitleiden nachzusetzen ist" (G IV, S. 182). Der Künstler läßt Laokoon „den Schmerz gewissermaßen besiegen" (ebda.). Genau an diesem Punkt setzt Lessing im *Laokoon,* nun freilich direkt Winckelmanns Deutung heranziehend, mit seiner Kritik an. Man braucht nicht erst die Mitleids-Diskussion der *Hamburgischen Dramaturgie* zu bemühen, um zu erkennen, daß Lessings Ansatzpunkt so, wie er sich seit dem dritten Entwurf darbietet, kaum zufällig gewählt ist. Auch das prinzipielle Problem der Abgrenzung zwischen Poesie und bildender Kunst hat, wie schon angedeutet, seinen aktuellen, zeitkritischen Hintergrund. Doch vergleicht man den trocken-systematischen Duktus der *Vorrede* (s. auch den ersten Entwurf: G VI, S. 555 ff.) mit der engagierten, in den typischen argumentierenden Dialog übergehenden Kritik der Winckelmannschen Laokoon-Deutung, so wird offenkundig, wo hier der eigentlich ‚zündende Funke' zu suchen ist.

Auffällig ist weiterhin, daß Lessing vom Beispiel Laokoon, das poetisch nur durch Vergil repräsentiert wird, relativ rasch zum theatralischen Beispiel Philoktet überwechselt. Auf der Basis dieses Exempels wird in den ersten vier Abschnitten auch das tieferliegende moralische Problem des Schmerzertragens und seiner Darstellung und Wirkung entwickelt – wobei die Ausgangsfrage streckenweise ganz außerhalb des Blicks gerät (besonders im 4. Abschnitt). Denn hier bietet sich Lessing eine von ihm selbst praktisch wie theoretisch erprobte Frontstellung: ‚menschliche', Mitleiden erregende Schmerzäußerung gegen ‚heroische', nur Bewunderung erregende ‚Standhaftigkeit' (s. *Sara, Philotas,* Briefwechsel über das Trauerspiel).

„Ich bekenne, daß ich an der Philosophie des Cicero überhaupt wenig Geschmack finde" (G VI, S. 37), so leitet Lessing seine Auseinandersetzung mit der stoizistisch überformten römischen Tragödie ein (wobei natürlich Corneille und die *tragédie classique* als Hintergrund nicht zu vergessen sind). Den römischen Gladiatorenspielen würde „öfters erregtes Mitleiden [...] bald ein Ende gemacht haben. Was aber hier nicht erregt werden sollte, ist die einzige Absicht der tragischen Bühne" (S. 37 f.). Und hierfür ist ihm immer wieder der Sophokleische Philoktet, als dem physisch leidenden Laokoon vergleichbar, das große Beispiel. An Philoktet läßt sich zeigen, wie der Schmerz auf ‚natürliche', ‚menschliche' Weise sich äußert, ohne die „moralische Größe" zu gefährden (S. 37). Lessing geht, um diesen Punkt völlig klarzustellen, sogar noch einen Schritt weiter, indem er dekretiert: „Alles Stoische ist untheatralisch" (S. 16; vgl. die Einschätzung der Märtyrertragödie in der *Hamburgischen Dramaturgie;* III A 2.3.). Das bedeutet zugleich: Es ist wesentlich unpoetisch, denn das Theater stellt die höchste poetische Kunstform dar.

Damit ist die Ausgangsfrage nach den Grenzen der Malerei und der Poesie wieder erreicht. Daß sie für Lessing keine beliebige, akademisch abzuhandelnde Frage bildet, zeigt sein argumentativer Einsatz beim Schmerz- und Mitleidsproblem, das vom Hauptgegenstand zunächst scheinbar wegführt. Das deutliche Engagement, mit dem Lessing hier gegen stoizistische Tendenzen zu Feld zieht, ist zweifellos nur im Zusammenhang des Trauerspiel-Briefwechsels und der *Hamburgischen Dramaturgie* zu sehen: Es geht um eines von Lessings Lebensthemen. Eine reine Antithese von ‚bürgerlicher' Schmerzäußerung und aristokratischem Stoizismus zu konstruieren, wäre sicher verfehlt. Aber es ist ebenso offenkundig, daß nicht ein Bedürfnis nach irgendwelchen ‚medientheoretischen' Definitionen hier die Untersuchung leitet, sondern ein Insistieren auf ‚Menschlichkeit', ‚Natürlichkeit'. Die *Hamburgische Dramaturgie* wird deutlicher zeigen, welches Interesse hinter diesem Insistieren steht (s. III A und dazu Bohnen, S. 82 ff., S. 104 ff.).

2.2. Laokoon: ein Beitrag zur Ästhetik als allgemeiner Kunsttheorie

Es wurde bereits angedeutet, daß Lessing mit dem *Laokoon* in eine aktuelle Diskussion eingreift, die das Wesen der Einzelkünste, ihre Abgrenzung und ihre ‚ästhetische' Gemeinsamkeit zu erfassen sucht. Aus dem geschichtlichen Kontext dieser Diskussion erklärt man üblicherweise die Entstehung der Ästhetik im Sinne einer allgemeinen Kunsttheorie. Man sieht dies zugleich im Zusammenhang der ‚philosophischen' Wende der poetologischen Diskussion im frühen 18. Jahrhundert (Hasselbeck, S. 114). Als die beiden Marksteine gelten Alexander Gottlieb Baumgartens *Aesthetica* (1750–58), in der die Ästhetik als Bereich der „Gesetze der sinnlichen und lebhaften Erkenntnis" sowie als „Logik des unteren Erkenntnisvermögens" definiert wird, und Kants *Kritik der Urteilskraft* (1790), mit der sich die Ästhetik als eigenständige philosophische Disziplin konstituiert (generell sei hier, auch für weitere Literatur, auf die Monographie von Nivelle verwiesen).

Für das Verständnis des *Laokoon* ist der Vergleich mit Baumgarten nicht nur deshalb wesentlich, weil Lessing sich in der Vorrede (G VI, S. 11) betont von ihm absetzt, sondern weil bei Baumgarten das ‚Herauswachsen' der Ästhetik aus der Poetik noch unmittelbar zu beobachten ist. Denn in seinem Frühwerk *Meditationes philosophicae de nonnullis ad poema pertinentibus* (1735) sind bezeichnenderweise die wichtigsten Konzeptionen der *Aesthetica* bereits fixiert, darunter die Definition, die auch Lessing 1755 in *Pope ein Metaphysiker!* zitiert (G III, S. 636): „Ein Gedicht ist eine vollkommene sinnliche Rede" (*oratio sensitiva perfecta est poema*). Baumgartens ästhetische Theorie, auf Leibnizens Monadologie und Wolffs Vorstellungslehre aufbauend, ist hier vor allem in methodischer Hinsicht von Bedeutung. Sie nimmt zwar einzelne Theoreme der überkommenen Anweisungspoetik und der Diskussion um eine ‚critische Dichtkunst' (Gottsched, Bodmer, Breitinger) auf, versucht sie aber auf die Grundlage einer allgemeinen Erkenntnislehre zu stellen, die für die verschiedenen sinnlichen Medien der Einzelkünste Verbindlichkeit besitzt.

Ein solches deduktiv-systematisches Verfahren scheint auch von Lessing in der Vorrede zunächst eingeschlagen zu werden (die Positionen des Liebhabers, des Philosophen, des Kunstrichters). Doch hat nicht nur die Erörterung des Schmerz- und Mitleidproblems gezeigt (s. 2.1.), wie rasch Lessing dann in die kontrastive Analyse von Exempeln ‚abgeleitet' – so wie er als Kritiker von Anfang an vorgegangen war. Er rechtfertigt dies sogar als bewußt gewählte Methode. Denn: „An systematischen Büchern haben wir Deutschen überhaupt keinen Mangel" (G VI, S. 11). Zu solchen Büchern rechnet er offensichtlich auch diejenigen Baumgartens. Dieser aber „bekannte, einen großen Teil der Beispiele in seiner Ästhetik, Gesners Wörterbuche schuldig zu sein. Wenn mein Raisonnement nicht so bündig ist als das Baumgartensche, so werden doch meine Beispiele mehr nach der Quelle schmecken" (S. 11).

Der Stolz auf Empirie-Nähe ist unverkennbar, und von hier aus läßt sich auch ein wesentlicher Aspekt des Lessingschen Beitrags zur Ästhetik erfassen. Nicht in einer prätendierten Originalität der einzelnen Theoreme (etwa zur sinnlichen und zur geistigen Anschauung, zum System der natürlichen und der künstlichen Zeichen, zu Koexistenz und Sukzession) liegt das Besondere seiner Leistung. Sondern hier greift ein Kritiker, der auf dem Gebiet des Theaters ebenso sachkundig ist wie auf dem des Antiquarischen (d. h. auch: der antiken bildenden Kunst) mit Engagement in die aktuelle ästhetische Diskussion ein und demonstriert zugleich, wie Wesenserkenntnis und induktive Analyse einander fördern. Damit ist die Bewertung des *Laokoon* keineswegs auf eine ‚formale' Ebene abgeschoben, etwa auf das Lob von Lessings Stil oder Methode. Denn Lessings Erkenntnisinteresse und der Anlaß, der die Endfassung des ersten Teils bestimmt haben, sind nicht zufälliger, willkürlicher Art.

2.3. Die Poesie als ‚geistigere', ‚weitere' Kunst, von Lessing gegen die Hegemonie der bildenden Künste verteidigt

Die Einordnung des *Laokoon* als eines Beitrags zur allgemeinen Theorie der Künste ist berechtigt, aber nicht zureichend. Die Neutralität des Untertitels *Über die Grenzen der Malerei und Poesie,* ebenso das nüchterne Aufzählen von Positionen zu Beginn der Vorrede dürfen nicht darüber hinwegtäuschen, daß Lessing bereits eine bestimmte Frontstellung bezogen hat. Zwar kritisiert er gleich zu Anfang scheinbar gleichgewichtig „in der Poesie die Schilderungssucht, und in der Malerei die Allegoristerei" (G VI, S. 10). Aber schon aus seinen früheren Äußerungen geht hervor, daß es Lessing nicht lediglich um allgemeine Prinzipien geht, sondern mindestens ebenso entschieden um die Abwehr ‚malerischer' Tendenzen in der Poesie.

Es ist nicht ganz leicht festzulegen, an welche Autoren und Texte Lessing in erster Linie denkt. Er selbst analysiert etwas ausführlicher nur eine Kräuter- und Blumen-Passage aus Hallers *Alpen* (S. 111 ff.) und zitiert dazu eine tendenziell entsprechende Stelle aus Breitingers *Kritischer Dichtkunst.* Aber schon Blümner etwa konstatiert zur Vorrede, wo es um die ‚Schilderungssucht' geht: „Bei der Poesie ist besonders an die Engländer, wie Milton, Thomson, sodann an Haller, [Ewald von] Kleist und die Schweizer gedacht" (S. 10; zu diesem Umkreis ausführlich Buch, S. 26 ff.). Prinzipiell ließe sich der mögliche Bezugsrahmen nicht nur auf Naturlyriker wie Brockes oder auf Idyllendichter wie Geßner ausdehnen, sondern auch auf weite Bereiche der Barockliteratur mit ihrer ausgeprägten Bildlichkeit und ihren extensiven Natur- und Menschen- (vor allem Frauen-) Beschreibungen. Für ‚Barock‘ und ‚Rokoko‘ als letzte europäische gesamtkulturelle Stile hat man immer wieder von einer Dominanz des Bildes vor dem reinen Wort, der bildenden Künste vor den Sprachkünsten gesprochen. Den Zwecken der feudalen, absolutistischen Repräsentation mochte in der Tat das Sinnlich-Oberflächenhafte der bildenden Künste eher entsprechen. So stünde also der ‚bürgerliche‘ Kritiker Lessing gegen die höfisch-aristokratischen Tendenzen der vorausgehenden, seine Gegenwart noch prägenden Stilperioden? Zumindest ein zweiter Gesichtspunkt ist hinzuzunehmen. Winckelmanns *Gedanken,* die für die Endfassung des *Laokoon* in so vielfacher Hinsicht bestimmend wurden, übten ihre faszinierende Wirkung auf die Zeitgenossen nicht nur durch die revolutionär neue gräkomanische Tendenz, sondern mehr noch durch die erlebnishaft beschwörende Beschreibung von ‚Gesehenem‘. Griechisches Menschentum, als ideales Muster von Menschentum schlechthin, fand seine unüberbietbare Verkörperung in der Schönheit der Plastiken. Die Poesie scheint ganz an den Rand gerückt, und auch die neue Sicht geschichtlich-organischer Entwicklung, wie sie in der *Geschichte der Kunst des Altertums* (1764) begründet wird, reserviert der bildenden Kunst den ersten Platz. Nichts ist bezeichnender als die Tatsache, daß Herder und Friedrich Schlegel sich auf je verschiedene Weise bemühten, ein Winckelmann der Geschichte der Poesie zu werden.

Das mit diesem ‚Wettstreit der Künste‘ angedeutete agonale Moment ist bei Lessings Argumentationsweise unübersehbar. Die Vorrede greift zwar in beiden Künsten, der bildenden wie der poetischen, die Tendenzen zur Grenzüberschreitung an. Aber in der Darstellung selbst treten die ‚poetischen‘ Tendenzen der Malerei ganz in den Hintergrund; und wenn Lessing im Fall des Laokoon so großen Wert darauf legt, „daß die Künstler dem Dichter nachgeahmt haben" (S. 51), so ist dies mehr in dem angedeuteten Zusammenhang des Agonalen zu sehen. Auf der Basis einer primär fachlich-antiquarisch geführten Argumentation wird Winckelmanns auf ‚Malerei‘ ausgerichtete Laokoondeutung demonstrativ umgekehrt.

Die prinzipiellen Unterscheidungen, die aus Lessings Darstellung abstrahiert werden können, werden als „trockene Schlußkette" (S. 104) am knappsten in Abschnitt XVI vorgetragen, dann an Beispielen – vor allem an Homer – erläutert. Die Malerei gebraucht „Figuren und Farben in dem Raume", die Poesie „artikulierte Töne in der Zeit" (S. 102). Die Gegenstände der Malerei sind Körper, sie werden nebeneinander dargestellt (‚koexistent‘); die Gegenstände der Poesie sind Handlungen, sie werden nacheinander dargestellt (‚sukzessiv‘). Die Malerei muß, sofern sie Handlung darstellen will, den ‚prägnantesten‘, ‚fruchtbarsten‘ Augenblick herausfinden, die Poesie andererseits muß das ‚sinnlichste‘ Bild des Körpers wählen. So trivial-plausibel diese bekannten und oft referierten Thesen sich auch ausnehmen, sie stehen bei Lessing nicht nur als Prämissen einer formalen Abgrenzung der Künste, sondern dienen zugleich als Ansatzpunkt zu teilweise recht deutlichen Wertungen.

Schon die Vorrede stellt, ohne nähere Erläuterung, „die engern Schranken der Malerei" und „die ganze weite Sphäre der Poesie" einander gegenüber (S. 10). Erst in den Abschnitten VI und VIII wird etwas genauer erkennbar, war Lessing hier meint. Aus seiner Analyse der Laokoondarstellungen geht als ein offenbar wichtiges Resultat hervor, „daß, so vortrefflich das Gemälde des Virgils ist, die Künstler dennoch verschiedene Züge desselben nicht brauchen können" (S. 51f.), z. B. die Binde als Zeichen der priesterlichen Würde. Auf diese „Einschränkung" schließt Lessing, in prinzipiellem Räsonnement, „bloß aus Erwägung der weitern Sphäre der Poesie, aus dem unendlichen Felde unserer Einbildungskraft, aus der Geistigkeit ihrer Bilder, die in größter Menge und Mannigfaltigkeit neben einander stehen können, ohne daß eines das andere deckt oder schändet" (S. 52).

Es ist festzuhalten, daß Lessing hier eine systematische Ableitung nicht gibt, ebensowenig wie in Abschnitt VII, wo er Spence vorwirft: „Daß die Poesie die weitere Kunst ist; daß ihr Schönheiten zu Gebote stehen, welche die Malerei nicht zu erreichen vermag [...]: daran scheinet er gar nicht gedacht zu haben" (S. 68). Das Schlüsselwort für dieses so prononciert formulierte und verteidigte Axiom von der Poesie als der ‚weiteren' Kunstart in dem Zitat aus Abschnitt VI ist: „Einbildungskraft".

2.4. ‚Innere', poetische Einbildungskraft gegen ‚äußere', malerische Anschauung

Lessings *Laokoon* wäre in seiner Gesamttendenz und in seiner geschichtlichen Bedeutung nur halb verstanden, wenn man das Schwergewicht auf die z. B. in Abschnitt XVI referierten Gesetzmäßigkeiten für Gegenstände und Medien der Künste legte. Gewissermaßen der archimedische Punkt aller Analyse und Theorie ist auch in dieser Schrift die „Wirkung"; von ihr spricht Lessing bereits im ersten Satz der Vorrede (S. 9). Der ‚Liebhaber' empfindet: Beide Künste, Poesie wie Malerei, „stellen uns abwesende Dinge als gegenwärtig, den Schein als Wirklichkeit vor; beide täuschen, und beider Täuschung gefällt" (ebda.). Der ‚Philosoph' ermittelt als tieferen Grund dieses Gefallens die „Schönheit", sucht für sie „allgemeine Regeln" zu formulieren. Der ‚Kunstrichter' bewertet sie und erprobt sie gewissermaßen durch wechselseitige Erhellung der Künste (zum ‚Kunstrichter' generell s. II B 1.3.2. und 2.1.).

Es ist charakteristisch, daß Lessing mit einem ‚Liebhaber' beginnt, d. h. einem empfänglichen Individuum, an dem sich die Wirkung des einzelnen Werks beobachten läßt. Das Wirkungsprinzip als solches freilich ist hier ebensowenig originell wie in der *Hamburgischen Dramaturgie*. Auch in der eingehenden Darstellung der Wirkung auf den (oder: einen) Betrachter liegt nichts absolut Neues; gerade die Faszination der Winckelmannschen *Gedanken* war ja wesentlich von dieser Perspektive ausgegangen. Die Besonderheit des *Laokoon* besteht in der unlösbaren Verbindung von eindringender Beobachtung und theoretischem

Konzept, wie sie sich vor allem bei der Analyse der Laokoondarstellungen und der Homer-Partien zeigt. Oder mit Goethes Worten: sie besteht darin, daß „dieses Werk [...] aus der Region eines kümmerlichen Anschauens in die freien [!] Gefilde des Gedankens hinriß" (Hamb. Ausg., Bd. 9, S. 316).

Die Instanz, ja das ‚Organ', durch das die Illusion des Rezipienten erst eigentlich erzeugt wird, ist die ‚Einbildungskraft', die Phantasie. Bei jeder heutigen Behandlung dieses wichtigen Begriffs muß man sich vergegenwärtigen, daß erst nach Lessing, vor allem im Umkreis Goethes und der Romantiker, die eigentliche Erhebung der Einbildungskraft zum ‚liebsten Schoßkind' des Dichters sich vollzogen hat. Lessing bringt den Begriff an der Stelle ins Spiel, wo es um den ‚fruchtbaren Augenblick' in der Malerei geht: „Dasjenige aber nur allein ist fruchtbar, was der Einbildungskraft freies Spiel läßt" (S. 25 f.).

Damit nimmt Lessing nicht nur einen speziellen Gedanken auf, den schon Shaftesbury geäußert hatte; er folgt mit der Inthronisation der Phantasie auch einer Gesamttendenz, die, zunächst angeregt durch den englischen Empirismus und Sensualismus (Berkeley, Locke, Shaftesbury, Addison u. a.), im deutschen Literaturbereich ihren ersten Höhepunkt bei den Schweizern Bodmer und Breitinger gefunden hatte. Steht dort eher die ‚schaffende' Phantasie als Potenz des Dichters im Vordergrund, so geht es Lessing primär um die aufnehmende, ‚nachschaffende' Phantasie. Sie ist die Bedingung der Möglichkeit von Illusion, jener Kategorie, die er geradezu axiomatisch an den Anfang stellt, und zwar für die Malerei wie für die Poesie. Die Phantasie leistet dabei nicht bloße Reproduktion, sondern hat steigernde Fähigkeit, auch in der Malerei: „Wenn Laokoon also seufzet, so kann ihn die Einbildungskraft schreien hören" (S. 26). Bei der Poesie aber spricht Lessing sogar vom „unendlichen Felde unserer Einbildungskraft" (S. 52).

Während schon für die Malerei gilt: „was wir in einem Kunstwerk schön finden, das findet nicht unser Auge, sondern unsere Einbildungskraft, durch das Auge, schön" (S. 52); während also hier die Einbildungskraft ein sinnlich Gesehenes transzendieren muß, ist sie in der Poesie nicht mehr auf diese Weise gebunden. Lessing exemplifiziert dies in geradezu überpointierter Form: „Bei dem Dichter ist ein Gewand kein Gewand; es verdeckt nichts; unsere Einbildungskraft sieht überall hindurch" (S. 50). Lessing entwickelt hiermit „einen spezifischen Begriff der literarischen Illusion im Sinne poetisch-fiktionaler Anschaulichkeit" (Hasselbeck, S. 118).

Jetzt klärt sich auch, von der Seite der Einbildungskraft her, was Lessing mit „der weitern Sphäre der Poesie" meint (S. 52). In ihrer Wirkung betrachtet, ist sie die Kunst des größeren Spielraums, ja der größeren ‚Freiheit'. Aber ist sie nicht wenigstens an die ästhetische Grundbedingung der ‚Schönheit' gebunden? Ist hier nicht doch die Malerei die überlegene Kunst? Es scheint so, als wolle Lessing bei diesem Kardinalproblem der ästhetischen Diskussion seiner Zeit (die hier vor allem durch Shaftesbury angeregt ist) seine Beweisführung gewissermaßen auf die Spitze treiben. Denn selbst bei der Wirkung der körperlichen Schönheit, die doch eigentlich eine Domäne der bildenden Kunst ist, verfügt die Poesie über die ‚weiteren‘ Möglichkeiten. Auch hier ist Homer „das Muster" (S. 130). Während die direkte Beschreibung von Helenas Schönheit nur stückweise erfolgt, „im Vorbeigehen", ist die Darstellung ganz in die *Wirkung* der Schönheit auf die ihr Begegnenden verlagert, etwa auf die „ehrwürdigen Greise" (S. 138). „Was Homer nicht nach seinen Bestandteilen beschreiben konnte, läßt er uns in seiner Wirkung erkennen" (S. 139). Auf diese Weise gelingt es dem Dichter, „uns von ihrer Schönheit einen Begriff zu machen, der alles weit übersteigt, was die Kunst in dieser Absicht zu leisten im Stande ist" (S. 138).

Dieses ‚Übersteigen‘, Transzendieren des sinnlich Präsentierbaren gilt auch für das Komplement des Schönen, für das Häßliche. Lessing argumentiert hier wiederum von der Wirkung her, und wieder mit dem Beispiel Homers. An sich würde „die Häßlichkeit, ihrem Wesen nach, kein Vorwurf der Poesie sein können" (S. 148). Trotzdem hat Homer „die äußerste Häßlichkeit in dem Thersites geschildert" (ebda.). Aber sie wird in der Schilderung des Dichters, durch ihre nur indirekte sinnliche Vermitteltheit, „zu einer minder widerwärtigen Erscheinung"; und dadurch, daß sie „gleichsam, von der Seite ihrer Wirkung, Häßlichkeit zu sein aufhöret, wird sie dem Dichter brauchbar" (S. 149). Die Malerei hingegen „kann" zwar, als nachahmende Fertigkeit, die Häßlichkeit ausdrükken; aber als schöne Kunst „will" sie sie nicht ausdrücken (S. 152). Erst recht gilt dies für „das Ekelhafte" (S. 158), das von der Malerei ganz gemieden wird, von der Poesie aber eingesetzt werden kann, „um das Lächerliche und Schreckliche dadurch zu verstärken" (S. 165).

Lessings Argumentationskonzept ist deutlich; es zielt auf jeder Stufe, vor allem unter dem Aspekt der Wirkung dahin, die Poesie als die ‚weitere Kunst‘ zu behaupten. Man kann dies im Sinn der geschichtlich ‚weiteren‘ Entwicklungsmöglichkeiten zu interpretieren versuchen, als in der Zeit sich vollziehende ‚dynamische‘, handlungsgebundene Kunst gegenüber der räumlich gebundenen ‚statischen‘ Malerei. Man kann darauf hinweisen, daß Lessing sich im Grunde nur auf einen ganz engen historischen Bereich von ‚Malerei‘ bezieht (besonders auf den Klassizisten Anton Raphael Mengs, den Freund Winckelmanns) und daß er etwa die Niederländer (Brueghels Darstellung des Häßlichen!) schlechthin ignoriert. Die Wahl antiker Exempel wäre dann im wesentlichen durch den Antagonisten Winckelmann bestimmt und hätte im übrigen, wie so oft, argumentative Gründe (Kanonizität etc.).

In jedem Fall sollte man die Tendenz zur Verinnerlichung des Dichtungsverständnisses nicht übersehen. Sie ist gewissermaßen der Preis, ja der eigentliche Hebel, mit dessen Hilfe Lessing das Eigenrecht der Poesie gegenüber der Malerei zu behaupten versteht. Indem er, von der Wirkung her, die Einbildungskraft des Rezipienten zur entscheidenden Instanz der Analyse und der theoretischen Abgrenzung macht, setzt er den Rezipienten gewissermaßen in eine neue Würde ein. Hintergrund hierfür ist zunächst die frühneuzeitliche Inthronisation des Dichters als eines *alter deus* (Scaliger), aufgenommen vor allem von den Schweizern Bodmer und Breitinger: „Die Art Erschaffung, da das Mögliche durch die Kraft der Phantasie vollführt wird, kommt dem Poeten kraft seines Amtes vorzüglich zu, nach welchem er ein Schöpfer, poietés, ist" (Bodmer, *Kritische Betrachtungen über die poetischen Gemälde der Dichter,* Zürich 1741, S. 573).

Diese Schöpferkraft wird jetzt zunehmend auch dem aufnehmenden Individuum zugesprochen, ja von ihm verlangt. Zu der seit der Antike vertretenen ,Freiheit' des Dichters *(licentia poetica)* kommt nun für den Rezipienten hinzu, daß schon in der Malerei „der Einbildungskraft freies Spiel" bleibe (S. 25 f.), in der Poesie aber „dem unendlichen Felde unserer Einbildungskraft" (S. 52) Raum gegeben werde. Lessing hat zwar dieses Nachschaffende in der Tätigkeit des Rezipienten nicht eingehender analysiert oder gar als eigene Schöpfungsideologie ausgeführt. Aber durch die engagierte Abhebung der ,äußeren' von der ,inneren' Anschauung hat er diese Tendenz deutlich gefördert, und es ist nur konsequent, wenn Herder in seinem ersten *Kritischen Wäldchen* (1769) an Lessings *Laokoon* im Sinn eines neuen energetischen Konzepts anknüpft: nicht die Erstreckung im Raum und in der Zeit unterscheide Malerei und Poesie voneinander, sondern ihre Wesenheit als ,Kraft' und als ,Werk'. Diese ,Kraft' ist gewissermaßen der verabsolutierte Wirkungsaspekt der Poesie, der bei Lessing noch als ,Einbildungskraft' funktional gebunden war.

Der knappe Hinweis auf Herder muß hier genügen, um anzudeuten, welche Entwicklungstendenz Lessing, gewollt oder ungewollt, mit gefördert hat; ähnliches wäre für die Bedeutung des ,Genies' im *Laokoon* zu leisten, etwa im Hinblick auf das 34. und das 79. Stück der *Hamburgischen Dramaturgie.* Die für Lessing lebensnotwendige Verteidigung, Abgrenzung der Poesie gegenüber den bildenden Künsten gelingt nur um den Preis einer – vielleicht ,bürgerlichen' – Verinnerlichung. Im *Laokoon* selbst halten sich die auf objektivierbare Wirkung angelegte Analyse und die Inthronisation des ästhetischen Subjekts noch annähernd die Waage. In der Deformierbarkeit dieses Konzepts aber zeigt sich zugleich ein Stück Dialektik der Aufklärung.

Arbeitsbereich V

Lessing, die Komödie und die Zeitgeschichte

A. Minna von Barnhelm

0. Vorbemerkung

Lessings Haltung gegenüber politischen Ereignissen seiner Zeit und gegenüber den Problemen nationaler Politik im zersplitterten Deutschland ist umstritten. Sein Verhalten gibt für allerlei Mutmaßungen eine Grundlage ab: Als Sachse steht er im Dienst eines preußischen Generals; als ‚unpolitischer‘ Literat schreibt er eine Komödie mit entschieden zeitgeschichtlich-politischem Gehalt; am 28. 4. 1756 lobt er in einem Brief Nicolais „patriotische Absicht" für das Theater (R IX, S. 67), will aber später kein „Patriot" mehr sein. Über Lessings „nationalen" Standpunkt wurde so viel geschrieben, daß es hier unmöglich ist, die Kontroverse der Forschung nachzuzeichnen. Auffallend ist, daß meist nur die eine oder andere Stelle aus Lessings Werk, die sich dem Lessing-Bild eines Autors fügt, zitiert wird. So entstehen Thesen von krasser Gegensätzlichkeit. Diese sollen hier nicht um eine weitere und ebenso unkontrollierbare These vermehrt werden. Vielmehr soll durch die Menge der Materialhinweise die Möglichkeit geschaffen werden, sich ein eigenes Urteil zu bilden und die vorgetragenen Thesen zu kritisieren. Fest steht, daß Lessings dichterische Produktion und ästhetische Reflexion eng verbunden waren mit der patriotischen Diskussion, die nicht nur in Deutschland geführt wurde, und mit den politischen Ereignissen zur Zeit des Siebenjährigen Krieges.

1. Grundlageninformationen

1.1. Texte und Materialien

Minna von Barnhelm: G I, S. 605–704; LM II, S. 171–264; PO Tl. II, S. 1–91; R II, S. 133–236; Stammler I, S. 459–550; Wölfel I, S. 293–376. Einzelausgabe: Reclam Nr. 10.

Hein, Jürgen (Hrsg.): G. E. Lessing, *Minna von Barnhelm*. Erläuterungen und Dokumente, Reclam Nr. 8108, 1970.

Hildebrandt, Dieter (Hrsg.): G. E. Lessing, *Minna von Barnhelm,* Ullstein Nr. 3930, 1969.

Die wichtigsten Zeugnisse zur Entstehung, Aufnahme und Kritik bei G II, S. 668–677.

Philotas: G II, S. 101–126 und 696–700 (Dokumente); LM II, S. 353–376; PO Tl I, S. 303–328; R II, 105–131; Stammler I, S. 411–435; Wölfel I, S. 269–291. Vgl. auch die Einzelausgabe: Gotthold Ephraim Lessing, *Philotas*. Ein Trauerspiel. Hrsg. v. Wilhelm Grosse, Reclam Nr. 5755, 1979 (mit Dokumenten, Literatur und Nachwort)

Literatur zum Problemkreis Zeitgeschichte: Die wichtigsten historischen Darstellungen und Handbücher sind in AB I zitiert. Daneben sei auf Mehrings *Lessing-Legende* hinge-wiesen. Für speziellere Probleme kommen die folgenden Titel in Betracht:

Augstein, Rudolf: Preußens Friedrich und die Deutschen, Frankfurt 1968 [Anregend über Friedrich II und die friderizianische Geschichtsschreibung. Für diesen AB von Interesse Kap. 3: „Ein Franzose in Berlin".]

Beutin, Ludwig: Die Wirkungen des Siebenjährigen Krieges auf die Volkswirtschaft in Preußen, in: L. B., Gesammelte Schriften zur Wirtschafts- und Sozialgeschichte, Köln u. Graz 1963, S. 254 ff.

Kaiser, Gerhard: Pietismus und Patriotismus (s. Bibl. zu AB I A) [Zur Entstehung, Selbst-verständnis, Zielen der patriotischen Bewegung in Deutschland.]

Koser, Reinhold: König Friedrich der Große, Stuttgart u. Berlin 1903 [Im 2. Bd., S. 162 ff. Material zum Siebenjährigen Krieg.]

1.2. Forschungsliteratur

Zu *Minna von Barnhelm*:

Böckmann (1932/33), (s. Gesamtbibl. 8), S. 530 ff. (Teilabdruck in: Bauer (s. Gesamtbibl. 8) S. 176 ff.) [Zeigt, wie Lessing sich in den frühen Komödien die (Rokoko-)Sprachform des Witzes aneignet und sie – mit dem Höhepunkt in der *Minna* – zur symbolischen, dabei psychologisch motivierten und auf die Gesinnung ausgerichteten Sprachform der nicht mehr typenhaften neuen Komödie umbaut.]

Brüggemann, Fritz: Lessings Bürgerdramen und der Subjektivismus als Problem (1926), in: Bauer (s. Gesamtbibl. 4), S. 83 ff. (zur *Minna*: S. 93 ff.) [Versucht, aus Lessings Dramen ein ‚bürgerliches' Tugendsystem herauszuarbeiten, wobei in der *Minna* vor allem Redlichkeit, Realitätssinn und Sozialgesinnung in Betracht kommen; Brügge-manns Begriff von ‚Bürgerlichkeit' bleibt allerdings sehr diffus.]

Eloesser, Arthur: Das bürgerliche Drama. Seine Geschichte im 18. und 19. Jahrhundert, Berlin 1898 (Reprint Genève 1970), S. 85 ff. [Betrachtet *Minna von Barnhelm* im Rah-men der zeitgenössischen Patriotismusdebatte.]

Guthke, Karl S.: Der Glücksspieler als Autor, bes. S. 365 ff. [Setzt die Gestalt Riccauts und die folgenreichen ‚Zufälle' der Komödie in Beziehung zu Lessings Spielleidenschaft.]

Guthke, Karl S.: Geschichte und Poetik der deutschen Tragikomödie, Göttingen 1961, S. 32 ff. [Hebt Tellheims „latente Persönlichkeitstragik" hervor, „die als Potentialität stets unüberwunden präsent ist" (S. 39), und betont die Verbindung von Komischem und Tragischem insbesondere bei der Gestaltung der Person Tellheims.]

Hinck (s. Gesamtbibl. 9), S. 256 ff., bes. S. 287 ff. [Stellt ausführlich die formalen Verände-rungen der Komödienstruktur durch Lessing dar mit ihren Konsequenzen für Rollenfä-cher, Sprache, Konfliktsituationen etc.]

Kettner, Gustav: Lessings Dramen im Lichte ihrer und unserer Zeit, Berlin 1904, S. 71 ff. [*Minna*-Kapitel bringt eine Fülle brauchbaren zeitgeschichtlichen Materials.]

Lukács, Georg: *Minna von Barnhelm* (1964), in: Bauer (s. Gesamtbibl. 4), S. 427 ff. [Ver-such, *Minna* aus dem optimistischen Geist der Aufklärung und besonders Lessings in seiner mittleren Lebensphase als das „Aufklärungsmärchen" einer konkreten histori-schen Situation zu interpretieren.]

Martini, Fritz: Riccaut, die Sprache und das Spiel in Lessings Lustspiel *Minna von Barn-helm* (1964), in: Bauer (s. Gesamtbibl. 4), S. 376 ff. [Darstellung auf Riccaut konzentriert, den Martini als Parallel-, Spiegel- und Kontrastfigur zu Tellheim und Minna betrachtet und dem er seine Bedeutung über das Rollenfach der lustigen Person hinaus zuweist.]

Michelsen, Peter: Die Verbergung der Kunst. Über die Exposition in Lessings *Minna von Barnhelm*, Jb. d. dt. Schillerges. 17, 1973, S. 192 ff. [Detaillierte Darstellung der von Lessing genau kalkulierten Informationsabfolge, die das ‚Lustspiel‘ über der ‚tragischen‘ Situation Tellheims erst ermöglicht, zugleich aber an die Grenzen der Komödienform führt.]

Neumann (s. Gesamtbibl. 5), S. 53 ff. [Stellt die Bedeutung der Vatergestaltung des Königs und des Grafen Bruchsal für die Konfliktlösung heraus.]

Noelle (s. Gesamtbibl. 5), S. 62 ff. und 96 ff. [Interpretation von Minnas ‚Spiel‘ als Rückführung Tellheims zu sich selbst und als Belehrung über die wahre Rangordnung der Werte.]

Schlaffer, Heinz: Der Bürger als Held. Sozialgeschichtliche Auflösung literarischer Widersprüche, Frankfurt a. M. 1973, S. 86 ff. [Nach Schlaffer symbolisiert der in eine Geldaffäre verwickelte und darin hilflose Tellheim den Übergang von der feudalistischen zur kapitalistischen Gesellschaft; sehr schematische Betrachtungsweise.]

Schröder (s. Gesamtbibl. 5), S. 222 ff. (*Minna von Barnhelm*. Ästhetische Struktur und „Sprache des Herzens“) [Untersucht Dialogstruktur und Funktion der Sprache für die Entwicklung des dramatischen Geschehens.]

Schröder, Jürgen: Lessing: *Minna von Barnhelm*, in: Die deutsche Komödie. Hrsg. v. Walter Hinck, Düsseldorf 1977, S. 49 ff. [Betrachtet die *Minna von Barnhelm* als gestörten Verständigungsprozeß und sieht in ihr eine Überwindung der traditionellen affirmativen Funktion der Aufklärungskomödie.]

Seeba (Gesamtbibl. 5), bes. S. 10 ff. u. 65 ff. [Geht aus von Tellheims Formel, man müsse „aus Liebe zu der Sache, für die gefochten wird“, Soldat sein, und untersucht deren ideologische Verwendung im Argumentationszusammenhang des Stücks und seiner Rezeptionsgeschichte.]

Staiger, Emil: Lessing: Minna von Barnhelm (1955), in: Deutsche Dramen von Gryphius bis Brecht. Hrsg. v. Jost Schillemeit, Frankfurt a. M. 1971, S. 33 ff. [Beispiel einer idealistischen, werkimmanenten Interpretation, die von allem Zeitgeschichtlichen abstrahiert, wenn daraus nicht das Lob Friedrichs II folgt.]

Steinmetz, Komödie (s. Gesamtbibl. 9), S. 58 ff., bes. S. 63 ff. [Stellt die Entwicklung der Komödientheorie und -praxis Lessings auf knappem Raum dar, wobei die Überwindung der Typenkomödie besonders deutlich wird.]

Steinmetz, Horst: *Minna von Barnhelm* oder die Schwierigkeit, ein Lustspiel zu verstehen, in: Wissen aus Erfahrung, Festschr. f. Herman Meyer. In Verbindung mit Karl Robert Mandelkow u. Anthonius H. Touber hrsg. v. Alexander von Bormann, Tübingen 1976, S. 135 ff. [Arbeitet die Differenzen der *Minna von Barnhelm* gegenüber den früheren Typenkomödien heraus und erklärt die andauernden Deutungsschwierigkeiten als eine Folge der Divergenz zwischen der (komödienhaften) Spielhandlung einerseits und der Entstehung und Lösung des (realitätsbezogenen) Konflikts andererseits.]

Strohschneider-Kohrs, Ingrid: Die überwundene Komödiantin in Lessings Lustspiel, Wolfenbütteler Studien zur Aufklärung II, 1975, S. 182 ff. [Konzentriert sich auf die „Partnerhandlung“ zwischen Minna und Tellheim als menschliche Auseinandersetzung und diskutiert die von Minna verwendeten Komödienmittel des Rollentauschs und der Ring-Requisitenverwirrung in ihrer Bedeutung für Lessings ernsthaftes Lustspiel.]

Weber, Peter: Lessings *Minna von Barnhelm*. Zur Interpretation und literarhistorischen

Charakterisitk des Werkes, in: H. G. Thalheim und U. Wertheim (Hrsg.): Studien zur
Literaturgeschichte und Literaturtheorie, Berlin 1970, S. 10 ff. [Betont den antifeudali-
stischen und sezessionistischen Inhalt der *Minna;* Interpretation steht im Kontext von
Webers Buch: Das Menschenbild (s. Gesamtbibl. 9).]
Weinrich, Harald: Mythologie der Ehre, Ethik der Öffentlichkeit, Merkur 23, 1969,
S. 224 ff.; überarbeitete Fassung in: H. W., Literatur für Leser, Stuttgart usw. 1971,
S. 164 ff. [Gibt anhand literarischer Zeugnisse einen knappen Überblick über Bedeu-
tung und Wandel des Ehrbegriffes.]

Zum *Philotas:* Barner, Produktive Rezeption (s. Gesamtbibl. 5), S. 53 ff. [Deutung des *Philotas* als Experiment Lessings in der Tradition der heroischen Tragödie und als Stück
des dialektischen Umschlags zum Humanitätsdrama der Aufklärung.]
Neumann (s. Gesamtbibl. 5), S. 29 ff. [Sieht im *Philotas* eine lehrstückhafte „Darstellung
eines Mündigkeits-Konflikts im Milieu der Herrschaft" und eine Absage an das heroische Prinzip.]
Noelle (s. Gesamtbibl. 5), S. 47 ff. und 283 f. [Analyse der Monologe des Philotas als
Medium und Ausdruck seines subjektivistischen Wirklichkeitsverlusts.]
Seeba (s. Gesamtbibl. 5), S. 56 ff. [Ideologiegeschichtliche Deutung des *Philotas* als War-
nung vor einer „Perversion des Rationalismus" als dauernder Gefahr für eine humane
Politik.]
Vincenti, Leonello: Lessings *Philotas* (1937), in: Bauer (s. Gesamtbibl. 4), S. 196 ff. [Sieht
in Philotas den ersten ‚glaubwürdigen Jüngling' des deutschen Dramas und wertet
seinen Subjektivismus und Irrationalismus als Vorboten des Sturm und Drang.]
Wiedemann, Conrad: Ein schönes Ungeheuer. Zur Deutung von Lessings Einakter *Philotas,* GRM 48, 1967, S. 381 ff. [Detaillierter Aufweis der entwicklungsgeschichtlichen
Übergangsstellung des *Philotas* im Hinblick auf das politische Denken und die dramatische Praxis der Aufklärungsepoche.]

1.3. Voraussetzungen und Entstehung

1.3.1. Patriotismus im 18. Jahrhundert

1765, zwei Jahre nach dem Ende des Siebenjährigen Krieges, erschien in Frankreich der 9. Band der *Encyclopédie,* für den – der so oft mit Lessing verglichene –
Diderot einen Artikel über den Gesetzgeber verfaßt hatte. Dieser Artikel enthält
auch einige Passagen über die ‚Vaterlandsliebe', die im Unterschied zu den meisten patriotischen Schriften eine gewisse Nüchternheit bewahren und in ihrer
Kürze einen umfassenden Eindruck von der Ideologie des Patriotismus vermitteln:

„Die Vaterlandsliebe ist die einzige Leidenschaft, die Rivalen vereint; sie schließt Zwi-
stigkeiten aus; jeder Staatsbürger sieht in einem Staatsbürger nur ein nützliches Glied des
Staates; alle streben gemeinsam und zufrieden auf das Gemeinwohl zu; die Vaterlandsliebe
veredelt alle Arten des Mutes: man opfert sich für das, was man liebt. Die Vaterlandsliebe
erweitert den Gesichtskreis, weil sie die Ansichten auf tausenderlei Gegenstände lenkt, die
auch von Interesse für die anderen sind; sie erhebt die Seele über kleinliche Interessen; sie
läutert die Seele, weil sie ihr das, was sie nicht ohne Ungerechtigkeit erreichen könnte,
weniger notwendig macht; sie verleiht ihr die Begeisterung für die Tugend. Ein von solchem Geist erfüllter Staat bedroht die Nachbarn nicht durch einen Überfall, und diese

haben von ihm nichts zu befürchten. Wir werden noch sehen, daß sich ein Staat nicht ausdehnen kann, ohne an Freiheit zu verlieren, und daß er in dem Maße, wie er seine Grenze erweitert, einer immer kleineren Zahl von Menschen – oder einem einzelnen – eine immer größere Autorität zugestehen muß, bis er schließlich zu einem großen Reich wird, in dem die Gesetze, der Ruhm und das Glück der Völker im Despotismus untergehen. Ein Staat, in dem die Vaterlandsliebe herrscht, fürchtet dieses Unglück – das allergrößte Unglück, lebt in Frieden und läßt die anderen in Frieden" (Denis Diderot: Enzyklopädie, Philosophische und politische Texte aus der *Encyclopédie,* München 1969, S. 214 f.).

Nachdem er die Bedeutung der Vaterlandsliebe für einen Staat bestimmt hat, richtet Diderot seinen Blick auf die republikanische Schweiz, die ihm als Beispiel gilt. Dort hatte das patriotische Denken neue Vertreter gefunden (Franz Urs von Balthasar 1744/1758; Isaak Iselin 1755), hatte sich aber rasch über ganz Europa ausgebreitet und vor allem die Schichten des gebildeten Bürgertums ergriffen (s. auch Lessing Trauerspielfragment *Samuel Henzi*: G II, S. 371–390). Mehr als die vorhandenen Ansätze nationalen Bewußtseins mag dazu die antike Tradition beigetragen haben. Fast immer, wenn von Vaterlandsliebe die Rede ist, wird an die Vorbilder aus der republikanischen Zeit Roms erinnert. Vaterlandsliebe galt als typisch republikanische Tugend, die eine gemeinschaftliche Sorge um das Gemeinwohl mitinbegriff; ihre durch Begriffe wie „Herkommen" und „Ordnung" freilich stark eingeschränkte Freiheitsliebe und ihr Gefühl für Menschenwürde verstärkte in einigen absolutistischen Staaten Europas den antidespotischen Akzent des politischen Denkens.

Was den Patriotismus vom späteren Nationalismus unterscheidet, ist der philanthropische und kosmopolitische Zug, der ihm von Anfang an eigen war und den auch Diderot hervorhebt. Doch weist Diderot – wie Lessing – auf die latente Gefahr der Fanatisierung hin, die den Patriotismus in den Augen eines Aufklärers pervertieren würde. Patriotismus ist für ihn weniger eine Angelegenheit des Gefühls und der Leidenschaften als des Wissens und der aufgeklärten Betrachtung der politischen und gesellschaftlichen Zustände:

„Alle Völker haben heute ziemlich richtige Ideen über ihre Nachbarn und folglich weniger Begeisterung für das Vaterland als in den Zeiten der Unwissenheit; es herrscht kaum noch Begeisterung, wenn es viel Aufgeklärtheit gibt; Begeisterung ist meistens die Regung einer Seele, die mehr Leidenschaft als Wissen besitzt. Die Völker werden, wenn sie die Gesetze, die Talente und die Sitten aller Nationen miteinander vergleichen, so wenig Gründe finden, sich selbst den anderen vorzuziehen, daß sie jene Vaterlandsliebe, die doch die Frucht des eigenen Interesse ist, zwar bewahren werden, aber wenigstens nicht mehr jene Begeisterung besitzen werden, die die Frucht einer ausschließlichen Selbstüberschätzung ist" (a. a. O., S. 228 f.).

1.3.2. Patriotismus im Fürstenstaat

Unter dem Eindruck des Siebenjährigen Krieges und des Mythos, der sich um Friedrich II zu bilden begann, wurde in Deutschland die patriotische Ideologie mit der des aufgeklärten Absolutismus verschmolzen, wobei die republikanischen Tendenzen unterdrückt wurden. Beispielhaft dafür sind die beiden patrio-

tischen Schriften von Zimmermann und Abbt (abgedruckt in: Fritz Brüggemann: Der Siebenjährige Krieg im Spiegel der zeitgenössischen Literatur. Darmstadt 1966, S. 9 ff. und 47 ff.).

Johann Georg Zimmermann, *Von dem Nationalstolze*. 1758 gesteht der
Schweizer Zimmermann, Leibarzt Friedrichs II, Nationalstolz nur Republiken
zu. Der Stolz des Republikaners, so schreibt er, gründet sich auf die Tapferkeit
der Vorfahren, Leistungen seines Volkes in Künsten und Wissenschaften, auf die
Regierungsform und die Vorteile der Freiheit, „weil er alles sein darf, was schön
und groß ist". In der zweiten Fassung (1760) grenzt Zimmermann im eingescho-
benen 15. Kapitel die Monarchie von der Despotie ab und gleicht sie der Republik an: „Der Untertan des Monarchen ist in unsern Zeiten noch lange nicht eine
niedrige Kreatur [...] Die Monarchie hat also nichts, das der Denkungsart eines
rechtschaffnen Mannes zuwider sei. Der Monarch gibt seinem Untertan Gelegenheit, zu tun, was er kann und zu sein, was er ist." Im 16. und 17. Kapitel
wendet sich Zimmermann gegen jede Form des übertriebenen Nationalstolzes,
der nur der Fehler kleiner Geister sei, wahre Einsichten verhindere, das Gute im
Menschen vernichte, Haß erwecke, dem Vaterland schade und den einzelnen
Menschen hindere, seine Pflichten anderen gegenüber zu erfüllen.

Thomas Abbt, *Vom Tode fürs Vaterland* (1761). Abbt, 1738 in Ulm geboren
und 1766 als Professor der Beredsamkeit in Bückeburg gestorben, behauptet,
daß Vaterlandsliebe in allen Ständen und auch in Monarchien möglich sei: Er
identifiziert die Liebe zum Vaterland mit der Verehrung des Monarchen und die
Opfer für das Gemeinwesen mit der Hingabe an seinen Schützer, den Fürsten.
Die Folgen der Vaterlandsliebe bestehen darin, daß sie „den Untertanen des
Staates eine große und neue Denkungsart" erteilt und den Grundsatz verbreitet
„Mache dich als einen Endzweck, aber auch als ein Mittel zum Ganzen vollkommener, einen Grundsatz, der uns dem Schöpfer gehorsam, und zu Bürgern gan-
zer Weltgebäude macht."

Abbt warb im Bürgertum, das keine Militärdienste leistete, für die Teilnahme
am Krieg, weil er hoffte, daraus würden sich für das Bürgertum politische
Rechte ergeben. „Diese Betrachtung zeigt uns den Krieg in Monarchien von
einem ganz neuen Gesichtspunkte. Das Übel, das er mit sich führet, ist mit dem
wichtigen Vorteil verknüpft, daß die Entfernung der verschiedenen Stände vermindert, und die Bürger einer republikanischen Gleichheit nähergebracht werden. In einer Krieg führenden Monarchie ist alles Bürger; das Verdienst und
nicht die Geburt bestimmt die Stände; der Staat gleicht einer Republik, die den
König zum Diktator gewählt hat." – „Alles vereinigt sich, und stellt sich unter
dem vormals so herrlichen Namen eines Bürgers dar. Dann ist jeder Bürger ein
Soldat, jeder Soldat ein Bürger und jeder Edelmann Soldat und Bürger, wie man
will."

Ähnlich dachten viele Zeitgenossen Abbts und gaben ihrer Gesinnung in Lie-
dern, Gedichten, Traktaten und Abhandlungen Ausdruck. Wie nicht nur aus
Goethes *Dichtung und Wahrheit* bekannt ist (s. das 2. Buch), wurde über die
Ereignisse des Krieges erregt debattiert und wurden Familien und Freundes-

kreise in einer bis dahin unbekannten Weise in verschiedene politische Lager gespalten.

1.3.3. Lessing: für die Zeitgenossen kein Patriot

Lessings Freunden scheint seine Gesinnung im Siebenjährigen Krieg ein Rätsel gewesen zu sein. Noch 1777 (25. 5.) schrieb Lessing selbst darüber an Nicolai:

„[...] erinnert mich, daß ich gleicher Gestalt im vorigen Kriege zu Leipzig für einen Erzpreußen, und in Berlin für einen Erzsachsen bin gehalten worden, weil ich keines von beiden war, und keines von beiden sein mußte – wenigstens um die *Minna* zu machen" (R IX, S. 748).

Die konträren Meinungen konnten entstehen, weil Lessing – wie Nicolai berichtet – beim Disputieren in Berlin die Sachsen, in Leipzig aber die Preußen verteidigte (s. Daunicht, Gespräch, S. 150f., s. a. 113f., 119f.). Von den Patrioten beiderseits angegriffen, schrieb Lessing 1757 (29. 3.) an Nicolai: „[...] so muß ich gegen mich selbst auf den Verdacht geraten, daß ich entweder einer der unparteiischsten Menschen von der Welt, oder ein grausamer Sophist bin" (R IX, S. 112). Als „Philosoph" und „unpartheyisch" wurde Lessing auch von Gleim betrachtet (s. Daunicht, S. 150).

Gerade gegenüber Gleim, dem Verfasser der *Preußischen Kriegslieder,* distanzierte sich Lessing in zwei Briefen von übertriebener patriotischer Begeisterung:

„Ja gesetzt, es wird über kurz oder lang Friede; gesetzt, die itzt so feindselig gegen einander gesinnten Mächte söhnen sich aus – (ein Fall, der ganz gewiß erfolgen muß) – was meinen Sie, daß alsdenn die kältern Leser, und vielleicht der Grenadier selbst, zu so mancher Übertreibung sagen werden, die sie itzt in der Hitze des Affekts für ungezweifelte Wahrheiten halten? Der *Patriot* überschreiet den Dichter zu sehr, und noch dazu so ein soldatischer Patriot, der sich auf Beschuldigungen stützet, die nichts weniger als erwiesen sind! Vielleicht zwar ist auch der Patriot bei mir nicht ganz erstickt, obgleich das Lob eines eifrigen Patrioten, nach meiner Denkungsart, das allerletzte ist, wonach ich geizen würde; des Patrioten nämlich, der mich vergessen lehrt, daß ich ein Weltbürger sein sollte" (16. 12. 1758; R IX, S. 182).

Zeigt dieser Brief deutlich den Standpunkt des Aufklärers Lessing über jedem unbegründeten territorialstaatlichen und nationalen Sonderinteresse, so wird im nächsten Brief die Verklammerung von politischer und ästhetischer Diskussion erkennbar:

„Ich habe überhaupt von der Liebe des Vaterlandes (es tut mir leid, daß ich Ihnen vielleicht meine Schande gestehen muß) keinen Begriff, und sie scheinet mir aufs höchste eine heroische Schwachheit, die ich recht gern entbehre" (14. 2. 1759; R IX, S. 185).

Der *Philotas* kann als entscheidende Stufe der Distanzierung Lessing von der klassizistischen Tragödie und ihrem Heroismus begriffen werden und auch als Absage an den patriotischen Enthusiasmus.

1.3.4. Lessings Kritik am Krieg und an seiner literarischen Verherrlichung

Lessing hatte als Begleiter von J. G. Winkler eine Reise durch Europa angetreten, die aber durch den Ausbruch des Siebenjährigen Krieges bereits in Amsterdam abgebrochen wurde. Darüber schrieb Lessing an Ramler (18. 6. 1757):

> „Da sehen Sie einmal, was mir der Krieg für Schaden tut! Ich und der König von Preußen werden eine gewaltige Rechnung mit einander bekommen! Ich warte nur auf den Frieden, um sie auf eine oder die andere Weise mit ihm abzutun. Da nur er, er allein, die Schuld hat, daß ich die Welt nicht gesehen habe, wär' es nicht billig, daß er mir eine Pension gäbe, wobei ich die Welt vergessen könnte? Sie denken, das wird er fein bleiben lassen! Ich denke es nicht weniger; aber dafür will ich ihm auch wünschen, – – daß nichts als schlechte Verse auf seine Siege mögen gemacht werden!" (R IX, S. 128 f.; s. auch Daunicht, S. 119).

Indem Lessing überpointiert das „Mißgeschick" des jungen Literaten als Argument gegen den von Zeitgenossen hochgerühmten patriotischen Krieg verwendet, verurteilt er den Krieg, der das Glück einzelner zerstört. Diese Tendenz wird noch deutlicher erkennbar in einem Brief an Lindner (30. 12. 1759), wo er seine Klage über die unterbrochene Reise und die verlorene Hoffnung wiederholt und hinzufügt: „aber tausend andere haben noch weit mehr durch ihn verloren!" (R IX, S. 199).

Im ersten der *Briefe, die neueste Literatur betreffend* (4. 1. 1759; G V, S. 31) beklagt Lessing die schädlichen Folgen des Krieges für Künste und Wissenschaften zumal in einem Land, in dem sie noch kaum Fuß gefaßt haben: „Der Friede wird ohne sie wieder kommen; ein trauriger Friede, von dem einzigen melancholischen Vergnügen begleitet, über verlorene Güter zu weinen." Die Ideologie der Kabinettskriege, „daß in unsern gesitteterm Zeiten der Krieg nichts als ein blutiger Prozeß unter unabhängigen Häuptern ist, der alle übrigen Stände ungestöret läßt", bezeichnet er als „süßen Traum". Lessing gab die damals lebendige Idee eines europäischen Gleichgewichts und eines allgemeinen Tribunals mit Schutztruppen zur Friedenssicherung als unrealistisch auf (s. 5. Brief; G V, S. 41). Die einzige Chance, zu einem dauernden Frieden zu kommen, sah er im Plan des Abts von St. Pierre, welcher „auf eine proportionierliche Herabsetzung der Kriegsheere aller europäischer Staaten" hinauslief (S. 42), ein Gedanke, der 1795 wieder von Kant in den dritten Präliminararartikel seines Entwurfs *Zum ewigen Frieden* aufgenommen wird.

An der Kriegsliteratur in ihrer modischen Erscheinung war Lessing nicht beteiligt. Seine beiden einzigen Versuche (auf Bitten Gleims), der Entwurf einer Ode auf Friedrich II (Brief an Gleim vom 12. 5. 1757; R IX, S. 119 ff.) und einer Ode auf den Tod des Marschalls von Schwerin (Brief an Gleim vom 14. 6. 1757; R IX, S. 122 ff.) enthalten eine Verurteilung Friedrichs II, des Krieges und der Kriegsbegeisterung. – Eine Neuausgabe von Gleims *Preußischen Kriegsliedern*, die in der Gelehrtenstube „nicht aus unmittelbarer patriotischer Gesinnung sondern in einer idealen Konkurrenz mit dem Patriotismus des Altertums entstanden" (Eloesser, S. 87), begleitete Lessing 1758 mit einem Vorwort (s. G V,

S. 15 ff.), in dem er die scharfe Kritik, die er in seinen Briefen an Gleim übte, nur mühsam verbergen konnte (vgl. die Briefe an Gleim vom 12. 5. 1757, 14. 6. 1757, 21. 10. 1757, 12. 12. 1757, 6. 2. 1758).

Gewissermaßen die Summe dieser Erfahrungen formuliert Lessing nach dem Krieg im 19. Stück der *Hamburgischen Dramaturgie* (1767), wenn er über die Tragödie schreibt: „[...] und es heißt sie von ihrer wahren Würde herabsetzen, wenn man sie zu einem bloßen Panegyrikus berühmter Männer macht, oder sie gar den Nationalstolz zu nähren mißbraucht" (G IV, S. 318).

1.3.5. Philotas: Verdikt über politischen und ästhetischen Heroismus

Wie kaum ein zweites Stück von Lessing war der Einakter *Philotas* (1759) Mißverständnissen ausgesetzt: Gleim, der das Stück in Blankverse übertrug, sah in ihm das Idealbild eines heldischen Patrioten (1759); Bodmer dagegen schrieb zwei Parodien über diese „Apotheose des Unverstandes". Mit Befangenheit oder gar Verdruß betrachteten ihn spätere Interpreten, denen es kaum gelang, dem *Philotas* einen Platz im Werk Lessings und in einem konsequent entwickelten Lessingbild einzuräumen. Hier haben die neueren Untersuchungen von Wiedemann, Barner, Seeba und Noelle weitergeführt.

Beziehungen des *Philotas* – dessen Stoff weder zeitlich noch räumlich genau festzumachen ist – zur Zeitgeschichte sind unverkennbar. Doch bleibt das Stück nicht bei der Kritik tagespolitischer Ereignisse stehen: Die Reflexion geht wesentlich tiefer. Zu Beginn des 3. Auftritts und im 7. Auftritt werden Probleme der zeitgenössischen politischen Diskussion aufgegriffen, aktualisiert durch die Ereignisse des Siebenjährigen Krieges. Es sind dies Fragen nach Gründen und Notwendigkeiten des Krieges, nach dem Verhältnis von Staatsräson und Recht, nach Pflichten eines Staatsmannes und eines Monarchen (3. Auftritt), eines Vaters und Königs (7. Auftritt). Angesichts des fanatischen Philotas, dessen heroische Tiraden an die der „Patrioten" des Siebenjährigen Krieges erinnern, hat der aufgeklärt und menschlich denkende Staatsmann Aridäus eine Schreckvision:

„Aridäus: Prinz, ich höre dich mit Erstaunen –
Philotas: Ach! – Auch ein Weib kann man mit Erstaunen hören!
Aridäus: Mit Erstaunen, Prinz, und nicht ohne Jammer! – Dich hat das Schicksal zur Krone bestimmt, dich! – Dir will es die Glückseligkeit eines ganzen, mächtigen, edeln Volkes anvertrauen; dir! – Welch eine schreckliche Zukunft enthüllt sich mir! Du wirst dein Volk mit Lorbeern und mit Elend überhäufen. Du wirst mehr Siege, als glückliche Untertanen zählen. – Wohl mir, daß meine Tage in die deinigen nicht reichen werden! Aber wehe meinem Sohne, meinem redlichen Sohne! Du wirst es ihm schwerlich vergönnen, den Harnisch abzulegen –" (G II, S. 121).

Der König verurteilt eine fürstliche Eroberungspolitik, die den Lorbeer, den Ruhm und die Ehre der Dynastie über den materiellen Wohlstand der Untertanen setzt.

Der *Philotas* ist das „Drama einer jugendlichen Leidenschaft, die denkend bis in ihre letzte Konsequenz verfolgt und nachvollzogen wird" (Schröder, S. 308;

s. Briegleb, S. 13 ff.). Das hybride und widerspruchslose monologische Denken, in dem Philotas befangen ist, „schaltet jeden Anspruch der anderen aus" und „ist zugleich unmenschlich, da es sich aller wesentlichen menschlichen Bindungen entschlägt" (Noelle, S. 55). Die Entschlossenheit, mit der Philotas sich selbst tötet und dadurch die von Aridäus angestrebte vernünftige und menschliche Lösung des Konflikts verhindert, ist Resultat eines verblendeten Rationalismus und enthüllt die Inhumanität eines von Ruhmprinzip bestimmten politischen Denkens. Die Konsequenz des Aridäus ist der Rückzug ins Private, in dem allein Menschlichkeit sich entfalten kann. „Der homo humanus hat sich aus der Liaison mit dem homo politicus befreit" (Wiedemann, S. 397).

Vom Standpunkt des ‚Menschen' aus ist damit das Verdikt über bloße fürstliche Machtpolitik und die Auslieferung von Vernunft und Menschlichkeit an die Ziele solcher Politik gesprochen. In der schematischen Gegenüberstellung von Aridäus und Philotas wird die seit der Antike her das Helden- und Herrscherbild bestimmende Polarität von Weisheit und Tapferkeit *(sapientia et fortitudo)* zum unvereinbaren Gegensatz. Lessings *Philotas* ist ein weiter Schritt auf dem Weg zur Entheroisierung des Herrscherbildes (zur Tradition der Heldentopik s. Ernst Robert Curtius, Europäische Literatur und lateinisches Mittelalter, Bern [8]1973, S. 176 ff.).

Dramaturgisch erscheint dies als Ablehnung der heroischen Tragödie. Der *Philotas* nimmt in der Auseinandersetzung Lessings mit seinen Freunden über das Heroische eine wichtige Stelle ein. Die grundlegenden begrifflichen Oppositionen des Briefwechsels mit Mendelssohn und Nicolai (1756) und der späteren *Hamburgischen Dramaturgie* (1767): Held – Mensch; König – Vater etc. sind konstitutiv für die tragische Handlung und bestimmen an jeweils entscheidenden Punkten ihren Fortgang. Des Philotas „heroisches Programm" (Barner, S. 55) deformiert seine in Ansätzen vorhandene aufgeklärte Bildung und die kindlich-jugendliche Menschlichkeit, die von ihm erwartet wird. Er gerät dadurch in Isolation gegenüber der von Aridäus und Parmenio verkörperten, aufgeklärt humanen Gegenwelt, die durch den anachronistischen Tod des Philotas ihre Bestätigung erfährt. – „Das heroische Drama ist unversehens ein Drama des fühlenden, oder nach Lessing, mitleidenden und bemitleidenswerten Menschen geworden" (Wiedemann, S. 397). Im Rahmen des Frühwerks von Lessing wird das jedoch als lang angelegter Prozeß erkennbar. Das Heroische der ‚Bürgerlichen' Miß Sara Sampson wird auf den ‚Helden' Philotas übertragen und so weit gesteigert, daß Philotas in eine „prinzipielle geschichtliche Isolation" gerät und durch Aridäus relativiert und in seiner „theatralischen Überzeugungskraft" gefährdet wird. „Erst danach ist der Weg frei für eine Gestalt wie Tellheim oder Appiani, aber auch wie Nathan und den Tempelherrn" (Barner, S. 56).

1.3.6. Nach dem Krieg: eine neue Komödie

Für die Entstehung des Lustspiels *Minna von Barnhelm* sind in besonderer Weise zeitgeschichtliche und biographische Gründe geltend gemacht worden: Der erste Plan von 1763, dem Jahr des Friedensschlusses, fällt noch in die gelöste und turbulente Breslauer Zeit Lessings; bis zur Fertigstellung 1767 gewinnt Lessing Distanz zum Krieg und zu dieser Zeit. „Der Epilog der Dichter auf die großen Kriege scheint die Komödie zu sein" (Hinck, S. 288; s. Seeba, S. 65). Zwischen dem *Horribilicribrifax* (1648) des Andreas Gryphius und Hofmannsthals *Der Schwierige* (1921) steht Lessings Komödie vom „Soldatenglück", jenes Drama, das seit Goethes Würdigung im siebten Buch von *Dichtung und Wahrheit* (1812) den meisten als das erste ‚moderne' deutsche Stück, als maßstiftender Höhepunkt der schmalen deutschen Komödientradition gilt.

Anderthalb Jahrzehnte liegen zwischen Lessings Jugendlustspielen und der *Minna* (s. zur folgenden kursorischen Rekapitulation auch II A 3 und 2.2.). Inzwischen hat Lessing, was die Komödie anbelangt, einen neuen theoretischen Standpunkt gefunden durch die *Kritik über die Gefangnen des Plautus* (1750; G III, S. 44–492), durch die Auseinandersetzung mit Chassirons und Gellerts Abhandlungen über die weinerliche bzw. rührende Komödie (1754; G IV, S. 12–58) und durch seine Beschäftigung mit Goldoni (1755). Er hält am utilitaristischen Komödienbegriff Gottscheds fest, gibt aber den bloß satirischen Charakter der Verlachkomödie preis und fordert, den guten Charakter in die Komödie aufzunehmen; er verzichtet auf den explizit zugrundegelegten moralischen Satz und verlangt, die Komödie mehr am Leben zu orientieren, realistischer zu gestalten. Das „Possenspiel" für den „Pöbel" und das „weinerliche Lustspiel" für die „gezwungne[n] Zärtlinge" „unter Leuten von Stande" lehnt Lessing gleichermaßen ab (s. G IV, S. 56).

Der Versuch, theoretische Klarheit über die Komödie zu schaffen, wird durch die *Minna* nicht abgebrochen: Im 22. Stück der *Hamburgischen Dramaturgie* (1767) präzisiert Lessing in einer Gellert-Rezension seine ‚Realismus'-Vorstellung; im 28., 29. und 96. Stück analysiert er die Funktion des Verlachens und Lachens und bezeichnet die Komödie, die für Gottsched ein moralisch-soziales Korrektiv war, als soziales Vorbeugungsmittel („Preservatif"); im 70. Stück befaßt er sich mit dem Begriff des Tragikomischen; im 99. Stück bestreitet Lessing die Notwendigkeit eines guten Schlusses.

Über den *Fatime*-Entwurf, auf dessen Bedeutung Schröder (S. 223 ff.) hinweist, kann eine Verbindung zum übrigen dramatischen Schaffen Lessings zu Beginn der sechziger Jahre hergestellt werden. Hinck betont für die *Minna* den Einfluß der realistischen englischen Komödie (Vorbild: Farquhar) und der *comédie larmoyante* (Vorbild: Nivelle de la Chaussée) und arbeitet an den einzelnen Personen die gelungene Komposition aus traditionsgebundenen Komödienelementen und Innovationen Lessings heraus: „Lessings Leistung, seine vollkommene Einschmelzung des vorgefundenen Stoffes in die historische und nationale Situation, bleibt immer bedeutend genug" (Hinck, S. 290).

An Franziska sind am deutlichsten die Einflüsse der *comédie larmoyante* und die Mischung der Formprinzipien ‚Witz‘ und ‚Herz‘ (Böckmann) zu beobachten, an Just mit seiner überstarken Treuebindung (Pudelgleichnis) und dem selbstbewußten Werner der Versuch, „deutsche“ Charaktere (S. 22 und 56. Stück der *Hamburgischen Dramaturgie*) zu schaffen. Alle drei verdeutlichen die in der Komödientradition schon lange anhaltende Tendenz der sozialen Anhebung der Bedienstetenfiguren: „Einem differenzierten Sozialgefüge, das längst die Sonderung des Komödienpersonals nach Vornehmen und Lakaien, nach Herrschafts- und Dienerstand, also längst das „Zweiklassen“-System der alten Komödie überholt hat, wird Rechnung getragen“ (Hinck, S. 298). Lukács sieht in dieser komplizierten Darstellung der Gesellschaft und dem darin sich bewegenden „Auf und Ab von moralischem Recht und Unrecht [...] das entscheidende Kompositionsprinzip dieser Komödie“ (Lukács, S. 431).

1.3.7. Minna von Barnhelm: Misere der Untertanen nach dem Krieg der Fürsten

Kriege galten im Zeitalter des Absolutismus dem Bürgertum als Angelegenheiten des politischen Kalküls der fürstlichen Kabinettsregierungen und der Armeen, die aus adligen Offizieren, bäuerlichen Soldaten und Söldnern bestanden. Beamte, Gewerbe- und Handeltreibende bzw. deren Söhne waren vom Militärdienst, den sie als Schmach betrachteten, eximiert. Das ist auch der Grund, warum Proteste seitens des Bürgertums gegen die fürstlichen Kriege relativ selten sind. Sogar Lessing kann am Anfang des zweiten *Literaturbriefs* feststellen: „Wenigstens ist die Gelehrsamkeit, als ein *Gewerbe*, unter uns in noch ganz leidlichem Gange“ (G V, S. 32). Sofern das Bürgertum nicht unmittelbar durch militärische Aktionen wie z. B. eine Belagerung betroffen war, konnte das gewohnte Leben weitergeführt werden; der Krieg schien dem Bürgertum außerhalb seiner Interessen zu liegen. Trotzdem hatte es die Lasten des Krieges zu tragen, auch wenn – wie etwa in Berlin durch die dort zusammenfließenden Kriegsgewinne – der Wohlstand des gehobenen Bürgertums stieg und durch Spekulationen kurzfristig große Vermögen gebildet werden konnten (s. Beutin, Wirkungen des Siebenjährigen Krieges, S. 254 ff.).

Die Lage des Bürgertums war um so prekärer, als sich der Staat in solchen Krisensituationen durchaus Übergriffe erlaubte, welche die Existenz der Untertanen noch stärker als sonst beeinträchtigten. Das Bürgertum, das nicht die geringste Möglichkeit hatte, Einfluß auf die Politik des Fürsten zu nehmen, konnte nicht einmal den Bereich der Finanzen und Wirtschaft kontrollieren. Über die Ausplünderung durch Kontributionen und Einquartierungen beklagt sich der Wirt, wenn er den Kriegszustand beschreibt „als ob das Dein und Mein ewig aufgehoben sein würde“ (II, 2; G I, S. 631). Aber nicht einmal nach dem Krieg hatte dies ein Ende. Auf dem Rand eines Bittgesuchs der Potsdamer Bürgerschaft um Beihilfe zur Bezahlung der österreichischen Kriegskontribution verfügte Friedrich II souverän: „Sie mögen Sehen wie Sie die Schulden bezahlen, ich werde das liderliche Gesindel nicht einen groschen geben“ (*Der König ...*

von Gustav Mendelssohn Bartholdy, Ebenhausen 1912, S. 407). Von den rund 139 Millionen Talern, auf die sich die preußischen Kriegskosten beliefen, mußte die Bevölkerung etwa zwei Drittel durch zusätzliche Abgaben aufbringen: Aus der preußischen wurden 46 Mio herausgepreßt, aus der sächsischen 48 Mio in Geld und Naturalien (s. weiter bei Koser II, S. 162 ff.). Oft mußte die Bevölkerung der besetzten Gebiete Kapitalien bei preußischen Spekulanten aufnehmen, um den Forderungen nachkommen zu können (s. Hildebrandt, S. 119 ff.). Weiteren Schaden erlitt die Bevölkerung Preußens und der Nachbarländer durch die Münzverschlechterung, die Friedrich II anordnete: Ab 1757 wurden aus der Mark Silber statt 14 etwa 20 Taler geschlagen. Hauptgewinner war der Staat, der in schlechter Münze bezahlte, aber nur gute kassierte. Produktionsrückgang und Erlahmen des Handels waren die Folgen der Geldentwertung. – Als Sekretär des Generals von Tauentzien, dem die Geldmanipulationen übertragen waren, hatte Lessing unmittelbaren Einblick in diese Vorgänge (s. dazu auch Daunicht, Gespräch, S. 173 f.; Michelsen, S. 208 f.). Die Kontributionsforderungen führten während des Krieges zu einem regen Wechselverkehr und zu übertriebener Kreditausweitung. 1763 brach in Hamburg und Berlin der Kapitalmarkt zusammen. Die Krise, die ganz Europa betraf, konnte in Preußen erst in den siebziger Jahren überwunden werden.

Vom Kriegsende und der damit verbundenen Finanzkrise waren insbesondere die Freibataillone betroffen (vgl. Hein, S. 93): Während des Krieges wurden die Verluste der preußischen Armee durch insgesamt 21 Freibataillone ersetzt. Nach den Plänen Friedrichs II mußten die Freibataillone „dreist auf den Feind losgehen, um sein Feuer auf sich zu lenken und einige Verwirrung unter den feindlichen Truppen anzurichten. [...] Jedenfalls aber muß man angreifenden Freibataillonen stets reguläre Infanterie nachfolgen lassen, die sie durch die Furcht vor ihren Bajonetten zu kräftigem und nachdrücklichem Vorgehen anspornt" (Die Werke Friedrichs des Großen. Bd. 6: Militärische Schriften. Hrsg. v. Gustav Berthold Volz, Berlin 1913, S. 178). 1763 wurden 16 Freibataillone aufgelöst, Offiziere und Mannschaften ohne Entschädigung abgedankt. Bei der preußischen Kompaniewirtschaft wurde damit den Kompaniechefs, die militärische ‚Unternehmer' waren, ihre Existenzgrundlage entzogen.

2. Textanalyse

2.1. Kritik des Ehrprinzips

Wie jener verwundete Offizier, an den sich Lessing im ersten *Literaturbrief* wendet, hat Tellheim Jahre hinter sich, die er „der Ehre" und „dem Könige" aufopferte. Nach der Entlassung befindet er sich in einer psychischen und materiellen Notsituation. Mit seiner Truppe hat er seine Einkünfte verloren; die Gelder, die er den Ständen des besetzten Sachsen zur Verfügung gestellt hat, scheinen verloren zu sein; ein Verfahren wegen Verdachts auf passive Korruption und zu großer Milde gegen die sächsische Bevölkerung ist gegen ihn eingeleitet (s. G I, S. 677 f.). Dem Adligen und Offizier wird vorgeworfen, im Zuge eines Geldgeschäftes seine Pflichten gegen den König verletzt zu haben: „Hier-durch, mein Fräulein, halte ich meine Ehre für gekränkt" (S. 678). Diese Ehre, die vom Urteil des Königs und der Standesgenossen abhängig ist, galt für die Zeitgenossen als das staaterhaltende politische Prinzip monarchischer Staaten (so etwa Montesquieu: *Vom Geist der Gesetze* bes. III. Buch, 6. und 7. Kap.; zitiert von Abbt: *Vom Tode fürs Vaterland*, S. 77).

Durch das Ehrprinzip wurde der Adel, der zur Zeit des Absolutismus zuneh-mend in wirtschaftliche Abhängigkeit vom König geriet, in zweifacher Weise an den König gebunden. Zum einen lebt im Ehrbegriff der traditionelle Treue- und Pietätsgedanke gegenüber dem König fort; zum andern ist die ‚Ehre' Vorausset-zung für königliche ‚Gunsterweise' und für ein vom König honoriertes Dienst-verhältnis, also im Fall eines minderbegüterten Adligen wie Tellheim die mate-rielle Basis eines standesgemäßen Lebens. Tellheims Verzweiflung über die ihm aberkannte ‚Ehre' (s. S. 680) ist nichts weniger als eine persönliche ‚Marotte' oder ein ‚Spleen', wie so oft behauptet wurde. Die Verbindung von Geld und Ehre ist ihm selbstverständlich: „Ich wollte sagen: wenn man mir das Meinige so schimpflich vorenthält, wenn meiner Ehre nicht die vollkommenste Genugtuung geschieht; so kann ich, mein Fräulein, der Ihrige nicht sein" (IV, 6; G I, S. 680). Nicht nur, daß Tellheim kein Geld mehr hat; wie sich zeigt, ist er durch die Unterwerfung unter die von oben verfügbare ‚Ehre' zum Fatalisten geworden, dem auch der Mut zu mitmenschlicher Aktivität abhanden gekommen ist. Unter dem Diktat der ‚Ehre' droht auch Minnas Glück zu zerbrechen.

Konsequenterweise versucht Minna, bevor sie das Täuschungsmanöver der Ringintrige inszeniert, die Funktion des Ehrprinzips als eines politischen und sozialen Regulativs, das auch in die Privatsphäre hineinwirkt, zu desavouieren: „O, über die wilden, unbiegsamen Männer, die nur immer ihr stieres Auge auf das Gespenst der Ehre heften! für alles andere Gefühl sich verhärten!" (S. 679). Minna durchschaut das ideologische Moment des Ehrbegriffs als „Gespenst", d. h. als Gaukelei eines ‚falschen Bewußtseins', das auf die feudalistische Gesell-schaft fixiert ist. Denn mehr als die von außen zuerkannte Voraussetzung eines standesgemäßen Lebens ist die ‚Ehre' nicht. Gesellschaftliches Ansehen bzw. Mißachtung, wie sie der Wirt am Beispiel Tellheims demonstriert, und morali-sche Selbstgewißheit dessen, der von seiner richtigen Handlungsweise auch ent-gegen den Normen der Gesellschaft überzeugt ist, sind auseinandergefallen und haben Tellheim in die Krise seines Selbstwertgefühls hineingeführt. Minna will Tellheim daraus befreien, indem sie den falschen Machtanspruch dieses Ehrbe-griffs zurückweist, seine Unmenschlichkeit verurteilt und ihn in ihrer tautologi-schen ‚Definition' ad absurdum zu führen versucht: „Die Ehre ist – die Ehre" (S. 680). Durch die Diskrepanz zwischen formaler Pathosgeladenheit und Bana-lität der gehaltlichen Aussage wird der Begriff der Ehre der Lächerlichkeit ausge-setzt (s. Michelsen, S. 232). Damit ist zwar der Konflikt um Tellheims Ehre nicht gelöst und dieser auch nicht der Mühe enthoben, seine Rehabilitation zu betrei-ben (wenn er nicht außer Landes gehen will); aber die Verbindlichkeit des veräu-ßerlichten Ehrbegriffs der feudalistischen Gesellschaft wird dadurch bestritten,

und mithin wird es dem Individuum erleichtert, sich dem Urteil der Standesgenossen überhoben zu fühlen.

2.2. *Versinnlichung des gesellschaftlichen Konflikts in der Sprache des Dialogs*

Wie vor allem Hinck und Schröder darlegen, ist die Struktur der *Minna* „aus
einer präzisen ästhetischen Kalkulation hervorgegangen" (Schröder, S. 228).
Nach einem sorgfältigen Plan verwendet Lessing Mittel, die für eine Komödie
zur Verfügung stehen: Lachen, Pantomimen, Intrigen, Rollenspiel, das Auftreten
einer verzerrt spiegelnden Parallelfigur zu Minna und Tellheim (s. Martini über
Riccaut). Das ganze Ausmaß der Affäre Tellheims und die schwerwiegenden
Anschuldigungen erfährt der Zuschauer erst (in IV, 6), nachdem (in IV, 2)
Riccaut bereits das glückliche Ende angekündigt hat (ausführlich dazu: Michelsen). Davor wie danach muß Tellheims Starrköpfigkeit übertrieben und lächerlich wirken, zumal die Verantwortlichen für sein Unglück verborgen bleiben und
seine Mitspieler in keinem ursächlichen Zusammenhang damit stehen.

Tellheims Versuch, die tragische Situation auf seine Umgebung auszudehnen,
scheitert vor allem an der Hingabe, Freundschaft und Liebe seiner Mitspieler, an
jenen Tugenden also, welche die *Minna* zu einem „bürgerlichen" Soldatenstück
machen (vgl. Kettner, S. 93 ff.; Schmidt I, S. 457; Brüggemann, S. 93 ff.; Mehring, S. 498). Tellheim gerät dadurch in das Zwielicht eines „natürlich-unnatür-
lichen Verhaltens" (Schröder, S. 227), das am deutlichsten sich in der Sprache
zeigt: im Gegensatz zwischen dem unangebrachten heroisch-tragischen Ton
Tellheims und der natürlich-heiteren Sprache „des Herzens und des Witzes" der
Minna (Böckmann). Die Szene des ersten Wiedersehens ist beispielhaft dafür:

> „*Von Tellheim* (tritt herein, und indem er sie erblickt, flieht er auf sie zu). Ah! meine
> Minna! –
> *Das Fräulein* (ihm entgegen fliehend). Ah! mein Tellheim! –
> *Von Tellheim* (stutzt auf einmal und tritt wieder zurück). Verzeihen Sie, gnädiges Fräulein,
> – das Fräulein von Barnhelm hier zu finden –
> *Das Fräulein:* Kann Ihnen doch so gar unerwartet nicht sein? – (Indem sie ihm näher tritt,
> und er mehr zurückweicht) Ich soll Ihnen verzeihen, daß ich noch Ihre Minna bin? Verzeih
> Ihnen der Himmel, daß ich noch das Fräulein von Barnhelm bin!
> *Von Tellheim:* Gnädiges Fräulein – (Sieht starr auf den Wirt, und zuckt die Schultern)" (II,
> 8; G I, S. 637).

In der ersten Überraschung vergißt Tellheim seine „Unehre" und folgt der
„Regung" des Herzens, zwingt sich aber sofort wieder zurück in den konventio-
nellen Ton. Spontan greift ihn Minna auf und versucht, indem sie diesen Ton
unglaubwürdig und lächerlich macht, Tellheim über die Geringfügigkeit seines
Unglücks aufzuklären. Ihre Reflexion auf das Lachen erinnert an die Überlegungen Lessings zur Komödientheorie:

> „Lieber Major, das Lachen erhält uns vernünftiger, als der Verdruß. Der Beweis liegt
> vor uns. Ihre lachende Freundin beurteilt Ihre Umstände weit richtiger, als Sie selbst. Weil
> Sie verabschiedet sind, nennen Sie sich an Ihrer Ehre gekränkt: weil Sie einen Schuß in dem

Arme haben, machen Sie sich zu einem Krüppel. Ist das so recht? Ist das keine Übertreibung? Und ist es meine Einrichtung, daß alle Übertreibungen des Lächerlichen so fähig
sind?" (IV, 6; G I, S. 676f.).

Doch Tellheim ist nur noch zum „schreckliche[n] Lachen des Menschenhas-
ses" fähig (S. 678). Jetzt, da ihre Position aussichtslos erscheint, beginnt Minna
ihr Verstellungsspiel und nimmt – Enterbung und Bedürftigkeit vortäuschend
(s. IV, 7) – eine Rolle an, die der des entlassenen und verwundeten Offiziers
gleicht, um ihm in seiner unnachgiebig stolzen Haltung eine „Lektion" zu erteilen (s. IV, 1) und ihn zu jener Menschlichkeit und Großherzigkeit zurückzulen-
ken, derentwegen sie ihn zu lieben begann (s. IV, 6; S. 677; ausführlich zu
Minnas Vorgehen: Strohschneider-Kohrs).

2.3. Propaganda einer ‚menschlichen‘ Existenz

Tellheims wahrer Charakter kommt zu Beginn des Stückes kurz zum Vorschein,
als er der Witwe eines Freundes Schulden erläßt, obwohl er selbst das Geld gut
gebrauchen könnte (I, 6). Erst am Ende des Stückes, als Tellheim von der (vorge-
täuschten) Not Minnas erfährt, kann er sich wieder aus den Fixierungen des
Ehrprinzips lösen und zu sich selbst finden.

„*Von Tellheim*: Wie ist mir? – Meine ganze Seele hat neue Triebfedern bekommen. Mein
eignes Unglück schlug mich nieder; machte mich ärgerlich, kurzsichtig, schüchtern, lässig:
ihr Unglück hebt mich empor, ich sehe wieder frei um mich, und fühle mich willig und
stark, alles für sie zu unternehmen – Was verweile ich?" (V, 2; G I, S. 685 f.).

Die nächsten Szenen zeigen den verwandelten Tellheim, der die „Sprache des
Herzens" erkennt und spricht:

„*Von Tellheim*: Ha, dieser vertrauliche Ton sagt mir, daß Sie wieder zu sich kommen,
mein Fräulein; daß Sie mich noch lieben, Minna. –" (V, 5; G I, S. 689).

Kurz darauf ist Tellheim imstande, selbst seinen Wandlungsprozeß zu analy-
sieren. Was Minna „Gespenst" nannte, die ‚Ehre‘, erscheint ihm nun als „Ne-
bel", der nicht durch die „Liebe", sondern „ihre Tochter, das Mitleid" zerstreut
werden konnte (V 5; G I, S. 690) – die zentrale Kategorie des Bürgerlichen
Dramas. Den feudalistischen Ehrbegriff durchschauend, ist Tellheim bereit, mit
dieser Gesellschaft zu brechen:

„Lassen Sie mich keine Zukunft denken, wo ich mich selbst hassen müßte. – Nein,
nichts soll mich hier länger halten. Von diesem Augenblicke an, will ich dem Unrechte, das
mir hier widerfährt, nichts als Verachtung entgegen setzen. Ist dieses Land die Welt?"
(S. 690).

In Tellheims Plan, mit Minna zu einem Freund auszuwandern, deutet sich die
privat-menschliche Lösung des öffentlich-politischen Konflikts an. Die Untertanen erwägen, abseits vom Staat ein Leben zu führen, dessen Glück nicht von der
Billigung des Königs abhängig ist (s. *Emilia Galotti*). ‚Ehre‘ und ‚Gunst des
Königs‘, die jetzt durch den Brief zugesichert werden, drohen vielmehr, das

private Glück zu verhindern. Das ersehnte königliche Rehabilitationsschreiben, von Tellheim mit überschwenglicher Freude aufgenommen (V, 9; G I, S. 693), wird plötzlich zur Gefahr:

> *„Das Fräulein*: Sie treten wieder in seine Dienste; der Herr Major wird Oberstlieutenant, Oberster vielleicht. Ich gratuliere von Herzen.
> *Von Tellheim*: Und Sie kennen mich nicht besser? [...] Die Dienste der Großen sind gefährlich, und lohnen der Mühe, des Zwanges, der Erniedrigung nicht, die sie kosten. Minna ist keine von den Eiteln, die in ihren Männern nichts als den Titel und die Ehrenstelle lieben [...]" (S. 694).

Durch ihre gespielte Starrköpfigkeit bringt Minna Tellheim so weit, daß er „jetzt, da ihn die Ehre ruft, da sich ein großer Monarch um ihn bewirbt" (S. 695), seine Distanzierung von der feudalistischen Gesellschaft und ihren Normen wiederholt. Was vorher als Folge zufälliger Ereignisse und situationsbedingter Verärgerung erscheinen konnte, wird jetzt als prinzipielle moralische Entscheidung erkennbar. In Tellheims Rede fließen die alten Topoi der Hofkritik mit ein, die Verachtung der „großen Welt" und „ihrer Flitterseite" mit ihren „Bewunderern" und „Neidern" (S. 695). Tellheim läßt sich nicht, wie Minna es will, „in die große Welt, auf die Bahn der Ehre" zurückdrängen (S. 696), sondern will mit Minna zusammen den „stillsten, heitersten, lachendsten Winkel" der Welt suchen und ein „ruhiger und zufriedener Mensch" sein (S. 694). Nach Minnas Schwur (S. 696), dessen wahre Bedingungen Tellheim nicht durchschaut, droht er, durch eine Handlung von öffentlich-symbolischem Charakter die Bindung an den König endgültig und offiziell zu brechen:

> „Ich empfinde eben, daß es mir unanständig ist, diese späte Gerechtigkeit anzunehmen; daß es besser sein wird, wenn ich das, was man durch einen so schimpflichen Verdacht entehret hat, gar nicht wiederverlange. – Ja; ich will den Brief nicht bekommen haben. Das sei alles, was ich darauf antworte und tue! (im Begriffe, ihn zu zerreißen)" (S. 696f.).

Nur Minnas Dazwischentreten verhindert, daß Tellheim von sich aus die ‚Nähe zum Thron' und die ‚Gunst des Königs', die einen – allerdings unsicheren – hohen sozialen Rang und materiellen Wohlstand mit sich brächten, ausschlägt. Als Alternative eröffnet sich für Tellheim die Möglichkeit einer privat-menschlichen Existenz jenseits des absolutistischen Staates, des königlichen Dienstes und seines Ehrprinzips. Wenn dieses auch durch den Brief des Königs noch gerettet wird und der Schein der gesellschaftlichen Harmonie aufrechterhalten wird, so ist doch deren Brüchigkeit entdeckt. Die Emigration eines Dieners des Königs mag verhindert sein; offensichtlich ist indessen, daß die Normen der alten Gesellschaft durch den Aufbau einer neuen gesellschaftlichen Moral ersetzt werden müssen, deren Leitbegriffe ‚Liebe', ‚Mitleid' und ‚Freundschaft' heißen. So weit wie vom Ehrenkodex der feudalistischen Gesellschaft ist diese Moral vom Geschäftsgeist der entstehenden bürgerlichen Gesellschaft entfernt, deren Akkumulationsstreben in seiner übertriebenen Form Lessing bereits in seiner Jugendkomödie *Damon oder die wahre Freundschaft* (1747) karikiert hatte. Der Aristokrat Tellheim verschenkt auch in der Not noch sein eigenes Geld (I, 6) und weist

Werners Angebot zurück (III, 7), wodurch er vollends in die Nähe des tragischen Helden gerät.

Der bürgerliche Dramenheld ist zwar der heroischen Tragödie längst entwachsen, doch werden seine ‚bürgerlichen' Tugenden, wie Rechtschaffenheit (s. Brüggemanns Arbeiten) durch heroische Reminiszenzen (s. Schlaffer, S. 118ff. und 126ff.) verklärt im Bild des ‚ehrlichen Mannes'. Seine bloß ‚menschliche' Existenz, die adligen Standespflichten und bürgerlichen Geschäftszwängen gleichermaßen entrückt ist, wird in der Epoche des historischen Übergangs von der feudalistischen zur bürgerlichen Gesellschaft zum kritischen Vorwurf für beide. Lessing legt seinen bevorzugten Begriff zur Benennung des bürgerlichen Dramenhelden am Schluß des Stückes dem Grafen Bruchsall in den Mund:

> „Ich bin sonst den Offizieren von dieser Farbe (auf Tellheims Uniform weisend), eben nicht gut. Doch Sie sind ein ehrlicher Mann, Tellheim; und ein ehrlicher Mann mag stecken, in welchem Kleide er will, man muß ihn lieben" (V, 13; G I, S. 702).

Die Befreiung aus zu engen und starren gesellschaftlichen Bindungen ermöglicht es dem „ehrlichen Mann", jene Trennungen zu überwinden, denen die Menschheit unterworfen ist. So verweist die *Minna*, in der es um die Freisetzung des Individuums aus den Fesseln der feudalabsolutistischen Gesellschaft und um die Überwindung der durch Machtpolitik geschaffenen nationalen Gegensätze geht, bereits auf den *Nathan* und die *Gespräche für Freimaurer*. Auf dieses Ziel hinzuarbeiten wird dort zur Pflicht jedes Menschen gemacht.

2.4. Versöhnung realer Konflikte durch das Komödienschema

Die Begeisterung, mit der die *Minna* aufgenommen wurde, hat ihren Grund zweifellos darin, daß es Lessing gelang, durch die hoch reflektierte ästhetische Struktur des Stückes und im konkret Zeitgeschichtlichen des Stoffes die historische, gesellschaftliche und nationale Situation zu problematisieren. *Minna von Barnhelm* bedeutete für das bürgerliche Drama einen Schritt nach vorn. Sie brachte einen aktuellen Stoff von politischer Brisanz auf die Bühne, sie machte erstmals zeitgenössisches Leben und die erkennbare Tendenz des sozialen Wandels zum Thema einer ernstzunehmenden Dramatik, und sie führte dem Publikum die Bewährung einer bürgerlich-menschlichen Moral in der konkreten Situation der Nachkriegsnot vor Augen, wodurch eine weitgehende Identifikation ermöglicht wurde. Daß dies in der Form einer Komödie geschah, war kein Zufall: Traditionellerweise galt die Komödie als die Dramenform, in der sich eine dezidiert bürgerliche Lebensauffassung äußern konnte und durfte, in der Gegensätze auf untragische, friedliche Weise überwunden wurden und alle Konflikte am Ende sich in Wohlgefallen auflösten. In *Minna von Barnhelm* allerdings durchbricht das Eindringen gesellschaftlicher Wirklichkeit die Gattungsgesetze und entzieht sich der aus den Feindseligkeiten des Siebenjährigen Krieges entwickelte Konflikt der Forderung nach einem allseits befriedigenden Schluß (s. Steinmetz, bes. S. 150ff.).

Die Anwendung von Begriffen wie „Tragikomödie" (s. Guthke, S. 32 ff.; Hinck, S. 300 f.) oder „ernste Komödie" (Schlaffer, S. 94 f.) für die *Minna*, die Lessing einfach „Lustspiel" nannte, ist umstritten. Doch ist offensichtlich, daß die Komödienform die tragischen Elemente des Stoffes und der Situation Tellheims nicht verbirgt und die tragische Disposition seines Charakters nicht strafender Lächerlichkeit preisgibt. Wie schon bemerkt, erfährt der Zuschauer erst vom vollen Ausmaß der Affäre Tellheims (IV, 6; G I, s. 677 f.), nachdem der glückliche Ausgang durch Riccaut verheißen ist (IV, 2; G I, S. 666 f.) und Minna angekündigt hat, Graf Bruchsall werde Tellheims Geld zurückbringen (IV, 6; G I, S. 677). Danach erst werden die tragischen Elemente ganz erkennbar. Die Situation wird aber nicht bis zur Katastrophe ausgespielt und Tellheims zum Tragischen neigende Haltung erfährt auch keine nachträgliche Rechtfertigung. Vielmehr wird, durch Minnas Verstellungsspiel, zunächst eine moralische Überwindung des Konflikts herbeigeführt, die dann freilich, durch die für Minna ungünstige Ankunft des königlichen Handschreibens und durch ihre unglückliche Ringintrige, wieder gefährdet wird (V, 6–12; zur Funktion der Ringintrige: Strohschneider-Kohrs). Erst nach der – genau berechneten – Ankunft von Minnas Oheim, des Grafen Bruchsall, klären sich alle Mißverständnisse und findet das Geschehen sein versöhnliches Ende: „ein hauchdünner Sieg der Komödie" (Steinmetz, S. 152), die in der *Minna von Barnhelm* freilich eine neue Form angenommen und eine neue Funktion bekommen hat.

In Lessings Lustspiel *Minna von Barnhelm, oder das Soldatenglück* ging es nicht mehr nur – wie in der aufklärerischen Typenkomödie aus Lessings Jugendzeit – um die Korrektur eines extremen Charakters oder eines von der gesellschaftlichen Norm abweichenden spleenigen Verhaltens, sondern um die Inszenierung einer höchst ernsthaften zwischenmenschlichen Auseinandersetzung vor dem Hintergrund eines zeitgeschichtlichen militärisch-politischen Konflikts. Wie weit dieser Konflikt in das Stück hineinragt und die Handlung zwischen Minna und Tellheim tangiert, mag umstritten sein; fest steht, daß Tellheims tragische Situation und das ‚Mißverständnis' zwischen Tellheim und Minna ein Resultat der Kriegsereignisse sind und durch die bloße Verständigung der beiden Protagonisten nicht völlig beseitigt werden können. Wie Tellheims Unglück durch keinen an der Komödie Beteiligten verursacht ist, so vermag auch keiner hinreichende Abhilfe zu verschaffen. Die Rehabilitation Tellheims, die eine wesentliche Voraussetzung für den versöhnlichen Ausgang der Komödie ist, wird nicht durch das Komödiengeschehen bewirkt, sondern wird von außen herbeigeführt und erscheint durchaus als „Deus-ex-machina-Coup" (s. Michelsen, S. 223; auch S. 242 u. 244). Der wichtigste Hinderungsgrund für die Verbindung zwischen Minna und Tellheim wird damit „weniger gelöst als einfach zum Verschwinden gebracht" (Michelsen, S. 242). Die Probleme der Wirklichkeit, auf denen der Konflikt des Stückes doch basierte, werden auf höchst märchenhafte Weise beseitigt. Die Diskrepanz zwischen Konflikt und Konfliktlösung ist offensichtlich und macht das Hauptproblem der Deutung von Lessings neuer Komödie aus, die sich zwar noch der Mittel der früheren Komödie (Rollen- und

Requisitentausch) bedient, diese aber in ihrer Unzulänglichkeit und in ihrem Scheitern zeigt. Damit „scheitert zugleich auch die bewährte Strategie der Wirklichkeitsbeherrschung. Das Modell der traditionellen Komödie wird Gegenstand der Komödie, es wird im eigentlichen Sinne des Wortes aufs Spiel gesetzt, und muß sich seine Ohnmacht bescheinigen lassen" (Steinmetz, S. 151; s. auch Schröder, Lessing: *Minna von Barnhelm*, S. 64f.; Strohschneider-Kohrs, S. 194ff.).

2.5. Kontroverse Interpretationen des Komödienschlusses

Goethe bemerkt im 7. Buch von *Dichtung und Wahrheit* (1812): „Der erste wahre und höhere eigentliche Lebensgehalt kam durch Friedrich den Großen und die Taten des Siebenjährigen Krieges in die deutsche Poesie." Später schreibt er über die *Minna*, sie sei „die wahrste Ausgeburt des Siebenjährigen Krieges, von vollkommenem norddeutschem Nationalgehalt". Mit diesem Zeugnis rechtfertigten nationalpreußisch gesinnte Literaturhistoriker stets ihre Versuche, die *Minna* als Glorifizierung Friedrichs II und der preußischen Politik zu interpretieren und Lessing als Mitstreiter Friedrichs II hinzustellen (Treitschke, Stahr, Lassalle, Scherer u. a.). Kettner (1904) etwa sieht am Schluß der Komödie ein „Lob" auf die Gerechtigkeitsliebe und Kabinettsjustiz Friedrichs II (S. 90). Erich Schmidt (1884/92) bemerkt den sicheren Takt Lessings, der den König nicht als deus ex machina, sondern in diskreter Art per Handschreiben den Knoten lösen läßt; sei es doch schon eine kühne Neuerung Lessings gewesen, den lebenden Monarchen wiederholt auf der Bühne zu erwähnen (Bd. 1, S. 467f.). Ihm folgt in seiner Interpretation noch Staiger (s. S. 44; ein knapper Überblick über die kontroverse Rezeptionsgeschichte bei Seeba, S. 20ff; ausführlich jetzt: Steinmetz).

Gegen Erich Schmidts Lessing-Buch als Beispiel der national-bürgerlichen Literaturgeschichtsschreibung und der genetischen Methode der Scherer-Schule war Mehrings *Lessing-Legende* (1893) gerichtet, als Versuch klassenkämpferischer Literaturgeschichtsschreibung mit den Erkenntnisprinzipien des historischen Materialismus. Mehring betont, man dürfe sich den Gesichtspunkt, „daß die klassische Komödie unseres bürgerlichen Lebens ein Soldatenstück" sei, „von den bürgerlichen Literarhistorikern nicht dahin verpanzern [...] lassen, daß die *Minna* den König Friedrich oder den Siebenjährigen Krieg verherrlichen soll" (S. 280; s. S. 317f.). In der *Minna* sieht er „nichts andres als eine schneidende Satire auf das friderizianische Regiment" (S. 283).

Dieses Urteil, das sich aus dem Text der *Minna* kaum mit größerer Plausibilität begründen läßt als das von Schmidt und Kettner, kann zwar durch die oben zitierten Äußerungen Lessings gestützt werden, ist aber doch zu einseitig und übersieht, daß *Minna* eine vielschichtige Kritik der gesamtgesellschaftlichen Situation beinhaltet. Bezeichnenderweise stellt Lukács, der Mehrings antifriderizianischer These zustimmt, *Minna* in den weiteren Horizont des Lessingschen Denkens: „es ist das Aufklärungsmärchen vom notwendigen Endsieg einer zur

Anmut gewordenen Vernunft; die tiefste Schicht von Lessings Weltanschauung, die bei Anerkennung der Wahrheit aller Dissonanzen in der Wirklichkeit unerschütterbar von der letzthinnigen Harmonie der Welt überzeugt" blieb (S. 442 f.). Auch Weber betont noch die antifriderizianische Tendenz (S. 52), doch erscheint dies fast als ein unzeitgemäßes Relikt aus der Fehde zwischen Schmidt und Mehring. Diese spielte sich in Berlin unter den Augen der Nachfolger Friedrichs II auf dem Preußenthron ab, zu einer Zeit, in der das kurz zuvor gegründete Reich von vielen als eine Frucht auch seiner Politik betrachtet wurde. Inzwischen hat die ‚fritzische' mit der ‚preußischen Frage' ihre Aktualität ohnehin eingebüßt. Für einen Versuch, die geschichtsphilosophischen und sozialgeschichtlichen Implikationen des Stückes herauszuarbeiten, ist die Fragestellung peripher.

B. Bühnenrezeption der Minna von Barnhelm

0. Vorbemerkung

Minna von Barnhelm erfreut sich unter allen Schauspielen Lessings der konstantesten Wirkung und Wertschätzung. Bei *Emilia Galotti* tauchte immer wieder der Vorwurf der Problemferne auf; *Nathan* der Weise wurde aus tendenziöspolitischen Gründen nach dem Dritten Reich häufig aufgeführt. Der Erfolg dieses Stücks hängt in besonderem Maße von der schauspielerischen Leistung des Nathan-Darstellers ab.

Schon Christian Felix Weisse (1793; s. u. S. 266) und Lessing selbst (Brief vom 25. 5. 1777 an Friedrich Nicolai; R IX, S. 748) erkannten die starke Zeitgebundenheit des Lustspiels *Minna von Barnhelm*. Wie die Rezeptionsgeschichte belegt, ist die Popularität des Stücks an die Aktualität des Stoffes gebunden. Für den Regisseur erhebt sich somit immer die Frage nach der thematischen Aktualisierbarkeit.

Über die Problemferne äußerten sich die Theaterkritiker Theodor Fontane und Alfred Kerr (Hein, *Minna von Barnhelm*, S. 74 ff.). Fontane urteilte allgemein: „Alles, was in hervorragendem Maße ein *Zeitbild* ist, ist auch immer in Gefahr, mit ebenderselben Zeit, der es in eminenter Weise Ausdruck gab, vom Schauplatz abtreten zu müssen, und keine Klassizität der Sprache, keine Wahrheit der Charaktere, kein Glanz der Farbengebung sind imstande, darüber ganz hinwegzuhelfen." Das Kulturbildliche steigere die Wirkung zwar momentan, beschränke jedoch ihre Dauer. Dies treffe bei *Minna von Barnhelm* zu, und „nur eine gewisse Vollendung der Darstellung, die uns das Ganze dann wie eine Reihe lebender Bilder" erscheinen lasse, könne „das Fremdartige vergessen machen" (Fontane in der Vossischen Zeitung über eine *Minna*-Aufführung von 1870, Beilage; Steinmetz, Lessing, S. 381). Dagegen bezeichnete Paul Rilla das Lessingsche Lustspiel als ein noch immer aktuelles Stück. Lessing versöhne die nationalen Gegensätze, die der deutschen Einheit im Wege stünden; er wende sich gegen einen Krieg, der die nationale Zerklüftung vertieft habe (R X, S. 114). Die Wahl

Minnas zum Aufweis der Bühnenrezeption gründet in der konstanten Aufführungspraxis der zeitgeschichtlichen Thematik. Ein wichtiger Aspekt der ideologiekritisch orientierten Analyse ist die Frage nach der Wirkung eines zeitgeschichtlichen Stoffes unter veränderten gesellschaftlichen Umständen. Spätere Rezeptionen können von den intendierten und den registrierbaren zeitgenössischen völlig abweichen. Die Schwierigkeit, wie Literaturwerke ihre Entstehungsbedingungen überdauern und noch heute „Kunstgenuß gewähren und in gewisser Beziehung als Norm und unerreichbare Muster" gelten können (Marx/Engels, Werke, Bd. 13, S. 641), findet sich besonders bei Werken mit zeitgeschichtlicher Thematik, weil sie nicht nur künstlerisch-formal, sondern auch stofflich ihrer Zeit verhaftet sind. Übergreift, so müßte bei *Minna von Barnhelm* die entsprechende Frage lauten, die Aktualität des Problems die Gebundenheit des historischen Stoffs – oder hätte Lessing besser getan, das Problem an einem bereits für ihn historischen Stoff zu gestalten?

Bei gegenwärtigen Inszenierungen, die eine Lösung weder in „musealer Rekonstruktion" noch in „vulgärer Aktualisierung" suchen, ist von dem Widerspruch und der Einheit zwischen entstehungsgeschichtlicher Gebundenheit und zeitüberdauernder Wirkung von Literatur auszugehen (Robert Weimann, Gegenwart und Vergangenheit in der Literaturgeschichte, in: Methoden der deutschen Literaturwissenschaft. Hrsg. v. Viktor Žmegač, Frankfurt a. M. 1971, S. 340 ff., hier S. 343; generell dazu Gerhard Stadelmaier, Lessing auf der Bühne). Die Schwierigkeit beginnt bereits bei einzelnen Wörtern, deren Bedeutung sich gewandelt hat; der Bezeichnung „brav" haftet heute der Geruch ‚lammfromm' an; im 18. Jahrhundert meint der Ausdruck ‚tapfer' mit dem Beiklang ‚unbändig, wild'. Der Regisseur kann zwar im Programmheft eine Erklärung geben, doch für das Sinnverständnis eines *Laien*-Publikums ist die Ersetzung des Ausdrucks durch ein modernes sinnentsprechendes Wort unumgänglich.

Literaturwissenschaftliche Interpretation und Bühneninszenierung unterscheiden sich auch darin, daß der Philologe sich primär an der Intention des Autors orientiert, während der Regisseur weit stärker auf das Interesse des Publikums achten muß – ihn leitet das Prinzip, eine aktualisierbare Aussage in Bühnengeschehen umzusetzen. Ist Evokation sein Hauptinteresse, so kann er sich dabei von den Absichten des Autors legitimerweise entfernen. Die Grenze inszenatorischer Deutung befindet sich dort, wo ein Neuschreiben größerer Partien erforderlich wäre. Der letzte Abschnitt dieses Kapitels geht anhand einiger bundesrepublikanischer Inszenierungen dieser Problematik nach.

1. Grundlageninformationen

1.1. Texte und Materialien

Braun, Julius W. (Hrsg.): Lessing im Urtheile seiner Zeitgenossen: s. Gesamtbibl. 3.
Hein, Jürgen (Hrsg.): G. E. Lessing, *Minna von Barnhelm*. Erläuterungen und Dokumente, Reclam Nr. 8108, 1970.

Hildebrandt, Dieter (Hrsg.): G. E. Lessing, *Minna von Barnhelm,* Ullstein Nr. 3930, 1969.

Steinmetz, Horst (Hrsg.): Gotthold Ephraim Lessings *Minna von Barnhelm.* Dokumente zur Rezeptions- und Interpretationsgeschichte. Königstein/Ts. 1979.

1.2. Forschungsliteratur

von Stockmayer, Hayo: Das deutsche Soldatenstück des XVIII. Jahrhunderts seit Lessings *Minna von Barnhelm,* Stuttgart 1898 [Materialsammlung.]

Labus, Lotte: *Minna von Barnhelm* auf der deutschen Bühne, Diss. Berlin 1936 [Brauchbarer Überblick über die Theatergeschichte, noch ohne den Aspekt der ideologischen Analyse.]

Brock-Sulzer, Elisabeth: G. E. Lessing: s. Gesamtbibl. 2.

Möckel, Manfred: Über Theaterarbeit an Klassikern. Was interessiert junge Zuschauer an *Minna von Barnhelm?*, Weimarer Beiträge 12, 1972, S. 121 ff.

Stadelmaier, Gerhard: Lessing auf der Bühne; s. Teilbibl. zu VII.

Theater heute 1961 (4, S. 31 f.), 1962 (10, S. 42; 11, S. 38), 1963 (1, S. 40 f.), 1967 (11, S. 40 f.), 1969 (11, S. 20 ff.), 1970 (12, S. 23 ff.), 1972 (10, S. 39 ff.), 1976 (10, S. 14 f.).

Theater der Zeit 1978 (6, S. 13 ff.).

2. Abriß der Bühnenrezeption

2.1. Zeitgenössische Aufnahme

2.1.1. Ignorierung der sozialen und politischen Kritik

Minna von Barnhelm ist das erste deutsche Lustspiel, das Zeitgeschichte auf die Bühne brachte. Die zeitgenössischen Rezensionen jedoch vermeiden die Erwähnung sozialer und politischer Implikationen und beschränken sich auf den ästhetischen Bereich, indem sie Originalität, Natürlichkeit von Sprache und Dialog, Personencharakterisierung und Handlungsführung betonen. Bei der Beurteilung *Emilia Galottis* geht die Literaturkritik ebenso vor (VII A 2.2.). *Minna* gilt allgemein als „Meisterstück" der Lessingschen Dramen (Braun I, S. 179, 180).

Für die frühe literarische Kritik ist die persönliche, mit den Kriterien Sympathie und Antipathie arbeitende Stellungnahme bezeichnend. Der Rezensent beschreibt die Personen nicht als fiktive, textuell festgelegte Figuren, sondern als reale Charaktere (z. B. Braun I, S. 177, 202 f.). Stärkeren Anklang als Tellheim finden Minna und der ehrliche Wachtmeister Paul Werner, den viele für den schönsten Charakter im Stück halten (Braun I, S. 191). Die Gestalt des Glücksritters Riccaut wird abgelehnt; Befremden erregen die derben Ausdrücke des groben „Packknechts" Just: „Selbst aus dem Munde eines Bedienten sollte man sie denn nicht hören, wenn dieser öffentlich erscheinen und vergnügen soll" (Braun I, S. 200; 192, 208). Franziska wird nur in ihrem Verhältnis zu Minna, nicht als eigener Charakter erfaßt. Vielfach betonen die Rezensenten die Originalität: alles sei deutsch, nicht allein die Namen, auch Handlung und Charaktere (Braun I, S. 178, 191; Eschenburg). Die als „Nationalcharaktere" bezeichneten „Personen sind vollkommene Deutsche, durch keinen ausländischen Zug verstellt; selbst die kleinste *Nuance* ihres Charakters ist in den Sitten des Landes gegründet" (Braun I, S. 197; S. 205, 325). Als Muster für „guten Geschmack" („Ton der guten Gesellschaft", Braun I, S. 199) findet das Lustspiel beim gebildeten Publikum beifällige Resonanz. Umso abstoßender wirken einzelne Wörter wie „Rabenaas", „Stockfisch" oder gar „Hure", ein Wort, vor dem auch die Schauspieler zurückschreckten (Braun I, S. 200, 203; s. den Bericht Karl Lessings über die Berliner Aufführung, LM XIX, S. 250). Mehrere Beurteiler finden für Herz und Witz genügend Szenen (Braun I, S. 178); den andern scheint es, als seien manche Situationen „nicht recht gefühlt, oder doch wenigstens nicht recht ausgedruckt" (Braun I, S. 185).

Zahlreiche Beobachter betonen die Natürlichkeit und Wahrhaftigkeit der Personencharakterisierung. Lessing erreiche den Kontrast der handelnden und redenden Personen nicht durch bloßes Entgegensetzen guter und böser Charaktere, sondern er berücksichtige auch die soziale Schichtung und die Verschiedenheit der Geschlechter (Braun I, S. 191, 198, 202). Die rührenden Szenen gelten als die „schönsten Stellen" (Tellheim – Witwe I, 6; Just – Pudel I, 8; Werner – Tellheim III, 7; ferner II, 3 und V, 1).

Beifall erhält der natürliche Konversationston des Dialogs. Man rühmt, es herrsche darin „allenthalben der wahre ungekünstelte Ton des Umgangs", die Personen redeten „beständig munter, unterhaltend, charakteristisch" (Braun I, S. 192; Eschenburg). Gerühmt werden die Leichtigkeit des Dialogs, die Anmut des Stils und der ,Adel des Ausdrucks' (Braun I, S. 200). Mauvillon stellt die natürliche Sprache der *Minna von Barnhelm* im Rückblick über die der *Emilia Galotti*, in der sich bereits eine gewisse Manier bemerkbar mache (Braun I, S. 439). Friedrich Wilhelm Glotter betont in seiner Rezension der Wetzlarer Aufführung den stilbildenden Einfluß von Lessings Diktion auf die Schauspielkunst (Labus, S. 25 ff.).

Kritik wird an verschiedenen Stellen laut: am übertriebenen Ehrbegriff; an der Redlichkeit Tellheims (Braun I, S. 204) und an Minnas mutwilligem Versteckspiel gegenüber Tellheim; an der „spitzfindigen Beschaffenheit" mancher Situationen (Tellheims Haltung gegenüber Minna, auch Werners Geldangebot); an der „Armut der Handlung"; der allzu großen Anzahl der Episoden (Braun I, S. 192 f.; Eschenburg), und besonders an der angeblich überflüssigen Riccaut-Episode (s. Braun I, S. 184, 193, 199, 207, 324). Die Ring-Geschichte gilt als zu lang und zu verwirrend; der Tonfall sei manchmal zu feierlich (Braun I, S. 194, 198). Einwände gegen die Ökonomie des Stücks bemängeln, die List Minnas und ihr vorgetäuschtes Unglück seien nicht natürlich genug eingeleitet. Getadelt wird auch Minnas geziertes Wesen; ihre Ziererei schlage in Bosheit um (Braun I, S. 206). Von Lessings früheren Lustspielen – so konstatiert man – unterscheide sich *Minna von Barnhelm* durch die rührenden Szenen (Braun I, S. 326). Das Stück bewege „oft zum Lachen, weit öfter zum Lächeln, und nicht selten zu Thränen" (Braun I, S. 177).

2.1.2. Die ersten Aufführungen – Entschärfung durch die Zensur

Die Uraufführung fand in Hamburg am 30. 9. 1767 statt, ein halbes Jahr nach der Publikation (Ostermesse 1767; erste Kritik 9. 4. 1767). Die Erklärung für diese Verspätung muß im Verhalten der Zensurbehörde gesehen werden, die sich höchstwahrscheinlich an den politischen Spitzen gestoßen hat (eventuell spielt auch die Affäre eines im Zusammenhang mit Kontributionszahlungen erfolgten finanziellen Bankrotts um den Bankier Gotzkowsky in diesem Kontext eine Rolle: s. Hildebrandt, S. 8 ff.). Da die politische Tendenz jedoch nicht im Vordergrund des Stückes steht, konnte die preußische Regierung in die Hamburger Aufführung einwilligen; sie erlebte 16 Wiederholungen.

Die nächsten Aufführungen fanden statt in Frankfurt (17. 10. 1767 durch Leppertsche Gesellschaft), in Wien (14. 11. 1767 mit starken Kürzungen) und in Leipzig (18. 11. 1767 durch die Kochsche Gesellschaft). In der Wiener und Leipziger Inszenierung wurden vor allem moralisch und politisch anstößige Stellen gestrichen (Tellheims Worte V, 9). Am 21. 3. 1768 brachte Döbbelin mit seiner Gesellschaft in Berlin *Minna von Barnhelm* zur Aufführung. Karl Lessing erwähnt die von der Zensur bereiteten Schwierigkeiten: „Alle Einwendungen gegen die Aufführung liefen dahin aus: man könne zwar über Gott räsonieren und dramatisieren, aber nicht über Regierung und Polizei." So ist es besonders bemerkenswert, daß die Zensur dieses Mal keine Textstreichungen verlangte (Karl Lessings Bericht: LM XIX, S. 248–251; s. Labus, S. 37 ff., ferner Hein, S. 55 ff.). Die 19 Berliner Vorstellungen wurden zu einem großen Erfolg und retteten dazuhin Döbbelin aus finanziellen Schwierigkeiten. Weitere Aufführungen erlebte *Minna von Barnhelm* durch die Schuchsche (Breslau 3. 5. 1768) und die Starcksche Truppe.

Die erste außerdeutsche *Minna*-Aufführung fand am 14. 10. 1774 in Kopenhagen statt; es folgt die Übersetzung des deutschen Schauspielers Großmann ins Französische (1772; s. auch Braun II, S. 38; Übersetzung von Mylius ins Französische; frühe Aufführungen, bis 1789, jetzt bei Ursula Schulz, Lessing auf der Bühne, S. 183 ff.; Raschdau, Die Aktualität der Vergangenheit, S. 35 ff.).

Von größerer Bedeutung ist jedoch die Bearbeitung des französischen Theaterdichters *Rochon de Chabannes* (1730–1800): Die Pariser Uraufführung (13. 10. 1774) wurde ein großer Theatererfolg (12 Aufführungen – s. Braun II, S. 271; Labus, S. 57 ff., dort sind die Änderungen verzeichnet); noch 1778 und 1780 ist das Stück im Pariser Repertoire nachweisbar. 1793 wurde diese französische Bearbeitung ins Schwedische übertragen. Chabannes Ziel war es, mit der Komödie *Les amants généreux* Lessings Schauspiel zu verbessern und dem feineren französischen Geschmack anzupassen. Der Ehrbegriff, der bei Lessing im Zentrum steht, verliert seine Bedeutung in beiden Bearbeitungen völlig. Die äußerliche Heiratsintrige bestimmt ausschließlich den Handlungsverlauf des zum reinen Unterhaltungsstück degradierten Lustspiels (s. dazu G. Schmitz, Zu Lessings *Minna von Barnhelm*, Gymnasium 20, 1902, S. 381 ff.).

Obwohl erst 1786 im Londoner Haymarket-Theater aufgeführt, war *Minna von Barnhelm* das erste deutsche Stück auf einer englischen Bühne. Nach elfmaliger Wiederholung wurde das Lustspiel dann auch auf den Provinzbühnen gegeben.

Das literarische Publikum und die Kritiker enthielten sich politischer Meinungen. Die Aufführungspraxis zeigt, daß es sich bei den von der Zensur vorgenommenen Streichungen um die von Friedrich Nicolai beklagten „vielen Stiche auf die preußische Regierung" handelt (Brief vom 21. 3. 1767 an Johann Meinhard). Wahrscheinlich sind es die folgenden Partien:

1. die Fremdenbuchszene (II, 2) verspottet die Exaktheit der Berliner Fremdenpolizei; Spionagedienste der Gastwirte;
2. Franziskas Vergleich der paradierenden Soldaten mit Drechslerpuppen (IV, 5) (s. Labus, S. 14);
3. Tellheims Worte: „Die Dienste der Großen sind gefährlich, und lohnen der Mühe, des Zwanges, der Erniedrigung nicht, die sie kosten" (V, 9);
4. die Mitwirkung Friedrichs des Großen, wenn auch nur als „verdeckte Person";
5. der aktuelle Stoff mit seinem sozialen Hintergrund, der ein Hauptelement der unmittelbar starken Wirkung der *Minna*-Aufführungen ausmacht (verabschiedete Offiziere, Witwen).

Auch die Theaterkritik geht nicht auf den sozialpolitischen Hintergrund ein. Dafür würdigt sie umso wortreicher die rührenden Szenen. Sicher trugen die 1770 im Berliner Genealogischen Kalender erschienenen 12 Radierungen Daniel Chodowieckis zu 12 Szenen aus *Minna von Barnhelm* zur Steigerung des Bühnenerfolges bei.

2.2. Wirkungslosigkeit der literarischen Nachfolger

Bis zum Jahr 1822 zählt Stockmayer 260 Stücke, die Ähnlichkeiten mit Lessings Lustspiel enthalten sollen. Der eine Teil der Schauspiele, der an den Nebentitel ‚Soldatenglück' anknüpfte, brachte Szenen aus dem Soldatenleben und betonte die Standesehre des Offiziers; der andere Teil begnügte sich mit dem alltäglichen Lebenskreis, betonte also das bürgerliche Element. Vor allem die beiden militärischen Grundtypen, der männliche und ehrliebende Offizier (Tellheim), und der einfache Soldat aus dem Volk, der das Herz auf dem rechten Fleck hat (Werner), machen Schule; sie stehen beide in einer langen Theater-Tradition (Plautus u. a.). Die ersten Schauspiele, auf die *Minna von Barnhelm* einwirkte, waren *Der Graf von Olsbach oder die Belohnung der Rechtschaffenheit* (aufgef. 1768) von Johann Christian Brandes, *Die abgedankten Officiers, oder Standfestigkeit und Verzweiflung* (Wien 1770) von dem Schauspieler Stephanie dem Jüngeren und das ländliche Lustspiel *Der dankbare Sohn* (Leipzig 1771) von Johann Jakob Engel.

Für Brandes ist die Moral das ausschließliche Wertungsprinzip (wie später in den rührseligen Familienstücken). Bei Stephanie macht sich eine oberflächliche Haltung breit: „Der Soldat nehme sein Glück, wo er es findet" (= ‚Soldatenglück'); pedantisch-verkrampft wirkt die Ehrvorstellung des Helden, dem hauptsächlich vor einem Skandal bange ist. Engel läßt einen „Mann aus dem Volk" zu hohem militärischem Rang aufsteigen und den Ruhm Friedrichs II zurück ins Volk tragen. Das Stück, das ein einziger patriotischer Hymnus auf den volksverbundenen (!) König Friedrich sei, habe die dramatische Gattung des „ländlichen Genres" begründet (Stockmayer, S. 19 ff.; etwa Stephanies *Der Deserteur aus Kindesliebe*, Wien 1773; Kotzebues *Das Kind der Liebe*, Leipzig 1791 u. a.; Stockmayer, S. 91 f., Anm. 17).

Die Gestalt des großmütigen Königs wurde mehrfach dramatisiert (*Arno* von J. M. Babo; Frankfurt u. Leipzig 1776; *Der abgedankte Offizier* von J. Lederer, zwischen 1774 und 1776: hier übernimmt Kaiser Joseph II die Rolle Friedrichs; *Das große Beispiel, oder welch ein Mensch!* von F. J. Fischer, Prag 1778). Sie alle verherrlichen in loyaler Weise den Fürsten. Im typischen Soldatendrama (Stockmayer, S. 29 ff.) fand neben Tellheim vor allem der Typ des ehrlichen Wachtmeisters Paul Werner zahlreiche Nachfolger. Das loyale Verhalten gegenüber dem Fürsten, der nach dem patriarchalischen Bild des Landesvaters (Gedanke der Volksfamilie) modelliert erscheint, fing die kritischen Einwände gegen soziale Mißbräuche, gegen Hof und Beamtenschaft, gegen die Überheblichkeit des Adels und die Unterdrückung des Bürgertums ab. Mängel der sozialen Verhältnisse und deren Abhilfe ließen sich besonders deutlich am Typ des ‚verabschiedeten Offiziers' zeigen (Brandes: *Der Landesvater*, 1782; Iffland: *Dienstpflicht*, 1795; Kotzebue: *Die Verläumder*, 1795).

Die in *Minna* dargestellten Lebensbereiche des Bürgerlichen, des Ländlich-Bäuerlichen und des Militärischen erhielten eigenständige Bearbeitungen. Dennoch bildete sich um *Minna von Barnhelm* keine „Familie" von Nachahmungen, wie etwa im Gefolge des Goetheschen Götz *(historisches Drama)* oder in der Nachfolge von Lillos *Kaufmann von London* und Lessings *Miß Sara Sampson (Bürgerliches Trauerspiel)*.

Als Kuriosum muß der dreibändige Roman *Karl von Tellheim und Minna von Barnhelm, ein kriegerisches Gemälde aus den Zeiten Friedrichs des Großen* (Quedlinburg 1821) von Johann Andreas Christoph Hildebrandt gelten, der unter patriotischer Perspektive die historischen Ereignisse in den Vordergrund rückte. Thematik (auch das Ring-Motiv, in Stücken von Friedrich Ludwig Schröder u. a.) und einzelne Charaktere wirkten auf die zeitgenössische Dramenproduktion stärker als die gerühmte Dialogkunst Lessings.

2.3. Verdrängung durch Geschmackswandel (Minna von Barnhelm auf der Bühne des 18. Jahrhunderts)

Obwohl Anna Luise Karsch anläßlich der Berliner Aufführung betonte (Brief vom 29. 3. 1768 an Gleim; Hein, S. 59 f.), vor Lessing sei es noch keinem deutschen Dichter gelungen, „daß er den Edlen und dem Volk, den Gelehrten und den Laien zugleich eine Art von Begeisterung eingeflößt und so durchgängig gefallen hätte", fällt fast allen Beurteilern der Bühnengeschichte *Minnas* auf, daß die schon bei der Hamburger Uraufführung erkennbare Zweiteilung des Publikums typisch war: der Beifall der „Kenner" ist dem Schauspiel fast immer sicher, der Beifall des breiten Publikums, das nach Rührung, Spektakel und spannender Handlung verlangte, dagegen nur selten. So galt denn auch *Minna* stets als Meisterwerk des guten Geschmacks und wurde besonders auf Privattheatern aufgeführt. In diesen Liebhabertheatern spielten oft Adlige. Goethe erwähnt eine solche Aufführung in Leipzig; auch hier gehörte das Publikum den gebildeten Ständen an (*Dichtung und Wahrheit*, 7. Buch; s. auch Labus, S. 53 ff.).

Ende des 18. Jahrhunderts ließ die Beliebtheit des Stückes nach, wohl als Folge der verminderten Aktualität. Die 16 Aufführungen während der zwei Jahre der ‚Hamburger Entreprise' 1767/69 sanken in den nächsten zwei Jahren 1769/71 auf 10, in den folgenden drei Jahren 1772/75 auf nur 8 Aufführungen, dann trat eine Pause von fast drei Jahren ein. Erst 1778 wurde *Minna* wieder in den Hamburger Spielplan aufgenommen. Zwar galten nach wie vor die Vorzüge, denen das Lustspiel seine Beliebtheit verdankt: Sittenschilderungen, Lebensnähe der Charaktere, moralischer Inhalt, Leichtigkeit der Konversationssprache und Lebendigkeit der Dialoge; doch war das für einen Publikumserfolg ausschlaggebende Interesse am Stoff vermindert, – „und wieviel verliert selbst die vortreffliche Minna, wenn man nicht mit den Umständen des damaligen Krieges bekannt ist" (Christian Felix Weisse, *Lustspiele*, Leipzig 1783, Vorrede). Lessing selbst stellte ein Nachlassen des Publikumsinteresses fest; an Nicolai schrieb er über *Minna*:

> „Das Ding war zu seinen Zeiten recht gut. Was geht es mich an, wodurch es jetzt von dem Theater verdrängt wird" (Brief vom 25. 5. 1777; R IX, S. 748).

Die Zeitferne entfremdete den Stoff, ohne daß historische Betrachtung die mangelnde Aktualität überbrückt hätte, und so trat Gleichgültigkeit ein. Soldatenstücke (dazu s. Stockmayer), Singspiele, Spektakelstücke und Ritterdramen verdrängten *Minna* von der Bühne, höchstens ließ sich ein Zugang von den rührseligen Familienstücken (Iffland, Kotzebue u. a.) her finden. Bereits die zeitgenössische Buchkritik hatte ja die rührenden Szenen von Just und Paul Werner hervorgehoben (vor allem die Pudel-Erzählung).

Die repräsentativen Theater (Wien, Mannheim, Berlin) wirkten dem abflauenden Interesse durch bewußte Klassikerpflege entgegen. Der Kontrast zwischen den repertoirebeherrschenden Ritterdramen und Familiengemälden und der gehobenen Konversation *Minnas* verdeutlichte die Diskrepanz künstlerischer Qualitäten. *Minna von Barnhelm* galt uneingeschränkt als ‚Krone unserer Lustspiele'. Das Publikum freilich zog andere Stücke vor. Wieder machte sich die Trennung der sogenannten ‚Kenner' und der am stofflich Spannenden, ja Reißerischen interessierten Menge bemerkbar.

2.4. *Minna von Barnhelm auf der Bühne und in der Schule des 19. Jahrhunderts*

Als im Gefolge der von Goethe und Schiller ausgehenden Idealisierungstendenzen ‚Natürlichkeit' als Ideal zurücktrat, verlor die Anschauung von der Mustergültigkeit Lessings an Boden. August Wilhelm Schlegel gab *Minna* geradezu die Schuld an den „platten Natürlichkeiten" ihrer Nachahmer (1809; Steinmetz, Lessing, S. 228). Eine gewisse Rolle spielte dabei auch die Prosaform, die sich der stilisierenden Deklamationsweise der Weimarer Schule entzog.

Neue Aktualität gewann das Lustspiel Anfang des 19. Jahrhunderts unter stofflichem Aspekt: es war ein patriotisches Stück geworden, das dem neuerwachten Sinn für die deutsche Vergangenheit und der besonderen Vorliebe für die „große Zeit des großen Königs" seinen Beifall verdankte. Auch als Nachkriegsstück fand das Lustspiel nach den Befreiungskriegen neues Interesse. Auf der Weimarer Bühne wurde unter Goethes Leitung *Minna von Barnhelm* in 27 Jahren 24 Mal, in Leipzig von Küster während seiner elfjährigen Direktionszeit 12 Mal aufgeführt. Während der an französischen Gesellschaftsstücken orientierten Schauspielproduktion 1840–80 galt *Minna von Barnhelm* als Pflichtstück „systematischer Klassikerpflege" (Labus, S. 81). Eduard Devrient führte *Minna* allein zwischen 1856 und 1870 17 Mal in Karlsruhe auf. Um die „Sympathie der Gegenwart" zu gewinnen, zog er den vierten und fünften Akt zusammen. Franz Dingelstedts 1854 in München veranstaltete Aufführung zeichnete sich durch prominente Besetzung aus (Schauspieler aus Karlsruhe, München, Wien, Berlin und Dresden; Streichung der Gestalt des Grafen von Bruchsall) – ein Indiz für den steigenden ‚Kurswert' des Stückes.

Der in den siebziger Jahren sich verstärkenden patriotischen Tendenz entsprach das Credo nationaler Aktualisierung gegenüber der Ansicht, das Lustspiel sei museal, ja reaktionär (Labus, S. 82 ff.). Die Beliebtheit des modernen Gesellschaftsstückes, das eine realistische, charakterisierende Behandlung der reinen Deklamation vorzog, kam der Pflege des Lessingschen Konversationstones entgegen. Für die „beschränkte Popularität" des Stücks nennt Ernst Heinrichs einige Gründe. Einerseits macht er die „Jämmerlichkeit des damaligen deutschen Theaters", andererseits den Umstand, „daß das Drama einen nationalen Hintergrund und in dieser Beziehung keine Rivalen hatte", für den zeitgenössischen Erfolg verantwortlich. Eingehender erklärt er den Verbleib des Lustspiels im modernen Repertoire:

„Zunächst bemerken wir, daß ‚Minna von Barnhelm' gewiß nicht mehr mit Enthusiasmus aufgenommen; vielmehr meistens vor entsetzlich leerem Hause gegeben wird. Trotzdem geben wir Recht, daß ‚Minna von Barnhelm' noch immer von einem großen Theil des Publicums gern gesehen wird. Minna und Tellheim aber haben keine Schuld daran: aus Ehrfurcht und Achtung vor Lessing geschieht es auch nicht; nein, dasjenige, was das Drama nach unserer Ansicht noch immer sehenswerth macht, sind die Nebenpersonen, sind Just und der Wirt, Werner und Franziska, und vor allem der Lieutenant Riccaut. Trotz mancher kleiner Schwächen und Widersprüche können diese Personen, wie wir glauben, gerechte Ansprüche auf die Anerkennung der Wirklichkeit und Natürlichkeit machen, die den Hauptpersonen von den [...] Kritikern in so reicher, vielleicht nicht ganz verdienter Weise zu Theil geworden ist" (Ernst Heinrichs, Ein Meisterstück Lessings oder Fragen und Anmerkungen zu *Minna von Barnhelm*, Hannover 1870, S. 26).

Das Aufkommen naturalistischer Strömungen verdrängte *Minna von Barnhelm* und die Prinzipien des ‚guten Geschmacks' abermals (s. etwa die Kritik Alfred Kerrs; Hein, S. 74 ff. und Steinmetz, Lessing, S. 437 f.).

Seit Ende des 18. Jahrhunderts wurde *Minna* zur Behandlung im Schulunterricht empfohlen. Die Lektüreauswahl Heinrich Ludwig Meierottos (*Abschnitte aus deutschen und verdeutschten Schriftstellern zu einer Anleitung der Wohlredenheit*, Berlin 1794) stellt sowohl Shakespeare als auch Lessing zu den „empfehlungswürdigen, classischen Schriftstellern". Allgemein galt *Minna* gegenüber *Emilia* oder *Nathan* als unproblematisch und daher für die Schullektüre geeignet. Den Zweck dieses „echt preußischen und echt deutschen Stückes" sah man meist in der Verherrlichung des Preußentums (August Brunner, Lessing als Schullektüre, Blätter für das Gymnasialschulwesen 52, 1916, S. 121 ff.).

2.5. Versuche zeitgemäßer Klassiker-Inszenierungen (Minna von Barnhelm im 20. Jahrhundert)

2.5.1. Minna von Barnhelm als Heimkehrer- und Nachkriegsstück

Nach dem ersten Weltkrieg gewann *Minna von Barnhelm* als Soldaten- oder Nachkriegsstück erneute Aktualität (Problematik der „Kriegsbeschädigtenfürsorge", Labus, S. 88). Auch Front- und Gefangenentheater bemächtigten sich des Dramas. Freilich verführte die Parallelität stofflicher Bezüge zu vordergründiger Aktualisierung. Die Gebundenheit an politische und soziale Strukturen des Absolutismus wurden vernachlässigt. Die Inszenierung Max Reinhardts vom 14. 1. 1904 im Berliner ‚Neuen Theater' hat die neue Auffassung der Minna-Rolle geschaffen. Galt Minna bisher als vornehme Dame, so betonte Agnes Sormas entsentimentalisierte Interpretation die „überquellende Empfindung und Laune". Den Regieeinfällen Max Reinhardts (erneute Inszenierung am 9. 11. 1916), Jürgen Fehlings (Berliner Staatliches Schauspielhaus, 23. 10. 1923) und Hans Hinrichs (Deutsches Künstlertheater Berlin, 16. 4. 1931) wurde Übertreibung ins Possenhafte und Parodierung der alten klassischen Muster vorgeworfen (s. auch die Rezensionen der Aufführungen in Berlin 1883, Zürich 1953 und 1965 bei Brock-Sulzer, S. 127 ff.; s. ferner Max Mendheim, Das 150jährige Bühnenjubiläum von *Minna von Barnhelm*, Wiss. Beilage der *Leipziger Zeitung* Nr. 228, 1917; und Georg Schaumberg, Mitteilungen zur Bühnengeschichte von *Minna von Barnhelm*, Zeitung für Literatur, Kunst und Wissenschaft des *Hamburgischen Correspondenten*, Nr. 20, 1917; ferner Hildebrandt, S. 179 f.).

2.5.2. Ostberliner Inszenierungen

Am Zustandekommen der Inszenierung des Ostberliner Maxim-Gorki-Theaters (1972, Regie: Albert Hetterle) beteiligten sich Lehrer und Schüler polytechnischer und erweiterter Oberschulen von der Konzeption bis zur Premiere. Ihre Mitarbeit entsprach den in der DDR lautgewordenen Forderungen nach kontinuierlicher Aufnahme gerade *Minna von Barnhelms* in den Spielplan, als eines frühbürgerlichen Zeugnisses für den ‚revolutionären und aufklärerischen Geist‘. Bei aller Problematik einer solchen Pflichtpraxis sei der Einbezug einer Theateraufführung in die Schullektüre wegen ihrer Anschaulichkeit von pädagogischem Vorteil. Die Probenarbeit habe auch das Verständnis für aufführungsbedingte Streichungen und Veränderungen des Textes gefördert. Die Basis der Beschäftigung mit dem Stück war die Frage: „Was interessiert junge Menschen heute überhaupt an der *Minna*?“ Als „Anknüpfungspunkt für den heutigen Zuschauer“ habe sich der „Emanzipationsgedanke“ abgezeichnet. Die weiterführende Frage erhob sich, inwieweit Lessing mit diesem Schauspiel „von der Kritik an den bestehenden gesellschaftlichen (preußisch-feudalen) Verhältnissen und den davon geprägten Menschen zum Entwurf eines neuen Menschenbildes“ gelangt sei. Hetterle orientierte sich mit seiner „Komödie der bürgerlichen Emanzipation“ (s. Möckel, besonders S. 126 ff.) an der Inszenierung Wolfgang Langhoffs (Kammerspiele des Deutschen Theaters 1960, mit Käthe Reichel in der Titelrolle). Langhoff hatte den „tief antipreußischen Charakter des Stückes szenisch“ aufgedeckt und den Konflikt Tellheims als „Komödie der Ehre“ zur Anschauung gebracht.

Wie Langhoff berufen sich auch Irene Böhme und Karl-Heinz Liefers in ihrer Hallenser Inszenierung (Juli 1978) auf Mehrings These vom antipreußischen Charakter des Schauspiels. Die konsequente Beziehung von Charakter und Gestus der Figuren auf ihren sozialen Status bewirkt besonders in den komischen Szenen starke theatralische Effekte. Der Wirt, der „die ungreifbare, dennoch allgegenwärtige preußische Despotie in charakterloser Weise Gestalt werden läßt“, rückt, der kämpferischen Stoßrichtung der Inszenierung entsprechend, ins Zentrum des Stückes. Minna und Tellheim sind als gegensätzliche Typen gezeichnet, deren Verbindung keinen harmonischen Schicksalsbund signalisiert. „Bevor Tellheim seiner Minna am Ende doch noch folgt, hebt er kopfschüttelnd – wie konnte man – den Blick zum Porträt des Monarchen und blitzartig erweist sich der Tellheimsche Ehrbegriff noch einmal in seiner gesellschaftlichen und ökonomischen Zweifelhaftigkeit“. (Theater der Zeit 1978, Heft 6, S. 13 f.).

2.5.3. Bundesrepublikanische Aufführungen

Nach dem 2. Weltkrieg wurde die bisherige Deutung „Tellheim im Konflikt zwischen Liebe und Ehre“ abermals um den Heimkehreraspekt erweitert: „Tellheim im Ringen um Klärung und Festigung, um ein Sichzurechtfinden in der Friedenswelt“. Die lebenskräftige Minna führt den Heimkehrer Tellheim wieder in die „Ordnung des Friedenslebens“ zurück (F. Bentmann: Lessings *Minna von*

Barnhelm – heute? Schola 4, 1949, S. 94 ff.). Die verschiedenen *Minna*-Inszenierungen schwanken zwischen den beiden Extremen: heitere Komödie – satirisch-aggressives Entlarvungsstück.

Zur ersten Auffassung neigten etwa Günther Ballhausen (Lübeck 1962; s. Theater heute 1962, Heft 10, S. 42f.), Gerhard F. Hering (Darmstadt 1962; s. Theater heute 1962, Heft 11, S. 38); zur zweiten Kurt Meisel (München 1963; s. Theater heute 1963, Heft 1, S. 40f.: naturalistische Inszenierung, „keine Spur von friderizianischem Rokoko") und Kai Braak (Ulm 1965 und Düsseldorf 1972). Vier Kritiken seien angeführt. Anläßlich der *Minna*-Inszenierung von Niels Peter Rudolph im Münchner Cuvilliéstheater stellt Ivan Nagel zunächst die „eminente Unspielbarkeit" des Stückes fest. Die Figuren seien „längst keine wirklichen Menschen mehr, sondern museale Charakterporträts in unserer inneren Klassiker-Galerie". Den Grund sucht Nagel in der Häufigkeit der Aufführungen und in Lessings Schreibweise selbst („bieder handwerkliche Überdeutlichkeit"). Er empfiehlt, das Stück für die nächste Zeit nicht aufzuführen oder es den Provinztheatern zu überlassen: „in den großen, angesehenen Hauptstadttheatern [...] sollten Klassikereinstudierungen Experimente der neuen Erkenntnis und Darstellung, der Wiederbelebung sein – nicht Lehrmaterial für dösende Gymnasiasten". Nagel strebt eine Inszenierung an, in der *Minna* als „Streitschrift von rationalem Rigorismus wider rigorose Irrationalität" und als „Feldzug der menschlichen Spontaneität gegen den unmenschlichen Ehrbegriff" interpretiert würde (Theater heute 1970, Heft 12, S. 23 ff.).

1969 forderte Dieter Hildebrandt eine Inszenierung, die auf den überstrapazierten Lustspielcharakter verzichte und stattdessen die Verwegenheit des Stückes und des Stoffes wieder sichtbar mache. Er verlangt von ihr „die Herstellung einer Atmosphäre, in der dreierlei Nöte zum Ausdruck kommen: Das Elend der Veteranen und Invaliden nach dem Siebenjährigen Krieg, die allgemeine wirtschaftliche Misere [...] und ferner die polizeiliche Allgegenwart des friderizianischen Regiments" (Hildebrandt, S. 180). Es genüge nicht, den Wirt als eine böse intrigante Figur hinzustellen, er müsse „als der unterste Funktionär eines umfassenden Überwachungssystems" gezeigt werden. Unter diesen Aspekten ist auch der Beifall verständlich, den Hildebrandt der Ulmer Inszenierung Kai Braaks (Premiere am 29. 8. 1965) spendet. Sie interpretiert Werners Schlußwort nicht „als launige Fanfare", sondern als „sarkastische erschreckende Pointe" (Hildebrandt, S. 180). Es bleibt jedoch fraglich, ob eine solche „düstere, preußenfeindliche" Interpretation dem Geist des Stückes entspricht, den Lukács nicht von ungefähr mit Mozart in Verbindung bringt (Lukács, *Minna von Barnhelm*, S. 445 ff.).

Mit seiner Düsseldorfer Inszenierung (Premiere 15. 9. 1972) scheint Braak diese Forderungen eingelöst zu haben. Sie läßt Personen und Handlung vor dem Hintergrund des soeben beendeten Siebenjährigen Krieges und seiner sozialen Folgen spielen. In seinem Bericht über die Inszenierung schreibt Hans Schwab-Felisch: „Was Braak herausarbeitet, ist die ambivalente Haltung des Tellheim; sein Patriotismus, der zugleich gegen den Krieg ist. Den Widerspruch in der

Wertschätzung des Geldes, der darin besteht, daß die besitzende Klasse es zu einem point d'honneur macht, großzügig, selbst bis zum Verzicht darauf mit ihm umgeht, während die Nichtbesitzenden es verachten, gleichzeitig aber darauf aus sind, wie der Haudegen Werner. Er zeichnet die Welt des Nachkriegs in ihrem Grau und in ihren Hoffnungen; den Polizeistaat mit seiner Angst (die Szene, in welcher der Wirt die Personalien Minnas aufnimmt), die hohl gewordene Ehre und das Abenteurertum, das – wiederum in der Figur des Werner – die Verführungen des kriegerischen Zeitalters noch über Ansätze der Aufklärung stellt" (Hans Schwab-Felisch, Anfänge (2): Düsseldorf, Theater heute 1972, Heft 10, S. 39 ff., hier S. 40 f.).

In ähnlicher Weise um Authentizität der historischen Situation bemüht, wenn auch weniger kämpferisch ist die Münchener Inszenierung Dieter Dorns (Oktober 1976). Der Zuwachs an realistischen Details verstärkt die effektvoll komischen Szenen und betont den Charakter des Lustspielhaften, macht jedoch ebenso die latente Tragik des von Tellheim verkörperten „Nachkriegsschicksals" deutlich. Der Trend zur Vermittlung zwischen Geschichte und Gegenwart erhebt, anders als die aktualisierenden Aufführungen, die Vieldeutigkeit des Textes zur Leitlinie der Deutung (Helmut Schödel, Ein Wechselbad aus Fröhlichkeit und Trauer: Dieter Dorn inszeniert Lessings *Minna von Barnhelm* in München, Theater heute 1976, Heft 10, S. 14 ff.).

Arbeitsbereich VI

Religionskritik als Medium der Emanzipation

(Reimarus-Fragmente, *Anti-Goeze, Erziehung des Menschengeschlechts,*
Nathan der Weise, Ernst und Falk)

0. Vorbemerkung

„Ich bin Liebhaber der Theologie und nicht Theolog" (G VIII, S. 130). Dies sagt
Lessing über sich selbst, Lessing, der aus einem Pfarrhaus stammte und in seinen
frühesten Schriften bereits über theologische Fragen räsonierte, dann aber dem
Studium der Theologie und der theologischen Beamtenlaufbahn auswich. Trotzdem widmete er einen großen Teil seines Werkes und die letzten zehn Jahre
seines Lebens fast ausschließlich der Theologie: nicht aus ,Liebhaberei', wenn
man das darunter versteht, was man heute ein ,Hobby' oder eine ,Neigung'
nennt, sondern ganz offensichtlich, weil die Auseinandersetzung mit der Theologie für einen aufklärerischen Schriftsteller im 18. Jahrhundert unvermeidlich
war. Das hatte seinen praktischen Grund darin, daß meist beamtete Theologen
die staatliche Zensur ausübten. Und dies verweist bereits auf den tieferliegenden
Grund.

Im Zeitalter des Staatskirchentums waren weltliche und geistliche Obrigkeit
darauf bedacht, ihre gut funktionierende Interessengemeinschaft aufrechtzuerhalten durch institutionelle Verklammerung wie durch Beeinflussung und Regle-
mentierung des Denkens via Verordnungen, Predigt, Unterricht, Zensur. Aufklärerisches Räsonnement, wenn es überhaupt im öffentlich-staatlichen Bereich
verändernd wirken wollte, mußte zwangsläufig über den Staat die Theologie
oder über die Theologie den Staat treffen. Goezes politische Schlußfolgerungen
aus Lessings theologischen und erkenntnistheoretischen Überlegungen sind dafür signifikant (s. u. A 2.4.).

Fast immer konnte und mußte die aufklärerische Diskussion ins ,Theologen-
gezänk' verstrickt werden. Und somit war es eine Voraussetzung für die Teilnahme überhaupt, daß man „Theolog" war oder „Liebhaber der Theologie",
d. h. jemand, der sich in der Materie auskannte, ohne beamteter Vertreter von
Dogmen zu sein, jemand, der (auch im öffentlich- und kirchlich-rechtlichen
Sinne) nicht auf ein ,System' eingeschworen war. So umfangreich und bedeutend
Lessings theologische Schriften sind: ein ,System' daraus (re)konstruieren zu
wollen, wäre verfehlt. Lessing als „Liebhaber der Theologie" ist so wenig wie als
,Dramaturg' in der *Hamburgischen Dramaturgie* ein Systematiker. Es ist nur
möglich, einige Konstanten seines Denkens zu nennen und die Richtung zu
zeigen, in die seine Fragen zielen, seine Kritik und seine – meist nur hypothetischen – Antworten.

A. Der Fragmentenstreit

1. Grundlageninformationen

1.1. Texte und Materialien

Die von Lessing veröffentlichten Reimarus-Fragmente finden sich bei:
G VII, S. 314–604; LM XII, S. 254–271 (*Von Duldung der Deisten*); LM XII, S. 303–450 (1.–5. Fragment); LM XIII, S. 215–327 (6. Fragment); PO Tl. XXII, S. 31–326; R VII, S. 651–853 (*Von Duldung der Deisten*; 1.–5. Fragment); R VIII, S. 254–376 (6. Fragment).

Anti-Goeze: G VIII, S. 167–308; LM XIII, S. 139–213; PO Tl. XXIII, S. 192–257; R VIII, S. 202–253, S. 377–406; Stammler I, S. 1064–1125; Wölfel III, S. 447–508.

Über den Beweis des Geistes und der Kraft: G VIII, S. 9–14; LM VIII, S. 1–8; PO Tl. XXIII, S. 45–50; R VIII, S. 9–16; Wölfel III, S. 307–312.

Das Testament Johannis: G VIII, S. 15–19; LM XIII, S. 9–17; PO Tl. XXIII, S. 51–55; R VIII, S. 17–23; Wölfel III, S. 313–318.

Eine Duplik: G VIII, S. 30–101; LM XIII, S. 19–90; PO Tl. XXIII, S. 56–119; R VIII, S. 24–107; Wölfel III, S. 319–386.

Neue Hypothese über die Evangelisten als bloß menschliche Geschichtsschreiber betrachtet: G VII, S. 614–636; LM XVI, S. 370–391; PO Tl. XXIII, S. 120–139; R VIII, S. 108–132; Wölfel III, S. 387–406.

Eine Parabel. Nebst einer kleinen Bitte und einem eventualen Absagungsschreiben an den Herrn Pastor Goeze in Hamburg: G VIII, S. 117–127; LM XIII, S. 91–103; PO Tl. XXIII, S. 152–161; R VIII, S. 151–163; Stammler I, S. 1053–1063; Wölfel III, S. 407–416.

Axiomata: G VIII, S. 128–159; LM XIII, S. 105–137; PO Tl. XXIII, S. 162–190; R VIII, S. 164–200; Wölfel III, S. 417–446.

Die Erziehung des Menschengeschlechts: G VIII, S. 489–510; LM XIII, S. 413–436; PO Tl. VI, S. 61–83; R VIII, S. 590–615; Stammler I, S. 1009–1032; Wölfel III, S. 544–563. Einzelausgabe: Reclam Nr. 8968.

Reimarus, Hermann Samuel: *Apologie oder Schutzschrift für die vernünftigen Verehrer Gottes*. Hrsg. v. Gerhard Alexander, Frankfurt/M. 1972.

Goeze, Johann Melchior: *Etwas Vorläufiges*: G VIII, S. 8–29, 102–116, 167–192; *Lessings Schwächen*: G VIII, S. 199–217, 257–290, 314–334.

Als Materialien sollten herangezogen werden:

Braun: s. Gesamtbibl. 3.

Schmidt: Goeze, s. Gesamtbibl. 3.

Schöne, Albrecht (Hrsg.): Lessing contra Goeze (Text + Kritik 26/27), Stuttgart 1970 [Eine Auswahl aus Lessings und Goezes Streitschriften in Dialogform mit Auswahlbibliographie.]

Als Einführung in die für die Zeit der Aufklärung entscheidenden philosophischen Strömungen eignen sich:

Coreth: s. Gesamtbibl. 7.

Wundt: s. Gesamtbibl. 7.

Zur Information über die Theologie des 18. Jahrhunderts: Aner: s. Gesamtbibl. 7.

Weitere Literaturangaben in AB I und in der Gesamtbibliographie.

1.2. Forschungsliteratur

Allison, Henry E.: Lessing and the Enlightenment. His Philosophy of Religion and its Relation to 18th Century Thought, Ann Arbor 1966 [Verfolgt den Einfluß des Leibnizschen Denkens auf Lessings Religionsphilosophie, besonders die Rezeption der erst 1765 erschienenen *Neuen Abhandlungen über den menschlichen Verstand* und Lessings erneute Hinwendung zur Offenbarungsreligion.]

Althaus, Horst: Vom ‚toten Hunde‘ Spinoza und Lessings ‚Atheismus‘, Studia Germanica Gandensia 14, 1973, S. 161 ff. [Analysiert Jacobis Vorgehen bei den sog. ‚Spinoza-Gesprächen‘ und deren Publikation, sowie die Folgen, die der Spinozismus-Verdacht für Lessings Ruf in der Öffentlichkeit hatte.]

Arx, Arthur von: Lessing und die geschichtliche Welt, Frauenfeld-Leipzig 1944 [Beschreibt, aufbauend auf der erkenntnistheoretischen Grundsatzproblematik, die Lessing von Descartes und Leibniz übernimmt, die verschiedenen Aspekte, unter denen sich Lessing mit Geschichte befaßt: dramatische Gestaltung der Geschichte, kritische Geschichtswissenschaft, Sinn der Geschichte.]

Barth: s. Gesamtbibl. 7.

Bohnen: s. Gesamtbibl. 5 [Bes. S. 160 ff. zu Theologie und Symbolform in ihrer Bedeutung für das Humanitätsideal.]

Bollacher: s. Gesamtbibl. 5.

Bothe, Bernd: Glauben und Erkennen, Meisenheim a. Glan 1972 [Eine der seltenen neueren Lessing-Studien von katholischer Seite. Ausgehend von der methodischen Selbstbeschränkung auf die Texte und auf die Glaubensproblematik bei Lessing werden in zwei Kapiteln *Nathan der Weise* und *Die Erziehung des Menschengeschlechts* analysiert.]

Desch, Joachim: Lessings Dramaturgie und Religionsphilosophie in ihrem Zusammenhang, Diss. Marburg 1971 [Begreift Lessings Religionsphilosophie und Dramaturgie als Ausformung des gleichen zugrundeliegenden Weltbildes, dennoch werden die beiden Bereiche völlig getrennt untersucht und erst dann in einem abschließenden Kapitel zusammengeführt.]

Durzak, Manfred: Vernunft und Offenbarung im Denken Lessings, in: M. D., Poesie und Ratio (s. Gesamtbibl. 5), S. 105 ff. [Schließt sich eng an Thielicke an, vermag aber aufgrund einer besseren Textgrundlage vieles klarer zu sehen.]

Epstein, Klaus: Die Ursprünge des Konservatismus in Deutschland, Berlin 1973 (Originalausg. Princeton 1966) [Materialreiche Arbeit, die vor allem den politischen Aspekt der Lessing-Goeze-Kontroverse behandelt. Innerhalb der Genese des deutschen Konservatismus ist Lessings Auseinandersetzung mit der Orthodoxie nur eine Episode, dennoch bleibt sie exemplarisch.]

Feinäugle, Norbert W.: Lessings Streitschriften. Überlegungen zu Wesen und Methode der literarischen Polemik, LYb 1, 1969, S. 126 ff. [Untersucht Aufnahme und Verwertung tradierter Elemente in Lessings polemischer Technik.]

Gaede, Werner: Die publizistische Technik in der Polemik Lessings, Diss. Berlin 1955 [Stilkritische Untersuchung der gegen Lange, Klotz und Goeze gerichteten Polemiken. Die Arbeit verzichtet in selbstauferlegter Beschränkung auf inhaltliche Analysen, sie bietet eine Zusammenstellung der von Lessing benutzten stilistischen Mittel.]

Haug, Martin: Entwicklung und Offenbarung bei Lessing, Gütersloh 1928 [Analysiert und wertet das Verhältnis von Vernunft und Offenbarung bei Lessing aus protestantischer Sicht. Die Verknüpfung der beiden sich ausschließenden Begriffe durch den Entwicklungsgedanken führe Lessing zwar über den vordergründigen Rationalismus der Aufklärung hinaus, bleibe aber letztlich doch vergeblich.]

Kröger, Wolfgang: Das Publikum als Richter. Lessing und die ‚kleineren Respondenten‘ im Fragmentenstreit, Nendeln/Liechtenstein 1979 [Untersucht Inhalt, Argumentationstechnik und Verlauf des „am meisten vernachlässigten Teilbereich(s) des Fragmentenstreits", um zu zeigen, daß sich Lessing „nicht nur mit der Orthodoxie eines Goeze, sondern auch z. B. mit der gemäßigten Neologie von Schumann und Reß oder mit der ‚progressiven‘ Theologie von Mascho und Semler" auseinandergesetzt hat.]

Leisegang, Hans: Lessings Weltanschauung, Leipzig 1931 [Ausgehend von zentralen Lessing-Texten rekonstruiert Leisegang die Entwicklung der Lessingschen Weltanschauung: altprotestantische Orthodoxie, Aufklärungsphilosophie, Spinozismus – Lessing verarbeite die verschiedensten Einflüsse zu einem nicht konfessionsgebundenen, mystischen Christentum.]

Loofs, Friedrich: Lessings Stellung zum Christentum, Halle a. d. S. 1910 [Behandelt „die fundamentalste Frage, d. i. die Frage nach Lessings Stellung zur Offenbarung" und kommt zu dem Ergebnis, daß Lessing mit dem Offenbarungsglauben gebrochen habe, mithin kein Christ mehr gewesen sei. Positive Äußerungen zur Offenbarung seien rein „exoterisch", d. h. taktisch zu verstehen.]

Mann: s. Gesamtbibl. 2 [Methodische Prämisse: entscheidend sei nicht die Frage nach Lessings Weltanschauung, sondern die Frage, was Lessing als „geltendes menschliches Sein" gewesen sei: Lessing müsse uns ergreifendes Subjekt, nicht von uns begriffenes Objekt sein. Ergebnis: Lessing stehe grundsätzlich auf der Seite der Orthodoxie und auf dem Boden der Transzendenz.]

Oelmüller, Willi: Die unbefriedigte Aufklärung. Beiträge zu einer Theorie der Moderne von Lessing, Kant und Hegel, Frankfurt a. M. 1969 [Zusammenfassender Überblick über Lessings Religionsphilosophie, in bewußt gewählter Distanz zu den zahlreichen theologischen Untersuchungen. Die Frage nach der Funktion von Lessings kritischem Denken vor der französischen Revolution und vor Kant und Hegel steht im Mittelpunkt.]

Pons, Georges: Gotthold Ephraim Lessing et le Christianisme, Paris 1964 [Chronologisch angelegte, umfassende Aufarbeitung der möglichen Quellen für Lessings Denken, mit umfangreicher Bibliographie.]

Schilson, Theologie: s. Gesamtbibl. 4.

Schilson, Geschichte im Horizont der Vorsehung: s. Gesamtbibl. 5.

Schneider, Johannes: Lessings Stellung zur Theologie vor der Herausgabe der Wolfenbüttler Fragmente, Diss. Amsterdam 1953 [Lehnt alle Versuche, die Widersprüche in Lessings theologischen Äußerungen zu harmonisieren und seine „Weltanschauung" anzugeben, ab. Lessing habe zu verschiedenen Zeiten von verschiedenen Standpunkten aus weltanschauliche Theorien durchgespielt, er habe sich nie einer philosophischen oder theologischen Richtung völlig verschrieben, sondern sich die Freiheit genommen, gleichzeitig zu loben und zu kritisieren. Polemisch gegen O. Mann und Thielicke gerichtet.]

Schultze, Harald: Lessings Toleranzbegriff, Göttingen 1969 [Methodisch gründlich reflektierte theologische Studie, die Lessings Toleranzbegriff in verschiedenen ‚Horizonten‘ beleuchtet und darüber hinausgehend seinen persönlichen Glauben in einem mystisch gefärbten Spiritualismus verwurzelt sieht. Mit einer Bibliographie des deutschen Toleranzschrifttums 1695–1790.]

Thielicke, Helmut: Offenbarung, Vernunft und Existenz. Studien zur Religionsphilosophie

Lessings, Gütersloh [5]1967 ([1]1936) [Die Arbeit markierte bei ihrem erstmaligen Erscheinen einen Wendepunkt in der theologischen Lessingforschung: eine betont existentialistische Deutung Lessings, der als gläubiger Theist die Aufklärung überwinde. Die Textferne verleiht der Untersuchung oft allzu spekulativen Charakter.]

Timm, Hermann: Gott und die Freiheit. Studien zur Religionsphilosophie der Goethezeit, Bd. 1: Die Spinozarenaissance, Frankfurt a. M. 1974 [Setzt ein mit der bahnbrechenden Wirkung der Reimarus-Fragmente auf die protestantische Theologie d. späten 18. Jhs.]

Waller, Martha: Lessings *Erziehung des Menschengeschlechts*, Berlin 1935 [Untersuchung der zentralen Begriffe ‚Offenbarung' und ‚Erziehung' auf dem Hintergrund der Aufklärungsphilosophie: Lessing als konsequenter Aufklärer, der in seinem Denken bereits irrationale Ansätze erkennen lasse; ausführliche und kritische Auseinandersetzung mit der Forschung.]

Wessel, Leonard P.: G. E. Lessing's Theology (s. Gesamtbibl. 5); s. a. ders.: The Problem of Lessing's Theology: A Prolegomenon to a New Approach, LYb 4, 1972, S. 94 ff.

1.3. Voraussetzungen und Entstehung

1.3.1. Theologie und Philosophie: die Hauptinteressen der deutschen Aufklärer

Drei Jahre nach Lessings Tod versuchte Kant, die Frage zu beantworten, was Aufklärung sei: *„Aufklärung ist der Ausgang des Menschen aus seiner selbst verschuldeten Unmündigkeit"*. Diese These, verbunden mit der Aufforderung, sich seines eigenen Verstandes ohne Vormund und Anleitung zu bedienen, mußte provozierend klingen in einer Zeit, in der die Bevormundung auf allen Gebieten des Lebens zum Prinzip erhoben worden war, in der die Souveräne nach der Devise verfuhren: alles für das Volk, aber nichts durch das Volk. Kant war allerdings zu sehr Philosoph und zu wenig politischer Praktiker, als daß er die Beseitigung der Unmündigkeit als politische Forderung betrachtet hätte. Ihn störte die Unmündigkeit „vorzüglich *in Religionssachen*", denn hier sei sie „die schädlichste, also auch die entehrendste unter allen" (Immanuel Kant, *Was ist Aufklärung?* Göttingen 1967, S. 61).

Als diese Sätze geschrieben wurden, war ‚die Aufklärung' zum Schlagwort geworden, das nicht mehr bekämpft, eher schon bespöttelt wurde. Dennoch versuchte die konservative Gegenbewegung, überall die wenigen Erfolge, die die Aufklärung aufzuweisen hatte, zunichte zu machen. Auch sie bezeichnenderweise „vorzüglich in Religionssachen": auf protestantischer und katholischer Seite erschienen konservative theologische Zeitschriften, die sich gegen deistische Tendenzen in der zeitgenössischen Theologie stellten, und schließlich wurden in zahlreichen deutschen Staaten Religionsedikte erlassen, die der protestantischen Orthodoxie zur alleinigen Geltung verhalfen (z. B. das Wöllnersche Religionsedikt von 1788 in Preußen).

So sehr der Konservatismus die entstehende Liberalität primär auf religiösem Gebiet bekämpfte, so sehr war er sich gerade der politischen Implikationen bewußt, die eine Aufweichung der tradierten Dogmen mit sich bringen würde. Hier lag der eigentliche Grund für den Erlaß der restriktiven Religionsedikte, der sich allerdings hinter der landesväterlichen Sorge um die Seelenruhe der Untertanen verbarg.

Bei Goeze, dem Kontrahenten Lessings, findet man ganz ähnliche Argumente und teilweise die gleichen Negativfiguren wieder, insofern ist er ein typischer Vertreter des damaligen Konservatismus. Unermüdlich beklagt er die ständig zunehmende Publizität (G VIII, S. 29, 115, passim; bes. S. 116, 214); er fürchtet um den Seelenfrieden der gläubigen Christen (G VIII, S. 29, 169 f., 181 f., passim), obwohl es ihm in Wirklichkeit nur um das politische Wohlverhalten der Untertanen zu tun ist; er diffamiert namhafte Vertreter der Aufklärung wie Basedow, Abbt, Semler und Bahrdt als Lügner und Scharlatane (G VIII, S. 186 f., 260).

1.3.2. Lessing als Wolfenbütteler Bibliothekar: ein Beispiel für die Misere der deutschen Aufklärung

Lessing äußerte nur selten seinen Unmut über den politischen Zustand der deutschen Nation, etwa dann, wenn ein Vorhaben wie das ‚Hamburgische Nationaltheater‘ seine Erwartungen enttäuscht hatte. Resignation wird spürbar, je weniger Lessings persönliche Situation die Verwirklichung ‚aufklärerischer‘ Tätigkeit zuließ. Der Schwung der 50er und 60er Jahre, als die nachwachsende Generation gegen die geistige Despotie der Väter rebellierte, läßt in den 70er Jahren nach, nicht nur bei Lessing. Die verbeamtete Frühaufklärung vor Augen, hatten viele einst versucht, eine Existenz als freier Schriftsteller zu gründen, aber die gesellschaftlichen und politischen Verhältnisse erwiesen sich als stärker. Matthias Claudius beschreibt in einem Brief (Darmstadt 20. 4. 1777) einige dieser persönlichen Kapitulationen:

„Hamann hat den Dienst erhalten, den er sich vor allen Diensten in den Königl. Preußischen Ländern gewünscht und ausersehen hatte, nämlich die Ober Packhofinspector oder Gardemagazin-Stelle in Königsberg. Lessing hat die Frau Königin aus Hamburg geheiratet und ist noch Bibliothekar in Wolfenbüttel. Er ist hier neulich gewesen, da ihn der Kurfürst von der Pfalz nach Mannheim eingeladen hatte, seine deutsche Komödie zu dirigieren. Lessing bedankte sich zwar der Ehren, machte aber doch dem Kurfürsten einen Besuch und hat Medaillen beim Abschied erhalten. Herder ist Superintendent in Weimar geworden und der jüngere Stolberg Eutinischer Gesandter in Kopenhagen mit 3000 Reichstalern". (Matthias Claudius, *Botengänge*. Briefe an Freunde. Hrsg. v. Hans Jessen, Berlin ²1965, S. 242).

Die Annahme der Stelle eines ‚Herzoglichen Bibliothekars‘ in Wolfenbüttel markiert einen tiefen Einschnitt in Lessings Leben. Vorausgegangen war das gescheiterte Theaterexperiment in Hamburg, das finanzielle Debakel des mit Bode geplanten Verlagsunternehmens und die öffentlich ausgetragene Fehde mit Klotz. Wolfenbüttel war Flucht und Rückzug zugleich, auch in materieller Hinsicht. Die unmittelbare Konfrontation mit dem kleinkarierten deutschen Absolutismus brachte jedoch nur neue Enttäuschungen. Lessing war am Hofe ein Außenseiter: nach außen als repräsentatives Aushängeschild benutzt, das nicht viel kostete, von den Hofbeamten als unruhiger Literat und schlechter Bürokrat nicht für voll genommen. In seinen Briefen bricht immer wieder der Daseinsekel durch. Bezeichnend aber ist, daß ihn weniger die politischen Ereignisse im In- und Ausland (z. B. der amerikanische Unabhängigkeitskrieg) interessierten, als vielmehr der desolate Zustand der zeitgenössischen Philosophie. In einem Gespräch mit dem Göttinger Professor Kästner äußerte er die Hoffnung, „es müsse damit bald anders werden, denn sie sey so seicht geworden daß die Seichtigkeit selbst bey Leuten die nicht viel Nachdenken anwenden wollen sich doch nicht in Ansehen erhalten könne" (Daunicht, S. 432).

1.3.3. Die Wolfenbütteler Bibliothek als Mittelpunkt des öffentlichen gelehrten und literarischen Interesses

Seine Aufgabe als Bibliothekar sah Lessing nicht in der bürokratischen Verwaltung von Büchern. Er verstand sein Amt ebenso als öffentliche Institution wie seine Dramaturgentätigkeit in Hamburg. Er plante deshalb keine gelehrte Geschichte der Bibliothek (die Bibliotheksgeschichte, die einer seiner Vorgänger verfaßt hatte, kritisierte er als positivistische Fleißarbeit; er könne sie zwar auf den neuesten Stand bringen: „Doch was dann?"; G V, S. 557), sondern eine Zeitschrift, in der er die angehäuften Bücherschätze wenigstens teilweise der Öffentlichkeit zugänglich machen konnte. In der Vorrede zum ersten Band der *Beiträge zur Geschichte und Literatur* (1773) legte er sein Programm vor und bat um die Mitarbeit der Gelehrtenwelt (G V, S. 556–559).

Hinter dieser aufklärerischen Fassade zeigte sich jedoch der andere Lessing: der freie Schriftsteller, der er einmal zu sein glaubte und der nun gezwungen war zu schreiben, um seinen Lebensunterhalt zu verdienen und seine Schulden abzuzahlen, weil das dürftige Gehalt nicht dazu ausreichte. In der Vorrede zu den *Beiträgen* ist von dieser Problematik naturgemäß nichts zu spüren, dafür um so deutlicher in Briefen an seinen Bruder Karl:

„Die *Beiträge* mußten schlechterdings gemacht sein: denn ich will auch nicht umsonst Bibliothekar heißen […] Denn daß ich etwas wieder für das Theater machen sollte, will ich wohl bleiben lassen. Kein Mensch unterzieht sich gern Arbeiten, von welchen er ganz und gar keinen Vorteil hat, weder Geld, noch Ehre, noch Vergnügen. In der Zeit, die mir ein Stück von zehn Bogen kostet, könnte ich gut und gern mit weniger Mühe hundert andere Bogen schreiben" (Brief v. 5. 12. 1772; R IX, S. 560; s. den Brief v. 8. 4. 1773 an Karl Lessing; R IX, S. 575–578).

Geplant hatte Lessing insgesamt 12 *Beiträge* (s. R IX, S. 757). Die ersten drei Bände erschienen in rascher Folge von 1773 bis 1774. Der dritte *Beitrag* enthielt neben Artikeln anderer Gelehrter das Fragment *Von Duldung der Deisten*. Dann blieb die Arbeit an der Zeitschrift liegen: Lessing reiste 1775 nach Italien und heiratete im Jahr darauf Eva König. Erst 1777 erschien der vierte *Beitrag*. Er enthielt nur die fünf Fragmente des Ungenannten und die sog. *Gegensätze des Herausgebers*. An seinen Bruder Karl schrieb Lessing: „[…] ich bin begierig zu vernehmen, ob die Orthodoxen mit meiner oder des Ungenannten Arbeit unzufriedener sein werden" (Brief v. 8. 1. 1777; R IX, S. 725). Sie waren mit beidem unzufrieden. Allerdings wagten sie zunächst noch nicht, Lessing selbst anzugreifen. Sie beschränkten sich darauf, die Fragmente zu widerlegen. Erst mit dem Eingreifen des Hamburger Hauptpastors Goeze wurde Lessings Funktion als Herausgeber zur Zielscheibe der konservativen Polemik. Die öffentlich geführte Auseinandersetzung spitzte sich schließlich so zu, daß Lessing die Zensurfreiheit für seine *Beiträge* entzogen wurde. Der fünfte und sechste *Beitrag* (mehr erschien nicht) wurde nicht mehr von ihm herausgegeben.

1.3.4. Die Harmonisierung von Vernunft und Offenbarung: eine Scheinlösung

Mit dem englischen Deismus (Locke, Toland, Tindal, Morgan u. a.) und den von ihm angeregten französischen und deutschen Modeschriften hatte sich bereits der junge Lessing auseinandergesetzt (*Über die menschliche Glückseligkeit*, 1747/48, LM I, S. 237–240; *Die Religion*, 1749, G I, S. 169–181; der modische Deismus der 40er Jahre wird im frühen Lustspiel *Der Freigeist* durch die Figur des Adrast kritisiert). Die frühen theoretischen Erörterungen blieben jedoch fragmentarisch und unveröffentlicht. Der Hamburger Orientalist Hermann Samuel Reimarus, angesehener Lehrer an einem Gymnasium, übernahm die Ideen der englischen Deisten und versuchte, sie mit den Ergebnissen der Bibelkritik und der Wolffschen Metaphysik zu verschmelzen. Bereits in den 40er Jahren verfaßte er eine umfangreiche *Apologie oder Schutzschrift für die vernünftigen Verehrer Gottes*. An eine Veröffentlichung dachte er nicht, weil er die Zeit noch nicht für reif genug hielt. Sicher wäre bei einer Veröffentlichung seine Karriere als Hamburger Gymnasiallehrer beendet gewesen. Noch zu Beginn der Lessing-Goeze-Fehde hielt der Altonaer *Reichs-Postreuter* (9. 3. 1778) Gerüchte, daß ein „vormaliger berühmter Hamburgischer öffentlicher Lehrer Verfasser der Fragmente gewesen sei", für üble Verleumdungen (Schmidt, Goeze, S. 201).

Während seiner Tätigkeit als Dramaturg am ‚Hamburgischen Nationaltheater' zählte Lessing zu den Freunden der Familie Reimarus. Nach Reimarus' Tod überließ ihm dessen Tochter Teile des Manuskripts zu privater Lektüre. Die Auffassung des alten Reimarus, den gläubigen Christen durch eine Veröffentlichung nicht zu ärgern und zu beunruhigen, vermochte Lessing allerdings nicht zu teilen. Nach langem Drängen erhielt er schließlich die Erlaubnis, Teile der *Schutzschrift* zu drucken. Er tarnte sie als Funde aus der Wolfenbütteler Bibliothek und veröffentlichte sie in den *Beiträgen zur Geschichte und zur Literatur.* Den Verfasser hielt er geheim; er blieb während der ganzen Auseinandersetzung trotz der umgehenden Gerüchte, die der Wahrheit sehr nahe kamen, der „Ungenannte". Daß Lessing aus der *Schutzschrift* keine Zufallsauswahl getroffen hatte, zeigt sich an den *Gegensätzen des Herausgebers*. Lessing baut diesen ausführlichen Kommentar zu den Fragmenten so auf, daß er die Überlegungen zu jedem einzelnen Fragment schließlich in den ersten 53 Paragraphen der *Erziehung des Menschengeschlechts* resümieren kann.

Die Brisanz der Fragmente lag in der Tatsache ihrer Veröffentlichung, nicht in ihrem Inhalt. Dieser war der theologischen Fachwelt keineswegs neu. Neu war allenfalls die Kompromißlosigkeit und Radikalität, mit der Reimarus seine Thesen vortrug. Die zugrundeliegende Problematik jedoch, die Beziehung zwischen Vernunft und Offenbarung, zwischen Philosophie und Theologie, war genau genommen so alt wie das Christentum selbst.

Bis ins 18. Jahrhundert hinein blieb die Philosophie, soweit sie schulmäßig betrieben wurde, der Theologie untergeordnet. Dann begann sie sich – protestantischerseits – aus der Umklammerung der Theologie zu lösen. Sie begnügte sich nicht mehr damit, Offenbarungswahrheiten mit rationalistischen Spitzfindigkeiten abzusichern, sondern beanspruchte, über deren Vernünftigkeit zu entscheiden. Gemäßigter Ausdruck dieser Tendenzen war die Neologie, jene Form rationalistischer Theologie, die zwar die Buchstabengläubigkeit der protestantischen Orthodoxie ablehnte, jedoch zentrale Glaubensinhalte wie die Auferstehung Jesu nicht antastete. Diese zwiespältige Haltung hatte Lessing im Visier, als er an seinen Bruder Karl schrieb:

> „Mit der Orthodoxie war man, Gott sei Dank, ziemlich zu Rande; man hatte zwischen ihr und der Philosophie eine Scheidewand gezogen, hinter welcher eine jede ihren Weg fortgehen konnte, ohne die andere zu hindern. Aber was tut man nun? Man reißt diese Scheidewand nieder, und macht uns unter dem Vorwande, uns zu vernünftigen Christen zu machen, zu höchst unvernünftigen Philosophen" (2. 2. 1774; R IX, S. 597).

Entweder Philosophie oder Theologie, aber nicht beides zusammen, fordert Lessing. Seiner Meinung nach führt es auch zu nichts, wenn man wie Reimarus mit rationalistischer Akribie die Genese des Christentums als großangelegtes Betrugsmanöver der Jünger Christi entlarvt. Dies sei nur die Kehrseite der orthodoxen Buchstabengläubigkeit, ihre Negation. Übersehen werde dabei, daß es sich ja nicht um unmittelbar erlebte Vorgänge handelte, sondern um historische Berichte über weit zurückliegende Ereignisse (s. *Über den Beweis des Geistes und der Kraft*).

Sowohl die Orthodoxie als auch die Neologie unterschlugen diese historische Distanz. Beide suchten den Fortbestand der christlichen Religion mit dem Instrumentarium der Logik zu sichern. Lessing verfolgte dasselbe Ziel, indem er die Dimension der Geschichte in die Religion einführte. Von daher gesehen, ist Lessings Beschäftigung mit dem Christentum nicht allein theologisch, sondern auch historisch motiviert, er betreibt keine Theologie, sondern Geschichtsphilosophie.

1.3.5. Der Verlauf des Fragmentenstreits: ein Dialog und kein Dialog

Lessing beschreibt im Kanzeldialog der *Axiomata* (G VIII, S. 150–155) den bisherigen Verlauf der Kontroverse mit Goeze:

> „Nämlich; ich unterbreche den Hrn. Pastor: aber der Hr. Pastor hält sich nicht für unterbrochen. Er redet fort, ohne sich zu bekümmern, ob unsere Worte zusammen klappen, oder nicht. Er ist aufgezogen, und muß ablaufen. *Also: Ein Dialog und kein Dialog*" (G VIII, S. 150).

Die folgende Aufstellung versucht nicht nur Lessings Kontroverse mit Goeze, sondern den Verlauf des gesamten Fragmentenstreits zu schematisieren. Um den Überblick nicht unnötig zu komplizieren, wurde darauf verzichtet, die zeitlichen Überschneidungen der Einzel-Auseinandersetzungen auch graphisch darzustellen. Vor allem sollte erkennbar werden, daß sich zwischen Lessing und seinen ersten Gegnern der erhoffte theologische Grundsatzdisput anbahnte: beide Seiten reagierten aufeinander, allerdings noch nicht in der grundsätzlichen Weise, wie es sich Lessing erhoffte. Erst als sich Goeze zum Wortführer und Anwalt der angegriffenen Orthodoxie machte, fand Lessing einen Gegner von Format und damit die willkommene Gelegenheit, eine ‚Autorität‘ anzugreifen und bloßzustellen, gerade weil das eintrat, was Lessing ironisch im Kanzeldialog schildert: obwohl er immer wieder direkt auf Goezes Polemiken antwortete und ihn zur Stellungnahme zu provozieren suchte, schrieb Goeze monoman an Lessing vorbei. Lessings Antworten an die übrigen Kontrahenten blieben im Entwurf liegen oder kamen gar nicht zustande.

Die Schärfe der Auseinandersetzung, die auf beiden Seiten nicht ohne persönliche Reminiszenzen war, wird bereits spürbar, wenn man Lessings Schriften für sich betrachtet. Ihre brillante Polemik verführt jedoch leicht dazu, in Goeze nur eine komische Figur zu sehen, die sich vergeblich abmühte, es Lessing gleichzutun. Goeze war zwar weniger wortgewandt, aber seine Argumentation hatte die Mächtigen auf ihre Seite. In der publizistischen Fehde blieb Lessing der Überlegene – obgleich er faktisch den kürzeren zog –, für die weitere soziale und politische Entwicklung wurde jedoch die Argumentation bestimmend, die sich Goeze zu eigen gemacht hatte. Gerade deshalb soll sie in einigen charakteristischen Auszügen vorgestellt werden und damit zugleich die sich anschließende Textanalyse besser illustrieren.

Lessing	Lessings Gegner
Fragment: *Von Duldung der Deisten* (1774)	
Nach dreijähriger Pause: *Ein Mehreres aus den Papieren des Ungenannten, die Offenbarung betreffend* (5 weitere Fragmente).	
1. Von Verschreiung der Vernunft auf den Kanzeln	
2. Unmöglichkeit einer Offenbarung, die alle Menschen auf eine gegründete Art glauben könnten	
3. Durchgang der Israeliten durchs rote Meer	
4. Daß die Bücher des A. T. nicht geschrieben worden, eine Religion zu offenbaren	
5. Über die Auferstehungsgeschichte und	
Gegensätze des Herausgebers mit den ersten 53 §§ der *Erziehung des Menschengeschlechts* (Anfang 1777)	

J. D. Schumann: (Lyceumsdirektor in Hannover, ein Vertreter der gemäßigten ,Neologie'): *Über die Evidenz der Beweise für die Wahrheit der christlichen Religion* (Sept. 1777, datiert 1778) vor allem gegen das 2. Fragment gerichtet

Über den Beweis des Geistes und der Kraft (Okt/Nov. 1777), anonym erschienen

Unmittelbar danach, ebenfalls anonym: *Das Testament Johannis*

J. D. Schumann: Antwort auf das aus Braunschweig an ihn gerichtete Schreiben über den Beweis des Geistes und der Kraft (Dez. 1777, datiert 1778). Schumann geht nicht auf *Das Testament Johannis* ein.

Lessing konzipiert zwar eine Antwort, aber es kommt zu keiner Veröffentlichung.

NEUE HYPOTHESE ÜBER DIE EVANGELISTEN als bloß menschliche Geschichtschreiber betrachtet (Winter 77/78)

Lessing entwickelt in der *Neuen Hypothese* nicht nur seine eigene Position, sondern führt zugleich seine Denkmethode vor. Sie ist in einer vorangestellten Inhaltsangabe kurz skizziert. Wegen neuer Angriffe gegen die Fragmente und gegen ihn selbst bleibt diese programmatische Arbeit unvollendet und unveröffentlicht liegen.

J. H. Reß: (Superintendent in Wolfenbüttel, wie Schumann ein Vertreter der gemäßigten ,Neologie'): *Die Auferstehungsgeschichte Jesu Christi gegen einige im vierten Beitrage zur Geschichte und Literatur aus den Schätzen der Herzoglichen Bibliothek zu Wolfenbüttel gemachte Einwendungen verteidigt* (Ende 1777). Anonym erschienen. Vor allem gegen das 5. Fragment gerichtet

Eine Duplik (Jan. 1778), anonym, aber mit Lessings Namen unter dem Vorwort

J. H. Reß: Die Auferstehungsgeschichte Jesu Christi ohne Widersprüche, gegen eine Duplik (Hannover 1779)

Keine Antwort Lessings

Die Reß'sche *Auferstehungsgeschichte* wird von Goeze im 61.–63. Stück der *Freiwilligen Beiträge zu den Hamburgischen Nachrichten aus dem Reiche der Gelehrsamkeit* (30. 1. 1778) positiv rezensiert und ausführlich zitiert.

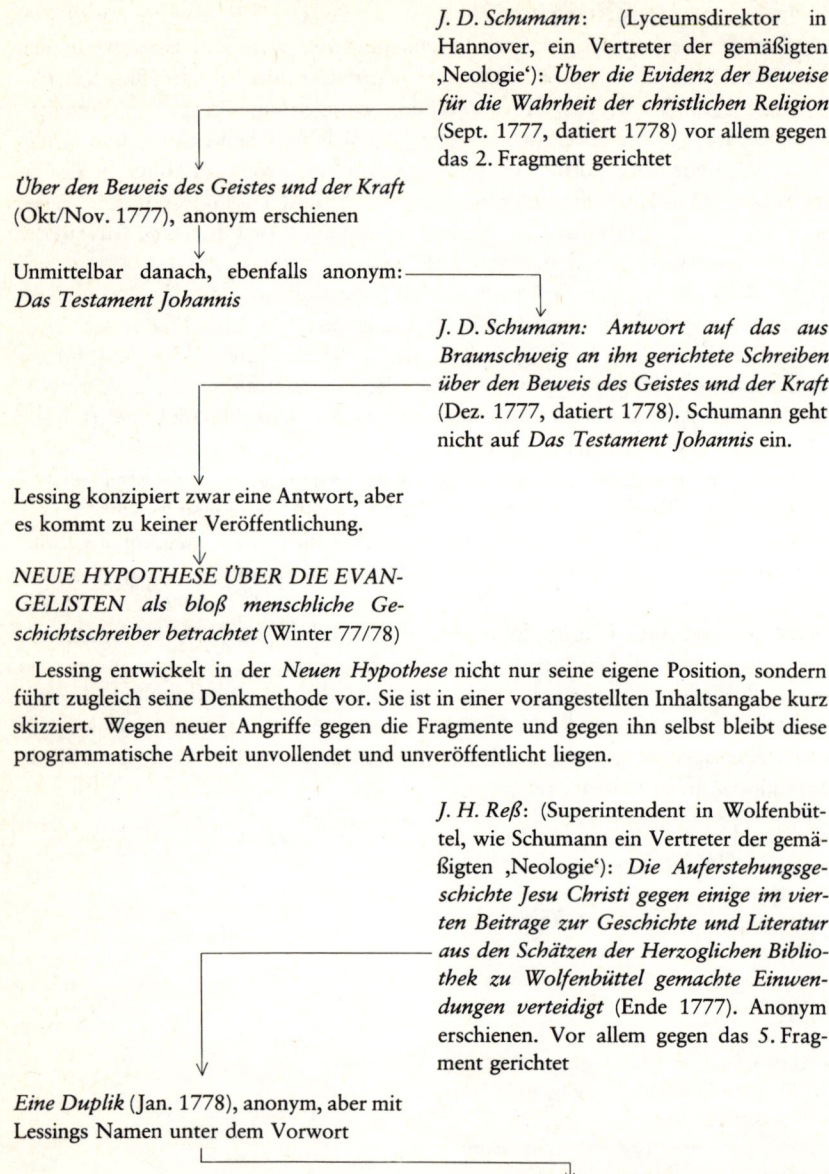

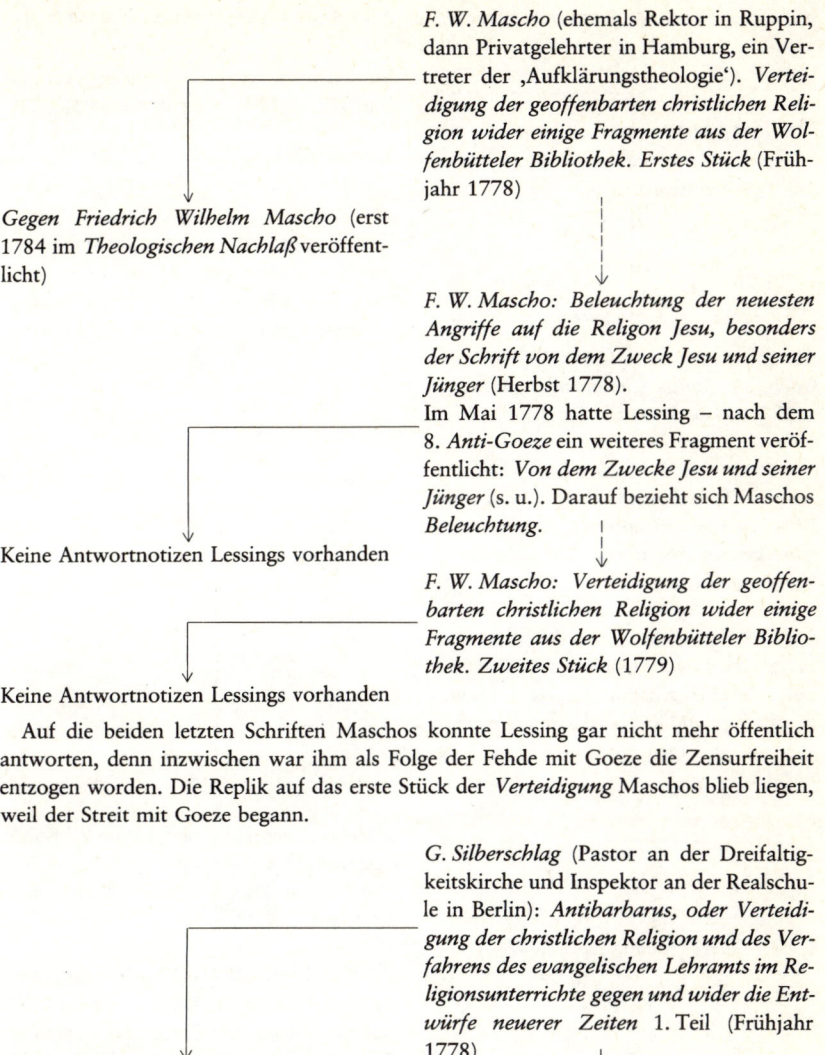

Gegen Friedrich Wilhelm Mascho (erst 1784 im *Theologischen Nachlaß* veröffentlicht)

F. W. *Mascho* (ehemals Rektor in Ruppin, dann Privatgelehrter in Hamburg, ein Vertreter der ‚Aufklärungstheologie‘). *Verteidigung der geoffenbarten christlichen Religion wider einige Fragmente aus der Wolfenbütteler Bibliothek. Erstes Stück* (Frühjahr 1778)

F. W. *Mascho: Beleuchtung der neuesten Angriffe auf die Religon Jesu, besonders der Schrift von dem Zweck Jesu und seiner Jünger* (Herbst 1778).
Im Mai 1778 hatte Lessing – nach dem 8. *Anti-Goeze* ein weiteres Fragment veröffentlicht: *Von dem Zwecke Jesu und seiner Jünger* (s. u.). Darauf bezieht sich Maschos *Beleuchtung.*

Keine Antwortnotizen Lessings vorhanden

F. W. *Mascho: Verteidigung der geoffenbarten christlichen Religion wider einige Fragmente aus der Wolfenbütteler Bibliothek. Zweites Stück* (1779)

Keine Antwortnotizen Lessings vorhanden

Auf die beiden letzten Schriften Maschos konnte Lessing gar nicht mehr öffentlich antworten, denn inzwischen war ihm als Folge der Fehde mit Goeze die Zensurfreiheit entzogen worden. Die Replik auf das erste Stück der *Verteidigung* Maschos blieb liegen, weil der Streit mit Goeze begann.

G. *Silberschlag* (Pastor an der Dreifaltigkeitskirche und Inspektor an der Realschule in Berlin): *Antibarbarus, oder Verteidigung der christlichen Religion und des Verfahrens des evangelischen Lehramts im Religionsunterrichte gegen und wider die Entwürfe neuerer Zeiten* 1. Teil (Frühjahr 1778)

BARBARUS ANTIBARBARO d. i. G. Ephr. Lessing an den Herrn George Chr. Silberschlag (erst 1784 im *Theologischen Nachlaß* veröffentlicht)

Silberschlag veröffentlichte 1779 einen zweiten Teil seines *Antibarbarus*. Lessing reagierte nicht mehr darauf.

Ausgenommen Schumanns *Evidenz*-Schrift, hatten sich bisher die Angriffe nur gegen die Fragmente, nicht gegen den Herausgeber Lessing gerichtet. Goeze ist der erste, der auch die politische Bedeutung der Fragmentenveröffentlichung anspricht und Lessing gezielt von dieser Seite aufs Korn nimmt, im ersten Artikel noch ohne Lessings Namen zu erwähnen.

55.–56. Stück der *Freiwilligen Beiträge* vom 17. 12. 1777 (s. Textbeispiel 1)

EINE PARABEL. Nebst einer kleinen Bitte (entstanden im Januar 1778, aber noch nicht veröffentlicht)

61.–63. Stück der *Freiwilligen Beiträge* vom 30. 1. 1778: empfehlende Rezension der *Auferstehungsgeschichte* von Reß (s. o.) und scharfer Angriff gegen Lessing (s. Textbeispiel 2)

Absagungsschreiben an den Herrn Pastor Goeze, in Hamburg (entstanden im Februar 1778 als Reaktion auf das 61.–63. Stück der *Freiwilligen Beiträge*) Mit *Parabel* und *Kleiner Bitte* veröffentlicht als: *Eine Parabel. Nebst einer kleinen Bitte, und einem eventualen Absagungsschreiben an den Herrn Pastor Goeze, in Hamburg* (16. 3. 1778)

Axiomata (gleichzeitig mit der *Parabel* im März 1778 veröffentlicht). Entstanden wahrscheinlich schon im Januar 1778, weil sie sich nur auf Goezes Artikel in den *Freiwilligen Beiträgen* vom 17. 12. 1777 beziehen.

Mascho-Rezension (anonym) im 71. Stück der *Freiwilligen Beiträge* vom 17. 3. 1778, von Lessing fälschlicherweise Goeze zugeschrieben

1. *Anti-Goeze* (Anfang April 1778)

ETWAS VORLÄUFIGES gegen des Herrn Hofrats Lessings mittelbare und unmittelbare feindselige Angriffe auf unsre allerheiligste Religion und auf den einigen Lehrgrund derselben, die heilige Schrift, von Johann Melchior Goeze, Hauptpastor an der St. Katharinen-Kirche in Hamburg (kurz vor Ostern 1778 veröffentlicht)

Goezes *Vorläufiges* besteht aus einer grundsätzlichen *Vorerinnerung* und acht Teilen. Auf Lessings *Parabel* und die *Axiomata* geht er am Rande ein (7. Stück). Der 1. *Anti-Goeze* wird nicht erwähnt. Das erste und zweite Stück ist ein Wiederabdruck des 55.–56. (17. 12. 1777) und des 61.–63. (30. 1. 1778) Stückes aus den *Freiwilligen Beiträgen* (s. o.). Goeze entschuldigt dies in der *Vorerinnerung* damit, daß die Artikel bisher nur wenigen bekannt geworden seien. Das 3. Stück enthält eine anerkennende Besprechung der *Vertei-*

digung der biblischen Geschichte von der Auferstehung Jesu des Lübecker Subrektors M. F. D. Behn. Der Rest setzt sich mit *Über den Beweis des Geistes und der Kraft* und der *Duplik* auseinander (s. auch Textbeispiele 1–3).

2.–7. Anti-Goeze (April bis Mai 1778)
Antwort auf Goezes *Vorläufiges Etwas*
(Lessing)

LESSINGS SCHWÄCHEN, gezeigt von Johann Melchior Goezen 1. Stück. Wieder dasselbe Verfahren wie im *Vorläufigen*: den Anfang macht ein Brief („Lieber Herr Hofrat [...]"), in dem Goeze versichert, daß er sich nicht provozieren lassen werde – gemeint sind wohl die *Anti-Goeze*, es folgt eine positive Rezension von Lüderwalds (Superintendent) *Wahrheit und Gewißheit der Auferstehung Jesu Christi* (gegen das 5. Fragment gerichtet), die schon am 24. 4. 1778 in den *Freiwilligen Beiträgen* erschienen war. Danach setzt sich Goeze mit der *Parabel*, der *Duplik* und der *Kleinen Bitte* auseinander (s. auch Textbeispiel 7).

8. Anti-Goeze

Herausgabe eines weiteren Fragments: *Von dem Zwecke Jesu und seiner Jünger* Lessing veröffentlichte dieses Fragment nicht in seiner Zeitschrift, sondern als selbständiges Buch.

Lessings Schwächen 2. Stück (s. auch Textbeispiel 5). Goeze unterstellt Lessing planmäßiges Vorgehen bei der Veröffentlichung der Fragmente. Er gedenkt die *Axiomata* erst zu beantworten, wenn Lessing öffentlich ein vollständiges Glaubensbekenntnis abgelegt habe (s. u. *Nötige Antwort*).

9.–11. Anti-Goeze (Juni bis Juli 1778)

Am 6. Juli 1778 wird Lessing durch herzoglichen Erlaß der weitere Druck und Vertrieb der *Beiträge zur Geschichte und Literatur aus der Herzoglichen Bibliothek zu Wolfenbüttel*, in denen er die Fragmente veröffentlicht hatte, verboten. Am 13. Juli wird ihm die Fortsetzung der *Anti-Goeze* verboten. Lessing läßt in Hamburg und Berlin drucken:

GOTTH. EPHR. LESSINGS NÖTIGE ANTWORT auf eine sehr unnötige Frage des Hrn. Hauptpastor Goeze in Hamburg,

Reaktion auf Goezes inquisitorische Frage
nach Lessings Religion im 2. Stück von
Lessings Schwächen

Am 3. August wird Lessing verboten, ohne Erlaubnis der braunschweigischen Regierung auch auswärts weitere Schriften zum Fragmentenstreit zu veröffentlichen. Goeze kann jetzt beruhigt das 3. Stück von *Lessings Schwächen* veröffentlichen (s. auch Textbeispiel 4 u. 6). Lessing reagiert jedoch noch einmal, zum letzten Mal.

*DER NÖTIGEN ANTWORT auf eine
sehr unnötige Frage [...] Erste Folge*
(Okt. 1778; ohne Angabe des Druckorts in
Hamburg erschienen)

Textbeispiel 1

Goeze gibt sich in seiner ersten Reaktion auf Lessing ganz trocken schulmäßig. Er greift sich zunächst die Stelle aus den *Gegensätzen des Herausgebers* heraus, an der Lessing die Herausgabe der Fragmente damit begründet, daß weder für noch gegen die Religion schon alles gesagt sei (G VII, S. 459), und entgegnet darauf:

„Es ist hart, auf diese Art die Feinde der Religion und die Verteidiger derselben in eine Klasse zu werfen. Was der Herr Herausgeber hier niedergeschrieben, soll ein Resultat sein. Was ist ein Resultat ohne vorher gegebene Induction? ein Machtspruch, welchem der Leser einen blinden Beifall geben soll: welchem er aber mit völligem Rechte ein bloßes: negatur, ergo probetur, entgegen setzen kann. Und wenn es hoch kommt, so ist es ein Schluß von einzelnen Fällen auf das Allgemeine. Ich will es einräumen, daß einige Verteidiger der christlichen Religion sich der, von dem Herrn Herausgeber gerügten Fehler, schuldig gemacht haben; verdienen sie darum alle verworfen zu werden? Und der ganze Vortrag des Herrn Herausgebers ist doch augenscheinlich so eingerichtet, daß der Leser das Arge, das er von einigen sagt, von allen denken soll. Der Schluß: wahrlich er soll noch erscheinen, u. s. f. leugnet nicht nur, daß die Religion noch nicht so angegriffen worden, als es die Wichtigkeit und Würde des Gegenstandes erfordert, sondern auch, daß sie noch nicht auf diese Art verteidiget worden, und solches durch den allgemeinsten Ausspruch, der möglich ist. Nach allen Grundsätzen der Logik muß der Herr Herausgeber erst den Beweis des letzten Satzes durch eine vollständige und bündige Induction führen, ehe er von seinen Lesern verlangen kann, daß sie solchen als einen, auf unbeweglichen Gründen beruhenden Urteilsspruch, annehmen sollen.
Meine Absicht ist gegenwärtig nicht, über die, in den Fragmenten enthaltene Angriffe, oder über die, in den Grundsätzen befindlich sein sollende Verteidigung der christlichen Religion, eine genaue Untersuchung anzustellen. Dieses kann und wird zu einer andern Zeit geschehen [...] Ich werde gegenwärtig nur über eine Stelle des Hrn. Herausgebers, welche vermutlich die *Grundlage zu den Gegensätzen* enthalten soll, eine kurze Untersuchung anstellen" (G VIII, S. 21 f.).

Bei dieser „Stelle" handelt es sich um die von Lessing selbst so benannte „allgemeine Antwort auf einen großen Teil dieser Fragmente" (G VII, S. 458 f.:

„Der Buchstabe ist nicht der Geist; und die Bibel ist nicht die Religion"). Dazu Goeze:

> „Ich finde in dieser ganzen Stelle auch keinen einzigen Satz, den ich in der Verbindung, in welcher er hier stehet, für richtig erkennen könnte. Der Herr Herausgeber hat sie zwar alle als lauter Axiomen dahin gepflanzt, aber einige davon bedürfen allerdings noch einen sehr starken Beweis, die übrigen, und das sind die meisten, sind erweislich falsch.
>
> Es ist eine wesentliche Pflicht eines Weltweisen, daß er die Worte, welche die Hauptbegriffe in seinen Sätzen ausdrücken, richtig und bestimmt erkläre, und den Lesern ohne alle Zweideutigkeit auf die bestimmteste Art, die möglich ist, sage, was er selbst dabei denket, und was der Leser dabei denken soll. Der Hr. Herausgeber redet *vom Buchstaben und Geiste*, von *Bibel* und *Religion*, von *dem, was zur Religion gehörig* und *nicht gehörig ist*, ohne die Begriffe dieser Ausdrücke, unter welchen doch die meisten vieldeutig sind, im allergeringsten zu bestimmen. Was kann daher anders entstehen, als zweideutige, unbestimmte, schwankende und irrige Sätze? Es wird sich dieses augenscheinlich zeigen, wenn wir einen nach dem andern, besonders betrachten." (G VIII, S. 23).

Goeze unterwirft nun Satz für Satz einer logischen Prüfung, z. B.:

> „*Die Bibel enthält offenbar mehr, als zur Religion gehört.* In diesem Satze liegen zween Sätze. Einmal, die Bibel enthält das, was zur Religion gehört. Zweitens, sie enthält mehr, als zur Religion gehört. In dem ersten Satze räumet der Herr Herausgeber das ein, was er in dem vorgehenden geleugnet hatte. Enthält die Bibel das, was zur Religion gehört; so enthält sie die Religion, objective, selbst. Und der zweite Satz kann zugegeben werden, wenn man einen Unterschied macht, zwischen dem, was zur Erläuterung und Bestätigung der Hauptsätze, welche eigentlich das Wesen der Religion ausmachen, gehöret. Soll aber dieser Satz der Bibel zum Nachteil gereichen; so ist er völlig unkräftig, eben so unkräftig, als wenn ich sagen wollte: Wolffs System der Mathematik enthält Scholia, und diese verringern den Wert desselben." (G VIII, S. 24 f.).

Textbeispiel 2

Der zweite Angriff Goezes erfolgt von einer völlig anderen Seite. Er kündigt die Reß'sche Verteidigungsschrift an und fährt dann fort:

> „Die Erscheinung dieser Schrift ist ein abermaliger Beweis des Satzes: Es ist nichts so arg, das nicht zu etwas gutem dienen könnte. Die Fragmente eines Ungenannten, welche der Herr Hofrat *Lessing* durch den Druck der Welt mitgeteilet, sonderlich das fünfte unter denselben, in welchem der Verfasser die Wahrheit der Auferstehung Christi zu stürzen, und die Apostel als die ärgsten Betrüger und Lügner darzustellen sucht, sind gewiß *das ärgste*, das man denken kann. Nur derjenige kann Unternehmungen von dieser Art als etwas gleichgültiges ansehen, der die christliche Religion entweder für ein leeres Hirngespinst, oder gar für einen schädlichen Aberglauben hält, und der nicht eingesehen hat, oder nicht einsehen will, daß die ganze Glückseligkeit der bürgerlichen Verfassung unmittelbar auf derselben beruhe, oder der den Grundsatz hat: *Sobald ein Volk sich einig wird, Republik sein zu wollen, so darf es,* (+) folglich die biblischen Aussprüche, auf welchen die Rechte der Obrigkeit beruhen, als Irrtümer verwirft." (G VIII, S. 102).

Der Vorwurf der politischen Unzuverlässigkeit wird noch verschärft durch eine an der mit (+) gekennzeichneten Stelle gemachte Anmerkung:

„Ich will die Schrift, in welcher dieser rebellische Grundsatz als hohe Weisheit angepriesen wird, nicht namentlich anführen [...] Man wird über die närrischen Einfälle eines Witzlings lachen: und ich lache auch über dieselben; allein fehlt es denn in der Geschichte an Beispielen, daß der Same der Rebellion, wenn er auch durch die Hände eines Gecken ausgestreuet worden, Wurzel geschlagen, und verderbliche Früchte getragen hat? Wer waren *Krechting, Knipperdolling, Johan von Leyden?* Wer war Ignatius Loyola? und was für eine Societät hat ihm ihren Ursprung zu danken? Man wird sagen, mit solchen Narren macht man in unsern Tagen kurzen Prozeß. Die gegenwärtige Einrichtung unsers Militair-Etats und der Kriegszucht läßt sie nicht aufkommen. Gut! aber ist es denn nicht auch möglich, daß auch Officier und Soldaten von einem Brutussinne angesteckt werden können? Ist unsre Kriegeszucht besser eingerichtet, als die ehemalige römische war? Unsre Monarchen sind Gottlob sicher, daß ihre Garden die Wege nie betreten werden, auf welchen ehemals die prätorianische Leibwache die souveraine Macht an sich gerissen hatte, und, nach ihrem Wohlgefallen Kaisern den Hals brach, und andre auf den Thron setzte; allein woher entspringt ihre Sicherheit und die Treue, welche sie von ihren Kriegern erwarten, und wirklich bei ihnen finden? daher, weil solche Christen sind. Sind sie es gleich nicht alle im schärfsten Verstande; so sind doch die Grundgesetze der christlichen Religion von dem Rechte der Obrigkeit, und von der Pflicht der Untertanen, zu tief in ihre Herzen geprägt, als daß es ihnen so leicht, als den Heiden, werden sollte, solche daraus zu vertilgen. Werden sie aber Christen bleiben? wird nicht mit der Ehrerbietung gegen die heil. Schrift und Religion, auch zugleich die Bereitwilligkeit ihren Oberherren den schuldigen Gehorsam zu leisten, und der Abscheu gegen Rebellion, in ihren Herzen ausgelöschet werden, wenn es jedem Witzlinge und Narren frei stehet, mit der christlichen Religion und mit der Bibel vor den Augen des ganzen christlichen Publici das dollkühnste Gespötte zu treiben? Ich habe die Hoffnung zu Gott, daß die Zeit nahe sei, welche diesem unsinnigen Unfuge ein Ende machen wird [...]" (G VIII, S. 115 f.).

Dieser überraschende Kurswechsel in der Argumentation veranlaßte Lessing dazu, sein *Absagungsschreiben* zu verfassen (G VIII, S. 124–127). In allen folgenden Schriften Goezes werden die zuerst erhobenen Vorwürfe der fehlenden logischen Schlüssigkeit und der religiösen, mithin auch politischen Unzuverlässigkeit in immer neuen Variationen wiederholt.

Textbeispiel 3

„Ich bewundre den Herrn Lessing, wenn ich seinen *Laokoon,* seine *antiquarische Briefe,* vornehmlich aber sein unnachahmliches Meisterstück, die *Abhandlung, wie die Alten den Tod abgebildet haben,* lese. Allein wenn ich sehe, was er als *Philosoph* für Grundsätze hat, wie er schließt, wie er beweiset, wie in den meisten Fällen, zwar witzige und unerwartete, aber im Grunde die Sache offenbar verstellende Bilder und Gleichnisse die Stelle der Gründe vertreten müssen, wie er mit Worten spielt, wie er aus Sätzen, von welchen kein vernünftiger Mensch wissen kann, was er dabei gedacht hat, z. E. *der Buchstabe ist nicht der Geist,* die wichtigsten Folgen ziehet, wie er sich hinter Equivocen zu verstecken sucht; so kann ich keinen großen Philosophen sehen. Liegt hier der Grund in der Blödigkeit und Schwäche meiner Augen; so muß ich mir mein Schicksal gefallen lassen. Freilich werden hier die schönen Geister, die Zeitungsrezensenten, die witzigen Damen, scharfsichtiger sein: doch ist dieses dabei noch immer das Beste, daß ihre Urteile nicht entscheidend sind." (G VIII, S. 188).

Textbeispiel 4

Zu den *Axiomata* bemerkt Goeze:

„Er pflanzet zwanzig Sätze als *Axiomata* dahin, welche seinen Satz [nämlich daß die christliche Religion ohne die Bibel bestehen könne; Anm. d. Verf.] beweisen sollen. Aber alle diese Sätze sind bloß willkürlich, daher bedarf ein jeder von denselben eines gründlichen und vollständigen Beweises. Herr Lessing pocht S. 15 darauf, daß er diese Sätze aus mehrmaliger Lesung der Kirchenväter der ersten vier Jahrhunderte gesammlet habe. Er spricht aus einem hohen Tone, daß der Belesenste in dieser Sache nicht mehr Quellen als er gehabt hätte, daß der Belesenste nicht mehr wissen könnte, als er. Wo haben denn, werden alle verständigen Leser dieses Blattes denken, so viele Gelehrte, welche doch eben die Kirchenväter gehabt haben, auf welche Herr Lessing pocht, ihre Augen gehabt, daß sie diese Sätze nicht entdecket haben? Es fehlt uns ja nicht an vollständigen und zuverlässigen Auszügen der Glaubenslehren aus den Schriften der Kirchenväter der ersten vier Jahrhunderte, also auch des Artikels von der heil. Schrift, welche die redlichsten und gelehrtesten Theologen aus denselben der Welt vor Augen gelegt haben, und in diesen wird man diese Sätze vergeblich suchen. Doch dieser Widerspruch lässet sich erklären. Diese haben eine gesunde Logik und Hermeneutik gebraucht, dagegen hat Herr Lessing hier seine Theater-Logik zu Hilfe genommen, und mit dieser ist vieles möglich zu machen, was der gesunden und richtigen Logik unmöglich bleibt." (G VIII, S. 325 f.).

Textbeispiel 5

„Durch den Druck der Fragmente will er [d. i. Lessing; Anm. d. Verf.] nichts weiter getan haben, als *das im Finstern schleichende Gift dem Gesundheitsrate angezeigt haben.* Erweiset er damit dem Fragmentenschreiber eine Ehre, daß er seine ungedruckten *Blätter ein im Finstern schleichendes Gift* nennet? Das habe ich auch getan, und darüber hat mich Herr Lessing, *Parabel,* S. 29 beschuldigt, daß ich seinen Ungenannten *bubenmäßig* behandelt hätte. Hier fällt also die Beschuldigung auf ihn selbst zurück. Möchte doch Herrn Lessings Gedächtnis so stark sein, als seine Phantasie ist, so würde er sich solcher *Schwächen* vielleicht nicht schuldig machen. Indessen hat er Recht. Die Fragmente sind Gift. Eben ein solches Gift, als eine rebellische Schrift sein würde, in welcher der rechtmäßige, gerechte, weise und wohltätige Regent eines Landes vor den Augen seiner Untertanen so gelästert würde, als unser hochgelobter Erlöser in diesen Fragmenten vor den Augen aller derer, die sich zu Ihm bekennen, an sein Evangelium glauben, und von ihm Leben und Seligkeit haben und erwarten, gelästert wird." (G VIII, S. 283).

Textbeispiel 6

Goeze hatte wiederholt von Lessing eine Erklärung über seine persönliche Religion verlangt, ehe er mit ihm weiterzudiskutieren gedenke:

„Ich besorge, daß Herr L. diese Fragen und Forderungen für ein *Inquisitionsverhör* ausgeben werde. S. 7 der Antwort [d. i. *Nötige Antwort auf eine sehr unnötige Frage des*

Hrn. Hauptpastor Goeze in Hamburg; Anm. d. Verf.] hat er bereits einen, dahin abzielen-den Fingerzeig, gegeben. Ich warne ihn aber treulich, diesen Weg nicht einzuschlagen, und das alte Schandlied, auf welchem sich Abbt und seine Nachfolger heiser geschrien, von Inquisition, Auto da Fé, und Inquisitor, nicht wieder anzustimmen, oder es sich selbst zuzuschreiben, wenn er eine Antwort erhält, welche ihm nicht gefallen wird. Von mir hat er kein Inquisitions-Verhör zu besorgen, ob solches aber nicht von denen erfolgen möchte, deren Amt es mit sich bringet, *die Reichsgesetze wider die Publikation gotteslästerlicher Schriften,* aufrecht zu erhalten, das ist eine andre Frage." (G VIII, S. 322).

Goeze bezieht sich hier auf eine 1766 in Hamburg von Thomas Abbt veröf-fentlichte Satire mit dem Titel: *Erfreuliche Nachricht von einem hoffentlich bald zu errichtenden protestantischen Inquisizionsgericht, und dem inzwischen in Effigie zu haltenden erwünschten evangelisch-lutherischen Auto da Fe* (Thomas Abbt, *Vermischte Werke,* T. 5, Berlin/Stettin 1780, S. 3–24). Goeze wird darin als feister Großinquisitor verspottet.

Textbeispiel 7

Nur ein einziges Mal gibt Goeze die Haltung des strengen Logikers und des unerbittlichen theologischen Dogmatikers auf und schlüpft in die Rolle des Seel-sorgers:

„Lieber Herr Hofrat! Erbittern Sie sich nicht, wenn ich bei dieser Gelegenheit ein Wort aus einem ganz andern Tone, als derjenige bisher gewesen ist, den Sie mir abgedrungen haben, mit Ihnen rede. Gott weiß, daß ich Sie herzlich liebe. Ich verkenne die schönen Talente nicht, die Ihnen die Güte Gottes geschenket hat, auch nicht die vorzüglichen Einsichten und Kenntnisse, die Sie sich durch rechte Anwendung in manchen Teilen der sogenannten schönen Wissenschaften, erworben haben. Ich vergebe es Ihnen von ganzem Herzen, daß Sie alle Ihre Kräfte anwenden, mich vor den Augen der Kirche, der gelehrten Welt, und meiner Gemeine, zum unwissenden und dummen Laffen zu erniedrigen, und das müßte und würde ich sein, wenn meiner sieben nicht einem Siebenteile von Ihrem Frag-menten Schreiber das Gleichgewichte halten könnten: aber eben diese Liebe, eben diese Achtung beweget mich, Sie vor dem Angesichte Gottes zu bitten, folgendes in einer stillen Stunde, da Ihre Leidenschaften nicht brausen, in reife Betrachtung zu ziehen.

Sie erklären sich, und mein ganzes Herz bebet vor dieser Erklärung – daß Sie um des Druckes der Fragmente willen, und um deswillen, was Sie dabei getan haben, vor Ihrer Todesstunde nicht zittern würden. Bedenken Sie um Gottes und Ihres ewigen Heils willen, was Sie hier niedergeschrieben haben. Ach! verschließen Sie sich den Weg zur Buße nicht selbst auf diese Art, Sie möchten ihn hernach nicht wieder finden können, und auch nie in den Stand kommen, ihn mit Tränen zu suchen. Denken Sie an die Rechenschaft, welche der HErr, dessen Ehre durch die Fragmente so frevelhaft angegriffen und gelästert worden, dessen Wort Sie so tief unter elende menschliche Schriften herunter zu setzen suchen, an jenem Tage, insonderheit von dieser Handlung, von Ihnen fordern wird. Fragen Sie Ihr Gewissen, ob es eine lebendige Überzeugung habe, daß die Scheingründe, welche Sie zur Rechtfertigung desselben itzt vorwenden, und mit welchen Sie die Augen schwacher Chri-sten, noch leichter aber der Freigeister verblenden können, auch vor dem einen Wert haben werden, dessen Augen heller sind als Feuerflammen? [...]" (G VIII, S. 215).

2. Textanalyse

2.1. Die Veröffentlichung der Reimarus-Fragmente: eine gezielte Provokation der protestantischen Orthodoxie

Die sorgfältige Auswahl der Reimarus-Fragmente zeigt, daß Lessing Schwierigkeiten und Anfeindungen einkalkuliert hatte. Er begann mit einem Fragment, das Toleranz auch für Deisten forderte: es fand kaum Beachtung. Nach dreijähriger Pause setzte er von neuem an mit einem Angriff auf die Glaubwürdigkeit der Jünger und der Evangelienschreiber und schließlich – auf dem Höhepunkt der Auseinandersetzung mit Goeze – stellte er die Person Jesu selbst in Frage.

Diese Taktik läßt erkennen, wie vorsichtig zunächst Lessing die ihn bewegenden religiösen Grundsatzfragen in die öffentliche Diskussion brachte. Sobald die Gegner jedoch angebissen hatten, scheute er nicht davor zurück, den Problemen an die Wurzel zu gehen. Er wollte die in seinen Augen nur scheinbar gelösten Fragen aus den gelehrten theologischen Zirkeln heraus vor die Betroffenen selbst bringen. Er wollte von der sterilen akademischen Diskussion weg zu einem Christentum der Tat kommen, das der einzelne Gläubige unbeschwert von den historisch gewordenen, starren Normen eines theologischen Systems realisieren konnte, einem Christentum, das sich ohne gelehrte philosophische und theologische Konstruktionen auf den Satz „Kinderchen, liebt euch" (*Das Testament Johannis*; G VIII, S. 17) reduzieren ließ. Diese Unterscheidung zwischen theologischem System und gelebtem Christentum meint Lessing, wenn er in den sogenannten *Gegensätzen des Herausgebers* den Buchstaben gegen den Geist und die Bibel gegen die Religion ausspielt (G VIII, S. 458).

Anders als 1774 erschienen 1777 in rascher Folge einige *Verteidigungen*, die sich mit den Fragmenten auseinandersetzten, den Herausgeber Lessing aber weitgehend ungeschoren ließen. Diese Verteidigungsschriften trugen jedoch kaum etwas zu der von Lessing intendierten Grundsatzdiskussion bei. Sie griffen Einzelgesichtspunkte heraus und versuchten sie mit demselben bornierten Rationalismus zu widerlegen, mit dem Reimarus selbst zu Werke gegangen war. Erst Goeze wies auf die grundsätzliche theologische *und* politische Problematik der Fragmenten-Veröffentlichung hin und kritisierte den Herausgeber in derber, direkt zupackender Weise. Lessing begegnete den plump vorgetragenen Drohungen und Beschuldigungen mit brillanter Polemik und hintergründiger Ironie, womit er Goeze allerdings nur noch mehr in Harnisch brachte. Für Lessings mitunter boshafte Scherze hatte er nichts übrig. Goezes stilistische Unbeholfenheit und die Dürftigkeit seiner Argumentation sollten jedoch nicht dazu verführen, in ihm nur einen unbelehrbaren Pfaffen oder gar eine komische Figur zu sehen. Vom Standpunkt des zeitgenössischen theologischen Wissenschaftsbetriebes aus war es eher umgekehrt: der unstete Literat, der es zwar zum Hofrat gebracht hatte, im Grunde aber doch der Komödienschreiber geblieben war, benahm sich in der gelehrten Welt wie ein Taschenspieler unter rechtschaffenen Bürgern (G VIII, S. 170). „Was kann daher anders entstehen, als zweideutige, unbestimmte, schwankende und irrige Sätze?" (G VIII, S. 23).

2.2. Lessings Denken: ein Verstoß gegen akademische Konventionen und gegen die wissenschaftlich anerkannte Methodologie

Die protestantische Orthodoxie, vor allem ihr Wortführer Goeze, ereiferte sich, mehr noch als über Lessings eigene Thesen, über die Tatsache, daß er sie öffentlich artikulierte. Durch Lessings Schuld seien die Fragmente auf die Leipziger Messe gekommen und in ganz Deutschland verbreitet worden (G VIII, S. 281). Goeze lehnte zwar theologische Dispute nicht grundsätzlich ab, nur sollten sie unter Ausschluß der Öffentlichkeit stattfinden und auch nur so lange gestattet sein, wie sie nicht die Substanz der christlichen Dogmatik angriffen:

> „Dabei kann es verständigen und gesetzten Männern vergönnt bleiben, bescheidne Einwürfe gegen die christliche Religion, und selbst gegen die Bibel, zu machen. Es wird solches nötig sein, um die Lehrer in Othem zu erhalten [...] Nur müßte solches nicht, ohne besondere wichtige Ursachen, in einer andern Sprache, als in der Sprache der Gelehrten geschehen, und der angreifende Teil müßte die Freiheit nicht haben, die heiligen Männer Gottes, von welchen die ganze Christenheit glaubt, daß sie geredet und geschrieben haben, getrieben von dem heiligen Geiste, als Dummköpfe, als Bösewichter, als Leichenräuber zu lästern" (G VIII, S. 116; auch Lessings Landesherr, der Herzog von Braunschweig, zeigte sich ungehalten darüber, daß die Auseinandersetzung nicht in lateinischer Sprache geführt wurde, s. Daunicht, S. 455).

Goeze beschwört an dieser Stelle die akademischen Spielregeln, die – obwohl schon in der Scholastik des Hochmittelalters entstanden, im 16. Jahrhundert erneut aufgegriffen – auch in der zweiten Hälfte des 18. Jahrhunderts von der Mehrzahl der Gelehrten noch als verbindlich angesehen wurden. Gewahrt wurde diese ungebrochene Kontinuität durch Gelehrtenschule und Universität. Wer sie durchlaufen hatte, bot im allgemeinen die Gewähr dafür, nicht aus den tradierten Konventionen und Denkschablonen auszubrechen. Deshalb wollte man in orthodoxen Theologenkreisen auch nicht glauben, daß ein verdienter Gymnasiallehrer wie Reimarus der Verfasser der Fragmente gewesen sei. Diesen konnte man sich nur als einen Mann vorstellen mit einer „verkehrten Erziehung und tumultuarischen Art zu studieren" (Schmidt, Goeze, S. 201), einen Mann also, der nicht fähig war, systematisch und logisch zu denken. Vielleicht steckt in dieser Bemerkung auch eine hämische Anspielung auf Lessings eigene Studienzeit, die nicht gerade durch Systematik ausgezeichnet war.

Lessing hatte sich mit der Publikation der Fragmente nicht an die Spielregeln gehalten und er hielt sich mit seinen eigenen Pamphleten noch viel weniger daran. Er benutzte nicht, wie jeder rechtschaffene Theologe, das gelehrte Latein, sondern schrieb für jeden verständlich deutsch. Seine Einwände waren nicht etwa „bescheiden", sondern radikal, die Grundlagen der protestantischen Orthodoxie angreifend und dazuhin von einer Methode gekennzeichnet, die jeder Wissenschaftlichkeit Hohn sprach. Stil und äußere Form seiner Pamphlete verletzten in schamloser, fast unsittlicher Weise die Normen des akademischen Disputationswesens. Goezes fast beleidigte Reaktion, als Lessing von *ihm* Beweise verlangte, läßt dies deutlich erkennen:

„Diese Forderung ist so ungereimt, als eine sein kann. Ich bin in dieser Sache der Respondent. Herr L. ist der Opponent. Ich behaupte eine Wahrheit, welche von allen vernünftigen Christen [...] angenommen ist [...] Herr L. tritt auf und sagt: Alle gegenwärtige so wohl als verstorbene Christen und Lehrer, welche diesen Satz als eine unstreitige Wahrheit angenommen haben, sind Toren und Narren [...] Auf wen fällt nun die Pflicht, den Beweis zu führen? auf mich, oder auf den Opponenten?" (G VIII, S. 322; über das „Amt" des Opponenten und des Respondenten innerhalb einer akademischen Disputation s. Johann Heinrich Zedler, *Grosses vollständiges Universal-Lexikon*, Bd. 7, Halle u. Leipzig 1734, s. v. Disputir-Kunst, Sp. 1059).

Lessing hatte aber nicht nur gegen diese äußerlichen Formalien des Wissenschaftsbetriebes verstoßen, sondern auch gegen die allgemein anerkannten Regeln von Logik und Dialektik. Für Goeze waren diese Verstöße ein willkommener Anlaß, sich immer wieder von neuem über Lessings Art zu denken und zu streiten zu ereifern:

„Seine Bemühungen gehen nicht dahin, den Verstand seiner Leser durch Gründe zu überzeugen, sondern sich ihrer Phantasie durch allerhand unerwartete Bilder und Anspielungen zu bemächtigen. Er bestimmet daher nichts durch richtige Erklärungen, er führet nie einen gründlichen und einleuchtenden Beweis, sondern er spielt beständig mit Gleichnissen, Instanzen und Antithesen. Er nimmt die Worte in verschiednen Bedeutungen, und gerade jedesmal in derjenigen, von welcher er sich die meiste Hoffnung macht, daß sie am ersten blöde Augen blenden werde. Er erlaubt sich Sophismen, Equivocen und Fallacien" (G VIII, S. 168 f.; vgl. S. 200 f.).

Dieser Vorwurf zielte auf Lessings Wissenschaftlichkeit. Er war prinzipieller, von Goeze aus gesehen aber auch taktischer Natur, denn die Diskussion um das richtige Denken und die akademische Wohlanständigkeit, der ständige Hinweis auf übertretene Konventionen und auf logische Fehler, überhaupt auf unlogisches Denken, ließ Inhaltliches zweitrangig erscheinen. Mit der „Theaterlogik" (G VIII, S. 170, passim) eines Komödienschreibers brauchte man sich als rechtschaffener Theologe nicht abzugeben. Der Hinweis auf die nicht eingehaltenen „Grundsätze der Logik" (G VIII, S. 22) ersetzte die inhaltliche Stellungnahme.

Goezes Ausweichen ist jedoch nur zum Teil taktisch zu verstehen, es ist auch Ausdruck des Unvermögens, eine andere, als die einmal schulmäßig erlernte Denkmethode zu akzeptieren und zu benutzen. Lessing und Goeze hatten beide eine solide und fundierte Gelehrtenausbildung erhalten. Während aber Goeze dem Erlernten treu blieb, distanzierte sich Lessing schon früh von der „verdammte[n] Schulweisheit" (G I, S. 172) und suchte Anregungen außerhalb der eingefahrenen Bahnen des akademischen Wissenschaftsbetriebs.

2.3. Suche nach Wahrheit anstatt Besitz der Wahrheit

In der *Duplik* grenzte sich Lessing unmißverständlich von jenen selbstzufriedenen Besitzern der Wahrheit ab, die in weiten Bereichen der Gelehrtenwelt den Ton angaben:

„Nicht die Wahrheit, in deren Besitz irgend ein Mensch ist, oder zu sein vermeinet, sondern die aufrichtige Mühe, die er angewandt hat, hinter die Wahrheit zu kommen, macht den Wert des Menschen. Denn nicht durch den Besitz, sondern durch die Nachforschung der Wahrheit erweitern sich seine Kräfte, worin allein seine immer wachsende Vollkommenheit bestehet. Der Besitz macht ruhig, träge, stolz –" (G VIII, S. 32 f.).

Von dieser methodischen Grundposition aus konnte man „gründlich und bündig" (G VIII, S. 32), d. h. logisch exakt und richtig denken, und dennoch meilenweit von der Wahrheit entfernt bleiben, denn die bloße logische Widerspruchsfreiheit war noch nicht identisch mit der Wahrheit selbst.

Lessing entschied sich damit ausdrücklich gegen eine Methode, die die Logik nur als willfähriges Instrument benutzte, um unliebsame Kritik als Unsinn abzuqualifizieren, die jedoch zur Begründung des eigenen Standpunktes keineswegs streng logisch, sondern dogmatisch verfuhr, d. h. im Sinne der Schuldialektik die Argumentation durch autoritative Zitate untermauerte und damit gegen weitere Kritik absicherte. Goeze bietet für dieses autoritätsgläubige Verfahren ein Musterbeispiel: obwohl er unermüdlich versuchte, Lessing logische Fehler nachzuweisen, mußte er andererseits zugeben, „daß die Lehrsätze der christlichen Religion nicht so bewiesen werden können, als der Satz: zweimal zwei ist vier. Allein so sollen sie auch nicht bewiesen werden" (G VIII, S. 169). Eine klare Antwort, wie der Beweis dann geführt werden soll, blieb er allerdings schuldig. Die verschiedentlich vorgeführten Beweise lassen sein Verfahren jedoch erkennen. Als er sich bemühte, Lessings in der *Duplik* formulierte Position gegenüber der Wahrheit zu widerlegen, ist ein Bibelzitat seine letzte Zuflucht: „Diesem Ausspruche Jesu widerspricht Lessing geradezu: wer verdient nun unsern Beifall, unsern Glauben? Jesus, oder Lessing?" (G VIII, S. 207). Wider Willen verrät sich Goeze hier selbst: Nicht um die unvoreingenommene, jederzeit überprüfbare Suche nach der Wahrheit geht es ihm, sondern um die Sicherung der bereits im Besitz befindlichen Wahrheit, um Überzeugung, „Beifall", „Glauben".

Grundverschieden ist dagegen Lessings Methode. Mit wenigen Sätzen beschreibt er sie und ihre Durchführung in der *Neuen Hypothese über die Evangelisten als bloß menschliche Geschichtschreiber betrachtet,* die bereits durch ihren Titel programmatischen Charakter erhält und von Lessing auch so gedacht war (s. Brief an Karl Lessing v. 25. 2. 1778; R IX, S. 771–773, hier: S. 772), allerdings im Verlauf der Auseinandersetzung mit Goeze unvollendet und unveröffentlicht liegen blieb.

„*Erst* wird die Hypothese in planen trockenen Worten vorgetragen.

Sodann werden die kritischen Beweise derselben und alles, was darauf geführt, dargelegt.

Worauf der Vorteil, welchen dieselbe in *Begreiflichmachung* verschiedener Schwierigkeiten und genauerer Erklärung streitiger Schriftstellen haben möchte, gezeigt und mit Unterwerfung einer näheren Prüfung geschlossen wird" (G VIII, S. 614).

Die so beschriebene Methode ist keine Erfindung Lessings. Sie hat ihren Ursprung im Bereich des naturwissenschaftlichen Denkens, dem gerade zur Zeit Lessings zahlreiche bahnbrechende Entdeckungen gelangen (s. Synoptische Tabelle). Lessing selbst gibt einen Hinweis auf die Herkunft seiner Denkmethode im Quecksilberbeispiel der *Axiomata*. Er demonstriert einleuchtend, daß eine vollständige Induktion, wie sie Goeze von ihm verlangt hatte, unmöglich sei, da man dann zuerst alles Quecksilber über dem Feuer „verrauchen" lassen müßte. Das Ergebnis wäre eine absolut wahre Aussage. Lessing geht dagegen von einer unvollständigen Induktion aus, die nur zu einer vorläufigen, hypothetischen Wahrheit führt. Sie gilt, solange sie nicht widerlegt ist.

„Guter Freund, alles Quecksilber, das ich noch über Feuer brachte, das verrauchte wirklich. Kennst du welches, das nicht verraucht: so bring es, damit ich es auch kennen lerne; und du sollst Dank haben" (G VIII, S. 129).

Dieses Prinzip der Hypothesenbildung und der kritischen Überprüfung wandte Lessing mit einer Konsequenz an, die den Widerstand jedes überzeugten Orthodoxen provozieren mußte. Für Lessing war auch das Schriftprinzip der Orthodoxie, das der Bibel Unfehlbarkeit in jedem Buchstaben unterstellte, eine Hypothese, die der Überprüfung erst noch bedurfte:

„Denn die Bibel enthält offenbar Mehr als zur Religion gehöriges: und es ist bloße Hypothes, daß sie in diesem Mehrern gleich unfehlbar sein müsse" (G VII, S. 458).

Dieser Auffassung widersprach Goeze mit kompromißloser Härte:

„Nein! dieses ist nicht Hypothese, sondern unwidersprechliche Wahrheit" (G VIII, S. 25).

An dieser Stelle prallen die unterschiedlichen Denkweisen unvermittelt aufeinander. Für Goeze gibt es absolute Gewißheit, „unwidersprechliche" Wahrheiten, genau das, was Lessing als Besitz der Wahrheit kritisiert hatte. Für Lessing gibt es auf der Suche nach der Wahrheit nichts, dem man nicht widersprechen könnte und dürfte. Diesen radikalen Schritt konnte ein rechtgläubiger Protestant vom Schlage Goezes nicht nachvollziehen, wenn er sich nicht selbst und seine theologische Position aufgeben wollte. Die Bibel durfte nicht wie ein beliebiges historisches Dokument der Kritik unterworfen werden, weil sonst „von dem Wesentlichen, oder von dem, was zur Religion gehört, nichts mehr, als die Grundsätze der natürlichen Theologie" (G VIII, S. 25) übrigblieben.

2.4. Untertan oder mündiger Bürger: die politische Dimension des Fragmentenstreits

Öffentlichkeit war für Lessing die Voraussetzung für eine Diskussion, in der die Prüfung seiner Hypothesen erfolgen sollte. Eine institutionalisierte Öffentlichkeit war jedoch noch nicht vorhanden, sie mußte erst hergestellt werden durch den Akt der Veröffentlichung selbst. Lessing sah sich in die Lage Luthers versetzt, dem die Lehrmeinung der Kirche – wie er meinte – eine volkssprachliche Bibelübersetzung verbot:

„Den Ungrund dieses von seiner Kirche für wahr angenommenen Satzes mußte er erst

erweisen; er mußte die Wahrheit des Gegensatzes erst erfechten; er mußte sie als schon
erfochten voraussetzen: ehe er sich an seine Übersetzung machen konnte" (G VIII, S. 162).

Ebenso mußte Lessing die Institution Öffentlichkeit erst erfechten und sie
gleichzeitig schon als erfochten voraussetzen. Er verstieß damit aber nicht nur
gegen einen akademischen Brauch, sondern rührte an die Grundfesten des absolutistischen Staates, der allenfalls eine beschränkte und kontrollierte Öffentlichkeit zuzulassen bereit war.

Lessing bekam rasch zu spüren, daß er die Grenzen der von der Obrigkeit
zugestandenen Öffentlichkeit überschritten hatte. Goeze verstand es sehr geschickt, Lessing in immer neuen Variationen auf diesen neuralgischen Punkt
hinzuweisen, ohne offen nach dem Eingreifen der Zensur zu rufen. Goezes Bemühen, es Lessings bildhaftem und anschaulichem Stil gleichzutun, erschöpfte
sich im Vergleich des Christentums mit dem absolutistischen Staat. Dadurch
konnte er – ohne dies explizit sagen zu müssen – Lessing als politisch unzuver-
lässig verdächtigen und ihn sogar ihn die Nähe der Rebellion rücken.

Goeze glaubte, „daß die Ehre Jesu und seiner Apostel in der christlichen Welt
eben so unverletzlich sein müsse, als die Ehre der Götter der Erden in der
bürgerlichen und bei ihren Untertanen" (G VIII, S. 263). Er stellte die verfängli-
che Frage:

„Wie wenn dem Herrn L. Fragmente in die Hände fielen, in welchen die Gerechtsame
und Besitzungen des Hochfürstl. Braunschweigischen Hauses auf die Art angegriffen, und
die durchlauchtigen Erwerber derselben und ihre unbescholtene Ministres so gelästert
würden, als in diesen Fragmenten der Stifter unsrer allerheiligsten Religion und seine
Apostel gelästert werden, und Herr L. wollte sie mit einem solchen Brandbriefe in die Welt
schicken, als er diesen Fragmenten mitgegeben hat, was würde sein Lohn sein?" (G VIII,
S. 174f.).

Vom Standpunkt Goezes aus konnte die Frage nach Lessings „Lohn" nur
rhetorischer Natur sein. Für ihn bestand kein Zweifel daran, daß es unzulässig
sei, derartige Fragmente „in die Welt" zu schicken. Für ihn bestand auch kein
Zweifel daran, daß jeder, der die bestehenden staatlichen Institutionen in dieser
radikalen Weise angreifen würde, als Aufrührer angesehen und entsprechend
bestraft werden würde. Daß analog dazu auch der Herausgeber Lessing gewissermaßen als Rebell bestraft werden müßte, versuchte Goeze durch seine konstruierten Vergleiche unermüdlich zu suggerieren.

Freilich nicht nur in der öffentlichen Diskussion sieht Goeze Gefahren für den
Bestand von Gesellschaft und Staat heraufziehen. Ungleich gefährlicher noch ist
die Kombination des Prinzips Öffentlichkeit mit dem Prinzip der kritischen
Prüfung. Obwohl Goeze Lessings methodisches Vorgehen nicht begreifen
konnte oder wollte (ganz bezeichnend hierfür das Mißverstehen des ‚Quecksil-
berbeispiels'; G VIII, S. 272–277), sah er doch die möglichen politischen Konsequenzen mit bestechender Klarheit. In beschwörendem Ton kritisiert er Lessings
Auffassung, die die Wahrheit der christlichen Religion nicht eher für erwiesen
halte, bis alle Einwürfe und Schmähungen „durch den Druck in deutscher Spra-

che dem großen Haufen in die Hände gegeben, ihm selbst zur Prüfung überlassen" seien (G VIII, S. 258):

„Siehet aber Herr Lessing es nicht ein, was aus diesem Grundsatz fließt, oder will er es nicht einsehen? Was will er dem antworten, der sagen würde: das Regierungssystem der besten und gerechtesten Regenten verdienet nicht eher Beifall, bis alle mögliche, auch noch so unsinnige Einwürfe gegen dasselbe, bis alle mögliche Lästerungen und Verleumdungen der Person des Regenten im Drucke dargelegt, und den Untertanen in die Hände gegeben [...]" (G VIII, S. 258).

Die geheime Angst des Konservativen, der seine Ordnungsvorstellungen gefährdet sieht, schwingt in dieser Schreckensvision über prüfende Untertanen deutlich mit. Führt man aber Lessings kritischen Denkansatz konsequent weiter, dann treffen Goezes Unterstellungen in der Tat zu. In Goeze und Lessing stehen sich dann nicht mehr nur zwei verschiedene Denkweisen, sondern auch zwei politisch entgegengesetzte Positionen gegenüber. Goeze stützt sich auf Autoritäten, seien es nun geistige oder politische. Lessing hingegen unterwirft prinzipiell alles der Kritik, auch Autoritäten. Wer aber die Autorität des gelehrten oder biblischen Zitats in Zweifel zieht, schreckt auch – so folgert Goeze konsequent weiter – vor der staatlichen Autorität nicht mehr zurück. Wer dem Christentum die biblische Grundlage entzieht, huldigt offensichtlich dem Grundsatz:

„*Sobald ein Volk sich einig wird, Republik sein zu wollen, so darf es*" (G VIII, S. 102).

Das von Goeze hier beschworene Schreckgespenst der Republik war in Nordamerika zu dieser Zeit bereits Wirklichkeit geworden. Vor diesem zeitgeschichtlichen Hintergrund muß man diese Bemerkung wohl sehen. Ob Lessing eine solch radikale Konsequenz seines Denkens gesehen oder gar bewußt einkalkuliert hat, ist schwer zu entscheiden. Direkte Äußerungen dazu sind nicht überliefert. Ebenso fehlt eine direkte Stellungnahme zu den Vorgängen in Amerika. Beurteilt man jedoch Lessings politische Einstellung von *Ernst und Falk* her, kristallisiert sich sein Glaube an eine evolutionäre Wandlung zum Besseren heraus, ganz analog zu seiner Erkenntnistheorie, die die Erkenntnis im infiniten Prozeß der Wahrheitssuche der Wahrheit zwar näher bringt, sie jedoch nie erreicht.

B. Nathan der Weise

1. Grundlageninformationen

1.1. Texte und Materialien

Ausgaben: G II, S. 205–347; LM III, S. 1–177; PO Tl. II, S. 165–314; R II, S. 319–481; Stammler I, S. 627–770; Wölfel I, S. 467–594. Einzelausgabe: Reclam Nr. 3.

Demetz, Peter (Hrsg.): Lessing, *Nathan der Weise*, Ullstein Nr. 3925, 1966. [Enthält neben dem Text einige interpretative Kapitel von Demetz, in denen die Forschung gut berücksichtigt ist; weiterhin eine Auswahl aus Lessings Quellen und Aufzeichnungen

zum *Nathan,* Dokumente zur Entstehung und Wirkung.] Ähnlich aufgebaut: von Düf-
fel, Peter (Hrsg.): G. E. Lessing, *Nathan der Weise.* Erläuterungen und Dokumente.
Reclam Nr. 8118/18a, 1972. Heranzuziehen auch: Lessings *Nathan.* Der Autor, der
Text, seine Umwelt, seine Folgen. Hrsg. v. Helmut Göbel, Berlin 1977 (Wagenbachs
Tb. 43).
Die wichtigsten Zeugnisse zur Entstehung und Aufnahme sowie der Entwurf zum *Na-
than* sind abgedruckt bei G II, S. 716–757.

1.2. Forschungsliteratur

Birus, Hendrik: Poetische Namengebung. Zur Bedeutung der Namen in Lessings *Nathan
der Weise,* Göttingen 1978 [Scharfsinnige Analyse zahlreicher Namensbedeutungen
und deren Querverbindung innerhalb des Stückes.]
Bizet, J. A.: Die Weisheit Nathans (1955), in: Bauer (s. Gesamtbibl. 4) S. 302ff. [Unter-
sucht vor dem Hintergrund alttestamentlicher Anschauungen das Verhältnis von Reich-
tum und Weisheit beim jüdischen Kaufmann Nathan und bezieht eine Position gegen
Zieglers Interpretation.]
Böhler, Michael J.: Lessings *Nathan der Weise* als Spiel vom Grunde, LYb 3, 1971,
S. 128ff. [Detaillierte Untersuchung der logischen Form von Saladins Fragestellung und
Nathans Antwort.]
Bohnen, Klaus: *Nathan der Weise.* Über das „Gegenbild einer Gesellschaft" bei Lessing,
DVjs 53, 1979, S. 394ff. [Arbeitet die gedanklichen Verbindungen von *Ernst und Falk*
und *Nathan* heraus.]
Göbel (s. Gesamtbibl. 5), bes. S. 154ff.: Die Bildlichkeit im *Nathan* [in bezug auf psychi-
sche Situation der Personen, Kommunikationsablauf und Gehalt des Stückes, S. 177ff.:
Geldmotivik.]
Grimm, Reinhold: Lessing – ein Vorläufer Brechts? (Teil I), LYb 6, 1974, S. 36ff. [Unter
anderem Vergleich zwischen *Nathan* und *Kaukasischem Kreidekreis.*]
Guthke, Karl S.: Lessings Problemkomödie *Die Juden,* in: Wissen aus Erfahrung. Festschr.
f. Herman Meyer. Hrsg. v. Alexander von Bormann, Tübingen 1976, S. 122ff. [Be-
trachtet die „gesetzliche Emanzipation für die ganze Nation der Juden" als Lessings
„Absicht" mit den *Juden* und betont den „sozialreformerische(n) Appellcharakter des
Dramas".]
Heydemann, Klaus: Gesinnung und Tat. Zu Lessings *Nathan der Weise,* LYb 7, 1975,
S. 69ff. [Erörtert das Problem des Wunderglaubens sowie das Verhältnis von Nathan
zum Tempelherrn und zu Saladin und deutet die Szene III, 7 (Ringparabel) formal und
inhaltlich als „integrale Mitte des Stückes".]
von König, Dominik: Natürlichkeit und Wirklichkeit. Studien zu Lessings *Nathan der
Weise,* Bonn 1976 [*Nathan der Weise* wird im Kontext der literarischen Biographie
Lessings als öffentliche Reaktion des Schriftstellers, als Äußerung seines „Verdrusses"
gesehen.]
Oelmüller: s. Teilbibl. zu A [Konzentriert sich beim *Nathan* auf die Interpretation der
‚Ringparabel' als eines religionsphilosophischen und religionsgeschichtlichen „Denk-
modells".]
Pelters, Wilm: Lessings Standort. Sinndeutung der Geschichte als Kern seines Denkens,
Heidelberg 1972 [Knappe, aber anregende Studie zu Lessings Geschichtsphilosophie;
zum *Nathan* bes. S. 69ff.: Figuren des Stückes verkörpern drei Bewußtseinsstufen, die

dem in *Erziehung des Menschengeschlechts* konzipierten Geschichtsablauf entsprechen.]

Politzer, Heinz: Lessings Parabel von den drei Ringen (1958), in: Bauer (s. Gesamtbibl. 4), S. 343 ff. [Nach Politzer hat Lessing mit seiner vieldeutigen Parabel „an die Unsagbarkeit des Unsagbaren gerührt".]

Rohrmoser, Günther: Lessing, Nathan der Weise, in: Das deutsche Drama vom Barock bis zur Gegenwart. Hrsg. v. Benno von Wiese, Bd. 1, Düsseldorf 1958, S. 113 ff. [Berücksichtigt in seiner Interpretation möglichst viele Aspekte des umfang- und problemreichsten Stückes von Lessing und ist zur einführenden Lektüre besonders gut geeignet.]

Schilson: s. Teilbibl. zu A [Zum *Nathan* bes. S. 194 ff.: betont die Wichtigkeit menschlicher Aktivität im Rahmen des Vorsehungsglaubens.]

Seeba: s. Teilbibl. zu V A [Zum *Nathan* S. 99 ff.: konzentriert sich auf die Figur des Patriarchen und die Kritik des Stückes „an der bigotten Rhetorik der Mächtigen" (S. 108)]

Schlaffer: s. Teilbibl. zu V A [Stellt in seiner „sozialgeschichtlichen" bzw. „gesellschaftstheoretischen" (S. 155) Abhandlung den Kaufmann Nathan gegenüber dem geschäftsuntüchtigen Adligen Tellheim als Repräsentanten der weiter fortgeschrittenen bürgerlichen Gesellschaft und ihres Markt- und Konkurrenzprinzips dar, auf das er auch Nathans Toleranz und Humanität zurückführt.]

Schlüter, Hans-Jürgen: „… als ob die Wahrheit Münze wäre". Zu *Nathan der Weise* III, 6, LYb 10, 1978, S. 65 ff. [Deutet Nathans Münzgleichnis in Szene III, 6 als Reflexion auf das unangemessene Verhältnis Saladins zur Wahrheit.]

Schrimpf, Hans Joachim: Lessing und Brecht. Von der Aufklärung auf dem Theater, Pfullingen 1965 [Untersucht kontrastiv zu Brecht Lehrabsichten und Wirkungsmöglichkeiten des Lessingschen Illusionstheaters.]

Schröder (s. Gesamtbibl. 5) [Zum *Nathan* S. 247 ff.: weist auf die besondere Qualität des Dialogs im „Verständigungsdrama" hin.]

Schultze: s. Teilbibl. zu A [Kein eigenes Kapitel zum *Nathan*, doch sind Schultzes Ergebnisse über Lessings Toleranz- und Humanitätsvorstellungen auch aus dem *Nathan* gewonnen und für die Interpretation des Stückes von Bedeutung.]

Turk, Horst: Dialektischer Dialog. Literaturwissenschaftliche Untersuchung zum Problem der Verständigung, Göttingen 1975, bes. S. 181 ff. [Stellt den Zusammenhang zwischen Gesprächsstrukturen und den politisch-sozialen Implikationen des Dramas heraus.]

Ziegler, Klaus: Das deutsche Drama der Neuzeit, in: Deutsche Philologie im Aufriß, Bd. 2, Sp. 1997 ff. (zu Lessing: Sp. 2092 ff.) [Erster Versuch einer sozialgeschichtlichen Deutung des *Nathan*; bei der Lektüre dieser Ausführungen ist zu beachten, daß sie Teil einer weitausgreifenden dramengeschichtlichen Abhandlung sind; kritische Anmerkungen dazu von Bizet.]

1.3. Voraussetzungen und Entstehung

Der Goeze-Streit führte zum Zusammenstoß Lessings mit der geistlichen und weltlichen Obrigkeit. Am 13. 7. 1778 verbot ihm sein Herzog, weitere Schriften gegen Goeze zu publizieren. Lessing ließ deswegen seine *Nötige Antwort auf eine sehr unnötige Frage des Herrn Hauptpastor Goeze* in Hamburg und Berlin, also im ‚Ausland' drucken. Als Folge wurde ihm am 3. 8. die Auflage erteilt, auch bei auswärtigen Publikationen zuvor die Erlaubnis der braunschweigischen

Obrigkeit einzuholen. Daran hielt sich Lessing nicht. Auf Goezes drittes Stück von *Lessings Schwächen* reagierte er mit der *Nötigen Antwort auf eine sehr unnötige Frage [...] Erste Folge*, die im Oktober 1778 ohne Erlaubnis und ohne Angabe des Druckorts in Hamburg erschien.

Zuvor aber hatte sich Lessing schon an den Entwurf eines Schauspiels erinnert, „dessen Inhalt eine Art von Analogie mit meinen gegenwärtigen Streitigkeiten hat, die ich mir damals wohl nicht träumen ließ" (Brief vom 11. 8. 1778 an Karl Lessing; R IX, S. 797). Allmählich entwickelte er einen Plan: „Ich muß versuchen, ob man mich auf meiner alten Kanzel, auf dem Theater wenigstens, noch ungestört will predigen lassen" (Brief vom 6. 9. 1778 an Elise Reimarus; R IX, S. 798 f.). Und schließlich: „Ich habe es [d. h. den *Nathan*] jetzt nur wieder vorgesucht, weil mir auf einmal beifiel, daß ich, nach einigen kleinen Veränderungen des Plans, dem Feinde auf einer andern Seite damit in die Flanke fallen könne" (Brief vom 7. 11. 1778 an Karl Lessing; R IX, S. 805).

Im Fragmentenstreit hatte Lessing seine Ansichten nicht zu erkennen gegeben, weil es primär seine Absicht war, durch die Darstellung verschiedener Auffassungen die Diskussion anzuregen. Die *Erziehung des Menschengeschlechts* wollte er selbst nur als hypothetische Antwort auf die umstrittenen Fragen verstanden wissen. Zum *Nathan* schrieb er zwar: „Nathans Gesinnung gegen *alle* positive Religion ist von jeher *die meinige* gewesen" (G II, S. 448), doch bleibt auch dieses Stück Hypothese.

2. Textanalyse

2.1. Die Transzendierung der Gattungstypologie durch die geschichtsphilosophische Konzeption

Die Bezeichnung „dramatisches Gedicht", die Lessing seinem *Nathan* verlieh, sollte ausdrücken, daß es sich weder um eine Komödie noch um eine Tragödie handelte. Bereits in der *Hamburgischen Dramaturgie* war der Terminus einmal in diesem Sinn verwendet worden. Weisses *Richard III* war von Lessing als „dramatisches Gedicht" (79. Stück; G IV, S. 599) bezeichnet worden, weil er weder die Wirkung der Tragödie noch die Wirkung der Komödie hervorrufe. *Richard III* war gewissermaßen ein dramatischer Zwitter, von dem sich nur sagen ließ, was er *nicht* war.

Für eine Zeit des Gattungspurismus, die gerade eben erst das Bürgerliche Trauerspiel als salonfähig anerkannt hatte, war diese Mischung unerträglich. Symptomatisch dafür ist Schillers Meinung:

> „Ohne sehr wesentliche Veränderungen würde es kaum möglich gewesen sein, dieses dramatische Gedicht in eine gute Tragödie umzuschaffen; aber mit bloß zufälligen Veränderungen möchte es eine gute Komödie abgegeben haben" (Friedrich Schiller, *Über naive und sentimentalische Dichtung*, in: Sämtliche Werke. Hrsg. v. Gerhard Fricke u. Herbert G. Göpfert, Bd. 5, München [4]1967, S. 725, Anm. 1).

Die Wirkungsabsicht, die Lessing seinem *Nathan* zugedacht hatte, muß demnach eine ganz andere gewesen sein als die seiner *Minna von Barnhelm* und seiner *Emilia Galotti*. Der Zweck der Komödie war Besserung durch Lachen (*Hamburgische Dramaturgie*, 29. Stück; G IV, S. 363 f.), der Zweck der Tragödie die Erregung von Mitleid und Furcht und eine Verwandlung in tugendhafte Fertigkeiten (78. Stück; G IV, S. 595 f.). *Nathan* als „dramatisches Gedicht" konnte keine der genannten Wirkungen haben. Es scheint sogar, daß die unmittelbare theatralische Wirkungsabsicht ganz in den Hintergrund getreten ist, denn Lessing rechnete zunächst nicht mit einer Aufführung (s. G II, S. 748 f.). Wichtig ist allein der geschichtsphilosophische Gehalt des Stücks. Die optimistische Entwicklungsidee der *Erziehung des Menschengeschlechts* soll in dramatisierter Form vermittelt werden. Das Drama als publizistisches Medium, als dialogisierter Traktat, tritt an die Stelle jener Publikationsformen (Zeitschriftenartikel, Rezensionen, Polemiken), deren Verwendung Lessing durch den Eingriff der Zensur verwehrt war.

Lange Zeit schien die Tiefe des weltanschaulichen Gehalts unvereinbar mit den eindeutig komödienhaften Elementen des Stücks zu sein. Neuere Untersuchungen (Kohlschmidt, Politzer, Rohrmoser, Demetz, J. Müller) und Theaterinszenierungen versuchen dagegen den Lustspielcharakter des *Nathan* herauszuarbeiten: die Verwendung spezifisch komischer Rollenfächer (der Jude in der Hauptrolle, die geschwätzige Zofe Daja, der Patriarch und der Klosterbruder), das Begrüßungsspektakel der ersten Szenen, die ins Lächerliche gehende Engelschwärmerei Dajas (I, 1 u. 2), den Auftritt Al Hafis (II, 2) zusammen mit Sittah und Saladin, die Suche Saladins (III, 5 u. 7) nach der lauschenden Sittah, die schon im *Freigeist* vorgeprägte versöhnende Schlußszene und fast am deutlichsten die Szenen mit dem Patriarchen (IV, 2) und dem Klosterbruder (I, 5 u. 6; IV, 1, 2 u. 7; V, 4), deren Charaktere noch Züge der Sächsischen Typenkomödie tragen. Komische Elemente allein konstituieren jedoch noch keine Komödie. Auch in der *Miß Sara Sampson* und der *Emilia Galotti* lassen sich komische Elemente feststellen.

Andererseits finden sich im *Nathan* auch Ansätze zur Tragik. Nathans Unglück liegt zwar vor dem Stück und wird nur berichtet (IV, 7). Als Nathan jedoch auf Saladins Frage, welches der einleuchtendere Glaube sei (III, 5), antworten soll, ist ein tragischer Ausgang durchaus noch möglich. Ein tragischer Umschlag vertrüge sich aber kaum mit dem Optimismus der Lessingschen Geschichtsphilosophie, ebensowenig wie eine reine Komödienhandlung. Die Fabel vom weisen Juden, der den mächtigen Sultan von der Gleichberechtigung aller Religionen zu überzeugen vermag, läßt sich in keine der tradierten dramatischen Gattungen einfügen. Lessing ist gezwungen, eine eigene szenische Form zu entwerfen. Sie ist trotz der etwas blassen und allgemeinen Bezeichnung „dramatisches Gedicht" nicht weniger streng aufgebaut als andere, gattungsgemäße Stücke (s. die Strukturskizze zum *Nathan*).

Die komödienhaften Elemente verleihen dem *Nathan* einen heiteren Unterton, der entscheidend zur utopischen Distanzierung beiträgt, was auch durch die Verwendung der Blankverse verstärkt wird. Probleme, die in der Realität unüberwindbar sind, werden dadurch in leichter, fast märchenhafter Weise gelöst. Obwohl Lessing im Streit mit Goeze gerade eben erst erfahren hatte, wie einflußreich die protestantische Orthodoxie war, zieht er gerade den Vertreter der kirchlichen Hierarchie, den Patriarchen, am deutlichsten ins Lächerliche. Die eigentliche Gefährlichkeit der Figur wird dadurch in ihr Gegenteil verkehrt, dem an und für sich grausamen „Tut nichts, der Jude wird verbrannt" aller Schrekken genommen. Auch wird dem bereits lächerlich gemachten Fanatismus des Patriarchen schließlich seine Wirkungslosigkeit bescheinigt, wenn Nathan bemerkt, daß man alles, was man nun über Recha wisse, dem Patriarchen zu verdanken habe (V, 5; G II, S. 331), d. h. daß vor dem steten Gang der Vorsehung selbst die bösartigsten Anschläge noch zum Guten ausschlagen.

2.2. Exkurs: Nathan als Lehrstück

Der genetische Zusammenhang mit dem Fragmentenstreit (‚auf dem Theater predigen‘), die Verlagerung des Geschehens in einen räumlich und zeitlich distanzierten Bereich, das Zurücktreten der äußeren Handlung hinter die ‚Ideenhandlung‘ und vor allem die zentrale, sinngebende Bedeutung der Ringparabel haben Lessings letztes Drama seit jeher als besonders ‚lehrhaft‘ erscheinen lassen. Schon Johann Jakob Engel nannte es 1783 ein „Lehrgedicht" (Braun III, S. 108), Goethe sprach von einem Stück, „wo der Verstand fast allein spricht" (Jub.ausg., Bd. 36, S. 190), und immer wieder im Verlauf der Rezeptionsgeschichte haben sich von diesem Grundzug her Verständnisschwierigkeiten ergeben. Es fragt sich, ob nicht durch Brechts episches Theater heute ein neuer Zugang zur ‚Lehrhaftigkeit‘ auch des *Nathan* möglich geworden ist.

Der Vergleich zwischen Lessing und Brecht ist in den letzten Jahren mehrfach gezogen worden, wenn auch zumeist nur auf der Ebene der Theatertheorie (s. besonders die Arbeit von Schrimpf, Lessing und Brecht). Im Fall des *Nathan* drängen sich jedoch auch Vergleichspunkte mit einzelnen Stücken Brechts auf, vor allem mit dem *Guten Menschen von Sezuan* (1942) und dem *Kaukasischen Kreidekreis* (1945). Beide Stücke gewinnen ein wesentliches Moment ihrer verfremdenden, lehrhaften Wirkung aus der Wahl eines orientalischen Schauplatzes; im *Kreidekreis* erinnert der lebenserfahrene Richter Azdak in vielen Zügen an den weisen Nathan (s. auch den sozialen und ideellen Modellcharakter der Familienbindung); der *Gute Mensch* ist ausdrücklich als „Parabelstück" konzipiert.

Beide Stücke sind freilich keine ‚Lehrstücke‘ in dem strengen Sinne, wie ihn Brecht selbst verstand. Reiner Steinweg (Das Lehrstück. Brechts Theorie einer politisch-ästhetischen Erziehung, Stuttgart 1972) zitiert Brechts „Basisregel" für den Typus ‚Lehrstück‘: „Diese Bezeichnung gilt nur für Stücke, die für die Darstellenden lehrhaft sind. Sie benötigen so kein Publikum" (S. 87; S. 61). Ein Beispiel hierfür ist etwa *Die Maßnahme*. Die Einprägsamkeit des Begriffs hat allerdings schon früh zu einer Verwendung im erweiterten Sinn von ‚epischem Theater‘ geführt, so in den 30er Jahren bei Lukács und Bloch (Steinweg, S. 78 f.).

Für den *Nathan* wäre, sofern man den Aspekt der Lehrhaftigkeit hervorheben will, dieser Terminus sicher treffender als J. J. Engels Bezeichnung „Lehrgedicht" (denn damit würde einseitig die Versform hervorgehoben, während der Charakter als Theaterstück unberücksichtigt bliebe). Freilich wäre zu fragen, ob damit die mögliche Gemeinsamkeit zwischen Lessing und Brecht nicht auf ‚Formales' reduziert würde, während doch gerade Lessing zu den Hauptvertretern eben jenes bürgerlichen Illusionstheaters gehört, das Brecht durch sein Theater des ‚wissenschaftlichen Zeitalters' ablösen wollte. Für Brecht stehen die am *Kreidekreis* und am *Guten Menschen* hervorgehobenen Elemente der Distanzierung (orientalischer Schauplatz, Parabel, Weisheit usw.) im Dienst eines Lehrvorgangs, der gesellschaftliches Handeln anstoßen soll. Lessing scheint mit dem Postulat des ‚Mitleidens', wie es vor allem in der *Hamburgischen Dramaturgie* entwickelt wird, gerade alle Distanzierung aufheben zu wollen. Aber inwiefern unterliegt der *Nathan* überhaupt den Forderungen der *Hamburgischen Dramaturgie*, noch dazu denjenigen für die Tragödie? Transzendiert er nicht bereits – was manchem Interpreten immer wieder Kopfzerbrechen bereitet hat – die Polarität von Tragödie und Komödie?

Es geht hier nicht um ein Problem der bloßen Gattungstheorie. Lessing hat mit seinem letzten Stück, jenseits aller Gattungspoetik, den Schritt zu einer neuen, ‚unzeitgemäßen' Theaterform vollzogen, zu einer indirekten, vermittelten Didaxe – so, wie *Ernst und Falk* in seiner freimaurerisch-dialogischen Einkleidung die Perspektive auf eine künftige gesellschaftliche Entwicklung eröffnet. Doch dieser Schritt ist nicht unvorbereitet, weder in der Theorie noch in der Praxis (s. besonders AB III). Und die Gemeinsamkeit mit Brecht hat auch hier erhellende Bedeutung: „die gesellschaftliche und didaktische Funktion des Theaters steht Lessing ebenso wie Brecht als Zeichen seiner höchsten Würde außer Frage" (Schrimpf, a. a. O., S. 9; weitergeführt von R. Grimm, a. a. O., bes. S. 41 ff.).

In der Analyse der Gesellschaft und im Ziel der Didaxe allerdings läßt sich nun auch die fundamentale Divergenz der Positionen erkennen. Lessings, Nathans Bild vom Wesen und von den Möglichkeiten des Menschen steht fest, es braucht nur ins Licht der Vernunft gehoben, durch ‚Lehre' zur Anschauung gebracht zu werden. Für Brecht ist der Mensch erst Gegenstand der Untersuchung, und die aus der ‚Lehre' resultierende Praxis soll verändernd sein. Erst wenn man, über zwei Jahrhunderte hinweg, diese Verschiedenheit der Grundpositionen gegenwärtig hält, wäre es legitim und vielleicht fruchtbar, den *Nathan* mit Hilfe Brechtscher Innovationen neu als ‚Lehrstück' zu interpretieren.

2.3. Das ‚Familienstück': utopischer Entwurf einer harmonischen Gesellschaftsordnung

Ein Hauptthema aufklärerischer Diskussion war das Problem der Toleranz zwischen verschiedenen religiösen Gruppen innerhalb einer Gesellschaft, die sich immer mehr als säkulare zu begreifen begann und die Verbindlichkeit christlich-konfessioneller Normen mit zunehmender Skepsis prüfte. Zumal in Deutschland war das Problem vordringlich. Der Augsburger Religionsfriede 1555 und der Westfälische Frieden 1648 hatten die konfessionelle Spaltung und damit auch das konfessionelle Nebeneinander von Katholiken, Lutheranern und Calvinisten verfassungsrechtlich fixiert. Ein Staatskirchentum wie in Frankreich oder Spanien konnte nur innerhalb der Territorien aufgebaut werden; im Rahmen des Reiches entwickelte sich eine Ordnung, welche die Möglichkeiten des konfessionellen Zusammenlebens ebenso augenfällig werden ließ wie die Reibungspunkte und Schwierigkeiten. Hier klare und bessere Verhältnisse herbeizuführen, war ein Ziel fast aller Aufklärer. Warum etwa sollten religiöse Minderheiten wie die Juden oder einige christliche Sekten nicht dieselbe gesellschaftliche Anerkennung finden und denselben staatlichen Schutz genießen wie die großen Konfessionen?

An dieser Toleranzdiskussion beteiligte sich Lessing zwischen 1749 und 1781 mit einer Vielzahl von Schriften (s. Schultze, S. 24 ff.). Auch die beiden Komödien *Der Freigeist* (1749; s. II A) und *Die Juden* (1749 verfaßt; 1754 veröffentlicht; G I, 375–422) können dazugerechnet werden. Zwei Ursachen der sozialen Diskriminierung von Minderheiten waren zur Zeit der beginnenden ‚Judenemanzipation' dem jungen Autor bewußt geworden: Selbstisolierung der Juden durch starres Festhalten an der eigenen Orthodoxie (s. R IX, S. 49) und Isolierung der Juden durch die christlichen Orthodoxien und Vorurteile (s. G I, S. 416 f.). Den Vorurteilen widersprach Lessing mit seinem ‚Lustspiel in einem Aufzuge' (s. dazu auch Guthke).

Ganz entgegen der Tradition des Rollenfaches brachte Lessing keinen lasterhaften Juden auf die Bühne, sondern gab – zum erstenmal in einem deutschen Theaterstück – dem Publikum einen edlen Juden zum Vorbild (s. Hinck, S. 283). Lessing verlangt die Anerkennung der Juden als gleichwertiger Mitglieder der Gesellschaft. Der Schluß der *Juden* steht in so bemerkenswertem Kontrast zum Schluß des *Nathan*, wie er signifikant ist für Lessings Problembewußtsein und Realitätssinn: Zwischen Christen und Jude zeigt er private Versöhnung und Freundschaft, schließt aber die angebahnte Ehe als Verbindung öffentlichen Charakters aus.

Diese Anklage gegen die Diskriminierung der Juden wurde verstanden; ein Rezensent warf Lessing vor, das dargestellte Geschehen und zumal der Charakter des Juden seien für das Leben und somit auch für die Bühne unwahrscheinlich (s. G I, S. 415 ff.). Lessing verteidigte sich, die Ursachen dieser angeblichen Unwahrscheinlichkeit, die weder mit seiner „Menschenliebe" noch mit seiner „Ehre" (als Komödienschreiber) vereinbar sei (S. 416), lägen in den Vorurteilen der Christen: „Allein, können denn diese nicht wirklich im gemeinen Leben eben so wohl wegfallen, als sie in meinem Spiele wegfallen?" (S. 417 f.). Das poetologische Wahrscheinlichkeitspostulat war in seiner sozialen Wirkungsmöglichkeit erkannt und sollte in gesellschaftsveränderndem Sinne nutzbar gemacht werden. Durch das Experiment auf der Bühne sollten Quellen sozialen Fehlverhaltens aufgedeckt und Wege der Besserung gesucht werden. Dies schien möglich, weil – nach den späteren Ausführungen Lessings im 34. Stück der *Hamburgischen*

Dramaturgie (G IV, S. 386f.) – trotz aller faktischen Divergenzen zwischen Büh-
nenwelt und wirklicher Welt hinsichtlich der Kausalitäten eine prinzipielle
Gleichartigkeit bestehe. Das Bühnenexperiment konnte danach in soziale Wirklichkeit übersetzt werden.

Fügte sich jedoch der Schluß der *Juden* noch als Protest der schlechten Praxis
sozialen Zusammenlebens, so stellte Lessing mit *Nathan* den utopischen Entwurf einer besseren Welt dagegen. Ähnliche Angriffe wie gegen die *Juden* wies er
von vornherein zurück mit einem Argument, das die prospektivische Aufgabe
der Kunst betonte und den *Nathan* in den Rahmen der Lessingschen Geschichtsphilosophie stellte (s. Pelters, S. 69ff.):

„die Welt, wie ich mir sie denke, ist eine eben so natürliche Welt, und es mag an der
Vorsehung wohl nicht allein liegen, daß sie nicht eben so wirklich ist" (G II, S. 749).

Eine Konstante der *Nathan*-Interpretation hatte Lessing damit selbst genannt.
Nathan kann als ausgeführter Entwurf einer von der Vorsehung geordneten
Welt gelten. Die Diskrepanz zwischen historischer Wirklichkeit und geschichtsphilosophischem Ziel zu überwinden, ist die Aufgabe des Menschen. Lessings
Überzeugung wird sichtbar, daß sich in der Aktivität des Menschen unausweich-
lich ein göttlicher Weltplan erfüllt: so ist „die Zukunft als Gottes Handeln mit
dem Menschen qualifiziert" (Schultze, S. 95). Dramaturgische Konsequenzen
sind, daß in diesem „Drama der Verständigung" (Schröder, S. 247) der Dialog
den Personen „immer um einen Schritt voraus" ist (ebda., S. 261) und ein kalku-
liertes Geschehen insgesamt „das Spiel von der Vorsehung" konstituiert (s.
Schilson, S. 194ff.). Ihr Ziel ist es, die Menschheit trotz aller Spaltungen zu jener
Toleranz zu erziehen, die das Glück der menschheitlichen Familie am Schluß des
Nathan begründet.

Im Modell dieser Familie ist zugleich der sozialethische Gehalt der Utopie
inbegriffen; erkennbar wird auch seine Herkunft aus der Tradition der christlichen Sozialvorstellungen, in deren Zentrum immer die Familie steht. Als para-
diesische Stiftung geltend, trug das Bild der Familie die Erinnerung an den
verlorenen Zustand des Heils in sich, und die Hoffnung, diesen Ursprung wie-
derzugewinnen. Der betont symbolische Charakter der „stummen Wiederholung allseitiger Umarmungen" (G II, S. 347), in die der Verständigungsdialog
mündet, verlangt eine Deutung des *Nathan* nicht als eines bürgerlichen Fami-
lien- und Rührstücks, sondern als dezidierter Dramatisierung des geschichtsphilosophischen Entwurfs (s. Schröder, S. 248ff., 262). Aus Bildern und Begriffen
seiner Zeit schuf Lessing ein utopisches Zeichen für die geschichtliche Bestimmung des Menschen: die Vollendung der Schöpfung als Einheit des sittlich
vollkommenen Individuums mit der Gemeinschaft. Der *Nathan* erscheint aufgrund der leiblichen und geistigen Verwandtschaftsbeziehungen (III, 9; V, 3; V,
7) über die Schranken von Religion, Nation und Stand hinweg als Andeutung
des Zeitalters des Dritten Evangeliums, wie es in der *Erziehung des Menschengeschlechts* verheißen ist. Vordergründig betrachtet und neben die *Juden* gestellt,
führte diese Konzeption des *Nathan* und die dramaturgische Ausführung allerdings zu einem Realitätsverlust.

2.4. Dramaturgie der Erkenntnisdistanz

Daß Lessings geschichtsphilosophisches Ideal in der räumlichen Ferne des Orients erscheint, ist im Kontext des Aufklärungsprozesses zu verstehen. Im Zeitalter der kolonialen Expansion und des entstehenden Welthandels übten die nichtchristlichen Kulturen eine starke Faszinationskraft auf die gebildete Gesellschaft des Abendlandes aus. Reisebeschreibungen und ‚utopische' Romane wie *Robinson Crusoe* oder *Insel Felsenburg* gehörten zur beliebtesten Lektüre, und Lessing appellierte an ein offensichtliches Leserinteresse, wenn er im *Nathan* mit Blankvers (s. dazu Demetz, S. 130 ff.) und Bildlichkeit (s. dazu Göbel, S. 161 ff.) einen „orientalische[n] Ton" (R IX, S. 810) anzuschlagen bemüht war. Durch den Vergleich mit dem Orient wurde eine geistige Distanz zur okzidentalen Welt geschaffen. In Schriften wie Montesquieus *Lettres persanes* (1721) trat der auf eine lange Kulturtradition zurückblickende weise und skeptische Orientale als Kritiker der europäischen Gesellschaft auf (s. dazu Hazard, Krise, S. 29 ff.). Lessing selbst hatte in der *Rettung des Hier. Cardanus* (1752; G VII, S. 9–32) am Beispiel des Streitgespräches zwischen einem Heiden, einem Juden, einem Christen und einem Mohammedaner über die Vorzüge ihrer Religionen und ihre Begründung die Problematik des *Nathan* berührt und den Vergleich der Religionen als legitime Methode der theologischen Diskussion genutzt.

Dieses Moment einer ‚Erkenntnisdistanz' machte Lessing im Sinne einer „praktischen Dramaturgie" für die Ringparabel fruchtbar (s. Politzer, S. 347): Spielt schon das Stück selbst im Mittelalter und im Osten, so liegen die Ereignisse des orientalischen Märchens „Vor grauen Jahren" und noch weiter „in Osten" (III, 7; G II, S. 276). Der Leser bzw. Zuschauer bekommt Nathan auf zweierlei Weisen zum Vorbild: als distanzierten Erzähler einer fernen Begebenheit und als denjenigen, der aus dieser Begebenheit Schlüsse gezogen hat, die nun dem prüfenden Publikum vorgelegt werden. Wie die Ringparabel als „Denkmodell" zu begreifen ist (Oelmüller, S. 79 ff.), so ist der *Nathan* insgesamt als experimentale Überlegung zu den religiösen Problemen der eigenen Zeit zu sehen. Er transzendiert das „Denkmodell", indem er versucht, seine Auswirkungen auf die Praxis vorstellbar zu machen.

2.5. Projektion eines toleranten Zeitalters

Die zeitliche Verlagerung des dramatischen Geschehens in das Mittelalter – wobei die Komplizierung der Zeitstruktur durch die Ringparabel noch zu berücksichtigen bleibt – ist ebenfalls von der Wirkungsintention bestimmt. Verdeutlicht wird dadurch die Diskrepanz zwischen dem dargestellten Entwicklungsstand der Menschheit und dem Ziel der Vorsehung. Nathan, der Mensch des Dritten Evangeliums, ist in eine Welt versetzt, die noch weit vor dieser höchsten Stufe der Entwicklung liegt, dem aufgeklärten Zeitalter der Vernunft. Die Überzeugungskraft seiner Position, die Lessing dem Publikum vermitteln will, soll sich in der Konfrontation mit dogmatisch verhärteten Anhängern anderer positiver Religionen und dem Machtanspruch von Staat und Kirche erweisen:

> „Wenn man aber sagen wird, daß ich wider die poetische Schicklichkeit gehandelt, und jenerlei Leute unter Juden und Muselmännern wolle gefunden haben: so werde ich zu bedenken geben, daß Juden und Muselmänner damals die einzigen Gelehrten waren; daß der Nachteil, welchen geoffenbarte Religionen dem menschlichen Geschlechte bringen, zu keiner Zeit einem vernünftigen Manne müsse auffallender gewesen sein, als zu den Zeiten der Kreuzzüge, und daß es an Winken bei den Geschichtschreibern nicht fehlt, ein solcher vernünftiger Mann habe sich nun eben in einem Sultane gefunden" (G II, S. 748; s. auch *Hamburgische Dramaturgie*, 7. Stück).

Den Vorteil der Toleranz suchte das Drama zu veranschaulichen. Darin bestand auch das Beweisziel der Toleranzdiskussion im 18. Jahrhundert (s. Schultze, S. 11 ff.): daß die Duldung nonkonformistischer Individuen und andersgläubiger Minderheiten wie Juden und Spiritualisten, die sich zur Zeit des Staatskirchentums in Rechtsunsicherheit befanden, dem Einzelnen und dem Staat nütze. Deswegen versuchten viele Aufklärer die religiöse Bevormundung abzubauen und verlangten Toleranz auch vom Staat. Es galt, den Glauben zu einer privaten Angelegenheit und den Staat zu einer rein profanen Institution zu machen. Dem Staat und mithin dem Fürsten sollte gerade das Recht genommen werden, das Sittah noch für den Sultan beansprucht. Denn darin bestand ja ihre – in Europa verbreitete – ‚List‘, den Juden Nathan über die wahre Religion zu vernehmen, d. h. ihn aufgrund seiner Konfession zu belasten (II, 3 und III, 4). Doch der überraschende Verlauf des ‚Verhörs‘ entspricht der Tendenz des „Toleranzgesprächs" (s. Schultze, S. 20). Der Sultan hatte sich vor dem Juden als „weisrer Mann" aufgespielt, den der „bescheidne Richter" der Ringparabel als endgültigen Richter prophezeite. Gedemütigt muß er aber den bescheideneren und weiseren Nathan um Verzeihung und Freundschaft bitten (III, 7). Fortan steht zwischen Fürst und Untertan nicht mehr die Frage nach den Konfessionen, denn diese sind am Ende der Parabel als unterschiedliche historische Formen des gemeinsamen Strebens aller Menschen nach Vollkommenheit anerkannt. Dieses „Bewußtsein, gemeinsam auf demselben oder doch einem ähnlichen Wege zu sein", war eine der wichtigen Prämissen der Toleranzdiskussion (Schultze, S. 22). Dabei übersah Lessing keineswegs die massiven Widerstände gegen das aufklärerische Ziel der Toleranz und Humanität.

2.6. Kritik an Kirche und Staat aus räumlich-zeitlicher Distanz

Projektion eines glücklicheren Zeitalters und Kritik an der eigenen Zeit fallen im *Nathan* zusammen. Der mittelalterlich-orientalische Schauplatz paßte zu Lessings Intention, in historischer Perspektive die notwendige Entfaltung der Aufklärung auch gegen Verblendung und Fanatismus zu demonstrieren. Seit die Renaissance gelehrt hatte, das Mittelalter als ‚dunkles‘ und ‚barbarisches‘ Zeitalter zwischen der ‚goldenen‘ Zeit der Antike und der neuen, ‚aufgeklärten‘ Zeit zu verachten, war es in theologischen Auseinandersetzungen ein beliebtes polemisches Stilmittel, den Gegner in die Rolle des mittelalterlichen Inquisitors zu drängen. Auch Lessing hatte Goeze so gesehen (s. G VIII, S. 349). Die Leser des *Nathan* konnten leicht erkennen, wer mit dem Patriarchen gemeint war, dessen historisches Vorbild in Lessings Quelle „in den schwärzesten Farben beschrieben war" (von Düffel, S. 7) als „Portrait eines unwürdigen Patriarchen" (Demetz, S. 176; 137 f.). Lessing zeichnete die grotesken Züge dieser Figur so stark (IV, 2; G II, S. 295 ff.), daß die Ausgewogenheit der Charaktere darunter litt, und er selbst seiner eigenen Lehre von „herzlicher Verträglichkeit" (G II, S. 280), mit der ironischen Rechtfertigung des Patriarchen (S. 331) nur notdürftig folgen konnte. Freilich hatte es Lessing, wie er an Herder schrieb, nicht nur auf „eine Satire auf Goezen" (R IX, S. 815 f.) angelegt. Die Figur des Patriarchen ist „sprachlich gerade durch den Mangel an orthodoxen Inhalten, durch die Formalisierung seines Standpunkts charakterisiert" (Seeba, S. 101; s. Schröder, S. 267).

Damit rekapitulierte Lessing genau die entscheidenden Punkte des Goeze-Streits und der Auseinandersetzung mit erstarrten „Orthodoxisten" (G VIII, S. 36) überhaupt: Aus formalen Gründen wurde die inhaltliche Diskussion unterbunden; um die Geschlossenheit des Systems zu bewahren, wurden weiterführende Überlegungen blockiert (s. VI A 2.2 und 2.3). Die politische Dimension von Religionsstreitigkeiten und theologischen Räsonnements deutet der Patriarch an: „Alle bürgerliche Bande / Sind aufgelöset, sind zerrissen, wenn / Der Mensch nichts glauben darf" (G II, S. 300). So übertrieben die Figur des Patriarchen auch wirken mag, so deutlich zeigt sie damit die Barrikaden, an denen jeder Versuch, die zerstrittenen Glieder der menschheitlichen Familie zum Gedanken der Toleranz und Humanität zurückzuführen, scheitern muß.

Seine Vorstellungen von dem fanatischen Patriarchen und von dem überraschend menschlichen und toleranten Sultan bezog Lessing vor allem aus weit verbreiteten französischen Quellen (Voltaire, Marin; s. Demetz, S. 167 ff.; von Düffel, S. 78 ff.). Bei Marin fand Lessing das Bild des so menschenfreundlichen und leidenschaftslosen guten Herrschers (bei Demetz, S. 135), das genau mit den Forderungen für den Charakter des biedermännischen Helden im Bürgerlichen Trauerspiel übereinstimmte, wie sie neben anderen Theoretikern auch Lessing erhoben hatte (s. *Hamburgische Dramaturgie*, 14. Stück).

Gleich in seinem ersten Auftritt zeigt sich der Sultan wie ein bürgerlicher Hausvater von Geldsorgen geplagt: „es klemmt sich aller Orten" (II, 1; G II, S. 239). Heroismus erscheint an ihm nur noch als Zitat und als Gestus der Ohnmacht gegenüber der Finanznot: „Ein Kleid, Ein Schwert, Ein Pferd, – und Einen Gott! Was brauch' ich mehr?" (S. 242). Ganz im Gegensatz zu dieser Parole des Heiligen Eroberungskrieges, den der Koran dem Gläubigen gebot, sehen seine weltpolitischen (Heirats)pläne eine friedliche Überwindung des blutigen Konflikts zwischen den Religionen vor (S. II, 1; G II, S. 237). Für die politische Szene im „Audienzsaal" (III, 4) fühlt er sich ungeeignet und möchte die höfische Kunst der Verstellung „lieber – schlechter noch / Als besser" können (S. 271).

Daß Saladin der höfischen Gewandtheit eines Hettore Gonzaga entbehrt, nicht ungerührt wie dieser den Tod eines Menschen verfügt, sondern einem Feind aufgrund einer plötzlich empfundenen Zuneigung das Leben schenkt (s. I, 5 und IV, 4), kann nach der Theorie des Bürgerlichen Dramas als Indiz seiner Menschlichkeit betrachtet werden und macht ihn zum Helden geeignet. Maximen des politischen Rationalismus sind nicht von Saladin, sondern von Sittah zu hören.

Trotz der persönlichen Integrität Saladins ist sein Regiment vom Makel absolutistischer Willkür gezeichnet. Lessing führt im *Nathan* die kritische Inszenierung absolutistischer Herrschaftsverhältnisse fort. Zwischen der Kabinettsjustiz des Königs in *Minna von Barnhelm*, der Tyrannis des Prinzen und seines Kammerherrn in *Emilia Galotti* und dem kaum verhüllten Erpressungsversuch Saladins besteht kein prinzipieller Unterschied. Mußte die Affäre um Emilia Galotti tragisch enden, weil ungleich mächtige Träger unvereinbarer Verhaltensnormen aufeinander trafen, so kann das Geschehen im *Nathan* gut zu Ende geführt werden, weil es von der Titelfigur „einem deus ex machina gleich beherrscht" wird (Schröder, S. 258) und der König mit den menschlich-bürgerlichen Zügen sich Nathans Rat zugänglich zeigt (s. dazu Schlaffer, S. 105 ff.), zur rechten Zeit überdies noch Geld eintrifft (s. V, 1; G II, S. 321 f.).

Die Macht aber ist beim König, beim Prinzen und beim Sultan gleichermaßen monopolisiert und wird gegen die Untertanen ausgespielt. Beim Schachspiel (II, 1 u. 2) wird Saladins Finanznot entdeckt, offenbart sich aber auch sein Machtanspruch. Nicht zufällig stellt Lessing den Sultan so vor. Zeremoniell und Spiele hatten an den Höfen die Funktion, die Souveränität des Fürsten zu repräsentieren und gottähnliche Omnipotenz zu prätendieren (s. Literaturliste AB I A: Elias, Kruedener). Wie der Prinz in *Emilia Galotti* (s. I, 2 ff.) die Gesetze der Kunst seinen launenhaften Empfindungen unterordnen will, versucht Saladin sich über die Regeln des Schachspiels hinwegzusetzen. Daß er noch das gewonnene Spiel umstößt (II, 2; S. 240), bleibt unbegreiflich für Ali Hafi, dem Nathan den Sinn der Szene erklärt: „Heißt mit dem Spiele spielen" (II, 9; S. 260).

Mit des Prinzen Hettore ‚Spendierlaune' (s. *Emilia Galotti*; I, 4) ist die verschwenderische Mildtätigkeit Saladins zu vergleichen, die der Schatzmeister Al Hafi, der sie zu zelebrieren hat, zunächst einen „gutherz'gen Wahn" nennt, sie dann aber als Nachäffung der Mildtätigkeit Gottes verurteilt (I, 3; G II, S. 222 f.; s. dazu von König, S. 60 ff.). Ist es die Aufgabe des Menschen, sich selbst und seine Mittel so überlegt wie Nathan dem Ziel einer humanen Welt unterzuordnen, so ist das Verhalten Saladins, das insgesamt nichts bessern kann und nur den Mythos von der Gottähnlichkeit des Fürsten festigen soll, in sozialethischer Hinsicht unverantwortbar und zudem Ausdruck persönlicher Schwäche (s. Bizet, S. 310). Insofern ist *Nathan der Weise* ein radikaler Bruch mit der Apologetik der Höfe im klassizistischen Drama (s. dazu Ziegler, bes. Sp. 2112) und stellt eine Gegenposition zum höfischen „Statusverbraucherethos" dar (s. Elias, Höfische Gesellschaft, S. 416 ff.).

Die Kritik am beträchtlichen Geldverbrauch der Höfe wurde zu einer konstanten Formel der aufklärerischen Staatsphilosophie, die der preußische Kron-

prinz Friedrich (II) im 1740 erschienenen *Antimachiavell* (bes. Kapitel 16) genau
so vertrat wie die bürgerlichen Kameralisten. Die politischen Ziele der meisten
Aufklärer wurden hier manifest. Sie hofften, das Finanzgebaren der Fürsten
durch ihre Kritik in Richtung einer rationalen und sozialen Haushaltspolitik
lenken zu können. Saladin gibt ein Beispiel dafür, wenn er mit dem ersten Geld
von Nathan sparsam zu wirtschaften beschließt (s. IV, 3; G II, S. 301). So steht
hinter Lessings *Nathan* – wie hinter der *Minna* – immer noch das aufklärerische
Ideal des Arrangements von König und Bürgertum. Mehr noch: Es wird durch
die im Stück exemplifizierte Geschichtsphilosophie erneut legitimiert.

Wenn der *Nathan* Ausdruck des gestiegenen bürgerlichen Selbstbewußtseins
ist, hält er auch am Gedanken fest, daß soziale Veränderungen sich am besten
über die Bildung und Erziehung der Individuen und besonders eben der Fürsten
herbeiführen ließen. Diese Bildungsidee wurde durch das Revolutionsziel erst
ersetzt, nachdem in Frankreich die bürgerliche Revolution gesiegt hatte. Den
Wandel, der sich im politischen Denken vollzog und der mit Lessings politischen
und geschichtsphilosophischen Vorstellungen nicht zu vereinbaren ist, gibt z. B.
Büchner zu erkennen, wenn er den Fortbestand von absolutistischer Willkür und
höfischer Verschwendung wünscht, weil dadurch die Revolution viel früher
notwendig und möglich werde (s. Georg Büchner, Werke und Briefe. Hrsg. v.
Fritz Bergemann, München [8]1973, S. 230).

2.7. Legitimation der individuellen Wahrheitssuche

Der biedere Sultan stellt sich beim „Fallen legen" (S. 270) für den reichen Juden
recht ungeschickt an, denn seine Fragestellung arbeitet seinem Erpressungsversuch entgegen. Die Genese der Frage aus der Beobachtung des realen Zusammenlebens von Menschen verschiedener Konfessionen bestimmt ihre aufklärerische Richtung von vornherein. Behaupten drei unvereinbare Religionen, jeweils
für sich im Besitz der absoluten Wahrheit zu sein, so kann sinnvoll nur nach der
„Einsicht" und den „Gründen" gefragt werden, aus denen jemand an einer der
verschiedenen Religionen festhält (III, 5; G II, S. 274). Damit wandelt sich aber
die Fragestellung von einer theoretisierend-theologischen in eine ethische. Für
den Menschen wird die Pflicht postuliert, die Inhalte seines Glaubens zu prüfen;
gleichzeitig wird ihm ein Recht auf individuelle Entwicklung, Unvollkommenheit und Irrtum zuerkannt. Gefragt wird nicht mehr allein danach, wie die
geglaubte Wahrheit lautet, sondern auch, durch wieviel individuelle Anstrengungen jemand zu begründeten Einsichten in seinen eigenen Glauben kam. Die
Gefährlichkeit und Inhumanität eines blinden Gehorsams gegenüber den unbe-
rechtigten Ansprüchen falscher Glaubenswächter werden aus den Gesprächen
ersichtlich, die der Klosterbruder und der Tempelherr mit dem Patriarchen führen (IV, 1 und 2). Dessen Ziel ist die Fortsetzung des Glaubenskrieges, gestützt
auf ein theologisch-juristisches System. Darin ist das Mädchen Recha nur ein
„Problema" (S. 300), und „der Jude wird verbrannt" (S. 299).

Doch hat schon Saladin mit den Gründen seiner Frage gerade an den Kaufmann Nathan das Recht auf individuelles Streben nach Wahrheit bestätigt:

„[...] Ein Mann, wie du, bleibt da
Nicht stehen, wo der Zufall der Geburt
Ihn hingeworfen: oder wenn er bleibt,
Bleibt er aus Einsicht, Gründen, Wahl des Bessern" (S. 274; s. dazu Böhler).

Saladin verbirgt damit zwar seine wahren Absichten, trägt aber um so mehr dazu bei, die Soziogenese der Toleranzidee erkennbar werden zu lassen. Der Kaufmann Nathan antwortet ihm – auf der Bühne – mit einer Parabel, deren Bilder vom „sakramentalen Wort" der Kanzel (Politzer, S. 346) unterschieden sind. Im Sammlungsmonolog (III, 6) greift er die merkantile Sprache des Stückes auf (vgl. dazu Demetz, S. 146 f.) und vergleicht, wie Lessing es in seinen Schriften häufig tat, die Suche nach der Wahrheit im theologisch-philosophischen Bereich mit der prüfenden und wägenden Tätigkeit des Kaufmanns (s. Göbel, S. 181 ff.; Bizet, S. 307; Schröder, S. 359, Anm. 22; Schlüter).

Die Figurenkonstellation des Stückes und die Münzbilder des Sammlungsmonologs drücken eine Hoffnung vieler Aufklärer aus: daß der Handel die Aufklärung vorantreibe, Verständigung unter den Völkern bewirke, Gerechtigkeitssinn verbreite und die harten Sitten der heroischen Zeiten mildere (s. Diderot, *Enzyklopädie*, München 1973, S. 229). Religiöse Wahrheit sollte nicht mehr sozial gebunden „allein auf Treu und Glauben" (G II, S. 278) angenommen werden, sondern nach kritischer Prüfung, die der Tätigkeit des Kaufmanns entsprach. Hernadi und Schlaffer haben hierzu bemerkenswerte sozialgeschichtlich argumentierende Deutungsversuche vorgelegt, die jedoch stark schematisiert sind. Die Herrschaft des *einen* Ringes ist nicht mit feudalistischer Tyrannei gleichzusetzen, die Existenz dreier Ringe nicht mit dem marktwirtschaftlichen und bürgerlichen Konkurrenzprinzip. ‚A-feudale' Konkurrenz herrscht schon unter einem Ring (deswegen wird ja die Erbfrage erst problematisch), und ‚feudalen' Gehorsam verlangt noch der zwischenzeitliche Richter der Ringparabel. Toleranz ist im übrigen keineswegs ein Phänomen, das an die Existenz eines kapitalistischen Marktsystems gebunden ist. Unbestritten bleibt indessen, daß durch den weltläufigen Geist der Kaufmannschaften und durch wirtschaftliche Interessen auch seitens des Staates Toleranz gefördert wurde, die Figur des jüdischen Kaufmanns Nathan also signifikant ist für einen grundlegenden sozialgeschichtlichen Prozeß.

2.8. Vorsehungsglaube

Nathans Verhaltensweise gegenüber Saladin gründet auf seiner Überzeugung, daß die göttliche Vorsehung den Verlauf der menschheitlichen Geschichte steuere. Überzeugt von einer teleologischen Ordnung der Welt, ist er zum dauernden Versuch genötigt, das geschichtliche Dasein und Handeln des Individuums wie der gesamten Menschheit als Theodizee zu begreifen. Selbst ein offensichtliches Fehlverhalten erfährt dadurch eine Umdeutung zum Guten; nirgends wird dies deutlicher als bei der ‚Rechtfertigung‘ des Patriarchen durch Nathan: „Dank sei dem Patriarchen ...“ (V, 5; G II, S. 331).

An dieser Stelle ist es notwendig, sich die Bedeutung des Vorsehungsglaubens für Lessing – und viele seiner Zeitgenossen – zu vergegenwärtigen. Eine Ausnahme mochte Voltaire mit seinem *Candide* sein; aber nicht umsonst hatte Mendelssohn den *Nathan* als das „herrliche Lobgedicht auf die Vorsehung“ und „eine Art von Anti-Candide“ genannt (Steinmetz, Lessing, S. 143). Aufschlußreich für die Funktion des Vorsehungsglaubens ist die Wortgeschichte. Ursprünglich meinte der Begriff „Fürsorge“ im materiellen Sinn, wurde aber „im 18. Jh. eingeengt auf die Bedeutung ‚göttliche Weltregierung‘ “ (Duden für Etymologie, 1963, S. 633).

So verstanden mußte der Begriff der Vorsehung herhalten, wo immer sich historisches Geschehen der direkten Einsicht und der unmittelbaren Kontrolle des Menschen entzog: „Im Horizont der Vorsehung läßt sich die Geschichte in ihrer Gesamtheit für den Menschen begreifen und trotz aller vordergründigen Irrationalität darin eine wirksame höhere Vernunft erkennen“ (Schilson, S. 167).

Für Lessings Werk ist dies eine der grundlegenden Prämissen. Und es scheint so, als habe er selbst am Vorsehungsglauben festgehalten, gerade auch wenn Entscheidungen über den weiteren Lebensweg zu treffen waren und materielle Not drohte (s. seine Briefe vom 1. 2. 1746, 20. 1. 1749, 16. 10. 1754, 25. 2. 1768, 15. und 20. 11. 1771, 17. 11. 1779). Die Vorsehung war ihm, bei entsprechender eigener Verantwortung und Aktivität, Garant einer optimalen persönlichen Entwicklung, wie sie insgesamt das Fortschreiten der Welt zur Vollkommenheit ermöglichte. Auffällig ist, daß Lessing – anders als die meisten seiner Zeitgenossen – eine strafende oder rächende Vorsehung nicht kannte. Die Vorsehung war für ihn ein absolutes Instrument des Fortschritts; damit verbietet sich der Gedanke, sie könne ein Geschehen zulassen, das sie nachher wieder zu bestrafen hätte. Die Konsequenzen sind, daß in Lessings Werk Schurken ungestraft davonkommen (Hettore, Marinelli, Patriarch), daß Tellheims „wider die Vorsicht zu murren“ (I, 6; G I, S. 614) von Minna zurückgewiesen wird (IV, 6; G I, S. 678), daß Lessing verfemte Schwärmer und Sektierer zu rechtfertigen versucht (s. VI C 2.3) und *Rettungen* schreibt für Leute, deren historische Leistungen verunglimpft werden (Horaz, Cochläus, Cardanus s. II B 1.3.1.4. und 2.5.).

2.9. Die Ringparabel: Anleitung zu richtigem Handeln im Sinne der menschheitlichen Entwicklung

Auf die allzu klaren Fragen Saladins nach der einen wahren Religion (G II, S. 273 f., 278) gibt Nathan nur eine umrißhafte Antwort, die das Wahrheitsproblem auf eine neue theoretische und praktische Ebene verlagert. Das „Denkmodell“ der Ringparabel (Oelmüller, S. 79 ff.) erlaubt keinen Vernunftschluß. Nathan vermeidet es, Vernunftgründe für eine der drei Religionen anzuführen, versucht aber auch nicht, die Aporie des Streits zwischen den Offenbarungsreligionen dadurch zu beheben, daß er eine neue Vernunftreligion stiftet. Sein Richter fällt keinen „Spruch", sondern gibt nur einen „Rat" (G II, S. 279). Er rekonstruiert die Geschichte der drei Ringe; doch enthält seine Rekonstruktion soviel Ungewißheiten, daß er nur zu einer „pragmatischen Wirkungsprobe" (Demetz, S. 151) raten kann. Er fordert Toleranz und Humanität als dauernde Aufgabe für die Vermeidung konfessioneller Streitigkeiten und die weitere und glücklichere Entfaltung der menschlichen Gesellschaft.

Am Ende jedoch muß Lessings Richter auf jenen letzten Richter verweisen, dessen Wahrheit auch er nicht kennt (S. 280). Trotzdem kann er als zwischenzeitlicher Richter seinen „Rat" zur Maxime des menschlichen Zusammenlebens erheben. Dies wird durch den Glauben legitimiert, daß im Horizont der planenden Vorsehung die Menschen durch die Finalität des Geschichtsverlaufs und ihr sittliches Streben auf eine gemeinsame Stufe der Vollkommenheit gehoben werden. Durch gemeinsam erkannte und praktizierte Wahrheiten verlieren dann die rein historisch bedingten didaktischen Formen konfessioneller Religiosität ihre trennenden Momente und werden verzichtbar. Es verdient, festgehalten zu werden: Der Plan der Vorsehung ist die Voraussetzung für das Streben des Menschen gemäß bestimmter Einsichten, aber noch in Unkenntnis des letzten Ziels und der ganzen Wahrheit. Lessings „dialektischer Determinismus" (Schilson, S. 210) bindet den Menschen zwar an die göttliche Führung, bewahrt ihm aber auch einen Freiheitsraum, den er im Sinne seiner geschichtlichen Aufgabe auszufüllen und zu nutzen hat – wie Nathan fern von Quietismus und Fatalismus (s. IV, 7; S. 316f.). Das dramatische Geschehen demonstriert die Notwendigkeit einer eigenverantwortlichen menschlichen Handlungsweise nach dem Rat des Richters.

Die theozentrische Perspektive, die in der *Erziehung des Menschengeschlechts* den gesamtgeschichtlichen Prozeß wesentlich als einen Erziehungsplan Gottes kenntlich macht, wird im *Nathan* in eine anthropozentrische gekehrt: Im Blickpunkt stehen die Gegenwart und ihre Forderungen an den Menschen. Insofern ist der *Nathan* ein Komplement der *Erziehung des Menschengeschlechts* und eine Veranschaulichung der *Gespräche für Freimaurer*. Und überdies: Wenn nach der *Hamburgischen Dramaturgie* das Bürgerliche Drama ein Spiegel für die Sinnhaftigkeit der Geschichte ist (s. 2., 34., 79., 82. Stück) und der für gewöhnlich unüberschaubare und unergründliche Weg der Vorsehung vom Genie an eine strenge Kausalität psychologisch motivierten menschlichen Handelns gebunden wird (s. 19., 24., 33., 79. Stück), so ist das dramatische Geschehen des *Nathan* die auf der Bühne präsentierte Theodizee der Geschichte.

Der Ratschlag des Richters ist nicht nur Anleitung für die zukünftige Verhaltensweise der Gesprächspartner, sondern ist in der Retrospektive Formulierung jener humanen Prinzipien, die den drei guten Taten vor Beginn des Stückes zugrundeliegen. Sie bleiben zwar dem Tempelherrn und dem Sultan unbewußt, doch Nathan vergegenwärtigt sie sich im Bericht gegenüber dem Klosterbruder

(IV, 7; G II, S. 317f.). Der Richter verlangt die Praxis einer „Von Vorurteilen freien Liebe", verbunden „Mit innigster Ergebenheit an Gott" (S. 280); die „Vernunft" läßt Nathan „Gottes Ratschluß" anerkennen und heißt ihn, das Christenkind anstelle seiner von Christen ermordeten Söhne zu erziehen (S. 317). In epigrammatischer Schärfe, die jedes in der zeitgenössischen Literatur so beliebte Auskosten der Seelengeschichte unterbindet, nennt Nathan die Summe seines Glaubens. Sie erlaubt weder, daß er sich zum Antagonisten der Geschichte aufwirft, noch daß er sich im Fatalismus verliert. Sein Bericht schließt mit einem Aufruf zur „Tat" und zum Gehorsam gegenüber der „Vorsicht" (S. 317; s. dazu Heydemann, bes. S. 77).

2.10. Praxis pietatis als Qualität interkonfessioneller Frömmigkeit

Von ganz bürgerlich-hausväterlichen Geldsorgen überrascht, wendet sich der feudale Geldverächter Saladin (s. G II, S. 270) an den Kaufmann Nathan, dessen Reichtum dem Volk als Weisheit gilt (s. dazu bes. S. 272) und dessen Erwerbstätigkeit von Sittah gerühmt wird: „Sein Saumtier treibt auf allen Straßen, [...]". Vor allem aber fügt sie hinzu, „wie frei von Vorurteilen/ Sein Geist; sein Herz wie offen jeder Tugend,/ Wie eingestimmt mit jeder Schönheit sei" (S. 247). Diese Paraphrase des Begriffes ‚Seelenschönheit', die hier der Charakterisierung Nathans dient, stimmt nicht nur mit dem Rat des Richters (S. 280) überein, sondern entdeckt als eine der Wurzeln des in Nathan verkörperten Menschenideals den Spiritualismus (s. August Langen, Der Wortschatz des deutschen Pietismus, Tübingen 1954, S. 358f.; Pelters, S. 64f.).

Lessing führte den Begriff ‚Seelenschönheit' in die deutsche Literatur ein. Seit den Jugendkomödien erscheint er mehrmals, bis er durch den *Nathan* und durch die *Erziehung des Menschengeschlechts* (die §§ 80f. verwenden den identischen Begriff der „Reinigkeit des Herzens") seine endgültige Bestimmung als Ziel der menschlichen Bildung findet. ‚Schönheit der Seele' besteht für Lessing „in würdigen Begriffen von Gott, von uns, von unsern Pflichten, von unserer Bestimmung" (LM II, S. 100). Klarheit darüber galt als Voraussetzung der vom Pietismus proklamierten praxis pietatis: der gottergebenen und uneigennützig der Gemeinschaft zugewandten Aktivität des Menschen nach dem Plan der göttlichen Vorsehung und mit dem Ziel des verwirklichten Gottesreiches. Diesen Grundsatz pietistischer Religiosität übertrug Lessing auf den Juden Nathan.

In Nathan verbinden sich zwar „Kommerz und Religiosität" (Demetz, S. 143ff.), doch bewahrt während des ganzen Stückes das ethisch-caritative Moment vor dem merkantilen den Vorrang. Die Christin Daja verlangt, das Volk hätte Nathan den Reichen vor allem „den Guten" nennen müssen (G II, S. 232); in einem Entwurf, der nicht in die Endfassung einging, erkennt der Mohammedaner Saladin dem jüdischen Kaufmann denselben Beinamen zu: „Du sollst nicht mehr Nathan der Weise, du sollst nicht mehr Nathan der Kluge – du sollst Nathan der Gute heißen" (G II, S. 743). Wo konfessionelle Voreingenommenheit den Gang der Vorsehung zu stören trachtet und sich dem ethischen Appell des Richters verschließt, verleiht ihm die Handlungsweise eines Nathan jene missionarische Wirksamkeit, die das aufklärerische Ziel einer menschheitlichen Verbrüderung trotz aller Widerstände näherrücken läßt.

2.11. Exkurs: das Erbe des Spiritualismus

Lessings *Gedanken über die Herrnhuter* (1750; G III, S. 682–691) sind in ihrer Bedeutung für sein theologisches Denken umstritten (s. Schultze, S. 53, 58; Pelters, S. 54 f.; Schilson, S. 53 ff.), und in späteren Jahren hat Lessing den Pietismus oft viel kritischer beurteilt als in dieser frühen privaten Aufzeichnung (s. Oelmüller, S. 54 ff.). Aber aus zwei Gründen verdient sie, gerade in diesen Rahmen gestellt zu werden. Zum einen handelt es sich um die erste Toleranzschrift Lessings: Ihr Problem ist das Verhältnis der pietistischen Gemeinden, die von weltlichen und geistlichen Obrigkeiten mißtrauisch beobachtet und verschiedentlich verboten wurden, zur Gesellschaft (s. Briegleb, S. 221). Zum andern zeigt diese „Geschichte der Weltweisheit in einer Nuß" (G III, S. 685) eine stark anthropozentrische Geschichtsbetrachtung seitens des jungen Lessing: Das geschichtliche (Fehl-)Verhalten des Menschen muß korrigiert werden. Weil nämlich der Mensch auf philosophischem und religiösem Gebiet die Einheit von Theorie und Praxis aufgab, entzog er sich zum Teil seiner Bestimmung. „Was hilft es, recht zu glauben, wenn man unrecht lebt?" (S. 688). Die Philosophie – Lessing erinnert an Sokrates (S. 684) – ist für den Menschen nur ein Mittel, sein Selbst und seine Bestimmung zu erkennen. Ansonsten gilt: „Der Mensch ward zum Tun und nicht zum Vernünfteln erschaffen" (S. 683). Dies betrachtet Lessing als die Lehre Christi (S. 686 f.) und verteidigt deswegen die Herrnhuter gegen die ganz ungerechtfertigten Vorwürfe der dogmatischen Häresie, weil sie die „Theorie unsers Christentums" gar nicht verändern wollen und weil ihr Anführer Zinzendorf „sich nie zu einem Religionsverbesserer aufgeworfen hat" (S. 691). Lessing arbeitet auf eine positive Bewertung der Herrnhuter-Gemeinde hin (das folgt aus dem Analogieschluß S. 688), denn sie erfüllt „den wesentlichsten und ältesten christlichen Auftrag: zu handeln" (Briegleb, S. 209). Im Gespräch über das *Testament Johannis* (1777 anonym veröffentlicht; G VIII, S. 15–20) faßt Lessing den ethischen Gehalt des Christentums in der Aufforderung des Johannes zusammen: „Kinderchen, liebt euch!" (S. 18).

2.12. Humane Aktivität in der Gegenwart trotz unerreichbarer Ferne der Utopie

Gegenüber dem Spiritualismus nahm Lessing eine kritisch-positive Haltung ein (s. Schultze, S. 67, 110; Oelmüller, S. 54 ff.). Sein intentional bestimmter Glaubensbegriff, die Unterscheidung zwischen Buchstabe und Geist des Christentums (*Gegensätze*; G VII, S. 458) und die mit der sittlichen Läuterung des Individuums verbundene Liebesethik weisen auf die spiritualistische Komponente in Lessings Denken hin. Er verteidigte den Wert spiritualistischer und sogar okkultistischer Bestrebungen für die Entfaltung der Aufklärung (s. *Erziehung* §§ 87 ff.; *Ernst und Falk*, 4. Gespr., G VIII, S. 474 f.).

Gegen die Gefahr allerdings, daß religiöse Schwärmerei zu einer Verachtung des Menschen führt und die Verwirklichung des Liebesgebots verhindert, wandte sich Lessing in den ersten Szenen des *Nathan*: „dem Menschen ist Ein Mensch noch immer lieber, als ein Engel –" (G II, S. 212). Die gebotene ethische Aktivität darf nicht durch einen Wunderglauben gebrochen werden, der das individuelle Schicksal durch jeweils punktuelles Eingreifen Gottes bestimmt sieht:

> „*Nathan*: Begreifst du aber,
> Wie viel *andächtig schwärmen* leichter, als
> *Gut handeln* ist? wie gern der schlaffste Mensch
> Andächtig schwärmt, um nur, – ist er zu Zeiten
> Sich schon der Absicht deutlich nicht bewußt –
> Um nur gut handeln nicht zu dürfen?" (S. 218).

Lessing verlangt, den Glauben in einer humanen Aktivität zu verwirklichen; die Praxis der Nächstenliebe wird zum Kriterium für die Beurteilung der Orthodoxien.

Quietistische Gottseligkeit, die nur eine frömmelnde Passivität erzeugte und deren Auswüchse in den pietistischen Gemeinden oft ins Psychopathische reichten, verneinte Lessing. Er stellt im Liebesgebot den Kern der lutherisch-spiritualistischen Sozialethik heraus (s. Ernst Troeltsch, Die Soziallehren der christlichen Kirchen und Gruppen, Tübingen 1912, S. 943 ff.). Troeltschs Hypothese, diese Gesinnung sei in spezifischer Weise von Klassen abhängig, „die dem groben Kampf ums Dasein entnommen sind und eine geistige Verfeinerung um ihrer selbst willen suchen können" (S. 960), dürfte sich selbst in dieser etwas vagen Formulierung als fruchtbar erweisen, die Eigentümlichkeit der sozialethischen Vorstellungen Lessings noch genauer zu bestimmen und insbesondere den Anspruch, mit dem sie im dichterischen Werk vorgetragen werden. Troeltsch, der den Spiritualismus der „moderne[n] Bildungsschicht" zuordnet (S. 938), zweifelt an der Realisierbarkeit ihrer Ideale: „Man wird vielmehr mit Sicherheit sagen können, daß die Verheißung Lessings, das Evangelium aeternum und die in allen Individuen gleich ursprüngliche und gleichartige Gotteserkenntnis, niemals eintreten wird" (S. 939).

Lessing hatte – mit den Begriffen seiner Zeit – das Zeitalter des Dritten Evangeliums in intellektueller und moralischer Hinsicht qualifiziert als das der „völligen Aufklärung" der Vernunft und der „Reinigkeit des Herzens" (*Erziehung* §§ 80 f., 85) und als Zeit, in welcher der Mensch „das Gute tun wird, weil es das Gute ist" (§ 85): Die Lohnethik ist abgelöst von einer Ethik der Freiwilligkeit und Humanität. Diesen Gedanken lag die Geschichtsphilosophie Joachims von Fiore (etwa 1130–1202) zugrunde, die bis in Lessings Zeitalter hinein eine vielfältige Wirksamkeit entfaltet hatte (s. Schilson, S. 229 ff.). Lessing teilte jedoch den festen Glauben Joachims an eine innerweltliche Vollendbarkeit der Geschichte nicht und erwartete – wie aus einer Notiz Böttigers hervorgeht – keineswegs die Realisierung seiner Utopie. Böttiger berichtet:

„Zufällig kam ich in einer meiner Unterredungen [mit Elise Reimarus in Hamburg 1795; Anm. d. Verf.] darauf zu sprechen, daß ich schon längst von dem süßen aber täuschenden Traume von der Erziehung des Menschengeschlechts, einer von Jahrhundert zu Jahrhundert wachsenden Vervollkommnung zu höherer Humanität *in dieser Periode unseres Erdenlebens* erwacht sei. Hier funkelte ihr Auge und sie versicherte mich nun mit Innigkeit, daß sie seit vielen Jahren an dies Gedicht gutmüthiger Schwärmerei nicht mehr glauben könne. Zugleich erfuhr ich die Anekdote, daß *Lessing* selbst zu der Zeit, wo er seine Erziehung des Menschengeschlechts herausgab, nicht mehr an diesen früher geträumten Traum geglaubt, ihn aber blos darum damals herausgegeben habe, um den theologischen Streitern eine Diversion zu machen. Daß es Lessingen selbst damit kein Ernst gewesen sei, beweisen auch, recht verstanden, mehrere Stellen seines Nathan" (Aus: Literarische Zustände und Zeitgenossen. In Schilderungen aus Karl August Böttigers handschriftlichem Nachlasse. Hrsg. v. K. W. Böttiger, Bd. 2, Leipzig 1838, S. 19. – S. auch Adolph Freiherr von Knigge: *Josephs von Wurmbrand politisches Glaubensbekenntnis* [...], 1792, fünfter Abschnitt).

Lessing war zu sehr Realist, als daß er sich, wie Pelters (S. 108) vorwurfsvoll schreibt, durch das „utopische Vertrauen zu passiv hingenommener Ohnmacht" hätte verführen lassen. Und Lessing hatte zu sehr unter den Verhältnissen seiner Zeit zu leiden, als daß er sich in idealistischer Selbsttäuschung und in weltfremdem Fortschrittsglauben hätte über die „realen Gegebenheiten" hinwegsetzen können. Anders als die *Erziehung des Menschengeschlechts* enthalten die *Gespräche für Freimaurer I–III* eine konkrete Handlungsanweisung für die weitere Verbreitung von Aufklärung und Humanität. Anders als im *Nathan* ist auch dort von den gesellschaftlichen Determinanten des geschichtlichen Prozesses und des geschichtsphilosophischen Ideals *nicht* abstrahiert.

Die *Gespräche* enthalten jene für Lessing typische Skepsis auch gegenüber den eigenen aufklärerischen Ideen, die im *Nathan* so wenig zum Ausdruck kommt, daß Schlegel den *Nathan* als „dramatisirtes Elementarbuch des höheren Cynismus" bezeichnete (Schlegel, *Über Lessing*, 1797, in: Bauer, S. 34). Allerdings ist dieses Urteil wenig gerechtfertigt. Die dramaturgische Konzeption Lessings und der Charakter des Lehrstücks *Nathan der Weise* müssen in Rechnung gestellt werden. Lessing fordert für das Drama aus didaktischen Gründen eine Überordnung der Charaktere über die faktischen Verhältnisse (*Hamburgische Dramaturgie*, 33. Stück) und im Rückgriff auf den aristotelischen Wahrscheinlichkeitsbegriff philosophische Freiheit gegenüber der Geschichte bzw. Geschichtsschreibung (*Hamburgische Dramaturgie*, 11., 19., 24., 89. Stück). Er „meint mit seiner philosophischen Freiheit – ihre bürgerliche Aktualität durchschauend und übersteigend – eine Position *außerhalb* der jeweils etablierten Gesellschaft, die *für* diese Gesellschaft denkt. Das Drama des Illusionstheaters kann nach ihm *gerade wegen* seiner ästhetischen Abgeschlossenheit und Abrundung in sich selbst seine Verantwortung gegenüber dem Einzelnen und der Gesellschaft durchaus wahrnehmen, weil es den selbsterzeugten Schein der Illusion nicht mit der Wirklichkeit verwechselt" (Schrimpf, S. 48).

2.13. Ein Kaufmann als Hauptgestalt von Lessings letztem Drama: Aufwertung der vita activa

Nathan der Weise ist keineswegs ein Stück der Resignation und des Sich-Fügens in die gesellschaftliche Situation. Die Tätigkeit Nathans wird zum Sinnbild für das tolerante und humane Handeln, das als Mitarbeit des Menschen verlangt wird, wenn der Plan der Geschichte sich erfüllen soll. Anders als die Helden des Bürgerlichen Dramas sonst, die für gewöhnlich nicht arbeiten und über Arbeit auch nicht sprechen, führt Nathan sie gleich zu Beginn des Stückes mit einem Bericht über seine anstrengende Geschäftsreise ein. Er hatte Umwege zu machen, „Und Schulden einkassieren, ist gewiß/ Auch kein Geschäft, das merklich födert, [...]" (G II, S. 207). Das heißt, daß dieses Geschäft nicht vorangeht, nicht vonstatten geht oder, wie Nathan gleich variiert, kein Geschäft ist „das/ So von der Hand sich schlagen läßt" (ebda.). Schlaffer geht bei seiner Deutung dieser Stelle (S. 116) von einer inkorrekten Lesart aus („fördert" statt „födert") und bezieht das „fördert", durch ein kompromittierendes Zitat kommentiert, auf Nathans „persönliche Existenz" und „Menschlichkeit", die dadurch nicht ‚gefördert' würden. Danach ist für Schlaffers weitere Interpretation, wonach in Nathan der systembedingte Zwiespalt zwischen Humanität und Geschäftstüchtigkeit verkörpert wäre, die Textbasis fragwürdig.

Lessing folgt dem Wortgebrauch des 18. Jahrhunderts und schreibt anstatt des moderneren Begriffs ‚Arbeit' noch ‚Geschäft' (s. Werner Conze, Artikel ‚Arbeit', in: Geschichtliche Grundbegriffe [s. Teilbibl. zu I A], S. 165 ff.). Die (ur)christliche Betrachtungsweise der Arbeit als Mühsal und moralische Tugendübung dauert in diesem Begriff ebenso an wie die ideologische Verachtung der Arbeit als sozial erniedrigend, die noch dem Bürgerlichen Drama verbot, den arbeitenden Menschen auf die Bühne zu bringen. Aber gerade darin verwirklicht Nathan die ethischen Forderungen des Richters und propagiert unüberhörbar und entgegen allen Standesvorurteilen die menschliche Tätigkeit als Mittel zur Vollendung des Geschichtsplans. Damit findet im *Nathan* ein entscheidender Zug in der Entwicklung der Sozialethik seit der Reformation seine dichterische Gestaltung: die Aufwertung der *vita activa* in der ‚Welt' als Weg zur erhofften menschlichen Glückseligkeit.

2.14. Al Hafi: Relativierung der Utopie

Utopische Hoffnungen motivieren Nathans Aktivität und erklären die Freiwilligkeit, mit der er sein Eigentum dem Sultan zur Verfügung stellt (s. III, 7; IV, 3). Was als unmittelbare Ausbeutung unvereinbar ist mit rationalen Wirtschaftsprinzipien, erscheint im Lichte der Utopie als Beitrag zur Vervollkommnung der Welt. Al Hafis Warnungen vor völliger Ausplünderung kann Nathan getrost in den Wind schlagen (II, 9; S. 259). In einer Welt, in der Zufall und Notwendigkeit so wunderbar aufeinander abgestimmt sind, lassen sich Finanzklemmen krisenlos beseitigen. Die moralischen Probleme, die hinter der vordergründigen

Harmonie verborgen sind, werden nur peripher ins Bewußtsein gerückt, etwa wenn Al Hafi als Kehrseite der Mildtätigkeit Saladins die Pressungen fremder Völkerschaften kritisiert (S. 223) oder Nathan vor Wuchergeschäften warnt (S. 260). Kaum merklich werden dadurch die optimistischen Prämissen, unter denen das Geschehen nach so perfektem Plan sich vollzieht, relativiert, wird der Bruch zwischen utopischem Ideal und gesellschaftlicher Realität angedeutet.

Trotzdem folgt Nathan dem Derwisch nicht an den Ganges, wo es – nach Al Hafis Worten – allein „Menschen" gibt und jeder „ihm selbst zu leben" entschlossen ist, nicht „andrer Sklav'" sein muß (S. 260 f.). Mit Al Hafi, der als „Kerl im Staat" sich nicht mehr als „Mensch" und „Freund" fühlen kann (S. 220), führte Lessing das Sezessionsmotiv des Aridäus aus *Philotas*, des Tellheim (s. G I, S. 694 f.) und des Odoardo und Appiani (s. G II, S. 147 f.) weiter. Der quietistisch denkende und zum Fatalismus neigende Al Hafi wird so positiv gezeichnet wie seine Vorgänger: „Wilder, guter, edler – / Wie nenn' ich ihn?" (S. 261). Seine Maxime: „Warum man ihn recht bittet, / Und er für gut erkennt: das muß ein Derwisch" (S. 219), birgt die Vorstellung einer vernunftbestimmten Situations- und Individualethik, die eines utopischen Ideals und einer transzendenten Heilsgewißheit entbehren kann.

Der frühzeitige Abschied Al Hafis (II, 9) läßt erkennen, daß Lessing mit seinem Stück nicht die Erfüllung der individuellen Existenz in anachoretischer Isolation verklären wollte, sondern nach einem Weg suchte, der das Individuum durch seine soziale Aktivität mit der Gesellschaft versöhnte. Al Hafis Weg konnte schwerlich verallgemeinert werden. Wenn überhaupt die banale und – im Sinne des Theaters – desillusionierende Frage gestellt wird, wie Nathans des Guten Geschäfte florierten, muß sie um die weitere Frage ergänzt werden, bei welchen Reichen der kontemplative Müßiggänger Al Hafi bettelte. Das Dilemma, das dann offensichtlich wird, zeigt am deutlichsten die Diskrepanz zwischen objektiv bestehenden sozialen Verhältnissen und der Demonstration ihrer utopischen Überwindung.

Der mit so feiner und sympathischer Ironie charakterisierte Al Hafi sollte im Mittelpunkt eines weiteren Stückes stehen, das Lessing zur Fortsetzung des *Nathan* unter dem Titel *Der Derwisch* ankündigte (s. R IX, S. 820 und 823 f.). Über die weiteren Pläne ist allerdings wenig bekannt.

C. Ernst und Falk. Gespräche für Freimäurer

1. Grundlageninformationen

1.1. Texte und Materialien

G VIII, S. 451–488; LM XIII, S. 341–368 und 389–411; PO Tl.VI, S. 25–60; R VIII, S. 547–589; Stammler I, S. 973–1008; Wölfel II, S. 509–543.

Gotthold Ephraim Lessing. *Ernst und Falk.* Mit den Fortsetzungen Johann Gottfried Herders und Friedrich Schlegels. Hrsg. u. mit einem Nachwort versehen v. Ion Contiades,

Frankfurt a.M. 1968 [S. 122–125: Bibliographie der Einzelausgaben und Übersetzungen von *Ernst und Falk*; Contiades' Nachwort an Koselleck orientiert.]

Lessings Nachlaßstücke zu *Ernst und Falk* in G VIII, S. 534–538 (s. dazu Guthke); eine Notiz Lessings zum Begriff ‚Freimäurer' ebd., S. 389 ff. – Zur Entstehung s. ebd., S. 693 ff. und 728 ff.; s. auch Daunicht, S. 313 ff., 341 f., 380 f., 570 f.

Für eine erste Information über Freimaurerei aus heutiger freimaurerischer Sicht: Rolf Appel und Dieter Möller (Hrsg.): Was ist Freimaurerei?, Hamburg ²1971.

1.2. Forschungsliteratur

Abele, Paul-Rüdiger: Lessing über Toleranz im Zusammenhang mit seinen Gedanken über Staat und Religion. Diss. Mainz 1956 (Masch.) [Konzentriert sich auf das in den *Freimaurergesprächen* problematisierte Verhältnis von gesellschaftlicher Ordnung und Individuum (bes. S. 28 ff.).]

Bahr, Erhard: Lessing: ein konservativer Revolutionär? Zu *Ernst und Falk. Gespräche für Freimäurer*, in: Harris/Schade (s. Gesamtbibl. 5), S. 299 ff. [Widerspricht einseitigen Deutungen der Lessingschen Vorstellungen von Veränderung.]

Bohnen (s. Gesamtbibl. 5), S. 176 ff. [Versteht *Ernst und Falk* als eine primär theologisch motivierte Abhandlung über das Verhältnis von Individualität und Gesellschaft.] (s. auch Teilbibl. zu B).

Boos, Heinrich: Geschichte der Freimaurerei. Ein Beitrag zur Kultur- und Literaturge-schichte des 18. Jahrhunderts, Aarau ²1906 [Besonders wichtig ist das Kapitel über „Die Entartung der Freimaurerei im 18. Jahrhundert".]

Durzak, Manfred: Gesellschaftsreflexion und Gesellschaftsdarstellung bei Lessing, ZfdPh 93, 1974, S. 546 ff. [Anknüpfend an das *Henzi*-Fragment und an *Emilia Galotti* Her-ausarbeitung des Entwurf-Charakters von *Ernst und Falk*.]

Guthke, Karl S.: Lessings sechstes Freimaurergespräch, in: Guthke: Literarisches Leben (s. Teilbibl. zu I C), S. 333 ff. [Rekonstruktion des Zusammenhangs zwischen dem 5. Frei-maurergespräch und den Nachlaßstücken (s. o.).]

Habermas: Strukturwandel der Öffentlichkeit (s. Teilbibl. zu I B), S. 51 f. [Knapp zum Organisationsprinzip und zur Funktion der Logen.]

Hoensbroech, Marion Gräfin: Die List der Kritik. Lessings kritische Schriften und Dra-men, München 1976, S. 21 ff. [Zur Dialogführung und zum Phänomen ‚gesellschaftli-cher Sprachverabredung'.]

Kelsch, Wolfgang: Der Freimaurer Lessing – Idee und Wirklichkeit einer freimaurerischen Utopie, Braunschweigisches Jahrbuch 58, 1977, S. 103 ff. [Detaillierte Darlegung der Logensituation zur Zeit von Lessings Eintritt.]

Koselleck: Kritik und Krise (s. Teilbibl. zu I B) [Grundlegende Studie für die Bedeutung der Geheimgesellschaften bei der Ablösung des absolutistischen Staates (s. u. 3.4); zu *Ernst und Falk* S. 68 ff.]

Kretzschmar, Ernst: Über das Verhältnis Lessings in seiner *Erziehung des Menschenge-schlechts* zur deutschen Aufklärung, Diss. Leipzig 1904 [Vergleicht einzelne Theoreme der *Erziehung* mit Entwicklungstendenzen der Aufklärung.]

Lennhoff, Eugen und Oskar Posner: Internationales Freimaurerlexikon, Zürich usw. 1932, Sp. 916 ff.: Lessing. [Lessings Logentätigkeit aus freimaurerischer Sicht; im ein-zelnen durch Kelsch (s. o.) überholt.]

Müller, Paul: Untersuchungen zum Problem der Freimaurerei bei Lessing, Herder und Fichte, Diss. Bern 1965 [Interpretation der *Freimaurergespräche* im Zusammenhang mit Lessings Aufklärungs- und Fortschrittsdenken.]

Pelters: s. Teilbibl. zu B.

Schieder, Wolfgang: Artikel ‚Brüderlichkeit‘, in: Geschichtliche Grundbegriffe, Bd. 1, S. 552 ff. [S. 563 ff.: Der säkularisierte Bruderschaftsbegriff der Freimaurer.]

Schilson: s. Gesamtbibl. 5.

Schneider, Ferdinand Joseph: Die Freimaurerei und ihr Einfluß auf die geistige Kultur in Deutschland am Ende des 18. Jahrhunderts, Prag 1909 [S. 109 ff. über freimaurerische Reformkonvente, Reform-, Werbe-und Verräterschriften.]

Schneider, Studien (s. Gesamtbibl. 2), S. 166 ff. [‚Lessing und die Freimaurer‘: bisher ausführlichste Darstellung der Beziehungen Lessings zu Freimaurern und der Entstehung der *Freimaurergespräche*.]

Schultze: s. Teilbibl. zu A.

Valjavec, Fritz: Die Entstehung der politischen Strömungen in Deutschland. 1770–1815, München 1951 [Wichtig vor allem für die politischen Aspekte des Freimaurerwesens im letzten Drittel des 18. Jahrhunderts.]

1.3. Voraussetzungen und Entstehung

1.3.1. Isolation in Wolfenbüttel

Nach der Hamburger Zeit sehnte sich Lessing nach Ruhe und Muße in Wolfenbüttel (s. R IX, S. 333, 347 f.), begann dort aber bald anders zu denken. Den ersten schlechten Erfahrungen am Hof (s. R IX, S. 350 ff., 357, 366, 381) folgten der betonte Rückzug (R IX, S. 366, 381) und der Wunsch, zu reisen (S. 363). Man muß sich die Postverhältnisse und die beschwerlichen Reisebedingungen im Deutschland des 18. Jahrhunderts vorstellen, um verstehen zu können, wie bedrückend die abseitige Position Wolfenbüttels für Lessing werden mußte. Der Bekanntenkreis in Wolfenbüttel und Braunschweig war klein; Besucher kamen nicht häufig; wenn Lessing selber reisen wollte, mußte er umständlich und formell um Urlaub bitten (s. R IX, S. 483; Daunicht, S. 363 f. und 460).

Die Frage stellt sich ihm, wie lange er es in Wolfenbüttel noch aushalten kann (R IX, S. 525, 563). Auf die „Kunst, sich selbst zu überreden, daß man glücklich ist" (S. 413), kann er nur verzichten während einer Reise nach Dresden, Wien und Italien, während der kurzen Zeit seiner Ehe und der Hoffnungen, nach Mannheim zu ziehen. Sonst sind seine Briefe voll von Klagen: Melancholie (S. 371), Vereinsamung (S. 454, 549, 860), Arbeitsunfähigkeit (S. 516 f.), körperliches und geistiges Krankheitsgefühl (S. 538), Mißlaunigkeit (S. 548, 589 ff.), Hypochondrie (S. 563, 589, 615, 645), Kommunikationsunfähigkeit (S. 580, 590, 615), Verdrossenheit (S. 603), Fatalismus (S. 627, 652), Lebensekel (S 650), Krankheit der Seele (S. 875), Unfähigkeit des Geistes (S. 878). Ähnliches berichten Besucher, denen Lessings Schlafsucht (Daunicht, S. 538), seine Schwermut (S. 519 f.), seine Gelähmtheit (S. 544) auffällt.

Lessing, der im Ruf eines Antichristen steht (S. 840), als Ketzer gescholten wird und Drohungen erhält (S. 572 f.), wirkt erschreckend auf seine Freunde. 1780 schreibt Elise Reimarus: „[...] und so graut mir ihn zu sehn. Ich wüßte nichts was mich so traurig macht, als die Ruinen eines großen Mannes zu sehn" (S. 537). Folgt man Wolf Lepenies’ Studie über *Melancholie und Gesellschaft* (s.

Teilbibl. zu I A), so liegt hier ein Krankheitsbild vor, wie es fast typisch ist für die ‚Intellektuellen' im Deutschland des 18. Jahrhunderts. Lessings Anschluß an die Freimaurerei kann als Versuch gesehen werden, aus der Wolfenbütteler Isolation auszubrechen.

1.3.2. Enttäuschung Lessings über die freimaurerische Praxis

Lessing spöttelte zwar 1751 in einem – später von ihm selbst unterdrückten – Gedicht (*Das Geheimnis*, PO VI, S. 6) über den Geheimkultus der Freimaurer, versuchte aber trotzdem, Mitglied einer Loge zu werden. Sein Freund Bode schlug ihm 1767 die Aufnahme ab, weil er glaubte, die Freimaurerei, die eben zu der Zeit – bei der Suche nach dem „wahren Geheimnis" – in ideologische und organisatorische Richtungskämpfe verstrickt war, sei für Lessings Denkweise zu restriktiv. 1771 erst, als Lessing bereits unter seiner Isolierung in Wolfenbüttel litt, wurde er (nicht von Bode) in die Hamburger ‚Loge zu den drei (goldenen) Rosen' aufgenommen. Für diese Winkelloge, die sich nicht dem ‚System der strikten Observanz' angeschlossen hatte, war es eine Prestigeangelegenheit, Lessing als Mitglied zu haben; er wurde umworben, das hohe Eintrittsgeld wurde ihm erlassen, er erhielt sofort die Weihe in allen drei Johannisgraden (Lehrling, Geselle, Meister), die sonst nur fürstlichen Personen gewährt wurde (s. Kelsch, S. 107ff).

Trotzdem war Lessing tief enttäuscht. Bode schildert die tragikomische Situation der Aufnahme: „Unmittelbar nach der Aufnahme sagte dieser Herr von R. […] zu Lessing: ‚Nun? Sie sehen doch, daß ich die Wahrheit gesagt? Sie haben doch Nichts wider die Religion oder den Staat gefunden!!' – Hier kehrte sich Lessing, der eben etwas Langeweile gefühlt haben mochte, um und sagte: ‚Ha! *ich wollte, ich hätte dergleichen gefunden; Das sollte mir lieber seyn!* '" (Daunicht, S. 313). Lessing verzichtete daraufhin auf die Gründung einer Loge in Wolfenbüttel und nahm an der Logentätigkeit keinen weiteren Anteil. Stattdessen suchte er die publizistische Auseinandersetzung mit der Freimaurerei, obwohl die Loge sich das Zensurrecht über ihn anmaßte und ein Konflikt mit seinem Herzog, einem führenden Freimaurer, zu erwarten war (s. Kelsch, S. 109 f.).

1.3.3. Lessings Versuch, auf die Richtungskämpfe unter den Freimaurern Einfluß zu nehmen

In Hamburg war 1728 die erste deutsche Loge nach dem ‚Englischen System' gegründet worden: Die Mitglieder der Loge, in der das Gleichheitsprinzip galt, wurden zu Staatstreue und Toleranz verpflichtet. In Deutschland mit seinem Mangel an Salons und Clubs breiteten sich die Logen, die sich von anderen gemeinnützigen Gesellschaften kaum unterschieden (s. I B 2.2), rasch aus. Nach dem Siebenjährigen Krieg drang jedoch aus Frankreich das ‚Schottische Hochgradsystem' vor (auch ‚System der strikten Observanz' oder ‚Templersystem' genannt): Die ständischen Unterschiede der Mitglieder wurden innerhalb der Loge nicht aufgehoben, sondern in maurerische Würden übersetzt. Zu den Hochgraden, insbesondere zum Rittergrad wurden nur Adlige, Offiziere und hohe Beamte zugelassen, allenfalls noch bekannte Gelehrte und Schriftsteller. Zugleich nahmen Mystizismus und Okkultismus in den Logen zu. Zwischen dieser ‚Templerloge' und der ‚Großen Landesloge von Deutschland', der sich auch Lessings Hamburger Loge unterstellt hatte, kam es in den 70er Jahren zu Streitigkeiten, die auf mehreren Reformkonventen beigelegt werden sollten. Einer davon fand 1778 in Wolfenbüttel statt; im selben Jahr erschienen die ersten drei der *Freimaurergespräche,* die Lessing mit der einzigen Dedikation, die er je schrieb, dem Herzog Ferdinand von Braunschweig widmete (G VIII, S. 451; s. ebd., S. 697 ff.).

Durch ihren Inhalt werden die *Gespräche für (!) Freimäurer* als Versuch ausgewiesen, eine Reflexion auf Wesen und Ziele der Freimaurerei als Voraussetzung einer Reform zu initiieren. Sie sind aber auch im Kontext der von Ordensmitgliedern verfaßten Freimaurerdichtung zu sehen, die die Ordensziele in einer größeren Öffentlichkeit zu verbreiten suchten (wie etwa Mozarts *Zauberflöte* 1791). Sind die Gespräche zunächst nur für Freimaurer bestimmt, so wird der Name ‚Freimaurer' allerdings im Verlauf der Gespräche neu definiert und von der Mitgliedschaft im Orden unabhängig gemacht. ‚Bruderliebe' bleibt nicht länger beschränkt auf die Mitglieder der Institution, ‚Bruderverpflichtungen' gelten gegenüber allen Menschen und für alle Menschen. Lessing tritt für eine Richtung der Freimaurerei ein, die dazu beitrug, das herkömmliche Bruderschaftsdenken in den modernen Brüderlichkeitsbegriff hinüberzulenken und zu einem egalitären Integrationsbegriff werden zu lassen (s. dazu Schieder, S. 563 ff.). Kritik der bestehenden Freimaurerei und Entwicklung neuer Vorstellungen fallen in Lessings *Gesprächen für Freimäurer* zusammen.

1.3.4. Freimaurerlogen als Institutionen der Aufklärung im absolutistischen Staat

Dem absolutistischen System lag als Strukturprinzip der Antagonismus von Staat und Gesellschaft zugrunde, der – wie Koselleck zeigt – als Folge der Trennung von politischen Prinzipien (Staatsräson) und privater Moral zu begreifen ist. Mit der Festigung der bürgerlichen Gesellschaft und ihrer Institutionen zeichnete sich das Bestreben ab, die politische Rationalität der gesellschaftlichen Moral unterzuordnen. Freimaurerei wurde zum Versuch, sozialen Raum zur Realisierung von Moral zu schaffen; das Geheimnis der Logen diente der Integration und sicherte die Freiheit vom Staat, auch da, wo Fürsten selbst und ihre Beamten Mitglieder der Logen waren: Das Selbstverständnis der Freimaurer war moralisch, nicht politisch. Doch verbarg sich in der totalen Abwendung von der praktizierten Politik das Geheimnis der Freimaurer, die Dialektik von Moral und Politik. Die politische Abstinenz der Logen wurde durch ihre aufklärerische Tätigkeit und die Errichtung eines neuen moralischen Wertesystems zur indirekten politischen Anwesenheit. Ihr Geheimnis lag also „nicht in dem moralischen Endziel, sondern in den Mitteln, dieses Ziel zu erreichen, d. h. in der indirekten Arbeitsmethode" (Koselleck, S. 114 und S. 67). Die Moralität ihrer humanitären Ziele und gewaltlosen Reformen verschleierte den meisten Freimaurern selbst die politischen Folgen ihrer Tätigkeit. Lessing war einer der wenigen, der diese Funktion des Geheimnisses durchschaute.

2. Textanalyse

2.1. Der Dialog: Unterweisung zur Selbstaufklärung

Mit aller Vorsicht, die nicht nur durch taktische Klugheit geboten war, gab Lessing sein Wissen über das Geheimnis der Freimaurer preis. Er wählte dazu die traditionsreiche und im 18. Jahrhundert wieder aktuelle Form des philosophischen Dialogs, die den Intentionen der Aufklärung am meisten adäquat war. Der „einseitige Dialog" (LM XVI, S. 487), jene von Schröder ausführlich beschriebene (S. 13 ff.) spezifisch Lessingsche Ausdrucksweise, erfuhr in den *Freimaurergespächen* seine Vollendung. Vom einzelnen Begriff ausgehend wird im Spiel der aufeinander hin konzipierten Fragen und Antworten die Lösung eines Problems gesucht. Das Prinzip der etymologischen Denkweise (s. Curtius, Europäische Literatur und lateinisches Mittelalter, S. 53 f., 486 ff.) wird erkennbar, wenn Lessing im 11. *Literaturbrief* das Vorbild für seine Dialogkunst beschreibt:

> „Was tat Sokrates anders, als daß er alle wesentliche Stücke, die zu einer Definition gehören, durch Fragen und Antworten heraus zu bringen, und endlich auf eben die Weise aus der Definition Schlußfolgen zu ziehen suchte? [...] Zu unsern Zeiten kann die Sokratische Lehrart mit der Strenge der itzigen Methode auf eine so geschickte Art verbunden werden, daß man die allertiefsinnigsten Wahrheiten herausbringt, indem man nur richtige Definitionen aufzusuchen scheinet. – Ich will geschwind schließen; Sie möchten mich um die Muster in dieser Art des Vortrages fragen" (G V, S. 54 f.).

Mit den *Gesprächen für Freimäurer* schuf Lessing ein Muster dieser Vortragsart und zugleich einen „Traktat über die Schwierigkeiten des Fragens und Antwortens" (Schröder, S. 21). Fast spielerisch handhabt Lessing die dialektische Maieutik der sokratisch-platonischen Dialoge. Einige wenige Begriffe bilden die Ausgangspunkte für Analysen, die zum Umriß einer Staatsphilosophie führen. Die Lessingsche Methode der „Wortgrübelei" findet hier Anwendung und wird selbst thematisiert:

> *Ernst*: Nun was ist sie denn, diese notwendige, diese unentbehrliche Freimäurerei?
> *Falk*: Wie ich dir schon zu verstehen gegeben: – Etwas, das selbst die, die es wissen, nicht sagen können.
> *Ernst*: Also ein Unding.
> *Falk*: Übereile dich nicht.
> *Ernst*: Wovon ich einen Begriff habe, das kann ich auch mit Worten ausdrücken.
> *Falk*: Nicht immer; und oft wenigstens nicht so, daß andre durch die Worte vollkommen eben denselben Begriff bekommen, den ich dabei habe.
> *Ernst*: Wenn nicht vollkommen eben denselben, doch einen etwanigen.

Falk: Der etwanige Begriff wäre hier unnütz oder gefährlich. Unnütz, wenn er nicht genug; und gefährlich, wenn er das geringste zu viel enthielte" (G VIII, S. 454).

Eine grundlegende Skepsis gegenüber der Sprache wird geäußert: Sprache kann nicht alle Denkinhalte adäquat ausdrücken. Und selbst wo sie das zu leisten vermag, genügt zu deren Verbreitung die einseitige verbale Unterweisung nicht. Die Belehrung muß zur Selbstaufklärung führen, die Mitteilung muß einen Prozeß der Selbstbelehrung initiieren. „Nichts geht über das *laut denken* mit einem Freunde" (S. 452). In einem Prozeß gemeinsamer Reflexion versuchen Ernst und Falk das Wesen der Freimaurerei zu erhellen. Naturbetrachtungen werden als Denkanstöße miteinbezogen: Der entschwindende Schmetterling, den Falk jagt (Ende des 1. Gesprächs), wird zum Symbol des unsagbaren Geheimnisses. Durch Falks kluge Gesprächsführung werden die Mißverständnisse und Vorbehalte, die Ernst im ersten Gespräch gegenüber der Freimaurerei anmeldete, abgebaut. Das zweite Gespräch führt dann zum Nachdenken, das dritte schließlich zum Erkennen und Handeln (s. dazu Hoensbroech, S. 21 ff.).

Was in den ersten drei Gesprächen gewonnen wird, sind hypothetische Einsichten, die Ernst nach dem dritten Gespräch an praktischen Erfahrungen zu messen beschließt: Er tritt in eine Loge ein. Scheint hier Praxis zum Korrektiv der Theorie zu werden, so zeigt sich im vierten und fünften Gespräch, daß die Theorie wieder zum Prüfstein der Praxis werden kann. Der Logenrealität wird das postulierte freimaurerische Ideal entgegengestellt, die historische Entwicklung wird am geschichtsphilosophischen Entwurf gemessen. Daß die etymologische Untersuchung Lessings, der sich als „einer von den entschlossensten Wortgrüblern" bekannte (47. *Antiquarischer Brief*; G VI, S. 351), in die Irre geht, ist hier ohne Belang:

„*Ernst*: Sonderbar! – Da also selbst die Freimäurer, welche das Geheimnis ihres Ordens wissen, es nicht wörtlich mitteilen können, wie breiten sie denn gleichwohl ihren Orden aus?
Falk: Durch Taten. – [...]" (G VIII, S. 454).

2.2. *Glückseligkeit der Menschen*

Falk unterscheidet zwischen freimaurerischen „Taten ad extra" und ihren „wahren Taten" (1. Gespräch). Unter den „Taten ad extra" sind sozial-karitative Unternehmungen zu verstehen wie die erwähnte Gründung von Waisenhäusern. Die Freimaurer überlassen das Wohl der Allgemeinheit nicht mehr länger dem obrigkeitlichen Regiment, sondern begreifen es als Aufgabe *aller* und treten sozial handelnd in Erscheinung. Doch liegt ihr Geheimnis nicht in diesen „guten Taten", sondern in ihren „wahren Taten", die erst aus historischer Perspektive zu beurteilen sind. Sie umfassen *alles* Gute in der *Welt* und bewirken, daß alles, „was man gemeiniglich gute Taten zu nennen pflegt, entbehrlich" wird (S. 457). Während die „guten Taten" einzelnen sozialen Mißständen innerhalb eines Staates abhelfen, zielen die „wahren Taten" auf die allmähliche Herbeiführung der aufgeklärten Gesellschaft auf internationaler Ebene. An der Größe dieses

Ziels, der letzten Stufe der menschheitlichen Entwicklung, liegt es, daß die jeweils realisierbaren „wahren Taten", durch die aufklärerisches Denken verbreitet wird, kaum als solche erkennbar sind.

Liegt darin der Sinn freimaurerischer Aktivität, so muß sie zunächst den Staat
mit seinen Schranken affizieren (2. Gespräch). Der Staat kann nicht einfach
abgeschafft werden. Er ist die in der Natur angelegte Form der im Wesen des
Menschen begründeten Vergemeinschaftung. In seiner jeweiligen historischen
Realisierung ist der Staat Objekt der schöpferischen Fähigkeit des Menschen
und also auch mit Mängeln behaftet, zu denen die nationalen, sozialen und
konfessionellen ‚Trennungen' gehören, die Falk – in zeitüblicher Weise – klima-
tologisch begründet (S. 462). Ihre Folgen sind Intoleranz und Kriege. Als „Mittel
menschlicher Erfindung" (S. 461) sind die Verfassungen der Staaten aber auch
veränderbar: Bei grundsätzlicher Anerkennung der Vergesellschaftung müssen
die trennenden Schranken so weit wie möglich abgebaut werden. Dies ist das
„Opus supererogatum" (S. 465) der Freimaurer, das über die durchschnittlichen
bürgerlichen Pflichten hinausgeht.

Die damit gemeinte Praxis der Humanität, der sich „die Weisesten und Besten
eines jeden Staats [...] freiwillig" unterziehen sollen (S. 465), ist ebenfalls im
Wesen des Menschen angelegt und braucht deswegen nicht durch positive Gesetze geboten zu werden. Von den Freimaurern wird es nach bewußter Planung
im globalen Rahmen ausgeführt. „Das Freimaurertum wird dem Verfasser hier
zum Modell für ein mögliches gesellschaftsveränderndes Handeln ohne politisch
revolutionären Radikalismus. Es gibt für ihn ein gesellschaftliches Engagement
ohne einseitiges politisches Engagement" (Schrimpf, Lessing und Brecht, S. 19).
Durch zielbewußte Aufklärung können die unvermeidlichen Übel des Staates
soweit reduziert werden, daß die „Taten ad extra" überflüssig werden (3. Gespräch). Der ideale Grundsatz der Freimaurer, „jeden würdigen Mann von gehö-
riger Anlage, ohne Unterschied des Vaterlandes, ohne Unterschied der Religion,
ohne Unterschied seines bürgerlichen Standes, in ihren Orden aufzunehmen"
(S. 470), ist Ausdruck prinzipieller Gleichheit bei faktischer und letztlich als
unaufhebbar betrachteter Ungleichheit (S. 463, 467 f.) und beschreibt das Fern-
ziel freimaurerischer Aktivität: die herrschaftsfreie Gesellschaft, die im (unhalt-
baren) Naturbeispiel bzw. im biblischen Topos des königsfreien Ameisenstaats
(*Sprüche Salomonis* 6, 6–8; s. G VIII, S. 701) als Möglichkeit einer funktional
strukturierten Gemeinschaft erscheint. Trotz Festschreibung von sozialen Un-
gleichheiten wird die Öffnung der Sozialordnung als Voraussetzung für eine
fundamentale Veränderung der Gesellschaft gefordert. Im Vorgriff sollte sie in
den Logen bereits realisiert werden.

Den „wahren Taten" der Freimaurer liegt eine durch das Interesse am Individuum stark relativierte Staatsauffassung zugrunde:

> „Das Totale der einzeln Glückseligkeiten aller Glieder, ist die Glückseligkeit des Staats.
> Außer dieser gibt es gar keine. Jede andere Glückseligkeit des Staats, bei welcher auch
> noch so wenig einzelne Glieder leiden, und leiden *müssen,* ist Bemäntelung der Tyrannei.
> Anders nichts!" (S. 459).

Es geht nicht um die Idee eines gerechten bzw. idealen Staats, sondern um die Glückseligkeit der Individuen, die über die gesellschaftliche Ordnung gestellt werden. Der Staat ist Mittel zum Zweck; er bildet den Rahmen für die Entfaltung der Vernunft unter der Menschheit, sonst nichts. Falks Definition impliziert also die Forderung, den Staat zu verändern, wo er dieser Aufgabe entgegensteht. Ernst antwortet ihm:

> *Ernst*: Ich möchte das nicht so laut sagen.
> *Falk*: Warum nicht?
> *Ernst*: Eine Wahrheit, die jeder nach seiner eignen Lage beurteilet, kann leicht gemißbraucht werden.
> *Falk*: Weißt du, Freund, daß du schon ein halber Freimäurer bist?
> *Ernst*: Ich?
> *Falk*: Du. Denn du erkennst ja schon Wahrheiten, die man besser verschweigt.
> *Ernst*: Aber doch sagen *könnte*.
> *Falk*: Der Weise *kann* nicht sagen, was er besser verschweigt" (S. 459).

Die Verbindung der *Freimaurergespräche* zur *Erziehung des Menschengeschlechts* wird hier deutlich. Falks pädagogische Akkommodation leitet sich her aus der Entwicklungsgeschichte der menschlichen Vernunft, wie sie in der *Erziehung* skizziert ist. In den §§ 3, 4 und 17 wird die schrittweise Erziehung des Menschen zu den Erkenntnissen, deren er aus sich selber fähig ist, als pädagogisches Prinzip genannt. Die §§ 43 ff. nennen die Mittel der Erziehung, die in den *Freimaurergesprächen* selbst Anwendung finden: „Vorübungen", „Anspielungen", „Fingerzeige", „Einkleidungen" und „Stil" der Mitteilung. § 54 nennt Formen der menschlichen Gemeinschaft, in denen diese Erziehung stattfinden kann. § 68 verpflichtet das Individuum, die Preisgabe von Erkenntnissen nach dem Stand der Aufklärung in der Gemeinschaft zu richten. Es ist der Fehler der ‚Schwärmer', ihre richtigen Erkenntnisse (§ 87) übereilt den unvorbereiteten Zeitgenossen mitgeteilt zu haben (§§ 89, 90).

2.3. Die Aufgeklärte Gesellschaft

§ 85 der *Erziehung des Menschengeschlechts* drückt die Überzeugung aus, daß „die Zeit der Vollendung" kommen werde. Vorher jedoch ist die Wahrheit, die das Geheimnis der Freimaurer birgt, nicht voll begreifbar, und es ist gefährlich, Teile dieser Wahrheit zu verbreiten. Wenn – wie bei Ernst zu Beginn der Gespräche – eine notwendige Ebene der Erkenntnis noch nicht erreicht ist, ist dem Weisen das Schweigen auferlegt auch über Wahrheiten, die er schon einsieht, weil sie zwangsläufig falsch verstanden werden. Der Weise braucht auch seine Einsichten nicht immer zu verkünden. Hinter den „Taten ad extra" und hinter den „wahren Taten" steht die geschichtsphilosophische Überzeugung, daß moralische Planung und Reformen die politischen Gegensätze schrittweise und gewaltlos überwinden und die Gesellschaft mit Sicherheit zu ihrer Vollendung führen.

Die Möglichkeit einer Revolution, die 1776 in Amerika exemplifiziert worden war, weist Falk entschieden zurück. Weil von den 56 Unterzeichnern der amerikanischen Unabhängigkeitserklärung 53 Freimaurer waren, breitete sich unter europäischen Freimaurern das Gerücht aus, daß die amerikanische Revolution ein Werk der Freimaurer sei, „daß der Kongreß eine Loge ist; daß *da* endlich die Freimäurer ihr Reich mit gewaffneter Hand gründen" (S. 580). Falk nennt dies eine „Grille" und versucht, Ernsts Sorge, daß die Freimaurerei auf eine Revolution hinziele, zu zerstreuen:

> *„Falk*: Sei ohne Sorge, der Freimäurer erwartet ruhig den Aufgang der Sonne, und läßt die Lichter brennen, so lange sie wollen und können – Die Lichter auslöschen und, wenn sie ausgelöscht sind, erst wahrnehmen, daß man die Stümpfe doch wieder anzünden, oder wohl gar andre Lichter wiederaufstecken muß; das ist des Freimäurers Sache nicht.
> *Ernst*: Das denke ich auch – ‚Was Blut kostet, ist gewiß kein Blut wert.'
> *Falk*: Vortrefflich! – nun frage, was du willst! Ich muß dir antworten" (S. 580).

Der Weise wird durch seine Einsichten tolerant und bekennt sich zu einem „Pragmatismus des Nicht-Übereilens" (Bohnen, S. 400). Er verzichtet darauf, seine Ziele mit Mitteln zu verfolgen, die zu irgend einer Form erneuter Unterdrückung oder Ungerechtigkeit führen. Wie in *Samuel Henzi* (1749), dem ersten politischen Dramenfragment Lessings, hat sich auch in *Ernst und Falk* (1780) der Kampf um politische Freiheit, die Verwirklichung von Moral und die Entfaltung von Vernunft im Rahmen einer gegebenen, aber veränderbaren staatlichen Ordnung zu vollziehen. „*Falk*: [...] Wenn die bürgerliche Gesellschaft auch nur das Gute hätte, daß allein in ihr die menschliche Vernunft angebauet werden kann: ich würde sie auch bei weit größern Übeln noch segnen" (S. 464). Realisiert sich das Geheimnis mit Notwendigkeit, hat Freimaurerei mit ihren taktischen Heimlichkeiten nur pädagogischen Zweck und wird für denjenigen, der in geschichtsphilosophischer Erkenntnis genügend weit fortgeschritten ist, zum „Gängelwagen" (S. 474). Zur Gefahr für die Freimaurerei werden jedoch nicht der Okkultismus und der Mystizismus der Tempelherren und Goldmacher, in denen Falk immer noch „Streben nach Würklichkeit" (S. 475) erkennt.

Lessing läßt den Freimaurer Falk einen Standpunkt vertreten, der sein eigener ist, und mit dem er in Widerspruch zur Orthodoxie wie zur Popularaufklärung geriet, die beide nur ‚sichere' Wahrheiten gelten lassen wollten. Doch ist nach Lessing Wahrheit „überall gegenwärtig: auch noch in dem primitiven Glauben, auch noch im offensichtlichen Irrtum ist etwas enthalten, das mittelbar oder unmittelbar der Erkenntnis nützlich sein kann" (Schultze, S. 82). 1776 verteidigte Lessing in seiner Schrift *Über eine zeitige Aufgabe* (G VIII, S. 548–556), mit der er zu einer Frage Wielands im *Teutschen Merkur* Stellung nahm, entschieden Enthusiasmus und Schwärmerei, wie im 18. Jahrhundert die antiaufklärerischen Positionen genannt wurden. Er schrieb: „Weil der Philosoph nie die Absicht hat, selbst Schwarm zu machen, sich auch nicht leicht an einen Schwarm anhängt; dabei wohl einsieht, daß Schwärmereien nur durch Schwärmerei Einhalt zu tun ist: so tut der Philosoph gegen die Schwärmerei – gar nichts" (G VIII, S. 554). Zur Gefahr für die Freimaurerei wird die sektiererisch-intolerante Verabsolutierung ihrer historischen Organisationsform, besonders wenn diese als Form der Gesellschaft gefordert wird (hierzu jetzt auch Durzak, S. 550 ff.).

Freimaurerei als quasistaatliche oder staatliche Organisation kann ihr außer- und antistaatliches Programm nicht mehr erfüllen. Das Wesen der Freimaurerei, das „auf dem gemeinschaftlichen Gefühl sympathisierender Geister" (S. 481) beruht, entzieht sich einer Institutionalisierung. Nur in der dauernden Auseinandersetzung mit Staat und Gesellschaft kann die Freimaurerei der in die Schöpfung eingebauten ‚Vollkommenheitsdynamik' (Perfektibilität; s. Brief Lessings an Mendelssohn vom 21. 1. 1756; R IX, S. 63; Schilson, S. 163) dienen und damit ihren geschichtlichen Auftrag erfüllen. Das Geheimnis der Freimaurer, das von Stufe zu Stufe mehr bedeutet und immer besser das letzte Ziel begreift, muß sich schrittweise im Gang der menschheitlichen Entwicklung realisieren und aufklären. Es wird dann erst offenbar werden, wenn alle ‚guten Taten' entbehrlich sind (1. Gespräch), wenn der Mensch „das Gute tun wird, weil es das Gute ist" (§ 85). Wenn „diese höchste Stufen der Aufklärung und Reinigkeit" (§ 81) erreicht sind, wenn die Herrschaft der Vernunft absolut ist, wenn die Glückseligkeit des menschlichen Geschlechts vollkommen ist in der Summe der Einzelglückseligkeiten, dann erst wird der Staat und die gesellschaftliche Ordnung hinfällig sein.

Dieser Kontext ist wichtig für das Verständnis einer Bemerkung Lessings, die Friedrich Heinrich Jacobi in einem Brief an Elise Reimarus überlieferte: „Ob er gleich in Staatsverfassungen kein Arg hatte, wie, nach Claudius, die Apostel in Aesthetik, so waren doch hier, wie überall, seine Grundbegriffe gesund und tief, denn er sah überhaupt das Lächerliche und Unseligmachende aller moralischen *Maschinerieen* auf das lebhafteste ein. In einer Unterredung, die ich mit ihm hatte, kam er einmal so sehr in Eifer, daß er behauptete, *die bürgerliche Gesellschaft* müsse noch ganz aufgehoben werden; und so toll dieses klingt, so nah ist es dennoch der Wahrheit. Die Menschen werden erst dann *gut* regiert werden, wenn sie keiner Regierung mehr bedürfen. Drechseln läßt sich das nicht" (Daunicht, Gespräch, S. 519 f.; s. VI B 2.12, Zitat Böttiger).

Arbeitsbereich VII

Zwischen Nachfolge und Vereinnahmung
(Stationen der Wirkungsgeschichte)

O. Vorbemerkung: Lessings Ziele und die wirkungsgeschichtliche Darstellung

Ein Kapitel über Nachruhm, Nachleben und geistiges Fortwirken eines Autors galt lange Zeit nur als Anhang, als Ausblick in die Zeit nach dem eigentlichen Geschehen, dem Leben des Autors und der Entstehung seiner Werke. Die positivistische Forschung fügte den Fakten über das Leben des Dichters die Zeugnisse seines Nachruhms an. Die Anerkennung oder Verkennung des Autors durch seine Zeitgenossen trug oft zur Bildung eines Mythos oder einer Märtyrer-Legende bei. Die Resonanz bei Mit- und Nachwelt bestimmte jedoch immer das Bild vom Dichter selbst. Insofern lieferte die positivistische Wirkungsforschung wenigstens die Bausteine, um die Rezeption eines Werkes mit der Bewußtseinslage der Leserschaft zu verbinden. Anders gingen zahlreiche geistes- und ideengeschichtliche Darstellungen vor. Wenn etwa Friedrich Gundolf, der einflußreiche, dem George-Kreis entstammende Literarhistoriker, Wirkungsgeschichte schreibt, erkennt er, anders als die Positivisten, in der Wirkung stets das ,ewige Bild'. Sie schließt sich der historischen Verkörperung des ideenhaften Urbildes organisch, ja entelechisch an und entfaltet es dem Betrachter erst völlig.

Dominierte in der positivistischen Forschung der Glaube an die Möglichkeit von historischer Objektivität, so lag für die als ,Wesensschau' konzipierte Geistes- bzw. Ideengeschichte die Gefahr nahe, daß ein Interpret die Gegenstände seiner Betrachtung den eigenen subjektiven und gegenwartsbezogenen Interessen unterwarf und dergestalt selbst die Wirkungsgeschichte des betrachteten Objektes weiterbildete. Wer Wirkungsgeschichte schreibe, so konstatiert Gundolf, der übe ein „Richter- und Sichteramt" aus. Die einzige Objektivität, d. h. Gerechtigkeit, die der „begrenzte Mensch" sich zutrauen dürfe, sei, „ohne vorgegebene methodische Einstellung" und ohne deren Vorurteile an die Aufgabe des Historikers heranzugehen. Wirkungsgeschichte gilt ihm, dem Gestalten nur Verkörperungen überhistorischer Ideen sind, als Vorarbeit für eine Darstellung der eigentlich bewegenden Kräfte der menschlichen Geschichte. Sinnbildliche Deutung tritt an die Stelle positivistischer Faktenaddition; sie strebt als pädagogisches Ziel die Weiterwirkung an (Friedrich Gundolf, Shakespeare und der deutsche Geist, Berlin 1923, Vorwort S. VIII; auch ders., Caesar. Geschichte seines Ruhms, Berlin 1924). Beide Ansätze, der positivistische und der ideengeschichtliche, verfehlen in ihrer extremen Ausprägung das kommunikative Prinzip der Wirkungsgeschichte, das sich als Deutungsprozeß einer Subjekt-Objekt-Auseinandersetzung manifestiert. Wirkungsgeschichte kann auf verschiedene Art geschrieben werden (dazu Gunter Grimm, Rezeptionsgeschichte. Grundlegung einer Theorie, München 1977, S. 117 ff.). Historisch-chronologisch, indem die von Autor und Werk ausgehenden Einflüsse oder veranlaßten Urteile dargelegt werden; vergleichend, indem intendierte und tatsächliche Wirkungen gegenübergestellt werden; sozialgeschichtlich, indem als Ausgangsbasis das rezipierende Publikum und seine Interessen gewählt werden. Es wäre freilich verfehlt, eine ‚objektive' Darstellung von diesen Spielarten zu erwarten. Nicht nur die Interpretation, auch die Auswahl von Fakten ist dem subjektiven Verständnis des Betrachters unterworfen. Diese Subjektivität steigert sich beim Vergleich von intendierter und tatsächlicher Wirkung, weil die Intentionen des Autors in wenigen Fällen eindeutig überliefert oder erschließbar sind.

Die Feststellung, was etwa Lessings Intentionen jeweils gewesen seien, ist also mit wenigen Ausnahmen ein Ergebnis von Interpretation (dazu Briegleb, S. 35 f.). Wird sie verworfen, so sind konsequent auch der eine Teil des Vergleichs und die aus dem Vergleich gezogenen Folgerungen unhaltbar. Dieses Risiko ist einzukalkulieren, wenn die Darstellung der Wirkungsgeschichte auch für die Gegenwart eine Funktion haben und sich nicht in meinungsloser Faktenaddition erschöpfen soll. Lessing eignet sich für das Verfahren des Vergleichs insofern, als immer wieder die Frage nach der Vergeblichkeit oder der Wirksamkeit seines schriftstellerischen Werkes auftaucht. Die Frage, ob die Wirkung, die er und sein Werk ausgeübt haben, einem ‚verlorenen Feldzug' gleichzusetzen wäre, läßt sich bei Lessing mit besonderer Berechtigung stellen. Denn schon zu Lebzeiten wurde er wegen seines Eintretens für ein bestimmtes Wahrheitsverständnis in zahlreiche, zum Teil erbitterte Auseinandersetzungen verwickelt.

Betrachtet man Lessings Werk als Ausdruck streitbarer Aufklärung, so erhebt sich die Frage nach den gegnerischen Positionen. Man könnte Lessings Werk als einen ‚Feldzug' gegen die erstarrte Tradition, gegen die der inneren Wahrheit verlustig gegangene Autorität betrachten (vgl. Jens, Feldzüge eines Redners, S. 33 ff.). Leitlinie von Lessings Aufklärungsarbeit ist das berühmte Wort vom Streben nach Wahrheit.

„Nicht die Wahrheit, in deren Besitz irgend ein Mensch ist, oder zu sein vermeinet, sondern die *aufrichtige Mühe,* die er angewandt hat, hinter die Wahrheit zu kommen, macht den Wert des Menschen" (G VIII, S. 32 f.).

Dieser zentrale Satz enthält den Kern des Lessingschen Wahrheitsbegriffs. Wahrheit bedeutet ihm Ideologiekritik in negativer, Wahrheitssuche in positiver Hinsicht. Wahrheit ist kein Gut, sondern ein Prinzip, ein methodischer Ansatz. Um dieses ‚Prinzip Wahrheit' gruppieren sich alle scheinbar so zersplitterten Tätigkeiten. Freilich ist diese Wahrheit nur relativ faßbar und von den jeweiligen historischen Bedingtheiten abhängig. Sie kann nicht festes Besitztum werden – erst in der Veränderbarkeit ihres Gehaltes erweist sie sich als Wahrheit.

„Aber was tuts? Jeder sage, was ihm Wahrheit *dünkt,* und die *Wahrheit* selbst sei Gott empfohlen!" (Brief an Johann Albert Heinrich Reimarus vom 6. 4. 1778; R IX, S. 776; s. Schröder, S. 13 ff.).

Aus der Notwendigkeit einer Deutungsgeschichte ergeben sich auch die verschiedenen, vom Standpunkt des Betrachters abhängigen Interpretationen des Lessingschen Werkes. Fragwürdig ist jedenfalls Otto Flakes Äußerung von 1929: „Jede Generation sieht einen anderen Goethe, alle den einen, gleichen Lessing" (Dvoretzky II, S. 465). Nur von den nicht-gelesenen Autoren gibt es ein solch unwandelbares Bild. Die Geschichte der Lessingrezeption zeigt keine solche Erstarrung.

Friedrich Schlegel hat die (an ein von Lessing selbst verwendetes Leitmotiv anknüpfende) prägnante Formel für Lessings Wahrheitsprinzip gefunden: es sei seine „ganz spezifische Kraft", „das Selbstdenken zu erregen" (Steinmetz, Lessing, S. 196). Dieses als emanzipatorisch charakterisierbare Prinzip liegt allen literarischen Bemühungen Lessings zugrunde, auch wo scheinbar ganz andere Probleme behandelt sind. Selbstverständlich hat Lessings Kampf gegen Deisten, gegen pedantisches Gelehrtentum, sich absolut setzendes Geniewesen, gegen staatliche und kirchliche Barrieren auch politische Implikationen; freilich nicht im modernen Sinn eines staatsbürgerlichen, demokratischen oder marxistischen Bewußtseins. Wollte man Lessings Intentionen als politisch kennzeichnen, so müßte man dieses Attribut in einem sehr weit gefaßten Sinn verstehen, etwa im Sinn eines ‚kritischen Problembewußtseins‘, das andere zum Zweifel anregt, in der (bürgerlichen) Gesellschaft geltende Positionen und Autoritäten auf ihre Berechtigung zu untersuchen.

Wenn also von politischen Intentionen die Rede ist, soll nicht der Eindruck entstehen, Lessing habe sein Publikum politisch im heutigen Sinn aktivieren wollen. Allerdings mochte in seinen speziellen Ansätzen eine auf allgemeingesellschaftlichen Bezug ausweitbare Tendenz enthalten sein. Wenigstens kann eine gesellschaftlich-politische Wirkung seiner Schriften auf spätere Betrachter nicht geleugnet werden.

Lessing selbst scheint sich gegenüber seiner tatsächlichen Wirkung indifferent zu verhalten:

> „Wie lange währts, so bin ich hin,
> Und einer Nachwelt untern Füßen?
> Was braucht sie wen sie tritt zu wissen?
> Weiß ich nur wer ich bin" (G I, S. 127).

Doch ist die Gleichgültigkeit gegenüber der Nachwelt hier und die anderswo geäußerte, scheinbar dem widersprechende hohe Glaube an ihre Gerechtigkeit, nur ein und derselbe Ausdruck des Vertrauens in das historisch sich bewährende Prinzip des Selbstdenkens (*Rettungen des Horaz; G III, S. 591f.*).

O.1. Forschungsliteratur zur Wirkungsgeschichte Lessings

Dokumentensammlungen s. Gesamtbibl. 3, sowie Teilbibliographien zu einzelnen Texten (bes. *Sara, Minna, Emilia, Nathan*).

Henning, Hans: Lessings *Emilia Galotti* in der zeitgenössischen Rezeption. Erstausgabe, zeitgenössische Quellen, Anmerkungen und Register, Leipzig 1980.

Bartels, Adolf: Lessing und die Juden. Eine Untersuchung, Dresden u. Leipzig [2]1934 ([1]1918) [Darin Kap. X–XIII über Lessings Wirkung. Lessings Überschätzung wird als Ergebnis jüdischer Parteinahme gedeutet.]

Bloemer, Friedrich: Gesammelte Blätter zu Lessings Andenken, in: F. B., Lessing, Schiller und Goethe, Berlin 1863, S. 125–238 [Kommentierte Dokumentation.]

Bonnemann, Elsbeth: Lessingkritik und Lessingbild der Romantik, Diss. Köln 1932 [Materialreich, doch nicht immer durchreflektiert.]

Demetz, Peter: Die Folgenlosigkeit Lessings, Merkur 25, 1971, Heft 2, S. 727 ff. [Anregender Essay, der zu Widerspruch herausfordert; behandelt Lessings angebliche Folgenlosigkeit als Ästhetiker, Religionsphilosoph und Dramatiker.]

Dvoretzky, Edward: The Enigma of Emilia Galotti, Den Haag 1963 [Historische Darstellung der *Emilia*-Rezeption, ohne Berücksichtigung der spezifisch rezeptionshistorischen Problematik.]

Eibl, Karl (Hrsg.): G. E. Lessing. *Miß Sara Sampson*. Ein bürgerliches Trauerspiel, Frankfurt a. M. 1971 [s. Teilbibl. II D]

Frank, Horst Joachim: Geschichte des Deutschunterrichts. Von den Anfängen bis 1945, München 1973 [Faktenreicher Überblick.]

Grimm, Gunter: Rezeptionsforschung als Ideologiekritik. Aspekte zur Rezeption Lessings in Deutschland, in: Festschr. f. Gerhard Storz, Frankfurt a. M. 1973, S. 115 ff. [Erörterung von Möglichkeiten ‚angewandter Rezeptionsforschung‘.]

Grimm, Gunter: Lessing im Schullektüre-Kanon, GRM (NF) 25, 1974, S. 13 ff. [Behandelt das Eindringen Lessings in den Lektüre-Kanon, die Nationalisierung und die heutige Stellung Lessings im Schulunterricht.]

Grimm, Gunter: Lessings Stil. Zur Rezeption eines kanonischen Urteils, in: Literatur und Leser. Theorien und Modelle zur Rezeption literarischer Werke. Hrsg. v. Gunter Grimm, Stuttgart 1975, S. 148 ff. [Verfolgt die Wandlungen eines kanonischen Urteils durch verschiedene historische Epochen.]

Herrlitz, Hans-Georg: Der Lektüre-Kanon des Deutschunterrichts im Gymnasium, Heidelberg 1964 [An repräsentativen Stationen aufgezeigte Entwicklung, vom Barock bis Mitte des 20. Jahrh.s.]

von König, Dominik: *Nathan der Weise* in der Schule: Ein Beitrag zur Wirkungsgeschichte Lessings, LYb 6, 1974, S. 108 ff. [Materialreicher Abriß der Aufnahme und Behandlung des Schauspiels v. a. im preußischen Gymnasium des 19. Jahrhunderts.]

Liepert, Anita: Lessing-Bilder. Zur Metamorphose der bürgerlichen Lessingforschung, Dt. Zs. f. Philosophie 19, 1971, S. 1318 ff. [Leitet die bürgerliche Lessing-,Wissenschaft‘ von Friedrich Schlegel, die sozialistische von Heine ab.]

Lützeler, Paul Michael: Die marxistische Lessing-Rezeption. Darstellung und Kritik am Beispiel von Mehring und Lukács, LYb 3, 1971, S. 173 ff.; Teil II. Darstellung und Kritik am Beispiel der *Emilia Galotti*-Interpretation in der DDR, LYb 8, 1976, S. 42 ff. [Versuch, ideologische Festlegungen und Widersprüche aufzudecken.]

Mayer, Hans: Lessing, Mitwelt und Nachwelt, Sinn und Form 6, 1954, S. 5 ff.; auch in: Bauer (s. Gesamtbibl. 4), S. 260 ff. [Anregende Reflexion.]

Mehring, Franz: Die Lessing-Legende; s. Gesamtbibl. 2.

Merbach, Paul Alfred: Lessing im Urteil der Nachwelt, Jb. des Braunschweigischen Geschichtsvereins 2. Folge II, 1929, S. 3 ff. [Anreihung charakteristischer Zitate.]

Meyer, Reinhart: *Hamburgische Dramaturgie und Emilia Galotti* Frankfurt a. M. 1973 [Behandelt auch die Rezeption der *Emilia Galotti*.]

Peitsch, Helmut: Private Humanität und bürgerlicher Emanzipationskampf. Lessings *Miss*

Sara Sampson, in: Westberliner Projekt (s. Gesamtbibl. 9), S. 179ff. [Peitschs Interpretation folgt prinzipiell Peter Weber: s. Gesamtbibl. 9.]

Plavius, Heinz: Revision des Humanismus. Die Wandlungen im Lessing-Bild der westdeutschen Reaktion, NDL 12, 1964, S. 94ff. [Polemische Auseinandersetzung mit den Lessingbüchern von H. Thielicke und O. Mann.]

Raschdau, Christine: Die Aktualität der Vergangenheit. Zur gesellschaftlichen Relevanz der Lessing-Rezeption im 18. Jahrhundert und heute, Königstein 1979 [Analyse der möglichen Wirkung literarischer Texte zur Entstehungszeit und in veränderten gesellschaftlichen Verhältnissen]

Richter, Julius: Rückblick aufs Lessingjahr 1929, Zs. f. Deutschkunde 44, 1930, S. 562ff. [Nach thematischen Aspekten geordnetes Referat.]

Schulte-Sasse, Jochen: Literarische Struktur und historisch-sozialer Kontext. Zum Beispiel Lessings *Emilia Galotti,* Paderborn 1975 [Enthält Analysen zeitgenössischer Rezeptionen, s. S. 195.]

Schulz, Ursula: Lessing auf der Bühne: s. Gesamtbibl. 3.

Stadelmaier, Gerhard: Lessing auf der Bühne. Inszenierungen deutschsprachiger Theater 1968–1974, Tübingen 1980 [Herausarbeitung der Inszenierungstendenzen anhand breiten Materials: Kritiken, Programmhefte, Autopsie.]

Steinmetz, Horst: Lessing – ein unpoetischer Dichter (s. Gesamtbibl. 3), S. 13ff. [Überblick der Wirkungsgeschichte Lessings.]

Steinmetz, Horst (Hrsg.): Gotthold Ephraim Lessings *Minna von Barnhelm:* s. Teilbibl. V B.

Steinmetz, Horst: Gotthold Ephraim Lessing. Über die Aktualität eines umstrittenen Klassikers, in: Harris/Schade (s. Gesamtbibl. 4), S. 11ff.

Träger, Claus: Lessingsches Erbe, Weimarer Beiträge 5, 1976, S. 80ff. [Empfiehlt Lessing als Muster der Literaturkritik für die sozialistische Kulturaneignung.]

Wessels, Hans-Friedrich: Lessings *Nathan der Weise.* Seine Wirkungsgeschichte bis zum Ende der Goethezeit, Königstein 1979 [Herausarbeitung der Zusammenhänge zwischen dominanten Interpretationen und ihren ästhetischen, philosophischen und zeitgeschichtlichen Begründungen.]

A. Lessings Autoritäts- und Traditionskritik im Spiegel zeitgenössischer Dokumente

1. Der Aufklärungsschriftsteller par excellence

Einer an den ästhetischen Ideen der Klassik und der Romantik orientierten Nachwelt mochte Lessing als überwundener Vorläufer gelten (s. I E). Die Zeitgenossen schätzten Lessing als streitbar-versierten Kritiker, als Gelehrten und als Dichter. Seine Vielseitigkeit schien ihnen noch nicht wie manchen späteren Betrachtern auf Zerstreuung und Zersplitterung zu deuten, vielmehr galt sie als (durch die polyhistorische Tradition legitimierter) Vorzug und als Zeichen universellen Geistes (Wessels, Lessings *Nathan,* S. 92). Lessings Schriften stellten eine spezifische Ausprägung des Formprinzips ‚Witz' dar (Böckmann). Schlagkräftig und knapp, dialogisch auf ein Gegenüber bezogen, bauten sich seine Streitschriften auf und forderten den Leser zur Stellungnahme auf, zum Widerspruch oder zur Zustimmung. Jedenfalls erlaubte Lessings stilistische Technik dem Leser keine Gleichgültigkeit. Selbst Jakob Mauvillon und Ludwig August Unzer, die ihm das schöpferische Dichter-Genie absprachen, erkannten ihm doch den Ehrentitel „Größter und vollkommenster Prosator in Deutschland" zu (*Über den Wert einiger deutscher Dichter und über andere Gegenstände den Geschmack und die schöne Literatur betreffend.* Ein Briefwechsel, Frankfurt und Leipzig 1771). Schon 1785 hatte Johann Christoph Adelung in seinem Lehrbuch *Über den deutschen Stil* die „Lebhaftigkeit", „Reinigkeit" und „Klarheit" von Lessings „philosophischem Stil" gerühmt (Herrlitz, Der Lektüre-Kanon, S. 63).

Hinter Lessings vielseitiger, oft den Eindruck des Fragmentarischen erweckenden Tätigkeit steht immer ein Prinzip: die Aufklärungslust, und das ihr korrelierende Bedürfnis, die erstarrten, zum Dogma verhärteten Positionen der Überlieferung infragezustellen. Lessings ,Prinzip Wahrheit' bildet nicht nur das treibende Moment in den Dramenfragmenten und -entwürfen über Umsturz- und Revolutionsthemen (*Samuel Henzi* 1749/53, *Massaniello* 1754, *Das befreite Rom* 1756, *Kleonnis* 1758, *Spartacus* um 1770) – es ist überall gegenwärtig: im *Jungen Gelehrten* (1747/48) gegen nutzlose Polyhistorie und verknöchertes Pedantentum (s. Neuhaus-Koch [s. Gesamtbibl. 5], S. 147 ff.); in den *Juden* (1749) gegen religiöse und rassistische Vorurteile; im *Freigeist* (1749) gegen den zum orthodoxen Antityp erstarrten Deisten, der Freigeisterei fast bloß aus dogmatischer Prinzipienreiterei betreibt. Die Frontstellung Lessings war prinzipieller Natur. Wie später gegen die Orthodoxie wandte er sich zu Beginn gegen die unflexible, im Widerspruch sich erschöpfende Freigeisterei (s. die Briefe an Karl Lessing vom 8. 4. 1773; R IX, S. 577, und an Karl Lessing vom 20. 3. 1777; R IX, S. 729).

Derselbe noch gebändigte Angriff gegen Verfestigung und Dogma, gegen Autorität und blindes Vertrauen in die Rechtmäßigkeit des Überlieferten findet sich in den *Rettungen,* in den Rezensionen von Übersetzungen *(Vademecum);* er setzt sich fort in der *Hamburgischen Dramaturgie* als Kampf gegen die französische Theaterklassik, für die individuelle Wirkung jedes Werkes nach Maßgabe seiner Gattung (79. Stück; G IV, S. 600); im *Laokoon* gegen die blinde Analogie zwischen zwei verschiedenen Bereichen der Kunst; in den *Antiquarischen Briefen* gegen ungerechtfertigten Anspruch und Gleisnerei. Lessings Hauptangriff galt den Auswüchsen der ständisch fixierten Gesellschaft. Hier mußte er sich eines Verfahrens bedienen, das die bürgerlichen Adressaten auf verständliche Weise ansprach. Als besonders publikumswirksames Medium wählte Lessing das englische Modell des Bürgerlichen Trauerspiels und schuf in *Miß Sara Sampson* das erste deutsche Muster dieser Gattung.

2. Die Kritik an Erscheinungsformen der feudalen Gesellschaftsordnung

2.1. Ratio contra Sentiment in der Rezeption der Miß Sara Sampson

Der anvisierte neue Dramenstil sollte Ausdruck der bürgerlichen, antihöfisch orientierten Sezessionsbewegung sein (s. dazu Weber, S. 223 ff.). Was im *Samuel Henzi*-Fragment stofflich klarer hervortrat, konnte in der epigonalen Alexandrinerform nicht den Anspruch auf zeitangemessene Wahrheit erheben, um als Vehikel für Lessings ‚politisches‘ Vorgehen gebraucht zu werden. Die Prosaform des Bürgerlichen Trauerspiels schuf die Voraussetzungen für eine Wirkung auf weitere Kreise. Bei der Uraufführung „dieses höchst traurigen und mit zwei Mordtaten verbundenen Trauerspiels" in Frankfurt an der Oder haben die Zuschauer „drei und eine halbe Stunde zugehört, stille gesessen wie Statuen, und geweint" (Daunicht, S. 88). In Berlin „schluchzte" die ganze Residenz (Oehlke I, S. 293). Der nüchterne Nicolai weinte bis zum Anfang des 5. Akts; dann wurde seine Rührung so stark, daß sie die Tränen sogar erstickte (Eibl, *Miß Sara Sampson*, S. 215). Kein Mensch, berichtet Gleim, sei aus einer der Aufführungen mit trocknem Auge heimgekehrt (Oehlke I, S. 293). In Göttingen „flossen die Tränen" des späteren Lessing-Gegners Christian Adolph Klotz. Ein junger Mensch versuchte, durch anhaltendes Lachen die allzu traurigen Affekte zu verscheuchen (Schmidt I, S. 291).

Von diesen äußeren Zeichen aus zu urteilen, war die Aufnahme ein eindrucksvoller Erfolg. Doch stellte sich die Rücksicht, die Lessing auf den Hof, den Staat und die Zensur zu nehmen hatte, als äußerliches Handikap heraus. Als schwerwiegende innere Hemmung erwiesen sich Rührung und Effekt, also gerade die Mittel, mit denen Lessing stärkste Wirkung auf das Publikum ausüben wollte. Sie erstickten jede tiefere, auf den Intellekt abzielende Wirkung. Mit *Miß Sara Sampson* wollte Lessing noch nicht, wie später mit *Emilia Galotti,* in erster Linie den Intellekt ansprechen, sondern die Empfindungen. Die Intention war vordergründig nur, „alte Weiber zum Heulen zu bringen" (Daunicht, S. 82), eine Aussage, die mit Lessings in der Vorrede zu Thomsons Trauerspielen geäußerter Wirkungsabsicht übereinstimmt: „[…] nur diese Tränen des Mitleids, und der sich fühlenden Menschlichkeit, sind die Absicht des Trauerspiels, oder es kann gar keine haben" (1756; G IV, S. 144). Ob Lessing die Rührung, die Erregung des Mitleids bewußt als Mittel zur Selbstbesinnung des Zuschauers eingesetzt hat, läßt sich seinen Äußerungen nicht entnehmen. Auch wenn man ihm die Absicht zugesteht, mit dem Stück ganz im Sinne des Kantischen *sapere aude* das unmündige Individuum zu befreien, so läßt sich diese These nur aus dem Zusammenhang mit anderen Schriften sowie aus dem Einbezug der Entwicklung von Lessings Dramaturgie bis zur *Emilia Galotti* erschließen.

Bei *Miß Sara Sampson* lassen sich Lessings Intentionen nicht exakt feststellen. Lessings verstreute Äußerungen können hierzu nicht systematisiert werden; auch der Briefwechsel mit Mendelssohn und Nicolai, dessen systematischer Ansatz wechselt, bietet nur fragwürdige Hilfe. Reinhart Meyer schließt seine Untersuchungen über das Verhältnis des Dramas zu Lessings theoretischen Äußerungen mit der Feststellung, es dürfte deutlich sein, „daß die Heranziehung theoretischer Äußerungen sowohl aus der Zeit vor wie aus der nach der Fertigstellung der *Sara* sich methodisch nicht rechtfertigen läßt, wenn damit mehr als bloße Illustration der Interpretation erreicht werden soll. Ihre Verwendung kann bloß auf deduktivem Weg aus dem Interpretationszusammenhang des Dramas her stattfinden. Sie sind infolgedessen auch nicht in der Lage, dieser Interpretation Objektivationshilfe zu leisten" (Meyer, *Hamburgische Dramaturgie* und *Emilia Galotti*, S. 228). Man wird nicht fehlgehen, Lessings Verfahren, die Zuschauer durch die Darstellung ihrer eigenen Situation zu sensibilisieren, als Ausdruck einer moralisch-pädagogischen Absicht zu deuten. Der Adressat soll die theatralisch erzeugte Rührung in praktische „tugendhafte Fertigkeiten" umwandeln (II D 1.3.2. u. B 2.2.). Diese Erwägung erlaubt es, *Sara* näher als bisher üblich ins Vorfeld der kritischen und desillusionierenden *Emilia* zu rücken. Merkwürdig rasch ließ jedoch das Interesse des Publikums nach. Die übertriebene Hochachtung schlug in Geringschätzung um. Möglicherweise läßt sich eine inzwischen vollzogene stärkere Intellektualisierung des Publikums und infolgedessen ein nüchternerer Geschmack dafür verantwortlich machen (s. Eibl, *Miß Sara Sampson*, S. 163 f.).

Der Literatur- und Theaterkritik kam es bei der Analyse von Handlung, Personen und Örtlichkeit vor allem auf pedantische Erfüllung rationaler Wahrscheinlichkeitsregeln an. Das gilt vor allem für die kleinliche Rezension Johann Jakob Duschs (Braun I, S. 69 ff.; Eibl, *Miß Sara Sampson*, S. 217 ff.; Auszug bei Steinmetz, Lessing, S. 53 ff.), der über der mathematisch exakten Nachrechnung, wie die Räume im Wirtshaus wohl angeordnet seien, über der Feststellung blinder Motive und kaltsinnigen Handlungsfortgangs nur „kurzes Vergnügen über einen unerwarteten Einfall", keineswegs aber Erschütterung empfinden kann.

Auch die Kritik in der französischen Zeitschrift *Journal étranger* (Dezember 1761; Eibl, S. 245 ff.; s. Schmidt I, S. 310 ff.) rügt Verstöße gegen die Wahrscheinlichkeit, besonders bei der Motivation, und Verstöße gegen den dramaturgischen Aufbau, das „Gefüge von Intrige und Handlung". Mit Hilfe von Sentiment und Rührung sollte der Zuschauer im moralisch-pädagogischen Sinn erzogen und gebessert werden. Michaelis erkennt denn auch die philosophische Sittenlehre, die der Zuschauer auf dem Weg über „Schauder und Vergnügen" vermittelt bekommt: „daß der, so selbst Ursache hat Vergebung zu wünschen, vergeben soll."

Aber er macht sie nicht dingfest im sozial-historischen Rahmen (*Göttingische Anzeigen von gelehrten Sachen*, 1755; Braun I, S. 59 f., Eibl, S. 216). Da die Lehre den Raum des abstrakten Allgemein-Menschlichen nicht verläßt, bleibt sie unverbindlich. Hätte Lessing mit *Miß Sara Sampson* eine politisch-revolutionäre Absicht verfolgt, so wäre sie durch die Personenkonstellation und deren Zuordnung zu gesellschaftlichen Schichten nicht klar genug zum Ausdruck gekommen. Der Kreis um Sara lehnt sich lediglich an die bürgerliche Welt an, ohne mit ihr identisch zu sein; der Marwood-Kreis vertritt zum Teil die aus Saras Perspektive mit allen Zügen des Treulosen und Lasterhaften ausgestattete höfische Welt (zur Unvereinbarkeit beider s. II D 2.1.). Mellefont schwankt unentschieden zwischen beiden Sphären; kein Kritiker definiert seine gesellschaftliche Position. Er gilt nur als schwacher Charakter an sich, sein Konflikt als übergeschichtlich und typisch. Den Ausgleich zwischen den gegensätzlichen Sphären verhindert die auch von Sir William hochgezüchtete „Halsstarrigkeit der Tugend".

Marwood als (nicht ständisch gesehene) Vertreterin der morbiden Hof- und Adelswelt nennt sich „eine neue Medea", liefert also immerhin ein Identifikationsmodell, um die Vereinbarkeit ihrer höfischen Herkunft mit der barbarischen Mördergestalt dem Zuschauer als Formel gleichsam einzuprägen (s. auch Barner, Produktive Rezeption, S. 35 ff., S. 50). Doch bringt Lessing dieses Modell der heroischen Tradition in die gesellschaftliche Auseinandersetzung mit so wenig gezielter Zuordnung von Stand und Typ ein – Marwood tangiert lediglich die Hofwelt –, daß die Behandlung der real-politischen Ständeproblematik nicht als eigentliche Intention Lessings angesprochen werden kann.

In diesem Zusammenhang erhebt sich die Frage, ob der traditionsgebundene Medea-Typus nicht gerade eine Deutung Marwoods als Produkt der morbiden Hofgesellschaft und als reale Gestalt der Gegenwart verhindert. Statt sozialer Identifikation zwischen Rolle und ständisch fixierter, als lasterhaft und verbittert charakterisierter Lebedame, würde sich dann der gegenteilige Effekt einstellen – die Auflösung und Verflüchtigung des ständisch-sozialen Gehaltes in ahistorische Unverbindlichkeit.

Während Lessings Auseinandersetzung mit Diderot tauchte im Zusammenhang mit der Gestaltung der Komödienfiguren die Frage auf, was wichtiger sei: Stand oder Charakter.

Lessing entschied sich 1768 für den Charakter und gegen den Stand (*Hamburgische Dramaturgie*, 86. Stück; G IV, S. 627 ff.; insgesamt 86.–95. Stück). Die 1755 aufgeführte und publizierte *Miß Sara Sampson* vertrat also eine frühere Position. Hier waren die Charaktere noch zu wenig ständisch-gesellschaftlich fixiert, als daß Lessing an ihnen politisch-soziale Absichten hätte demonstrieren können. Dagegen ordnete Lessing siebzehn Jahre später die Gräfin Orsina, die Fortsetzerin des Marwood/Medea-Typus, deutlicher einem Stande zu (VII A. 2.2.2.; in der Vorrede des Übersetzers zur zweiten Ausgabe des *Theaters des Herrn Diderot* von 1781 bekennt sich Lessing zu Diderots Einfluß, G IV, S. 149; s. Barner, Produktive Rezeption, S. 73 ff.; Demetz, Die Folgenlosigkeit Lessings, S. 737 f.). Gegenüber der gleicherweise sentimentalen wie abstrakt konstruierten *Sara* unterscheidet sich *Emilia* nicht nur durch soziale Fixierung der Charaktere – was deren Realitätsgehalt entschieden zugute kommt –, sondern das Drama enthält auch in sozial-ständischer Hinsicht eine veränderte Figuren-Konstellation.

2.2. Reduzierte Wirkung? Die unpolitische Rezeption der ,Emilia Galotti'

2.2.1. Lessings antihöfische Position

Miß Sara Sampson ist noch kein programmatisches Stück bürgerlicher Aufklärung. Es vertritt eine andere Position als *Emilia Galotti,* auch wenn aus der Perspektive des späteren Betrachters Ansätze zur emanzipatorischen Tendenz erkennbar werden.

Die Feststellung Jean-Paul Sartres, die französische Literatur des 18. Jahrhunderts habe eine „befreiende Funktion", gilt in eingeschränktem Maße auch für die deutsche Literatur der Aufklärung.

„Indem der Autor nun *für sich* und *ebenso auch als Schriftsteller* die Freiheit des Denkens und die freie Meinungsäußerung beansprucht, dient er notwendigerweise den Interessen der bürgerlichen Klasse. [...] Der Appell, den der Schriftsteller an sein bürgerliches Publikum richtet, ist, ob er will oder nicht, Aufreizung zur Auflehnung; was er der herrschenden Klasse vorwirft, ist gleichzeitig eine Aufforderung zur Klarheit, zu kritischer Selbstprüfung, zur Aufgabe von Privilegien." (Jean-Paul Sartre, Was ist Literatur? Ein Essay, Reinbek 1967, S. 66 f.)

Für Sartre ist die – als Auflösung der feudalen Ideologie sich manifestierende – französische Aufklärung ein politischer Akt, der, ob bewußt oder unbewußt, auf Revolution vorbereitet.

An Zeugnissen zu Lessings antihöfischer Einstellung herrscht kein Mangel (s. Kiesel, ,Bei Hof, bei Höll', S. 221 ff.). In dem bekannten Brief von 1769 an Nicolai bezeichnet Lessing Preußen als „das sklavischste Land von Europa" und spricht vom „vornehmen Hofpöbel" (Brief vom 25. 8. 1769; R IX, S. 327); selbst in Wolfenbüttel versucht er, sich „von allem, was Hof heißt, so viel möglich zu entfernen" (Brief vom 27. 7. 1770 an seinen Vater; R IX, S. 366). Dort arbeitet er an einer „antityrannischen Tragödie" (*Spartacus;* Brief vom 16. 12. 1770 an Karl Wilhelm Ramler; R IX, S. 398). Seine Abneigung gilt auch dem städtischen Adel („weder der Hamburgische Adel noch die Hamburgischen Ratsverwandten sind jemals sehr nach meinem Geschmacke gewesen", Brief von Mitte Mai 1771 an Eva König; R IX, S. 426); in besonderem Maße jedoch dem Hof („Nicht wahr, Sie müssen lachen, wenn Sie mich und Cour machen zugleich denken? Ich gehe auch dazu, als ob ich dazu geprügelt würde", Brief vom 23. 5. 1771 an Eva König; R IX, S. 428; gemeint ist der Hof von Braunschweig).

Aus der antifeudalen Stimmung heraus entsteht *Emilia Galotti* (zur Entstehungsgeschichte s. Meyer, *Hamburgische Dramaturgie* und *Emilia Galotti,* S. 287ff.); sie hält auch nach Fertigstellung des Trauerspiels an (1. 3. 1772). An Eva König schreibt er am 8. 1. 1773: „Zum neuen Jahre bin ich in Braunschweig bei Hofe gewesen, und habe mit andern getan, was zwar nichts hilft, wenn man es tut, aber doch wohl schaden kann, wenn man es beständig unterläßt: ich habe Bücklinge gemacht, und das Maul bewegt" (R IX, S. 564).

Lessings briefliche Beschwerde über die Unzulässigkeit der Prinzen fügt sich in die kritische Einstellung gegenüber den Höfen: „Und das hat man nun davon,

wenn man sich mit Prinzen abgibt! Man kann niemals auf etwas gewisses mit
ihnen rechnen; und wenn sie einen einmal in ihren Klauen haben, so muß man
wohl aushalten, man mag wollen oder nicht" (Brief vom 2. 6. 1775 an Eva
König; R IX, S. 642f.; s. auch den Brief vom 1. 12. 1773 an Eva König; R IX,
S. 589f., wo Lessing sich ebenfalls über Prinzen beklagt). Auch in Wien distanziert er sich vom Hof: „Ich werde nur wenig Tage in Wien bleiben, und um
gewisse Fragen und Ausholungen zu vermeiden, zu niemanden von dem großen
Geschmeiße kommen, sondern mich lediglich auf die Bekannten meines Gleichen einschränken" (Brief vom 26. 12. 1775 an Eva König; R IX, S. 647; s. Brief
vom 25. 8. 1769 an Nicolai; R IX, S. 327); er reist sogar vorzeitig ab, nur um
nicht einer Einladung beim Fürsten Kaunitz Folge leisten zu müssen (Brief vom
23. 1. 1776 an Eva König; R IX, S. 648).

Mag man auch Meyers Auffassung, Lessing habe *Emilia Galotti* „nicht aus
einer Abneigung, aus Haß oder Ärger auf den Braunschweiger Hof verfaßt",
zustimmen, so ist doch die antihöfische Tendenz offenkundig. Die läßt sich nicht
mit dem Argument beseitigen, Lessing habe das Stück auf fürstlichen Wunsch
vollendet und es ausdrücklich für eine Aufführung anläßlich des Geburtstags der
Herzogin konzipiert (Meyer, S. 288).

Lessing konnte die lediglich affektive Wirkung der *Sara* nicht verborgen bleiben (s. Daunicht, S. 338ff.). In der Folge wandte er sich zunächst anderen Aufgaben zu, obwohl er Dramensujets mit durchaus ‚politischen' Aspekten weiterhin umkreiste (*Philotas* 1759, *Minna von Barnhelm* 1767), beschäftigte er sich
erst nach *Laokoon* (1766), *Hamburgischer Dramaturgie* (1767/70) und den
Antiquarischen Briefen (1768/69) dezidiert mit diesem Problemkreis. Zwar
stellt *Emilia Galotti* (1772) Mißstände des absolutistischen Systems bloß, doch
würden Lessings Intentionen überzogen, wollte man es als unmittelbaren Angriff
auf das gesamte System selbst auslegen.

Aus der oberflächig affektiven Wirkung der *Sara* hatte Lessing dramaturgische Konsequenzen gezogen: ein ständisch determinierter Konflikt durfte nicht
von Charakteren allein ausgetragen werden; sie brauchten vielmehr eine ständische Verankerung im sozialen Strukturgefüge. *Emilia Galotti* vollzieht den
Schritt aus dem Privat- in den Öffentlichkeitsbereich und verdeutlicht damit die
gesellschaftliche Dimension der moralischen Kategorien. Dabei mochte Lessing
das bürgerliche Prosa-Trauerspiel immerhin „als ein Instrument" dienen, „um
seiner Gesellschaftskritik dramatische Form und Bewegung zu verleihen, und als
Vorwand, unter dem er diese Kritik einem unpolitischen deutschen Publikum
zumuten durfte" (Herbert Schmidt-Kaspar 1960, in: Dvoretzky II, S. 516).
Deutlich zeigt sich, daß Lessing in *Emilia Galotti* das *Empfinden* nicht mehr als
den einzigen Zweck des Trauerspiels betrachtete. Wie der bürgerliche Zuschauer, der sich in seiner ständigen Gefährdetheit durch Adel und Fürsten auf
der Bühne erlebte, die Leidenschaften Mitleid und Furcht in „tugendhafte Fertigkeiten", d. h. in gesellschaftliches Handeln umsetzen sollte, bleibt unklar, da es
zwischen privatem und öffentlichem Bereich für den Bürger wenig Vermittlungs-
möglichkeiten gab (III A 2.3.3.). Freilich kennt die Aufklärung keine kategoriale

Trennung zwischen politischem und moralischem Sektor. Die Umsetzung der durch das Schauspiel erregten Affekte in moralische Fertigkeiten zielt daher von vornherein auf den gesellschaftlichen Bereich. Dennoch bleibt die Kluft zwischen einer solchen Intention und der tatsächlichen gesellschaftlichen Praxis weiter bestehen.

In differenziert antagonistischer Front standen sich in der öffentlichen Sphäre Bürgertum und Hof gegenüber (s. Meyer, S. 268 ff.). Vertreter des Hofes ist in erster Linie Marinelli; er verkörpert den Automatismus der Hofmechanik und bedarf keiner primären eigenen Motive, um die gegen Emilia, Odoardo und Appiani gerichtete Intrige in Gang zu setzen. Aus diesem Grund ist Marinelli bewußt als Figur ohne Tiefendimension konzipiert. Er ist eher Folge und Symptom eines gesellschaftlichen Systems als Initiator und selbständig Handelnder, und er berechtigt zur Kritik erst als vollkommener Ausdruck eines Vollzugsorgans. Weniger als er verkörpert der Prinz die determinierende Hofatmosphäre. Wenn auch launisch und willkürlich, besitzt er doch menschliche Züge, die ihn über den Technokraten der Intrige hinausheben. Ein Vergleich der männlichen Hauptfiguren zeigt, daß die charakterliche Schwäche Mellefonts beim Prinzen fast zur legitimierten Launenhaftigkeit gesteigert ist. Sie wirkt bei dem ständisch fixierten Typus ungleich gefährlicher, denn der Prinz verfügt über ein blind ergebenes Werkzeug. Was in *Sara* noch gegen den unentschlossenen Mellefont selbst ausschlug, schadet in *Emilia* dem launenhaften Prinzen nicht mehr – er vermag sich, Marinelli vorschiebend, abzusichern und abzudecken. Der Mechanismus scheint die juristische Verantwortlichkeit aufzuheben. Fünf Jahre nach der Französischen Revolution hat Herder diesen Sachverhalt mit wünschenswerter Deutlichkeit ausgesprochen (zu Herder s. S. 352f.; auch J.-D. Müller, *Emilia Galotti*, S. 69f.).

Odoardo Galotti repräsentiert das Bürgertum weniger seiner sozialen Position, als seiner moralischen Einstellung nach, in der ganzen Einseitigkeit einer starren Tugendmoral, aus deren unnachgiebiger Abstraktheit die Katastrophe sich im selben Maß wie aus ihrem Anlaß herleitet. Eine briefliche Äußerung Lessings gegenüber seinem Bruder Karl (vom 10. 2. 1772; R IX, S. 497f.) bestätigt diese Auffassung. Lessing schreibt: „Weil das Stück *Emilia* heißt, ist es darum mein Vorsatz gewesen, Emilien zu dem hervorstechendsten, oder auch nur zu einem hervorstechenden Charakter zu machen? Ganz und gar nicht." Emilia ist das Opfer eines ständisch verankerten, in den Mechanismen der feudalen Gesellschaft begründeten und von deren Organen ausgetragenen Konflikts. Mit dem bezeichnenden Satz, der die Schuldfrage zu stellen und zu beantworten vermeidet, endet der Brief: „Doch es sei auch mit dem allen, wie es wolle; wenn das Stück nur im Ganzen Wirkung hervorbringt."

Die Äußerung im 17. *Literaturbrief,* nachdenken, denken solle der Zuschauer im Trauerspiel, steht innerhalb Lessings Äußerungen zum Trauerspiel ziemlich isoliert da. Wenn Lessing also das Publikum tatsächlich zum Überdenken der im Drama dargestellten bzw. aufgeworfenen Probleme anregen wollte, so mußte er *dort* mit der dramaturgischen Realisierung einsetzen, wo die Rezensenten der

Sara am heftigsten Tadel geübt hatten: am Aufbau des Stücks und an der Sprache der Figuren. Während die Affekterregung in *Sara* die Erkenntnis der gesellschaftlichen Mißbräuche offenbar verhinderte, geht Lessing in *Minna von Barnhelm* und besonders in *Emilia Galotti* in der Entsentimentalisierung des Problems weiter. Gegen den Einwand, er habe nur Rührung und nur Empfinden bezweckt, richtet sich Lessings Erwiderung auf einen (nicht erhaltenen) Brief Wielands, in dem dieser *Emilia Galotti* außerordentlich gelobt zu haben scheint.

„Aber wenn *Emilia* nicht völlig die Wirkung eines ungewohnten betriegerischen Weines [...] gehabt hat, der unsere Geister eben so schnell wieder sinken läßt, als schnell er sie erhoben; wenn er itzt in einer kalten nüchternen Stunde [...] seinen Brief nicht bereuet: welche gefährliche Reizung für mich! Ist der vollkommenste Leser, den ich mir denken kann, damit zufrieden: wohl gut –" (Brief vom 2. 9. 1772; R IX, S. 543).

Der nicht zu Ende geführte Satz verlangt eine mit „aber" zu eröffnende Einschränkung: Lessing gab sich sogar mit dem „vollkommensten Leser", den er einige Zeilen weiter mit dem „gutherzigsten" gleichsetzt, nicht zufrieden, weil dieser sich affektiv vom Drama ,überwältigen' ließ. Er forderte den Leser der „kalten nüchternen Stunde", der aufgrund seiner Distanz zu eigener kritischer Reflexion fähig war.

Dennoch ist gegenüber einer planen politischen Interpretation von Lessings Absichten Vorsicht geboten. Die erst später einsetzende politische und gesellschaftskritische Rezeption präformierte unbewußt das gegenwärtige Verständnis. Die Zeitgenossen jedenfalls nahmen die politischen Dimensionen nicht im vollen Umfang wahr. Politisch verstanden wurde *Emilia* bezeichnenderweise erst durch die Stürmer und Dränger, deren Interpretation (Herder, Goethe) das Verständnis bis heute nachhaltig beeinflußt hat.

Ob die Zeitgenossen Lessings Intentionen verkannten, oder ob eine spätere ,politische' Deutung Lessings Intention zu Unrecht ,politisierte', läßt sich nicht eindeutig entscheiden. Freilich durfte Lessing mit der Kundgabe politischer Meinungen auch gar nicht zu deutlich werden. Nicht nur sein beschwichtigender Brief an den Herzog Carl von Braunschweig (Anfang März 1772; R IX, S. 503 f.), mehr noch eine Notiz von Leisewitz verraten, welch empfindliche Rücksicht Lessing auf die Höfe zu nehmen hatte, nur um nicht von vornherein anzuecken. In Gotha zum Beispiel, dem Sitz der ersten deutschsprachigen Hofbühne, wurde *Emilia* nicht gespielt. Als Grund nennt der Berliner Theaterdirektor Engel die ,üble Behandlung der Fürsten' in diesem Stück (Danzel/Guhrauer II, S. 59).

Gegen Rillas und Riecks marxistische Deutung, *Emilia* habe das Publikum „nicht nur aufrütteln wolen, sondern es auch getan", wendet Meyer mit Recht ein, kein Beleg zeige unzweideutig, "daß sich ein zeitgenössischer Klassengenosse der Galottis durch die *Emilia* zur politischen Aktivität habe aufrütteln lassen". Die Empörung der Zeitgenossen bleibe „sehr im Allgemeinen und sehr maßvoll: eine Empörung am Despotismus im Allgemeinen, die sich hütet, spezielle Fälle und Personen anzuführen" (Meyer, *Hamburgische Dramaturgie* und

Emilia Galotti, S. 246 f.; dagegen Raschdau, Die Aktualität der Vergangenheit, S. 105 ff., bes. S. 132 ff.).

Freilich ist das Schließen von der unpolitischen Wirkung auf die unpolitische Intention des Autors ebenfalls problematisch (s. das kritische Referat der marxistisch und der ‚idealistisch' orientierten Literatur, sowie der externen Belege für eine politische Deutung des Dramas bei Meyer, S. 243 ff.). Politik ist im 18. Jahrhundert gerade im theoretischen Verständnis mit Moralproblematik verbunden; die beiden Bereiche exakt voneinander zu lösen, würde modernes Verständnis in die Situation der Lessingzeit hineintragen (dazu Schulte-Sasse, *Emilia Galotti,* S. 22 ff.).

2.2.2. Die gestörte Illusionierung des Publikums

Die zeitgenössischen Aufführungsberichte erweisen, daß *Emilia* die Zuschauer weit weniger rührte als *Sara* (s. Raschdau, S. 38 ff.). Niemand brach in konvulsivisches Lachen aus oder vergoß Tränenströme. Lachen und Weinen hielten sich im Rahmen, so daß die Illusion den Zuschauer nicht überwältigte (s. J.-D. Müller, *Emilia Galotti,* S. 57; S. 52 ff.). Der Beifall war an den meisten Orten außerordentlich. Über die Aufnahme der Braunschweiger Inszenierung schreibt etwa Franz Horn: „Der Beifall war eben so groß als allgemein" (Daunicht, S. 601).

Die Uraufführung fand am 13. März 1772 in Braunschweig statt. Beim feudalen Publikum gab es „lange Gesichter"; ein Gerücht ging außerdem um, Lessing habe in Hettore Gonzaga den Erbprinzen, in der Orsina die Mätresse des Herzogs porträtieren wollen (Aufklärung: s. Gesamtbibl. 8, S. 495; J.-D. Müller, *Emilia Galotti,* S. 54). Wenn die Aufführung dennoch ein großer Erfolg wurde, der sich auch an anderen Bühnen wiederholte, so ist er wohl der gelungenen Mischung von Kalkül und Affekt zuzuschreiben. Heinrich Christian Boie charakterisiert in einem Brief an Karl Ludwig Knebel die Wirkung:

„Welch ein Stück! [...] Was darin vielleicht nicht nach unserm Geschmack ist, das ist nicht so, weil's der Verfasser nicht anders, nicht besser, so Gott will, machen konnte, nein, weil er's so machen wollte. Alles ist nach seinem System. [...] Minna erregte wenigen Widerspruch; Sara gar keinen" (Brief vom 1. 5. 1772; Dvoretzky I, S. 66).

Vielen Betrachtern fiel die Nachbarschaft Shakespeares auf (Charaktergestaltung), der Wechsel in der Erregung von Lachen (in allen Stufen: Bosheit, Hohn, Bitterkeit, Trübsinn, Raserei, Lustigkeit, Leichtsinn; Steinmetz, Lessing, S. 86) und von Weinen (ähnlich Steinmetz, Lessing, S. 105; vor allem Christian Heinrich Schmid, 1771, Braun II, S. 37). Lessings Freund Karl Wilhelm Ramler erkannte klar: „Unser Dichter gibt ihnen hier eine Emilia, die keinen Strom von Tränen, sondern gleichsam nur Keime von Tränen, und einen heilsamen Schauer von Schrecken erregt" (Braun I, S. 366; Steinmetz, Lessing, S. 86). Ramler und Eschenburg lobten die Gemischtheit der Charaktere und deren individuelle und natürliche Sprache (Steinmetz, Lessing, S. 79 ff. u. 86 f.). Eschenburg rühmte die „weise, unnachahmliche Ökonomie" und verteidigte das Stück prophylaktisch, indem er Kritik an „Plattheiten" oder „Spielen des Witzes" für ein Vorurteil erklärte. Das allgemeine Urteil fiel jedoch anders aus.

Das rein Gedachte im Handlungsaufbau, das Konstruierte und rational Kalkulierte betonten zahlreiche Kritiker (besonders Herder und Goethe) seit Erscheinen des Stücks bis zur berühmten Formel Friedrich Schlegels, *Emilia* sei „ein großes Exempel der dramatischen Algebra" (Steinmetz, Lessing, S. 182). Allgemein wurde eine gewisse Geziertheit, eine Abgehacktheit, etwas Manieriertes im Dialog festgestellt: so rede *man* nicht; der angeschlagene Ton sei gegen die Natur. Außerdem herrsche, wie in der Komödie *Minna* – wo es aufgrund der Gattung noch hingehen mochte – ein zum Teil unangemessener Wortgebrauch. Etwa wenn die Gräfin Orsina „Schnickschnack" sage, oder Appiani den Kammerherrn einen Affen schimpfe (J.-D. Müller, *Emilia Galotti*, S. 63). Anstoß erregten solche Wendungen vielleicht, weil sie herkömmliche Sprachusancen durchbrachen und gegen den Comment verstießen. Bezeichnend für diese Einstellung ist das Urteil Christian Felix Weisses in einem Brief an Johann Peter Uz:

„Es ist wahr, sein Dialog hat viel Glänzendes, aber auch viel Widernatürliches, Zugespitztes und so Zerschnittenes, daß kaum ein Akteur damit fortkömmt; [...] Wo es überhaupt auf innere Empfindungen und die Sprache des Herzens ankömmt, da fehlt es ihm immer und er hilft sich bloß mit seinem Scharfsinn und Witze durch [...]" (Brief vom 13. 10. 1772; Dvoretzky I, S. 24).

In dieselbe Richtung tendierten die Kritiken von Jakob Mauvillon, Anton von Klein und Johann Jakob Hottinger. Mauvillon fand den Dialog in der *Emilia,* im Gegensatz zu den Tiraden und Deklamationen der *Sara*, „zerstückelt" und „abgekrumt" (Steinmetz, Lessing, S. 99). Von Klein bemerkte in *Emilia* „durchaus mehr Sprache des Witzes als der Empfindung" und kritisierte: „zuzeiten geht es sogar ins Gezwungene und riecht gar sehr nach Affektation" (Steinmetz, Lessing, S. 119); Hottinger schließlich tadelte: „Überall finde ich mehr Witz als Gefühl, mehr Glanz als Wärme, mehr Kunst als lebendiges Interesse" (Steinmetz, Lessing, S. 153).

Den Gipfel der „Spitzfindigkeiten" erblickten einige Zuschauer und Kritiker in der Schlußszene, wo die Illusion durch zwei Wendungen auf empfindliche Weise durchbrochen wurde. Es sind die Wortspiele von Dolch und Haarnadel (V, 7) und von der im Sturm entblätterten Rose (V, 7 und Wiederaufnahme durch Odoardo in Szene 8). Das Publikum lachte an dieser Stelle (Braun I, S. 391; Dyk an Michaelis, Schmidt II, S. 628). Stolberg berichtete noch 1785 an Voß, „daß das Parterre brüllend lachte bei dem: Kind, es ist keine Haarnadel" (Schmidt II, S. 628; Raschdau, S. 309 Anm. 131). Johann Jakob Engel bemängelte die Stellen in seinen *Briefen über Emilia Galotti* (1775; Steinmetz, Lessing, S. 104); auch Ernst Theodor Johann Brückner hielt den Einfall im Verhältnis zu den in dieser Szene herrschenden Empfindungen für „viel zu künstlich" (1772; Dvoretzky I, S. 158 Anm. 1). Zu sehr habe er die „Miene des Witzes", um der Wahrheit entsprechen zu können (ähnlich Karl Lessing 1793; Steinmetz, Lessing, S. 165). Die Leipziger *Neuen Zeitungen von gelehrten Sachen* (1772) rüg-

ten, hier und da scheine Lessing der Natur Gewalt anzutun. „,Eine Rose ge-
pflückt, ehe etc.', unmöglich ist dieses Gleichnis an seinem rechten Ort; so stirbt
niemand" (Steinmetz, Lessing, S. 92). Von der Illusionstechnik der Sara als Erwartungshorizont ausgehend, urteilten die *Neuen kritischen Nachrichten* aus
Greifswald (1772):

> „Dem Vater Galotti hingegen scheint er [d. h. der Sprachton] öfter zu verunglücken.
> Nur ein Beispiel. Am Ende des Stücks, bei der höchsten Illusion, unter den schaudervoll-
> sten Erwartungen der Entwicklung, fodert Emilia von ihrem Vater den Dolch, und er
> antwortet: „Es ist keine Haarnadel". Der Rezensent wünschte den Akteur zu sehen, der
> diese Antwort so ausdrücken könnte, daß dadurch bei den Zuschauern der Lauf ihrer
> Empfindungen nicht unterbrochen würde; beim Lesen geschieht es gewiß; er hat das Stück
> selbst gelesen, hat es vorgelesen, hat es vorlesen hören, aber allemal hat diese Stelle die
> Illusion gehemmt und entweder Lachen bei einigen oder bei anderen eine Art von Unwillen
> verursacht" (Steinmetz, Lessing, S. 90).

Angesichts dieser Einwände erhebt sich die Frage, ob die vom Rezensenten
genannten ‚Fehler', die eine konsistente Illusion störten oder gar verhinderten,
aus Lessings Sicht nicht gerade Indizien der Gelungenheit waren? Sicherlich
beeinträchtigten das geistreiche Paradox von Dolch und Haarnadel, das Bild der
im Sturm entblätterten Rose und der Witz der Formulierung die rührselige Stimmung der sentimental erwarteten Schlußszene. Freilich sollten Wörter wie
‚Dolch' und ‚Sturm' kaum Assoziationen an Erhebung und Aufstand erwecken
(dazu auch Schröder, Lessing, S. 160, 204 ff.; zur Deutung von „natürlich" s.
Hamburgische Dramaturgie, 59. Stück; G IV, S. 505 f.; s. auch Meyer, *Hamburgische Dramaturgie* und *Emilia Galotti,* S. 257). Die Kaiserin Maria Theresia
jedenfalls empfand bei der Aufführung lediglich „schreckliche lange Weile"
(Dvoretzky, The Enigma, S. 25).

Das Schlußtableau von *Miß Sara Sampson* hielten manche Kritiker, auch im
Vergleich zu *Emilia Galotti,* für unübertroffen (Steinmetz, Lessing, S. 92), weil
hier die Empfindung und die Illusion ungestört herrschten. Selbst dem gegenüber
Lessing so überaus kritischen Jakob Mauvillon galt „die Szene der sterbenden
Sara" als ein „wahres Meisterstück" (Steinmetz, Lessing, S. 99). Wie die Berichte über die Wirkung der *Emilia* belegen, wurde tatsächlich die Illusion „gehemmt", Lachen, ja sogar „eine Art von Unwillen" kam auf. Diese Haltung
hätte die Grundlage für eine weiterführende Reflexion gebildet; das Unerwartete
hätte den Zuschauer zum Überdenken anregen können. Die Eindrücke der ersten Theateraufführungen erweisen das Gegenteil. Die Verwendung illusionssto-
render Momente galt vielen zeitgenössischen Beurteilern als das unbewußt Miß-
glückte. Ob Lessing die Publikumswirkung als verfehlt ansah, ist nicht belegt.
Eine weitere Frage war, wie die Kritik sich verhalten würde, wie sie, dem unmittelbaren Eindruck entzogen, die Intention des Autors deuten würde.

2.2.3. Vom Unverbindlichkeitsvorwurf zur ‚politischen‘ Deutung (Literatur- und Theaterkritik)

Die Rezensenten der *Emilia Galotti* befragten weder die gesellschaftlichen Positionen der agierenden Figuren noch die Grundlagen der realen Gesellschaftszustände. Sie achteten auf die ästhetischen Momente, auf den dramaturgischen Aufbau, auf Charaktergestaltung, Motivation, Dialogführung und Sprache. Keinesfalls erfaßten die namhaften Zeitgenossen sofort den sozialen Gehalt des Trauerspiels (so Mehring, Lessing-Legende, S. 306). Friedrich II von Preußen etwa bemerkte den hofkritischen Impetus nicht. Er achtete lediglich auf die Darstellung der allgemein-menschlichen Typen und übersah die Verknüpfung der Charaktere mit dem Ständesystem. Infolgedessen war *Emilia* für ihn „ein Stück, in welchem der Prinz ein Dummkopf sei, der Kammerherr ein Meuchelmörder, die Gräfin eine Furie, die Mutter eine Schwätzerin, die Tochter beschränkt, und der Vater extravagant" (Dvoretzky, The Enigma, S. 25).

Eine auf Herders politische Interpretation vorausweisende Haltung nimmt wohl Friedrich Nicolai, Lessings Freund und Mitarbeiter, ein. In einem an Lessing gerichteten Brief wendet er sich explizit gegen ein planes, lediglich am Dargestellten orientiertes Verständnis der Charaktere und ihrer Handlungsweisen, kritisiert allerdings den Mangel an Deutlichkeit, die bloß andeutende Darstellung von Emilias Verführbarkeit.

„Viele haben es nicht begreifen können, und halten es für unnatürlich, daß der Vater seine geliebte Tochter bloß aus *Besorgnis der Verführung erstechen* könne. Diese aber sehen die große Wahrheit nicht ein, die Emilia sagt, daß Gewalt nicht Gewalt, sondern daß Verführung, liebreizende Verführung, Gewalt ist. Mein Freund, der Prediger Eberhard, sagt: die Emilia ist ein Rock auf den Zuwachs gemacht, in den das Publikum noch hinein wachsen muß. Dies gilt unter andern auch von der letzten Szene. Sollte ich aber etwas hierbei wünschen, so wäre es, daß Sie von der Verführung etwas auf dem Theater hätten vorgehen lassen, daß Sie den Prinzen hätten in einer Szene pressant sein lassen, und daß Emilia zwar nicht gewankt hätte, aber doch in einige Verlegenheit geraten wäre. Alsdann würde das Publikum die Bitte der Emilia um einen Dolch gerechter gefunden haben, als jetzt, da es die gefährlichen Grimaldis nicht vor Augen sieht, und den Prinzen noch lange nicht dringend genug findet.

Viele finden die poetische Gerechtigkeit nicht genug darin beobachtet, daß Marinelli nicht bestraft wird. Hierauf antworte ich: Es ist genug, wenn jedermann den Marinelli verabscheuet. Und ich leihe Ihnen noch einen Grund: Ich sage, dies ist die lebhafteste Schilderung des Charakters schlechter Prinzen, und zugleich eine treffende Satire auf dieselben. Wenn sie sich von ihren Günstlingen, die ihren Wollüsten frönen, Schritt für Schritt verführen lassen, die größten Gewalttätigkeiten und Schandtaten durch Zulassung zu begehen: so bestrafen sie den Günstling mit einer Verweisung auf seine Güter, und nehmen einen andern." (Brief vom 7. 4. 1772; J.-D. Müller, *Emilia Galotti*, S. 60 f.).

Trotz der Anklänge an ein ‚politisches‘ Verständnis des Stückes geht Nicolai noch nicht so weit, die ‚Gewalt der Verführung‘ mit der spezifischen Hofatmosphäre zu verknüpfen. Eine Ahnung des sozialen Konflikts manifestiert sich in den Rezensionen allenfalls auf indirekte Weise; nicht in Urteilen, sondern in

Beschreibungen von Handlungen und Charakteren, deren abwägendes Gewicht (z. B. Schwäche des Prinzen, Höflingscharakter der Kreatur Marinelli) die wahre Meinung des Verfassers verrät (z. B. Johann Jakob Engel; Braun II, S. 45 ff.).

Da eine Resonanz auf den sozialen und politischen Gehalt nicht nur in öffentlichen Rezensionen, sondern auch in Privatäußerungen weitgehend fehlt, kann nicht ausschließlich die Zensur für dieses Phänomen verantwortlich gemacht werden. Eher ein Erwartungshorizont des Publikums, der sich, thematisch und formal an anderen Vorbildern orientiert, auf diese neue Dimension sozialer Kritik noch nicht eingestellt hatte. So verspätete sich die politische Resonanz bis zu dem Zeitpunkt, als die historische Realität die literarisch vorweggenommene Thematik einholte. Nach der Französischen Revolution ist der Umschwung in den Äußerungen über *Emilia* klar erkennbar. Das realpolitische Moment drängte die bisherigen Kriterien an den Rand, und sie galten höchstens noch als dessen Funktion.

Für das Fehlen einer unmittelbaren ‚politischen‘ Resonanz gibt es auch textimmanente Gründe. Hier sind vor allem drei Punkte zu nennen.

1. Die Versetzung des Stückes in die italienische Hofwelt verminderte das Interesse des Publikums: Das Stück werde weder der römischen Überlieferung noch der deutschen Gegenwart gerecht. Moses Wessely hat in seinen *Briefen über Emilia Galotti* betont, daß die „dargestellte warnende Lehre", die negative Moral, nur „durch Menschen unsrer Zeit" gegeben werden könne, da die Nebenumstände, die in historischer Zeit die Wirkung erst ermöglicht hätten, der Gegenwart nicht mehr bekannt seien. Konsequent schließt er aus der Tatsache, daß die Darstellung historischer Menschen beim heutigen Publikum eher Distanz hervorrufe („der jetzige Zuschauer sagt, solche Menschen sind wir Gott lob nicht"), Lessing habe *Emilia Galotti* nicht als Dramatisierung des Livius-Stoffes, sondern als „Stück für unsre Zeit" konzipiert: „die Menschenhetze, die es vorstellt […] ist aus lauter Menschen unsrer Zeit zusammen gesetzt." (Braun I, S. 407 ff.). Hiergegen erhebt Anton von Klein dezidierten Widerspruch. Die Ummodelung der Römer in „Menschen unserer Zeiten" hätte „jenen erhabenen Gegenständen" ihre Kraft, der Handlung selbst ihre ganze Größe, und was „noch schlimmer" sei, „alles von ihrer Wahrscheinlichkeit" genommen (Steinmetz, Lessing, S. 114 ff.).

2. Aus eben dieser Versetzung der römischen Fabel in die italienische Hofwelt ergebe sich ein Widerspruch im Charakter Emilias: am Schluß erscheine sie nämlich „mit dem Geiste einer Römerin". Die fromme, christlich tugendhafte Italienerin werde plötzlich zur „stoischen Heldin", die ihren Vater zum Tochtermord reize, ihn damit auf eine Ebene mit dem Verlust der Unschuld stellend (Anton von Klein; Braun II, S. 273 ff.). Diese Inkonsequenz ist jedoch nur eine Folge der bedeutsamsten Änderung, die Lessing gegenüber seiner Quelle vorgenommen hat.

3. Allgemein wird die Motivation des geänderten Schlusses getadelt. Über seine Beschäftigung mit der Virginia-Fabel schreibt Lessing an Friedrich Nicolai: „Er hat nämlich die Geschichte der römischen Virginia von allem dem abgesondert, was

sie für den ganzen Staat interessant machte; er hat geglaubt, daß das Schicksal einer Tochter, die von ihrem Vater umgebracht wird, dem ihre Tugend werter ist, als ihr Leben, für sich schon tragisch genug, und fähig genug sei, die ganze Seele zu erschüttern, wenn auch gleich kein Umsturz der ganzen Staatsverfassung darauf folgte" (Brief vom 21. 1. 1758; R IX, S. 157).

Die in der zeitlichen Nachbarschaft zu *Sara* stehende Äußerung privatisiert die Fabel. Vierzehn Jahre später verstärkt Lessing die politische Komponente. Freilich bedeutete es in der endgültigen Konzeption eine Ungereimtheit, den Konflikt in den Öffentlichkeitsbereich zu verlagern und zugleich die von der römischen Vorlage vorgezeichnete Konsequenz abzukappen. Auf diese Weise wurde nicht nur die gesellschaftskritische Absicht verschleiert, sondern auch für die Motivation des Dramas ergaben sich Unstimmigkeiten. An diese hielten sich bezeichnenderweise die Rezensenten; jene blieben undiskutiert.

Bei Livius droht der Virginia nicht nur die Entehrung, sondern der gerade für den Römer so empörende Verlust der Freiheit: Appius Claudius beansprucht sie als Sklavin (s. Johann Jakob Engel: 4. Brief über *Emilia Galotti*; J.-D. Müller, S. 65 f.) und erhält sie vom Gericht zugesprochen. Da Appius von bewaffnetem Gefolge umgeben war, konnte Virginius den Dolch gar nicht gegen ihn richten. Um seine Tochter vor Ehrverlust und Sklaverei zu bewahren, *mußte* er sie töten: „Mit diesem letzten Mittel, was ich noch habe, meine Tochter, rette ich deine Freiheit!" (Livius III, 44–48). Dem verzweifelten Akt der Selbsthilfe schließt sich ein Aufstand von Heer und Volk an, der mit der Einkerkerung des Appius endet. Die Hoffnung auf eine Revolte hat Virginius zur Tötung seiner Tochter veranlaßt: sie wurde der Wiederherstellung von Freiheit und Recht zum Opfer gebracht.

Von diesen drei zwingenden Motivationen findet sich bei Lessing keine Spur. Hat für Lessing unausgesprochen die lutherische Tradition einer gottgewollten Obrigkeit den Gedanken an einen Fürstenmord von vornherein ausgeschlossen? Odoardo liefert sich am Schluß der „Tragödie" dem Prinzen als seinem Richter aus und verweist auf Gott als die letzte Instanz: „Und dann dort – erwarte ich Sie vor dem Richter unser aller!" (V, 8).

Konsequenz des von Lessing neu gestalteten Schlusses ist die *Unwahrscheinlichkeit der Motivation* von Odoardos Mord, und eine seit Veröffentlichung bis heute gerügte fragwürdige Moral, die hinter diesem scheinbar tugendhaften Handeln sich verbirgt. Die in der römischen Vorlage einsichtige Tötung sei unrealistisch, ja widernatürlich und unsittlich im Sinne einer allgemeinen Moral (mit dem Leben und nicht der Sitte als oberster Instanz) und ungereimt obendrein.

Von den zwingenden Motiven der römischen Fabel blieb nur das Allgemeine übrig, die sozialen Antagonismen, die den Tod des Schwächeren erzwingen. Odoardo tötet Emilia „bloß aus Besorgnis der Verführung" (nach Friedrich Nicolai; s. J.-D. Müller, *Emilia Galotti*, S. 60 f.) oder, mit Ludwig Börnes boshaften Worten lediglich, „um ihre anatomische Unschuld zu retten" (Müller, S. 75 f.). Gegen Odoardos Handlung empöre sich die Natur – eine große Handlung setze Vernunft voraus. Sein Ausruf „Gott, was hab' ich getan!" zeige, „daß wir die Tat nicht einem großen Gedanken eines großen Mannes zuschreiben sollen". Weder Wahnsinn noch Irrtum, weder Grundsätze noch Zorn, noch Rache, noch Wut begründeten hier den Mord. Auch Furcht oder Verzweiflung wegen der „unvermeidlichen Schande" seiner Tochter könnten nicht ins Feld geführt werden. Denn dazu müßte Odoardo in der Lage des Virginius sein. In dieser sei er jedoch „bei weitem" nicht: „Die Haupthandlung dieses Trauerspieles ist also vollkommene Ungereimtheit" (Anton von Klein, 1781; Steinmetz, Lessing, hier S. 116f.). Ähnlich lauten die Einwände in den Kritiken von Friedrich Wilhelm von Ramdohr (1799; Dvoretzky I, S. 156f.) und Julius Graf von Soden (1803; Dvoretzky I, S. 174ff.): die moderne Fassung der Fabel habe aufgrund ihrer unzulänglichen Motivation aufgehört, tragisch zu sein.

Sehr viel später (1861) hat Berthold Auerbach den veränderten Schluß zu erklären versucht. Odoardo stehe dem Fürsten nicht mit dem Mandat des Volkes wie Virginius gegenüber. Sein Gewissen verbiete ihm, den zukünftigen Verführer (auf Mutmaßung hin) zu töten. Den Prinzen als „ruchlosen Fürsten" zu töten, habe er kein Recht. Was bleibe ihm anderes übrig als „vervielfältigter Selbstmord"? Allerdings rechtfertige kein großer Zweck die „unsittliche Handlung aus sittlichen Motiven". Obgleich Auerbachs Beurteilungsmaßstab sich am Modell der klassizistischen Tragödie orientiert, enthalten die Schlußfolgerungen einen wahren Kern: „Lauter ungelöste Fragen! Das Stück ist ein Produkt der Verstimmung und hinterläßt eine Verstimmung. Es ist ein Pathos der Verzweiflung in dem Stücke, wie sonst bei Lessing nie" (Steinmetz, Lessing, S. 367ff.). Es wäre Lessing sicher ein leichtes gewesen, die römische Virginia im *Sara*-Stil zu dramatisieren, doch wäre damit für die kritischen Zwecke nichts gewonnen gewesen. Das Publikum sollte fragen, warum dieser Schluß so verquält sei; warum der Autor nicht ‚einfach' die römische Fabel mit unverändertem Schluß – aber als historisch vergangenes Ereignis – dramatisiert habe. Mit der „Verstimmung der Realität" wirkte Lessing auf das Bewußtsein der Zuschauer und Leser ein. Wie Herder erkannte, konnte nur Verstimmung, nicht Illusionierung ein solches Bewußtsein fördern. Der eigentlich politische Gehalt des Dramas – „Aufklärung und Anklage zugleich" – steckt daher in dem durch den Vergleich mit der römischen Vorlage provozierten Hinweis auf die Folgenlosigkeit (Müller, Erbe der Komödie, S. 58).

Wie anders Lessings Intention von vielen Zeitgenossen gedeutet wurde, beweist die Suche nach einem heimlichen Motiv, das Ersatz für die verborgene Tötungsmotivation bieten könnte. Die Liebe zu Appiani könne so groß also nicht gewesen sein (Engel; Steinmetz, Lessing, S. 103). Emilias Gedanke an die Möglichkeit ihrer Verführung im Angesicht ihres toten Bräutigams leuchtet etwa dem frommen Matthias Claudius nicht ein (Steinmetz, Lessing, S. 89). Man fand das ‚eigentliche' Motiv in Emilias heimlicher Liebe zum Prinzen (s. auch A. Müllner 1818, Dvoretzky I, S. 207f.; Johann Jakob Engel 1775, Braun II, S. 60: „Ihr Herz hat heimlich der Prinz." Ihre Tugend und ihre Frömmigkeit verhinderten diese „strafbare Neigung": „Eben hieraus nun erklärt sich die

Furcht vor Verführung, die Emilia in der letzten Szene mit ihrem Vater äußert";
Raschdau, S. 87, negiert dagegen das Motiv der Liebe und betont Emilias Furcht
vor „sexueller Verführbarkeit").

Goethe wird zum Kronzeugen dieser Interpretation, die er mit entschiedener
Gewißheit behauptet:

> „Das *proton pseudos* in diesem Stück sei, daß es nirgends ausgesprochen ist, daß das
> Mädchen den Prinzen liebe, sondern nur subintelligiert wird. Wenn jenes wäre, so wüßte
> man, warum der Vater das Mädchen umbringt. Die Liebe ist zwar angedeutet, erstlich in
> der Art, wie sie den Prinzen anhört, wie sie nachher ins Zimmer stürzt: denn wenn sie ihn
> nicht liebte, so hätte sie ihn ablaufen lassen; zuletzt sogar ausgesprochen, aber unge-
> schickt, in ihrer Furcht vor des Kanzlers Hause: denn entweder sei sie eine *Gans,* sich
> davor zu fürchten, oder ein *Luderchen.* So aber, wenn sie ihn liebe, müsse sie sogar zuletzt
> lieber fordern zu sterben, um jenes Haus zu vermeiden" (Steinmetz, Lessing, S. 230 f.;
> Riemer, Mitteilungen über Goethe, 1812; s. auch Goethes Brief an Herder von Mitte Juli
> 1772, Dvoretzky I, S. 160).

Diese Interpretation, die im Privatbereich – im Allgemein-Menschlichen – ein
erklärendes Motiv findet, biegt unleugbar die politisch-soziale Motivation ab.
Zu fragen bleibt indes, ob Lessing die angebliche ‚Liebe' nicht auf weniger
verschlüsselte Art zum Ausdruck hätte bringen können. So ist es legitim, den
sozialen Charakter der prinzlichen Verführung zu akzentuieren, die „heimliche
Gewalt" (V, 7), die Emilia selbst in ihr erkennt und der sie zu erliegen fürchtet.
Ihre Niederlage gegenüber der inneren Gewalt der Verführung wäre nichts anderes als ein Sieg der äußeren Gewalt, der „betäubenden Hofluft" (Herder, ähnlich
Nicolai). Dieser Sachverhalt erklärt die unbefriedigende Verstimmtheit des
Schlusses angesichts einer Realität, der mit einer „schalen Tragödie" (V, 8) nicht
beizukommen wäre; erklärt auch die Kapitulation des Individuums vor den
Mechanismen höfischer Gesellschaft, deren Vertreter die Verantwortung unge-
straft von sich schieben können.

So erscheint es als gerechtfertigt, innerhalb der angewandten Verschlüsse-
lungs- und Verschleierungstechniken nach einem Signal, einem Hinweis auf die
eigentlichen ‚kritischen' Intentionen Lessings zu suchen. Die Gestalt der Gräfin
Orsina ließe sich immerhin in dieser Richtung interpretieren. Für Lessings Erkenntnis spricht es, daß Orsina, die sowohl Typus heroischer Tradition (Medea-
Marwood) als auch Adelige und Angehörige des Hofs ist, die Anklage gegen das
Laster des Hofs erhebt, nicht etwa Odoardo, der offenkundige Gegner des Hoflebens. Obwohl Orsina ein privates Motiv hat, richtet sich ihr Angriff gegen den
Hof als Institution eines politischen Systems. Odoardo dagegen scheint nichts
übrig zu bleiben als der Aufstand der Verzweiflung – gegen sich selbst. Es wirkt
vielleicht wie ein Paradox, daß die Vertreterin des höfischen Standes sich nicht
gegen das Bürgertum und ihre Rivalin Emilia – dieses Modell lag noch in *Miß
Sara Sampson* vor – sondern gegen den eigenen Stand wendet, indem sie sogar
Odoardo gegen den Hof aufhetzt (IV, 7): „Doch was kann Ihre Tochter dafür? –
Bald wird auch sie verlassen sein". Orsina durchschaut die Mechanismen der
Hofwelt; anstatt ihre Privatintrige gegen Emilia zu spinnen, nimmt sie deren

Partei, eben weil sie die eigentliche Schuld im System und nicht in dessen Opfer erkennt und bekämpft. Dies hat Herder deutlich gesehen: „Wenn *sie* nicht den Mund öffnet, wer soll ihn öffnen? Und sie darfs, die gewesene Gebieterin eines Prinzen, die in seiner Sphäre an Willkür gewöhnt ist. [...] ein Meisterwerk der Erfindung" (J.-D. Müller, *Emilia Galotti*, S. 70).

Die frühesten Theaterkritiken und Rezensionen nahmen an Lessings politisch-sozialen Absichten keinen Anstoß. Was will es schon besagen, daß Anton von Klein 1781 feststellt, *Emilia* sei „eine beißende Satire auf die Großen", wenn er diese Aussage bereits im Nachsatz zur politischen Wirkungslosigkeit relativiert: „die sich der Wollust ergeben und sich von boshaften, niederträchtigen Menschen beherrschen lassen", und wenn er außerdem das ganz Bürgerliche Trauerspiel gegenüber dem heroischen geradezu verdammt, mit dem immanent theatralischen Argument, nur das heroische Trauerspiel könne große Personen, große Handlungen und erhabene Gesinnungen zum Gegenstand haben.

„Erhabene Gesinnungen großer Männer hören wir tausendmal gern. Wir dünken uns selbst groß, wenn wir die Erhabenheit fühlen, und wir sind es wirklich, wenn wir sie so fühlen wie sie. Das bürgerliche Trauerspiel ist tausend großer Züge nicht einmal fähig" (Steinmetz, Lessing, S. 115 u. 119).

Im politischen Sinn hat eigentlich nur Johann Gottfried Herder das Stück aufgefaßt, und zwar bezeichnenderweise auch erst in den nach der Französischen Revolution entstandenen Deutungen. Zum Zeitpunkt der Erstpublikation kreidet er die ‚quälende Verstimmtheit' dem Stück eher an. Gegenüber der Frau Gottlieb Heynes äußert er:

„Was meinen Sie zu Lessings *Emilie?* Hat das vortreffliche Stück nicht immer für jede edle Empfindung einen tiefen Flecken an der letzten Tugendmutlosigkeit der Märterin? Unter *den* Umständen, neben dem Schuß, und unter dem Dolch noch so ganz und gegen einen so groben Dämon unsicher zu sein! – Er mags bei den – Damen leicht, aber, mich dünkt doch, bei jedem Herzen männlichen und weiblichen Geschlechts, das noch an Tugend glaubt, schwerer verantworten. Sonst ist das Stück von der Seite des Durchdachten, dünkt mich, ohne seines Gleichen." (Herders Brief vom 24. April 1772, in: Von und an Herder. Ungedruckte Briefe aus Herders Nachlaß. Hrsg. von Heinrich Düntzer und Ferdinand Gottfried von Herder. Bd. 2, Leipzig 1861, S. 130).

Im kurz zuvor geschriebenen Brief an Heyne selbst klingt jedoch Verständnis für die Kühnheit des Politikums *Emilia Galotti* an:

„Lessings *Emilie* wird Ihnen ohne Zweifel auch längst zu Händen sein. Das Stück ist in *Braunschweig* eine von den Lessingschen Kühnheiten! sonst voll Charaktere, sehr ausgedachter, tiefer, zum Theil theatralisch ganz neuer Situationen, und überhaupt so *zeitmäßig*, als wir durchaus im Deutschen noch kein Trauerspiel haben, insonderheit die Rolle der großen Herren." (Brief vom 3. 4. 1772; ebda, S. 127).

Die berühmte Deutung Emilias, in der Herder das sozial-psychische Faktum der vom Hof ausgehenden Verführungskraft betonte, wurde in den *Briefen zur Beförderung der Humanität* vom Jahre 1793 publiziert. Hier hält Herder die

Interpretation der Emilia mit Hilfe der von Diderot verfochtenen Prinzipien für angemessen.

„Natürlich können Stände ohne bestimmte Charaktere auf dem Theater keine Wirkung tun; aber bilden sich die Charaktere der Menschen nicht in und nach Ständen? und welcher Stand hätte auf den Charakter mehr Einfluß, als der Stand eines Prinzen? [...] Er zeigt den Charakter des Prinzen in seinem Stande, den Stand in seinem Charakter, beide von mehreren Seiten, in mehreren Situationen. [...] er unterläßt auch keine Gelegenheit, in jeder dieser Situationen eigentlich nach dem Ringe zu rennen, und wenn mir der Ausdruck erlaubt ist, das *Prinzliche* dabei zu charakterisieren" (Herder, Werke. Hrsg. v. Suphan, Bd. 17, S. 183).

Reinhart Meyers Versuch einer unpolitischen Deutung des Schauspiels unterstellt, daß Herder trotz seiner Zuordnung *Emilias* zum Diderotschen Ständetheater beim Prinzen eine bezeichnende Ausnahme mache.

„Niemand wird unverschämt gnug sein, deshalb das Stück eine Satire auf die Prinzen zu nennen: denn nur *dieser* Prinz, ein Italiänischer, junger, eben zu vermählender Prinz ists, der sich diese Späße gibt und bei Marinelli andre zuläßt. Auch ist sein Stand, seine Würde, selbst sein persönlicher Charakter in allem zart gehalten, und mit wahrer Freundlichkeit geschonet" (Herder, S. 183).

Nach Meyer ist Herders Verständnis „denkbar ungeeignet, um die Wirkung der *Emilia* als eine ‚realistische Offenbarung' (Rilla) für ein zur Revolte bereites Bürgertum zu belegen" (Meyer, *Hamburgische Dramaturgie* und *Emilia Galotti*, S. 245 f.). Die Isolierung des Zitats verkehrt jedoch Herders Intention in ihr Gegenteil. Herder fährt nämlich fort:

„Am Ende des Stücks aber, wenn der Prinz sein verächtliches Werkzeug selbst verachtend von sich weiset [...] und die unschuldige Braut dabei im Blut liegt, der Vater, ihr Mörder, sich eben von diesen Fürsten, als vor seinen Richter stellt, Marinelli, der Unterhändler dieses Gewerbes, sich noch bedenkt, den Dolch aufzuheben; wer ist, dem, wenn in solcher Situation der Vorhang sinkt, nicht noch andre Gedanken, außer dem, den der Prinz sagt, in die Seele strömen? Notwendig fragt man sich, wie wird das Gericht über den alten Odoardo ablaufen? wie lange wird Marinelli entfernt sein? d. i. wie bald wird er, wenn sein Dienst abermals brauchbar ist, wiederkehren?" (Herder, S. 183 f.).

Die Formulierung Herders besagt, Lessing habe den Stand, die Würde, den persönlichen Charakter des Prinzen „zart gehalten und mit wahrer Freundlichkeit geschonet", um die Verflechtung, die Abhängigkeit des Charakters von seinem Stand, seiner ihn prägenden Umwelt aufzuzeigen („welcher Stand hätte auf den Charakter mehr Einfluß, als der Stand eines Prinzen?"). Zweifellos ist das Stück keine „Satire auf die Prinzen"; es will vielmehr die Bedrohlichkeit des Systems zeigen. Auf die ‚schichtenspezifische Interessenverwurzelung' der Fürsten wies 1794 auch Georg Forster hin: „Geburt, Erziehung, Verhältnisse, alles scheint sich gegen die Menschlichkeit der Fürsten zu verschwören" (Georg Forster, Philosophische Schriften. Hrsg. v. Gerhard Steiner, Berlin 1958, S. 215).

Herder unterscheidet zwischen dargestellter Handlung und angestrebter Wirkung. Der Zuschauer soll über das tatsächlich Gesagte und Gezeigte hinausden-

ken: durch den Widerspruch zwischen Handeln und Reden sollen „andre Gedanken [...] in die Seele strömen". Mit derselben Tendenz charakterisiert Herder die Wirkung des Prinzen auf Emilia:

„Wer kennt die Übermacht dieses Standes beim schönen Geschlechte nicht? und wer
darf es der Emilie in *diesen* Augenblicken einer solchen Situation verargen, wenn sie den
Dolch ihres Vaters einer künftigen Gefahr vorziehet?

Das flatternde Vögelchen [...] fürchtet nicht etwa nur den anziehenden Hauch der
nahen großen glänzenden Schlange; es fühlet denselben schon, sieht ihren auf sie gerichteten Blick – oder ohne Gleichnis, sie glaubt sich schon umschlungen von tausend feinen
Netzen liebenswürdiger Eigenschaften, weiß, wie der Prinz ihre Empfindungen der Religion selbst vorm Altar störte, und wagt wie eine Heilige den Sprung in die Flut" (Herder,
S. 185 f.; J.-D. Müller, *Emilia Galotti,* S. 69 f.).

Die geheime Gewalt der Verführung bezeichnet Herder noch unzweideutiger:

„Ihr Tod ist lehrreich-schrecklich, ohne aber daß dadurch die Handlung des Vaters zum
absoluten Muster der Besonnenheit werde. Nichts weniger! Der Alte hat eben so wohl, als
das erschrockene Mädchen in der betäubenden Hofluft den Kopf verloren; und eben diese
Verwirrung, die Gefahr solcher Charaktere in solcher Nähe wollte der Dichter schildern"
(Herder, S. 186; J.-D. Müller, *Emilia Galotti,* S. 70).

Das ständische Herrschaftssystem bedingt die „Tugendmutlosigkeit" Emilias
und erzeugt eine Atmosphäre der Beklemmung und des Ausgeliefertseins. Für
meisterlich gestaltet hält Herder insbesondere

„das Übereilen des Plans, das Hineintappen des Prinzen, und vor allem, seine unbescholtene Rechtfertigung, alles veranlaßt, gebilligt, und am Ende doch, nachdem der Plan
verunglückt, nichts befohlen, nichts getan zu haben. In wenigen Tagen, fürchte ich, hat er
sich selbst ganz rein gefunden, und in der Beichte ward er gewiß absolvieret. Bei der
Vermählung mit der Fürstin von Massa war Marinelli zugegen, vertrat als Kammerherr
vielleicht gar des Prinzen Stelle, sie abzuholen. Appiani dagegen ist tot; Odoardo hat sich
in seiner Emilie siebenfach das Herz durchbohrt, so daß es keines Bluturteiles weiter
bedarf. Schrecklich!" (Herder, S. 186; J.-D. Müller, *Emilia Galotti,* S.. 70).

Für den Charakter und das Handeln der Personen macht Herder ausschließlich die soziale Position verantwortlich. Das Stück entwickle „eine Prinzenfabel"
mit Hilfe „treffender Charaktere", und zwar betontermaßen „unter der Leitung
eines Marinelli" (*Adrastea,* 4. Stück 1801; J.-D. Müller, *Emilia Galotti,* S. 70 f.).
Das Trauerspiel richte sich gegen das Hofmilieu und seine Organe. Dvoretzky
charakterisiert Herders Deutung zutreffend:

„The most notable feature of Herder's criticism is that it is based on a more or less
political point of view and is a vindication of the action based on an understanding of the
potential dangers faced by those who come in contact with an irresponsible political figure
wielding a mighty hand. One need only consider the stupifying atmosphere at Hettore
Gonzaga's court to understand and thus condone the victim's action" (Dvoretzky, The
Enigma, S. 46 f.).

Auch Goethe betonte 1812 den politischen Aspekt. Lessing habe in *Emilia
Galotti* bei der Radikalisierung der Ständekritik „den entschiedensten Schritt"

getan; „schneidend und bitter" seien hier „die Leidenschaften und ränkevollen Verhältnisse der höheren Regionen" geschildert (Goethe, *Dichtung und Wahrheit,* 13. Buch, Hamb. Ausg., Bd. 9, S. 169f.; s. auch Goethes Gespräch mit Eckermann vom 7. 2. 1827 sowie den frühen Brief an Herder von Mitte Juli 1772, J.-D. Müller, *Emilia Galotti,* S. 71f.). Die Tatsache, daß die politisch schärfste Analyse von Herder stammt, nimmt angesichts der fortwährenden Auseinandersetzungen Herders mit dem Weimarer Hof, an dem er seit 1776 lebte, nicht wunder. Die Erkenntnis des sozialkritischen Gehalts war also reichlich verspätet gewonnen.

2.3. Die Inszenierungen von Fritz Kortner und Ludwig Cremer (1970)

Aus dem Rückblick hat es fast den Anschein, als habe das Drama den im 19. Jahrhundert sich vollendenden historischen Prozeß politischer Abdankung des Bürgertums vorweggenommen. Angesichts dieser realhistorischen Erfahrung inszenierte Fritz Kortner 1970 in Wien das Trauerspiel ‚gegen den Strich', nicht als Interpretation eines bürgerlichen Aufbegehrens gegen den Hof. Kortner versuchte stattdessen eine Demaskierung des Bürgertums, indem er seine Unterdrückungsmoral als Resultat einer langdauernden Verinnerlichung adeliger Repressionen auslegte.

Konsequenz dieser Demaskierung war eine Akzentverschiebung: Nicht der Prinz, sondern der an seine moralische Konventionen gebundene und deren Durchsetzung erzwingende Odoardo wurde zum Tyrannen, dessen starrem Moralkodex Emilia zum Opfer fiel. Eine solche, von Hebbels *Maria Magdalene* her beeinflußte *Emilia Galotti*-Deutung konvergiert in einer Anklage:

„Der Angriff des Bürgertums auf den Hof ist zum größten Teil Selbstentschuldigung, ideologisches Ablenkungsmanöver. Denn das „nouveau régime" hat jenen institutionellen Druck, den es zu bekämpfen vorgab, als moralische Unterdrückung verinnerlicht und fortgesetzt. Konkret gesagt: Wenn ein geschändetes Bürgermädchen Selbstmord begehen oder sich töten lassen muß, so liegt die Schuld nicht bei dem, der es ‚geschändet' hat, sondern bei denen, die es für ‚geschändet' halten. Dies ist das unerbittliche Licht, das ‚Maria Magdalene' auf ‚Emilia Galotti' wirft – und das die ganze Gattung, die sich zwischen diesen beiden Trauerspielen entfaltete, mit seinem fahlen, desillusionierenden Widerschein erhellt" (Ivan Nagel, in: Theater heute, Juni 1970, S. 33ff.; hier S. 33).

Kortner zeigte unmißverständlich Emilias Liebe zum Prinzen. Der glückliche, komödienhaft angelegte Schluß kommt jedoch nicht zustande, er scheitert an Odoardo. Erst die ‚spätbürgerliche' Rückschau macht aus der Liebe Emilias zum Prinzen das ernste Motiv. Infolge der historischen Entwicklung verkehrt sich paradoxerweise die Stoßrichtung des Dramas: die Spitze wendet sich nun gegen den ursprünglichen Kläger. Denn aus historischer Rückschau trägt nicht so sehr der Hof die Schuld, sondern das in seiner Tugendideologie erstarrte Bürgertum (zu Kortner und Nagel s. Raschdau, Die Aktualität der Vergangenheit, S. 161ff.).

Den von Kortner eingeleiteten Umdeutungsprozeß hat *Peter Palitzsch* 1973 in seiner Frankfurter Inszenierung fortgeführt. „Am Schluß schreitet Emilia gemeinsam mit dem Prinzen aus der verräterischen Spiegeltür, eine im eigenen Erschrecken hybrid strahlende Braut, die über den Tod des Verlobten ohne eine Träne, dagegen in der Trance einer uneingestandenen verbotenen Neigung hinwegtänzelt, verführt, aber zunächst von dem eigenen Glücksanspruch" (Uwe Schultz in der *Stuttgarter Zeitung* vom 14. 7. 1973, S. 8). Palitzsch degradiert Odoardo zum Vater, der um Gnade bettelt. „Palitzsch läßt den Oberst nicht nur – nach Lessing – heimlich in die Tasche greifen, wo der Stahl wartet, sondern verdeutlicht: das Messer wird gezückt, erhoben, geschwungen, doch der Prinz, seine Brust offen darbietend, bannt den am Ethos des Gehorsams klebenden Oberst, der vom Donner gerührt niederschlägt, seine Achtung vor dem Adel noch und gerade im Sturz erweist, sich als Revolutionär disqualifiziert" (ebda., S. 8).

Eine Möglichkeit, diese erst infolge der historischen Entwicklung evident gewordene Deutung bereits im ursprünglichen Kontext zu verankern, zeigt Hinrich C. Seeba auf: Odoardo tötet seine Tochter nicht, um ihre Unschuld, sondern um seinen Glauben daran zu bewahren:

„In dem zum Äußersten entschlossenen und von vornherein doch vergeblichen Kampf um Emilias Unschuld hat die Legitimation der bürgerlichen Existenz, wie sie Odoardo gegen die unmoralischen Mächte dieser Welt vertritt, einen Zug ins Tragische bekommen, der eine Versöhnung des Politischen und des Privaten, für diesen schuldig gewordenen Ehrenmann jedenfalls, vollends ausschließt. Das Bürgertum verliert seine Unschuld spätestens in dem Augenblick, da es, um sie zu verteidigen, ausgerechnet der Kriminalität schuldig wird, die er seinen Verfolgern vorhält. Insofern ist *Emilia Galotti* weniger die empfindsame Tragödie der Titelheldin als die politische Tragödie des von ihrem Vater vertretenen Gesellschaftsbildes oder – mit einem Wort Brüggemanns – ‚die Bankerotterklärung der bürgerlichen Welt des Vorsubjektivismus' " (Seeba, Die Liebe zur Sache [s. Gesamtbibl. 9], S. 96 f.).

Ludwig Cremers Fernseh-Inszenierung der *Emilia Galotti* vom 1. Januar 1970 hat in der Presse ein erstaunlich unterschiedliches Echo gefunden, das von völliger Ablehnung bis zu weitestgehender Zustimmung reicht. Cremers nüchterne und unpathetische Inszenierung betonte das Kalkül, das hinter dem ungehemmten Ablauf der Intrigenhandlung stand und das durchaus den Anschein von Unausweichlichkeit erweckte. Expressivität oder Originalität fehlten der Inszenierung; sie wagte kein Experiment, sondern stand im Dienst der ‚Klassikerpflege', eher historisierend als aktualisierend. Ein wichtiger Aspekt für die Beurteilung einer Fernsehinszenierung: die Eignung von Lessings klarer und nüchterner Sprache für das neue Medium. Ein Kriterium, das beim augennahen Fernsehbild umso mehr ins Gewicht fällt, als hier – im Privatbereich der ‚guten Stube', nicht mehr im Gemeinschaftsbezirk des Theaters – Pathos und blumiger Stil gestelzt, unwahr und peinlich wirken können.

Die 26 in Tageszeitungen und Fernsehjournalen erschienenen Kritiken werden unter drei Gesichtspunkten zitiert:

1. Die Aktualität *Emilias* (Despotismuskritik), (positiv: 1, (3), 5, 6, (9), (10), 12, 13, 15, (17), 18, 19, 20, 21; negativ: 16, 22, 25, 26);
2. Der Schluß des Dramas (Handlung), (3, 9, 14, (16), (18), 23);
3. Die Beurteilung der Cremerschen TV-Inszenierung, (positiv: 1, 2, 3, 6, 7, 8, 9, 10, 13, 14, 15, 18, 19, 21, 23, 24, 25, 26; negativ: 11, 12, 16, 17; abwägend: 4, 5, 20, 22, 26).

Dabei zeigt es sich, daß in den Rezensionen keine allgemeine Übereinstimmung herrscht. Zwar betonen die Rezensenten die sozialkritische Tendenz des Stückes; während die Thematik jedoch dem einen Kritiker (15) noch heute aktuell zu sein scheint, gilt dem andern (16, auch 22) das ganze Drama für überholt. Allgemein anerkannt wird Lessings Sprache, der kalkulierte Aufbau des Dramas, zum großen Teil auch die Personencharakterisierung. Der Schluß fordert nach wie vor Kritik heraus (23). Insgesamt wird *Emilia Galotti* zum „Bildungs-Theater" gerechnet (16). Die Mehrheit der Rezensenten geht aus historischer Perspektive an die Analyse der Inszenierung (22), nur vereinzelt steht ein Interesse, Bezüge zur Gegenwart herzustellen, im Vordergrund. Ausgespart bleiben bei der Zitierung die Partien, die sich der Beurteilung des schauspielerischen Könnens widmen.

1. *Hör zu!,* Hamburg, Ausgabe Stuttgart, vom 17. 1. 1970.

„Lessing ohne Patina.
Politisch auch der Klassiker der Woche. Willkür der ungehemmt Herrschenden in einen kriminellen Fall projiziert: „Emilia Galotti" (ARD Baden-Baden).
Ludwig Cremer inszenierte mit kühlem, klarem Kunstverstand, der dem zweihundertjährigen, aber nicht angejahrten Text gut bekommt. Wie die Sprecher [...] den Mechanismus von Macht und Machtmißbrauch unters Messer nehmen, ist ein hohes Vergnügen in Lessing.
Daß die Titelgestalt nichts als ein unbedeutender Anlaß blieb, liegt nicht an Sabine Sinjen. Lessing selbst hat einen aseptischen Engel entworfen. Das aber sollten ihm die Literarhistoriker nicht weiterhin als Fehler ankreiden. Denn je unangemessener die launische Gier des regierenden Playboys ist, desto perfider erscheint die Intrige. Wie eben hier.
Klug der Umfang mit Farbe. Was da an der Dekoration gespart wird, stärkt ihre charakterisierende Kraft am Kostüm."

2. *Funkuhr,* Hamburg, vom 17. 1. 1970.

„Man kann darüber streiten, ob Lessings „Emilia Galotti" nicht zu schwere Kost für silvestermüde Zuschauer war. Wer es dennoch wagte, sah eine wohlabgewogene Inszenierung, die die Lessingsche Formel vom tragischen Protest des Einzelnen gegen ein System der Willkür, wenn nicht übertragbar, so doch glaubhaft machte."

3. *Katholisches Sonntagsblatt,* Rottenburg, vom 18. 1. 1970.

„Die Fernsehinszenierung dieses Klassikers betonte die Textform mehr als die für unsere Ohren und Augen schon etwas absonderliche Handlung. Was Lessing in Nachahmung der römischen Virginia-Tragik (der Vater ermordet seine Tochter, um sie vor den Nachstellungen eines Wüstlings zu bewahren) als attraktive Vordergründigkeit des Theaters aufgriff, das nützte er jedoch zur Schilderung der amoralischen Zustände des fürstlichen Absolutismus. Der Mensch ist der Willkür nur Werkzeug. Somit wird Odoardos Tat an seiner Tochter Emilia zum Fanal für die Humanität und gleichzeitig zum Gericht über den Absolutismus. Die Intrige der Handlung wurde in der Dialogführung wie auch in der bildlichen Unterstützung ohne Pathos herausgehoben. Lessings Absicht trat stärker hervor und wurde erlebteres Bewußtsein als die Handlung selbst."

4. *Schwäbische Zeitung* vom 9. 1. 1970, Nr. 6.

„Das Lessing-Maß fehlte
[...]
Nach dieser durchaus sorgfältigen, eher trockenen als hochgespielten Inszenierung ergeben sich von selbst neue Zweifel an der Berechtigung von Klassikeraufführungen im Fernsehen."

5. *Frankfurter Allgemeine Zeitung* vom 5. 1. 1970.

„Feiertagskost/Tagebuch des Fernsehers
[...] Dieser Lessing – „Emilia Galotti" – und die Art, wie ihn der Regisseur L. Cr. verstand, wäre ganz dazu geschaffen, uns Gedanken zu machen, und nicht dazu, die Gedanken feiertagshalber zu verscheuchen.

Ein politisches Aufklärungsstück, ein Stück wider die Despotie, wie immer man „Emilia Galotti" auch bezeichnen mag, zuvörderst und vor allem geht es um die Bloßstellung des Getriebes der Leidenschaft, um nicht zu sagen: der Wollust. Hier greift ein Rädchen ins andere, und die Antriebsfeder ist so gespannt, daß ihre Kraft nicht angehalten werden kann. Cr.s Inszenierung macht das von Anfang an deutlich. Mit der Genauigkeit Lessings läßt er das Uhrwerk der Höllenmaschine ablaufen; doch ist er Theatermann genug, um den Mechanismus zu verbergen. Bei ihm handeln Menschen von Fleisch und Blut, und es sind nicht Puppen, die einen vorgedachten Weg gehen. Geistiges Vergnügen und Theatervergnügen; das eine entsprang dem anderen und umgekehrt, ohne daß dem Stück Gewalt angetan worden wäre. Cr. blieb auf dem Theater; eine ganz andere Frage stellte sich, wie das Stück als Fernsehstück aussehen müßte. (E.J.)"

6. *Die Rheinpfalz,* Ludwigshafen, vom 3. 1. 1970.

„Geglückt
„Emilia Galotti": Unterkühltes Spiel auf dem Bildschirm, das dennoch Vitalität und innere Kraft nicht verleugnete. Regisseur L. Cr. hat den Versuch unternommen, Lessings Trauerspiel, gelöst vom Theater, in eine fernsehgerechte Form zu bringen. Der Versuch ist geglückt. Lessing wurde telegen, wurde in bezwingendem Stil dem jüngsten Massenmedium unseres Jahrhunderts erschlossen. Mit äußerster Präzision und Klarheit zeigte Cr. die

Ursprünge der Denk- und Handlungsweisen der verschiedenen Figuren auf, gab dem Wort Farbe und begeisterte auch durch optische Brillanz. Die Darsteller paßten sich maßgerecht in seine Grundlinien ein und spielten zwischen Verhaltenheit und glühendem Haß [...] packend, ohne Fehler."

7. *Pirmasenser Zeitung* vom 3. 1. 1970.

„Große Chance wahrgenommen
Wie an kaum einer anderen Figur des klassischen Theaters haben sich an Lessings „Emilia Galotti" die Gemüter der Literaturwissenschaftler erhitzt. Die Skala der Interpretationen reicht vom naiven Bürgermädchen reinen Herzens, bis zu einer Emilia, die sich von den stürmischen Werbungen des Prinzen hat beeindrucken lassen und dadurch ein gewisses Maß an Schuld auf sich geladen hat. Ebensoweit klaffen die Meinungen darüber auseinander, inwieweit der Dichter in dem Trauerspiel eine festumrissene politische Aussage formulieren wollte.
Überlegungen dieser Art geraten jedoch ins Hintertreffen, wenn man sich mit L. Cr.s Fernsehinszenierung dieses Standardstücks deutschen Bildungstheaters auseinandersetzt. Da erhebt sich als erstes wieder die Frage nach der Telegenität großen Theaters. Die Antwort fällt positiv aus, vor allem was die sprachliche Gestaltung betrifft. (Peter Michael)"

8. *Stuttgarter Nachrichten* vom 3. 1. 1970.

„Emilia Galotti
Die ungeheuere dramatische Wucht von Lessings Trauerspiel versagte sich auch vor dem Fernsehschirm nicht. In der stilistisch getreuen Inszenierung akzentuierte L. Cr. im nüchternen Szenenbild von Ekkehard Grübler menschlich Schicksalhaftes. Er konzentrierte seine präzise Arbeit an der klassisch strengen Symmetrie des Werkes und am Wort; eine in sich geschlossene Situation, die aus der Dialektik erwächst. Und damit manifestierte er über dem Persönlichen das bleibend Gültige. [...]
Eine Theateraufführung, die nicht im optischen Format der Bildröhre begrenzt blieb. (heifo)"

9. *Rheinzeitung* vom 3./4. 1. 1970.

„Ausweglosigkeit antiker Tragödie
„Emilia Galotti": Lessings „bürgerliches Trauerspiel" ist gesellschaftskritische, revolutionäre Theaterdichtung, ein Lehrstück der Szenenbautechnik und ein Muster dialektischen Raffinements in der Dialogführung. Diese Qualitäten sichern ihm noch heute seine Wirkung. Auch wenn uns die Entartungen des Absolutismus nicht mehr aus eigener Erfahrung erregen, erregend bleibt dieses szenische Schachspiel trotzdem. Kühl und überlegt wie ein Schachspiel hatte es L. Cr. auch inszeniert, ohne Pathos, wie es der kristallklare Schliff der Sprache Lessings erfordert. Sogar der Erstechungsszene, in der unser heutiges Nachempfinden am leichtesten aussetzen kann, gab Cr. die Ausweglosigkeit einer griechischen Tragödie: Man akzeptierte, daß dem Vater [...] unter diesen Umständen kaum eine andere Wahl blieb."

10. *Badische Zeitung* vom 3./4. 1. 1970.

„Kritisch gesehen

„Emilia Galotti": Zu Neujahr, als Klassiker vom Dienst, Lessings „Emilia Galotti", das mutete doch sonderbar und fast etwas verschroben an. Doch dann zeigte sich, daß die Idee dank der durchdachten Inszenierung L. Cr.s, dank einer fast durchweg guten Besetzung, so verschroben nicht war. Denn Cr. inszenierte Lessing, sachlich, präzis, mit einem ausgeprägten Gefühl für den Wahrheitsgehalt dieses Stückes, seine gesellschaftliche Relevanz. An keiner Stelle wurde der fast mechanisch wirkende Bau des Stückes verschleiert, aber an keiner Stelle wurde er aufdringlich. Das Trauerspiel wurde kein Schaustück aus dem Museum, sein aufklärender Gehalt stand im Vordergrund. [...]

Eine gute Kameraführung, sehr verhaltene, kühle Farben, ein Denkspiel, von einem Nachdenkenden richtig in Szene gesetzt. [...]. (v.)"

11. *Der Tagesspiegel,* Berlin, vom 3. 1. 1970.

„Trauerspiel

[...] Lessing kleinzuspielen, muß wohl die Absicht der Fernsehinszenierung von L. Cr. gewesen sein. Kaum einmal durften die Protagonisten ihren Mund recht auftun, um den hochmögenden Text anders als im Beiläufigkeitston zu Gehör zu bringen. Allenfalls knirschten sie ihn durch die Zähne, zumeist aber sprachen sie ihn beiseite. [...]

Hatte man das Glück oder Unglück, die jüngste Bühneninszenierung des nämlichen Dramas, die Schrödersche im Schloßpark-Theater, mit ihrer hochgespannten und volltönenden Expressionskraft noch leibhaftig vor sich zu sehen, so mußte man sich bei dieser neuerlichen Darbietung überdies schwertun. Über die klassisch gepflegte Langeweile sei man beim Umgang mit Lessing hinaus. So hatte man doch vormals vorschnell gefolgert. (Sibylle Wirsing)"

12. *Süddeutsche Zeitung,* München, vom 3. 1. 1970.

„Emilia Galotti

[...] dies Spielpersonal wollte nicht zusammengehen, obwohl als Gemeinsames ein verdruckstes Understatement sich alsbald ergab. Das wiederum vertrug sich nicht mit den hellen, schön gegliederten Bühnenbildern Ekkehard Grüblers und schon gar nicht mit Lessings Dialogen. Ach, man muß das nachlesen, um die unsicher gewordene Erinnerung an die Schönheiten dieser Sprache wieder zu bestätigen, an die Nervosität, den vorantreibenden Rhythmus, die ekstatischen Aufschwünge, was alles schon von der ersten Zeile an da ist und sich steigert und weitet bis zu einer Art von Wahnsinn, den man spüren müßte, da ja sonst die blutigen Mordtaten am Ende nur mehr von der Qualität einer Grand-Guignol-Klamotte sind. Man muß das nachlesen, denn bei dieser Inszenierung schienen weder Regisseur L. Cr. noch die Darsteller an solches gedacht zu haben. Kein Tonfall, keine Geste, keine Bewegung verrät, was bei Lessing wirklich vor sich geht. Eine kuriose Neujahrsbescherung, diese Cr.-Inszenierung, von der es heißt, sie habe schon mehr als zwei Jahre in den Filmbunkern des Südwestfunks geschlummert. Wäre ihr doch ein ewiger Schlaf dort beschert worden. (JvM)"

13. *Kölnische Rundschau*, Köln, vom 3. 1. 1970.

„Emilia Galotti.

Lessing, der Dichter des klassischen deutschen Lustspiels „Minna von Barnhelm", der „Erfinder" der Hamburgischen Dramaturgie, der Pfarrerssohn und Reformator der deutschen Literatur, schrieb 1772 sein Trauerspiel „Emilia Galotti". Mit diesem Stück stellte er die soziale Gewissenlosigkeit der oberen Schichten und der kleinen Höfe an den Pranger. Es wurde von seinen Zeitgenossen den großen Tragödien Shakespeares gleichgestellt – und bis auf den heutigen Tag steht es nach fast zwei Jahrhunderten unsterblich auf dem Repertoire der deutschen Bühnen. Ein merkwürdiges Charakteristikum dieses Dramas ist es, daß dem Dichter die Titelheldin am schwächsten gelungen ist und daß die Gräfin Orsina (im vierten Akt) die stärkste dramatische Szene für sich verbuchen kann.

Regisseur L. Cr. inszenierte mit werktreuer Redlichkeit und hatte gut sprechende Darsteller zur Verfügung, die in Kostüm und Maske das Zeitkolorit sicher herausprofilierten, wobei ihnen die gute Farbdramaturgie hilfreich zur Seite stand. In Schwarzweiß kamen diese Vorzüge freilich nicht zur Geltung, so daß die Kameraarbeit hier ziemlich steif und konventionell blieb. [...] (H.M.)"

14. *Rheinische Post*, Düsseldorf, vom 3. 1. 1970.

„Lessing ohne Pathos

L. Cr.s Inszenierung von Lessings Trauerspiel „Emilia Galotti" gab dem ersten Drama des 1970er Programms sehr verhaltenen Klang. Er kündigte sich schon mit der sparsamen Verwendung der Farbe an. Ausgespart blieb auch das Pathos der Sprache, aufgehoben für die große Schlußszene, in der Vater Galotti seine Emilia mit dem Dolch vor dem Schicksal bewahrt, dem skrupellosen Prinzen zum Opfer zu fallen. [...]

Daß Lessings „in tyrannos" hier stärker auf die schurkische Kabale gerichtet schien, lag an dem unterschiedlichen Gewicht, das Prinz [...] und Marinelli [...] von Darstellern und Regie gegeben wurde; die dämonische Maske des Intriganten ließ das schöne Gesicht des Prinzen noch leerer erscheinen. (Br.)"

15. *Hamburger Abendblatt*, Hamburg, vom 2. 1. 1970.

„Neujahr: Emilia Galotti
Nicht alle deutschen Klassiker bestehen heute noch die Theater- oder gar Fernsehprobe. Lessing in seinen drei Hauptwerken ja, auch „Emilia Galotti". In dieser unpathetischen Inszenierung des Trauerspiels zeigt sich, daß der nüchtern kritische Aufklärer und Humanist des 18. Jahrhunderts noch dem 20. Jahrhundert Beihilfe zu seiner Empörung über die Schandtaten der Mächtigen leistet.

L. Cr.s werkgerechte Inszenierung bringt die unbestechliche Redlichkeit Lessings phrasenlos hervor. [...] (wmh)"

16. *Neue Ruhrzeitung*, Essen, vom 3. 1. 1970.

„Konventionelle Klassik
Es hilft nichts – Klassisches muß sein, am Neujahrsabend und bei der ARD! Diesmal gar entschied sich der Südwestfunk für Lessing „Emilia Galotti", und da kam man nun wahr-

haftig nicht um die Frage herum: Was soll uns dieses Stück von den korrupten Fürstlichkeiten, den teuflischen Bediensteten und der (beinahe) geschändeten, vom Vater gerade noch rechtzeitig ins Jenseits beförderten Unschuld, – als Auftakt der 70er Jahre? Man mußte es in Kauf nehmen, und es ließ einen kalt, erst recht in L. Cr.s ganz und gar unorigineller, vor steifen Kulissen mit Auf- und Abtritten konventionell sich abspulender Inszenierung. Es war alles so mühsam, das Verführen wie das Zuschauen. [...] (Ingrid Uebe)"

17. *Kölner Stadtanzeiger,* Köln, vom 3. 1. 1970.

„Nicht mehr gewachsen
Die männliche Direktheit und Klarheit der Sprache und des Denkens mit dem Intrigenmuster in Einklang zu bringen, ist schon immer das Problem und die Aufgabe einer „Emilia Galotti" -Inszenierung gewesen. Goethe nannte diese Sprache „lakonisch", und doch erscheint sie heute in ihrem drängenden sittlichen Ungestüm keineswegs schnörkellos.
Wo der Zuschauer in den Bann dieses Werks geriet, so durch den Dialog und mittels Teilhaben an Schicksalen als Ausfluß von Charakteren. [...] Einmal mehr dokumentierte und prophezeite das Fernsehen hier alles in allem einen Klassiker-Tod. (Liesel Potthoff)"

18. *Münchner Merkur,* München, vom 3. 1. 1970.

„Ehe das Erste Fernsehen [...], brachte es als respektablen Festtagsklassiker Lessings „Emilia Galotti", von L. Cr. wortgetreu und anschaulich inszeniert.
Die von Lessing als Exempel konstruierte Tragödie erwies sich gerade der kühlkalkulierten Motivierung wegen auch jenseits der klassizistischen Duodezsituation immer noch als erfrischend aggressiv: Der Fürst, bedenkenloser Nutznießer der aktiveren bösen Intelligenz Marinellis, hätte nur noch [...] den männlichen Charme des gleichzeitig lasziven und kalten Verführers ins Spiel bringen müssen, um einen für jede Art von Tugend gefährlichen Typ skrupellosen Machtbesitzes darzustellen. [...], ein leiser Marinelli, beherrschte die Szene, ein überlegener Stratege, dessen Hilfstruppen gestern Banditen, heute vielleicht Geheimpolizisten oder Aktienpakete sein könnten. Eine dezentere Kamera hätte allerdings die Erdolchung Emilias [...] nicht gerade in Großaufnahme einfangen sollen. (Effi Horn)"

19. *Hannoversche Allgemeine,* Hannover, vom 3. 1. 1970.

„Macht und sittlicher Widerstand
Lessings „Emilia Galotti" im Ersten Fernsehen
Das neue Fernsehjahr begann mit Elan! Der Regisseur L. Cr., stilsicherer, meisterlicher Könner in der Fernsehabteilung des Südwestfunks, arbeitete aus Lessings Trauerspiel sehr gegenwartsbezogen den dialektischen Austrag des Kampfes zwischen Macht und sittlichem Widerstand heraus. Ohne Akteinschnitte, die den vehementen Ablauf bloß gebremst hätten, ließ er das Dialog-Stakkato Lessingscher Gedanken über Gefühle nicht herunterspielen, sondern bis in Pausen und Atemzüge hinein darstellerisch ausfüllen. Das auf mathematisch-klassizistische Raumgliederung angelegte Szenenbild von Ekkehard Grübler lenkte zudem nicht von der Konzentration auf das ab, was an diesem Antityrannenstück aktuell geblieben ist. Menschen müssen in die Katastrophen hineinstürzen, die sie selbst vorbereiten.

Für uns steht deshalb die Gräfin Orsina und ihr aus Eifersucht hervorgepreßter Amoklauf des Hasses im Mittelpunkt. [...] Sie, die im vierten Akt (einer der großartigsten theatralischen Würfe der Weltdramatik) als wiedererstandene griechische Rachegöttin das anscheinend zum Ende kommende Schauspiel nochmals neu auflodern läßt, war die Faszination im Kreis ihrer im Spiel, jedoch nicht in den Rollen gleichwertigen Kollegen. [...] (WAK)"

20. *Saarbrücker Zeitung,* Saarbrücken, vom 3. 1. 1970.

„Blasse Emilia
Klassisch begann der erste Abend des neuen Jahres im Ersten Programm mit Lessings „Emilia Galotti", mit dem bürgerlich-revolutionären Trauerspiel aus der Mitte des 18. Jahrhunderts, in dem der Pfarrersohn und erste Dramaturg des deutschen Theaters den Absolutismus der Duodezfürsten sozialkritisch analysierte. Das ist auf dem Theater ein Krimi-Klassiker von Verführung und Entführung, von Tugend, Ehre, Liebe, Tod.
Regisseur L. Cr. inszenierte mit werkgetreuer Redlichkeit, und so kam das dramaturgisch klargebaute und geschickt gegliederte Musterexemplar eines bürgerlichen Trauerspiels fast schulmeisterlich auf den Bildschirm. Es wurde gut gesprochen, und in der Farbregie der Masken und Kostüme kam viel Zeitkolorit auf den Bildschirm. Wer sich mit der schwarzweißen Wiedergabe begnügen mußte, mußte auf etliche Delikatessen verzichten. Er konnte sich nur an der Ausdruckskraft der Gesichter orientieren, um die seelischen Spannungen mitzubekommen. Und da waren die Leistungen doch höchst unterschiedlich. [...] (mo)"

21. *Abendzeitung,* München, vom 3. 1. 1970.

„Emilia Galotti".
Lessing schrieb das Trauer*stück* als Beweisstück seiner „Hamburgischen Dramaturgie", und Schlegel sah darin „nur ein gutes Exempel der dramatischen Algebra". Doch lassen sich aus der scheinbar kühlen Struktur des Intrigenstücks alle Nuancen der Leidenschaft herauszwingen. Regisseur L. Cr. inszenierte es attraktiv als wohltemperiertes Theater. [...]
Fazit: Respektabler TV-Lessing. (ponkie)"

22. *Schwäbisches Tagblatt,* Tübingen, vom 3. 1. 1970.

„Emilia Galotti. Mit dem Stück ist nicht viel Theater zu machen, Konflikt und Lösung sind gehörig überholt und nur noch historisch interessant. Dies freilich in hohem Maße: Die Abstufung gesellschaftlicher Klassen, die höfische Kritik und der schiefe Ausweg des Bürgers aus der gesellschaftspolitischen Zwickmühle sind aufschlußreich für Lessings Zeiten. Was heute bleibt, ist eigentlich nur der geschliffene Dialog, und Regisseur L. Cr. beschränkte sich denn auch darauf. Man hatte das Gefühl, ruhig die Augen schließen zu können, ohne wesentliches versäumen zu müssen. Pausen zum Spielen und Anschauen gab es kaum bei dem verbalen Trommelfeuer. [...] (gg)"

23. *Die Welt,* Hamburg, vom 3. 1. 1970.

„Abends in der ARD: „Emilia Galotti" von Lessing, groß besetzt in L. Cr.s Inszenierung [...] Aber selbst die vernünftigste Regie kann den fatalen Schluß nicht fortinszenieren. [...] (Thomas Schröder)"

24. *Heilbronner Stimme,* Heilbronn, vom 3. 1. 1970.

„Emilia Galotti": Bei L. Cr.s Fernsehinszenierung dieses Standard-Stücks deutschen Bildungstheaters erhebt sich als erstes die Frage nach der Telegenität großen Theaters. Die Antwort fällt positiv aus, vor allem was die sprachliche Gestaltung betrifft. Die Arbeit der Toningenieure kommt der psychologischen Auffächerung und Durchdringung des Textes insofern entgegen, als auch die leisesten Töne zum Tragen kommen, was auf der Bühne aus rein akustischen Gründen manchmal nicht möglich ist. Cr. nun hat seine Regie nicht auf Protest oder Anklage abgestellt, sondern das Spiel durch abgegrenzte und differenzierte Charakterzeichnung offen gehalten. [...]."

25. *Mannheimer Morgen,* Mannheim, vom 3. 1. 1970.

„Gotthold Ephraim Lessings bürgerliches Trauerspiel „Emilia Galotti", erschienen im Jahre 1772 und als erster Ausdruck revolutionärer Gesellschaftskritik auf der deutschen Bühne eine epochale Sensation, war das Neujahrspräsent des Südwestfunks: Eine vorzügliche Aufführung unter der Regie L. Cr.s. [...] in den Hauptrollen spielten nach klassischem Muster die vorgezeichneten Charaktere – doch die leidenschaftliche Anklage des Dichters gegen die Fürstenwillkür seiner Zeit und das Hohelied der bürgerlichen Tugend, die lieber Tod als Schande erleidet, dürfte bei der heutigen Generation nur noch respektvolle Verwunderung erregen. Ein Vater, der nach antikem Vorbild seine Tochter erdolcht, um sie vor der Begierde eines fürstlichen Wüstlings zu retten, wird zum Inbegriff einer überlebten unmenschlichen Moral, der man keine Träne nachweint. (E. P.)"

26. *Der Abend,* Berlin, vom 2. 1. 1970.

„Ernst und auf Pflege des kulturellen Erbes bedacht, begann das Deutsche Fernsehen das neue Jahr mit L. Cr.s Klassiker-Inszenierung der „Emilia Galotti". Durch geschickte Bauten und wendige Kameraführung in Farbe war das fünfaktige Trauerspiel Lessings zum reibungslos abspulenden Fernsehspiel verformt worden. Man war sichtlich bemüht, nicht verfilmtes Theater auf den Bildschirm zu bringen.

Aber vielleicht machte gerade der nur durch eine Kamerabewegung angedeutete Szenenwechsel, der zum Beispiel den nahtlosen Übergang vom Hause Galotti ins Lustschloß des Prinzen ermöglichte, noch deutlicher, daß hier von guten, sorgsam geführten Darstellern Theater vorgespielt wurde. Es wurde mit gehörigem Ausdruck agiert. Der Text kam angemessen zur Geltung, ohne jedoch wirklich zu beeindrucken.

Saubere Pflichtarbeit war geleistet worden, eine Intrige von Anno dunnemals, die uns – so „lebensecht" vorgeführt – kaum noch viel anging. (K. H.)"

2.4. Emilia Galotti als Überwindung von Miß Sara Sampson?

Auf die oft erörterte Frage, ob ein Literaturwerk durch ein anderes abgelöst werden könne, ob das alte dann ‚überholt‘, das neue ‚gültig‘ sei, ist keine definitive Antwort zu geben. Das gilt für die verschiedenen Gestaltungen antiker Stoffe (Elektra, Iphigenie usw.) und biblischer Themen, um nur die beiden wichtigsten Modelltypen zu nennen. Bei Lessing sind sich fast alle Betrachter einig, *Emilia* stelle eine Überwindung der *Sara Sampson* dar, diese sei für die Gegenwart tot, jene lebendig. Beispielhaft formuliert der DDR-Band ‚Aufklärung‘ diese Ansicht:

„*Miß Sara Sampson* hat seine Aufgabe erfüllt, und es gereicht dem Stück durchaus nicht zur Unehre, wenn es heute nicht mehr lebendig ist. Es war das erste in einer Reihe von bürgerlichen Trauerspielen, bald überstrahlt vom Glanz der *Emilia Galotti,* von Schillers *Luise Millerin* und Hebbels *Maria Magdalene,* um nur die hervorragendsten Schöpfungen dieses Genres zu nennen" (Aufklärung [s. Gesamtbibl. 8], S. 506 f.).

Bei diesem Urteil geht es nicht etwa um die Frage nach der Wahrheit des Kunstwerks, sondern um die Aktualisierbarkeit einer historisch gewordenen Form, deren ‚Leben‘ sich in der Überwindung ihrer Zeitgebundenheit, in der Möglichkeit einer Neuinterpretation erweist. Beim Problem von Überholbarkeit und Überwindung spielt für den Autor die Frage eine große Rolle, ob die erzielte Wirkung den Intentionen entspricht. Über die Wirkung von *Minna von Barnhelm* äußerte sich Lessing bekanntlich:

„Das Ding war zu seinen Zeiten recht gut. Was geht es mich an, wodurch es jetzt von dem Theater verdrängt wird" (Brief Lessings vom 25. 5. 1777 an Nicolai; R IX, S. 748).

Dieses kaum leichthin gesprochene Wort hat auch für das Verhältnis von *Miß Sara Sampson* und *Emilia Galotti* seine Geltung. Als die Wirkung der *Sara* nachließ, aktualisierte Lessing das Vergangene nicht mühsam, sondern schrieb ein neues, den eigenen Erkenntnissen entsprechendes Stück (Brief Lessings an Karl Wilhelm Ramler vom 21. 4. 1772; R IX, S. 515–517).

Lessing hat das im Rahmen der Verhältnisse seines Jahrhunderts Mögliche geleistet, um seine Meinung erkennbar zu machen. Dabei mußte er zwischen der Gefahr totaler Verschlüsselung und daraus folgender Unverstehbarkeit, und der Gefahr eines Publikationsverbots bei allzu großer Deutlichkeit hindurchsteuern. Der Vergleich beider Dramentexte zeigt, daß Lessing den (als ständisch determiniert erkannten) Konflikt so weit aus der Privatsphäre in den Öffentlichkeitsbereich gebracht hat, ohne doch mit den Institutionen des Staates zusammenzustoßen.

Vom Text her waren damit die Voraussetzungen eines potentiellen Kommunikationsaktes geschaffen. Allerdings stieß dieses Durchbrechen der von *Miß Sara Sampson* abgeleiteten Erwartungshaltung durch *Emilia Galotti* beim Publikum und bei den Rezensenten zunächst auf Unverständnis: die Kategorien der Beurteilung waren dem neuen Produkt so wenig angemessen, wie die rationalistischen Kriterien einst der Bewertung von *Sara*. Das Mißverstehen wiederholte sich; jedoch in anderer Richtung (s. III B 2.9.). Für das zeitgenössische Theaterpublikum stellte *Emilia* nur in bedingter Weise eine Überwindung der *Sara* dar. Das Publikum verlangte die totale Illusion, die ungestörte Rührung, den ungetrübten Affekt. So erklärt sich auch in einer zeitgenössischen Rezension die Bevorzugung des älteren Stücks im Hinblick auf die zu erzielende Wirkung. „Doch in Absicht der tragischen Wirkung auf der Bühne glauben wir noch immer, daß *Miß Sara* den Preis behält" (*Leipziger Neue Zeitungen von gelehrten Sachen* 1772; Steinmetz, Lessing, S. 92). Publikum und Kritik hielten sich an formalen Problemen der räumlichen und zeitlichen Darstellung auf, an rationalistischen Überlegungen zur Wahrscheinlichkeit, am dramaturgischen Aufbau, an Motivation, Sprache und Stil. Nur die subtilsten Mäkler (etwa Mauvillon und Unzer) hatten an der Technik des Theaterstücks etwas auszusetzen. Eine über die Theater-Erschütterung hinausreichende Wirkung kann nicht festgestellt werden: das Selbstdenken, die Reflexion fand jedenfalls nirgends einen nachweisbaren Niederschlag.

Erst mit Verspätung erkannten manche Zeitgenossen und die folgende Generation die gesellschaftskritische Tendenz. Der Erwartungshorizont, der einer adäquaten Aufnahme der ersten Theateraufführungen noch entgegenstand, hatte sich in der von Lessing anvisierten Weise verändert. Die Französische Revolution hatte zwar die politischen Mißstände des Feudalismus ins allgemeine Bewußtsein gerückt, sie hatte jedoch die zuvor literarisch formulierten Positionen gesellschaftlicher Kritik teilweise überholt.

Für die Gegenwart könnte aus Lessings eigener Haltung die (allerdings problematische) Folgerung gezogen werden, das Drama müsse nicht nach den historisch rekonstruierten Intentionen inszeniert werden, die Inszenierung solle vielmehr (auf die Gefahr einer Verfälschung der ursprünglichen Intentionen hin) der Problemlage des gegenwärtigen Publikums Rechnung tragen. Diese Konsequenz würde Kortners Verfahren rechtfertigen, Lessings Geist wider seinen Buchstaben zu retten, indem er das Trauerspiel ‚gegen den Strich' inszeniert.

Nur so ließe sich erreichen, daß das ursprünglich gegen erstarrte Tradition gerichtete Drama noch heute Widerstand gegen (eine veränderte) Tradition mobilisieren könnte, und ließe sich vermeiden, daß es selbst zum historischen Petrefakt würde. Freilich öffnen sich hier für Manipulation und Willkür die Tore.

3. *Theaterlogik oder Wahrheitssuche? (Die Auseinandersetzung mit der orthodoxen Dogmatik)*

Aufgrund der zwiespältigen Aufnahme erhielt Lessing vielleicht den Eindruck, seine auf der Bühne vorgetragene Kritik am Feudalismus sei ohne Resonanz geblieben. Es war beinahe folgerichtig, wenn er die bisher leitenden Prinzipien nun in seine Kritik an der reaktionären Orthodoxie umsetzte. Lessing hatte sein Ziel mehrfach und unmißverständlich ausgesprochen (VI A 2.1.–4.), besonders klar in einer Äußerung über den *Nathan*:

„Es kann wohl sein, daß mein ‚Nathan' im Ganzen wenig Wirkung tun würde, wenn er auf das Theater käme, welches wohl nie geschehen wird. Genug, wenn er sich mit Interesse nur lieset, und unter tausend Lesern nur *einer* daraus an der Evidenz und Allgemeinheit seiner Religion zweifeln lernt" (Brief vom 18. 4. 1779 an Karl Lessing; R IX, S. 830).

Man kann nicht umhin, Lessings Mut zum Religionsdisput Bewunderung zu zollen. Verschiedene religionskritische Vorläufer Lessings – man denke etwa an Christian Ludwig Liscow – hatten die Erfahrung machen müssen, daß die Hüter der Religion sich der Staatsgewalt als eines Büttels bedient hatten. Von ihrer Voraussetzung her unterschied sich Lessings Kritik an der Orthodoxie von seiner Auseinandersetzung mit dem Ständestaat in einem wichtigen Punkt: Die Verschlüsselungen, die hier ein Verständnis erschwert hatten, fielen dort weg. Drei Positionen bilden sich im Laufe der Disputation (VI A 2.4.).

1. Die orthodoxen Gegner Lessings pflichten Goezes Verketzerung des Lessingschen Stils als „Theaterlogik" bei. Sie gestehen ausschließlich dem Hauptpastor eine „anständige Schreibart" zu. Er begründe, wo Lessing „Machtsprüche statt Gründe" gebe. (Braun II, S. 134 u. 135); er streite mit „Gründlichkeit, Einsicht, wahrer theologischer Gelehrsamkeit" und Vernunft gegen Lessings „Witzeleien, Scheingründe und leere Exklamationen" (Braun II, S. 153 ff. *Reichspostreuter*). Goezes Hausblatt, die *Freiwilligen Beiträge zu den Hamburgischen Nachrichten aus dem Reiche der Gelehrsamkeit,* versucht, Lessing von vornherein als inkompetent zu kompromittieren, indem es dem „von Gott selbst gelehrten und in seiner Schule erzogenen Priester und Prophet Gottes" den „elenden Dramatisten" gegenüberstellt (Braun II, S. 180 ff.). Aber Lessings „schandbares Verfahren wider die christliche Religion" nütze nichts: er strenge seinen „unregelmäßigen Witz" vergeblich an; wieviel er „schmähen und toben" werde, das von ihm verursachte Ärgernis werde ihn in den Augen „aller aufrichtigen Verehrer der christlichen Religion" verächtlich und seinen Gegner „verehrungswürdig" machen (Braun II, S. 141).

2. Die Anhänger Lessings betonen sein prinzipielles Recht, auch religionskritische, der Wahrheitsfindung förderliche Schriften zu publizieren (*Göttingische Anzeigen von gelehrten Sachen;* Braun II, S. 156). Für Lessing votiert Wielands *Teutscher Merkur;* Goeze vertrete die Gleisnerei, Lessing die Ehrlichkeit. Die Anhänger bedienen sich der Methode Lessings – der Provokation eigenen Denkens – zur Charakterisierung ihres Urhebers selbst: er sei „immer ein *selbstdenkender* Kopf"; 49 Teilchen von ihm seien „siebenmal mehr wert, als man an allen Orten und Enden der Christenheit zu einem Pastor oder Hauptpastor erfordert" (*Neueste Kritische Nachrichten,* Greifswald; Braun II, S. 190). Der Prediger an der Nicolai-Kirche in Berlin, Friedrich German Lüdke, stellt sich in der *Allgemeinen Deutschen Bibliothek* entschieden auf Lessings Seite. Er entlarvt Goezes Vorgehen als heuchlerisch, bezeichnet seinen Ton als den eines „elenden Kanzelschwätzers" und tadelt:

„Eine Gewissensrüge ist freilich leichter, als die Widerlegung eines Mannes, der so viel Gelehrsamkeit, Verstand, Scharfsinn und Witz hat, wie Herr Lessing" (Braun II, S. 244).

Die Parteigänger Lessings verurteilen Goezes Versuch, die staatliche Obrigkeit einzubeziehen. Der ‚Ruf nach dem Büttel' enthüllt für sie die eigentliche Absicht, den Gegner aus Mangel an Gründen mit autoritär-obrigkeitlichen Mitteln mundtot zu machen (Braun II, S. 240 f.).

3. Ein dritter, in der Folgezeit häufiger begegnender Standpunkt bezeichnet eine mittlere Position. Diese Beurteiler neutralisieren das Problem, indem sie unter Vernachlässigung des Inhalts Lessings formale Meisterschaft loben. Auf der einen, der Orthodoxie näher stehenden Seite geschieht dies mit dem Unterton des Bedauerns. Lessing vermöge mit Hilfe seiner stilistischen Meisterschaft und anschaulichen Darstellungskunst auch Irrtümer als Wahrheit anzupreisen (*Hallische neue gelehrte Zeitungen;* Braun II, S. 119 ff.). Auf der anderen Seite, wo kirchliche Interessen nicht im Vordergrund standen, überwiegt das Interesse an der Sache und mit ihm besonders an Lessings Disputierkunst (*Frankfurter gelehrte Anzeigen;* Braun II, S. 116).

Dem Standpunkt des Entweder-Oder entspricht die diametrale Gegenposition der Kontrahenten, zumal in ihrer Auffassung von Wahrheit. Dem absoluten steht ein praktischer, dem ahistorischen ein auf den Menschen bezogener und bedingter Wahrheitsbegriff gegenüber; ihm entspringt die Toleranz, jenem der Fanatismus.

Der Ausgang des Streits ist bekannt: Verbot des *Anti-Goeze* und Vorzensur, Lessings Ausweichen auf seine „alte Kanzel", das Theater, wo er im *Nathan* die Auseinandersetzung aufnahm (R IX, S. 799). Statt eines „strahlenden Siegs" erwartete er lediglich, daß „unter tausend Lesern nur einer" das verfochtene Prinzip sich aneigne.

„Mein Stück hat mit unsern jetzigen Schwarzröcken nichts zu tun; und ich will ihm den Weg nicht selbst verbauen, endlich doch einmal aufs Theater zu kommen, wenn es auch erst nach hundert Jahren wäre. Die Theologen aller geoffenbarten Religionen werden freilich innerlich darauf schimpfen; doch dawider sich öffentlich zu erklären, werden sie wohl bleiben lassen" (Brief vom 7. 11. 1778 an Karl Lessing; R IX, S. 806).

Auch dieses Vorgehen ist wohl Lessingsche ‚List', die sich nur mit offener Gewalt unwirksam machen läßt (s. VII B 5.3.).

Nathan könnte, interpretiert man ihn als Utopie, zugleich ein Zeugnis der Resignation und der Hoffnung sein: des Verzichts auf generelle Realisierung des utopischen Konzepts und des Vertrauens in die einer Utopie immanente Kraft, von tausend Lesern einen zur Reflexion anzuregen. Vielleicht dachte sich Lessing die Wirkung des Schauspiels ähnlich dem in der *Erziehung des Menschengeschlechts* (§§ 91/92) aufgezeigten Prozeß.

4. „Ein unersetzter Verlust" (Herders Nekrolog)

(Bonnemann, Lessingkritik, S. 21 ff.; Harald Henry, Herder und Lessing, Umrisse ihrer Beziehungen, Würzburg 1941; Wessels, Lessings *Nathan der Weise,* S. 89 ff., zum Lessingbild der Nekrologe; die Reaktionen in Hamburg verzeichnet Franklin Kopitzsch, Lessing und Hamburg. Aspekte und Aufgaben der Forschung, in: Wolfenbütteler Studien zur Aufklärung 2, 1975, S. 89 ff.)

Die Nekrologe zogen das Fazit aus Lessings Wirken. Die Hälfte der Nachrufe stammt aus Berlin, keiner aus Süddeutschland (Wessels, S. 89 f.). Ihrer ideologischen Basis entsprechend fielen die Würdigungen sehr unterschiedlich aus. Der orthodoxe *Kirchenbote* etwa verbreitete als Volksgerücht, der Teufel habe Lessing geholt (Schmidt II, S. 624); wenig günstig äußerten sich die Theologen. Auf der Bühne gab es verschiedene Trauerfeiern (Berlin, Schwedt, Ellrich, Hamburg), Reden wurden gehalten, Gedichte rezitiert und die Trauerspiele *Miß Sara Sampson* und *Emilia Galotti* aufgeführt. Die näheren Freunde beklagten den Verlust in Briefen und Versen.

> „Den Einen, unsern Stolz, den haben wir verloren,
> Ihn, der der Nation beim Ausland Ruhm erwarb.
> Es werde Licht! sprach Gott, und Leibniz ward geboren;
> Es werde Finsternis! sprach Gott, und Lessing starb."
> (Schmidt, Lessing II, S. 627)

So dichtete Johann Wilhelm Ludwig Gleim; andre, ähnlich klingende Zeugnisse stammen von Elise Reimarus, Johann Anton Leisewitz, Maler Müller, Karl Philipp Moritz und Klopstock. Lessings Tod wurde allgemein als tiefgreifender Einschnitt im zeitgenössischen Geistesleben empfunden. In allen Trauerreden und -feiern war man sich in der Ansicht einig, Lessings Tod stelle einen „unersetzten Verlust" (Herder; Steinmetz, Lessing, S. 134) dar. Die Schlagworte, mit denen man ihn pries, lauteten: „feines Gefühl der Schönheit", „ausgebreitetste Gelehrsamkeit", „Genie" und „philosophischer Scharfsinn" (Braun II, S. 375, 376, 383); doch verhinderte der Zusatz, es sei ein Verlust „für Kunst und Wissenschaft", jegliche Öffnung des literarischen Horizontes und erschwerte eine Erkenntnis der sozialkritischen Tendenzen (Braun II, S. 387, 388 f., 391, 395 f.). Die meisten Nekrologe klammerten die theologischen Streitigkeiten aus und würdigten nur den Dichter und den Gelehrten. Bis zu Friedrich Schlegels Umwertung stand der Dramatiker im Mittelpunkt des Interesses und der Anerkennung. Der Nachhall des Fragmentenstreits vereitelte eine gebührende öffentliche Ehrung Lessings; in Hamburg durfte sie nur unter der Bedingung stattfinden, daß „in keiner unserer Zeitungen ein Wort von der ganzen Sache, oder irgend ein Gedicht zu Lessings Lobe eingerückt" werden durfte (Wessels, Lessings *Nathan der Weise*, S. 90).

Der bedeutendste, im *Teutschen Merkur* erschienene Nachruf stammte von Johann Gottfried Herder. Bereits er vollzog den ersten Schritt in der Umwertung des Lessingbildes. Ihm steht der Kritiker über dem Dichter. Kein neuerer Schriftsteller habe „in Sachen des Geschmacks und des feineren, gründlichen Urteils über literarische Gegenstände auf Deutschland mehr gewirkt als Lessing" (Steinmetz, Lessing, S. 123). In der Handhabung der deutschen Sprache komme ihm nur Luther gleich: „Wer schreibt ursprünglich deutscher als Luther oder Lessing?" Herders Vergleich durchzieht mit fast penetranter Unvermeidlichkeit die künftigen Lessing-Würdigungen, so verschieden auch die einzelnen Urteile ausfallen (s. Steinmetz, Lessing, S. 20, 598).

Von der Behauptung, Lessings sprachlich-stilistischer Eigensinn sei „Eigensinn der Sprache selbst" (Steinmetz, Lessing, S. 124), ist es nur ein kleiner Schritt zu der Gleichsetzung, Lessings Stil und Ausdruck seien urdeutsch, erzdeutsch oder wie die identifizierenden Bezeichnungen immer lauten mögen (s. Steinmetz, Lessing, Begriffsregister, S. 598 „deutsche Schreibart"; v. a. S. 481 Hermann Kesten 1960). Die nächste Phase war die Identifikation deutscher Wesensart mit dem Charakter Lessings; den ersten Schritt dazu hat Friedrich Schlegel unternommen. Die Anfänge aber sind bei Herder zu suchen.

Herders Ausführungen legen das Schwergewicht auf Lessings kritische und theoretische Leistungen und kommen nach einer allgemeinen Musterung der Werke zum Schluß, Lessings Haupttalent sei seine „philosophische Kritik", er sei „der erste Kunstrichter Deutschlands" gewesen. Als organisierendes Zentrum, das hinter dem vielfältigen Schaffen gestanden habe, erkennt Herder das Bemühen um eine „freie Untersuchung der Wahrheit" (Steinmetz, Lessing, S. 131). Gegen die auf Autorität pochenden, verdammenden und verunglimpfenden Vertreter der Orthodoxie nimmt der Theologe Herder den Zweifler und Zweifelanreger Lessing in Schutz. Man müsse ihm für den Zweifel und die Denkanstöße dankbar sein. Den möglichen Irrtum entschuldige Lessings „leidenschaftslose Leidenschaft für Wahrheit" (Steinmetz, Lessing, S. 132f.). So richtig Herder die zentrale Stellung der Wahrheit für das Verständnis Lessings einschätzt – er selbst verficht einen andersgearteten Wahrheitsbegriff. Er betrachtet den Fragmentenstreit mit der Überzeugung des Theologen, es gebe eine absolute Wahrheit, das Licht überwinde die Finsternis und die „glänzende Wahrheit" werde sich gegenüber dem „Schatten elender Lüge" durchsetzen.

„Wollen wir unserm Meister nachfolgen, so lasset uns die *neunundneunzig* theologische Streitböcke *in der Wüste lassen* und nach dem *einen verlornen Schaf* von Laien gehen, das gegen Punkte unsrer Religion Zweifel hat und sich, wenn wir's nicht tun, an unsrer Gemächlichkeit, Ruhe und Steifigkeit, wie billig und recht ist, ärgert" (Steinmetz, Lessing, S. 132f.).

Herders berühmte Apotheose vom „edlen Wahrheitssucher, Wahrheitsbekenner und Wahrheitsverfechter", mit welcher der Nekrolog endet, stellt bereits den Bezug zur fatalen Kampfesmetaphorik her, die im Kaiserreich besonders ausgeschlachtet worden ist. Die „unbestimmte, kriechende Heuchelei", die „gewohnte tägliche Halblüge und Halbwahrheit", „die falsche Höflichkeit" und „die gleißende Menschenliebe" sei Lessing „wie ein Held" angegangen, und er habe seinen „Kampf tapfer gekämpft". Viele Stellen in Lessings Büchern, führt Herder aus, „voll reiner Wahrheit, voll männlichen, festen Gefühls, voll goldner ewiger Güte und Schönheit", würden, „solange Wahrheit Wahrheit ist", „aufmuntern, belehren, befestigen und Männer wecken" (Steinmetz, Lessing, S. 134). Herder betont, als Kern des Lessingschen Werkes das „Forschen nach Wahrheit"; doch sieht er es unter der Perspektive der potentiellen, im Transzendenten möglichen Erreichbarkeit. Auch wenn sich Lessing auf Erden mit der

Suche nach der Wahrheit habe begnügen müssen, werde ihm doch, nach Überwindung des „Erdennebels" alles Gesehene und Erstrebte „in anderm, höhern Lichte" offen vor Augen liegen.

Herder geht im Nekrolog historisch vor: Er ordnet Lessings Werk und Wirken in die Geschichte des deutschen Geschmacks ein und bringt es in das eigene Konzept der organisch sich entwickelnden Nationalliteraturen ein. Mit der Charakterisierung des Wesentlichen und in die Zukunft Weisenden gibt Herder das bisher gepflegte normative Setzen kanonischer Vorbilder auf. Allzu sehr freilich vernachlässigt Herder die dichterischen Werke Lessings. Friedrich Schlegel hat Herders Gesichtspunkte zur Würdigung der theoretischen und kritischen Leistungen systematisiert – Herder hatte die „philosophische Kritik" indes nur als Lessings Haupttalent hervorgehoben. Insofern kann Herder auch in der Beurteilung Lessings als Vorläufer der Romantik gelten.

B. Die Lessing-Rezeption als Paradigma ideologischer Vereinnahmungen

1. Unpoetischer Dichter – philosophischer Kritiker – ewiger Protestant (Friedrich Schlegel und seine Nachfolger)

1.1. „Er selbst war mehr wert, als alle seine Talente" (Friedrich Schlegels Lessing-Essay von 1797/1801)

(Zu Schlegels Lessing-Rezeption s. Johanna Krüger, Friedrich Schlegels Bekehrung zu Lessing, Weimar 1912; Bernhard Bolle, Friedrich Schlegels Stellung zu Lessing, Münster 1912; Thomas Höhle, Friedrich Schlegels Auseinandersetzung mit Lessing. Zum Problem des Verhältnisses zwischen Romantik und Aufklärung, Weimarer Beiträge 23, 1977, H.2, S. 121ff.; Klaus Peter, Friedrich Schlegels Lessing. Zur Kontinuität der Aufklärung in der Romantik, L Yb 12, 1980 [i. V.]; ders., Stadien der Aufklärung. Moral und Politik bei Lessing, Novalis und Friedrich Schlegel. Wiesbaden i. V.; Friedrich Wessels, Lessings Nathan der Weise, zur Lessingdeutung Schlegels S. 150ff., zu den Nachwirkungen der Schlegelschen Interpretation S. 192ff.; Hans Dierkes: Literaturgeschichte als Kritik. Untersuchungen zu Theorie und Praxis von Friedrich Schlegels frühromantischer Literaturgeschichtsschreibung, Tübingen 1980)

Noch um 1790 hatte Friedrich Schlegel in Lessing ein „Ideal der goldenen Mittelmäßigkeit" erblickt, einen Vertreter des vernünftelnden Intellektualismus und des rein Verstandesmäßigen. So stellt sein Essay *Über Lessing* zugleich eine persönliche Aufwertung Lessings und eine erste radikale Umwertung des Lessingbildes dar. Die ‚Bekehrung' Schlegels zu Lessing erfolgte im Frühjahr 1796 unter dem Eindruck seines Fichte-Studiums und unter dem Einfluß Caroline Böhmers (Krüger, Schlegels Bekehrung, S. 29ff.).

Gegenüber anderen Würdigungen zeichnet sich *Schlegels Essay* durch den Versuch aus, den organisierenden Kern Lessingschen Denkens zu erfassen und von ihm aus „Lessings Geist im ganzen zu charakterisieren". Nach den Ansätzen bei Mauvillon und Unzer (*Über den Wert einiger deutschen Dichter,* 1771) hatte Johann Jakob Hottinger 1785 und 1789 eine erste scharfe Kritik an Lessings Dichtertum geübt (Steinmetz, Lessing, S. 145 ff.; S. 153 ff.). Er beließ jedoch dem Kunstrichter Lessing seinen ersten Rang. Friedrich Schlegel ging hier einen Schritt weiter. Nach einer intensiven Auseinandersetzung mit Lessings Werk verfaßte er seinen Aufsatz

„mit der vorläufigen Absicht, den Namen des verehrten Mannes von der Schmach zu retten, daß er allen schlechten Subjekten zum Symbol ihrer Plattheit dienen sollte; und mit der tieferen, ihn wegzurücken von der Stelle, wohin ihn nur Unverstand und Mißverstand gestellt hatte, ihn aus der Poesie und poetischen Kritik ganz wegzuheben und hinüberzuführen in jene Sphäre, wohin ihn selbst die Tendenz seines Geistes immer mehr zog, in die Philosophie, und ihn dieser, die seines Salzes bedurfte, zu vindizieren" (Steinmetz, Lessing, S. 188).

Um seine Zurechtrückung zu legitimieren, konstruiert Schlegel einen Erwartungshorizont. Er spricht von der herrschenden Fehlmeinung, die von Lessing das Nebensächliche in den Mittelpunkt rücke, „während man das Eigenste und Größte in seinen Äußerungen" nicht bemerken wolle. Schlegels Behauptung richtet sich gegen die (ja durchaus nicht einmütige) Wertschätzung des Dichters Lessing; als Beweis dient Schlegel die bekannte Selbstcharakterisierung Lessings in der *Hamburgischen Dramaturgie* (101.–104. Stück).

Zwangsläufig ergibt sich aus der Perspektive, Lessing als unpoetischen Dichter und als philosophischen Kritiker zu betrachten, eine Neueinschätzung der verschiedenen Schriften. Die Dichtungen fallen in der Wertung noch weiter zurück; an die erste Stelle rückt der *Anti-Goeze* wegen seiner „zermalmenden Kraft der Beredsamkeit", der „überraschenden Gewandtheit", des „glänzenden Ausdrucks" und wegen seiner „Genialität" und „Philosophie", ja seines „poetischen Geistes" und seiner „sittlichen Erhabenheit" (Steinmetz, Lessing, S. 174). Verständlich wird die Radikalität, mit der Schlegel Lessing nicht nur als Dichter, sondern auch als Kritiker verleugnet, vor dem Hintergrund seines eigenen Programms. Lessings dichterische und kritische Modelle paßten weder in Schlegels Konzeption der „progressiven Universalpoesie" (116. *Athenäums-Fragment*) noch in seine Konzeption der „produktiven", charakterisierenden und verstehenden Kritik. Schlegel wirft dem Kritiker Lessing den Mangel an „historischem Sinn und an historischer Kenntnis der Poesie" sowie einen Mangel an „Gefühl und Anschauung" vor. Aus der Not eine Tugend machend, definiert er Lessing als ein nicht eindeutig klassifizierbares Phänomen, als eine „Mischung von Literatur, Polemik, Witz und Philosophie" (Steinmetz, Lessing, S. 189). Aus dieser Interpretation resultiert die Betonung des Charakters und der persönlichen Eigenschaften Lessings, die das scheinbar zersplitterte Werk organisierten: „Er selbst war mehr wert, als alle seine Talente" (Steinmetz, Lessing, S. 178: dazu Bonnemann, Lessingkritik, S. 38 f.).

Schlegels Akzentuierung der Person gegenüber dem Werk hat in der Wirkungsgeschichte Lessings langandauernde Folgen gehabt. Die Tragik von Lessings Leben – dieses Motiv klingt bereits beim späteren Goethe an (Eckermann, Gespräch vom 7. 2. 1812) – dient den Betrachtern zur Rechtfertigung von Mängeln und Unvollkommenheiten in Lessings Werken. Der bereits 1857 bei Eichendorff angedeuteten „tragischen Literaturgeschichte" gerät der in eine erbärmliche Umwelt verbannte „arme Lessing" vollends zum heroischen Objekt passiven Mitleids. Über das ständige Hervorheben von Lessings Freisinn, Charakter und „typisch deutschen" Eigenschaften: „Männlichkeit, Festigkeit des eingenommenen Standpunktes, wehrhafte Unabhängigkeit, ehrliches, nie ermüdendes Wahrheitsstreben und -forschen" (Steinmetz, Lessing, S. 36) führt die Wirkungsgeschichte zur Nationalisierung, ja zur Gleichsetzung Lessings mit deutschem oder gar preußischem Wesen („Unser männlicher, phrasenloser, gefechtsfroher und allezeit wahrer Lessing. In ihm ist gutes Preußentum verkörpert [...]" Friedrich Lienhard, 1907; Steinmetz, Lessing, S. 419.

Seinem eigenen „fragmentistischen Ideal" entsprechend, betonte Schlegel an Lessing das Paradoxe, das Exzentrische, Zynische und Individuelle; doch arbeitete er auch die „große Tendenz" seines philosophischen Geistes und die „symbolische Form seiner Werke" heraus (Steinmetz, Lessing, S. 192). Trotz der scheinbaren Annäherung verfehlt Schlegels Deutung den Lessingschen Ansatz auf sehr charakteristische Weise. Denn Schlegels Tendenz-Verständnis – „das zweckfreie Streben nach dem Unendlichen" (Bonnemann, Lessingkritik, S. 55) – projizierte einen Zentralpunkt der eigenen romantischen Dichtungstheorie auf Lessing zurück und stempelte ihn dadurch zum Vorläufer der romantischen Bewegung. Erst die Vorreden zur *Chrestomathie* unternehmen die historische Einordnung und Würdigung Lessings im Rahmen einer deutschen Geistesgeschichte.

1.2. „Der Verkündiger der wahren Religion" (Friedrich Schlegels Lessing-Chrestomathie von 1804)

In den zwischen den beiden Aufsätzen gelegenen Jahren bahnte sich Schlegels Wendung zum Katholizismus an (Konversion 1808). Konsequent verfolgte er Lessings Umdeutung vom Wegbereiter der Romantik zum Verkünder einer neuen Religion. Die Chrestomathie von 1804, eine jeweils mit erläuternden Einführungen versehene Zusammenstellung von Lessings Gedanken und Meinungen, führt Schlegels im Lyceumaufsatz begonnene Gedankengänge fort. In thematisch unterschiedenen Abschnitten expliziert Schlegel sein neues Lessingverständnis, so etwa, wenn er Lessings besondere Art der Kritik, seinen Stil, seinen „kombinatorischen Geist" deutet.

Schlegels Essay ist selbst ein glänzender Beweis der eigenen kritischen Charakterisierungskunst. Lessings Schriften gelten ihm inhaltlich und besonders stilistisch als vorzüglich geeignet, den Geist des Selbstdenkens zu erregen (Steinmetz, Lessing, S. 196), kraft ihres dramatischen, dialektischen und dialogischen Gei-

stes, der „eigentümlichen Kombination der Gedanken" und der „Verknüpfungs-
art des Einzelnen" (zur konstituierenden Kategorie des ‚Witzes' s. Wessels, Lessings *Nathan der Weise*, S. 175 f.). Dabei rückt Schlegel Lessings Kritik, an der er
den Blick auf das Ganze des Kunstwerks rühmt, in die Nähe der von ihm selbst
propagierten produktiven Kritik. Deutlich hebt er Lessings Verfahren ab von der
älteren Detailakribie, dem Hervorheben einzelner ‚schöner Stellen' und dem
Vermeiden eines Gesamturteils. Nach Schlegel mündet dieses realitätsbezogene
und ganzheitliche, den Organismus eines Kunstwerks betonende Verfahren in
das Modell der romantischen Kritik, die ihm als Mittelglied zwischen Historie
und Philosophie gilt. Nur auf ihrer Basis könne sich die richtige Kritik entwik-
keln; wobei die Bezeichnung ‚richtig' eben in die von Schlegel selbst gewiesene
Richtung des gründlichen Verstehens, des Charakterisierens deutet. Aus Kommentar oder Erklärung bereits vorhandener Literatur wird Kritik so zum Orga-
non einer erst zu bildenden Literaturproduktion, Lessing selbst zum Schöpfer
der positiven „produktiven" Kritik. Sie löse die negative polemische Kritik ab
und leite die neue Literaturepoche ein (Bonnemann, Lessingkritik und Lessingbild, S. 66). Das Kapitel *Vom Charakter des Protestanten* führt einen entscheidenden Schritt weiter in der radikalen Umbiegung des Lessingschen Wahrheitsbegriffs. Da die Einzelcharakterisierung der Schriften, des Stils, der kritischen
und poetischen Art sich um diesen zentralen Abschnitt gruppiert, steht seine
Auslegung auch für die weitere, auf Schlegel aufbauende Lessing-Rezeption im
Vordergrund des Interesses.

Schlegel klassifiziert Lessing als den Protestanten par excellence. Unter Prote-
stantismus versteht er keine inhaltliche Lehre, sondern ein Prinzip: die „Frei-
heit" der protestantischen Lehre, den Mut zum Selbstdenken, die „Kühnheit" im
Verwerfen auch verehrter Irrtümer, kurz, „den Enthusiasmus für Wahrheit"
(Steinmetz, Lessing, S. 217). Dem Katholizismus als der positiven „poetischen"
Religion stellt Schlegel den Protestantismus als die negative „philosopische" und
wesenhaft polemische Religion gegenüber. Für Schlegel verkörpert Lessing den
Geist der wahren, „nach allen Seiten hin unaufhaltsam progressiven" Polemik.
Lessings Verdienst erblickt Schlegel im Aufrechterhalten der alten Freiheitsmaxi-
men und in der Neubelebung des protestantischen Geistes.

Da Schlegel Veränderlichkeit als eigentliches Prinzip des Protestantismus definiert, sieht er in der Überwindung der gegenwärtigen protestantischen Religions-
„Ausartungen" (Umschlag in Politik und Neologie), in „der Rückkehr zum
Primitiven und Positiven", d. h. in ein konfessionell ungespaltenes Christentum
den „einzig wahren Weg". Lessing hat nach Schlegels Verständnis den vor „dem
zwiefachen Untergange allein rettenden Rückweg in der Religion" wenigstens
eingeschlagen – gegen die „politischen Reformationsversuche" und gegen die
deistische „Aufklärungssucht".

Die Begriffe Toleranz, Aufklärung und Humanität setzt Schlegel zu Lessings
Protestantismus-Verständnis in nahe Beziehung: sie gelten ihm nicht als Ausdruck parteiloser Gleichgültigkeit, sondern als Kennzeichen einer wesenhaft „intoleranten" Haltung, die eine entgegengesetzte Meinung „dennoch duldet":

"Toleranz ist die Tugend der noch kämpferischen kriegführenden Kirche." Ähnliches gilt für die Humanität. Schlegel definiert sie als „Teilnahme an der Freiheit und dem Verstande andrer" und als Wunsch, „diese Geistesfreiheit [...] zu erregen und zu entwickeln". Mit seinem „Geist des freien Denkens und der denkenden Freiheit" sei der Protestantismus die „Religion der Vernunft": Vernunft definiert Schlegel als „Gedanken der ewigen Freiheit" (Steinmetz, Lessing, S. 221). Das paradoxe Fazit von Schlegels Deutung sieht im Entwurf von Lessings philosophischem Glaubensbekenntnis den Erweis seiner Religiosität. Er sei nicht nur protestantischer Philosoph, sondern eigentlich „ein Verfechter und Verkündiger der wahren Religion". Mit seiner „Verkündigung eines neuen Evangeliums" stelle sich Lessing gegen die seicht räsonierenden Aufklärer und ihre Neigung zu Indifferentismus und Irreligion wie gegen die starren Anhänger dogmatischer Orthodoxie. Schlegel deutet die von Lessing in der *Erziehung des Menschengeschlechts* als „drittes Weltalter" apostrophierte und als vernunftgeleitet konzipierte Entwicklungsphase im Sinne einer christlichen „Palingenesie der Religion". Lessing wird zum Propheten des neuen Christentums (Steinmetz, Lessing, S. 222 f.).

Schlegels Charakterisierungen, Einzelbeobachtungen und Definitionen sind einfühlsam, scharfsinnig und prägnant; aber der organisierende Kern, um den er die Details lagert und aus dem er Konsequenzen ableitet, ist fragwürdig. Lessing erblickt die Wahrheit im Wirken der Vernunft, im stets von neuem begonnenen Anlauf gegen die erstarrten Konventionen und Grenzen, wie sie eine zum Stillstand gekommene Wissenschaft und Reformbewegung autoritativ als Dogma verkündet. Insofern trifft Schlegels Protestantismusbegriff auf Lessings schriftstellerisches Wirken zu. Doch verfehlt er mit seiner religiös-christlichen Deutung Lessings Intention. Das Christentum galt Lessing als notwendige Durchgangsphase auf dem vom göttlichen Heilsplan vorgezeichneten Weg, den der Mensch zur Selbstentfaltung der Vernunft zu gehen hatte; Friedrich Schlegels romantisch-universalistische Religionsauffassung wäre von Lessing eher als Schwärmerei abgetan worden (*Erziehung des Menschengeschlechts* § 90; zur Kritik s. Bonnemann, Lessingkritik, S. 82 f., S. 90 f.; ferner S. 91–100 über Schlegels Haltung zu Lessing in den Wiener Vorlesungen, in denen er das Prophetenhafte noch stärker betont).

1.3. „Der ungeduldige Arzt" (Joseph von Eichendorff und der Katholizismus)

Joseph von Eichendorffs aus katholischer Sicht geschriebene Darstellung *Der deutsche Roman des achtzehnten Jahrhunderts in seinem Verhältnis zum Christentum* (1851) hängt im ganzen zwar stark ab von Gervinus' Literaturgeschichte und im Lessing-Abschnitt von Heinrich Gelzers Untersuchung *Die neuere Deutsche National-Literatur nach ihren ethischen und religiösen Gesichtspunkten. Zur innern Geschichte des deutschen Protestantismus* (1841), doch bietet sie in ihrer anders nuancierten Bewertung der Lessingschen Wahrheitssuche auch eine Antwort auf Friedrich Schlegels Versuch, Lessing als Begründer einer überkonfessionellen Religion zu feiern. In seiner Geschichte der poetischen Literatur Deutschlands (s. Bonnemann, Lessingkritik, S. 134 ff.) verstärkt Eichendorff die Tendenz Schlegels, den Zweifel Lessings positiv umzudeuten. Lessings „Hunger nach Überzeugung" gerät ihm unversehens in die Nähe einer „Umkehr" zur Religion der „alten Offenbarungen". Einerseits verkörpert ihm Lessing am reinsten das Prinzip des Protestantismus, „die revolutionäre Emanzipation des Subjekts", andererseits erscheint ihm gerade sein Auf-die-Spitze-Treiben protestantischer Positionen konsequenterweise als deren Widerlegung.

Eichendorff folgt also nicht Schlegels extremer Behauptung, Lessing habe durch Verkünden der wahren Religion den von Erstarrung wie auch von Verflüchtigung drohenden „Untergang" abgewendet. Ihm gilt Lessing als der erklärte Vertreter des protestantischen Prinzips. Obwohl Lessing gegen den Rationalismus der Deisten „eine gewisse Gefangennehmung der Vernunft unter den Gehorsam des Glaubens" verlangt habe, sei er doch an der Realisierung dieses Programms gescheitert (Steinmetz, Lessing, S. 323).

Der Wegweiser und Anreger sei selbst dem Zweifel und der Kritik verhaftet geblieben. Diesen Zwiespalt zwischen erstrebtem Ziel und erfülltem Sein erkennt Eichendorff als Lessings Tragik:

> „Er ist ohne Zweifel der tragischeste Charakter unserer Literatur: wie er überall treu, offen und gewaltig nach der Wahrheit ringt und dennoch vom Dämon des Scharfsinns (wie Hamann es nennt) endlich überwältigt wird und an der Schwelle des Allerheiligsten unbefriedigt untergeht; aber sein großartiger Untergang ist für alle Zeiten eine belehrende Mahnung an Alle, die da ehrlich suchen wollen" (Bonnemann, S. 135).

Der Katholik Eichendorff versucht nicht, Lessing als Vorläufer in Anspruch zu nehmen. Er grenzt die echte Religion von Lessings Humanitätslehre als einer „Surrogat-Religion" streng ab (weil sie allein auf menschlichen und vernünftigen Voraussetzungen bzw. Gegebenheiten beruht) und wendet sich folgerichtig auch gegen Lessings angeblich rein ästhetische Betrachtung der Kunst – sie sei Folge des Abfalls von der positiven Religion.

Dieser Wertung unterliegen auch Lessings Dichtungen; der Verstand überwältige in ihnen die eigentliche Bestimmung der Kunst, die sinnliche Darstellung des Ewigen. Das Ewige erblickt Eichendorff in der Religion, und im „unverwüstlichen religiösen Gefühl" eines jeden Menschen das künstlerische Organ dafür. Dem „rücksichtslos, ja verwegen bis an die äußere Grenze seiner Konsequenzen" durchgeführten Prinzip des Protestantismus" entspreche auch die Methode: Lessing verfahre wie ein „ungeduldiger Arzt", der die Hauptkraft seines Geistes stärker auf die „Krisis als auf die eigentlichen Heilmittel" richte und „den vollen Akzent mehr auf die Erforschung als auf den Besitz der Wahrheit " lege. Lessings Anstrengung, den Widerspruch zwischen seinem „Ausgangspunkte von unbeschränkter subjektiver Verstandesprüfung" und seinem Verlangen nach freiwilliger „Ergebung der Vernunft unter den Glauben" zu versöhnen, habe mit der Errichtung einer (humanistischen) Naturreligion geendet. Die geistesgeschichtlichen Folgen bewertet Eichendorff als sehr unheilvoll. Die Zeitgenossen hätten übersehen, daß Lessing „bloß suchte"; sie hätten sein Instrument, den Zweifel, schon für das Ziel erkannt, und so habe seine Anstrengung eigentlich nur den ihm selbst „verhaßtesten Rationalisten" genutzt. Statt der erhofften Genesung sei nun die Krankheit allgemein geworden (Steinmetz, Lessing, S. 325; s. die ähnliche Einstellung aus protestantischer Sicht, Abschnitt 3.4.).

Eben in der Weiterbildung des erwähnten Grundprinzips der Humanität, der Emanzipation des Subjekts, sieht Eichendorff Lessings entscheidende Bedeutung. Die letzte Konsequenz dieses Prinzips – die Hybris des Subjekts – sei in der Philosophie des deutschen Idealismus zum Ausbruch gekommen. Das Religiöse sei zum Ästhetischen pervertiert, Kunst durch ihre Säkularisation autonom und damit zur Ersatz-Religion geworden. Lessing ist für Eichendorff nicht der „Suchende", sondern der „Irregehende", nicht der in die Zukunft weisende geistige Überwinder der zu seiner Zeit noch überstarken Gegenkräfte, sondern der Verlierer im Kampf gegen „letztlich doch unüberwindbare Mächte" (Bonnemann, Lessingkritik, S. 139). Der Unterschied zu Schlegel ist deutlich. In seiner Ablehnung erkennt Eichendorff Lessings Wesen vielleicht adäquater als Schlegel. Er identifiziert es als das dem Absoluten diametral entgegenstehende Prinzip historisch vermittelter subjektiver Wahrheit. Auch wenn Eichendorff wegen seines parteiischen Standpunktes Lessings Werk nur partiell erfaßt, charakterisiert er ihn doch auf zutreffende Weise. Der Unvereinbarkeit ihrer Standpunkte entspricht es, daß Eichendorff Lessings Werke und Ziele kritisiert und ablehnt.

1.4. Die Spaltung der Rezeptionstraditionen

Katholische und protestantische Orthodoxie erlagen niemals der Versuchung einer ideologischen Umdeutung. In Eichendorffs Nachfolge konnte keine Lessing-Legende entstehen, wohl aber in derjenigen Friedrich Schlegels. Sie führte zu zwei Ausprägungen: zur Nationalisierung des kämpferischen Heros, die den Charakter über das Werk setzte, einen Personenkult betrieb und schließlich Lessing mit dem deutschen Wesen identifizierte; und zur Theologisierung des Wahrheitssuchers, womit eine Umprägung des Wahrheitsbegriffs, dessen Enthistorisierung verbunden war.

Anita Liepert hat in einem polemischen Aufsatz *Lessing-Bilder. Zur Metamorphose der bürgerlichen Lessingforschung* beide Entwicklungsformen dargestellt und von Friedrich Schlegels romantischer Umdeutung abgeleitet. In etwas simpler Weise konstatiert sie „die Aufspaltung der Lessingforschung in eine eigentliche Forschung, deren Tradition die marxistische Literatur- und Philosophiegeschichte fortsetzt, und eine zur imperialistischen Apologetik werdende Deutung", wie sie in der (westdeutschen) „imperialistischen Ideologie" vorliege, und nennt als Stammväter für beide Interpretationen Heinrich Heine und Friedrich Schlegel. Als ein Moment erkennt sie die Romantisierung, als ein anderes die Pantheismusauslegung im Sinne der idealistischen Philosophie Fichtes.

„Schlegels symptomatische Verkennung des Wesens der Lessingschen Weltanschauung hat zwei voneinander nur äußerlich getrennten Legenden der bürgerlichen Lessingdeutung vorgearbeitet: der einen, daß Lessings Pantheismus ein Panentheismus, und der anderen, daß Lessings Geschichtsphilosophie nur als Geschichtstheologie zu begreifen sei" (Liepert, S. 1322).

Schlegels Urteil erscheint ihr als Ausgangspunkt einer reaktionären und imperialistischen Lessingdeutung – im Unterschied zur „Forschung", die „über die nationalliberale und die geistesgeschichtliche Umdeutung Lessings bis zu seiner modernsten Etikettierung als Irrationalist und existentieller Denker" reiche. Liepert ordnet Nationalliberalismus und Positivismus einander zu und subsumiert sie einerseits der Wandlung des Bürgertums zur Bourgeoisie und andererseits der Entwicklung vom Staatenbund zum preußisch-deutschen Einheitsstaat. Um Lessing aus Spinozas Umfeld in Leibniz' Nähe zu rücken, werde sein spekulativer Gottesbegriff konsequent in einen theologischen Gottesbegriff umgewandelt. So werde aus der „immanenten Offenbarung" Lessings wieder eine „transzendente Offenbarung"; man (Guhrauer, Ritter) kehre „zur göttlichen Vorsehung außerhalb der Geschichte" zurück.

Für den Übergang zur imperialistischen Epoche erkennt Liepert die geistesgeschichtlichen Interpretationen als symptomatisch (Neukantianismus, Dilthey), da sie die „Absicht des Positivismus, die bürgerliche kapitalistische Macht selbst zu rechtfertigen", nur in neuer Formulierung ausführten und dazu eine transzendentale „geschichtliche" Notwendigkeit bemühten. Als Folgen davon gelten der angestrengte Versuch, irrationalistische Gedankengänge in Lessings Werk nachzuweisen, die „Verinnerlichung und Subjektivierung der Geschichte" und die Einordnung Lessings in ahistorische Typologien (etwa Diltheys Weltanschauungstypen; gemeint sind die Studien von R. Unger, H. Leisegang, B. v. Wiese, A. M. Wagner, F. Koch; auch die wissenschaftlichen Exponenten des George-Kreises). Lessings politisch-soziale Zielsetzungen, die an die historische Qualität ihrer Epoche unübertragbar gebunden sind, geraten infolge dieser Betrachtung völlig aus dem Blickfeld.

Die letzte Phase ahistorisch-theologischer Lessing-Deutung repräsentieren für die dialektisch-materialistische Wissenschaft vor allem die Untersuchungen von Otto Mann und Helmut Thielicke. Ihnen galt schon 1964 ein scharfer, in polemischer Absicht verfaßter Aufsatz von Plavius (s. o. S. 334), der eine ausgesprochene Klerikalisierung des bundesrepublikanischen Lessingbildes konstatierte. Beide, Thielicke und Mann, rücken Lessing aus dem Vernunftbereich des rationalistischen Aufklärers in die Sphäre des Offenbarungsglaubens, verabsolutieren also den bereits in der Weimarer Republik bemerkbaren Trend, Lessing irrationalistischen Strömungen anzunähern, und kappen so von vornherein alle politischen, systemverändernden Zielrichtungen ab. Lessings Geschichtsphilosophie werde zur Geschichtstheologie, die Entwicklungsidee zum theologischen Offenbarungsbegriff. Die Emanzipation der Vernunft von der Theologie ist, das konstatiert Liepert zu Recht, zurückgenommen; sie ist jedoch nicht nur auf die alte „Einheit" zurückgeschraubt, sondern ihre Selbstpreisgabe entmündigt folgerichtig die bürgerliche Bewegung, deren Errungenschaft sie einst war.

2. Das „Revolutionsgenie" (Lessing als Vorkämpfer des Bürgertums)

2.1. Sozialkritik und Fortschritt (Heinrich Heine)

Hatten die Romantiker Lessing ganz als „großen Suchenden", als Vorläufer romantischen Wesens selbst gedeutet und seine politische und soziale Kritik vernachlässigt, so wurden in der antithetisch auf die Romantik folgenden Epoche des Vormärz und des Jungen Deutschland gerade die politischen und sozialen Aspekte betont. Heine fand für die neue Lebenszugewandtheit das treffende Schlagwort: „Die Revolution tritt in die Literatur!" Gemeinsam ist den Vertretern der nachklassischen Generation die zweckhafte Betrachtung von Kunst: sie soll dem „wirklichen Leben", also politischen, sozialen und pädagogischen Aufgaben dienen. Wie dieser Um- und Gegenschlag sich auf die Deutung Lessings auswirkte, zeigen verschiedene Aktualisierungen. Es heißt gewiß Heines Rolle in der Lessing-Rezeption überschätzen, wenn man ihn, wie Liepert, Friedrich Schlegel als Antipoden gegenüberstellt. Wie so häufig in der Literaturgeschichtsschreibung motiviert auch hier die Suche nach einem Ahnherrn der eigenen Doktrin die Etikettierung Heines als Initiators einer demokratischen Lessingforschung. Sie steht im Gegensatz zu der von Schlegel hergeleiteten theologischen ‚Lessing-Legende' (Liepert, S. 1321, 1323 f.).

Wie Schlegel waren auch Heine die theologischen und philosophischen Schriften Lessings wichtiger als dessen dichterische und ästhetisch-theoretische Produkte, aber sie galten ihm nicht als Ausdruck eines überhistorischen Protestantismustypus, sondern einer „zutiefst politischen Weltanschauung" (Liepert, S. 1323). Heine war es, dem zuerst in der Rückschau der Mangel an Resonanz auffiel, die der sozialkritische Appell der *Emilia Galotti* bei den Zeitgenossen hatte. Zentrale Bedeutung erhält sein Satz:

„Mehr als man ahnte, war Lessing auch politisch bewegt, eine Eigenschaft, die wir bei seinen Zeitgenossen gar nicht finden; wir merken erst jetzt, was er mit der Schilderung des Duodezdespotismus in ‚Emilia Galotti' gemeint hat. Man hielt ihn damals nur für einen Champion der Geistesfreiheit und Bekämpfer der klerikalen Intoleranz; denn seine theologischen Schriften verstand man schon besser" (Steinmetz, Lessing, S. 260 f.).

Dezidiert gegen Friedrich Schlegel ist Heines Beobachtung gerichtet, in allen Lessingschen Werken lebe „dieselbe große soziale Idee, dieselbe fortschreitende Humanität, dieselbe Vernunftreligion, deren Johannes er war und deren Messias wir noch erwarten" (*Romantische Schule* 1833/36; Steinmetz, Lessing S. 260). Besonders Franz Mehring hat auf die Tatsache hingewiesen, daß Heine in Lessings Dramen zuerst die politische und sozialkritische Stoßrichtung erkannt hat. Heine feiere in Lessing „nicht sowohl den Dichter, den Gelehrten, den Kritiker als den Charakter, den Mann, den Bahnbrecher und den Vorkämpfer der bürgerlichen Klassen" (Lessing-Legende, S. 45 ff.).

Lessing gilt Heine als Fortsetzer Luthers nicht etwa im Sinne eines Religionserneuerers, sondern eines Vollenders des protestantischen Prinzips (das Schlegel in Selbstaufhebung verkehrt hatte). Die Zuordnung Lessings in eine von Luther ausgehende Linie ist aus Heines antiklerikaler Einstellung zwar erklärbar, hält historischer Analyse indes nicht stand. Luther kann nur sehr bedingt als Verfechter vernunftgegründeter und sozialorientierter Emanzipationstendenzen angesprochen werden.

Die bei Gervinus eher verständliche Säkularisation eines chiliastischen Mythus begegnet schon bei Heine – mit allen fatal-pathetischen Attributen:

„Ja, kommen wird auch der dritte Mann, der da vollbringt, was Luther begonnen, was Lessing fortgesetzt, und dessen das deutsche Vaterland so sehr bedarf, – der dritte Befreier! [...] Ich sehe schon seine goldne Rüstung, die aus dem purpurnen Kaisermantel hervorstrahlt, ‚wie die Sonne aus dem Morgenrot‘ " (*Zur Geschichte der Religion und Philosophie in Deutschland* 1834/35; Steinmetz, Lessing, S. 262 ff.).

Kritisierend und polemisierend verbindet Heine auf ganz äußerliche Weise die beiden „Protestanten". Als Luthers Verdienst gilt die Befreiung von der Tradition (der Kirchenväter); Lessings bahnbrechende Tat erblickte Heine in der Befreiung vom „tyrannischen Buchstaben", dessen unflexible Deutung eine Folge von Luthers autoritärer Festsetzung der Bibel als alleiniger Quelle des Christentums gewesen sei. Erst nach Vernichtung dieser „letzten Hülle" des Christentums trete der Geist hervor, und zwar trotz seiner unterschiedlichen Ausformungen inhaltlich stets als „reiner Deismus" bestimmt.

Unter dem Blickwinkel des menschlichen Selbstbefreiungsprozesses heroisiert Heine Lessing zum einsamen Kämpfer für Befreiung von gesellschaftlichen und geistigen (vor allem religiösen) Banden. Dieser Akzentuierung entspricht es, daß Heine das Lossagen von der autoritativen Vergangenheit in Deutschland mit Kants *Kritik der reinen Vernunft,* in Frankreich mit der Revolution vollendet sieht. Heine erkennt das Problem, daß sich in Deutschland die Revolution nur auf geistiger Ebene vollzog, als literarisches Lokalereignis, während in Frankreich tatsächlich eine gesellschaftliche Veränderung erzwungen wurde. Der ‚politischen' Lessing-Interpretation Heines schloß sich eine ‚nachklassisch-demokratische' Lessingforschung an (K. Lachmann, G. G. Gervinus, Th. W. Danzel, J. Jacoby, H. Hettner, K. Fischer). Die bürgerliche Emanzipationsideologie fristete im deutschen Bundesstaat ein ‚literarisches' Leben, im wesentlichen beschränkte sie sich auf die Projektion der liberalen Ideale in die Zeit des erwachenden Bürgertums.

2.2. Das germanomanische Leitbild (Wolfgang Menzel)

Der einflußreiche Literaturhistoriker und -kritiker Wolfgang Menzel (1798–1873), einer der Gründer und eifrigsten Förderer der Burschenschafterbewegung, gehörte zunächst der liberalen Opposition an; in den Revolutionsjahren schwenkte er zu den konservativen Parteien um. Auf der Suche nach einem härter und nationaler gearteten Leitbild, als Goethe es bot, kam Lessing seinem Ideal am nächsten. Die Überwindung der „Gallomanie", der „Gräkomanie" und der „Anglomanie" galt ihm als Lessings zentrale Tat – eben zu ihr habe Lessing neben der poetischen der kritischen Kraft bedurft. Als eine seiner Haupttaten nennt Menzel „die Reinigung unsrer deutschen Bühne vom steifen französischen Alexandriner und die Reinigung unsrer Sprache vom alten Schwulst". Die Betonung der nationalen Komponente erklärt den Vorwurf Menzels, die Nachfolger des Kritikers Lessing hätten sich in „allgemeiner Geschmacksmengerei" und „Vermischung aller fremden Weisen" ergangen. Die Überbewertung von Lessings Kampf gegen Sentimentalität und Empfindsamkeit soll den Goetheanhängern einen Schlag versetzen. Menzel steigert Lessings Kritik am *Werther* zu einem Wesensgegensatz zwischen dem männlichen, ehrenhaften Lessing und dem weichlichen, fürstendienernden Goethe. In der „faulen Verweichlichung" und der „eitlen Affektation" der Empfindsamen habe Lessing den „absoluten Gegensatz gegen die ihm selbst eigne Kraft und Natürlichkeit" erkannt und verabscheut. Als innerstes Prinzip des Lessingschen Dichtertums bezeichnet Menzel die Ehre, die er bewußt gegen die ‚ehrlose' Sentimentalität ausspielt. Ein einziges seiner Dramen, *Minna, Emilia, Nathan,* würde genügen, „ihn den größten Dichtern aller Zeiten beizugesellen". Besonders hebt Menzel dieses Ehrprinzip in Lessings persönlichem Kampf um seine Unabhängigkeit hervor und spielt ihn gegen Goethes und anderer Abhängigkeit von der „Gunst der Großen" aus. Die Höfe seien ihm prinzipiell als Feinde einer echten und freien Geistesbildung erschienen (Steinmetz, Lessing, S. 276 ff.).

Lessing verkörpert für Menzel wie kein anderer die Einheit von Humanität und Weisheit mit dem „romantischen Wesen männlicher Ehre"; deren dichterischer Ausdruck sei eine unübertroffene Darstellung der „Grazie der Männlichkeit". In den Helden seiner Bühnenstücke sei ihm die Versöhnung der poetischen Ideale mit dem wirklichen Leben gelungen. Seit der Gestaltung des Prinzen in *Emilia Galotti* sei die „Immoralität der Höfe" zu einem „stehenden Bühnenartikel" in Deutschland geworden. Zusammenfassend urteilt Menzel, Lessing sei der „Begründer der neuen deutschen Dramaturgie" gewesen, habe dem Drama nicht nur als Kritiker den Weg gewiesen, sondern auch das deutsche Drama selbst tiefgreifend beeinflußt (Bloemer, Gesammelte Blätter, S. 157).

Anders als Heine stellt Menzel das nationale Moment in den Vordergrund, ohne allerdings das soziale und das antihöfische Moment darüber zu verschweigen. Erst die Verbindung beider macht ein Spezifikum der bürgerlichen und nationalen Burschenschafterbewegung und ihr verwandter Geistesrichtungen aus; zu ihnen gesellt sich als drittes die zuvor erwähnte „personale Mythisierung". Der Heinesche Kosmopolitismus gilt diesen Richtungen eher als verdächtig. Die soziale Tendenz scheint ihnen losgelöst von der nationalen, mit bürgerlichen Interessen gleichgesetzten Tendenz überhaupt nicht denkbar und schon gar nicht realisierbar zu sein. Die Verbindung des sozialen und des nationalen Moments ist auch bei Gervinus anzutreffen; das macht sein und Menzels Lessingverständnis zu einem klassenbedingt bürgerlichen, während Heine das zugrundeliegende politisch-kritische Prinzip von der historisch verhafteten Ausgestaltung zu lösen vermochte. So gerät er auch nie in die Gefahr, Lessings Wesen, seine Thematik, seine Sprache oder seinem Stil als typisch deutsch auszugeben.

2.3. Der liberal-nationale Revolutionär (Georg Gottfried Gervinus)

Georg Gottfried Gervinus (1805–71), einer der berühmten ‚Göttinger Sieben‘, gilt als typischer Vertreter des liberalen intellektuellen Bürgertums im vorrevolutionären Zeitraum (bis 1848). Er gab sich wenig mit Quellenkritik und Archivarbeit ab. Für ihn hatte der Historiker eine erzieherische Funktion. Daher rührte auch seine dezidierte Ablehnung der „objektiven Manier" Rankes, die sich der Darstellung vergangener Epochen um ihrer selbst willen zu widmen beanspruchte.

Gervinus' Kritik galt den herrschenden Schichten (noch nicht ‚Klassen‘), sein Interesse den Beherrschten (4. Stand). Die historische Darstellung Gervinus' war politisch und zielte auf politische Aktivierung, und die Art seiner Darstellung sollte das politische Gewissen wachrufen. Von diesem Standpunkt aus ist seine *Neuere Geschichte der poetischen Nationalliteratur der Deutschen* geschrieben, und Lessing nimmt einen zentralen Platz darin ein. Sein unruhiges Wanderleben deutet Gervinus als „die ewige Widersetzlichkeit gegen den faulen Schlendrian der deutschen Kleinmeisterei und die Armseligkeit des deutschen Gelehrtenlebens, das fortwährende Ringen eines freien Geistes gegen die vielfachen Hemmungen der herkömmlichen Verhältnisse und Bildung" (s. Steinmetz, Lessing, S. 295 f.). Die aufklärerische Tendenz bei Gervinus macht es verständlich, daß seine Sympathie nicht Klopstock und Wieland, sondern Lessing gehört.

Gervinus findet im Aufklärer Lessing einen Gesinnungsgenossen, dessen Publizistik auch von einem praxisorientierten Erkenntnisinteresse geleitet war. So sieht er Lessing „gleichsam auf der Hochwacht stehen und alles, was in dem Reiche der deutschen Literatur vorging, mit wahrer Sorgfalt beobachten"; die Literaturbriefe nennt er „eigentlich das Hauptwerkzeug seiner revolutionären Umtriebe". Lessing selbst gilt ihm als „Revolutionsgenie" einer ‚nationalen konservativen Befreiung‘ (Steinmetz, Lessing, S. 41). Diese politische Einstellung erklärt die Vorrangigkeit der nationalen gegenüber der sozialen Bedeutung Lessings. Das Konglomerat nationaler und republikanischer Momente dürfte auch für die merkwürdige Vorstellung verantwortlich sein, zum Erreichen der nationalen Ziele bedürfe es eines „starken Mannes" – zweifellos widerspricht dieser Wunsch dem sonstigen bundesstaatlich-republikanischen Ideal von Gervinus, wie es in seinen Aktivitäten als einer der ‚Göttinger Sieben‘ erkennbar wird. Das Bild des idealen Politikers projiziert Gervinus in die Vergangenheit zurück und findet es auf der literarischen Ebene in Lessing, der als Fortsetzer Luthers zugleich Ansporn für den starken Mann der Zukunft sein soll.

In diesem Punkt hat Gervinus die romantischen Träume eines Heine (Barbarossa-Mythos) fortgeführt. Ungewollt leisteten die romantischen Vertreter des nationalen Republikanismus der Nationalisierung Lessings durch die preußischen Historiographen Vorschub (zu Gervinus und Lessing s. auch Grimm, Rezeptionsforschung als Ideologiekritik, S. 124 ff.; ferner: Georg G. Gervinus, Schriften zur Literatur. Hrsg. v. Gotthard Erler, Berlin 1962; Bonnemann, Lessingkritik, S. 130 ff.).

2.4. Der theoretische Republikaner (Adolf Stahr)

Die durchgehend vertretene These Adolf Stahrs, Lessing sei ein Republikaner gewesen, „der erste und zugleich der beste, den Deutschland bis auf diesen Tag gehabt" habe, allerdings mehr in theoretischer als in praktischer Hinsicht, steht in der Nachfolge von Gervinus' Programmatik.

> „Ein theoretischer natürlich, insofern er keine revolutionären Umwälzungen erstrebte, wie er das Heil der Menschheit überhaupt nicht an bestimmte und feste politische Formen knüpfte; aber in seinen Maximen [...] in seinem unerschütterlichen Wahrheitsmute und seiner unabhängigen Lebensführung, in seiner Abneigung gegen Höfe und höfisches Wesen, seiner Verachtung aller Scheinehren von Titeln und Orden, seinem starken Gleichheitsgefühle, das einem Könige wohl zugestand, ‚über ihn zu herrschen und mächtiger zu sein, nicht aber, sich besser zu dünken', war er ein sehr praktischer" (Steinmetz, Lessing, S. 339).

So deutet Stahr Lessings scheinbar unabhängiges Leben als eine Verminderung des Beherrschtwerdens und apostrophiert es demgemäß als „segensreiche Unstätigkeit". „Unabhängigkeit der äußeren Lage" sei für Lessing die „Basis für die Freiheit des Geistes" gewesen: zeitlebens habe er aus seiner Abneigung gegen die Höfe keinen Hehl gemacht und den Widersinn einer Trennung der Menschheit in einen kleinen besseren und einen größeren gehorchenden Teil betont. Das auch gegenüber Fürsten nicht verleugnete „stolze freie Selbstgefühl" mache Lessings Größe aus – und unterscheide ihn von „Goethescher Untertänigkeit". Bezeichnend wie das seinen Dramen vorangestellte Motto „in tyrannos" sei auch die Wahl der Stoffe Masaniello, Spartacus und Henzi für die Trauerspiele, die er aufgrund ihrer politischen Verfänglichkeit nicht vollendet habe. Stahr erkennt im absoluten Staat und in der absoluten Kirche die „zwei großen Faktoren der modernen Welt" und „des in ihr herrschenden Despotismus über die Freiheit des menschlichen Geistes". Lessing habe die Kirche als Gegner gewählt: Priestertum und Absolutismus hätten ihm gleichermaßen als Feinde freiheitlicher Entwicklung gegolten.

Zu Recht hat Mehring bei seiner kritischen Musterung der einzelnen Phasen innerhalb der Lessing-Legende auf die weite Verbreitung von Stahrs bewußt populär gehaltener Biographie hingewiesen. Von ihm bezog das gebildete Bürgertum seine Lessing-Interpretation; den Erfolg verdankte das Buch wohl auch der republikanischen Position, die es vertrat und für Lessing behauptete. Bedingt durch den Erscheinungstermin (1859) sei Stahrs Buch zum Banner für „die zu neuem Kampfe sich rüstenden bürgerlichen Klassen" geworden (Mehring, Lessing-Legende, S. 56 ff.). Der republikanische Geist des in einem „agitatorischen und deklamatorischen Tone" geschriebenen Buches habe, zumal „nach dem dumpfen Schweigen einer zehnjährigen Reaktionszeit" im Bürgertum bereitwillige Aufnahme gefunden.

Als neue Stufe der Lessing-Legende bezeichnet Mehring die Gleichstellung Lessings, des „ersten Vorkämpfers" der bürgerlichen Klassen, und Friedrichs II, des „Vertreters des absoluten Staats". Verantwortlich für sie macht er die „ideologisch-hegelianische" Staatsauffassung.

„Aus der etwas kindlichen Anschauung, als ob Lessing an der Verachtung Friedrichs gleichsam zum Denker und Dichter erwachsen sei, entwickelte sie sich zu der Auffassung, daß, wie Stahr sagt, der König Friedrich als ‚Mitstreiter und Mitarbeiter seines großen Zeitgenossen' dastehe oder daß der König und Lessing, wie Lassalle meint, die deutschen ‚Revolutionäre' des achtzehnten Jahrhunderts gewesen seien" (Mehring, Lessing-Legende, S. 61).

Lessing wurde auf diese Weise dem Bürgertum als einer seiner idealen Vorkämpfer nahegebracht – und das gerade zu einem Zeitpunkt, als die machtpolitische Realität die Verwirklichung demokratischer Ziele nicht mehr zuließ: das übertölpelte Bürgertum schien jedoch die Diskrepanz zwischen dem alten Freiheits-Ideal und dem Preußenreich zu verdrängen.

Stahr zeichnete Lessing ja nicht als einen Gescheiterten, ebensowenig wie er das Scheitern des Bürgertums eingestand. Die Illusion eines Zusammengehens von Einheitsstaat und bürgerlicher, ja demokratischer Freiheit schnitt diese Erkenntnis ab. Der Republikaner Lessing konnte im Kaiserreich nur ein ‚theoretischer' sein; eine Umsetzung seiner republikanischen Prinzipien in die politische Praxis war nicht möglich. Dieser Sachverhalt kennzeichnet die Auffassung des preußischen Lessingbildes: aufgrund des geheimen Widerstands des Theoretikers kam der praktisch vor den Karren der nationalen Ideologie gespannte „Vorkämpfer des Einheitsstaats" doch nicht zur Aussöhnung mit dem Reich. Das war seine Chance, es zu überleben.

2.5. Die „Insurrektion" gegen die Tradition (Ferdinand Lassalle)

Einen weiteren Schritt in Richtung der preußisch-offiziösen Lessing-Charakterisierung stellt Ferdinand Lassalles 1858 entstandener, 1861 veröffentlichter Aufsatz *Lessing vom kultur-historischen Standpunkt* dar (Steinmetz, Lessing, S. 348 ff.). Lassalle, der Mitbegründer des *Allgemeinen Deutschen Arbeitervereins*, würdigt die Aufklärung als eine Befreiung Deutschlands aus einer „unsäglichen geistigen Verdumpfung"; besonderes Verdienst erkennt er dabei Friedrich dem Großen und Lessing zu. Friedrichs „Auflehnung gegen alle historischen Machtverhältnisse, gegen Kaiser und Reich" sei kein gewöhnlicher Krieg gewesen, sondern eine „Insurrektion". Friedrichs Erhebung, sein Bruch mit dem Überlieferten, habe ein neues Leben in Deutschland hervorgebracht. Auch seine Reformen im Innern seien nur „die notwendigen Folgen [...] seiner Erhebung" gewesen – und die Aufklärung sei nichts anderes als „die zum Bewußtsein gekommene Überlegenheit des Subjekts über die Welt seiner Überlieferungen". Was Friedrich in der äußeren Wirklichkeit, in den Außen- und Innenbeziehungen des Staates geleistet habe, habe Lessing für die „überlieferte Welt des geistigen Innern" vollbracht. Im Kampf gegen durch Tradition geheiligte Autorität erblickt Lassalle das Hauptverdienst Lessings, den er bezeichnenderweise apostrophiert als „den siegreichen Revolutionär im Reiche des Geistes, den Rächer und Wiederhersteller der untergegangenen Präsenz des lebendigen Selbstbewußtseins in Literatur, Kunst, Religion, Ethik, Geschichte" (Steinmetz, Lessing, S. 351).

Lessings gesamte Tätigkeit richte sich darauf, „das Prinzip der lebendigen Präsenz des Selbstbewußtseins und seiner treibenden Innerlichkeit zum Durchbruch zu bringen in allen Adern der geistigen Welt". Mit seinem Beiseiteräumen äußerlicher Normen und toter Überlieferungen sei Lessing der weltliche, der durch keine religiösen Voraussetzungen mehr beschränkte: „der größere Luther". Seine theologischen Auseinandersetzungen erweiterten die Diskussionsebene von der Gegenwart auf die Geschichte: Lessing lehne nämlich die „zufälligen Geschichtswahrheiten" als Beweis für „notwendige Vernunftwahrheiten" ab und mache so „die Geschichte selbst zu einer innern Entwicklung des Selbstbewußtseins".

Unüberhörbar sind in Lassalles Deutung die Anklänge an Hegel. Doch unterscheidet sich Lassalle zufolge Lessings Position insofern von der Hegels, als bei Lessing die Geschichte „die Entwicklung des subjektiven Selbstbewußtseins", bei Hegel dagegen „die Entwicklung des objektiven Begriffes des Geistes" impliziere (Steinmetz, Lessing, S. 357). Franz Mehring kritisiert an Lassalles Lessing-Interpretation ebenso wie in Stahrs Auslegung die unhistorische Zuordnung Lessings und Friedrichs II (s. Mehring, Lessing-Legende, S. 61 ff., 80 ff.; ferner zur Kritik an Friedrich II S. 11 ff., 152, 163, 178).

3. Lessing – der Herold Preußens (Die staatlich sanktionierte Nationalisierung des Lessingbildes)

3.1. Friedrich II und Lessing, zwei Vorkämpfer für den preußisch-deutschen Nationalstaat

Schon vor der Reichsgründung 1871 gab es Stimmen, die Lessing in einen engen Bezug zu Preußen brachten. Wie Mehring aufzeigt, bildeten Lassalles Aufsatz und Adolf Stahrs Biographie eine entscheidende Stufe auf dem Weg zur völligen Vereinnahmung Lessings durch Treitschke und Schmidt; allerdings kann ihnen nicht wie diesen der Wille preußischer ‚Vereinnahmung' vorgeworfen werden. Beiden galten vielmehr Friedrich und Lessing als die bedeutendsten Revolutionäre, Umstürzler der alten, äußeren und inneren, durch Traditionen verfestigten Formen. Bei dieser Auslegung spielt, gerade im Hinblick auf Lessings Gleichsetzung mit Friedrich, Hegels Philosophie von der Selbstverwirklichung des objektiven Geistes eine wichtige Rolle, weil sie in Preußen die Staatsidee als realisiert erkennt. So mußte es Lessing nachgerade zur Ehre gereichen, an der Entfaltung des Weltgeistes (der gewissermaßen auf die Schaffung Preußens hinsteuerte) mitgewirkt zu haben. Die indirekte Bedeutung Hegels für die Entstehung der Lessing-Legende hat Mehring zwar erkannt, seine Verantwortlichkeit hat er jedoch nicht deutlich genug herausgearbeitet.

Die Autoren, die in Lessing einen Vorstreiter des Nationalstaates erblickten und sein Eintreten gegen die französischen Vorbilder nicht unter sozialem und ästhetischem, sondern unter politischem Aspekt verstanden, müssen im Rahmen der Bemühungen um ein national geeintes Deutschland gesehen werden. Sie identifizierten nicht vorbehaltlos preußisches und deutsches Interesse. Dennoch hat ihr Rühmen von Lessings spezifischer Deutschheit, von Lessings Patriotismus, von Lessings Verdiensten um die Schaffung einer Nationalliteratur auf indirekte Weise dem Entstehen einer Lessing-Legende Vorschub geleistet. Die preußische Geschichtsschreibung verwandelte Lessing in einen Fahnenträger der deutschen Einheit unter preußischer Führung, wobei die preußenfeindlichen Äußerungen Lessings meist unterschlagen wurden. Heinrich von Treitschke vertritt exemplarisch die preußische Ideologie. In seiner 1863 gehaltenen Lessing-Rede (Auszüge bei Steinmetz, Lessing, S. 373 ff.) gilt ihm Lessing als „Schöpfer eines freieren öffentlichen Lebens in unserem Volke" – unbewußt stehe er im Bunde mit den preußischen Politikern als den Trägern des Fortschritts. Lessings Auseinandersetzung mit der französischen Tragödie erscheint unter dem Aspekt einer nationalen Tat: Lessing und Friedrich II kämpfen als Verfechter des deutschen Nationalbewußtseins Schulter an Schulter gegen Frankreich. Interessanterweise versucht Treitschke nicht, Lessing als Patrioten darzustellen, vielmehr spricht er ihm die Vaterlandsliebe gänzlich ab (zur Kritik an Treitschke s. Mehring, Lessing-Legende, S. 53).

Die im *Nathan* gepredigte Toleranz übersteige fast das Verständnis der Gegenwart. Allerdings sieht er das von Lessing vertretene ‚Weltbürgertum' nicht im Gegensatz zu nationaler Staatenbildung. Den Widerspruch löst Treitschke mit schwer nachvollziehbarer Logik: „Noch heute leben sie, jene Gedanken von dem Weltbürgertume, und eben jene dürfen sich heute Lessings getreueste Diener nennen, die – seinem Geiste, nicht dem Klange seiner Rede folgend – am rührigsten für den nationalen Gedanken wirken" (Steinmetz, Lessing, S. 378 f.). Treitschkes Gleichstellung von Lessing und Friedrich aufgrund ihrer angeblichen Franzosenfeindschaft ist gewiß ungerechtfertigt. Seine Intention ist die Erhöhung Lessings zum Partner Friedrichs II bei der Inthronisation des Hohenzollernreiches. Lessing wird faktisch zum Wegbereiter monarchisch reglementierter Unfreiheit und patriotisch verbrämter Unmündigkeit.

3.2. „Der literarische Arminius" (Schlagworte aus dem Kaiserreich)

Das Schlagwort „literarischer Arminius" stammt von Heinrich Heine (*Die romantische Schule* 1833/36). Ohne die von Heine gemeinte Ironie bildet es den Kern aller von nationalstaatlichen Interessen geprägten Deutungen: „Lessing war der literarische Arminius, der unser Theater von jener Fremdherrschaft befreite" (Steinmetz, Lessing, S. 260). Die Schlagworte lassen sich beliebig vermehren:

„Herakles, den Augiasstall seiner Zeit zu fegen und zu säubern" (Kühne 1853; Steinmetz, Lessing, S. 328) – „unser Aristoteles" (Heinrich Laube 1872; Steinmetz, S. 293) – „der weltliche Luther" (Heine 1834/35; Steinmetz, S. 264; Sachs 1839; Steinmetz, S. 284; Lassalle 1861; Steinmetz, S. 351) – „der Schöpfer und Vater der deutschen Literatur" (Kühne 1853; Steinmetz, S. 330; s.S. 598).

Die Befreiungskriege von 1813/14 und die Rückbesinnung der Romantiker auf das nationale Erbe förderten die Bewegung eines nationalistischen Deutschtums. Im Schwall nebuloser Phrasen und im Spiegel germanischer Heldenverehrung ging dabei vielfach die von den Rednern an Lessing gepriesene Klarheit verloren.

„Nicht Rom aber allein, auch das neue Gallien hat der Genius überwunden, den diese Feier ehrt. Vor Lessing war der Anbeginn der schönen Literatur in Deutschland fast nur Anklang und Nachhall der französischen in Gehalt und Form, und französischer Geist, französisches Idiom herrschte in des Deutschen Sprache und Schrift. Da grub Lessing den unendlich tiefen, unendlich reichen Schacht unserer herrlichen Muttersprache auf, und ihre gediegene selbsteigene Urkraft ward zur ebenbürtigen Schwester der Hellenenzunge, die die Musen auf dem Helikon reden. Und so ragt denn Lessings Statue, des Retters vom entehrenden Fremdlingstume, kühn und groß mit den Standbildern zum deutschen Himmel empor, die das dankbare Vaterland den Helden der verhängnisvollen Befreiungskriege errichtet hat. Ja, es ist Siegesfreude, es ist Triumphgesang, was heute um die Stufen dieser deutschen Ehrensäule aus freier Cheruskerbrust zu Wodan, Mannus und Thor emporhallt, und das heilige Echo tönt aus der Walhalla herab, die über des Varus Leiche und des fernen Autokrators Verzweiflung jubelt, der seine verlornen Adler und Legionen beklagt!" (Victor Ferdinand Lebrecht Petri, Worte der Weihe bei der Enthüllung der Lessing-Statue 1853; Steinmetz, Lessing, S. 335; Petri hatte bereits 1838 zur Totenfeier Lessings eine ähnliche Rede gehalten; s. Bloemer, Gesammelte Blätter, S. 160 ff.).

Mit solchen verschwommenen Anschauungen verband sich das typologisierende Denken, das in Dreiergruppierungen etwa eine Linie von Luther über Lessing herstellte und auf den dritten Befreier spekulierte, der nach der religiösen und der literarischen die politische Befreiung bringen würde. Erich Schmidt stilisierte Lessing zum mittelalterlichen Ritter: „Ruhelos, ritterlich wie Hutten, in nationaler Wehr, unzünftig, nur der Wahrheit dienstpflichtig, ohne feiges Wägen kühn wagend, lehrt er uns einen guten Kampf kämpfen und vom Irrtum aus, dem keine Verjährung das Lebensrecht gibt, das Wahre erobern". Lessing gilt ihm geradezu als „Führer des Deutschen Reiches von 1870/71" (Erich Schmidt, G. E. Lessing. Ein Festvortrag, Beilage zur Allgemeinen Zeitung, 1. Teil: Mittwoch, 16. 2. 1881, Nr. 47 [S. 681 ff.], 2. Teil: Donnerstag, 17. 2. 1881, Nr. 48 [S. 697 ff.]; s. auch Steinmetz, Lessing, S. 42).

Besonders werden Tapferkeit und Männlichkeit Lessings betont. Meistens weisen die Autoren nachdrücklich auf Lessings Deutschtum hin. Die Kategorie des „Männlichen" spielt in den Würdigungen Lessings von Herder bis Thomas Mann und Hofmannsthal eine bedeutsame Rolle. Kampfesmetaphern begegnen in den Lessing-Reden mit schöner Regelmäßigkeit. In einem 1915 gehaltenen Vortrag stilisiert Theodor Kappstein Lessing zum „kriegerischen Lessing":

„Lessing, der Schwertfeger deutschen Geistes, der die Waffen der fortschreitenden

Wahrheit und der nationalen Ehre uns geschärft, – und der heldenmütige Ringer, der das Schwert geschwungen mit seinem durchschneidenden Scharfsinn und mit seiner den Leser zum Finder beglückenden schönen Deutlichkeit!" (Steinmetz, Lessing S. 440 ff.).

Der deutschtümelnd-nationalistischen Deutung waren auch die Bühnenwerke unterworfen. Die zunächst erstaunende Tatsache, daß *Philotas* eine höhere Aufführungszahl als *Miß Sara Sampson* hatte, weist deutlich auf die patriotische Interpretation des Einakters hin (s. Merbach, Lessing, S. 38 ff.).

Wissenschaftliche Standardwerke (Schmidt, Oehlke, Fischer u. v. a. m.) bieten meistens ein differenziertes Bild oder relativieren die ideologische Einseitigkeit mindestens durch Erwähnung von Gegenargumenten. Die völlige Vereinseitigung begegnet vielmehr an den Umschlagplätzen, in den Schulbüchern, den Kommentaren für Schule und Selbstunterricht, den populären Literaturgeschichten und Biographien, in den Zeugnissen der Presse. Hier konnte sich das negative Bild der französischen Kultur und ihres Gegners Lessing widerspruchslos in das ebenfalls ideologisch einseitige Erbfeindklischee einfügen.

Besonders häufig wurde *Minna von Barnhelm* aufgeführt. In den Erläuterungen und Kommentaren für den Schulgebrauch wird das Lustspiel bewußt als nationales Theaterstück aufgefaßt, der ehrenhafte Tellheim gegen den französischen Glücksritter Riccaut ausgespielt (dazu Grimm, Lessing im Schullektüre-Kanon, S. 28 f.). Verschiedene Kommentare bezeichnen das Stück, „ja Lessings ganze literarische Tätigkeit" als „den vollendeten Bruch mit der Franzosenbuhlerei" (Lessings *Minna von Barnhelm* im einzelnen erklärt und gewürdigt von J. Stoffel, Langensalza 1888, S. 53). Das Lustspiel versetze den Franzosen „auf dem Felde der Literatur ein zweites Roßbach" (W. Schröder, Aufgaben aus *Minna von Barnhelm*, Leipzig 1908, S. 62). Das in Tellheim nicht gerade auf unproblematische Weise verkörperte Ehrgefühl dient zur Interpretation typisch deutschen Wesens beim Kampf gegen die französische Kulturüberfremdung. Der ‚Kampf' habe auch die Abfassung der *Hamburgischen Dramaturgie* und der *Literaturbriefe* motiviert. Mit der Erhebung Lessings zum Erzpreußen ist zugleich die Legende vom ‚Franzosenfresser' Lessing perfekt.

3.3. „Der tapfere Lessing" (Durchhalteparolen und Irrationalismus in der Weimarer Republik)

In der Weimarer Republik tritt neben die nationale Blickrichtung verstärkt ein Betonen irrationaler Züge. Lessing erscheint als Überwinder des Rationalismus, als Vorbereiter des ‚Sturm und Drang' und diverser irrationalistischer Bewegungen. Thomas Mann etwa beruft sich bei seiner Abwehr des in Bachofens und Nietzsches Nachfolge aufgekommenen Chthonismus auf Lessings Engagement gegen den Antirationalismus. Mann wendet sich jedoch auch gegen einen „geistig veralteten" einseitig rationalistischen Standpunkt. Ein „blutvollerer, tieferer, tragischerer" Lebensbegriff sei an die Stelle des abstrakten Tugendideals getreten. Mann nennt das neue Ziel:

„In Lessings Geist und Namen gilt es hinauszulangen über jede Art von Faschismus zu

einem Bunde von Vernunft und Blut, der erst den Namen voller Humanität verdiente"
(Thomas Mann, Rede über Lessing, in: Th. M., Zur Literatur, Kunst und Philosophie,
Bd. 1, Frankfurt a.M. u. Hamburg 1968, S. 355 ff.; erstmals 22. 1. 1929).

Ein Überblick über die im Lessing-Gedenkjahr 1929 gehaltenen Reden ergibt
ungefähr folgendes Bild:

Die meisten Redner betonen in Lessings Persönlichkeit das Unstete, das Rast-
lose, Unsystematische, ja Vorläufige, das experimentierende Schaffen und das
„energetische Lebensideal". Hankamer weist die Auffassung vom optimistischen Lebensglauben Lessings zurück und spricht von seinem eigentlich tragischen Lebensgefühl. Überall begegnet das Stereotyp vom Wahrheitssucher, dem
tapferen Kämpfer und Bekenner. Allerdings werden auch Stimmen laut, die
Lessing während des Fragmentenstreits mindere Wahrhaftigkeit als Goeze zuschreiben (Holl).

Bei Behandlung seiner *religiösen Position* scheiden sich wieder die Geister. Die
einen sprechen ihm Religion als „Bedürfnis persönlichen Erlebens" ab. Die andern erkennen ihm Religiosität zu; er sei ein religiöser Mensch hohen Ranges,
doch sei sein religiös-metaphysisches Bedürfnis an keine bestimmte Form mehr
gebunden (Hankamer). Einige nennen ihn gar „Vater des Neuprotestantismus"
(Meltzer, Berger).

Der *Dichter und Ästhetiker* stößt nicht auf solch starkes Interesse. Nur wenige
leugnen sein Dichtertum völlig ab (Celsus, Wendel), viele jedoch werten es gering (mit Berufung auf Lessings Selbsteinschätzung). Andere wieder, die nicht
der romantischen Dichtervorstellung huldigen, schätzen gerade das dichterische
Werk hoch ein (Th. Mann: „Klassiker des dichterischen Verstandes"). Im allgemeinen jedoch rangiert der Denker vor dem Dichter (Holl). Die historische Rolle
des *Kritikers* Lessing für die Entwicklung einer genuinen Literaturkritik wird
allgemein anerkannt, seinen Schriften jedoch ein unmittelbarer Einfluß auf die
Gegenwart abgesprochen. Während den Resultaten nur zeitgeschichtlicher Wert
zugebilligt wird, genießen die Methode und die kritische Haltung Lessings den
Ruf eines erzieherischen Vorbildes (Schäfer, Holl). Für den Duktus der allgemeinen Rezeption ist die Würdigung des 17. *Literaturbriefs* bezeichnend. Er gilt
weniger als Markstein einer nationalen Bewegung, sondern als Signal für das
Aufkommen irrationaler Strömungen (Elster, Petersen).

Im Vordergrund der Aufsätze steht die Weltanschauungs- und Religionsfrage.
Den einen erscheint Lessing als der Aufklärer, der reine Rationalist, den andern
als Überwinder der Aufklärung, der den „Durchbruch des Irrationalismus" innerlich bereits miterlebt habe (s. Richter, Rückblick, S. 572 ff.). Vor allem in der
Erziehung des Menschengeschlechts erblicken zahlreiche Forscher die Überwindung der Aufklärung, etwa als Übergang vom deistischen Dualismus zwischen
Gott und Welt zum monistischen Immanenzgedanken (Wendung zu Spinoza
oder zu Kant und zum Idealismus). Zentral erscheint die Frage nach Lessings
Religionsphilosophie. Lessings Vernunftbegriff habe nicht wie derjenige Mendelssohns einen statischen, sondern einen dynamischen Charakter; dieser unterscheide seine Anschauung auch scharf von Spinozas zeitloser Seinslehre (Cassi-

rer). Zu Lessings Haltung gegenüber dem *Christentum* sind die Meinungen besonders kontrovers (s. Richter, Rückblick, S. 572 ff.). Neben der irrationalistischen Tendenz, durch die Lessing den Überwindern der Aufklärung zugerechnet wird, behauptet sich die nationale, die patriotische Tendenz, die gegenüber der Zeit des Kaiserreichs jetzt nur einen Beiklang von Selbstbemitleidung erhalten hat. Sie deutet Lessing als einsamen Kämpfer gegen seine Umwelt, der er schließlich unterliegt. Die Analogie zum tapferen, von einer übermächtigen Feindeswelt besiegten Deutschland bietet sich an.

Mit diesem Eingeständnis verbindet sich der Wunsch nach neuem nationalem Aufstieg. Wieder, wie nach 1871, wird Lessing zum Führer nationalstaatlicher Einigung und Stärkung mit bewußt auslandsfeindlichem Akzent:

„Lessing, du Zweihundertjähriger, der du deine ewig bewegliche Jünglingsfrische bewahrt hast, du vor 148 Jahren uns Entrückter, der du doch lebendig unter uns weilst – du sollst Männer wecken! Gib uns deine Tapferkeit, deinen Kampfesmut für Wahrheit und Recht, deine Festigkeit, deine Geistesfreiheit, deinen unbeirrbaren kritischen Blick, der alle Phrase und Heuchelei vernichtet. Gib uns deinen unermüdlichen Tätigkeitsdrang in zielbewußtem Vorwärtsstreben. Führe dein Volk, wie einstmals, zu neuem selbstbewußtem sieghaftem Aufstieg!" (Lessing-Feier der Friedrich-Wilhelm-Universität zu Berlin zur Erinnerung an den 200jährigen Geburtstag, 22. 1. 1929. Festrede des Professors Julius Petersen, Berlin 1929, S. 5 ff.).

Der Herdersche Aufruf, die Formel vom Wahrheitssucher, erstarrt bei Petersen zum bequem verwertbaren Klischee.

Eine für die geistige Situation der Weimarer Republik bezeichnende Quelle stellen die Lehrpläne für die höheren Schulen dar. Sie enthalten auch für Lessings Werke die Richtlinien der Interpretation. Der Deutschunterricht sollte nach folgenden Prinzipien gestaltet werden:

„1. Die Eigenart des deutschen Volkes macht es nötig, die Liebe zum Vaterland und zur engeren Heimat und den Sinn für nationale Ehre und nationalen Stolz besonders zu pflegen. Der heranwachsende Deutsche muß zur Ehrerbietung vor der deutschen Vergangenheit und zum Glauben an die deutsche Zukunft erzogen werden. Man muß ihn vor der Überschätzung des Auslands bewahren. Doch würde es der Objektivität deutschen Wesens nicht entsprechen, wenn die Vorzüge anderer Völker und ihre Verdienste um die Menschheit oder die Fehler des eigenen Volkes verschwiegen würden.

Die Lehrer müssen in den Schülern das Gefühl erwecken und wacherhalten, daß die gegenwärtige Stellung Deutschlands in der Welt des deutschen Volkes unwürdig ist, daß seine Ehre darin besteht, sich für Wiedererringung seiner Gleichberechtigung zu begeistern, und daß über die schwere Gegenwart der Glaube an eine große Mission des deutschen Volkes emporhebt.

2. Es dient der Stärkung des Nationalgefühls, wenn die Leistungen des deutschen Volkes auf allen Gebieten des Lebens in Vergangenheit und Gegenwart dem Schüler nahegebracht werden. Alle höheren Schulen müssen sich die Einführung der Schüler in den Reichtum deutschen Lebens angelegen sein lassen. Jedes Unterrichtsfach muß dazu benützt werden.

3. Volle Hingabe an die Herrlichkeit der deutschen Sprache muß dem Lehrer Bedürfnis des Herzens sein. Die oft angeborene Neigung des Deutschen zu Umständlichkeit und Weitschweifigkeit, zu Unklarheit und Verschwommenheit muß unermüdlich bekämpft werden.

Die Schüler müssen zu kurzer, klarer, anschaulicher, einfacher und schöner Darstellung in allen Fächern, im mündlichen und schriftlichen Unterricht erzogen werden" (Amtsblatt des *Württembergischen* Kultusministeriums, Stuttgart, 4. 4. 1928, S. 72 f.).

In dieses Programm ließen sich Person und Werk Lessings bequem einbringen. Ehre, Deutschtum, Nationalliteratur, knapper und klarer Stil, kritische Kraft, alles dies fand sich ja, wie man meinte, in Lessings Werk.

In Klasse VI (Knaben- und Mädchenschulen) stand *Minna von Barnhelm* auf dem Programm. In Klasse VIII, in der „die großen Bahnbrecher der neueren deutschen Dichtung" behandelt wurden, folgten *Nathan der Weise*, die Fabeln, Proben aus den *Literaturbriefen*, dem *Laokoon* und der *Hamburgischen Dramaturgie*. Übersteigert begegnen diese Tendenzen in den Lehrplänen des Dritten Reiches wieder.

3.4. „*Für Schüler ungeeignet*" (Der Schulautor und die konfessionelle Orthodoxie)

Der Schulautor Lessing stand seit den *Sammlungen* der Jesuiten Michael Denis (*Sammlung kürzerer Gedichte aus den neuern Dichtern Deutschlands zum Gebrauche der Jugend*, 1762) und Ignaz Weitenauer (1768) als Stilist in hohem Ansehen. Die Behandlung Lessings in der Schule konvergierte mit der Behandlung in den Literaturgeschichten; höchstens daß die didaktischen Gesichtspunkte vergröbernd wirkten. Literaturgeschichten, die von betont konfessionellem Standpunkt aus verfaßt waren, stellten die Kritik über Gebühr in den Vordergrund.

Insbesondere der *Nathan* fiel unter das Verdikt der tendenziell christlichen Literarhistoriker und Schulbuchautoren. Bereits 1782, ein Jahr nach dem Erscheinen des *Nathan*, hatte der Meininger Hofprediger, Johann Georg Pfranger, mit dem Schauspiel *Der Mönch vom Libanon* eine Fortsetzung des Lessingschen Dramas vorgelegt. Er verteidigte auf ungehässige Weise das Christentum gegenüber Lessings Darstellung, in der er „eine Herabsetzung der christlichen Kirche zu Gunsten des darin verherrlichten Judentums" erblickte (s. Schillers Verteidigung von Lessings *Nathan* gegenüber Pfranger in der ersten Hälfte 1783; Schiller Nationalausgabe Bd. 42, S. 57, Nr. 89). „Saladin erkrankt schwer, die Nathansche sich selbst erlösende Menschenvernunft kann ihn nicht heilen. Ein Mönch vom Libanon aber heilt ihn geistig und leiblich und zeigt das Christentum in einem Lichte, vor welchem das Nathansche Reformjudentum ins Nichts zurücksinkt." (so der parteiische Wolfgang Menzel; zur Handlung s. Wessels, Lessings *Nathan der Weise*, S. 284). Auf den Erfolg dieser mit Strukturen der heroisch-höfischen Intrigen- und Märtyrertragödie arbeitenden christlichen ‚Richtigstellung' weist die Tatsache hin, daß bereits 1785 eine zweite Auflage, 1782 und 1789 zwei Nachdrucke und 1817 eine dritte Auflage erscheinen konnten (Goedeke, Grundriß IV, 1, 1916, S. 458; Wessels, Lessings *Nathan der Weise*, S. 282 ff.). Die Opposition gegen Lessings Toleranzauffassung wirkte sich auf die Behandlung seines übrigen Werkes auch in Literaturgeschichten aus. So ist trotz des Versuchs, den Verdiensten Lessings um die Entwicklung einer deutschen Literatur gerecht zu werden, die Reserviertheit unübersehbar, mit der etwa der protestantische Theologe August Friedrich Christian Vilmar, der Verfasser einer weitverbreiteten Literaturgeschichte, Lessings Werk gegenübersteht. Ausdruck einer gewissen Neutralisierung des (nicht gebilligten) Inhalts ist sein Rückzug auf das Lob des Formalen. Die theologischen Schriften übergeht Vilmar völlig, *Nathan* tut er in beiläufigen Bemerkungen ab (A.F.C. Vilmar, Vorlesungen über die Geschichte der Deutschen National-Literatur, Marburg 1845, 15. Aufl. 1873; letzte Auflage 1936). Der konfessionelle Standpunkt tritt bei der Frage, ob ein Autor der Aufnahme in den schulischen Lektürekanon würdig sei, unverhüllt ins Blickfeld. Die Angriffe der orthodoxen Geistlichkeit galten insbesondere Lessing, dem potentiellen Verderber der Jugend. In seinem Buch *Über den deutschen Unterricht auf Gymnasien* (Essen 1841) führt Friedrich Joachim Günther aus, man solle Lessing zwar kennengelernt haben; doch wirke sich sein Hauptwerk *Nathan* negativ auf die Schüler aus, so daß sie „allerlei Zweifeln anheim fallen" und schließlich „für die ganze Zeit ihres Lebens von Christo und dem Glauben an seine Erlösung losgerissen werden können". „Offenbare Feindschaft gegen das Christentum" habe dieses Werk „diktiert". Die darin gelehrte Toleranz sei „eine Toleranz der Sünde und des falschen Glaubens" (S. 284 f.). Trotz seines christlichen Standpunktes wägt J. Hülsmann in seiner Schrift *Über den Unterricht in der deutschen Sprache und Literatur* (Programm des Kgl. Gymnasiums und Realschule Duisburg von 1842, S. 3 ff.) am Beispiel *Nathans* die beiden Positionen der „christlichen Wahrheit" und des Heidentums gegeneinander ab – für eine habe der Lehrer bei der Interpretation sich zu entscheiden. Carl Friedrich von Nägelsbach (Gymnasialpädagogik, Erlangen ²1869) empfiehlt zwar neben Goethe und Schiller noch Klopstock, Lessing, Hölty, Bürger, Tieck, Uhland und Jean Paul, rät jedoch vom *Nathan* ab: „Nur nicht den Nathan!" (S. 94).

Eine für die Einstellung der Schule bezeichnende Haltung vertritt Erich Köpke in seiner 1855 erschienenen Rezension einer für den Schulgebrauch bestimmten *Nathan*-Ausgabe. Trotz scheinbarer Anerkennung des „Ideengehaltes" rät Köpke von einer Behandlung des *Nathan* auf Gymnasien ab. Die höheren Lehranstalten seien „geschichtlich aus der Kirche hervorgegangen"; die Besprechung des *Nathan* würde ihrem Zweck geradezu „in das Gesicht" schlagen. Köpke faßt *Nathan* als destruktives, negierendes Werk, mehr als „Frucht der Polemik als des Genius" auf; er gilt ihm als „ein dramatisiertes Elementarbuch des höheren Zynismus". Ein Stück, dessen erklärte Absicht die Erweckung von Zweifeln an der „Evidenz und Allgemeinheit" der Religion sei, könne gerade der Jugend nicht nützen. Sie brauche die positive Religion. Wolle man nicht Zweifel gegen das positive Christentum predigen, so könne das Schauspiel nur von einem oppositionellen Standpunkt aus behandelt werden; dies hätte aber wieder eine unangebrachte allgemeine Mißschätzung Lessings durch die Schüler zur Folge. Es könne nicht der Sinn des Schulunterrichts sein, den Schüler in ein Nichts hineinzuziehen, wie Nathan es mit Recha tue. Vielmehr solle der Lehrer die Jugend „in den positiven Grund des Christentums" recht fest einpflanzen. Die Zeit der Zweifel komme für jeden denkenden Menschen; sie müsse nicht beschleunigt herbeigeführt werden. „Man gebe dem Schüler, wie überall, so auch hier nur das Positive; in ihm liegt die einzige Kraft, die Angriffe der Negation zurückzuschlagen" (Steinmetz, Lessing, S. 337 ff.).

Einen ähnlichen Standpunkt vertritt die katholische *Geschichte der deutschen National-Literatur* von Gustav Brugier (Freiburg i.Br. 8. Aufl. 1888). Brugier hebt von den kritischen Werken den *Laokoon* und die *Hamburgische Dramaturgie* hervor. Er bedauert die Überlegenheit Lessings über seine Gegner, insbesondere daß es ihm gelungen sei, mit Hilfe seiner Sprachbeherrschung, seiner ausgebreiteten Gelehrsamkeit und seines treffenden Witzes viele Anhänger um sich zu scharen – „so wurden viele mit ihm und durch ihn Zweifler". „In religiöser Beziehung" sei sein scharfer Verstand zugleich sein Verführer geworden. Er habe ihn von Zweifel zu Zweifel geführt, so daß ihm zuletzt Christentum, Judentum und Islam „für gleich wahr oder vielmehr für gleich unwahr" erschienen seien. Besonders dem *Nathan* gilt Brugiers Zorn; man müsse „schmerzlich beklagen", daß Lessing „so bewußt, so leicht entschlossen" darauf ausgegangen sei, „den christlichen Glauben in der deutschen Nation zu erschüttern", daß er mit seinem eigenen Zweifel und Kampf, „von dem er doch wahrlich nicht gewiß wußte, ob er nicht einst mit seiner eigenen Bekehrung zu Christus endige", so viele andere behelligt habe. Es gereiche ihm auch „zum schweren Vorwurfe", daß er dem Christentum, „aus dem ja alle Humanität herauswuchs, nicht nur keinen Vorzug" gegeben habe, „sondern sogar sehr parteiisch gegen dasselbe" verfahren sei. Wie könne Lessing einem Christen zumuten, auch in Mohammed einen Gottesgesandten zu erkennen? „Endlich, wie mag Lessing behaupten, daß sich des echten Ringes Kraft bis jetzt noch nicht erwiesen, wie kann man blind sein gegen die Fülle von Segen jeder Art, von wunderbarer, echter Humanität, die der Glaube an den Gekreuzigten erzeugt hat?" – Brugier vereint mit dem kirchlichen den patriotischen Standpunkt. Lessings bekannter Brief an Gleim (14. 2. 1759; R IX, S. 184 ff.) über die „heroische Schwachheit" des Patriotismus veranlaßt Brugier zu der lapidaren Feststellung: „Bezüglich des Patriotismus gibt sich Lessing selbst kein gutes Zeugnis".

Vieldiskutiert war im 19. Jahrhundert, ob *Nathan* wegen seiner Tendenz nicht aus dem Schullektüre-Kanon zu entfernen sei, oder ob nicht gerade die Schule für „die Würdigung dieser Dichtung" sorgen müsse und sie dem „Zufall und dem darüber vielfach irregeleiteten Zeitgeiste" entreißen solle. Anders als Günther und Brugier bekennt sich G. Baur entschieden zur Behandlung des Schauspiels in der Schule, trotz der ungerechten Darstellung der christlichen Figuren (G. Baur, Lessing, in: Enzyklopädie des gesamten Erziehungs- und Unterrichtswesens. Hrsg. von Karl August Schmid, Bd. 4, Gotha 1865, S. 414 f.). Es kann nicht geleugnet werden, daß neben intoleranten christlichen und nationalen Auffassungen auch relativ neutrale Darstellungen vorhanden sind. Rudolf Lehmann etwa empfiehlt, zur Auseinandersetzung Lessings mit der französischen Tragödie nicht nur die tendenziöse *Hamburgische Dramaturgie* heranzuziehen, sondern auch auszugsweise die französische Literatur selbst, um dem Schüler die nationale, historisch bedingte Berechtigung dieser Literatur zu zeigen. Wie im nationalen, übt er auch im religiösen Bereich Toleranz. *Nathan* müsse trotz aller Bedenken in der Schule behandelt werden. Der Lehrer habe nicht den kritischen, sondern den historischen Standpunkt einzunehmen (Lehmann, Der deutsche Unterricht. Eine Methodik für Höhere Lehranstalten, Berlin 1890). Der communis opinio gilt *Minna von Barnhelm* als das für die Behandlung im Unterricht geeignetste Stück, am *Nathan* und an *Emilia Galotti* scheiden sich die Geister. Die Problematik dieser Stücke könne die Schüler gefährden. August Brunners Schlußurteil über *Emilia Galotti* stellt fest: „Aber es weht eine schwüle Luft durch das Drama, die wir unsere Schüler nicht gern atmen lassen, und die verstohlene Glut, die in Emilia brennt, ist und bleibt verfänglich" (Brunner, Lessing als Schullektüre, in: Blätter für das Gymnasialschulwesen 52, 1916, S. 122).

Auf die anderen Tendenzen im Schulunterricht kann hier nur hingewiesen werden. In der ersten Hälfte des 19. Jahrhunderts trat neben die christlich-konfessionelle die am klassischen Bildungsideal orientierte neuhumanistische Richtung (Vertreter: Ernesti, Heyne, Moritz, Thiersch; s. Herrlitz, Der Lektüre-Kanon, S. 77 ff.; Frank, Geschichte des Deutschunterrichts, S. 215 ff.), und die nationaldeutsche Bewegung, die den Deutschunterricht als Pflege deutscher Sprache und Literatur gegen den Lateinunterricht auszuspielen suchte (Hauptvertreter Friedrich I. Niethammer; Herrlitz, Lektüre-Kanon, S. 91 ff.). Ihnen wie auch den beiden in der zweiten Jahrhunderthälfte um den Vorrang streitenden Richtungen, dem literarhistorischen und dem lektüre-exemplarischen Trend, galt Lessings Werk als wichtiger Markstein in der Entwicklung der deutschen Literatur, dessen Schriften stets zum Lektüre-Kanon gehörten.

4. Die Entlarvung des prussizistischen Lessingbildes (Franz Mehrings Lessing-Legende)

4.1. Die offiziöse Literaturgeschichtsschreibung als Folie (Scherer und Schmidt)

Noch Paul Merbach nannte das Lessingbuch Franz Mehrings, des Sozialdemokraten und Mitbegründers des Spartakusbundes, das sich durch seinen Untertitel *Zur Geschichte und Kritik des preußischen Despotismus und der klassischen Literatur* deutlich als Instrument der Ideologiekritik erweist, einen „Angriff auf Lessing": einseitige, parteimäßig orientierte Einstellung habe hier zu schiefen Urteilen geführt (Merbach, S. 29 f.). Mehring folgt Marx in der Umkehrung der Hegelschen Basis-Überbau-Hierarchie: Die Gesellschaft stellt auch ihm das primäre, der Staat das sekundäre Moment dar. Insofern nötigt ihn kein System-zwang, den Fortschritt durch einen Vertreter der Staatsgewalt (Friedrich) sich verkörpern zu lassen, und diesem einen Wortführer der bürgerlichen Gesellschaft (Lessing) bei- oder unterzuordnen. In Mehrings materialistischer Geschichtsauffassung gilt ausschließlich die bürgerliche Gesellschaft als die treibende Kraft. Die Bewegung vollzieht sich von unten; der Exponent einer Bewegung von oben ist nicht mehr erforderlich. Mehring deutet vielmehr die bisherige Interpretation Friedrichs II als ideologische Täuschung (des Proletariats) und als Selbsttäuschung (des ehemals fortschrittlichen Bürgertums).

Das Hegelsche Konzept entsprach den Tendenzen, die im Kaiserreich von 1871 die Krönung der preußischen und der deutschen Geschichte erblickten und nun versuchten, diese Entwicklung als eine nicht nur durch machtpolitische Erfolge bewirkte, sondern auch als eine von den besten Kräften des Bürgertums erwünschte darzustellen. Aus der Perspektive dieser deutsch-preußischen Historiographen gab es keine Alternativlösung zum Modell des Nationalstaates. Die föderalistischen, dem Liberalismus nahestehenden, oder die kosmopolitischen, weitgehend unpolitischen Lösungen wurden dabei genauso beiseitegeschoben, unterschlagen oder umgedeutet, wie Lessings spezifische Gegnerschaft zu Preußen totgeschwiegen oder als Ausdruck momentanen Unmuts ausgelegt wurde.

Die Entstehung dieser ,Lessing-Legende' nachzuzeichnen, unternahm 1893 Franz Mehring in seinem gleichnamigen Buch. Der erste Teil beschreibt die Ursprünge der Legende und bezieht dazu den allgemeinen historischen Hintergrund ein; der zweite Teil versucht Lessings „Bild selbst von den Entstellungen und Verunzierungen der Legende" zu befreien und möglichst „in seiner wirklichen Gestalt" wiederherzustellen (S. 196). Als Folie des vom linken Flügel der Sozialdemokratie aus geschriebenen, ideologiekritisch notwendigen Buches dienen zwei repräsentative Werke: Wilhelm Scherers *Geschichte der deutschen Literatur* und Erich Schmidts Lessingbiographie (Mehring, S. 185 ff.). An beiden rügt Mehring den Verbund von „alexandrinischer Gelehrsamkeit" und „byzantinischer Gesinnung" (S. 185).

Scherer und Schmidt unterstellen Lessing Bemühungen um die Gunst Friedrichs II (S. 190 f.). Schmidt deutet Lessings Bitten an den braunschweigischen Herzog um Gehaltserhöhung als „Nörgelei des beschränkten Untertanenverstandes gegen einen großartigen und wohlwollenden Herrscher". Mehring charakterisiert diesen Fürsten dagegen als Wollüstling und Menschenhändler. Über die Quisquilien verlören Scherer und Schmidt den Blick für das Ganze. Wichtiger sind freilich die grundsätzlichen Divergenzen.

Scherer nennt die Epoche der Aufklärung „die Epoche Friedrichs des Großen". Er begründet den literarischen Aufwärtstrend mit dem von Friedrich initiierten politischen Aufschwung. Allerdings bezieht er weder ökonomische noch politische Geschichte in seine literarhistorische Darstellung ein. Mehring tadelt an Scherer insbesondere die Überbewertung des preußischen Einflusses auf das christlich und humanistisch orientierte deutsche Erziehungswesen.

4.2. Schwerpunkte und Angriffsziele der materialistischen Literaturkritik

Um drei Schwerpunkte konzentriert sich die *Lessing-Legende*:

1. Mehring zeigt – als „prinzipielle Kritik an bürgerlicher Geschichts- und Literaturwissenschaft" – die Abhängigkeit literaturwissenschaftlicher Urteile von den jeweiligen politischen Verhältnissen, konkret das Verschweigen oder Umdeuten jeglicher sozialkritischer Tendenzen im Werk Lessings zugunsten der preußisch-nationalen.

2. Mehring charakterisiert die bürgerliche Geschichtsschreibung als eine im Dienst der Hohenzollern vorgenommene Geschichtsklitterung.

3. Die *Lessing-Legende* dient als Musterbeispiel einer historisch-materialistischen Biographie. Freilich lassen sich vom heutigen Stand auch aus ‚immanent-sozialistischer' Sicht Mängel an Mehrings allzu mechanischer Widerspiegelungsmethode aufdecken.

Mehrings rezeptionsgeschichtliche Betrachtung hat bereits die Funktion von Ideologiekritik. Unter ihrem Aspekt stellt sich Lessing als geeignetes Objekt dar. Mehrings Ziel ist nicht so sehr die Neuinterpretation Lessings um seiner selbst willen als die Kompromittierung der bisherigen Rezeptionsideologie: „Die literaturwissenschaftliche Arbeit wird dem Kampf gegen den preußischen Despotismus untergeordnet". Die *Lessing-Legende* richtet sich besonders gegen die Behauptungen, die preußische Politik sei mit der „nationalen Mission" identisch, die „soziale Mission" stelle ein Hauptmovens preußischer Politik dar, und „die klassische bürgerliche Literatur des 18. Jahrhunderts verdanke ihre Existenz dem Aufstieg Preußens zu der neben Österreich im deutschen Raum bedeutendsten politischen Macht". Mehrings Opposition gegen die preußische Geschichtsapologetik verfolgt das Ziel, innerhalb des geeinten deutschen Reichs den für die Arbeiterklasse günstigen Boden der Republik zu bereiten (s. Materialistische Wissenschaft 2: Von der kritischen zur historisch-materialistischen Literaturwissenschaft, Berlin 1971; darin Werner Girnus, Neue bürgerliche Forschungen zum 18. Jahrhundert und Franz Mehrings ‚Lessing-Legende', S. 58 ff. und S. 73 ff; Girnus steht jedoch der Mehringschen Methode und Perspektive allzu kritiklos gegenüber; s. auch Lützeler, Marxistische Lessing-Rezeption).

Zwei Wurzeln macht Mehring für den Lessing-Kult der Bourgeoisie namhaft: sie verwechsle Lessings Judenfreundschaft mit dem gegenwärtigen Philosemitismus; sie habe zur Legitimation ihrer Anerkennung des preußisch-deutschen Reichs das Zeitalter der klassischen bürgerlichen Literatur zum Zeitalter Friedrich des Großen erklärt und Lessing zum Vorkämpfer dieses Staates erklärt (s. Mehring, S. 33).

Mehring weist die Unterstellung zurück, Lessing habe auf dem Felde der Literatur – wie Friedrich auf dem kriegerischen Feld – gegen das Franzosentum und für die nationale Mission gekämpft. Die deutsche Literatur stellt seiner Auffassung nach kein Produkt aus Friedrichs kriegerischen Taten dar, sie ist vielmehr ein Ausdruck des beginnenden bürgerlichen Emanzipationskampfes. Lessing versinnbildliche in Person und Werk dieses bürgerliche Streben. Lessings

Kritik in der *Hamburgischen Dramaturgie* gelte nicht der französischen Literatur an sich, lediglich deren höfischer Ausprägung; sie wende sich nie gegen die
französische bürgerliche Emanzipationsliteratur eines Voltaire oder Diderot.
Mehring erkennt die soziale Motivation von Lessings dramaturgischer Auseinandersetzung. Freilich verzerrt das Verabsolutieren dieses Argumentes das Lessingbild ebenfalls. Die bei Mehring selbst unklar bleibende Proklamierung des
Laokoon als einer „sozialen Tat" ist zu einseitig (S. 286). Ebenso einseitig ist der
Befund, *Minna von Barnhelm* sei nichts anderes „als eine schneidende Satire auf
das friderizianische Regiment" (S. 283). Schief ist auch die Inanspruchnahme
Lessings für das Proletariat (S. 364) – mit der Begründung, das Proletariat habe
den von der Bourgeoisie verratenen Klassenkampf fortgeführt. Die sozialistische
Literaturwissenschaft hat diese Thesen indes uneingeschränkt übernommen
(z. B. Szarota: s. Gesamtbibl. 5; Aufklärung: s. Gesamtbibl. 8).

5. Schwierigkeiten bei der völkisch-nationalsozialistischen Indienstnahme

5.1. Kronzeuge für jüdische Emanzipation – Verräter am deutschen Volkstum?
(Lessing zwischen Juden und Germanomanen)

Ein sehr bezeichnendes Beispiel für ideologische Rezeption bildet die Haltung
einiger Vertreter des Judentums zu Lessing. Es ist im Zuge der jüdischen Emanzipationsbestrebungen seit Mendelssohn verständlich, wenn viele Juden in Lessing einen ihrer Anwälte, einen Kronzeugen für den Assimilationsgedanken erblickten. Lessings Freundschaft mit Mendelssohn wie seine Hilfsbereitschaft
gegenüber anderen Juden wurde nun als Sympathie speziell gegenüber dem
jüdischen Volk gedeutet und galt geradezu als Symbol des angestrebten deutsch-
jüdischen Zusammenlebens (s. die 1860 gehaltene Rede von Abraham Meyer
Goldschmidt; Steinmetz, Lessing, S. 346 ff.).
   Ludwig Börne erhebt Lessing und Voltaire noch über Goethe und Schiller:
„Ihre Lehren sind für immer". Sie führen in die Zukunft, während das Klassiker-
paar lediglich „Register der Vergangenheit" sei (Börne, Aus meinem Tagebuche,
Kapitel 10, in: Ludwig Börne, Sämtliche Schriften, Bd. 2, Düsseldorf 1964,
S. 812; dazu aus antisemitischer Perspektive Bartels, Lessing und die Juden,
S. 185).
   Auch Gabriel Rießer (1806–63), der erste jüdisch-deutsche Politiker, der un-
ter bloßer Wahrung der jüdischen Religionsgemeinschaft sein Volkstum zugun-
sten der Assimilation aufgeben wollte, hat sich in einer Rede zu Lessing bekannt:

> „Dem Streiter für Licht und Freiheit gegen Finsternis und Knechtschaft, für Duldung
> und Menschenrecht gegen Glaubenshaß und Unterdrückung sind die vor allen Anderen
> zum Danke verpflichtet, die am härtesten gelitten unter dem Joche des Unrechts, die der
> Last des gehässigen Vorurteils am längsten und schmerzlichsten erlagen. – Schon darum
> stände uns – den Israeliten Deutschlands – gegen Lessing ein Vorrecht des Dankes zu [...].
> Zu einer Zeit, wo die Unterdrückung in der politischen Sphäre noch allgewaltig, wo noch
> kein Ring der tausendjährigen Fessel gelöst war, da fanden Duldung, Menschenliebe,

Versöhnung der Religionen ein herrliches Asyl in dem Zauberreiche der Lessingschen Muse" (Dr. Gabriel Riesser, Einige Worte über Lessings Denkmal an die Israeliten Deutschlands, Frankfurt a.M. 1838; s. Bloemer, Gesammelte Blätter, S. 160).

Als das Erwachen des Nationalgedankens und die nationale Selbstbesinnung im Verlauf der napoleonischen Besetzung und der Befreiungskriege den Judenhaß von neuem anstachelten und die gerade erst mühsam begonnene Emanzipation des Judentums erschwerten, und die finanzstarken Positionen und die ausgedehnte Wirksamkeit der Juden in der liberalen Presse Mißfallen erregten, bildeten sich bei den Antisemiten zwei Richtungen aus: die sogenannte christliche und die völkisch-nationale, in dieser Zeit noch germanomanisch zu nennende Position. Die Warnungen vor der Vermengung der beiden Völker reichen von Predigten des Berliner Hofpredigers Stöcker über die Hetzschriften eines Richard Mayr (Beiträge zur Beurteilung G. E. Lessings, Wien 1880) und eines Wilhelm Marr (Der Sieg des Judentums über das Germanentum, Bern 1873, und: Lessing contra Sem, Berlin 1885) bis zu Äußerungen Richard Wagners: „Daß ich die jüdische Rasse für den geborenen Feind der reinen Menschheit und alles Edlen in ihr halte: daß namentlich wir Deutschen an ihnen zugrunde gehen werden, ist gewiß, und vielleicht bin ich der letzte Deutsche, der sich gegen den bereits alles beherrschenden [...] Judaismus aufrechtzuerhalten wußte" (E. G. Reichmann, Flucht in den Haß, Frankfurt a.M. 1956, S. 191).

Der wegen seines glanzvoll-bombastischen Stils so gerühmte Historiograph Preußens, Heinrich von Treitschke, verstärkte mit zwei Aufsätzen, in denen er die Berechtigung des Judenhasses behauptete, die Erregung. Der Antisemitismus stelle eine „natürliche Reaktion des germanischen Volksgefühls gegen ein fremdes Element" dar. Gegen das in der Behauptung „Die Juden sind unser Unglück" gipfelnde Pamphlet erhob sich starker Widerspruch, eine öffentliche Erklärung wurde von 75 angesehenen Männern unterzeichnet (November 1880).

Seine paradigmatische Bedeutung erhielt der Fall in diesem Zusammenhang, weil Lessings Name zum Kronzeugen aufgerufen wurde: „An dem Vermächtnis Lessings rütteln Männer, die auf der Kanzel und dem Katheder verkünden sollten, daß unsere Kultur die Isolierung desjenigen Stammes überwunden hat, welcher einst der Welt die Verehrung des einigen Gottes gab." In einer Erwiderung wies Treitschke den Vorwurf zurück und bestritt den Unterzeichnern das Recht, ihm „ohne Angabe von Gründen wegen des ‚Vermächtnisses Lessings' einen öffentlichen Verweis zu erteilen". Die schärfste Zurechtweisung Treitschkes stammte von Theodor Mommsen, doch vermochte er Treitschke nicht von seiner eigenen Ansicht zu überzeugen, überall in der Welt sei „das Judentum ein wirksames Ferment des Kosmopolitismus und der nationalen Dekomposition". Dem Künder des preußisch-deutschen Nationalstaates mochten solche dem Liberalismus entstammenden Ideale unvereinbar mit seinem Begriff von Nation und Deutschtum erscheinen (s. auch Treitschkes Umdeutung von Lessings Kosmopolitismus, oben 3.2.1; zum Berliner Antisemitismusstreit s. die Dokumentation: Der Berliner Antisemitismusstreit. Hrsg. Walter Boehlich, Frankfurt a.M. ²1965, S. 204ff.).

Während im antisemitischen Lager die Tendenz vorherrschte, Lessings Philosemitismus als bloßen Ausfluß seiner Humanitäts- und Toleranzgedanken aufzufassen und auf diese Weise abzuschwächen (Mehring, Lessing-Legende, S. 32), oder die Aufwertung des *Dichters* Lessing als Folge seiner von Juden vorgenommenen Heroisierung zu interpretieren, griff der fanatische Antisemit Eugen Dühring Lessing selbst in verschiedenen Schriften an (Die Überschätzung Lessings und dessen Anwaltschaft für die Juden, Karlsruhe 1881; und: Die Judenfrage als Frage der Rassenschädlichkeit für Existenz, Sitte und Kultus der Völker, Berlin [4]1892, Auszug bei Steinmetz, Lessing, S. 390 ff.). Ihm gilt Lessing schon vom Namen her als jüdischer Charakter und judenhafter Schreiber (Josef Nadler leitet übrigens den Namen Lessing von slawischem Ursprung her). Besondere Beachtung verdiene sein unmoralisches Verhalten in Privathandlungen; auch die Tatsache, daß er „nicht die innere Wahrheit, sondern den Eindruck auf das Publikum zum Erklärungsgesetz der Kunstwerke" mache, sei ein „antimoralischer Zug". Kurz, Lessings Verdienste seien „nur Verdienste um die Juden", weder als Dichter noch als Kunstkritiker habe er „ernstliche Bedeutung". Sein großer Ruf sei ausschließlich Ergebnis von Judenreklame; um das Sinken seiner Wertschätzung aufzuhalten, hätten die Juden in ihrer „Dummfrechheit" und dreisten Manipulierfertigkeit „diesen judenhaften Lessing noch gar als patriotischen Deutschen ausgespielt". Dies sei jedoch gewiß eine Verfälschung, denn der „Halbjude und Judengenosse" Lessing entpuppe sich gerade in „Lachstückchen" wie etwa der „Lustspieldrechselei" *Minna von Barnhelm* als ein hinterhältiger Gegner Friedrichs und Voltaires, die ja beide bekanntlich keine Judenfreunde gewesen seien.

Wie Franz Mehring wendet sich Dühring gegen Erich Schmidt und dessen Vorläufer, nur daß er hinter der patriotischen Tendenz jüdisches Interesse wittert. So töricht diese Anschuldigungen sein mögen, der Eifer, mit dem etwa Fritz Mauthner ihnen entgegentrat mit dem ‚Argument', „Lessing beschimpfen heißt das Deutschtum beschimpfen", erhebt sich auch nicht aus der Sphäre emotionaler Erregtheit (Um Lessing. I. Die Feinde, in: F. M., Credo. Gesammelte Aufsätze, Berlin 1886, S. 188 ff.; bei Steinmetz, Lessing, S. 399 ff.).

Der antisemitische Literaturhistoriker Adolf Bartels stempelte in seinem Buch ‚Lessing und die Juden' (1918, 2. Aufl. 1934) alle Lessing-Biographen zu Philosemiten und Juden. Ihnen verdanke sich die Überschätzung Lessings. Bartels nennt hier Börne, Heine, Rießer, Jacoby, Auerbach, Kompert, Graetz, Guhrauer, Scherer, Dilthey, Engel, Biese und als „ausgesprochensten Judenfreund" Erich Schmidt, dessen Biographie er ein ganzes Kapitel widmet. Ausgenommen von der Behauptung, die Literaturwissenschaft sei „fast noch ganz in den Händen des Judentums", ist eigentlich nur Theodor Danzel. In Wirklichkeit schade Lessings „Humanitätssyrup" und „Toleranzbrei" dem deutschen Volkstum (Kapitel X ‚Lessing und die Nachwelt', S. 194).

Mit dieser Tendenz wurde Bartels bekanntlich einer der ideologischen Vorläufer des Nationalsozialismus. Freilich wurde seine Lessing-Auffassung nicht in ihrer Gesamtheit übernommen. Lessing war ein zu angesehener Autor, als daß sein literarischer Ruf als Ergebnis jüdischer Reklame hätte ausgegeben werden können.

(Literaturhinweise: Gerhard Lisowsky, Kultur- und Geistesgeschichte des jüdischen Volkes, Stuttgart usw. 1968; Eleonore Sterling, Judenhaß. Die Anfänge des politischen Antisemitismus in Deutschland 1815–1850, Frankfurt a.M. 1969; H. G. Adler, Die Juden in Deutschland. Von der Aufklärung bis zum Nationalsozialismus, München [2]1968)

5.2. „Erpreßte Versöhnung" (Lessing im Dritten Reich)

Für die Erziehung im Dienst totalitärer Herrschaft gewannen Fächer wie Geschichte, Germanistik, Biologie, Geographie, Geopolitik und Sport besondere Bedeutung. Aufgabe des Literaturunterrichts war es, „die im deutschen Menschen keimhaft angelegten großen Leitbilder sichtbar" zu machen, und zu diesem Zweck deutsches Schrifttum von den Anfängen bis zur Gegenwart zu behandeln; allerdings nicht mit dem Ziel, den deutschen Menschen „mit allen seinen Strebungen und Eigenarten" vorzuführen, sondern *den* deutschen Menschen, „der sein Volkstum wesenhaft verkörpert" (Erziehung und Unterricht, S. 48). Lessing begegnet nur im Stoffplan der 7. Klasse, mit einer Auswahl aus den kritischen Kampfschriften und den Briefen. Als Ganzschrift sollte das erste nationale Schauspiel, *Minna von Barnhelm*, gelesen werden; statt des totgeschwiegenen *Nathan* schlug der Lehrplan Shakespeares *Kaufmann von Venedig* vor; Shylock paßte besser als Nathan in die nationalsozialistische Judenpolitik.

Lessing als Aufklärer, Vertreter einer kritischen Humanität, Verfasser der *Erziehung des Menschengeschlechts* wurde einerseits diskreditiert, erlebte andererseits eine Aufwertung, die ganz im Gefolge der prussizistischen Deutung stand, allerdings mit anderen Argumenten begründet wurde und anderen Zwecken diente. Schrieben die Richtlinien der Weimarer Republik vor, bei der Behandlung des 17. und 18. Jahrhunderts den „Wiederaufstieg der deutschen Geisteskultur im Zusammenhange mit der Entstehung des modernen Geistes" zu zeigen, so hatte der nationalsozialistische Unterricht ein neues Ziel gesetzt: „die Selbstbefreiung des deutschen Geistes" darzulegen (Erziehung und Unterricht, S. 66). Nun rückten die Auseinandersetzungen mit dem ‚dekadenten Westlertum' und dem ‚barbarischen Slawentum' in den Vordergrund. Lessing trat in eine Reihe mit Luther und Hutten, den Befreiern vom römischen Joch, mit Herder, Goethe und Schiller, den Dichtern des Sturm-und-Drang als den Befreiern vom französischen Regelwesen, und den Patrioten Kleist, Arndt und Jahn (Frank, Geschichte des Deutschunterrichts, S. 804).

Der preußischen Lessinginterpretation hatte Lessing als Schrittmacher des preußisch-deutschen Staates gegolten, nun wurde er zum Vorkämpfer des Deutschtums überhaupt. Die Muster des als „knapp, herb, wortkarg", „abstandhaltend, sachlich und klar, von verhaltener Kraft" charakterisierten nordischen Sprachstils fand man im althochdeutschen und altisländischen Schrifttum, bei Lessing, Kleist und Hans Grimm (Georg Kühn, Stil als erzieherische Kraft).

Ein Beitrag zur Frage des Sprachstils in der Schule, Zs. f. dt. Bildung 12, 1936, S. 75 ff.). Freilich ergaben sich Widersprüche, da Lessing und Kleist zwar vom Typ her als nordische Menschen galten, doch mit ihren Schachtelsatzkonstruktionen eigentlich einen ‚unnordischen Stil‘ pflegten. Die Unterstellung, Lessings Stil sei ausgesprochen nordisch, leitete sich ab von dem Güntherschen Klassifikationssystem, das zwischen einer nordischen, fälischen, ostischen, dinarischen und westischen Rasse in Europa unterschied. Als nordisch galten Hebbel, Hutten, Klopstock und Lessing (Heinz Otto Burger, Die rassischen Kräfte im deutschen Schrifttum, Zs. f. Deutschkunde 1934 [= Jg. 48 der Zs. f. dt. Unterricht], S. 462 ff.).

Die völkische Literaturgeschichte griff mit Vorliebe auf Situationen zurück, wo ein nordischer Typ im Streit mit überfremdenden ausländischen Traditionen stand. „Nicht der Lessing der *Emilia* und des *Nathan* [...] gehört in unsere heutige Schule, sondern der Lessing, der ein zielklarer Erfasser und Vorkämpfer deutschen Wesens war, der die Franzosen in ihre Schranken wies und Shakespeare entdecken half, der Lessing mit der kämpferischen Haltung als Lebensprinzip, der Lessing eines wesentlich nordisch geprägten Stils" (Wilhelm Poethen, Die Lesestoffauswahl im Rahmen der heutigen Forderungen, Zs. f. dt. Bildung 12, 1936, S. 24 ff.). Der *17. Literaturbrief* konnte als Ausdruck einer rassischen Wesensverbundenheit zwischen deutscher und englischer ‚Art‘ interpretiert werden. Elisabeth Frenzel unterscheidet bei Lessing „zwischen dem einsatzbereiten Reformator und Vorkämpfer deutscher Kunst, dessen segenvolle Wirkung noch bis auf uns herabreicht, und dem Verfechter der Aufklärung, dessen Wirken zeitbegrenzt und wenn nicht zeitbegrenzt, dann nicht immer gerade heilsam war" (Elisabeth Frenzel, Judengestalten auf der deutschen Bühne. Ein notwendiger Querschnitt durch 700 Jahre Rollengeschichte. München o. J. In die NS-Bibliographie aufgenommen; hier S. 56). Allerdings nimmt sie Lessings zeitgebundene aufklärerische Haltung vor pauschaler Verdammung in Schutz. Er habe schließlich „die verderblichen Folgen der Expansion und Assimilation des Judentums nicht ahnen" können. Beim gebildeten Menschen der Aufklärungszeit sei eben der Rasseninstinkt „zum guten Teil verschüttet".

Immerhin macht Frenzel den Versuch, das Stück auch für Nationalsozialisten ‚tragbar‘ zu deuten: Lessing habe den Juden Nathan als Prototyp der Toleranz gewählt „nicht, weil der Jude in Wirklichkeit so tolerant ist, sondern weil gerade in der Religion dieses Volkes Toleranz fast ein Verbrechen scheint. Er will zeigen, wie hoch Toleranz die Menschenwürde über das Durchschnittsmaß eines Volkes erhöhen kann" (Frenzel, Judengestalten, S. 59).

Nathan wird entjudet; im Grunde ist er für Frenzel der ideale Vertreter einer humanitär-aufklärerischen Moralphilosophie. Diese Differenzierung sei indes auf der Bühne nicht aufrechtzuerhalten: in dem Augenblick, wo man nicht Lessings/Nathans *Philosophie* lese, sondern den *Juden* Nathan auf der Bühne sehe und höre, müsse „alles Wissen um Anlaß und Absicht vor einem eindeutig pro-jüdischen Dialog und Handlungsaufbau verblassen". Darum verbiete sich eine Aufführung des Stücks (Frenzel, Judengestalten, S. 60). Tatsächlich verschwand das Schauspiel während des Dritten Reiches aus der Schullektüre und aus den Theaterrepertoires.

Doch auch *Emilia Galotti* erregte Anstoß. In der *Hamburgischen Dramaturgie*, so wurde argumentiert, beweise Lessing mangelndes Verständnis für das christliche Märtyrerdrama und das höfische Trauerspiel: er negiere die Bedeutung der Gnade und des Verhängnisses. Hingegen beruhe die von ihm propagierte Gattung des Bürgerlichen Trauerspiels auf der „Entfremdung zwischen Staat und Volk". Die solcherart inaugurierte bürgerliche Dramatik stelle nun in erster Linie „Konflikte des privaten Individuums" dar, in *Miß Sara Sampson* den „Konflikt individueller Charaktere mit der Sitte", in *Emilia Galotti* den „Konflikt des Individuums mit der Macht und Willkür des absoluten Staates". Beide bis zur Gegenwart reichenden Entwicklungstendenzen zeigten einen „Abstieg", „eine immer größere Wirklichkeitsverfehlung" und mündeten in den „Kulturbolschewismus" (Albrecht Erich Günther, Die dramatische Dichtung des neunzehnten Jahrhunderts im politischen Deutschunterricht, Zs. f. dt. Bildung 1933, S. 441 ff.; s. Frank, Geschichte des Deutschunterrichts, S. 886 f.).

Für Lessings „private bürgerliche Humanität" stand das Individuum im Vordergrund – diese Anschauung konnte sich mit der nationalsozialistischen Ideologie, welcher der einzelne nichts, das Volk alles war, schlechterdings nicht vertragen. Der von Lessing ins Auge gefaßte Konflikt zwischen Individuum und Gesellschaft bzw. Staat war im nationalsozialistischen Postulat der Volksgemeinschaft aufgehoben. Hier mußte sich das „Recht des Einzelnen" dem Anspruch des Volksganzen bedingungslos unterordnen. Wo also Lessings Werk in das nationalsozialistische Literaturgeschichtsbild integriert wurde, geschah es unter einseitiger Betonung nationaler Aspekte und unter Verschweigen des Lessingschen Kampfes um Aufklärung und Toleranz.

(Literaturhinweise: Erziehung und Unterricht in der Höheren Schule. Amtliche Ausgabe des Reichs- und Preußischen Ministeriums für Wissenschaft, Erziehung und Volksbildung, Berlin 1938; Frank, Geschichte des Deutschunterrichts; Karl Dietrich Bracher, Die deutsche Diktatur. Entstehung, Struktur, Folgen des Nationalsozialismus, Köln, Berlin 1969)

6. Lessing in der Schule der Gegenwart

6.1. Lessing – „ewiger Bestand" des Lektüre-Kanons

Die im 19. und beginnenden 20. Jahrhundert als Ziel des Deutschunterrichts bestimmte „deutsche Nationalerziehung" bewirkte eine „unkritische Verherrlichung der deutschen Kulturleistung". Neubesinnungen nach dem Zweiten Weltkrieg über „Literatur im Dienste eines kritischen Selbst- und Weltverständnisses" versuchten, den Literaturunterricht in den Dienst „des Aufbaus eines freiheitlich-sozialen Gesellschaftsbewußtseins" zu stellen (Robert Ulshöfer, Der Literaturunterricht in den beiden Teilen Deutschlands, in Frankreich und in Schweden, DU 19, 1967, H. 1, S. 5 ff., hier S. 14 f.).

Im Gymnasium des 19. Jahrhunderts galt Lessings erzieherisches Vorbild unbestritten. Erst die naturalistische Bewegung stellte seine stilistische Mustergültigkeit in Frage. Sollen Klassiker überhaupt noch in der Schule behandelt werden? Elisabeth Brock-Sulzer verneint die Frage am Beispiel des Lustspiels *Minna von Barnhelm*: „Man müßte endlich aufhören, es pflichtmäßig in den Schulen mit den Halbwüchsigen zu lesen. Sie können sein Gewicht kaum spüren und werden sich bei solcher Pflichtlektüre nur die spätere Freude an ihm verderben. Hier wird dann falsch verstandene Bildung zum Verbrechen am Schüler und am Dichter" (S. 54).

Der Vergleich des Lektürekanons in beiden deutschen Staaten zeigt, daß *Minna von Barnhelm* und *Nathan* zum verbindlichen Kanon gehören (DU 19, 1967, H. 1, S. 38 ff.; Nordrh.-Westf. 1963: *Nathan* 12./13. Schuljahr; Bayern 1964: *Nathan* oder *Minna von Barnhelm* 11. Schuljahr.; Niedersachsen 1965: *Nathan* 11.–13. Schj.; DDR o. J. *Nathan* oder *Minna von Barnhelm* und Ringparabel 9.–12. Schj.). Nachdem sich zunächst die Auswahl der Schriften, besonders der Auszüge aus *Hamburgischer Dramaturgie* und *Laokoon* verringert hatte, gewinnen in der reformierten Oberstufe (Sekundarstufe II) auch die theoretischen Schriften wieder an Bedeutung. Der 1979 vom Kultusministerium Baden-Württemberg herausgegebene Lehrplan Deutsch (Arbeitsbereich „Umgang mit Literatur") empfiehlt für die Jahrgangsstufen 12 und 13 von Lessing die drei Hauptdramen und eine umfangreiche Auswahl der theoretischen Schriften (*Briefe, die neueste Literatur betreffend; Hamburgische Dramaturgie; Laokoon; Ernst und Falk; Die Erziehung des Menschengeschlechts*).

6.2. Der unpolitische Lessing (BRD 1950–1979)

Die Zusammenfassung der Ergebnisse einer statistischen Erhebung über den „Lektürekanon der gymnasialen Oberstufe des Landes Hessen" zeigt, daß im Schuljahr 1961/62 an der Unterprima (Klasse 12) unter den 25 meistgelesenen Autoren Lessing die 2. Stelle einnimmt (mit 535 Anteilen gegenüber Goethe mit 631 und Schiller mit 378 Anteilen); an der Oberprima (Klasse 13) den 12. Rang (1. Goethe 561, 2. Schiller 407, 3. Kleist 219, 4. Kafka 191, 5. Brecht 179, 6. Büchner 131, 7. Th. Mann 126, 8. G. Hauptmann 111, 9. Hebbel 69, 10. Hofmannsthal 59, 11. Böll 55, 12. Lessing 49, 13. Borchert 44, 14. Keller 42, 15. Shakespeare/Stifter 41 …).

Die Zusammenfassung der Klassen 11–13 (Obersekunda, Unterprima, Oberprima) ergibt, daß Lessing an 4. Stelle steht (1. Goethe 1216, 2. Schiller 798, 3. Kleist 714, 4. Lessing 590, 5. Th. Mann 422).

Von den meistgelesenen Schriften an der Unterprima (Klasse 12) stand an 1. Stelle Lessings *Nathan der Weise* (262), an 11. *Emilia Galotti* (56), an 12. der 17. *Literaturbrief* (51), an 14. die *Hamburgische Dramaturgie* in Auszügen (47), an 23. der *Laokoon* in Auszügen (31), und an 25. die *Erziehung des Menschengeschlechts* (29).

Von den meistgelesenen Schriften in der Oberstufe insgesamt stand Lessings

Nathan an dritter Stelle hinter Goethes *Faust* und Schillers *Wallenstein, Emilia Galotti* an 35. Stelle, der 17. *Literaturbrief* an 43., die *Hamburgische Dramaturgie* an 44., der *Laokoon* an 57. und die *Erziehung* an 58. Stelle. So gut Lessing bei dieser freilich von 1961/62 stammenden Übersicht abschneidet, so ist es doch verwunderlich, daß *Minna von Barnhelm*, das früher gerade in der Schule beliebteste Stück, völlig verschwunden ist (Hans Thiel, Der Lektürekanon der gymnasialen Oberstufe des Landes Hessen. Ergebnisse einer statistischen Erhebung, Beilage zu DU 17, 1965, H. 3, S. 1 ff.).

Die Lehrpläne für die *Gymnasien* Baden-Württembergs, das hier als Beispiel gewählt ist, sehen im 10. Schuljahr die Lektüre von *Minna von Barnhelm* in *Mädchen*klassen vor; im 12. Schuljahr steht *Nathan der Weise* als Pflichtlektüre, *Emilia Galotti* und *Minna von Barnhelm* sowie eine Auswahl aus der Prosa fakultativ auf dem Programm (Kultus und Unterricht, Jg. 6, Stuttgart März 1957, Nr. 3 a). Die Lehrpläne für die *Höheren Handelsschulen* führen *Minna von Barnhelm* in Klasse M 2 auf (Kultus und Unterricht, Jg. 9, Stuttgart März 1960, Nr. 3 a). Der Landeseinheitliche Lehrplan für die *dreijährigen Wirtschaftsoberschulen* sieht innerhalb der Sparte ‚Die Dichtung von der Aufklärung bis zur Romantik‘ von Lessing die *Kritischen Schriften* und das Drama *Nathan der Weise* vor (Kultus und Unterricht, Jg. 8, Stuttgart April 1959, Nr. 4 a). Der Lehrplan für die Staatlichen Aufbaugymnasien empfiehlt im 10. Schuljahr die Lektüre von *Minna von Barnhelm*; im 11.–13. Schuljahr entspricht der Stoffplan den Lehrplänen für die Gymnasien (Kultus und Unterricht, Jg. 7, Stuttgart März 1958, Nr. 3).

Ein Ausdruck des Methodenpluralismus war es, daß den westdeutschen Lehrern keine ‚Handreichungen‘ mehr zur Verfügung standen. Diese dirigistischen Hinweise des älteren Deutschunterrichts waren durch ein großes Angebot von Einzelanalysen ersetzt, zwischen denen der Lehrer zu wählen hatte. Paradigmatisch für diese Auffassung ist die Reihe *Grundlagen und Gedanken zum Verständnis klassischer Dramen*, die keine eigene Interpretation, sondern eine Auswahl aus verschiedenen Interpretationen bietet (s. auch 1. Reinhard Schlepper, Was ist wo interpretiert? Eine bibliographische Handreichung für den Deutschunterricht, Paderborn 1970; 2. Dr. Wilhelm Königs *Erläuterungen*; 3. Reclam: *Erläuterungen und Dokumente*; 4. Carter Kniffler und Hanna Schlette, Das literarische Drama auf der Schulbühne, Frankfurt a.M. 1960). Die *Grundlagen und Gedanken zum Verständnis klassischer Dramen* (Diesterweg Best.-Nr. 6391: Lessings *Emilia Galotti*, o.J.) behandelten *Emilia Galotti* noch ganz im Anschluß an die Forschung der Weimarer Republik. Lessing wolle „gebieterisch auch in seinem tragischen Irrationalismus endlich erkannt sein“ (S. 72). Kategorien wie das „Zeitlos-Gültige“ und die „Einmaligkeit des Wunderwerks“ entsprechen dieser Tendenz. Von der Interpretation der Sinnenhaftigkeit Emilias und Odoardos aus (was deren Größe wie Unzulänglichkeit erweise) sollte das „Zeitalter des Raumfluges“ zur Problematik der *Emilia Galotti* Zugang finden.

Auch wenn das ‚Stoffliche‘ nicht mehr unmittelbar für die Gegenwart aktualisiert werden könne und darum zurücktrete, so rücke dafür das Künstlerische in

den Vordergrund, die formale Meisterschaft. Die vom Inhalt gelöste Betrachtung des Formalen neutralisierte in diesen Interpretationen häufig die Aussage
Lessings.

„Weil die sozialkritische Tendenz, durchs italienische Kostüm kaum verhüllt, gegenstandslos geworden ist, wird Lessings Drama heute nicht mehr als mutige politische Man-
nestat empfunden wie ehedem. Umso reiner ist unsere ästhetische Freude an dem Werk als
solchem. Weil der Protest gegen himmelschreiende gesellschaftliche Zustände uns nicht
mehr entflammt, freuen wir uns umso unbefangener über diese erste deutsche Tragödie
comme il faut" (Friedrich Schnaas, Die Einzelschrift im Deutschunterricht, Bd. 2, Bad
Heilbrunn 1955, S. 27).

Der ‚Geist' des Stücks blieb in einer solchen Betrachtung ans Stoffliche gebunden; übrig blieb höchstens eine ästhetische Leerform. In der 1972 erschienenen
14. Auflage von Königs beliebten *Erläuterungen zu Lessings Emilia Galotti* hieß
es:

„Sicherlich hat Hermann August Korff recht, wenn er schreibt, Lessing, wollte keine
politische Tragödie, sondern eine moralische Heroide schreiben [...] Bei Lessing bleibt die
Tat des Odoardo ohne jede politische Folge. Der Fürst bedauert den Vorfall und schickt
seinen Helfershelfer in die Verbannung. Es geht Lessing eben weniger um die Satire auf das
fürstliche Laster als um die Verherrlichung der bürgerlichen Tugend. Das Politische erscheint hier nur als zufällige Form für ein im Grunde beliebiges Beispiel moralischen
Heldentums" (S. 61).

Der anschließende Hinweis auf Steinhauers Aufsatz, der den sozialen Konflikt
herausarbeitet, relativierte zwar Korffs These, focht jedoch ihre prinzipielle Geltung nicht an. Die entpolitisierte *Emilia Galotti* erschien als harmloser Konflikt.
Von der *Theatersituation* ausgehend versuchte Dietrich Steinbach (Der Lektürekanon des Dramas in der Perspektive des Theaterspielplans, DU 19, 1967, H.
1, S. 71 ff.) den Lektürekanon auf die Wirklichkeit des Theaters abzustimmen.
Für die Untersuchung des Spielplans zog Steinbach die Spielzeiten 1965/66 und
1966/67 heran (97 öffentliche Bühnen). Unter den in Lehrplänen genannten
Autoren stand Lessing an 6. Stelle (Shakespeare 105 mal, Brecht 72, Schiller 70,
Goethe 40, Kleist 35, Lessing 30), von den Schauspielen *Minna von Barnhelm*
an 5., *Nathan* an 16. Stelle. Steinbachs Konsequenzen für den Lektürekanon:
von Lessing sollte *Nathan* als Pflichtlektüre, *Emilia Galotti* und *Minna von
Barnhelm* als „Überbau" vorgesehen sein (s. Josef Schnell, Dramatische Struktur
und soziales Handeln. Didaktische Überlegungen zur Lektüre von Lessings *Nathan der Weise*, DU 28, 1976, H. 2, S. 46 ff.).
In den Lesebüchern standen an bevorzugter Stelle verschiedene Fabeln um den
Wolf, ferner die Stücke *Der Besitzer des Bogens*, *Die Gans*, *Der Rangstreit der
Tiere* und *Die Sperlinge* (z. B. *Wort und Sinn*, Klett-Lesebuch, *Prisma*, *Begegnungen*, *Wir in der Welt*, *lesen*, *Lebensgut*, Bendersches Lesebuch). In der Anleitung aus dem Beiheft *Hinweise 2* zum Lesebuch *Wort und Sinn* (Paderborn
1968, S. 13 f.) heißt es über die Fabel *Der Besitzer des Bogens*:

„Auch hier handelt es sich um ein Gegenüber wie in den meisten Fabeln: der Mann und sein Bogen (auch in der Gestaltung sichtbar: er redet seinen Bogen an). Die Moral: man soll nicht ein Ding zu mehreren unvereinbaren Zwecken zugleich verwenden wollen, hier: zum praktischen Gebrauch – und zur Zierde, als Kunstgegenstand". Die Feststellung, daß keine Tiere auftreten, soll zur Erörterung des Wesens der Fabel überleiten (prägnante Situation, die zugleich über sich hinausweise und eine Wahrheit enthalte, die sich in anderen Lebenszusammenhängen erhärte): „Es lohnt sich, an diesem kurzen Text einen guten Lesevortrag zu schulen. Dabei ließen sich sinnvoll die Satzkurven und die Besonderheiten der Zeichensetzung herausstellen. Die Fabel sollte im Anschluß an eine solche Erarbeitung auch zum auswendigen Vortrag aufgegeben werden (wir tun es mit Prosa allzu selten!)."

Andere Anleitungshefte erhärten den Eindruck: Lessings Fabeln dienten in erster Linie dazu, formale, also strukturelle, sprachliche, stilistische, rhythmische (auch melodische) und deklamatorische Eigenarten des Textes zu erkennen und sie den Schülern als „Fertigkeiten" zu vermitteln (s. etwa Klett-Lesebuch A 7, Lehrerheft, S. 13–16; A 8, Lehrerheft, S. 16–18).

Ältere literaturgeschichtliche Darstellungen stellten Klopstock und Lessing gleichberechtigt an den Beginn der neueren deutschen Literatur. Wenn der Akzent auf die Herausbildung einer spezifischen Dichtersprache gelegt wurde, rückte Klopstock sogar an die erste Stelle. Für die heutige Situation zumindest in der Bundesrepublik scheint dagegen eine Abwertung des rein Dichterischen zugunsten theoretischer und kritischer Aspekte bezeichnend zu sein. Ob sich der sozialgeschichtliche Trend, der die neueren wissenschaftlichen Publikationen bestimmt, auch in den gymnasialen Unterrichtseinheiten durchsetzen kann, hängt nicht zuletzt von der didaktischen Aufbereitung des Materials ab. Hier sind erst Anfänge erkennbar.

6.3. Die sozialistische Interpretation (DDR)

Die sozialistische Literaturgeschichtsschreibung hat die Zeit der hohen Aufklärung konsequent unter Lessings Namen gestellt: „Deutsche Literatur in der Lessing-Periode der Aufklärung (1750–1770)" (Deutsche Literaturgeschichte in einem Band, Berlin 1971, S. 166). Lessing selbst wird zum Streiter gegen die antifeudalen und klerikalen Richtungen unter Hervorhebung seiner preußenfeindlichen Äußerungen. Das Theater als Ort unmittelbarer Publikumsbeeinflussung wird zur „Tribüne des bürgerlichen Befreiungskampfes". Die *Hamburgische Dramaturgie* erfüllt ihren Zweck als „Kampfprogramm der sich entwickelnden bürgerlichen Literatur", *Emilia Galotti* wird zum Kampfplatz zwischen Bürgertum und Adel. Den „Vertretern der verfaulenden feudalen Ordnung" habe Lessing den „aufrecht und rechtlich denkenden" Oberst Odoardo Galotti und seine „tugendhafte" Tochter Emilia gegenübergestellt. Neben der Erkenntnis, die Zensurbedingungen hätten die Verlegung des Schauplatzes nach Italien erforderlich gemacht, steht die von Mehring her bekannte irreführende Annahme, das Stück habe „revolutionierend" auf das Bewußtsein der Bürger gewirkt.

Differenzierter gerät die Charakterisierung Lessings in ausführlicheren Literaturgeschichten (z. B. Aufklärung, Gesamtbibl. 8). Das Lessing-Kapitel steht unter dem Motto: Schaffung einer „einheitlichen, von demokratischem Geist erfüllten bürgerlich-nationalen Ideologie" (S. 479). Literatur und Theater dienen dabei als ‚Instrumente' im Kampf für die nationale Einigung des deutschen Volkes. Verschiedentlich begegnet die Apostrophierung „Deutschlands größter Dichter und Kritiker" (S. 493, 494). Lessing gilt als Vorkämpfer der emanzipativen Bewegung, die zu seiner Zeit vom Bürgertum, heute von der Arbeiterklasse getragen werde. Insofern müsse auch gerade von ihr *Nathan,* „dies köstliche Erbe", „in hohen Ehren" gehalten werden, da sie heute die Botschaft der Freiheit und der Befreiung im Rahmen des sozialistischen Humanismus zu verfechten auf sich genommen habe (S. 566). In den Kamenzer Lessing-Feiern vom Januar 1979 wurde diese Sichtweise verstärkt.

Diese allgemeinen Tendenzen, Lessing zum Wegbereiter für die Befreiung der Arbeiterklasse und für den Sozialismus zu machen (ohne allerdings seine Ideologie zu verfälschen), begegnen auch in den Richtlinien, die über den Literaturunterricht in der DDR Auskunft erteilen. Im deutschen Literaturunterricht des 10. Schuljahrs sind für die Behandlung einer Auswahl aus dem „nationalen Literaturerbe" 28 Stunden vorgeschrieben, wobei die „Aufklärung als Ideologie des Bürgertums bei der Vorbereitung der bürgerlichen Revolution" 4, Lessing 10, Herder 4 und die Sturm- und Drang-Bewegung 4 Stunden erhalten. Lessing nimmt im Lehrplan der DDR einen hervorragenden Platz ein, weil er zu den Schriftstellern rechnet, die „die ideologische Führung im Klassenkampf" „auf der Seite der jeweils ‚fortschrittlichen' Klasse" (Ulshöfer, DU 19, 1967, H. 1, S. 26) übernommen hätte.

Differenziert nach den einzelnen Lehrplänen bietet sich folgendes Bild: Der Lehrplan für Klasse 7 sieht eine 5 stündige Behandlung Lessingscher *Fabeln* vor; in Klasse 9 sollen Auszüge aus der *Hamburgischen Dramaturgie,* die Ringparabel und die Fabel *Der Besitzer des Bogens* behandelt werden (ebenfalls 5 Stunden); für die Klassen 11 und 12 sieht der Lehrplan die Behandlung von *Nathan dem Weisen* (oder Goethes *Iphigenie*) vor (20 Stunden); mindestens der 17. *Literaturbrief* soll mit herangezogen werden.

Anders als in der BRD sind dem DDR-Lehrplan Hinweise beigefügt, wie die genannten Stücke zu behandeln seien. Z. B. Klasse 9: Vorgesehen sind für die „Dichtung des aufstrebenden Bürgertums" 15 Stunden; detailliert schreibt der Lehrplan vor:

„In Klasse 9 liegt der Schwerpunkt auf Werken der Aufklärung und des Sturm und Drang. Die Schüler sollen die Entwicklung des Realismus in diesen Dichtungen erfassen und erfahren, wie sie von den Klassenauseinandersetzungen zwischen Adel und Bürgertum geprägt sind und von dieser historischen Position her die Frage nach dem Sinn des menschlichen Lebens, nach der Aufgabe des einzelnen zu beantworten versuchen. Sie sollen erkennen, daß die Lebensprobleme und Lebensverhältnisse immer stärker in die künstlerische Gestaltung einbezogen werden und die politische, soziale und moralische Unterdrückung mit zunehmender Schärfe angeprangert wird. In den Werken Lessings, in den Dichtungen des Sturm und Drang, insbesondere in den frühen Werken Goethes und Schillers, spiegelt sich das Emanzipationsstreben des Bürgertums besonders eindringlich in der Herausbildung eines positiven bürgerlichen Helden wider. Der bürgerliche Held erscheint als selbstbewußte schöpferische Persönlichkeit, die sich gegen feudalistische Willkür wehrt und das Recht auf Individualität behauptet. Diese Wesenszüge der Persönlichkeit, insbesondere ihre Aktivität und Bewährung in der Parteinahme, ermöglichen es, wirkungsvolle Beziehungen zum Leben der Schüler herzustellen."

Für die Beschäftigung mit Lessings Stücken sind 5 Stunden bereitgestellt. Folgende Einsichten und Erkenntnisse sollen vermittelt werden:

„Lessing als Vertreter der deutschen Aufklärung, der die humanistischen Forderungen des aufstrebenden Bürgertums – Befreiung von feudal-absolutistischer Bevormundung und Unterdrückung, Verteidigung der Vernunft und der Menschenwürde, das Recht auf Entwicklung der Persönlichkeit – zu seinem persönlichen Anliegen gemacht hat.

Lessings große schriftstellerische Leistung, seine zukunftsweisende Humanitätsauffassung, die die Forderung nach humaner Gesinnung und humanistischem Handeln umfaßt, die von ihm gelebte Einheit von Wort und Tat, seine unbestechliche Wahrheitsliebe.

Lessings aufopferungsvolles Bemühen um die Schaffung einer deutschen Nationalliteratur und eines deutschen Nationaltheaters, sein beispielgebender Kampf für die Unabhängigkeit und die Würde des Schriftstellers.

Die Einheit von bedeutendem Werk und großem Charakter als Erklärung für Lessings großen Einfluß auf seine Zeitgenossen und auf die Nachwelt. Da Lessings Nationalbewußtsein und seine demokratische Haltung auf die deutsche Nationalliteratur in der Epoche ihrer klassischen Ausprägung hinweisen, muß von hier aus die Kontinuität der Entfaltung einer bürgerlichen Nationalliteratur sichtbar gemacht werden."

Der Lehrplan für die Klasse 11/12 der erweiterten Oberschule sieht die Behandlung des *Nathan* vor und gibt dazu folgende Hinweise:

„Hinweis auf die Rolle der Religionsfragen in den Klassenauseinandersetzungen zur Zeit Lessings. Lessings Kampf gegen Absolutismus und Orthodoxie in seinen letzten Lebensjahren. Der Grundgedanke der Dichtung: die Frage nach dem Wert der Religionen im Hinblick auf die Verwirklichung der humanistischen Forderungen der Aufklärung. Die poetische Umsetzung des weltanschaulichen Anliegens in der Handlungsführung und in der Figurenanlage. Vernünftiges Handeln der Menschen als Kriterium für den Wert ihrer ethischen Gesinnung; die Entscheidung des Richters als Beleg für die historische Betrachtungsweise Lessings. Die Bewertung der Handlungen einzelner Gestalten zur Verdeutlichung des Ideengehalts der Ringparabel (Nathan, Tempelherr, Sultan Saladin; ihre Bewährung im Sinne der Ringparabel). Das Drama *Nathan der Weise* als Lessings Bekenntnis zu Toleranz und aktiver Humanität. Vergleich mit der sozialistischen Humanitätsauffassung. Hinweis auf die Wirkungsgeschichte des Dramas" (Lehrplan für deutsche Sprache und Literatur. Erweiterte Oberschule. Klassen 11 und 12, Berlin 1968, S. 91 f. und 98).

Der Lehrplan für Klasse 7 verfügt eine fünfstündige Behandlung der Fabeln (Vorschlag: *Die Eiche und das Schwein, Der Fuchs und der Storch, Die Wasserschlange, Der Tanzbär*; s. IV A 2. 1.–4.). Die Fabeln werden bewußt in einen politischen Bezugsrahmen gestellt. Der „allgemein-gültige moralische Satz" soll auf seinen klassenbedingten Inhalt untersucht und die Bedeutung der Fabelmoral für „unsere gegenwärtigen gesellschaftlichen Verhältnisse und für die gesellschaftliche Praxis des Schülers" herausgearbeitet werden. Literatur stellt gesellschaftlich bedingtes Kulturprodukt dar. In dieser Perspektive tritt die Kritik, die mittels der Moral an den gesellschaftlichen Verhältnissen geübt wird, in besonderem Maße hervor: Die Schüler sollen die „Parteinahme der Fabeldichter für die Interessen des Volkes" und „das darin zum Ausdruck kommende bürgerliche Klassenbewußtsein" erkennen.

Zum Vergleich mit den zuvor genannten Hinweisen zur Behandlung der Fabel *Der Besitzer des Bogens* seien die analogen Richtlinien im Lehrplan für deutsche Sprache und Literatur Klasse 9 der DDR aufgeführt.

„Die Behandlung beginnt mit der Reaktivierung der in Klasse 7 erarbeiteten Kenntnisse über die Fabeln Lessings, die Fabel als Mittel der politischen Erziehung und als Mittel der Gesellschaftskritik; die besondere Wirksamkeit der Fabel, die Konzentration auf das Wesentliche, die künstlerischen Mittel (Verdeutlichung typischer Verhaltensweisen und Umstände, die Personifizierung von Tieren), die Tradition der Fabel. Kurze Erläuterung bereits bekannter Fabeln (vorbereitete Schülervorträge) – Vertiefung der reaktivierten Kenntnisse und Erkenntnisse durch die Behandlung einer weiteren Fabel. Der Besitzer des Bogens: Vorzug des Schlichten und Zweckmäßigen gegenüber dem auf äußere Wirkung bedachten Überladenen und Unzweckmäßigen in der Kunst und im Leben. Gegenüberstellung der Fabeln Äsops und Lafontaines und seiner Nachahmer. Der Bezug zu Lessings Leben und Schaffen. Inhalt und Form der Fabel als Beleg für die Lehre dieser Fabel" (Lehrplan für deutsche Sprache und Literatur: Klasse 9, Berlin 1971, S. 53 ff.).

Die politischen Gesichtspunkte stehen hier im Vordergrund. Bei den Fabeln ist diese Akzentuierung noch auffälliger als bei den Dramen, den literaturkritischen und theologischen Schriften.

Die politische Deutung erfaßt auch die Gattungen, die bisher einer moralischen Interpretation vorbehalten zu sein schienen. Die neueren deutschen Literaturgeschichten schließen sich dieser Tendenz an (Grimminger: Gesamtbibl. 8; Rieck u.a.: Gesamtbibl. 8; Wolfgang Beutin u.a.: Deutsche Literaturgeschichte. Von den Anfängen bis zur Gegenwart. Stuttgart 1979).

Synoptische Tabelle zu Lessing und seiner Zeit

Die Tabelle hat, gemäß den in der ‚Einführung' genannten Prinzipien, eine lediglich orientierende, informatorische Funktion. Sie soll eine erste Einordnung von Lessings Leben und Werk in den geschichtlichen Kontext ermöglichen. Sie stellt insofern vor allem eine Ergänzung zu Arbeitsbereich I und der dort in Abschnitt E 4 gegebenen biographischen Skizze dar, läßt sich aber auch für die anderen Arbeitsbereiche fruchtbar machen. Das kommentarlose Nebeneinander von historischen Ereignissen kann und soll umfassendere Darstellungen nicht ersetzen, sondern zu deren Studium gerade anregen. Wenn dabei ein plastischeres Bild der zeitgenössischen politischen, sozialen und kulturellen Landschaft entsteht, mit Lessing und seinen Schriften im Vordergrund, hat die Synoptische Tabelle ihren Zweck erfüllt. Daten aus folgenden Bereichen wurden aufgenommen:

1. Lessings Leben und Werk
2. Literatur, Kritik, Theater
3. Philosophie, Theologie, Ideengeschichte
4. Musik, Malerei, Architektur
5. Politische Geschichte, Sozialgeschichte
6. Naturwissenschaften, Technik, Entdeckungen.

Detailliertere Angaben zu 1. ‚Lessings Leben und Werk' finden sich in:
Lessings Leben und Werk in Daten und Bildern. Hrsg. von Kurt Wölfel, Frankfurt a.M. 1967;
Lessing Chronik. Daten zu Leben und Werk. Zusammengestellt von Gerd Hillen, München u. Wien 1979.

1729

1. 22.1.: Gotthold Ephraim Lessing in Kamenz (Oberlausitz/Sachsen) als drittes Kind (von insgesamt zwölf) von Johann Gottfried Lessing (Pastor primarius) und Justine Salome Lessing, geb. Feller (Pfarrerstochter) geboren.
2. Tersteegen: ‚Geistliches Blumengärtlein inniger Seelen'; Hagedorn: ‚Gedichte'.
3. Moses Mendelssohn geb.
4. Bach: ‚Matthäuspassion'.
6. Ged: Stereotypie zur Vervielfältigung von Druckplatten.

1730

2. Hamann geb.
Gottsched: ‚Critische Dichtkunst'.

1731

2. Defoe gest.
   Gottsched: ‚Der sterbende Cato‘ aufgeführt (gedruckt 1732); Schnabel: ‚Insel Felsenburg‘; Lillo: ‚The London merchant‘; Prévost: ‚Histoire du chevalier des Grieux et de Manon Lesceut‘.
5. Verbot für die englischen Fabrikarbeiter, nach den amerikanischen Kolonien auszuwandern.
   Aufhebung der Autonomie der Zünfte in Preußen.
6. Hadley: Spiegelsextant.

1732

2. Haller: ‚Versuch schweizerischer Gedichten‘ (darin: ‚Die Alpen‘); Voltaire: ‚Zaïre‘.
3. –50: Zedlers ‚Großes vollständiges Universal-Lexikon‘ erscheint.
4. Haydn geb.
5. Friedrich Wilhelm I von Preußen siedelt in dem durch die Pest entvölkerten Ostpreußen 17000 vertriebene Salzburger Protestanten an.
6. Boerhaave: ‚Elementa Chemiae‘.

1733

2. Wieland geb.; Nicolai geb.
   Gottsched: ‚Erste Gründe der gesamten Weltweisheit‘ (–34).
3. Pope: ‚Essay on man‘.
4. Bach: ‚H-moll-Messe‘.
5. Kantonreglement in Preußen, Dienstpflicht der bäuerlichen Bevölkerung.
   – 63: August III von Sachsen.
   – 38: Polnischer Erbfolgekrieg.

1734

4. Bach: ‚Weihnachts-Oratorium‘.

1735

2. Friederike Caroline Neuber: ‚Umstände der Schauspielkunst‘.
6. Huntsman: Tiegel-(Guß-)Stahl; Darby schmilzt Eisenerz in Koks-Hochofen; Linné: ‚Systema naturae‘.

1736

1. *Eva Catharina Hahn, Lessings spätere Frau (verw. König) in Heidelberg geb.*
2. Gottsched: ‚Ausführliche Redekunst‘, ‚Gedichte‘.
   Erster Hallenser Dichterkreis.

3. Zinzendorf aus Sachsen ausgewiesen.
6. Einführung des Kautschuks in Europa.
   Euler: ‚Mechanica'.

1737

1. *Besuch der Lateinschule in Kamenz.*
2. Gerstenberg geb.
   Pyra: ‚Tempel der wahren Dichtkunst'.
   Verbannung des Hanswurst von der Leipziger Bühne (Neuberin unter dem Einfluß von Gottsched).
3. Zinzendorf Bischof der Herrnhutergemeinde.
   Erste Freimaurerloge in Deutschland.
   Gründung der Göttinger Universität.

1738

2. Schnabel: ‚Der im Irrgarten der Liebe herumtaumelnde Cavalier'; Hagedorn: ‚Versuch in poetischen Fabeln und Erzählungen'.
3. Kronprinz Friedrich II tritt Freimaurerloge bei. Päpstlicher Bannfluch gegen die Freimaurerei (−51).
4. Händel: ‚Xerxes'.
5. Beginn der Kolonialkriege; Joseph Süß Oppenheimer (Jud Süß) hingerichtet (Finanzrat des Herzogs Karl Alexander von Württemberg, der mit ihm gemeinsam das Land ausbeutete).
6. Wyatt: Erfindung der Spinnmaschine; Bernoulli: Kinetische Gastheorie.

1739

2. Schubart geb.
   Liscow: ‚Sammlung satirischer und ernsthafter Schriften'.
5. Berliner Börse erhält Börsenordnung.

1740

1. *Lessings Bruder Karl Gotthelf, der spätere Hausgeber seines Nachlasses und Verfasser der ersten Lessing-Biographie, geb. (gest. 1812).*
2. Claudius geb.
   Bodmer: ‚Critische Abhandlung von dem Wunderbaren in der Poesie'; Breitinger: ‚Critische Dichtkunst'; Richardson: ‚Pamela'; von Borck: Übersetzung von Shakespeares ‚Julius Caesar'.
   Gründung der Schönemannschen Schauspielergesellschaft (−57); ‚Berlinische Nachrichten von Staats- und gelehrten Sachen' erscheint.
5. Friedrich II: ‚Antimachiavell'; Regierungsantritt Friedrichs II, des Großen, von Preußen (−86); Regierungsantritt Maria Theresias (−80); Österreichischer Erbfolgekrieg; −42: Erster Schlesischer Krieg; Abschaffung der Folter in Preußen, der Hexenprozesse in Österreich.

6. Begründung des ,Vulkanismus' durch Moro; gleichzeitig ,Neptunismus' durch Demaillet; ~ erste Koks-Hochöfen in England.

1741

1. *Besuch der Fürstenschule St. Afra in Meißen (–46).*
2. Gottsched: ,Die deutsche Schaubühne nach den Regeln und Exempeln der Alten' (–45); Wiener Burgtheater gegründet; ~ Bruch Gottscheds mit der Neuberin.
3. Zinzendorf in Amerika (–43); Friedrich II erneuert die (von Leibniz angeregte) Berliner Akademie (gegr. 1700).
4. Quantz wird Hofkomponist und Lehrer Friedrichs II.

1742

1. *,Glückwunschrede' an den Vater zum Jahreswechsel.*
2. Lichtenberg geb.
   Gellert: ,Gedanken von einem guten deutschen Briefe'; 42/44/52: Hagedorn: ,Sammlung neuer Oden und Lieder'; Young: ,The complaint, or night thoughts'; Fielding: ,Joseph Andrews'.
4. Händel: ,Messias'.
5. Friede zu Breslau: Schlesien an Preußen.
6. Celsius führt die heute gebräuchliche Thermometerskala ein; Elbe-Havel-Kanal gebaut.

1743

1. *30. 12.: Brief an die Schwester Dorothea (Lessings frühester erhaltener Brief).*
2. J. E. Schlegel: ,Hermann'; Voltaire: ,Mérope'.

1744

2. Herder geb.; Pope gest.
   Gleim: ,Scherzhafte Lieder'; Zachariae: ,Der Renommiste'; ,Bremer Beiträge'.
4. Bach: ,Das wohltemperierte Klavier'.
5. –45: Zweiter Schlesischer Krieg.
6. Erste Baumwollmanufaktur in Berlin; ~ zunehmende Arbeitsteilung in der Industrie.

1745

1. *Erste poetische Versuche: anakreontische Lieder und lehrhafte Gedichte; erster, nicht erhaltener Entwurf von ,Der junge Gelehrte'.*
2. Swift gest.
   Gellert: ,Die Betschwester'; Brockes übersetzt Thomsons ,The seasons'; Pyra/Lange: ,Thirsis und Damons freundschaftliche Lieder'.
5. Friede zu Dresden: Preußen im Besitz Schlesiens bestätigt.

1746

1. *Studium in Leipzig (–48); Immatrikulation für Theologie, Interessen aber für zahlreiche andere Fächer, v.a. Philosophie, Philologie, Archäologie, Medizin.*
2. Gellert: ‚Fabeln und Erzählungen‘; J. E. Schlegel: ‚Canut‘.
4. Händel: ‚Judas Makkabäus‘.
6. Großherstellung von Schwefelsäure in Bleikammern (Birmingham).

1747

1. *Freundschaft mit Christian Felix Weisse; erste Kontakte zum Theater; Übersetzertätigkeit für die Bühne der Neuberin. Erste Veröffentlichungen von Gedichten und Liedern in den von Lessings nahem Verwandten (‚Vetter‘) Christlob Mylius herausgegebenen Zeitschriften ‚Der Naturforscher‘ und ‚Ermunterungen zum Vergnügen des Gemüts‘. Hier erscheint auch ‚Damon oder die wahre Freundschaft‘. Überarbeitung von ‚Der junge Gelehrte‘ (aufgeführt Januar 1748 von der Neuberschen Truppe). Entwürfe zu ‚Der Leichtgläubige‘ und ‚Die Matrone zu Ephesus‘.*
2. Bürger geb.; Le Sage gest.
   –48 Gellert: ‚Leben der schwedischen Gräfin von G^{+++}‘;
   J. E. Schlegel: ‚Die stumme Schönheit‘, ‚Gedanken zur Aufnahme des dänischen Theaters‘.
3. Campe, Pestalozzi geb.
   Hecker eröffnet in Berlin die erste Realschule.
6. Zuckergehalt der Rübe entdeckt (Marggraf).

1748

1. *Wittenberg: Erkrankung, kurzes Medizinstudium. –51 Berlin. –55: Journalist und freier Schriftsteller, Kritiker an der ‚Berlinischen privilegierten Zeitung‘.
   ‚Der Misogyn‘ fertiggestellt (gedruckt 1755).*
2. Gottsched: ‚Grundlegung einer deutschen Sprachkunst‘; Richardson: ‚Clarissa‘. –73: Klopstock: ‚Der Messias‘.
3. Lamettrie: ‚L’homme machine‘, ‚L’homme plante‘; Montesquieu: ‚L’esprit des lois‘; Hume: ‚Philosophical essays concerning human understanding‘.
4. Eröffnung des Bayreuther Opernhauses.
5. Beendigung des österreichischen Erbfolgekriegs durch den Frieden zu Aachen; Schutz der Bauern vor dem ‚Bauernlegen‘; Steigerung der Zahl der Bauernhöfe in Preußen durch innere Kolonisation.
6. Janssen: Erste Stahlschreibfeder; erste Seidenmanufaktur in Berlin.

1749

1. *‚Die Juden‘; ‚Der Freigeist‘; ‚Die alte Jungfer‘; ‚Samuel Henzi‘ (Fragment); –50: ‚Beiträge zur Historie und Aufnahme des Theaters‘.*
2. Goethe geb.
   Uz: ‚Gedichte‘; E. v. Kleist: ‚Der Frühling‘; Fielding: ‚Tom Jones‘.

3. Anerkennung der Herrnhuter Brüdergemeinde in England und den englischen Kolonien.
5. Henzi-Aufstand in Bern.
6. Achenwall: ‚Abriß der neuesten Staatswisssenschaft‘ (erstes Lehrbuch der sog. Statistik).

1750

1. *Mitarbeiter an den von Mylius herausgegebenen ‚Kritischen Nachrichten aus dem Reiche der Gelehrsamkeit‘. Bekanntschaft mit Voltaire.*
   ‚Gedanken über die Herrnhuter‘; Plautus-Abhandlung; ‚Der Schatz‘.
2. Klopstock in Zürich.
   Goldoni: ‚Das Kaffeehaus‘. Gründung der Kochschen Schauspielergesellschaft (–75).
   Vossische Zeitung erscheint (Berlin); erste Lesegesellschaft in Bremen gegründet.
3. Rousseau: ‚Discours sur les sciences et les arts‘; Voltaire: ‚Le siècle de Louis XIV‘.
   Baumgarten: ‚Aesthetica‘.
4. Bach gest.
5. Abschaffung der Hexenprozesse in Preußen-Brandenburg.
6. Einführung der Personenpost in Deutschland.
   Erster ‚Englischer Garten‘ in Deutschland (Hameln).

1751

1. *Übernahme der Redaktion des ‚Gelehrten Artikels‘ der ‚Berlinischen privilegierten Zeitung‘ und Beiträge in der Monatsbeilage ‚Das Neueste aus dem Reiche des Witzes‘. Erste Gedichtsammlung: ‚Kleinigkeiten‘; Übersetzung von fünfzehn Essays Voltaires: erscheinen 1752 als ‚Des Herrn von Voltaire kleine historische Schriften‘. –52: Wittenberg: Magisterpromotion mit (lateinischen) Beiträgen zur Biographie Juan Huartes. Bruch mit Voltaire aufgrund eines Mißverständnisses.*
2. J. H. Voß, Lenz geb.
   –55 Rabener: ‚Sammlung satirischer Schriften‘; Gellert: ‚Briefe‘.
   Gründung der Akademie in Göttingen.
3. –72: ‚L’Encyclopédie‘ (Mitarbeiter u. a.: Diderot, d’Alembert, Voltaire, Holbach, Rousseau); Lamettrie: ‚L’art de jouir ou L’école de la volupté‘.
   Lamettrie gest.
6. Chaumette: Hinterladergewehr; Focq: Metallhobelmaschine.

1752

1. *Ab November wieder in Berlin. Bekanntschaft mit Johann Georg Sulzer, Karl Wilhelm Ramler.*
   –53: Übersetzung von Schriften Voltaires und Friedrichs II; Übersetzung von Juan Huartes ‚Examen de Ingenios para las Sciencias‘ (1575; dt.: ‚Prüfung der Köpfe zu den Wissenschaften‘).
2. Klinger geb.
   Weisse: ‚Die verwandelten Weiber‘; Bodmer: ‚Noah‘, ‚Die Rache der Schwester‘; Lange: Horaz-Übersetzung.
6. Franklin: Blitzableiter.

1753

1. *–55: Sechsteilige Sammlung von Lessings ‚Schriften' (Gedichte, Fabeln, ‚Rettungen',*
   Kritiken, Jugendlustspiele, ‚Miß Sara Sampson').
2. Gottsched: ‚Kern der deutschen Sprachkunst'.
   Residenztheater München eröffnet; Schauspieler-Akademie in Schwerin (Ekhof); Gründung der Ackermannschen Schauspielergesellschaft (–67; 1769–71).
   Hume: ‚Essays and treatises on several subjects' (–54).
3. ‚Flucht' Voltaires aus Berlin.

1754

1. *Beginn der Freundschaften mit Moses Mendelssohn und Friedrich Nicolai.*
   ‚Vade mecum für den Hrn. Sam. Gotth. Lange, Pastor in Laublingen'; ‚Rettungen des
   Horaz'; –58: ‚Theatralische Bibliothek'.
2. Fielding gest.
3. Wolff gest.
6. Cort: Erstes Eisenwalzwerk in England.

1755

1. *Bekanntschaft mit Johann Wilhelm Ludwig Gleim und Christian Fürchtegott Gellert;*
   engere Beziehungen zu Karl Wilhelm Ramler, erste Kontakte zu Ewald von Kleist.
   Besuche in Potsdam und Frankfurt/O.
   ‚Pope ein Metaphysiker!' (zusammen mit Mendelssohn); ‚Miß Sara Sampson', Urauffüh-
   rung durch die Ackermannsche Truppe in Frankfurt/O in Anwesenheit Lessings und
   Ramlers. –58: Leipzig.
2. 24. November: Ackermann eröffnet sein Schauspielhaus in Königsberg. Gründung der
   Akademie in Mannheim.
3. Montesquieu gest.
   Mendelssohn: ‚Briefe über die Empfindungen'; Rousseau: ‚Discours sur l'origine et les
   fondements de l'inégalité parmi les hommes'.
5. –63: Englisch-französischer Kolonialkrieg.
   Erdbeben von Lissabon.

1756

1. *Besuch in Dresden. Antritt einer Reise mit Johann Gottfried Winkler nach England,*
   jedoch wegen des Kriegsbeginns und v.a. wegen der Besetzung Leipzigs durch die
   Preußen in Amsterdam abgebrochen; vorher unter anderem Besuch der Bibliothek
   Wolfenbüttel; erste persönliche Begegnung mit dem Schauspieler Konrad Ekhof und
   mit Friedrich Gottlieb Klopstock in Hamburg.
2. Gessner: ‚Idyllen'.
   Gründung der ersten russischen Hofbühne.
3. Voltaire: ‚Essai sur les mœurs et l'esprit des nations'.
4. Mozart geb.

5. Westminsterkonvention; Anschluß Rußlands an Österreich. Bündnis zwischen Österreich und Frankreich; Einfall Friedrichs in Sachsen; –63: Der Siebenjährige Krieg.

1757

1. *Beginn der engen Freundschaft mit Ewald Christian von Kleist. –58: Beiträge in der ‚Bibliothek der schönen Wissenschaften und der freien Künste'. Erste Arbeiten an einer Virginia-Tragödie (Vorform der ‚Emilia Galotti').*
2. Gellert: ‚Geistliche Oden und Lieder'; Nicolai: ‚Abhandlung vom Trauerspiele'.
3. Hume: ‚Four dissertations'.
5. Karl August Herzog von Sachsen Weimar-Eisenach geb.
   Sieg Friedrichs bei Prag; Sieg der Österreicher bei Kolin; Sieg Friedrichs bei Roßbach über die Franzosen, bei Leuthen über die Österreicher.

1758

1. *–60: Berlin. Arbeit am (trotz mehrfacher Versuche Fragment gebliebenen) Faust-Drama. –78: Plan zu einem ‚Deutschen Wörterbuch'; Arbeit an den ersten ‚Briefen, die neueste Literatur betreffend'.*
2. Gleim: ‚Preußische Kriegslieder in den Feldzügen 1756 und 1757 von einem Grenadier' (mit Vorwort Lessings); Wieland: ‚Prosaische Schriften'; Diderot: ‚Le père de famille'; –69 Klopstock: ‚Geistliche Lieder'.
5. Sieg Friedrichs bei Zorndorf über die Russen; Sieg der Österreicher bei Hochkirch; Besetzung Ostpreußens durch die Russen.
6. Quesnay: ‚Tableau économique' (Versuch der Darstellung des Wirtschaftskreislaufs; ‚Physiokratismus').

1759

1. *–65: ‚Briefe, die neueste Literatur betreffend' (mit Mendelssohn und Nicolai); ‚Fabeln … Nebst Abhandlungen mit dieser Dichtungsart verwandten Inhalts'; ‚Philotas'; Vorrede und Glossar zu einer Ausgabe von Sinngedichten von Friedrich von Logau, die Lessing zusammen mit Ramler herausgibt.*
2. Schiller geb., E. Chr. v. Kleist gest.
   Hamann: ‚Sokratische Denkwürdigkeiten'; Klopstock: ‚Frühlingsfeier'.
   Iffland geb.
   Gründung der Akademie in München.
3. Voltaire: ‚Candide'.
5. Sieg der Österreicher und Russen bei Kunersdorf; Plünderung Berlins.
   Unterwertige Münzprägung.
6. Lambert: Lehre von der geometrischen Projektion.

1760

1. *‚Das Theater des Herrn Diderot' (Übersetzung); ‚Sophokles', 1. Buch; Plan eines größeren Werks über Sophokles. Wahl zum auswärtigen Mitglied der Berliner Akademie der Wissenschaften. –65: Sekretär des Generals Tauentzien in Breslau.*

2. Hebel geb.; Neuberin gest.
   –67: Sterne: ‚Tristram Shandy‘; Macpherson: ‚Fragments of ancient poetry‘ (‚Ossian‘).
3. Zinzendorf gest.

1761

2. Kotzebue geb.; Richardson gest.
   Rousseau: ‚Julie ou la nouvelle Héloise‘.
3. Abbt: ‚Vom Tode fürs Vaterland‘.
6. Perkussion als medizinische Untersuchungsmethode durch Auenbrugger; Gründung der Nymphenburger Porzellan-Manufaktur.

1762

1. *Teilnahme an der Belagerung von Schweidnitz.*
2. Hamann: ‚Kreuzzüge des Philologen‘.
2./3. Rousseau: ‚Emilie‘; Winckelmann: ‚Anmerkungen über die Baukunst der Alten‘.
3. Fichte geb.
   Rousseau: ‚Contrat social‘.
4. Gluck: ‚Orpheus und Eurydike‘.
5. Regierungsantritt Katharinas II von Rußland (–96).
6. Plenciz: Mikroorganismen als Krankheitskeime entdeckt.

1763

1. *Besuch in Berlin; Vorarbeiten zum ‚Laokoon‘.*
2. Jean Paul geb.
   Erste Lesegesellschaft in Leipzig gegründet.
3. Voltaire: ‚Traité sur la tolérance‘.
5. 15. 2. Friede zu Hubertusburg. Preußen behält Schlesien. Wachsender Einfluß Rußlands auf die europäischen Verhältnisse. Gesicherte Machtstellung Österreichs. Aufstieg Preußens zur Großmacht. Friede von Paris. Ende der kolonialen Auseinandersetzungen zwischen England, Frankreich und Spanien. Nordamerika wird angelsächsisch. Einführung der Schulpflicht in Preußen (‚General-Land-Schul-Reglement‘).

1764

1. *Konzeption der ‚Minna von Barnhelm‘. Lebensgefährliche Erkrankung. Entschluß, die Stelle in Breslau aufzugeben.*
2. Wieland: ‚Die Abenteuer des Don Sylvio von Rosalva‘; Thümmel: ‚Wilhelmine‘.
   In Berlin wird die ‚Journalistengesellschaft‘ gegründet.
2./3. Winckelmann: ‚Geschichte der Kunst des Altertums‘.
3. Rameau gest.; Hogarth gest.
   Voltaire: ‚Dictionnaire philosophique‘.

1765

1. *–67: Berlin. Friedrich II lehnt Lessing als Bibliothekar an der Königlichen Bibliothek in Berlin ab.*
2. Weisse: ‚Richard der Dritte‘; ‚Neue Bibliothek der schönen Wissenschaften‘ (–1806); Nicolai: ‚Allgemeine deutsche Bibliothek‘ (–68).
   Goethe als Student in Leipzig.
3. Abbt: ‚Vom Verdienste‘; Rousseau: ‚Les confessions‘ (–70).
5. Joseph II von Österreich (–90); unterstützt Reformen (seit 1780).
   In Berlin erste ‚Staatsbank‘ gegründet.
6. Kartoffel in ganz Deutschland als Nahrungsmittel bekannt; Schäfer: Holzpapier; Watt: Dampfmaschine.

1766

1. *Reise nach Pyrmont. Bekanntschaft mit Justus Möser und Thomas Abbt. Besuche in Göttingen und Kassel.*
   ‚Laokoon‘, 1. Teil.
2. Gottsched gest., Madame de Stael geb.
   Ramler (Hrsg.): ‚Lieder der Deutschen‘; –70: Gerstenberg: ‚Briefe über Merkwürdigkeiten der Literatur‘; –67: Wieland: ‚Geschichte des Agathon‘.
   Gründung eines ‚Deutschen Nationaltheaters‘ in Hamburg durch zwölf wohlhabende Bürger; Bestrebungen, Lessing zunächst als Dramatiker zu gewinnen.
6. Cavendish entdeckt das Wasserstoffgas; Euler: ‚Algebra‘.

1767

1. *–70: Dramaturg in Hamburg. Gründung einer eigenen Druckerei zusammen mit Johann S. Bode, die jedoch aus finanziellen Gründen scheitert (69). Kontakte zu Ekhof, Friedrich Ludwig Schröder, Carl Philipp Emanuel Bach und dem orthodoxen Hauptpastor Johann Melchior Goeze. Im Hause des Kaufmanns Engelbert König lernt Lessing auch dessen Frau Eva König kennen. Zusammentreffen mit Klopstock, engere Beziehungen zu ihm. ‚Minna von Barnhelm‘, am 23. 9. Uraufführung mit mäßigem Erfolg in Hamburg. ‚Die Matrone von Ephesus‘; –69: ‚Hamburgische Dramaturgie‘; Arbeit an der Fortsetzung des ‚Laokoon‘.*
2. A. W. Schlegel geb.
   Herder: ‚Über die neuere deutsche Literatur‘; Ramler: ‚Oden‘.
3. Wilhelm v. Humboldt geb.
4. Telemann gest.
   Gluck: ‚Alceste‘.
6. Spinnmaschine (mechanisiertes Handspinnrad) von Hargreaves erfunden.

1768

1. *Bekanntschaft mit Matthias Claudius. ‚Briefe antiquarischen Inhalts‘, 1. Teil. Erfolgreiche Aufführung der ‚Minna von Barnhelm‘ in Berlin.*

2. Sterne gest.
Sterne: ‚A sentimental journey through France and Italy‘; Gerstenberg: ‚Ugolino‘; Wieland: ‚Musarion‘; Klopstock: ‚Messias‘, 3. Bd.; Goethe: ‚Die Laune des Verliebten‘.
Erste Lesegesellschaft in Hamburg gegründet.
3. Schleiermacher geb.; Winckelmann ermordet; Reimarus gest.; Thorwaldsen geb.
5. Einheitliches Strafgesetz in Österreich (‚Nemesis Theresiana‘).
6. Cook erforscht auf 3 Seereisen Australien, Neuseeland, die Südsee, Alaska (–79). Wedgewood: Steingut.

1769

1. *September: Lessing erhält das Angebot, Bibliothekar an der herzoglichen Bibliothek in Wolfenbüttel zu werden. Dezember: Verhandlungen, Annahme. Tod Engelbert Königs. ‚Wie die Alten den Tod gebildet‘; ‚Briefe antiquarischen Inhalts‘, 2. Teil.*
2. Gellert gest.
‚Göttinger Musenalmanach‘ gegründet; Herder: ‚Kritische Wälder‘; Klopstock: ‚Hermanns Schlacht‘; Gleim: ‚Oden nach dem Horaz‘; Goethe: ‚Die Mitschuldigen‘; –73: Hermes: ‚Sophiens Reise‘.
Ende des Hamburger Nationaltheaters; Gründung der Seylerschen Schauspielergesellschaft (–75).
3. Alexander v. Humboldt geb.
5. Napoleon geb.
6. Arkwright erfindet Flügelspinnmaschine; Cugnot: Straßendampfwagen; Watt: Patent für eine wesentlich verbesserte Dampfmaschine.

1770

1. *Herder besucht Lessing für vierzehn Tage in Hamburg. April: Übersiedlung nach Wolfenbüttel. 22. 8.: Lessings Vater gest.*
2. Hölderlin geb.
–75: Claudius: ‚Der Wandsbecker Bote‘; Goethe und Herder in Straßburg.
3. Hegel geb.; Boucher, Tiepolo gest.
Holbach: ‚Système de la nature ou des lois du monde physique et du monde morale‘.
4. Beethoven geb.
5. ‚Große Landesloge der Freimaurer von Deutschland‘ in Berlin gegründet.
6. ~ in England Beginn der industriellen Revolution; Euler: ‚Vollständige Anleitung zur Algebra‘; Hahn: Rechenmaschine für Multiplikation; Cooke: Spiralbohrer.

1771

1. *Verlobung mit Eva König in Hamburg. Mitglied der Hamburger Loge ‚Zu den drei Rosen‘.*
1. Band der ‚Vermischten Schriften‘: ‚Anmerkungen über das Epigramm‘, ‚Lateinische Epigramme‘, ‚Sinngedichte‘, ‚Lieder‘. Arbeit an der endgültigen Fassung von ‚Emilia Galotti‘.
2. Klopstock: ‚Oden und Elegien‘; M. S. de la Roche: ‚Geschichte des Fräuleins von Sternheim‘; Sulzer: ‚Allgemeine Theorie ...‘; Goethe: ‚Zum Schäkespears Tag‘.
6. Entdeckung des gasförmigen Sauerstoffs durch Scheele.

1772

1. ‚Emilia Galotti'; *Uraufführung am 13. 3. am Hof in Braunschweig durch die Döbbelin-sche Truppe (in Abwesenheit Lessings); erfolgreiche Aufführungen in Berlin und Wien.*
2. Novalis, F. Schlegel geb.
   Herder: ‚Abhandlung über den Ursprung der Sprache'; Wieland: ‚Der goldene Spiegel'; Goethe: ‚Von deutscher Baukunst', ‚Wandrers Sturmlied'. Weimarer Hoftheater (Seyler). Gründung des ‚Göttinger Hains'.
5. Erste Teilung Polens.
6. Entdeckung des gasförmigen Stickstoffs durch Rutherford.

1773

1. −81: ‚Zur Geschichte und Literatur. Aus den Schätzen der Herzoglichen Bibliothek zu Wolfenbüttel'.
2. Wackenroder, Tieck geb.
   Herder: ‚Von deutscher Art und Kunst'; Goethe: ‚Götz von Berlichingen', erste Arbeit am ‚Faust'; Bürger: ‚Lenore'; Wieland: ‚Teutscher Merkur' (−1810); −76: Nicolai: ‚Sebaldus Nothanker'.
5. ‚Boston Tea Party'; Aufhebung des Jusuitenordens (durch den Papst).
6. Lavoisier: Erhaltung der Masse bei chemischen Prozessen. Beginn der modernen Chemie.

1774

1. −78: *Lessing veröffentlicht aus dem Nachlaß von Hermann Samuel Reimarus:* ‚Frag-mente eines Ungenannten'.
2. Herder: ‚Auch eine Philosophie der Geschichte zur Bildung der Menschheit'; −80: Wieland: ‚Geschichte der Abderiten'; Lenz: ‚Anmerkungen übers Theater', ‚Der Hof-meister'; Goethe: ‚Clavigo', ‚Die Leiden des jungen Werthers'.
   Gothaer Hoftheater (Seyler).
3. Blanckenburg: ‚Versuch über den Roman'; Klopstock: ‚Deutsche Gelehrtenrepublik'.
4. Gluck: ‚Iphigenie auf Aulis'.
5. Ludwig XV gest.; Nachfolger Ludwig XVI (−92): Pestalozzi gründet ‚Armenanstalt'.

1775

1. −76: *Reise nach Leipzig, Berlin, Dresden, Wien. Audienz bei Kaiser Joseph. Weiterreise nach Italien als Begleiter des Prinzen Leopold von Braunschweig; Besuch u.a. von Mailand, Venedig, Florenz, Korsika, Genua, Turin, Rom, Neapel.*
2. Goethe: Gedichte der Straßburger und Frankfurter Zeit, Abreise nach Weimar; Klinger: ‚Das leidende Weib'.
   In Stuttgart besteht eine Lesegesellschaft.
3. Feuerbach, Schelling geb.
   Lavater: ‚Physiognomische Fragmente'.
5. Beginn des amerikanischen Unabhängigkeitskriegs (−83).
   Gründung der Hohen Karlsschule in Stuttgart.
6. Priestley entdeckt Schwefelsäure und Salzsäure.

1776

1. 8. 10. : Heirat mit Eva König in York bei Hamburg. Bekanntschaft mit Johann Heinrich Voß und Johann Anton Leisewitz. Ernennung zum Mitglied der Mannheimer Akademie der Wissenschaften.
Herausgabe von Karl Wilhelm Jerusalems ,Philosophischen Aufsätzen'.
2. E. T. A. Hoffmann geb.; Breitinger gest.
Klinger: ,Die Zwillinge', ,Sturm und Drang'; Lenz: ,Die Soldaten'; Goethe: ,Stella', ,Wandrers Nachtlied'; Leisewitz: ,Julius von Tarent'; Wagner: ,Die Kindermörderin'; Miller: ,Siegwart'.
Burgtheater wird Nationaltheater.
In München wird Gesuch um Errichtung eines Lesekabinetts abgelehnt.
3. Adam Smith: ,Inquiry into the nature and causes of the wealth of nations' („Bibel des Kapitalismus"); Weishaupt gründet Geheimorden der Illuminaten.
5. 4. Juli: Amerikanische Unabhängigkeitserklärung.
6. Hatton: Hobelmaschine.

1777

1. Reise nach Mannheim; Lessing lehnt es endgültig ab, die Leitung des dortigen Theaters zu übernehmen. Bekanntschaft mit Johann Heinrich Merck und Friedrich (Maler) Müller.
Lessings Mutter gest.; 25. 12.: Geburt eines Sohnes (stirbt nach 24 Stunden).
Im 4. Teil der Beiträge ,Zur Geschichte und Literatur' erscheinen: ,Gegensätze des Herausgebers', fünf weitere Fragmente des Reimarus, §§ 1–53 der ,Erziehung des Menschengeschlechts', ,Über den Beweis des Geistes und der Kraft', ,Das Testament Johannis'. ,Ernst und Falk' fertiggestellt.
2. Heinrich v. Kleist, de la Motte-Fouqué geb.; Haller gest.
Jung-Stilling: ,Heinrich Stillings Jugend'; Goethe: ,Harzreise im Winter'.
Hof- und Nationaltheater in Mannheim gegründet; Hamlet-Aufführung in Hamburg unter Schröder.
6. Lavoisier entdeckt, daß Verbrennung chemische Verbindung mit Sauerstoff; erkennt, daß Atmung Verbrennung bedeutet.

1778

1. Tod Eva Lessings.
Bekanntschaft mit dem Pädagogen Joachim Heinrich Campe.
,Eine Duplik', ,Eine Parabel', ,Axiomata', ,Die Bitte', ,Absagungsschreiben', ,Anti-Goeze', ,Nötige Antwort'; ,Ernst und Falk. Gespräche für Freimaurer', Teil I–III veröffentlicht; ,Ankündigung des Nathan', Arbeit an ,Nathan der Weise'.
2. Brentano geb.
Jung-Stilling: ,Henrich Stillings Jünglings-Jahre'; ,Henrich Stillings Wanderschaft'; Bürger: ,Gedichte'; Friedrich Müller: ,Fausts Leben dramatisirt'; –79: Herder: Volkslieder; Lichtenberg: ,Über Physiognomik wider die Physiognomen'; Hippel: ,Lebensläufe'
3. Voltaire, Rousseau gest. Forster (Reisebegleiter Cooks): ,Reise um die Erde'.

4. Mailänder Scala eröffnet.
5. Bayerischer Erbfolgekrieg.
6. Erfindung der Taucherglocke durch Smeaton.

1779

1. *Bekanntschaft mit dem Naturforscher und Reiseschriftsteller Johann Georg Forster.*
   ‚Nathan der Weise' erscheint.
2. Stolberg: ‚Gedichte'; Wieland: ‚Pandora'; Goethe: Prosafassung der ‚Iphigenie' aufgeführt.
3. Hume: ‚Dialogues concerning natural religion'.

1780

1. *Allgemeine Verschlechterung von Lessings Gesundheitszustand. Friedrich Heinrich Jacobi besucht Lessing in Wolfenbüttel.*
   ‚Ernst und Falk', Teil IV und V; ‚Die Erziehung des Menschengeschlechts'.
2. Wieland: ‚Oberon'; Schubart: ‚Fürstengruft'; Klopstock: Gesamtausgabe des ‚Messias'.
3. Solger geb.
5. Maria Theresia gest.; Regierungsantritt Kaiser Josephs II (–90); seit 1765 Mitregent.
6. Müller: Rechenmaschine für Addition, Subtraktion und Multiplikation; Füllfederhalter erfunden von Scheller; Herstellung von Rübenzucker durch Achard.

1781

1. *15. 2.: Tod Lessings in Braunschweig.*
2. Chamisso geb.; Arnim geb.
   Schiller: ‚Die Räuber'; Voß: ‚Die Odyssee'.
3. Kant: ‚Kritik der reinen Vernunft'.
4. Schinkel geb.
   Mozart: ‚Die Entführung aus dem Serail'.
5. Aufhebung der Leibeigenschaft und des Zunftzwangs in Österreich; Toleranz der Konfessionen, aber keine Gleichstellung; Auflösung untätiger Orden.
6. de Jouffroy: erste erfolgreiche Versuche mit dem Dampfschiff; Herschel entdeckt den Planeten Uranus.

Gesamtbibliographie

Aufgenommen wurden nur solche Titel, die Lessing speziell bzw. soziokulturelle Phänomene der Aufklärungszeit im allgemeinen (Philosophie, Theologie, Literatur) behandeln. Aufsätze blieben grundsätzlich unberücksichtigt. Soweit sie für die einzelnen Arbeitsbereiche relevant sind, werden sie dort zusammen mit den wichtigsten Spezialuntersuchungen in den Abschnitten ‚Forschungsliteratur' dokumentiert und erläutert. Titel aus der ‚Gesamtbibliographie' erscheinen nur unter ihrer Zitierabkürzung (im folgenden jedem Titel in Klammern beigefügt).

1. Ausgaben

Sämtliche Schriften. Hrsg. v. Karl Lachmann, 3. auf's neue durchges. und vermehrte Aufl., besorgt durch Franz Muncker, Bd. 1–22 u. ein Registerbd. (als Bd. 23), Stuttgart/(ab Bd. 12) Leipzig 1886–1924. Nachdr. Berlin 1968 [Maßgebliche kritische Ausgabe. Bietet „einen bis auf Komma und Punkt correcten und authentischen Text" (Muncker). Ohne Kommentierung.]
(LM)

Werke. Vollständige Ausgabe in 25 Teilen. Hrsg. v. Julius Petersen u. Waldemar von Olshausen, Teile 1–20, 3 Anmerkungs- u. 2 Registerbde., Berlin/Wien 1925–1935. Nachdr. Hildesheim 1970 [Einzige kommentierte ‚vollständige' Ausgabe, ohne die Briefe. Modernisierter Text.]
(PO)

Gesammelte Werke. Hrsg. v. Paul Rilla, Bd. 1–10, Berlin/Weimar ²1968 (¹1954–1958) [Umfangreichste und am Textbestand gemessen preiswerteste Auswahlausgabe, mit modernisiertem Text, knappen Anmerkungen und erklärendem Namensregister. Bd. 10 enthält eine eigene Lessing-Monographie, München 1973 auch gesondert erschienen, dort mit Register.]
(R)

Gesammelte Werke. Hrsg. v. Wolfgang Stammler, 2 Bde., München 1959 [Schmale Auswahl.]
(Stammler)

Werke. Hrsg. v. Kurt Wölfel, 3 Bde., Frankfurt a.M. 1967 [Empfehlenswerter Querschnitt durch das Gesamtwerk Lessings. Auch als Paperbackausg. erhältlich.]
(Wölfel)

Werke. In Zusammenarbeit mit Karl Eibl, Helmut Göbel, Karl S. Guthke, Gerd Hillen, Albert von Schirnding und Jörg Schönert hrsg. v. Herbert G. Göpfert, 8 Bde., München (auch Darmstadt) 1970–79 [Die wichtigste neuere Auswahlausgabe neben Rilla. In „behutsam modernisierter Orthographie", mit Erläuterungen und kurzen Einführungen.]
(G)

2. Biographien, Gesamtdarstellungen

Brock-Sulzer, Elisabeth: Gotthold Ephraim Lessing, Velber b. Hannover 1967 [Knapper Überblick unter besonderer Berücksichtigung der Probleme der Aufführbarkeit heute. Empfehlenswert nur als Anregung, nicht als Informationsquelle.]
(Brock-Sulzer)

Brown, F. Andrew: Gotthold Ephraim Lessing, New York 1971 [Allgemeinverständliche Einführung vor allem für englischsprachige Studenten.]
(Brown)

Danzel, Theodor W.: Gotthold Ephraim Lessing. Sein Leben und seine Werke, 2 Bde. (Bd. 2 v. G. E. Guhrauer), 2. Aufl. besorgt v. W. von Maltzahn u. R. Boxberger, Berlin 1880/81 [Aufgrund seiner Detailfülle noch immer brauchbar; in manchen Punkten – biographische Details, Deutungen – überholt.]
(Danzel/Guhrauer)

Drews, Wolfgang: Gotthold Ephraim Lessing in Selbstzeugnissen und Bilddokumenten, Reinbek 1962. [Temperamentvolle, illustrierte Kurzdarstellung, nur bedingt empfehlenswert; nützliche Bibliographie.]
(Drews)

Hildebrandt, Dieter: Lessing. Biographie einer Emanzipation, München 1979 [Versuch einer ‚unakademischen‘ Lessing-Monographie mit Betonung von Lessings Freiheitsstreben und realer Misere; z.T. glänzende Einzelbeobachtungen und Formulierungen.]

Mann, Otto: Lessing. Sein und Leistung, Hamburg [2]1961 ([1]1949) [Gegen ein historisches Lessing-Verständnis; Lessing suchte stets „die grundsätzliche, überzeitliche Seinsverfassung des Menschen". Den bewahrenden Lessing hervorhebend, betont christlich.]
(Mann)

Mehring, Franz: Die Lessing-Legende. Eine Rettung. Nebst einem Anhange über den historischen Materialismus, Stuttgart 1893. Neudr. Berlin 1963 (auch als Ullstein Nr. 2854, Frankfurt a.M. usw. 1974, mit einer Einleitung v. Rainer Gruenter sowie historischen Dokumenten, Bibliographie usw.) [Mehrings Anti-Schmidt: eine scharfe Attacke gegen den Positivismus als literaturwissenschaftliche Methode und gegen die Vereinnahmung Lessings durch das nationalistische Bürgertum, aus historisch-materialistischer Sicht; über Lessing hinausgehend zur Deutung des Zeitalters und zur Statuierung eines Exempels marxistischer Literaturhistorie.]
(Mehring, Lessing-Legende)

Oehlke, Waldemar: Lessing und seine Zeit, 2 Bde., München 1919 ([2]1929). [Übersichtliche, gut lesbare Darstellung von Leben und Werk auf kulturgeschichtlichem Hintergrund.]
(Oehlke)

Rilla, Paul: Lessing und sein Zeitalter, Berlin 1958, ([2]1968). Neudr. München 1973 [Aus marxistischer Sicht: Lessing als Vorkämpfer des Bürgertums, wie bei Mehring Einbeziehung des zeitgeschichtlichen Kontexts.]
(R X)

Ritzel, Wolfgang: Lessing. Dichter-Kritiker-Philosoph, München 1978 [Taschenbuchausgabe der Monographie von 1966: Einführung mit stark philosophisch-pädagogischem Interesse, ohne Auseinandersetzung mit der neueren Forschung. Hinzugefügte Bibliographie sehr fehlerhaft.]
(Ritzel)

Schmidt, Erich: Lessing. Geschichte seines Lebens und seiner Schriften, 2 Bde., Berlin
³1909 (¹1884–92, ⁴1929) [Die klassisch-positivistische Lessing-Darstellung, eine Fund-
grube für biographische und werkgeschichtliche Daten und Fakten.]
(Schmidt)
Schneider, Heinrich: Lessing. Zwölf biographische Studien, Bern 1951 [Wichtige Ergän-
zungen und Korrekturen gegenüber früheren biographischen Darstellungen, auch neue
Materialien, u.a. Briefe.]
(Schneider, Studien)
Steinmetz, Horst: Gotthold Ephraim Lessing, in: Deutsche Dichter des 18. Jahrhunderts.
Hrsg. v. Benno von Wiese (s. Gesamtbibl. 8), S. 210 ff. [Knappe, vorzügliche Skizze des
Lessingschen Lebens, mit Hervorhebung charakteristischer Leitlinien.]

3. Dokumentationen und Darstellungen zu Leben und Wirkung

Biedermann, Flodoard Frhr. von (Hrsg.): Gotthold Ephraim Lessings Gespräche nebst
sonstigen Zeugnissen aus seinem Umgang, Berlin 1924 [Erste Sammlung, enthält neben
wirklichen ‚Gesprächen‘ amtliche Dokumente, Besoldungsdekrete und Charakterisierungen durch Zeitgenossen.]
(Biedermann, Gespräche)
Bloemer, Friedrich: Gesammelte Blätter zu Lessings Andenken, in: F. B., Lessing, Schiller
und Goethe, Berlin 1863, S. 125 ff.
(Bloemer, Gesammelte Blätter)
Braun, Julius W. (Hrsg.): Lessing im Urtheile seiner Zeitgenossen. Zeitungskritiken, Be-
richte und Notizen, Lessing und seine Werke betreffend, aus den Jahren 1747–1781, 3
Bde., Berlin 1884–97. Nachdr. Hildesheim 1969 [Erste, sehr umfangreiche Sammlung
des Materials, durch spätere Dokumentationen nicht ersetzt.]
(Braun)
Daunicht, Richard (Hrsg.): Lessing im Gespräch. Berichte und Urteile von Freunden und
Zeitgenossen, München 1971 [Gründliche Aufarbeitung der zeitgenössischen Zeug-
nisse, unentbehrliche Dokumentation.]
(Daunicht)
Dvoretzky, Edward (Hrsg.): Lessing. Dokumente zur Wirkungsgeschichte 1755–1968,
Teil I u. II., Göppingen 1971/72 [Ergänzung zu den Sammlungen von Braun und
Steinmetz, besonders Briefe, darunter freilich auch weniger Wichtiges.]
(Dvoretzky)
Lessing Chronik. Daten zu Leben und Werk, zusammengestellt von Gerd Hillen, München
u. Wien 1979 [Chronologisch-tabellarischer Abriß des Lessingschen Lebens, kaum über
Wölfel hinausgehend; als erste Orientierung und zum Nachschlagen brauchbar.]
Lessings Leben und Werk in Daten und Bildern, hrsg. v. Kurt Wölfel, Frankfurt a.M. 1967
[Neben der tabellarischen Biographie, ergänzt durch reiches Bildmaterial zur kulturel-
len, wissenschaftlichen und politischen Szene der Zeit, sind Friedrich Schlegels ‚Über
Lessing‘, Thomas Manns ‚Rede über Lessing‘, Jacobis Gespräche mit Lessing und aus-
gewählte Lessing-Briefe abgedruckt.]
Schulz, Ursula: Lessing auf der Bühne. Chronik der Theateraufführungen 1748–89, Bre-
men und Wolfenbüttel 1977 [Chronologisches Verzeichnis der einzelnen Stücke und
Aufführungsorte.]
(Schulz)

Gesamtbibliographie

Steinmetz, Horst (Hrsg.): Lessing – ein unpoetischer Dichter. Dokumente aus drei Jahrhunderten zur Wirkungsgeschichte Lessings in Deutschland, Frankfurt/Bonn 1969 [Schwerpunkt auf der Rezeption Lessings in Kritiken und Darstellungen, mit umfangreicher Einleitung.]
(Steinmetz, Lessing)
Dokumente zu einzelnen Werken: s. Bibliographien der Arbeitsbereiche.

4. Jahrbücher, Aufsatzsammlungen, Forschungsberichte, Bibliographien

Bauer, Gerhard u. Sibylle (Hrsg.): Gotthold Ephraim Lessing, Darmstadt 1968 [Enthält Beiträge vor allem zum Werk, von F. Schlegel, Dilthey, Cassirer, Brüggemann, Th. Mann, Zeißig, v. Wiese, Böckmann, Vincenti, Nolte, Sternberger, H. Mayer, J. Schneider, Bizet, O. Mann, Schadewaldt, Politzer, Graham, Martini und Lukács.]
(Bauer)

Guthke, Karl S.: Der Stand der Lessing-Forschung. Ein Bericht über die Literatur von 1932–1962 (Referate aus der DVjs), Stuttgart 1965 [Wichtigster neuerer Forschungsbericht.]
(Guthke, Lessing-Forschung)

Guthke, Karl S.: Lessing-Literatur 1963–1968, LYb 1, 1969, S. 255 ff. [Nach Sachkomplexen gegliederte Bibliographie.]
(Guthke, Lessing-Lit.)

Guthke, Karl S.: Gotthold Ephraim Lessing, Stuttgart ³1979 [Knappe, zuverlässige Orientierung über Leben, Werk, Materialien und Forschung.]
(Guthke, Lessing)

Guthke, Karl S.: Grundlagen der Lessingforschung. Neuere Ergebnisse, Probleme, Aufgaben, in: Wolfenbütteler Studien z. Aufkl., Bd. 2, Bremen/Wolfenbüttel 1975, S. 10 ff. [Wichtiger kritischer Überblick auf neuestem Stand.]
(Guthke, Grundlagen)

Harris, Edward P., Richard Schade (Hrsg.): Lessing in heutiger Sicht. Beiträge zur Internationalen Lessing-Konferenz Cincinnati, Ohio 1976, Bremen und Wolfenbüttel 1977 [Tagungsreferate zu den Themenbereichen ‚Lessing als Schriftsteller und Dramatiker‘, ‚Lessings Bemühungen als Theologe und Gelehrter‘, ‚Lessing als Literaturkritiker‘, ‚Lessings Verhältnis zur Gesellschaft‘.]
(Harris/Schade)

Hartung, Günter (Hrsg.): Beiträge zur Lessing-Konferenz 1979, Halle/Saale 1979 [Untersuchungen überwiegend zur Wirkungsgeschichte Lessings, aus Anlaß der DDR-Feiern zu Lessings 250. Geburtstag.]
(Hartung)

Lessing und die Zeit der Aufklärung. Vorträge gehalten auf der Tagung der Joachim Jungius Gesellschaft der Wissenschaften Hamburg am 10. u. 11. Oktober 1967, Göttingen 1968 [Mit Beiträgen von Horstmann, Vierhaus, Schimank, E. Lesky, Thielicke, Rohrmoser, H. Mayer, Schalk, Sichtermann, F. Schuh. Nützlicher Überblick über wichtige Probleme des Lessingschen Werks und seines zeitgeschichtlichen Kontexts.]
(Zeit der Aufklärung)

Lessing-Bibliographie. Bearb. v. Siegfried Seifert, Berlin/Weimar 1973 [Bisher umfassendste Bibliographie der Lessing-Literatur. Erfaßt Lessing-Ausgaben und Sekundärliteratur bis 31. 8. 1971.]
(Lessing-Bibliographie)

Lessing Yearbook (bisher erschienen Nr. 1–10), München 1969 ff. [Mit Beiträgen zur Literatur- und Geistesgeschichte des 18. Jahrhunderts, außerdem Rezensionen.] (LYb)

Schilson, Arno: Gotthold Ephraim Lessing und die Theologie, Theologie und Philosophie 47, 1972, S. 409 ff. [Wichtigster neuerer Forschungsbericht zu Lessings Auseinandersetzung mit der Theologie seiner Zeit.] (Schilson, Theologie)

Werner, Hans-Georg (Hrsg.): Lessing-Konferenz Halle 1979, 2 Teile, Halle (Saale) 1980 [Umfassende Bestandsaufnahme der Lessing-Forschung insbes. von Autoren der DDR.] (Werner)

5. Monographien zu speziellen Aspekten von Lessings Werk

Barner, Wilfried: Produktive Rezeption. Lessing und die Tragödien Senecas, München 1973 [Zur Seneca-Abhandlung von 1754 und zur Einwirkung der Seneca-Beschäftigung auf einzelne Dramen.] (Barner, Produktive Rezeption)

Bohnen, Klaus: Geist und Buchstabe. Zum Prinzip des kritischen Verfahrens in Lessings literarästhetischen und theologischen Schriften, Köln/Wien 1974 [Rückbeziehung des vorgefundenen ‚Buchstabens‘ auf den ‚Geist‘ als Lessingsche Kritikform, bes. in den späteren Werken.] (Bohnen)

Bollacher, Martin: Lessing: Vernunft und Geschichte. Untersuchungen zum Problem religiöser Aufklärung in den Spätschriften, Tübingen 1978 [Versucht, ausgehend von einer bewußt nicht-theologischen Fragestellung, die historischen Bedingungen von Lessings philosophisch-theologischer Position zwischen der rationalistischen Einseitigkeit eines Reimarus einerseits und der orthodoxen Apologetik eines Goeze andererseits zu rekonstruieren. Ausführliche Interpretation der *Erziehung des Menschengeschlechts* als „geschichtliche Korrelation von Offenbarung, Erziehung und Vernunft".] (Bollacher)

Briegleb, Klaus: Lessings Anfänge 1742–1746. Zur Grundlegung kritischer Sprachdemokratie, Frankfurt a.M. 1971 [Methodisch neuartiger Versuch, in Texten des Schülers Lessing bereits eine ‚kritische‘ Sprechhaltung aufzuzeigen.] (Briegleb)

Durzak, Manfred: Poesie und Ratio. Vier Lessing-Studien, Bad Homburg v.d.H. 1970 [Einzelbeiträge vor allem zu den Dramen.] (Durzak)

Göbel, Helmut: Bild und Sprache bei Lessing, München 1971 [Grundlegende Studie, zugleich Theorie und Praxis einbeziehend.] (Göbel)

Haßelbeck, Otto: Illusion und Fiktion. Lessings Beitrag zur poetologischen Diskussion über das Verhältnis von Kunst und Wirklichkeit, München 1979 [Verfolgt das zunehmende Fiktionalitätsbewußtsein innerhalb der ästhetisch-poetologischen Diskussion zwischen 1730 und 1770, deren Höhepunkt und vorläufiger Abschluß Lessings Verknüpfung von werkästhetischer Strukturbeschreibung (Gottsched) und wirkungsästhe-

tischer Argumentation (Bodmer/Breitinger) zur rezeptionsästhetischen Betrachtungsweise darstellt.]
(Haßelbeck)

Hüskens-Haßelbeck, Karin: Stil und Kritik. Dialogische Argumentation in Lessings philosophischen Schriften, München 1978 [Textstrukturalistische Untersuchung, die von Mukařovskýs Grundaspekten des Dialogs ,Person, Situation, Thema' ausgeht und versucht, über die Beschreibung der Dialogstruktur, nicht jedoch der Lebens- und Zeitdokumente (Briegleb), zu stringenten Aussagen über Lessings Wirkungsabsicht in einer bestimmten historischen Situation zu kommen.]
(Hüskens-Haßelbeck)

Kommerell, Max: Lessing und Aristoteles. Untersuchung über die Theorie der Tragödie, Frankfurt a.M. [4]1970 ([1]1940) [Einflußreiche, noch immer anregende Darstellung von Lessings ,willentlicher' Auseinandersetzung mit Aristoteles und Corneille.]
(Kommerell)

Neuhaus-Koch, Ariane: G. E. Lessing. Die Sozialstrukturen in seinen Dramen, Bonn 1977 [Vergleichender Überblick über die einzelnen Personengruppen (Väter, Mütter, Söhne, Töchter, Liebhaber usw.) in Lessings Dramen mit guten Einzelbeobachtungen.]
(Neuhaus-Koch)

Neumann, Peter Horst: Der Preis der Mündigkeit. Über Lessings Dramen, Stuttgart 1977 [Psychoanalytisch ausgerichtete Untersuchung zum Autoritätsproblem in Lessings Dramen, insbesondere zur Vater-Rolle.]
(Neumann)

Noelle, Volker: Subjektivität und Wirklichkeit in Lessings dramatischem und theologischem Werk, Berlin 1977 [Untersucht das Verhältnis zwischen der Subjektivität einzelner Dramenpersonen und den dialogischen, mitmenschlichen Wirklichkeitsbeziehungen im Drama; detaillierte Darstellung der Spiel- und Dialogstrukturen in den Dramen sowie der Metaphernstrategie in den theologischen Streitschriften.]
(Noelle)

Rempel, Hans: Tragödie und Komödie im dramatischen Schaffen Lessings, Berlin 1935. Nachdr. Darmstadt 1967 [Konzise, noch immer anregende Studie zum dramatischen Gesamtwerk, unter Betonung der durchlaufenden Entwicklungslinien.]
(Rempel)

Riedel, Volker: Lessing und die römische Literatur, Weimar 1976 [Gründliche, gut dokumentierte Aufarbeitung der vielfältigen Beziehungen und Einflüsse.]
(Riedel)

Schilson, Arno: Geschichte im Horizont der Vorsehung. G. E. Lessings Beitrag zu einer Theologie der Geschichte, Mainz 1974 [Sieht dem gesamten Werk Lessings eine einheitliche Denkform zugrunde liegen, die in einem entschieden anthropozentrisch gewendeten, jedoch theistisch bestimmten Vorsehungsglauben besteht.]
(Schilson)

Schilson, Arno: Lessings Christentum, Göttingen 1980 [Versucht, durch Rückgriff auf Lessings Geschichtsschau, christliche Elemente seines Denkens aufzuweisen.]
(Schilson, Lessings Christentum)

Schröder, Jürgen: Gotthold Ephraim Lessing. Sprache und Drama, München 1972 [Umfassende Darstellung vor allem der dialogischen Elemente, sowohl im Drama wie in den kritischen und polemischen Schriften.]
(Schröder)

Seeba, Hinrich C.: Die Liebe zur Sache. Öffentliches und privates Interesse in Lessings

Dramen, Tübingen 1973 [Untersucht die in Lessings Dramen problematisierte Dialektik von Politik und Moral, privatem und öffentlichem Interesse und deutet die Dramen als Dokumente für die „Geschichte des bürgerlichen Selbstverständnisses" (S. VIII) und Individualisierungsprozesses.]
(Seeba)

Strohschneider-Kohrs, Ingrid: Vom Prinzip des Maßes in Lessings Kritik, Stuttgart 1969 [Prüfung und Unterscheidung als Voraussetzungen für Lessings kritisches ‚Maß'.]
(Strohschneider-Kohrs)

Szarota, Elida Maria: Lessings Laokoon. Eine Kampfschrift für eine realistische Kunst und Poesie, Weimar 1959 [Grundlegende Untersuchung zur Kunsttheorie auf marxistischer Basis: Lessing als Vorläufer des sozialistischen Realismus.]
(Szarota)

Wessel, Leonard P.: G. E. Lessing's Theology. A Reinterpretation: A Study in the Problematic Nature of the Enlightenment, The Hague-Paris 1977 [Lessings religionsphilosophische Grundposition wird gesehen im Rahmen der Erkenntniskrise des 18. Jahrhunderts, deren Ursachen in den einander entgegengesetzten Richtungen des Rationalismus und des Empirismus zu suchen sind.]
(Wessel)

6. Sozial- und Kulturgeschichte

s. ausführliche Bibliographie zu Arbeitsbereich I.

7. Philosophie, Ideengeschichte

Aner, Karl: Die Theologie der Lessing-Zeit, Halle a.d.S. 1929. Nachdr. Hildesheim 1964 [Informativer Überblick über die verschiedenen theologischen Strömungen: Orthodoxie, Neologie, Deismus.]
(Aner)

Bahr, Ehrhard (Hrsg.): Was ist Aufklärung? Thesen und Definitionen, Stuttgart 1974 [Texte von Kant, Erhard, Hamann, Herder, Lessing, Mendelssohn, Riem, Schiller, Wieland.]
(Bahr)

Barth, Karl: Die protestantische Theologie im 19. Jahrhundert. Ihre Vorgeschichte und ihre Geschichte, Zollikon/Zürich ²1952, darin Kapitel über Lessing, S. 208 ff. [Zusammenfassende Darstellung von Lessings theologischer Position aus protestantischer Perspektive, unter besonderer Berücksichtigung des Fragmentenstreits, *Nathans* und der *Erziehung des Menschengeschlechts.*]

Brüggemann, Fritz (Hrsg.): Das Weltbild der deutschen Aufklärung. Philosophische Grundlagen und literarische Auswirkung, Leipzig 1930. Nachdr. 1966 [Auswahl von Primärtexten bzw. Textausschnitten von Leibniz, Wolff, Gottsched, Brockes, Haller; mit einer kurzen Einführung.]
(Brüggemann, Weltbild)

Cassirer, Ernst: Philosophie der Aufklärung, Tübingen 1932 [Historisch-systematische Untersuchung der Aufklärungsphilosophie: Zerstörung der großen metaphysischen Sy-

steme und Entwicklung einer neuen Form der philosophischen Erkenntnis. Der in der Renaissance eingeleitete Umbruch des philosophischen Denkens erreicht damit Höhepunkt und Abschluß.]
(Cassirer)

Coreth, Emerich: Einführung in die Philosophie der Neuzeit, Bd. 1: Rationalismus, Empirismus, Aufklärung, Freiburg 1972 [Als erste Orientierung, bei geringen Vorkenntnissen, geeignet.]
(Coreth)

Funke, Gerhard (Hrsg.): Die Aufklärung. In ausgewählten Texten dargestellt und eingel., Stuttgart 1963 [Nützliche Textsammlung, bes. die Vielschichtigkeit der Aufklärung beachtend.]
(Funke)

Hazard, Paul: Die Krise des europäischen Geistes 1680–1715, Hamburg 1939 [Versucht, die Wurzeln der europäischen Aufklärung in der geistigen ‚Revolutionierung' am Ende des 17. Jahrhunderts zu fassen. Im Mittelpunkt steht die Entwicklung in Frankreich und England. Leibniz ist ein eigenes Kapitel gewidmet.]
(Hazard, Krise)

Hazard, Paul: Die Herrschaft der Vernunft. Das europäische Denken im 18. Jahrhundert, Hamburg 1949 [Verfolgt die in *Krise des europäischen Geistes* herausgearbeiteten Entwicklungstendenzen weiter bis zur Blütezeit der Aufklärung. Der Schwerpunkt liegt wieder auf dem ‚fortschrittlichen' Westeuropa. Spezielles Kapitel zu Lessing.]
(Hazard, Herrschaft)

Hinske, Norbert (Hrsg.): Was ist Aufklärung? Beiträge aus der Berlinischen Monatsschrift, Darmstadt 1973 [Beiträge u.a. von Garve, Kant, Mendelssohn, Möser.]
(Hinske)

Kopitzsch, Franklin (Hrsg.): Aufklärung, Absolutismus und Bürgertum in Deutschland, München 1976 [Gründliche Sichtung der bis 1976 erschienenen Forschungsliteratur zur Sozial- (und Geistes)geschichte der deutschen Aufklärung; zugleich Überblick über die wichtigsten Phänomene und Aufweis der Forschungsprobleme.]
(Kopitzsch)

Krauss, Werner: Perspektiven und Probleme. Zur französischen und deutschen Aufklärung und andere Aufsätze, Neuwied u. Berlin 1965 [Grundlegende, oft sozialgeschichtlich ausgerichtete Beiträge zum kontrastiven Verständnis der deutschen Aufklärung.]
(Krauss)

Nivelle, Armand: Kunst- und Dichtungstheorien zwischen Aufklärung und Klassik, Berlin ²1971 [Knappe, zuverlässige Skizze der wichtigsten Grundpositionen und ihrer Vertreter.]
(Nivelle)

Oelmüller, Willi P.: Die unbefriedigte Aufklärung. Beiträge zu einer Theorie der Moderne von Lessing, Kant und Hegel, Frankfurt a. M. 1969 [Sieht in Lessings Denken den Versuch, die Aporien der Aufklärung zu überwinden durch eine Deutung des Menschen im spannungsvollen Miteinander von Subjektivität und Geschichte.]
(Oelmüller)

Philipp, Wolfgang: Das Werden der Aufklärung in theologiegeschichtlicher Sicht, Göttingen 1957 [Betonung des Zusammenhangs von ‚Aufklärung' und religiöser ‚Erleuchtung'.]
(Philipp)

Pütz, Peter: Die deutsche Aufklärung, Darmstadt 1978 [Kritische Sichtung der For-

schungsliteratur zu Begriff und Phänomen der Aufklärung in religionsgeschichtlicher, philosophiegeschichtlicher, geistesgeschichtlicher, kulturgeschichtlicher, nationalgeschichtlicher und sozialgeschichtlicher Hinsicht.]
(Pütz)

Raabe, Paul u. Wilhelm Schmidt-Biggemann (Hrsg.): Aufklärung in Deutschland, Bonn 1979 [Informative Sammlung von Beiträgen vor allem aus der neueren Aufklärungsforschung.]

Schneiders, Werner: Die wahre Aufklärung. Zum Selbstverständnis der deutschen Aufklärung, Freiburg und München 1974 [Analyse des Selbstverständnisses, der Selbstreflexion und Selbstartikulation der deutschen Spätaufklärung in der Auseinandersetzung mit der Reaktion und Revolution.]
(Schneiders)

Stuke, Horst: Artikel ‚Aufklärung‘, in: Geschichtliche Grundbegriffe (s. Teilbibl. zu I A), Bd. 1, S. 243 ff. [Gegenwärtig zuverlässigster ideengeschichtlicher Überblick, sehr materialreich.]
(Stuke)

Wolff, Hans M.: Die Weltanschauung der deutschen Aufklärung in geschichtlicher Entwicklung, Bern u. München ²1963 (bearb. v. Karl S. Guthke) [Nach Perioden geordneter Überblick, in denen jeweils die gleichen Problembereiche untersucht werden.]
(Wolff)

Wundt, Max: Die deutsche Schulphilosophie im Zeitalter der Aufklärung, Tübingen 1945. Nachdr. Hildesheim 1964 [Überblick über die Schulphilosophie des 18. Jahrhunderts, geordnet nach einzelnen Universitätslehrern.]
(Wundt)

8. Literaturgeschichtliche Darstellungen

Aufklärung. Erläuterungen zur deutschen Literatur. Hrsg. v. Kollektiv für Literaturgeschichte im VEB Volk und Wissen, Berlin ³1971 [In Kollektivarbeit erstellte, historisch-materialistisch orientierte Gesamtdarstellung, gelegentlich naiv heroisierend, insgesamt jedoch sehr informativ.]
(Aufklärung)

Böckmann, Paul: Formgeschichte der deutschen Literatur, Bd. 1: Von der Sinnbildsprache zur Ausdrucksssprache, Hamburg ²1965 [Wichtige Darstellung epochaler Ideen- und Formprobleme, unter besonderer Betonung der Polarität von ‚Witz‘ und ‚Ausdruck‘.]
(Böckmann)

Gaede, Friedrich: Humanismus, Barock, Aufklärung. Geschichte der deutschen Literatur vom 16. bis zum 18. Jahrhundert, Bern u. München 1971 [Knapper, wesentlich an der Gattungsgeschichte orientierter Überblick.]
(Gaede)

Glaser, Horst Albert (Hrsg.): Deutsche Literatur. Eine Sozialgeschichte, Bd. 4: Zwischen Absolutismus und Aufklärung: Rationalismus, Empfindsamkeit, Sturm und Drang 1740–1786. Hrsg. v. Ralph-Rainer Wuthenow, Reinbek bei Hamburg 1980 [Sozialgeschichtlich orientierte, knappe Darstellung der wichtigsten Phänomene und Tendenzen der deutschen Aufklärungsliteratur.]
(Glaser/Wuthenow)

Grimminger, Rolf (Hrsg.): Hansers Sozialgeschichte der deutschen Literatur vom 16. Jahr-

hundert bis zur Gegenwart, Bd. 3: Deutsche Aufklärung bis zur Französischen Revolution 1680–1789. Hrsg. v. Rolf Grimminger, München 1980 [Sozialgeschichtlich orientierte, exemplarische Darstellung der literarischen Entwicklung (Institutionen, Programmatik, Gattungen); umfassende und anregende Einführung.]
(Grimminger)

Hinck, Walter (Hrsg.): Europäische Aufklärung I, Frankfurt a.M. 1974 [Im Rahmen des ‚Neuen Handbuchs der Literaturwissenschaft': wichtige Darstellung der Gattungsbereiche, im europäischen Zusammenhang.]
(Hinck, Europ. Aufklärung)

Jacobs, Jürgen: Prosa der Aufklärung. Moralische Wochenschriften. Autobiographie. Satire. Roman. Kommentar zu einer Epoche, München 1976 [Einführung in Sozial- und Geistesgeschichte der Aufklärung, Erläuterung einzelner repräsentativer Texte, knappe Auswahlbibliographie.]

Kaiser, Gerhard: Aufklärung, Empfindsamkeit, Sturm und Drang (Geschichte der deutschen Literatur. Hrsg. v. Gerhard Kaiser), München 1976 [Stark auswählende, anregende Einführung.]
(Kaiser)

Newald, Richard (und Helmut de Boor): Geschichte der deutschen Literatur (von den Anfängen bis zur Gegenwart), Bd. 5: Vom Späthumanismus bis zur Empfindsamkeit. 1570–1750, München [4]1963; Bd. 6,1: Von Klopstock bis zu Goethes Tod. 1750–1832, München [4]1964 [Detaillierteste neuere Darstellung der Autoren, Texte, Daten, Fakten; vor allem zum Nachschlagen.]
(Newald)

Rieck, Werner u. a.: Geschichte der deutschen Literatur vom Ausgang des 17. Jahrhunderts bis 1789 (Geschichte der deutschen Literatur von den Anfängen bis zur Gegenwart, Bd. 6), Berlin (-Ost) 1979. [Neueste, repräsentative Darstellung aus der DDR.]
(Rieck u. a.)

Schneider, Ferdinand Josef: Die deutsche Dichtung der Aufklärungszeit, Stuttgart [2]1948 [Als Einführung immer noch nützliche, wenn auch in einzelnen Punkten inzwischen überholte Darstellung.]
(Schneider, Dt. Dichtung)

Wiese, Benno von (Hrsg.): Deutsche Dichter des 18. Jahrhunderts. Ihr Leben und Werk, Berlin 1977 [Prägnante und informationsreiche Darstellungen von Leben und Werk der wichtigsten deutschen Schriftsteller des 18. Jahrhunderts; zu Lessing s. unter Steinmetz.]

9. Einzelne Gattungen und Probleme

Anger, Alfred: Literarisches Rokoko, Stuttgart [2]1968 [Nützlich zur Orientierung über Bereiche wie Anakreontik, Schäferdichtung, Verserzählung.]
(Anger)

Blackall, Eric A.: Die Entwicklung des Deutschen zur Literatursprache 1700–1775, Stuttgart 1966 [Grundlegende Monographie unter Einbeziehung von Theorie und literarischer Praxis; im Anhang ein Bericht über neue Forschungsergebnisse 1955–1964 von Dieter Kimpel.]
(Blackall)

Brüggemann, Fritz (Hrsg.): Der Siebenjährige Krieg im Spiegel der zeitgenössischen Literatur, Leipzig 1935. Nachdr. 1966 [Primärtexte von Thomas Abbt, E. v. Kleist, Gellert und Lessing. Volks-und Soldatenlieder. Einführung von J. G. Zimmermann.]
(Brüggemann, Siebenjähriger Krieg)

Daunicht, Richard: Die Entstehung des bürgerlichen Trauerspiels in Deutschland, Berlin 1963 [Gründliche Materialaufarbeitung. Die explizite Ablehnung eines sozialgeschichtlichen Ansatzes führt teilweise zu fragwürdigen Ergebnissen.]
(Daunicht, Entstehung)

Guthke, Karl S.: Das deutsche bürgerliche Trauerspiel, Stuttgart ³1979 [Kurzinformationen und Literaturangaben; von Lessings *Miß Sara Sampson* über die bürgerlichen Dramen des Sturm und Drang, des Jungen Deutschland bis zu Hebbels *Maria Magdalene.*]
(Guthke, Bürgerliches Trauerspiel)

Heitner, Robert R.: German Tragedy in the Age of Enlightenment. A Study in the Development of Original Tragedies 1724–1768, Berkeley/Los Angeles 1963 [Anregender Gesamtüberblick mit z.T. eigenwilliger Wertung.]
(Heitner)

Herrmann, Hans Peter: Naturnachahmung und Einbildungskraft. Zur Entwicklung der deutschen Poetik von 1670 bis 1740, Bad Homburg v.d. H. 1970 [Grundlegend für die Poetik der frühen Aufklärung – Gottsched und die Schweizer – auf dem Hintergrund bes. der rhetorischen Tradition.]
(Herrmann)

Hinck, Walter: Das deutsche Lustspiel des 17. und 18. Jahrhunderts und die italienische Komödie. Commedia dell'arte und théâtre italien, Stuttgart 1965 [Standardwerk zur gesamten Lustspieltradition und -produktion auch des 18. Jahrhunderts.]
(Hinck, Lustspiel)

Kahl-Pantis, Brigitte: Bauformen des bürgerlichen Trauerspiels, Frankfurt a.M., Bern, Las Vegas 1977 [Analysiert Lessings *Miß Sara Sampson* – kontrastiv zu Pfeils *Lucie Woodvil* – im Rahmen der zeitgenössischen Tragödientheorie als eine Grundform des empfindsam-rührenden und auf Erregung von Mitleid angelegten Bürgerlichen Trauerspiels.]
(Kahl-Pantis)

Kimpel, Dieter: Der Roman der Aufklärung, Stuttgart ²1977 [Knapper Überblick über die Entwicklung des deutschsprachigen Romans vom Barock bis zur Spätaufklärung, unter Einbeziehung auch französischer und englischer Vorbilder. Mit Literaturangaben.]
(Kimpel)

Koopmann, Helmut: Drama der Aufklärung. Kommentar zu einer Epoche, München 1979 [Ausgewählte Dramen von Weise bis zu Schiller, knapp kommentiert, mit Einführung und Literaturangaben.]
(Koopmann)

Martens, Wolfgang: Die Botschaft der Tugend. Die Aufklärung im Spiegel der deutschen Moralischen Wochenschriften, Stuttgart 1968 [Grundlegende Materialaufarbeitung; die Moralischen Wochenschriften als wesentlicher Faktor bei der Entwicklung einer bürgerlichen Literaturgesellschaft: Gattungskriterien, Vertrieb und Publikum, Textinterpretationen.]
(Martens)

Martino, Alberto: Geschichte der dramatischen Theorien in Deutschland im 18. Jahrhundert I. Die Dramaturgie der Aufklärung (1730–1780), Tübingen 1972 [Sorgfältige, breit fundierte Monographie, nach Theoriekomplexen geordnet, mit Betonung der europäischen Zusammenhänge.]

Mattenklott, Gert u. Klaus R. Scherpe (Hrsg.): Literatur der bürgerlichen Emanzipation im 18. Jahrhundert. Ansätze materialistischer Literaturwissenschaft, Kronberg/Ts. 1973 [Sammlung von Spezialbeiträgen zur Ideen- und Sozialgeschichte des 18. Jahrhunderts, bes. zur Aufklärung, auch zu ihrer didaktischen Behandlung in der Schule.] (Mattenklott-Scherpe)

Mattenklott, Gert u. Klaus R. Scherpe (Hrsg.): Westberliner Projekt: Grundkurs 18. Jahrhundert. Die Funktion der Literatur bei der Formierung der bürgerlichen Klasse Deutschlands im 18. Jahrhundert, 2 Bde. (Analysen/Materialien), Kronberg/Ts. 1974 [Fortführung der Intentionen des vorgenannten Titels, jedoch breiter fundiert, mit Abdruck ausgewählter Quellentexte.] (Westberliner Projekt)

Mog, Paul: Ratio und Gefühlskultur. Studien zu Psychogenese und Literatur im 18. Jahrhundert, Tübingen 1976 [Psychoanalytisch und sozialanthropologisch orientierter Versuch, Grundfiguren des seelischen Wandels und typische Gefühlshaltungen in der Literatur des 18. Jahrhunderts zu erfassen und im sozialgeschichtlichen Kontext zu deuten.] (Mog)

Pikulik, Lothar: ‚Bürgerliches Trauerspiel‘ und Empfindsamkeit, Köln 1966 [Entwicklung von der Sächsischen Komödie und von der heroisch-klassizistischen Tragödie der Gottschedschule zum ‚bürgerlichen Trauerspiel‘; kritisch zur Verbindung von Bürgertum und Empfindsamkeit.] (Pikulik)

Sauder, Gerhard: Empfindsamkeit, Bd. 1, Stuttgart 1974 [„Voraussetzungen und Elemente" darstellend. Empf. nicht als Stil, sondern als emanzipatorische, spezifisch bürgerliche Tendenz der Aufklärung. Erster Teil einer grundlegenden Neudarstellung.] (Sauder)

Schaer, Wolfgang: Die Gesellschaft im deutschen bürgerlichen Drama des 18. Jahrhunderts. Grundlagen und Bedrohung im Spiegel der dramatischen Literatur, Bonn 1963 [Vorwiegend deskriptive, materialreiche und gut systematisierte Darstellung der im Drama erscheinenden Tugend- und Moralsysteme, Familienvorstellungen und familiären Störfaktoren, Stände und Berufe. Basis für weitergehende Analysen.] (Schaer)

Scherpe, Klaus: Gattungspoetik im 18. Jahrhundert. Historische Entwicklung von Gottsched bis Herder, Stuttgart 1968 [Analysiert die allmähliche Ablösung des normativen Gattungsbegriffs bei Gottsched durch eine Reihe poetologischer Modifikationen bei Baumgarten, Batteux, J. J. Engel, J. A. Schlegel, Sulzer bis hin zu Lessing.] (Scherpe)

Steinmetz, Horst: Die Komödie der Aufklärung, Stuttgart [2]1971 [Einführende Darstellung und Bestandsaufnahme: Frühaufklärung – Gottsched (Typenkomödie) – Rührendes Lustspiel – Lessing als Überwinder der Typenkomödie in der *Minna von Barnhelm* (Charakterkomödie).] (Steinmetz, Komödie)

Szondi, Peter: Die Theorie des bürgerlichen Trauerspiels im 18. Jahrhundert, Frankfurt a.M. 1973 [Posthum veröffentlichtes Vorlesungskript. Untersucht die Entwicklung des bürgerlichen Trauerspiels am Beispiel von Lillo, Diderot, Lessing und Mercier.] (Szondi)

Weber, Peter: Das Menschenbild des bürgerlichen Trauerspiels. Entstehung und Funktion

von Lessings *Miß Sara Sampson,* Berlin 1970 [Historisch-materialistisch orientierte Untersuchung des spezifisch ‚Bürgerlichen' im Bürgerlichen Trauerspiel. Weber sieht den Unterschied zur klassizistischen Tragödie im Gegensatz von privater und öffentlicher Sphäre.]
(Weber)

Wellek, René: Geschichte der Literaturkritik 1750–1830, Darmstadt usw. 1959 [Gesamteuropäischer Überblick unter Hervorhebung der einzelnen Kritikerpersönlichkeiten.]
(Wellek)

Wierlacher, Alois: Das bürgerliche Drama. Seine theoretische Begründung im 18. Jahrhundert, München-Allach 1968 [Auf breiter Quellenbasis zitatreich und solide informierend.]
(Wierlacher)

Strukturskizze zu Lessings ,Minna von Barnhelm'

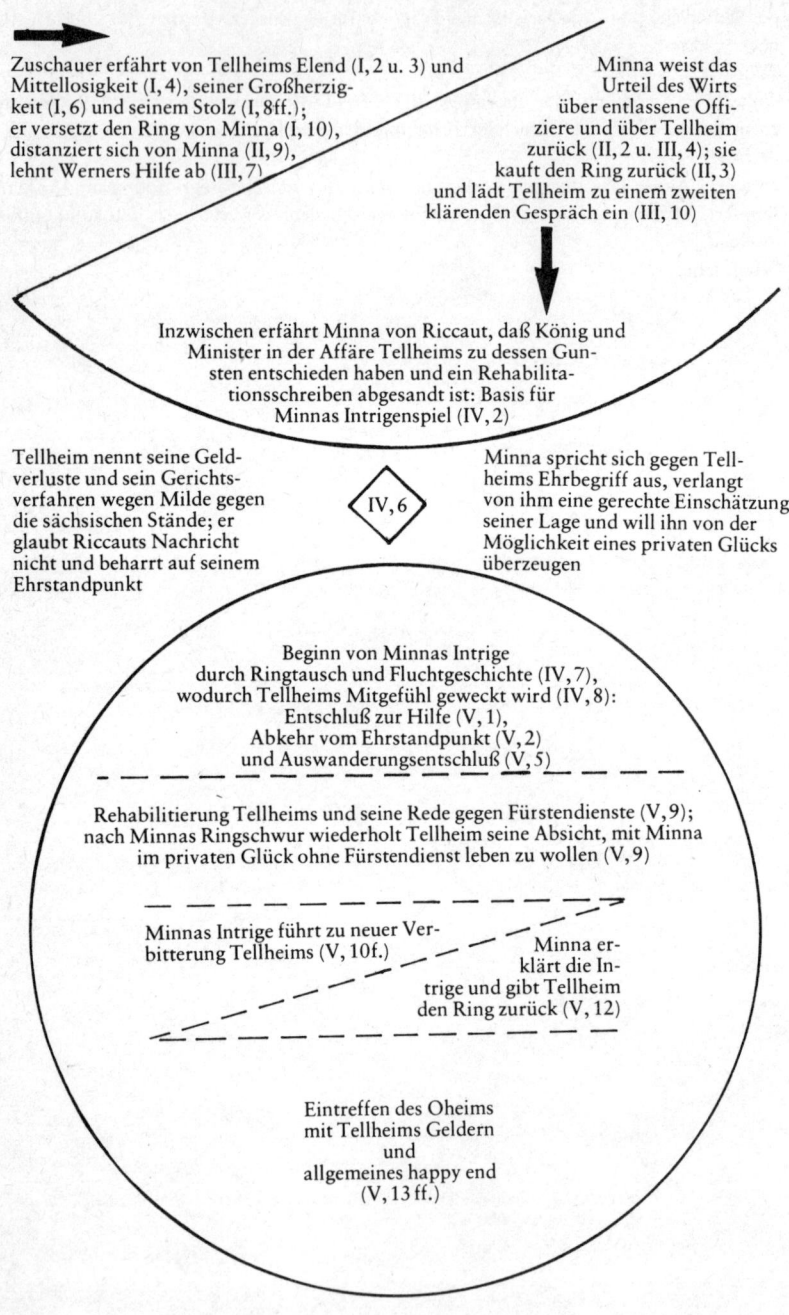

Zuschauer erfährt von Tellheims Elend (I, 2 u. 3) und Mittellosigkeit (I, 4), seiner Großherzigkeit (I, 6) und seinem Stolz (I, 8ff.); er versetzt den Ring von Minna (I, 10), distanziert sich von Minna (II, 9), lehnt Werners Hilfe ab (III, 7)

Minna weist das Urteil des Wirts über entlassene Offiziere und über Tellheim zurück (II, 2 u. III, 4); sie kauft den Ring zurück (II, 3) und lädt Tellheim zu einem zweiten klärenden Gespräch ein (III, 10)

Inzwischen erfährt Minna von Riccaut, daß König und Minister in der Affäre Tellheims zu dessen Gunsten entschieden haben und ein Rehabilitationsschreiben abgesandt ist: Basis für Minnas Intrigenspiel (IV, 2)

Tellheim nennt seine Geldverluste und sein Gerichtsverfahren wegen Milde gegen die sächsischen Stände; er glaubt Riccauts Nachricht nicht und beharrt auf seinem Ehrstandpunkt

IV, 6

Minna spricht sich gegen Tellheims Ehrbegriff aus, verlangt von ihm eine gerechte Einschätzung seiner Lage und will ihn von der Möglichkeit eines privaten Glücks überzeugen

Beginn von Minnas Intrige durch Ringtausch und Fluchtgeschichte (IV, 7), wodurch Tellheims Mitgefühl geweckt wird (IV, 8): Entschluß zur Hilfe (V, 1), Abkehr vom Ehrstandpunkt (V, 2) und Auswanderungsentschluß (V, 5)

Rehabilitierung Tellheims und seine Rede gegen Fürstendienste (V, 9); nach Minnas Ringschwur wiederholt Tellheim seine Absicht, mit Minna im privaten Glück ohne Fürstendienst leben zu wollen (V, 9)

Minnas Intrige führt zu neuer Verbitterung Tellheims (V, 10f.)

Minna erklärt die Intrige und gibt Tellheim den Ring zurück (V, 12)

Eintreffen des Oheims mit Tellheims Geldern und allgemeines happy end (V, 13 ff.)

Strukturskizze zu Lessings ‚Nathan der Weise'

Vor Beginn des Stückes: Zyklus der drei guten Taten:
Nathan rettet Recha; Saladin begnadigt den Templer; Templer rettet Recha

Ausgangsfrage: Macht punktuelles Eingreifen Gottes menschliches Handeln
überflüssig – oder: Was muß der Mensch tun? (I, 3)

| *Nathan:* Nicht schwärmen, sondern gut handeln (I, 2; 338) | *Derwisch:* „Warum man ihn recht bittet, und er für gut erkennt" (I, 3; 340) – Emigration (I, 3 und II, 9) | *Templer:* Natürliche Verbundenheit der Menschen soll das Handeln bestimmen (I, 5) | *Bruder:* Äußerlicher Gehorsam (I, 5) und getarntes Handeln nach eigener Überzeugung (IV, 7) | *Patriarch:* Gebote Gottes und der Kirche befolgen (IV, 2) |

Gemeinschaft der Menschen	*Geldnot*	*Konfessionelle Trennungen*
Freundschaft zw. Nathan und Derwisch (I, 3)	zwingt Saladin, gegen seine Überzeugung dem Rat der intoleranten Sittah zu folgen und Nathan mit der Frage nach der wahren Religion zu erpressen (II. 3 u. III, 4 ff.)	Templer: Jud ist Jud (I, 6)
Freundschaft zw. Sultan und Templer möglich (II, 1)		Sittah: Christen sind als Christen keine Menschen (II, 1); auch der beste Jude bleibt ein Jude (II, 3)
Nathan: Freundschaft zw. allen Menschen ist möglich (II, 5)		Templer: religiöse Intoleranz geht von Juden aus (II, 5)
Recha: gegen konfessionelle Trennung der Menschen, da Gott nicht Besitz einzelner Gruppen (III, 1)		Daja (III, 1) und Patriarch (IV, 2): Vernunft dem Glauben untergeordnet und religiöse Trennung der Menschen verabsolutiert. Daraus folgt Gefährdung der Versöhnung (III, 10/IV, 2)

Ringparabel (III, 7)
Humane Praxis als Wertmaßstab
der positiven Religionen,
da die Frage nach der absoluten Wahrheit
unergiebig bleibt

Freundschaft
bahnt sich an zwischen
Nathan und Saladin (III, 7),
Nathan und Templer (III, 8 und 9),
Templer und Saladin (IV, 4)

Störaktion der Daja (III, 10) und des Patriarchen (IV, 2):
Gebote der Kirche widersprechen konfessioneller Aussöhnung

Nathans Erzählung (IV, 7) zeigt Prinzipien des humanen Handelns über die Grenzen der Konfessionen hinweg

Lösung der Geldklemme
durch Nathans Geldlieferung (IV, 3)
und die Tribute aus Kahira (V, 1)

Idealbild einer menschlichen Gemeinschaft
Konstituierung einer neuen, natürlich-
geistigen Familie durch Überwindung
religiöser und politischer
Trennungen

Register der Werke Lessings

(Die Schreibung der Werktitel folgt, wie auch sonst bei den Lessingzitaten, der Ausgabe von Göpfert. Registriert sind nur die wichtigsten Stellen. Ziffern, die auf zentrale Stellen verweisen, sind kursiv gesetzt.)

Namensregister

(Kursivdruck verweist auf bibliographische Angaben)

Zu Lessing und zur Literatur des 18. Jahrhunderts

Günter und Ursula Schulz (Hrsg.)
Meine liebste Madam
Gotthold Ephraim Lessings Briefwechsel mit Eva König 1770–1776
1979. 386 Seiten mit 7 Abbildungen im Text. Leinen
(Beck'sche Sonderausgaben)

Lessing · Ein unpoetischer Dichter
Dokumente aus drei Jahrhunderten zur Wirkungsgeschichte
Lessings in Deutschland. Herausgegeben, eingeleitet und kommentiert
von Horst Steinmetz. 1969. 598 Seiten. Leinen (Wirkung der Literatur,
Band 1. Deutsche Autoren im Urteil ihrer Kritiker.
Herausgegeben von Karl Robert Mandelkow)

Paul Rilla
Lessing und sein Zeitalter
2. unveränderte Auflage. 1977. 464 Seiten. Paperback
(Beck'sche Schwarze Reihe, Band 150)

Wilfried Barner
Produktive Rezeption
Lessing und die Tragödien Senecas. 1973. 166 Seiten.
Paperback (Edition Beck)

Helmuth Kiesel / Paul Münch
Gesellschaft und Literatur im 18. Jahrhundert
Voraussetzungen und Entstehung des literarischen Marktes in Deutschland.
1977. 245 Seiten mit 10 Abbildungen und zahlreichen Tabellen im Text.
Paperback (Beck'sche Elementarbücher)

Otto Dann (Hrsg.)
Lesegesellschaften und bürgerliche Emanzipation
Ein europäischer Vergleich. 1981. 279 Seiten.
Paperback (Edition Beck)

Verlag C.H.Beck München

*In der Reihe der Arbeitsbücher für den
literaturgeschichtlichen Unterricht liegt außerdem vor:*

Heinrich Heine
Epoche – Werk – Wirkung
Von Michael Behal, Martin Bollacher, Jürgen Brummack, Bernhard Mann,
Jürgen Walter. Herausgegeben von Jürgen Brummack. 1980. 366 Seiten.
Paperback (Beck'sche Elementarbücher)

Deutsche Schriftsteller im Porträt

Band 1: Das Zeitalter des Barock
Herausgegeben von Martin Bircher. 1979. 194 Seiten mit 88 Abbildungen.
Paperback (Beck'sche Schwarze Reihe, Band 200)

Band 2: Das Zeitalter der Aufklärung
Herausgegeben von Jürgen Stenzel. 1980. 203 Seiten mit 90 Abbildungen.
Paperback (Beck'sche Schwarze Reihe, Band 220)

Band 3: Sturm und Drang, Klassik, Romantik
Herausgegeben von Jörn Göres. 1980. 287 Seiten mit 132 Abbildungen.
Paperback (Beck'sche Schwarze Reihe, Band 214)

Band 4: Das 19. Jahrhundert
Restaurationsepoche · Realismus · Gründerzeit
Herausgegeben von Hiltrud Häntzschel. 1981. 200 Seiten mit 89 Abbildungen.
Paperback (Beck'sche Schwarze Reihe, Band 230)

„Ergänzt werden die bildlichen Zeugnisse durch kurze monographische Aufsätze, die Angaben über Herkunft, Lebensweg und Hauptwerke der Schriftsteller enthalten, manchmal sogar noch eine literaturwissenschaftliche Einschätzung
hinzufügen. Kleine essayistische Meisterstücke auf knappstem Raum sind darunter. ... So ist nicht nur ein zuverlässiges Handbuch entstanden, sondern auch
ein kulturhistorisches Bilderbuch, ein Wegweiser zur Entdeckung einer Litera-
turtradition, so reich an Spektakulärem, Verschrobenem, an Galantem, Abend-
teuerlichem, Humorvollem, daß man sich wundert, wie ein Lesepublikum solche
Schätze allein seinen beamteten Philologen überlassen kann."

Gert Ueding in der FAZ über Band 1

Verlag C.H. Beck München